古文观止鉴赏

GUWEN GUANZHI JIANSHANG

〔清〕吴楚材 吴调侯 选

邓英树 刘德煊 黄建宁 徐沛 译注

四川辞书出版社

图书在版编目(CIP)数据

古文观止鉴赏 / (清)吴楚材,(清)吴调侯选；邓英树等译注. —成都：四川辞书出版社，2023.1
ISBN 978-7-5579-1213-0

Ⅰ.①古… Ⅱ.①吴… ②吴… ③邓… Ⅲ.①古典散文-散文集-中国 ②《古文观止》—鉴赏 Ⅳ.①H194.1

中国版本图书馆 CIP 数据核字(2022)第 217822 号

古文观止鉴赏

(清)吴楚材 吴调侯 选
邓英树 刘德煊 黄建宁 徐 沛 译注

责任编辑 /	刘 煜 恬 甜
责任印制 /	杨 龙
封面设计 /	成都编悦文化传播有限公司
出版发行 /	四川辞书出版社
地 址 /	成都市锦江区三色路 238 号
邮政编码 /	610023
印 刷 /	四川森林印务有限责任公司
开 本 /	880 mm×1230 mm 1/32
版 次 /	2023 年 1 月第 1 版
印 次 /	2023 年 1 月第 1 次印刷
印 张 /	25
书 号 /	ISBN 978-7-5579-1213-0
定 价 /	46.00 元

- 版权所有,翻印必究。
- 本书如有印装质量问题,请寄回出版社调换。
- 综合办公室电话:(028)86361821

前　言

　　《古文观止》是清初康熙年间，吴楚材、吴调侯叔侄两人编选的一部古文选本。

　　此书所辑，上起先秦，下迄明末，长达二千余年，共收录文章二百二十二篇，分为十二卷。编排体例，则以时代为经，作品为纬，经纬交织，以时代先后为序。

　　此书所收文章，以散文为主，兼及骈文、辞赋。其中，又以《左传》《国语》《战国策》等先秦历史散文，《史记》等汉代散文，以及"唐宋八大家"的代表人物韩、柳、欧、苏的散文为重点，约占全书篇幅的一半以上。

　　这些文章，大部分思想性、艺术性都比较高，有不少脍炙人口、千古传诵的佳作名篇；同时，又呈现出不同的题材、文章式样和艺术风格，在一定程度上展现了中国古代散文的概貌；而且这些文章大多篇制短小，内容精悍，语言简洁，感情充沛，便于阅读、吟诵，便于揣摩、学习，也便于携带、收藏。所以，《古文观止》自刊行问世以来的三百多年，能风行海内，流传不衰，受到广泛的关注和欢迎。

中国是诗的国度，同时也是一个散文的国度。而散文在社会上的使用范围和它的覆盖面，又往往比诗歌更加广泛和普遍。我们纵观历史，从先秦到晚清，绵绵数千载，中国古代散文真是源远流长，作家辈出，作品充栋，美不胜收！那古色斑斓的《尚书》《周易》，那擅长记言记事、简练而富文采的《左传》《国语》，那铺张扬厉、雄辩滔滔的《战国策》，那语约义丰、畅达自然，或则曲奥、或则质朴、或则幽深、或则明快的诸子散文，那雄深雅健的《史记》，那清新俊逸的六朝抒情散文，那恢宏瑰丽、蔚为壮观的"唐宋八大家"的传世之作，那独抒性灵、超尘脱俗的明代小品……以及那些如耿耿星辰照亮中国文学史的著名作家，如司马迁、班固、贾谊、诸葛亮、韩愈、柳宗元、欧阳修、苏轼、袁宏道……这里展示的，正是我们这个文明古国、古老民族心灵历史的一部分；这里所凝聚、积淀的，是时代的精神火花。它将永远留传和感染后人的思想、感情、观念和意绪，使我们一唱三叹，流连忘返。

《古文观止》一书，以名家名篇的珍品意识，面对这硕大无朋的古代散文的精神文化果实，逐代剔抜，举凡论辩、序跋、奏议、书信、赠序、诏令、碑志、箴铭、传状、颂赞、辞赋、哀祭等多种门类，一概涉及搜求，编选范围极为广阔。同时，在思想上推崇儒家传统的思想观念，并以此为遴选的尺度，追求所选文章思想意识的纯粹、庄重和正大；在艺术上，则注重文章的构思、结构、谋篇、辞藻、情感、手法的精巧圆熟，讲求语言艺术的表现，基本上是从"文"的角度而不是哲学、思想的角度来编辑此书的。所有这些，都使得《古文观止》这本选集，有如一位颇具艺术眼光的收藏家和鉴赏家，将近三千年来中国古代散文中最为珍贵的部分精华集于一屋，使读者能登堂入室，概览全貌，从而对源远流长、光辉灿烂的中国古代散文，有一个虽则笼统但并不模糊的印象。显然，这对于爱好古代散文并具有一定古文基础的广大读者，进一步学习和了解中国古代散文，更加深入地熟悉和掌握某些有代表性的作家、作品，提高阅读、分析、鉴赏中国古代散文作品的能力，丰富思想、文化修养和审美情操，无疑是大有帮助的。从这种意义上说，《古文观止》不失为一本有价值、有意义的优秀的古文选本，其启蒙和普及的作用，不可抹杀。

毋庸讳言，《古文观止》也有其不足和局限。

《古文观止》所辑，大多是以论议擅胜的文章，儒家经书、诸子散文、纯粹的人物传记均不入选，这一点多为后世所诟病。不过，这种选材标准似乎已成为古代选家的一种基本模式。梁太子萧统早于吴楚材、吴调侯叔侄一千余年，他招聚文学之士，编集《文选》，就不收经书、子书和人物传记。金圣叹评选《才子必读古文》，约早于二吴的《古文观止》三十余年，所选篇什，亦复如此。虽然其间自有古人遴选的标准和眼光，但以"观止"论之，却不能不让今天的读者感到是一种遗憾。此外，《古文观止》的个别文章，表现出极端维护封建正统和封建礼教的迂腐落后的思想意识，则是应当加以批评和扬弃的。

《古文观止》虽存不足与局限，但从总体上看，此书所选的大部分文章特别是那些传世名篇，其思想性和艺术价值，都无可争议，值得肯定。作为一部繁简适中、精当畅达的古代散文的普及读本，它当之无愧，并必能传之久远。这，正是我们注释、翻译和评析《古文观止》的根据和价值之所在。

在本书中，每篇文章均包括原文、注释、译文、赏析四个部分。《古文观止》的版本较多，原文时有歧异，本书的原文以中华书局1959年版《古文观止》为蓝本，并根据文义分出段落。标点和文字以现行规范为准，但通假字、古今字基本照旧，必要时在注释中加以说明。注释部分重在解说"今译"难以解决的古代典章、器物、礼仪及有关人物史实，同时兼顾难以理解的语词。译文尽可能忠实原文，以利读者文白对照。由于多种因素的制约，并为了使译文尽可能畅达，翻译时自然不可处处拘泥原文，所以也免不了采用意译的办法。赏析部分旨在阐明原文的思想内容和艺术特点，兼及必要的文史知识，严格从文本出发，力求简明、准确，不做更多的引申和考证，期待读者自己去阅读、领悟和思考。

本书的译注虽充分吸收了前贤与时人的研究成果，但限于译注者水平，谬误在所难免，祈望读者批评指正。

译注者

目　录

卷之一　周文

郑伯克段于鄢 …………………………………………… 1
周郑交质 ………………………………………………… 5
石碏谏宠州吁 …………………………………………… 7
臧僖伯谏观鱼 …………………………………………… 9
郑庄公戒饬守臣 ……………………………………… 11
臧哀伯谏纳郜鼎 ……………………………………… 14
季梁谏追楚师 ………………………………………… 17
曹刿论战 ……………………………………………… 20
齐桓公伐楚盟屈完 …………………………………… 23
宫之奇谏假道 ………………………………………… 26
齐桓下拜受胙 ………………………………………… 29
阴饴甥对秦伯 ………………………………………… 30
子鱼论战 ……………………………………………… 33
寺人披见文公 ………………………………………… 35
介之推不言禄 ………………………………………… 38
展喜犒师 ……………………………………………… 40

1

烛之武退秦师 …………………………………… 42

蹇叔哭师（以上《左传》）……………………… 45

卷之二　周文

郑子家告赵宣子 ………………………………… 48

王孙满对楚子 …………………………………… 51

齐国佐不辱命 …………………………………… 53

楚归晋知罃 ……………………………………… 56

吕相绝秦 ………………………………………… 59

驹支不屈于晋 …………………………………… 64

祁奚请免叔向 …………………………………… 67

子产告范宣子轻币 ……………………………… 70

晏子不死君难 …………………………………… 72

季札观周乐 ……………………………………… 74

子产坏晋馆垣 …………………………………… 79

子产论尹何为邑 ………………………………… 83

子产却楚逆女以兵 ……………………………… 86

子革对灵王 ……………………………………… 88

子产论政宽猛 …………………………………… 93

吴许越成（以上《左传》）……………………… 95

卷之三　周文

祭公谏征犬戎 …………………………………… 99

召公谏厉王止谤 ………………………………… 103

襄王不许请隧 …………………………………… 106

单子知陈必亡	108
展禽论祀爰居	113
里革断罟匡君	117
敬姜论劳逸	120
叔向贺贫	123
王孙圉论楚宝	126
诸稽郢行成于吴	129
申胥谏许越成（以上《国语》）	132
春王正月	134
宋人及楚人平	136
吴子使札来聘（以上《公羊传》）	139
郑伯克段于鄢	142
虞师晋师灭夏阳（以上《穀梁传》）	144
晋献公杀世子申生	146
曾子易箦	148
有子之言似夫子	150
公子重耳对秦客	153
杜蒉扬觯	155
晋献文子成室（以上《礼记》）	157

卷之四　秦文

苏秦以连横说秦	159
司马错论伐蜀	164
范雎说秦王	168
邹忌讽齐王纳谏	172
颜斶说齐王	174

冯煖客孟尝君	177
赵威后问齐使	182
庄辛论幸臣	184
触詟说赵太后	187
鲁仲连义不帝秦	191
鲁共公择言	198
唐雎说信陵君	200
唐雎不辱使命	202
乐毅报燕王书（以上《战国策》）	205
李斯谏逐客书（秦文）	210
卜居	215
宋玉对楚王问（以上《楚辞》）	218

卷之五　汉文

五帝本纪赞	221
项羽本纪赞	223
秦楚之际月表	225
高祖功臣侯年表	227
孔子世家赞	230
外戚世家序	232
伯夷列传	234
管晏列传	239
屈原列传	245
酷吏列传序	252
游侠列传序	254
滑稽列传	259

货殖列传 ·· 263
太史公自序（以上《史记》）······················ 267
报任安书（司马迁）································ 273

卷之六　汉文

高帝求贤诏 ·· 286
文帝议佐百姓诏 ····································· 288
景帝令二千石修职诏 ······························· 290
武帝求茂材异等诏 ·································· 292
贾谊过秦论上 ·· 293
贾谊治安策一 ·· 299
晁错论贵粟疏 ·· 307
邹阳狱中上梁王书 ·································· 312
司马相如上书谏猎 ·································· 321
李陵答苏武书 ·· 323
路温舒尚德缓刑书 ·································· 331
杨恽报孙会宗书（以上西汉文）················ 336
光武帝临淄劳耿弇 ·································· 341
马援诫兄子严、敦书（以上东汉文）········· 343
诸葛亮前出师表 ····································· 345
诸葛亮后出师表（以上后汉文）················ 349

卷之七　六朝唐文

陈情表（李密）······································ 355
兰亭集序（王羲之）································ 358

5

归去来辞 …… 361

桃花源记 …… 364

五柳先生传（以上陶渊明）…… 367

北山移文（孔稚珪）…… 369

谏太宗十思疏（魏徵）…… 374

为徐敬业讨武曌檄（骆宾王）…… 377

滕王阁序（王勃）…… 381

与韩荆州书 …… 388

春夜宴桃李园序（以上李白）…… 392

吊古战场文（李华）…… 394

陋室铭（刘禹锡）…… 398

阿房宫赋（杜牧）…… 399

原道 …… 403

原毁 …… 410

获麟解 …… 414

杂说一 …… 415

杂说四（以上韩愈）…… 417

卷之八　唐文

师说 …… 419

进学解 …… 422

圬者王承福传 …… 427

讳辩 …… 431

争臣论 …… 435

后十九日复上宰相书 …… 441

后廿九日复上宰相书 …… 444

与于襄阳书	448
与陈给事书	451
应科目时与人书	454
送孟东野序	456
送李愿归盘谷序	461
送董邵南序	464
送杨少尹序	466
送石处士序	469
送温处士赴河阳军序	472
祭十二郎文	475
祭鳄鱼文	481
柳子厚墓志铭（以上韩愈）	484

卷之九　唐宋文

驳复仇议	491
桐叶封弟辨	495
箕子碑	498
捕蛇者说	501
种树郭橐驼传	504
梓人传	508
愚溪诗序	514
永州韦使君新堂记	517
钴鉧潭西小丘记	520
小石城山记	523
贺进士王参元失火书（以上柳宗元）	525
待漏院记	529

黄冈竹楼记（以上王禹偁）……533
书洛阳名园记后（李格非）……536
严先生祠堂记……538
岳阳楼记（以上范仲淹）……541
谏院题名记（司马光）……544
义田记（钱公辅）……546
袁州州学记（李觏）……550
朋党论……553
纵囚论……557
释秘演诗集序（以上欧阳修）……560

卷之十　宋文

梅圣俞诗集序……564
送杨寘序……567
五代史伶官传序……570
五代史宦者传论……573
相州昼锦堂记……576
丰乐亭记……579
醉翁亭记……583
秋声赋……586
祭石曼卿文……590
泷冈阡表（以上欧阳修）……592
管仲论……599
辨奸论……603
心术……607
张益州画像记（以上苏洵）……611

刑赏忠厚之至论 ············· 616
范增论 ·················· 620
留侯论 ·················· 624
贾谊论 ·················· 628
晁错论（以上苏轼）············ 632

卷之十一　宋文

上梅直讲书 ················ 637
喜雨亭记 ················· 640
凌虚台记 ················· 643
超然台记 ················· 646
放鹤亭记 ················· 650
石钟山记 ················· 654
潮州韩文公庙碑 ············· 658
乞校正陆贽奏议进御札子 ········· 664
前赤壁赋 ················· 668
后赤壁赋 ················· 672
三槐堂铭 ················· 675
方山子传（以上苏轼）··········· 679
六国论 ·················· 682
上枢密韩太尉书 ············· 685
黄州快哉亭记（以上苏辙）········· 689
寄欧阳舍人书 ·············· 692
赠黎安二生序（以上曾巩）········· 697
读孟尝君传 ··············· 700
同学一首别子固 ············· 701

9

游褒禅山记 …………………………………… 704
泰州海陵县主簿许君墓志铭（以上王安石）…… 707

卷之十二 明文

送天台陈庭学序 …………………………… 711
阅江楼记（以上宋濂）……………………… 714
司马季主论卜 ……………………………… 718
卖柑者言（以上刘基）……………………… 721
深虑论 ……………………………………… 724
豫让论（以上方孝孺）……………………… 728
亲政篇（王鏊）……………………………… 732
尊经阁记 …………………………………… 738
象祠记 ……………………………………… 744
瘗旅文（以上王守仁）……………………… 748
信陵君救赵论（唐顺之）…………………… 752
报刘一丈书（宗臣）………………………… 758
吴山图记 …………………………………… 762
沧浪亭记（以上归有光）…………………… 765
青霞先生文集序（茅坤）…………………… 768
蔺相如完璧归赵论（王世贞）……………… 773
徐文长传（袁宏道）………………………… 776
五人墓碑记（张溥）………………………… 781

卷之一　周文

郑伯克段于鄢

《左传》

初，郑武公娶于申①，曰武姜②，生庄公及共叔段③。庄公寤生④，惊姜氏，故名曰寤生，遂恶之。爱共叔段，欲立之，亟请于武公⑤，公弗许。及庄公即位，为之请制⑥。公曰："制，岩邑也⑦，虢叔死焉⑧，他邑唯命。"请京⑨，使居之，谓之京城大叔⑩。

祭仲曰⑪："都城过百雉⑫，国之害也。先王之制，大都不过参国之一⑬；中，五之一；小，九之一。今京不度，非制也。君将不堪。"公曰："姜氏欲之，焉辟害？"对曰："姜氏何厌之有！不如早为之所，无使滋蔓。蔓，难图也。蔓草犹不可除，况君之宠弟乎？"公曰："多行不义，必自毙⑭，子姑待之。"

既而，大叔命西鄙北鄙贰于己⑮。公子吕曰⑯："国不堪贰，君将若之何？欲与大叔，臣请事之；若弗与，则请除之，无生民心。"公曰："无庸，将自及。"

大叔又收贰以为己邑，至于廪延⑰。子封曰："可矣，厚将得众。"公曰："不义不昵，厚将崩。"

大叔完聚，缮甲兵，具卒乘⑱，将袭郑。夫人将启之。公闻其期，曰："可矣。"命子封帅车二百乘以伐京。京叛大叔段，段入于鄢⑲。公伐诸鄢。五月辛丑，大叔出奔共。

书曰："郑伯克段于鄢。"段不弟，故不言弟。如二君，故曰克。称郑伯，讥失教也。谓之郑志。不言出奔，难之也。

遂置姜氏于城颍，而誓之曰："不及黄泉，无相见也！"既而悔之。颍考叔为颍谷封人⑳，闻之。有献于公。公赐之食，食舍

1

肉。公问之，对曰："小人有母，皆尝小人之食矣，未尝君之羹，请以遗之㉑。"公曰："尔有母遗，繄我独无㉒！"颍考叔曰："敢问何谓也？"公语之故，且告之悔。对曰："君何患焉！若阙地及泉㉓，隧而相见，其谁曰不然？"公从之。公入而赋："大隧之中，其乐也融融！"姜出而赋："大隧之外，其乐也泄泄㉔！"遂为母子如初。

君子曰："颍考叔，纯孝也，爱其母，施及庄公。《诗曰》：'孝子不匮，永锡尔类㉕。'其是之谓乎！"

注释

①郑武公：诸侯国郑国（在今河南新郑）的国君，姓姬，名掘突。申：春秋时期国名，姜姓，在今河南南阳。 ②武姜：郑武公的妻子，武是她丈夫的谥号，姜是她娘家的姓。 ③共（gōng）叔段：庄公的弟弟名段，因出奔共国（今河南辉县），所以称共叔段。 ④寤生：即逆生、难产。寤，同"牾"，不顺，倒。 ⑤亟（qì）：屡次。 ⑥制：城邑名，故地在今河南荥阳西北。 ⑦岩邑：险要的城邑。 ⑧虢（guó）叔：东虢国的国君，为郑武公所灭。 ⑨京：城邑名，故地在今河南荥阳东南。 ⑩大（tài）叔：对共叔段的尊称。大，同"太"。 ⑪祭（zhài）仲：郑国大夫，姓祭，名仲，字足。 ⑫雉：古代量度单位，城墙长三丈、高一丈为一雉。 ⑬参国之一：国都的三分之一。参，同"叁"。以下"五之一""九之一"说法同。 ⑭毙：仆倒，倒下。 ⑮鄙：边邑。贰：两属。 ⑯公子吕：字子封，郑国大夫。 ⑰廪延：郑国西北边邑，在今河南延津。 ⑱乘：指战车。 ⑲鄢：地名，在今河南鄢陵。 ⑳颍考叔：郑国大夫。颍谷：郑国边邑名，在今河南登封西南。封人：守护疆界的官。 ㉑遗（wèi）：赠送。 ㉒繄（yī）：句首语助词。 ㉓阙：同"掘"，挖掘。 ㉔泄泄（yìyì）：舒畅。 ㉕锡：同"赐"。

译文

当初，郑武公娶了申侯之女为妻，称为武姜。她生了庄公和共叔段。庄公出生时是难产，使姜氏受到了惊吓，所以取名叫"寤生"，从此姜氏很厌恶他。姜氏宠爱共叔段，想立他做太子，多次请求武公，武公不肯。到庄公继承了君位时，姜氏就替共叔段请求把制邑分封给他。庄公说："制是险要的城邑，虢叔就死在那里。其他地方任凭您吩咐。"姜氏就请求把京城封给共叔段，庄公让他住在那里，人称京城太叔。

祭仲说："诸侯所属城邑超过三百丈，是国家的祸害。按照先王的制度，大城不能超过国都的三分之一，中城不能超过五分之一，小城不超过九分之一。如今京邑不合规定，这不是先王的制度，您会受不了的。"庄公说："姜氏要这样，我又怎么能避开祸患呢？"祭仲说："姜氏怎么会满足，不如早做安排，不要让他滋长蔓延，蔓延开来，就难对付了。蔓延的野草尚且难以铲除，何况是您受宠的弟弟呢？"庄公说："不义之事做多了，必定会自取灭亡的，你姑且等着吧！"

不久之后，太叔便命令西部和北部的边邑明属庄公，暗归自己管辖。公子吕对庄公说："一个国家受不了土地兼属两主的情况。您究竟打算怎么办？如果要把君位交给太叔，我就请求去侍奉他；如果不想给，就请除掉他，不要使民心生变。"庄公说："用不着，他将自取祸殃。"

太叔又公开把两个边邑收归己有，一直扩大到了廪延。公子吕说："可以了！否则领土再扩大，就会有更多的人归附他了。"庄公说："他不义于君，不亲于兄，领土再大也会垮的。"

太叔修筑城郭，聚集粮草，修缮铠甲和兵器，配备好了步卒和兵车，准备偷袭郑国的国都。姜氏将替他开启城门。庄公获悉偷袭时间，说："可以动手了！"命令公子吕率领两百辆兵车去讨伐京城。京城百姓反叛太叔段。段逃到鄢邑。庄公去鄢邑讨伐他。五月二十三日，太叔逃到共国。

这段历史，《春秋》上写的是："郑伯克段于鄢。"因为段不守弟道，所以《春秋》不称其为弟；他和庄公犹如两国君主，所以用"克"这个词；称庄公为郑伯，是讥诮他有失教导；史官认为赶走太叔段是郑庄公的本意。不说共叔段出奔，《春秋》这样写是责难郑庄公。

庄公把姜氏安置到城颍，并且对她发誓道："不到黄泉，咱们别再见面！"后来他又后悔了。颍考叔担任颍谷守护疆界的官，听到这件事，就借进献礼物谒见庄公。庄公宴请他。他吃东西的时候把肉放在一边。庄公问他原因，他回答道："小人有母亲，小人的食物她都尝过了，就是没尝过您的肉食，请让我把这肉食送给她。"庄公说："你有母亲可以送食物，我独没有啊！"颍考叔说："请问这是什么意思？"庄公把事情的缘由告诉了他，并且告诉他自己心中的懊悔。颍考叔说："您忧虑什么呢？如果挖地见水，通过地道来见面，谁会说您违背了誓言呢？"庄公听从了他的办法。庄公进出地道时朗诵着两句诗："地道之中，欢乐融融。"姜氏进出地道时也朗诵了两句诗："隧道之外，欢乐开怀！"于是母子和好如初。

君子说："颍考叔，一个真正的孝子！他爱自己的母亲，影响到了庄公。《诗经》上说：'孝子之心，没有穷尽，长久施予感化你的同类。'这句话大概就是说的颍考叔的孝心吧！"

赏析

本文选自《左传·隐公元年》。记叙了春秋初年郑庄公与其弟共叔段争权夺利，矛盾不断激化，最终兵戎相见、骨肉相残的历史事件，反映了当时统治阶级内部斗争的尖锐、残酷，暴露了封建伦理道德的虚伪。

文章内容，可分四层。第一层，交代郑庄公母子、兄弟不和的原因；第二层，叙写共叔段不断扩张，渐露野心，而郑庄公虚伪应对，实藏杀机；第三层，记叙郑伯克段于鄢的经过；第四层，描写郑庄公幽禁姜氏，以及母子和好如初的过程。综观全文，姜氏偏爱共叔段而厌恶郑伯，甚至想废长立幼，实为灾祸之源。共叔段恃宠骄纵，不断扩张势力，准备粮草、兵甲，企图袭击郑伯，屡行不义，终被驱逐，实在是咎由自取。郑庄公早有准备，克段于鄢，维护了国家的安定，使百姓免受了一次战争的灾难，其行为应该说也无可非议。至于郑庄公对姜氏的态度，是既怨恨，又怕担当不孝的恶名，最后掘地见母，和好如初，其思想是矛盾的。

文章善于把人物放在尖锐复杂的矛盾斗争中，通过精练的语言、行动来刻画他们的不同性格，并让褒贬之意从情节和细节中自然流出：郑庄公的老谋深算、工于心计，共叔段的贪婪骄纵、狂妄愚笨，姜氏的昏聩偏爱、以私情干政，以及祭仲的老成，公子吕的急躁，颍考叔的机智，都栩栩如生，呼之欲出。同时，文章还善于剪裁、组织，以母子兄弟之间的矛盾为主线结构全文，详略得当，对比映衬，并将传闻逸事穿插其间，行文有张有弛，富于生活情趣。文中的名句"多行不义，必自毙"，亦成为千古警策，流传不衰。

周郑交质

《左传》

郑武公、庄公为平王卿士①。王贰于虢②，郑伯怨王。王曰："无之。"故周郑交质③：王子狐为质于郑，郑公子忽为质于周。

王崩，周人将畀虢公政④。四月，郑祭足帅师取温之麦⑤；秋，又取成周之禾⑥。周郑交恶。

君子曰："信不由中，质无益也。明恕而行⑦，要之以礼，虽无有质，谁能间之？苟有明信，涧溪沼沚之毛⑧，蘋蘩蕴藻之菜⑨，筐筥锜釜之器⑩，潢污行潦之水⑪，可荐于鬼神，可羞于王公。而况君子结二国之信，行之以礼，又焉用质？《风》有《采蘩》《采蘋》，《雅》有《行苇》《泂酌》⑫，昭忠信也。"

注释

①平王：周王朝天子。卿士：周王朝执政大臣。　②贰：二心，这里指平王想把郑的权力分给虢。虢（guó）：国名，虢公也是周王室卿士。　③质：典押以取信。　④畀（bì）：给。　⑤祭（zhài）足：郑大夫祭仲。温：周畿（jī，古称国都附近的地方）内城邑名。　⑥成周：周王室首都，在今河南洛阳。　⑦恕：能推己及人，体谅他人。　⑧沼：即池。沚：水中小洲。　⑨蘋蘩蕴藻：蒿藻一类植物。　⑩筐筥（jǔ）：竹器，方的叫筐，圆的叫筥。锜釜：鼎一类的器物，有足为锜，无足为釜。　⑪潢污行潦：潢污指停聚的水，

行潦指流动的水。　⑫风：指《诗经·国风》。雅：指《诗经·大雅》。

译文

郑武公和郑庄公相继担任周平王的执政官。平王想分权给虢公。郑庄公因此而埋怨平王。平王说："没有这件事。"于是周王室和郑国相互典押人质：平王的儿子狐到郑做人质，郑国的公子忽到周做人质。

平王逝世，周王室的人打算把执政权交给虢公。四月，郑国的祭足领兵夺走周王朝属地温邑的麦子；秋天，又割掉成周的稻子。于是周、郑互相怀恨。

君子说："信用不发自内心，典押人质也没用。能光明磊落、体谅他人去行事，又能用礼仪来约束，即使没有人质，谁能离间他们呢？如有彰明的信用，那么溪涧池塘小洲的草，蒿草水藻一类的菜，方筐圆筥鼎釜一类的器物，流动停聚的水都可以用来祭祀鬼神，进献王公。何况是君子缔结两国间的盟约，只要遵礼施行，又何必需要人质呢？《国风》有《采蘩》《采蘋》两篇诗，《大雅》有《行苇》《泂酌》两篇诗，都是昭明忠诚和信用的。"

赏析

本文选自《左传·隐公三年》。

春秋时期，诸侯纷争，卿士大夫专权，王室衰微。礼崩乐坏，天下大乱。乱局正肇始于周郑交恶周平王东迁以后，郑国这样的宗亲之国和郑庄公这样以诸侯身份兼为周王室卿士的人，已开始不把周天子放在眼里。周天子也将权力分予虢公，并不专任郑伯。由此而引发了周平王与郑庄公之间的一场危机。

周平王为了笼络郑伯，主动提出与郑伯交换人质，重结旧好，再建信任。平王死后，他手下的人又准备把政事交付给虢公，激恼了郑伯，于是派军队入侵，到天子管辖的地区抢夺粮食，致使周、郑关系恶化。

本文简明扼要地记叙了这一事件的前因后果，并且提出了作者的见解：建立信任要以"礼"为规范，以"诚"为根本，如果诚意不发自内心，交换人质起不到任何作用。只有用"礼"来自觉约束双方的行为，提倡"忠信"，才能平息怨恨，解决纷争。

文章对周平王用人而疑、虚伪欺饰、主动以人质相邀结而并无诚意的做法，是颇有讥贬之意的。而对郑庄公的不遵礼法、不守臣道，也颇为不满。但是，当时的形势已处于礼崩乐坏的关口，新的兼并争夺已经开始且将越演越烈，文章借"君子"之口开拟的救世药方，正是先秦儒家的政治主张，亦是《左传》一书的思想倾向之所在。实际上只是一厢美好的怀旧情愿而已，它根本就不可能化解当时日趋尖锐的社会、阶级矛盾。

石碏谏宠州吁

《左传》

卫庄公娶于齐东宫得臣之妹①，曰庄姜②。美而无子。卫人所为赋《硕人》也③。

又娶于陈④，曰厉妫⑤。生孝伯，蚤死。其娣戴妫生桓公⑥，庄姜以为己子。

公子州吁，嬖人之子也⑦，有宠而好兵，公弗禁，庄姜恶之。

石碏谏曰⑧："臣闻爱子，教之以义方，弗纳于邪。骄奢淫佚，所自邪也。四者之来，宠禄过也。将立州吁，乃定之矣；若犹未也，阶之为祸⑨。夫宠而不骄，骄而能降，降而不憾，憾而能眕者⑩，鲜矣⑪。且夫贱妨贵，少陵长，远间亲，新间旧，小加大，淫破义，所谓六逆也。君义，臣行⑫，父慈，子孝，兄爱，弟敬，所谓六顺也。去顺效逆，所以速祸也。君人者，将祸是务去⑬，而速之，无乃不可乎？"弗听。

其子厚与州吁游，禁之，不可。桓公立，乃老。

①卫庄公：卫国国君。齐：国名，姜姓，故地在今山东。东宫：太子所

居之地。　②庄姜：庄是其丈夫的谥号，姜为母家之姓。　③《硕人》：《诗经·卫风》篇名。　④陈：国名，妫（guī）姓。故地在今河南开封以东，南至今安徽亳（bó）州。　⑤厉妫：厉是谥号，妫是母家之姓。下面戴妫同。　⑥娣：妻子随嫁的妹妹。春秋时代，诸侯娶他国之女，以其妹妹从嫁。桓公：指卫桓公，继承庄公君位。　⑦嬖（bì）人：地位低下而受宠的人。　⑧石碏（què）：卫国大夫。　⑨阶：阶梯，这里指引导、促成。　⑩眕（zhěn）：安定而不妄动。　⑪鲜（xiǎn）：少。　⑫行：奉命行事。　⑬祸是务去：务去祸害。

卫庄公娶齐国东宫世子得臣的妹妹做夫人，称为庄姜，庄姜很美，但无子嗣。卫国人因此而写了《硕人》这首诗。

庄公又从陈国娶了一个夫人，叫厉妫，生了一个儿子叫孝伯，孝伯早夭。她的随嫁妹妹戴妫生下桓公，庄姜把他当作自己的儿子。

公子州吁，是卫庄公宠幸的姬妾的儿子，受到庄公的宠爱而又喜欢武事，庄公也不禁止他。庄公的夫人庄姜很讨厌他。

大夫石碏规劝庄公说："我听说喜爱儿子，应当用正确的道理教育他，不要让他走上邪路。骄横、奢侈、享乐、放荡，这是走上邪路的缘由。这四种邪恶之所以产生，是由于宠爱太过分。如果准备立州吁为太子，就早点定下来；如果还不能定下来，这样放纵他，就是把他引上酿成祸乱的路。受到宠爱而不骄傲，骄傲却能安于卑下的地位，地位卑下而不怨恨别人，心有怨恨而能抑止自己，能这样的人，是很少的。卑贱妨害尊贵，年少侵凌年长，疏远离间亲近，新人离间旧人，地位低的欺负地位高的，淫乱破坏道义，这就是六逆。国君做事符合道义，臣下受命奉行，父亲慈爱，儿子孝敬，兄长宽厚，弟弟恭敬，这就是六顺。离开顺而去效法逆，这就会很快地招致祸害，作为君王，应当务必去掉祸害，现在却促使祸害到来，恐怕不可以吧？"卫庄公不听。

石碏的儿子石厚和州吁往来密切，石碏阻止他，他不听。于是卫桓公一即位，石碏就告老回家了。

赏析

本文选自《左传·隐公三年》。

州吁是卫庄公所宠爱的小老婆所生的儿子。因为卫庄公夫人庄姜无子，厉妫所生的孝伯又早夭，所以卫庄公很娇宠州吁。卫国大夫石碏深感国君宠爱儿子的危害，因此劝谏庄公不要过分娇宠州吁。

石碏首先阐明什么是真正的关心、爱护儿子。他认为，真正关心爱护自己的儿子，就应该从根本上入手，从长远利益着眼，用"道义"教育他，引导他，以防他走上邪路；而骄横、奢侈、纵欲、放荡这四种恶习，正是走入邪路的开始，其产生的原因，全在于宠爱和享受太过分了。立论堂堂正正，说理侃侃而谈。

接着，石碏提出"六逆"和"六顺"的标准，从正反两个方面具体阐述了应该坚持什么，反对什么。并且忠告：如果抛弃"六顺"而效法"六逆"，那就会很快酿成祸乱。义正辞婉，语重心长。

但是，卫庄公不听忠言，坚持错误，终于酿成宫廷内乱。鲁隐公四年，州吁杀死卫桓公，自立为国君，卫国大乱，并且迅速衰微。这种宠子致祸的惨痛历史教训，值得后世人牢牢记取。

文章叙述，简洁有序。以"东宫"二字开篇，突兀而起；以"乃老"二字结束，冷隽有味；起不知其所来，结不知其所往，变幻莫测，用笔大妙。

臧僖伯谏观鱼

《左传》

春，公将如棠观鱼者①。

臧僖伯谏曰②："凡物不足以讲大事③，其材不足以备器用，则君不举焉。君将纳民于轨物者也。故讲事以度轨量谓之轨，取材以章物采谓之物④。不轨不物，谓之乱政。乱政亟行，所以败也。故春蒐、夏苗、秋狝、冬狩⑤，皆于农隙以讲事也。三年而治兵，入而振旅，归而饮至，以数军实。昭文章⑥，明贵贱，辨等列，顺少长，习威仪也。鸟兽之肉，不登于俎⑦，皮革齿牙，骨角毛羽，不登于器，则君不射，古之制也。若夫山林川泽之实，器用之资，皂隶之事⑧，官司之守，非君所及也。"

公曰："吾将略地焉。"遂往，陈鱼而观之⑨。僖伯称疾不从。

书曰："公矢鱼于棠。"⑩非礼也，且言远地也。

注释

①公：指鲁国国君鲁隐公。棠：鲁国边境城邑。 ②臧僖伯：鲁国公子。 ③大事：指祭祀、打仗。 ④章：彰明。 ⑤蒐（sōu）：春天搜索，猎取不孕的禽兽。苗：夏季除掉侵害庄稼的禽兽。狝（xiǎn）：秋天打猎，以顺时令之杀。狩（shòu）：冬天围猎。以上为四季打猎的名称。 ⑥文章：文采，指车服旌旗的颜色。 ⑦俎（zǔ）：宗庙祭祀的器物。 ⑧皂隶：仆役。 ⑨陈：张设。 ⑩矢：同"施"，陈设。

译文

鲁隐公五年春天，鲁隐公准备到棠地去观看捕鱼。

臧僖伯劝阻隐公："凡是物品，不足以拿来演习祭祀和打仗，它们的材料不足以拿来制作兵器和礼器，国君就不要参与与之相关的活动。国君是要引导民众遵守法度，做正当事情的。所以演习祭祀与战斗的大事，从而端正法度，这就叫作轨。选取材料，用来彰明祭器和军备的物采，这就叫作物。违背轨和物的准则，就叫作乱政。屡行乱政，这便是国家败落的原因。所以，春蒐、夏苗、秋狝、冬狩这四种打猎的仪式，都是农闲时演习武事。每隔三年还要外出训练士兵，进入国都，要整顿好队伍回来祭祀宗庙，宴请臣下，计算猎获之物。要显示车、服、旌旗的文采，表明贵贱身份，分别上下等级，理清少长顺序，演习上下的威仪。鸟兽的肉不能放在祭器里面，它们的皮革齿牙、骨角毛羽不能用来装饰祭器和武器，国君便不会去射猎，这是自古以来的规矩。至于取用山林河流水泽中的物产，一般用所需的材料，那是仆役的事情，臣下的职责，不是国君需要参与的。"

隐公说："我要去巡察边境啊。"于是前往棠地，陈列出渔具而观赏。臧僖伯借口有病没有去。

《春秋》记载道："隐公在棠这个地方陈设渔具。"这句话是认为隐公的举动不合礼,况且棠地又远离国都。

赏析

此篇选自《左传·隐公五年》。

鲁隐公准备到棠邑去观看捕鱼,认为观鱼无害于民。大夫臧僖伯却坚决反对,他认为:国君是臣民的表率,一言一行,对老百姓的影响很大。因此,国君所作所为,应该合乎"礼法",应该"纳民轨物"。

臧僖伯的谏词,其中心论旨就是"纳民轨物"四个字。围绕这个中心,臧僖伯首先论述了:讲习祭祀与战争大事,端正法度,叫作"轨";选取材料制成祭器和军备并显示它的文采,叫作"物"。做事不合乎"轨""物",就叫作乱政。乱政多次出现,国家就会败亡。接着,他又用春蒐、夏苗、秋狝、冬狩等讲习军事的活动,祭祀宗庙饮酒祝贺的仪礼形式,以及尊卑贵贱的职事区别,具体而详细地论证了中心论点。整篇谏词,虽然没有一句正面批评观渔属于非礼的行动,实际上句句都针对观渔而发,含蓄地指明了观渔无关国家大事、徒事淫逸享乐的错误。

文章紧扣"纳民轨物"展开议论,观点突出,措辞委婉,前半篇严整,后半篇散逸,简洁明快,堪称谏言中的佳品。

也有学者认为,鲁隐公观渔之举,是顺乎国情民心的行为,臧僖伯的谏词,实为多余。因为,鲁国多川泽湖池,考究捕鱼之法,强调渔业之利,用以强国富民,未可厚非。反之,以旧的"礼法"约束鲁隐公的行动,使他不出国门,不谙国情和世事,那才是值得忧虑的。这也有一定道理,可供参考。

郑庄公戒饬守臣

《左传》

秋七月,公会齐侯、郑伯伐许①。庚辰,傅于许②。颍考叔取郑伯之旗蝥弧以先登③,子都自下射之④,颠。瑕叔盈又以蝥弧登⑤,周麾而呼曰:"君登矣!"郑师毕登。壬午,遂入许。许庄公奔卫。齐侯以许让公。公曰:"君谓许不共⑥,故从君讨之。许既伏其罪矣,虽君有命,寡人弗敢与闻。"乃与郑人。

郑伯使许大夫百里奉许叔以居许东偏⑦,曰:"天祸许国,鬼神实不逞于许君,而假手于我寡人。寡人唯是一二父兄不能共亿⑧,其敢以许自为功乎?寡人有弟⑨,不能和协,而使糊其口于四方,其况能久有许乎?吾子其奉许叔以抚柔此民也⑩,吾将使获也佐吾子⑪。若寡人得没于地,天其以礼悔祸于许,无宁兹许公复奉其社稷。唯我郑国之有请谒焉,如旧昏媾⑫,其能降以相从也。无滋他族实偪处此,以与我郑国争此土也。吾子孙其覆亡之不暇,而况能禋祀许乎⑬?寡人之使吾子处此,不惟许国之为,亦聊以固吾圉也。"

乃使公孙获处许西偏,曰:"凡而器用财贿⑭,无置于许,我死,乃亟去之。吾先君新邑于此⑮,王室而既卑矣,周之子孙,日失其序⑯。夫许,大岳之胤也⑰,天而既厌周德矣,吾其能与许争乎?"

君子谓:郑庄公于是乎有礼。礼,经国家,定社稷,序人民,利后嗣者也。许无刑而伐之⑱,服而舍之,度德而处之,量力而行之,相时而动,无累后人,可谓知礼矣。

注释

①公:指鲁隐公。齐侯:齐国国君僖公。齐国封侯爵,所以齐国国君都称齐侯。郑伯:指郑庄公。许:国名,在今河南许昌。 ②傅:同"附",逼近。 ③蝥(máo)弧:旗名。 ④子都:郑国大夫。 ⑤瑕叔盈:郑国大夫。 ⑥共:同"供",指进献贡物。 ⑦百里:许国大夫。许叔:许庄公的弟弟。 ⑧共亿:即同心。亿,同"臆"。 ⑨弟:指共叔段。 ⑩吾子:您。 ⑪获:郑国大夫公孙获。 ⑫昏媾:结亲。昏,同"婚"。 ⑬禋(yīn):祭祀。 ⑭而:同"尔",你。 ⑮先君:郑庄公的父亲武公。 ⑯序:祖先的遗业或认为指世系班次。 ⑰大岳:神农氏之后,为唐尧时四岳之一。大,同"太"。胤(yìn):后代。 ⑱无刑:不遵法度。

秋七月，隐公联合齐侯、郑伯讨伐许国。八月初一，军队逼攻许国的国都。颍考叔举起郑伯用的蝥弧旗抢先登城，子都用箭从下面射他，颍考叔中箭摔下城来。瑕叔盈又举起蝥弧旗爬上城，向四周挥旗大喊："国君登上城了！"于是郑国的军队全部登城。初三这天，郑庄公进入许国国都。许庄公逃亡到卫国去了。齐侯把许国让给隐公，隐公说："您说许国违背法度，所以我跟着您来讨伐他。现在许国既然已经服罪，虽然您有命令，我却不敢领受。"齐侯于是把许国让给了郑国。

　　郑庄公派遣许国大夫百里侍奉许庄公的弟弟许叔住在许国东边，说："上天降祸给许国，鬼神确实对许君不满，于是借助于我们的手来讨伐许国。我连同姓的臣子都不能相安无事，还敢把打赢许国看成自己的功劳吗？我有个弟弟，不能和睦相处，使他流落于外求食，难道还能长久占有许国吗？希望您侍奉许叔安抚这里的百姓，我将派公孙获协助您。如果我能善终埋在地下，上天或许加以恩礼撤销加给许国的祸患，愿意让许公再回国执政。那时郑国若有请求，如同旧日姻亲，许国大概能委屈应许吧？不要放任其他国家逼近这里，和我们郑国争夺这块土地。我的子孙将无暇顾及自己的颠覆危亡，又怎么能祭祀许国的山川呢？我让您住在这里，不但为了许国，也姑且借此巩固我们的边境。"

　　于是派公孙获住在许国西边，说："你的器用财物都不要放在许国，我一死，你就赶快离开。我的先父才在这里新建城邑，周王室已逐渐衰微，周王室的子孙正一天天丧失世系次序。许国是太岳的后代，既然上天已经厌恶周王朝了，我们郑国也是周的子孙，又怎能和许国相争呢？"

　　君子认为，郑庄公处理这件事情合于礼。礼是治理国家、安定社稷、使百姓有序、使后代有利的东西。许国违背法度而讨伐它，服罪了，就赦免它，度量自己的德行来处置，衡量自己的能力来施行，看准时机来采取行动，不连累后代子孙，可说是懂得礼了。

13

赏析

本文选自《左传·隐公十一年》。

齐、鲁、郑三国的军队，联合攻占了弱小的许国，许庄公逃奔到卫国去了。齐鲁两国相互谦让，把许国土地交由郑国占领。郑庄公经过慎重考虑，决定选择许国大夫百里侍奉许叔（许庄公之弟）主持许国国政，并留下郑国大夫公孙获驻军许城西部，名为辅佐，实为监视。这篇文章，就是记叙郑庄公告诫百里和公孙获的一段训话。

这段训词，意分两层。一层是告诫百里，将战争的原因完全归罪于许庄公的"违天背神"，并申明了自己不愿意灭掉许国的衷曲，语气委婉，颇带几分真诚。另一层是告诫公孙获，要他尽心尽责，不做长期占领，随时做好撤兵的准备。此层话语，则直截了当，和盘托出。两层训诫，口口声声打着周天子旗号，时时处处为许国着想，冠冕堂皇，言辞振振，生动刻画出郑庄公既贪婪又能克制、既有一定政治远见而又虚伪阴险的性格特点。

文章最后借"君子曰"表明《左传》作者对郑庄公"知礼"的赞赏，则反映出《左传》企图以旧的礼法来约束、规范人们言论行动的用心。似显迂腐，不足称道。

臧哀伯谏纳郜鼎

《左传》

夏四月，取郜大鼎于宋①，纳于大庙，非礼也。

臧哀伯谏曰②："君人者，将昭德塞违，以临照百官，犹惧或失之，故昭令德以示子孙。是以清庙茅屋，大路越席③，大羹不致④，粢食不凿⑤，昭其俭也。衮冕黻珽⑥，带裳幅舄⑦，衡紞纮綖⑧，昭其度也。藻率鞞鞛⑨，鞶厉游缨⑩，昭其数也。火龙黼黻①，昭其文也。五色比象，昭其物也。钖鸾和铃⑫，昭其声也。三辰旂旗⑬，昭其明也。夫德，俭而有度，登降有数，文物以纪之，声明以发之，以临照百官，百官于是乎戒惧，而不敢易纪律。今灭德立违，而置其赂器于大庙以明示百官，百官象之，其又何诛焉？国家之败，由官邪也；官之失德，宠赂章也⑭。郜鼎在庙，章孰甚焉？武王克商，迁九鼎于雒邑⑮，义士犹或非之，而况将昭违乱之赂器于大庙，其若之何？"公不听。

周内史闻之曰："臧孙达其有后于鲁乎⑯！君违，不忘谏之以德。"

注释

①郜：国名，在今山东成武。鼎：金属铸成的三足两耳器物，古代常以鼎为立国重器，作为国家政权的象征。宋国太宰华督杀宋殇公，害怕诸侯讨伐，所以用郜所造的大鼎贿赂鲁国。宋：国名，在今河南商丘。 ②臧哀伯：鲁国大夫，臧僖伯之子。 ③大路：大辂，祭天的车，朴素无饰。越席：结蒲草为席。 ④大羹：祭祀用的肉汁。大，同"太"。 ⑤粢食：黍稷。 ⑥衮（gǔn）：礼服。冕：礼帽。黻（fú）：蔽膝。珽（tǐng）：玉笏。 ⑦幅（bī）：裹腿的布。舄（xì）：古代的一种有双层底的鞋。 ⑧衡：系冠的横簪。纮（dǎn）：礼帽两边挂瑱玉的绳子。纮（hóng）：礼帽下面打结的带子。綖（yán）：盖在礼帽上面包着黑布的版。 ⑨藻率（lǜ）：衬垫玉的软牛皮。鞞（bǐng）鞛（běng）：刀鞘上下的花纹。 ⑩鞶（pán）：腰上的大带。厉：大带的下垂部分。游（liú）：旗上飘带。缨：马颈上的饰物。 ⑪黼（fǔ）：礼服上黑白相间的花纹。黻（fú）：礼服上黑青相间的花纹。 ⑫钖（yáng）鸾和铃：都是铃。马额上的叫钖，马口边的叫鸾，车上的叫和，旌旗上的叫铃。 ⑬三辰：日月星。旂（qí）旗：古称画一对龙的旗帜叫旂，画一熊一虎的叫旗。 ⑭章：同"彰"。 ⑮雒：同"洛"。 ⑯臧孙达：即臧哀伯。

译文

鲁桓公二年夏四月，鲁国从宋国取来郜国的大鼎，放进鲁国祖庙，这是不合于礼的。

臧哀伯劝阻说："治理民众的君主，要昭明善德，阻塞邪恶，来给百官做出表率，即使这样，还担心会有什么过失，所以要昭明美德，垂范子孙。因此，清净的祖庙用茅草盖顶，祭天的车上用草席铺垫，肉汁不调五味，粮食不精细加工，这是明白昭示节俭。礼服、礼帽、蔽膝、玉笏、皮带、下衣、绑腿、套鞋，维持礼帽的横簪、挂瑱玉的绳子，礼帽下面打结的带子、礼帽上面的黑布顶版，这些都是为了显示尊卑有度。衬玉的软牛皮、刀鞘上下的花纹、腰上束的大带、大带下垂的部分、旗帜上的流苏、马颈上的红缨，这些都是为了昭示尊卑的礼数。上衣画龙，下裳画火，或黑白相间，或黑青相间，这是明白昭示上下等级的文采。车子、衣服和各种器械，画出五种颜色，比照天地四方。这是为了显示大小各有物采。挂上锡铃、鸾铃、和铃、小铃，显示声音合于节奏。把日月星三辰画在旂旗上，用来昭示它的光明。德，应俭约有度，增减有数。用不同的文采、物象来表现它，用各种声音和光泽来显示它，用来昭示百官，于是他们谨慎畏惧，不敢违反纲纪法度。现在您弃道德而树邪恶，把受贿赂的器物放在祖庙里，用来明白晓示百官。百官效法这种行为，又能处罚谁呢？国家衰败，是因为官吏邪恶。而官吏丧失德操，是因为自恃宠信而公开贿赂。郜鼎摆在祖庙里，还有比它更明目张胆的吗？武王打败了商朝，把商朝的九鼎迁移到洛阳，有的义士尚且认为不对，何况还要把显示邪恶的贿赂之物放在祖庙里，人们又该怎样看待它呢？"桓公不听。

周王室一位内史听到这件事，说："臧孙达的后人在鲁国一定大有作为啊！国君违背礼仪，他没有忘记用道德去规劝。"

赏析

本篇选自《左传·桓公二年》。

这一年的夏四月，鲁桓公接受宋国太宰华督贿赂的郜国的大鼎。初九日，桓公把大鼎安放在太庙里。鲁大夫臧哀伯劝谏桓公不应这样做，并阐述了国君应当以身作则的重要意义。

臧哀伯的谏词可分三个层次，他首先指出：作为一国的君主，必须把"昭德塞违，以照临百官"摆在首位。这正是全篇的纲领，也是整段谏词立论的基础。

接着，论述国君应该从哪些方面来昭示美德，为文武百官作出表率。正面入笔，为立论的依据，为劝谏鲁桓公不要接受郜鼎做了充分的铺垫。

最后，严正指出接受郜鼎并把它安放在太庙里的严重恶果，这是谏词的主要部分。强调把受贿的器物置于宗庙，是给百官做了"灭德立违"的坏榜样，如果百官都效法起来，国家就必然败亡。

整篇文章中心突出，论证充分；前呼后应，对比鲜明；叙事简略，陈词详尽。起笔一句带过，即以议论代叙事，结尾处以周内史的评价，对臧哀伯的言行表示了肯定和赞许。

季梁谏追楚师

《左传》

楚武王侵随[1]，使薳章求成焉[2]，军于瑕以待之[3]。

随人使少师董成[4]。

斗伯比言于楚子曰[5]："吾不得志于汉东也[6]，我则使然。我张吾三军而被吾甲兵，以武临之，彼则惧而协以谋我，故难间也。汉东之国随为大。随张必弃小国[7]，小国离，楚之利也。少师侈，请羸师以张之。"

熊率且比曰[8]："季梁在[9]，何益？"

斗伯比曰："以为后图，少师得其君。"

王毁军而纳少师。

少师归，请追楚师。随侯将许之。

季梁止之曰："天方授楚，楚之羸，其诱我也，君何急焉！臣闻小之能敌大也，小道大淫。所谓道，忠于民而信于神也。上思利民，忠也；祝史正辞，信也。今民馁而君逞欲，祝史矫举以祭，臣不知其可也。"

公曰："吾牲牷肥腯⑩，粢盛丰备⑪，何则不信？"

对曰："夫民，神之主也，是以圣王先成民而后致力于神。故奉牲以告曰：'博硕肥腯。'谓民力之普存也。谓其畜之硕大蕃滋也，谓其不疾瘯蠡也⑫，谓其备腯咸有也。奉盛以告曰：'洁粢丰盛。'谓其三时不害而民和年丰也。奉酒醴以告曰⑬：'嘉栗旨酒⑭。'谓其上下皆有嘉德而无违心也。所谓'馨香'，无谗慝也⑮。故务其三时，修其五教，亲其九族，以致其禋祀。于是乎民和而神降之福，故动则有成。今民各有心而鬼神乏主，君虽独丰，其何福之有！君姑修政而亲兄弟之国，庶免于难。"

随侯惧而修政，楚不敢伐。

注释

①楚：国名，芈（mǐ）姓。封地在今湖北秭归。武王：名熊通，为楚国第十七代君。随：国名，姬姓，后为楚国所灭。　②薳（wěi）章：楚国大夫。　③瑕：随国地名。　④少师：官职名。董：主持。　⑤斗伯比：楚国大夫。楚子：指楚武王，楚国封子爵，所以称楚国国君为楚子。　⑥汉东：汉水以东，这里指汉水以东的小国。　⑦张：自大。　⑧熊率（lǜ）且（jū）比：楚国大夫。　⑨季梁：随国贤臣。　⑩牲：祭神用的牛、羊、猪。牷（quán）：无杂色。腯（tú）：肥。　⑪粢（zī）：黍稷。　⑫瘯（cù）蠡（luǒ）：牲畜疫病。　⑬醴（lǐ）：甜酒。　⑭栗：酒清。旨：美。　⑮慝（tè）：奸邪。

译文

楚武王侵略随国，却先派薳章去求和，同时把军队驻扎在瑕地等待结果。

随国派少师主持和议。

斗伯比对楚武王说："我们不能在汉水以东得逞，是我们自己造成的。我们扩大三军兵力，身穿军甲，手持武器，用军事力量逼近别国，于是他们感到害怕，联合起来对付我们，所以我们很难离间他们。汉水以东的国家，随国最大。如果随国骄傲自大，就必定会抛弃那些小国，小国离心，这是楚国的利益。少师这个人很骄傲，请把我们的军队假装成软弱的样子，助长他的自大。"

熊率且比说："有季梁在，这样做有什么好处？"斗伯比说："这个办法是为以后打算。再说，少师是很受随君宠信的。"

楚武王把军容弄得很糟糕，然后接待少师。

少师一回去，就请随君追击楚军。随侯打算采纳他的意见。

季梁劝阻说："上天正保佑楚国。楚国用老弱残兵，来诱骗我们，君王何必这么性急呢！臣下听说，小国能抵御大国，是因为小国有道而大国无度。所谓有道，就是对百姓忠实，对神不欺骗。上面的人考虑怎样做才有利于人民，这就是忠；掌祭祀的官对神说老实话，这就是信。现在百姓挨饿，而国君却放纵私欲，祝官、史官虚报功德祭祀鬼神。我真不知道怎么可以敌得过楚国。"

随侯说："我用来祭祀的牛、羊、猪，毛色纯净，而且肥大，黍稷和盛在祭器中的物品丰盛而品类齐全，怎么说还不诚信呢？"

季梁说："百姓是神的依靠。因此，圣明的君王首先安定好百姓，然后才致力于侍奉鬼神。所以，奉献三牲时祈祷说：'又大又肥。'这是说，能很好地保存民力，他们的牲口肥壮，繁育生长，一点疥癣也不生，品种也应有尽有。捧上装祭品的祭器时祷告说：'洁净的黍稷很丰盛。'这是说，没有妨碍春夏秋三季的农业生产，因而人民和睦，年成很好。奉献甜酒时祷告说：'美酒可口又清洌。'这是说，上下都有美好的品德，而没有邪恶的心思。总而言之，所谓祭品芬芳远扬，就是说民德芬芳，没有逸言奸邪。所以，致力于春夏秋三个农时，修明父义、母慈、兄友、弟恭、子孝的教育，使得九族都和睦亲密，以此祭祀鬼神。这样，民众和美而神灵赐福，所以，有什么行动都能成功。现在百姓异心，鬼神无主。虽然您独自祭祀丰盛，又能有什么福呢！您还是姑且修明政事，亲近兄弟国家，这样，或许可以避免灾难。"

随侯惊惧，于是整顿内政，楚国果然不敢侵犯它。

赏析

　　此篇文章选自《左传·桓公六年》，主要记载了随侯惊惧而修明政事，楚国果然不敢侵犯它了。随国大夫季梁劝谏随侯不要轻率地追击佯装溃散不振的楚国军队的言论，表现了季梁的深谋远虑，也体现出先秦时期的民本思想。

　　文章可分两大部分。第一部分，先叙事件起因，再写楚武王君臣故意损坏军容以迷惑欺骗随国的阴谋，并从熊率且比口中说出随国贤臣季梁，为下文的季梁登场、力谏随埋下了伏笔。

　　第二部分，是季梁的谏词。以少师的狂妄自大和随侯的昏庸无知，衬托出季梁的远见卓识。季梁力排众议，劝阻随侯不要轻率追击楚国军队。其谏词，以"修政"为核心，先是"忠民""信神"并提，最后强调民为神主，先民后神。这固然是先秦民本思想的具体体现，也充分显示出季梁的政治远见，可作为千古不易之论。

　　文章巧于构思。第一部分以楚国君臣一番筹划，预作伏线；第二部分以季梁据理力谏之词，大写详写，作为照应。文章还善于映衬对比，如以少师的目光短浅衬托季梁的高瞻远瞩，以楚国君臣阴谋的败露反衬出季梁的真知灼见，使人物形象鲜明饱满。全篇章法谨严，语言老辣，行文反复排比，荡漾有波澜。

曹刿论战

《左传》

　　齐师伐我①。公将战。曹刿请见②。其乡人曰："肉食者谋之，又何间焉③？"刿曰："肉食者鄙，未能远谋。"遂入见。

　　问："何以战？"公曰："衣食所安，弗敢专也，必以分人。"

对曰:"小惠未遍,民弗从也。"公曰:"牺牲玉帛④,弗敢加也,必以信。"对曰:"小信未孚⑤,神弗福也。"公曰:"小大之狱⑥,虽不能察,必以情。"对曰:"忠之属也,可以一战。战则请从。"

公与之乘,战于长勺⑦。公将鼓之,刿曰:"未可。"齐人三鼓,刿曰:"可矣。"齐师败绩。公将驰之,刿曰:"未可。"下视其辙⑧,登轼而望之,曰:"可矣。"遂逐齐师。

既克,公问其故。对曰:"夫战,勇气也。一鼓作气,再而衰,三而竭。彼竭我盈,故克之。夫大国难测也,惧有伏焉。吾视其辙乱,望其旗靡⑨。故逐之。"

注释

①我:指鲁国。 ②曹刿(guì):鲁国人。 ③间(jiàn):参与。 ④牺牲玉帛:祭祀用的东西,指猪牛羊和玉璧帛币等。 ⑤孚:取得信任。 ⑥狱:诉讼案件。 ⑦长勺:鲁国地名,在今山东莱芜东北。 ⑧辙:车轮痕迹。 ⑨靡:倒下。

译文

齐国军队攻打我鲁国,庄公准备应战。曹刿请求谒见鲁侯。他的同乡说:"做官的人自会谋划,你又何必参与进去呢?"曹刿说:"做官的人见识浅陋,不能深谋远虑。"于是到朝廷谒见庄公。

曹刿问:"您准备靠什么去作战?"庄公说:"衣食等安生之物,我不敢一人独享,必定要分给他人。"曹刿答道:"这种小恩小惠并没有遍及人民,老百姓不会跟从您去死战的。"庄公说:"祭祀用的牛、羊、猪和宝玉、丝绸,不敢夸大虚报,一定用诚信去向神祝祷。"曹刿答道:"这种小信用还不能取信于神,神是不肯降福的。"庄公说:"大大小小的诉讼案件,虽然我不能深入详察,但必定求其合乎情理。"曹刿答道:"这属于忠信的表现,可以凭借它去和敌人作战。作战时请让我跟随您去。"

庄公和他同坐一辆战车,两军在长勺交战。庄公想击鼓进兵,曹刿说:"还不行。"等到齐军已经击鼓三遍,曹刿说:"可以进兵了。"齐军大败。庄公准备命令军队驱车追击齐军,曹刿说:"还不行。"他下战车察看齐军战车的轮迹,又爬到车前扶手的横木上去眺望齐军败退的情形,然后说:"现在可以了。"于是鲁军开始追击齐军。

打了胜仗以后,庄公问曹刿为什么如此指挥作战。他答道:"打仗,全凭一股勇气。第一次擂鼓时,战士们鼓足了勇气;第二次擂鼓时,士气就低落了;第三次再擂鼓,士气就完全丧失了。齐军勇气竭尽时,我军正士气充溢,所以打败了他们。但是大国的情形很难猜测,我怕他们有伏兵。我看见他们战车的轮迹乱了,望见他们的军旗倒下了,所以才追击他们。"

赏析

本文选自《左传·庄公十年》,记载了齐鲁长勺之战的经过和曹刿论战的精彩言论。

《左传》长于战争的描写。它记叙战争,既有对战争大场面的描绘,又有情节的精心选取和细节的呈现;同时,更把意趣的重点,投放于战争双方的政治背景、力量对比、民心向背、军事部署、外交谋略等方面,对具体战斗场面的描述则着墨不多。此篇文章,就是一个典型的例证。

强大的齐国背约弃信,入侵鲁国,弱小的鲁国被迫应战,同仇敌忾,最终以少胜多、以弱胜强,写下了战争史上光辉的一页。本文记叙这次战争,仅用二百余字,极其简练又不失《左传》特色。战前,侧重记叙曹刿分析鲁国作战的条件,着眼于政治的准备和民心的考察,认为取信于民,可以一战。战斗的过程,则着重描写了曹刿采用"敌疲我打"的方针,抓住有利时机及时出击,一鼓作气,打败齐军。战役的总结,则通过曹刿的精辟分析,突出了一个"论"字。总之,全文紧紧围绕"论战"来选取材料,通过人物的议论和行动来逐步展示战争的过程,使读者对长勺之战的胜败得失及其原因一目了然;而曹刿这一政治家兼军事家的典型形象,他的卓越的政治见解和军事才能,也得到了鲜明生动的表现。

曹刿这种注重民心向背的观点和"敌疲我打"的方针,直接造就了弱小鲁国的胜利，不仅谱写下中国古代战史中以弱胜强的有名战例，而且提出了一个根本性的战略防御的原则，其历史影响和现实意义，都是不可低估的。

文中的一些警句，如"肉食者鄙，未能远谋""夫战，勇气也""一鼓作气，再而衰，三而竭""彼竭我盈，故克之"等，亦成为关于战争的名言，千古流传，影响至今。

齐桓公伐楚盟屈完
《左传》

春，齐侯以诸侯之师侵蔡①。蔡溃，遂伐楚。

楚子使与师言曰②："君处北海，寡人处南海，唯是风马牛不相及也，不虞君之涉吾地也，何故？"

管仲对曰③："昔召康公命我先君太公曰：'五侯九伯④，女实征之⑤，以夹辅周室。'赐我先君履：东至于海，西至于河，南至于穆陵⑥，北至于无棣⑦。尔贡包茅不入⑧，王祭不共⑨，无以缩酒⑩，寡人是征⑪；昭王南征而不复⑫，寡人是问。"

对曰："贡之不入，寡君之罪也，敢不共给？昭王之不复，君其问诸水滨！"

师进，次于陉⑬。

夏，楚子使屈完如师⑭，师退，次于召陵⑮。

齐侯陈诸侯之师，与屈完乘而观之。

齐侯曰："岂不穀是为⑯，先君之好是继。与不穀同好，何如？"

对曰："君惠徼福于敝邑之社稷⑰，辱收寡君，寡君之愿也。"

齐侯曰："以此众战，谁能御之？以此攻城，何城不克？"

对曰："君若以德绥诸侯，谁敢不服？君若以力，楚国方城以为城⑱，汉水以为池，虽众，无所用之！"

屈完及诸侯盟。

注释

①齐侯：齐桓公，名小白。蔡：国名，姬姓，在今河南汝南、上蔡、新蔡一带。　②楚子：指楚成王。　③管仲：齐国，大夫，名夷吾。　④召（shào）康公：周成王时太保召公奭（shì）。太公：姜尚，齐国始封之君。五侯：公侯伯子男五等爵。九伯：九州之长，这里泛指诸侯。　⑤女：同"汝"。　⑥穆陵：齐国地名，在今山东临朐（qú）。　⑦无棣：齐国北部边境，在今山东无棣。　⑧包茅：裹成捆的青茅，楚国特产。　⑨共：同"供"。　⑩缩酒：渗酒，祭神的一种礼仪，把酒从茅上渗下，就如神饮酒一般。　⑪征：问。　⑫昭王：周成王之孙周昭王，晚年荒于国政，南巡汉水时，当地人故意把一只胶粘的船给他，因而沉船而死。　⑬陉（xíng）：山名，在今河南漯河南。　⑭屈完：楚国大夫。　⑮召陵：楚国地名，在河南漯河东。　⑯不榖：诸侯的谦称。　⑰徼（yāo）：求。社稷：土神、谷神，用作国家代称。　⑱方城：山名，在今河南叶县南。

译文

鲁僖公四年春天，齐桓公率领宋、鲁、陈、卫、郑、许、曹等诸侯的军队去打蔡国，蔡国军队溃败，接着又讨伐楚国。

楚成王派人到军中说："您在北方，我国在南方，真是风马牛不相及呀。没想到您到了我国，这是什么缘故呀？"

管仲回答说："从前召康公命令我齐国先君太公说：'五等诸侯，九州之长，你可以征伐他们，从而辅佐王室。'还划定给我先君征伐的范围：东到大海，西到黄河，南到穆陵，北到无棣。你们该进贡的裹束的青茅不送上去，以致天子祭祀时供应不上，没有东西用来滤酒，我就是要问你这个。周昭王南巡到汉水，却没有回去，我要责问这件事情。"

楚国使者回答说："贡物没送上去，这是我们楚君的错误，今后岂敢不供应？至于周昭王没有回去，您还是向汉水边的人去打听这件事吧。"

诸侯的军队前进，驻扎在陉地。

夏天，楚成王派屈完到诸侯的军队驻地，诸侯的军队后撤，

24

驻扎在召陵。

齐桓公将诸侯的军队摆好战阵，和屈完同坐一辆车去观看。

桓公说："难道诸侯这次兴兵是为了我吗？先君建立的友好关系应该继承。贵国和我国和平友好，怎么样？"

屈完回答说："承蒙君王为敝国求福，不惜蒙受耻辱而接纳我楚君，这正是我楚君的愿望啊！"

齐桓公说："用这样多的军队打仗，谁能抵御？用这些军队去攻城，哪个城攻克不了？"

屈完回答说："您要是用德行安抚诸侯，谁敢不服从？您要是靠武力，楚国有方城山做城墙，有汉水做护城河，您的军队虽然多，却没有地方可以用。"

屈完和诸侯签订了盟约。

赏析

本篇选自《左传·僖公四年》，主要记叙了齐楚之间的一次军事、外交斗争。

齐桓公这次伐楚，是"挟天子以令诸侯"，目的是称霸天下。楚国地广兵众，以武力做后盾，与齐国展开了尖锐的外交斗争。文章内容可分两部分，前部分主要记叙齐楚之间针锋相对的问答，后部分主要记载屈完与齐侯盟于召陵的一段对话。两部分内容，皆以记言为主，通过描写使者的外交辞令，叙述出事件的经过和结果，塑造出鲜明生动的人物形象。

前部分两问两答。对于楚子的责问，管仲自恃强大，打着天子旗号，以诸侯霸主自居，一副"寡人是征""寡人是问"的不可一世的骄傲强硬态度。楚国使者的回答，则一面承认"寡君之罪"，一面推脱说"君其问诸水滨"，由于有武力做后盾，所以态度从容，措辞也柔中寓刚。

后部分也有两问两答。对于齐侯愿意和好的表示，屈完是随声附和，极为谦恭；对于齐侯炫耀武力并以武力相威胁的言论，屈完则是针锋相对，不惜以武力相抵抗，毫不退让。

这两部分外交辞令构成了本文的精彩之处，曲折微妙，引人入胜。齐国君臣的咄咄逼人、软硬兼施，楚国使者的随机应变、不甘示弱，都得到充分的展现。全篇文章波澜起伏，张弛有致，排偶迭出，整齐流畅。使者的外交辞令，已具论辩散文的雏形。

宫之奇谏假道

《左传》

晋侯复假道于虞以伐虢①。宫之奇谏曰②："虢，虞之表也。虢亡，虞必从之。晋不可启，寇不可玩③。一之为甚，其可再乎？谚所谓'辅车相依④，唇亡齿寒'者，其虞、虢之谓也！"

公曰："晋，吾宗也⑤，岂害我哉？"

对曰："大伯、虞仲，大王之昭也⑥。大伯不从⑦，是以不嗣。虢仲、虢叔⑧，王季之穆也⑨，为文王卿士，勋在王室，藏于盟府。将虢是灭，何爱于虞？且虞能亲于桓庄乎⑩？其爱之也，桓庄之族何罪，而以为戮，不唯逼乎？亲以宠逼，犹尚害之，况以国乎？"

公曰："吾享祀丰洁，神必据我⑪。"

对曰："臣闻之，鬼神非人实亲，惟德是依。故《周书》曰：'皇天无亲，惟德是辅。'又曰：'黍稷非馨，明德惟馨。'又曰：'民不易物，惟德繄物。'如是，则非德，民不和，神不享矣。神所冯依⑫，将在德矣。若晋取虞，而明德以荐馨香，神其吐之乎？"

弗听，许晋使。

宫之奇以其族行，曰："虞不腊矣⑬！在此行也，晋不更举矣！"

冬，晋灭虢。师还，馆于虞，遂袭虞，灭之，执虞公。

卷之一　周文

注释

①晋侯：指晋献公。晋，国名，姬姓，封侯爵，所以晋君称晋侯。晋国故地在今山西。复：又。僖公二年晋国已向虞国借过一次路攻打虢（guó）国，灭下阳，所以说"复"。虞、虢都是春秋时的小国。　②宫之奇：虞国大夫。　③玩：忽视。　④辅车：这里指面颊和牙床骨。　⑤宗：同宗，晋国和虞国都是姬姓诸侯。　⑥大伯、虞仲：周太王古公亶父的长子和次子。大，同"太"。大王之昭：大王的儿子。昭，和下文的"穆"都指宗庙神主的位次。按古代宗庙制度，始祖神位居中，子在左，称昭，孙在右，称穆，以下顺次左右排列，分别辈次。　⑦不从：太伯为长子，应当继承太王之位，但他认为小弟季历之子姬昌（即后来的周文王）有圣德，于是和大弟一起出走，以便季历继承王位，再传姬昌。　⑧虢仲、虢叔：王季（即太王小儿子季历）的次子和三子，二人都封在虢。　⑨王季之穆：王季在宗庙为昭，所以王季之子虢仲、虢叔为穆。　⑩桓庄：桓叔和庄伯，分别为晋献公曾祖、祖父。　⑪据：依附，保佑。　⑫冯：同"凭"。　⑬腊：年终合祭众神。

译文

晋献公再次向虞公借路攻打虢国。宫之奇向虞公进谏说："虢国，是虞国的外部屏障，虢国一旦灭亡，虞国也一定会随之而亡，晋国的贪欲不可轻启，对于敌寇不能够忽视。这种事情一次就很严重了，难道还可以再来一次吗？俗话说'面颊和牙床互相依存，嘴唇失掉了，牙齿就感到寒冷了'，这正是说的虞和虢的关系啊！"

虞公说："晋侯和我同一个祖宗，他怎么会害我呢？"

宫之奇答道："太伯和虞仲，都是太王的儿子。太伯不从太王之命，因此没继承王位。虢仲和虢叔，都是王季的儿子，做过文王卿士，他们对王室有大功，因功受封的典册保藏在掌管盟书的官府，既然晋国连虢国也要灭掉，对虞国还有什么厚爱呢？再说，虞国还能够比桓叔、庄伯更亲近吗？晋侯应爱桓叔、庄伯的后代，桓叔、庄伯的后代有什么罪？晋侯把他们都杀掉了，不就是因为他们势大威胁了他吗？虽然是至亲，因为宠势威胁到自己，尚且加害于他们，何况是为了一个国家呢？"

虞公说："我的祭品丰盛清洁，神一定会保佑我。"

27

宫之奇答道："我听说，鬼神不是以人为亲，只是依从德行。所以《周书》说：'上天不亲近哪个人，只帮助有德的。'又说：'祭祀的黍稷不是香气远扬的，只有明显的德行才芬芳远闻。'又说：'人们不必变换自己的祭品，唯有有德之人的祭品才会被神享受。'照此看来，没有德行，民众不和，他的祭品神也不会享用。神依靠的是德。如果晋国占领了虞国，再来修明德行，祭献馨香的祭品，难道神会吐了它吗？"

虞公不听，答应了晋国使者的要求。

宫之奇带着他的家族离开了虞国，说："虞国灭亡等不到年终腊祭了！晋国灭虞，就在这一次行动，不需要再次出兵了。"

这年冬天，晋国灭了虢国。军队返回时，驻扎在虞国，晋趁此机会偷袭虞国，灭掉了虞，并抓住了虞公。

赏析

此篇文章选自《左传·僖公五年》。通过虢国和虞国相继被晋国灭亡的历史事实，说明了"辅车相依，唇亡齿寒"的道理，指出小国必须搞好睦邻关系，互相支援，决不能受大国的贿赂和离间，否则就会受到大国的侵略和吞并。

文章围绕"假道"这个中心，分为两部分。前部分主要记叙宫之奇劝谏虞公不要借道路给晋军，逐层驳斥了虞公的宗族观念和神权思想，但虞公执迷不悟，不听忠告。后部分描写晋军借道以后，先后灭掉虢、虞两国的经过，交代出事件的结局：虞公被俘虏，终受惩罚。两部分内容，或以记言为主，或以记事为主，互为因果，前后照应，结构完整，富于情节性和戏剧性。根据《公羊传》《穀梁传》的记载，当虞公被俘后，抱着白璧牵着宝马归还给晋国的时候（玉璧、宝马皆为晋国贿赂虞公之物），晋献公的臣僚荀息得意地说："玉璧和从前一样，而宝马的岁齿却加长了！"虞公何其可悲，而荀息又何其阴险和无赖！

宫之奇的谏语，着眼于晋、虞、虢三国的历史与地缘关系，见解深刻，分析入微，显示出宫之奇的精明和睿智。同时，谏词又富于气势和文采，有的放矢，犀利痛快，气足神完。

全文语言简洁洗练。篇中所引谚语、童谣，则通俗形象，朗朗上口，为文章平添了鲜活的生命力量。

齐桓下拜受胙
《左传》

会于葵丘①。寻盟，且修好，礼也。

王使宰孔赐齐侯胙②，曰："天子有事于文、武，使孔赐伯舅胙③。"齐侯将下拜。孔曰："且有后命。天子使孔曰：以伯舅耋老④，加劳，赐一级，无下拜。"

对曰："天威不违颜咫尺⑤，小白余敢贪天子之命⑥，无下拜？恐陨越于下，以遗天子羞⑦，敢不下拜！"下，拜；登，受。

注释

①葵丘：宋国地名，在今河南兰考。 ②王：周天子周襄王。宰孔：宰，官名；孔，人名。胙（zuò）：祭肉，赐外姓诸侯祭肉，是一种特殊礼遇。 ③伯舅：天子对异姓诸侯的称谓。 ④耋（dié）：七十岁。 ⑤咫（zhǐ）：八寸。 ⑥小白：齐桓公名。 ⑦遗（wèi）：给。

译文

齐桓公和宋、鲁、卫、郑、许、曹等诸侯国的国君在葵丘集会，重温过去的盟约，而且发展和睦友好的关系，这是合于礼的。

周天子派宰孔赐给齐桓公祭肉，说："天子正在文王和武王的庙里举行祭祀，派孔把祭肉赐给伯舅。"桓公准备下阶拜受。宰孔说："还有另外的命令。天子派孔时说：伯舅年纪老了，加上有功于王室，所以赐进一级，不用下阶跪拜。"

桓公答道："天子的威严离颜面不过咫尺之远，小白我岂敢贪得天子的宠命，不下阶跪拜？只怕这么一来就会跌倒在阶下，使天子蒙羞。岂敢不下阶跪拜！"于是下阶，跪拜；登上台阶，接受祭肉。

赏析

本篇选自《左传·僖公九年》，主要记载了齐桓公领受周天子赏赐的祭肉时的对话和动作。以简洁传神的语言，刻画出齐桓公踌躇满志、故作谦虚虔诚的情态，宛如一幅绝妙的讽刺漫画。

名为赏赐祭肉，实际上是周天子对诸侯的一种特殊礼遇。周王室垂青于齐桓公，并不在于齐桓公的德行，而是看重日益强大的齐国国力，借赏胙之名，行拉拢之实，利用齐桓公的身份、地位和实力，来维系日益衰微的王室威严。而齐桓公则心照不宣，假戏真做，诚惶诚恐，惟妙惟肖，既博得"尊王"的美名，又增强和提升了自己在诸侯中的地位与号召力，借以巩固自己的霸业。真可谓各怀心思，两厢情愿，把一场下拜受胙的场景上演得既庄重又滑稽，恰似一台短小生动的舞台剧。

值得称道的，是本文的语言和构思。全篇内容，由齐桓公受胙时的对话和动作组成，而齐侯的对话和动作，又全由五个"下拜"、两个"无下拜"，一个"将下拜"，与"下""拜""登""受"等表示行为动作的词语联结而成，既高度简洁，又富于情态性和动作性；既互相关联照应，又颇具顺序感和分寸感。本文可以看作是《左传》语言简洁洗练、善于写人叙事的代表作品。

阴饴甥对秦伯

《左传》

十月，晋阴饴甥会秦伯①，盟于王城②。

秦伯曰："晋国和乎？"

对曰："不和。小人耻失其君③，而悼丧其亲，不惮征缮以立圉也④。曰：'必报仇，宁事戎狄。'君子爱其君而知其罪，不惮征缮以待秦命。曰：'必报德，有死无二。'以此不和。"

秦伯曰："国谓君何？"

对曰："小人戚，谓之不免；君子恕，以为必归。小人曰：'我毒秦，秦岂归君？'君子曰：'我知罪矣，秦必归君。'贰而执之，服而舍之，德莫厚焉，刑莫威焉。服者怀德，贰者畏刑。此一役也，秦可以霸。纳而不定，废而不立，以德为怨，秦不其然。"

秦伯曰："是吾心也。"改馆晋侯，馈七牢焉⑤。

注释

①阴饴甥：晋国大夫，饴甥是名，阴是他的食邑。秦伯：指秦穆公。秦，国名，在今陕西。秦封伯爵，所以秦国之君称秦伯。 ②王城：秦国地名，在今陕西大荔东。 ③君：指晋惠公，他借秦穆公的力量而做国君，后与秦发生矛盾，在秦晋韩原之战中被俘。 ④圉（yǔ）：晋惠公太子姬圉。 ⑤七牢：诸侯之礼。牛羊猪各一为一牢。

译文

鲁僖公十五年十月，晋国的阴饴甥会见秦穆公，在王城订立盟约。

穆公问："晋国人意见和洽吗？"

阴饴甥回答说："不和，小人耻于国君被秦国俘虏，同时又哀悼死去的亲人，所以他们不怕征税整军的困难，拥立圉做国君，说：'必报秦国之仇，宁可侍奉戎狄。'君子爱戴自己的国君，也了解他的错误，所以不怕征税整军的困难，以此等待秦国的命令，说：'必报秦国的恩德，至死不怀二心！'因此晋国人意见不一致。"

穆公问："晋国人认为自己国君的结果会怎么样？"

阴饴甥说："小人忧愁，认为他不会被赦免。君子以己之心体察人心，认为他一定会被放回。小人说：'我们得罪了秦国，秦国难道还会送回我们的国君？'君子说：'我们已经知罪了，秦国一定会让国君回来。'有二心，就把他抓起来；服罪了就释放

31

他。恩德，没有比这更宽厚的了；惩罚，没有比这更威严的了。服罪的感念恩德，有二心的害怕刑罚。仅归还晋君的这一举动，秦国就可以成为诸侯的霸主了。从前秦国接纳我们的国君，却没有使他安定，这次又废掉他，不立他做晋君，把恩德变成怨恨，秦国决不会这样的。"

穆公说："这正是我的心意呀！"于是让晋侯住进宾馆，还送给他牛、羊、猪各七头。

赏析

本篇选自《左传·僖公十五年》。

晋惠公夷吾曾因国内动乱出奔秦国，得到秦穆公的帮助才得以返国即君位，做了晋惠公。但他却背弃秦国，在僖公十五年的秦晋韩原之战中，惨遭大败，被秦国俘虏。在这种背景下，阴饴甥作为战败国的代表，到王城与秦穆公签订盟约。本文则主要记叙了阴饴甥与秦穆公之间的一席对话，是一篇精彩巧妙的外交辞令。

阴饴甥对答秦伯，巧借"君子""小人"的话，委婉而明白无误地表达了晋国上下对秦国的态度：要么"必报仇"，要么"必报德"，充分做好两手准备，就看秦国是否改变晋惠公的战俘待遇并释放他回国了。这种答辞，实际上意味着既要认错认输，委曲求全，又不惜诉诸武力，同仇敌忾，决不卑躬示弱。这就从两个方面对秦穆公施加了影响和压力，一方面让秦穆公对晋国统治阶层放心，另一方面使秦穆公认识到战胜晋国后不宜做得太过分，弄不好只会激起晋国举国一致的反抗，从而迫使秦穆公权衡利弊，终于做出"服而舍之，德莫厚焉"的决策，送回了晋惠公。晋国赢得了体面的和平。

阴饴甥的谏词善抓人物心理，以利害为根本游说秦伯，颇中肯綮；措辞委婉得体，用心良苦周密；句式排偶，整齐流畅。本篇从一个侧面显示出《左传》善于表现使者辞令之美的艺术特色。

子鱼论战

《左传》

楚人伐宋以救郑①。宋公将战②,大司马固谏曰③:"天之弃商久矣④,君将兴之,弗可赦也已!"弗听,及楚人战于泓⑤。

宋人既成列,楚人未既济。司马曰:"彼众我寡,及其未既济也,请击之。"公曰:"不可。"既济而未成列,又以告。公曰:"未可。"既陈而后击之,宋师败绩。公伤股,门官歼焉⑥。

国人皆咎公。公曰:"君子不重伤,不禽二毛⑦。古之为军也,不以阻隘也。寡人虽亡国之余,不鼓不成列。"

子鱼曰:"君未知战。勍敌之人⑧,隘而不列,天赞我也!阻而鼓之,不亦可乎?犹有惧焉!且今之勍者,皆吾敌也。虽及胡耇⑨,获则取之,何有于二毛?明耻教战,求杀敌也。伤未及死,如何勿重?若爱重伤⑩,则如勿伤。爱其二毛,则如服焉。三军以利用也,金鼓以声气也。利而用之,阻隘可也;声盛致志,鼓儳⑪可也。"

注释

①楚人伐宋以救郑:宋联合卫国、许国、滕国攻郑,楚国攻打宋国以解郑国之危。 ②宋公:指宋襄公,宋国封公爵,所以宋国国君称宋公。 ③大司马:执掌军队的高级军官。固:公孙固,宋庄公的孙子。 ④商:商朝,宋为商的后代。 ⑤泓(hóng):宋境内的水名,在今河南柘城西北。 ⑥门官:守卫宫门的官,按当时制度,由贵族子弟担任,出征时做保卫君主的卫士。 ⑦禽:同"擒"。二毛:头发花白,指老人。 ⑧勍(qíng):强大。 ⑨胡耇(gǒu):年龄很大的人。 ⑩爱:怜惜。 ⑪儳(chán):不整齐。

译文

楚国军队攻打宋国以救郑国。宋襄公准备作战。大司马公孙固劝阻说:"上天抛弃商朝很久了,您想要振兴它,上天也不会饶恕您的。"宋襄公没有听,与楚国的军队在泓水开战。

　　宋国的军队已经列成阵势,楚国的军队还没有完全渡过泓水。司马说:"敌军众多我军人少,趁他们没有完全渡过泓水的时候,请君王出兵攻击。"宋襄公说:"不行。"楚军已经渡过泓水,但还没有列成阵势,司马又把自己刚才的意见告诉襄公。宋襄公说:"不可以。"等到楚军已经列成阵势后宋军才去进攻,结果宋军大败。宋襄公大腿受伤,侍卫官被歼灭。

　　宋国人都责怪宋襄公。襄公说:"君子不伤害已经受伤的人,不俘虏头发斑白的老人。古代作战用兵,不凭借对方遇到险阻而取胜。我虽是已亡的商朝的后代,不鸣鼓攻打没有列成阵势的部队。"

　　子鱼说:"君王不懂得作战用兵的道理。强劲的敌人,因遇到险阻而不能摆开阵势,这是上天帮助我们啊。趁此机会拦截阻挡击鼓进攻,不是很好吗?就这样还害怕不能取胜呢!况且现在强大的楚军,都是我们的敌人,即使是上了年纪的老人,捉住了就抓他回来,有什么头发花白可讲呢?知道战败的耻辱并以此教育战士,是为了多杀伤敌人。敌人受伤还没有到死的地步,为什么不能再攻击呢?如果怜悯受伤的敌人再次受到进攻,就不如干脆不要伤害进攻他们。怜惜头发斑白的敌人,那还不如干脆向他们投降。军队就是要在时机有利的时候发动攻击,锣鼓就是以声音来鼓动士气的。时机有利而发动军队进攻,凭借险隘之地阻击敌人是可以的;鼓声大作,士气高昂,向没有列成阵势的敌人进攻也是可以的。"

赏析

　　本文选自《左传·僖公二十二年》。

　　文章记叙了宋、楚泓水之战的过程,内容可分三部分。第一部分,概述宋、楚泓水之战的缘由。第二部分,描写战争经过,突出了宋襄公以礼治军的愚妄和惨败。第三部分,记叙子鱼论战的言论,对宋襄公"蠢猪式的仁义道德"做了分析和批判。

　　本文活画出一个"愚而好自用"、"以礼治军"、迂腐可笑,终吃大亏的宋襄公形象。他面对强大的楚军,自己军力薄弱但处于防御态势,以逸待劳,本来有取胜的可能性,但他却固执己见,一再贻误战机。他念念不忘的是"古之为军也"的"君子"之道,在两军厮杀你死我活的时候,居然以"礼让"为治军准则,"不重伤,不禽二毛","不以阻隘","不鼓不成列"。结果被楚人利用,摆好阵势,猛攻过来,宋军惨败,宋襄公的大腿也受了重伤,五个月以后,因伤重不治而身亡。这就是"蠢猪式的仁义道德",只落得个国人唾骂、军败身亡的可悲下场!在战争史上,宋襄公的确是一个难得的反面教员。

子鱼论战,是全文的重心所在。其论述,从"不阻""不鼓",说到"不重""不禽",再从"不重""不禽",论及"不阻""不鼓",层层辩驳,剖析透彻。论断之语,斩截痛快,连用"可"字(不可;未可;可乎,可也;可也),互相呼应,一气贯下,文势酣畅。

寺人披见文公

《左传》

吕、郤畏逼①,将焚公宫而弑晋侯②。寺人披请见③。公使让之,且辞焉。曰:"蒲城之役④,君命一宿,女即至⑤。其后余从狄君以田渭滨⑥,女为惠公来求杀余,命女三宿,女中宿至。虽有君命,何其速也?夫袪犹在⑦,女其行乎!"

对曰:"臣谓君之入也,其知之矣;若犹未也,又将及难!君命无二,古之制也。除君之恶,唯力是视。蒲人、狄人,余何有焉?今君即位,其无蒲狄乎?齐桓公置射钩,而使管仲相⑧。君若易之,何辱命焉?行者甚众,岂唯刑臣?⑨"

公见之,以难告。晋侯潜会秦伯于王城。己丑晦⑩,公宫火。瑕甥、郤芮不获公⑪,乃如河上,秦伯诱而杀之。

注释

①吕、郄（xì）：指吕甥和郄芮，两人都是晋惠公的旧臣。　②公宫：晋侯的宫廷。晋侯：晋文公重耳。　③寺人披：寺人即阉人，名披，曾奉晋献公的命令到蒲城和狄追杀重耳。　④蒲城之役：鲁僖公五年（前655）晋献公派寺人披攻打蒲城，重耳越墙而逃，披斩断了他的袖口。　⑤女：同"汝"，你。　⑥田：打猎。　⑦袪（qū）：衣袖。　⑧齐桓公置射钩，而使管仲相：指当初齐桓公与公子纠争位的时候，管仲奉公子纠与齐桓公战于乾，管仲用箭射中了桓公衣上的带钩，但后来桓公却不计旧恶，使管仲为相。　⑨刑臣：披是受过宫刑的阉人，所以用刑臣自称。　⑩己丑晦：己丑月末之日，三月底。　⑪瑕甥：即吕甥，因封邑在瑕，故称瑕甥。

译文

吕甥、郄芮两人害怕受到晋文公的迫害，准备焚烧宫殿并杀死晋文公。寺人披请求接见，晋文公派人责备他，而且拒绝接见他，说："蒲城那一战，国君命令你过一个晚上到达，你却当天就到了。后来我跟狄君在渭水边打猎，你替惠公来追杀我，命令你过三个晚上到达，你过两个晚上就到了。虽然有君主的命令，为什么这样地迅速呢？那被你砍掉的衣袖还在呢，你还是离开吧！"

寺人披回答说："小臣以为您回国为君，就应该懂得为君的道理了。如果还没有懂得，恐怕又要遇到灾难。执行君主的命令，不应该生二心，这是从古以来的制度啊！除掉君王所憎恶的人，要竭尽自己的能力去做。那时您是蒲人或狄人，与我有什么关系呢？现在您已经即位，难道就没有在蒲和狄时的那种灾祸吗？管仲曾射中齐桓公带钩，后来齐桓公不计旧恶，而让管仲做自己的相国。您若是改变齐桓公的这种做法，我当然走开，无须屈尊您下命令！那么惧罪出逃的人一定很多，岂止我这个刑臣呢？"

晋文公接见了他，他把吕甥、郄芮焚宫的密谋告诉了文公。晋文公秘密地在王城会见秦穆公。三月最后的一天，晋宫被火焚烧，瑕甥、郄芮没有抓到晋文公，赶到黄河边上，秦穆公诱捕并杀掉了他们。

赏析

此篇选自《左传·僖公二十四年》。

晋公子重耳经过十九年的流亡生涯，得到秦穆公的武力帮助，终返晋国做了晋文公。晋惠公宠信的旧臣吕甥、郤芮等人不服，阴谋造反。寺人披得知这一情况后，请求晋文公接见，准备向晋文公告密。晋文公不予接纳，厌恶寺人披是一个落井下石的小人，并记恨于寺人披当年追杀自己的卖力行径。

本文主要记载了寺人披回答晋文公责难的一席话语，以及晋文公听取了寺人披的密告，预做准备，除掉了谋乱之臣，避免了杀身灭国之祸的结果。寺人披回答晋文公的话既为自己辩解，又以利害震慑晋侯，非常绝妙。

寺人披先虚虚总冒一笔："臣谓君之入也，其知之矣；若犹未也，又将及难!"语含讽消，微露旨意，妙。紧接着，针对晋侯的两重责问逐层驳答。前六句，正面回答"虽有君命，何其速也"的责怪，申言君命在身、身不由己的苦衷，堂堂皇皇，振振有词。后六句，答复"夫袪犹在，女其行乎"的呵斥，援引齐桓、管仲的史实，阐明国君若心胸狭小、计嫌报复，则将众叛亲离、一事无成的道理，委婉作答，不卑不亢。在两层答复之间，插入"今君即位，其无蒲狄乎"作转折枢纽，隐隐然将吕、郤谋乱之事提起，耸人听闻，发人深省，堪称精妙绝伦。

整篇文章，巧于结构，字字尖颖，句句蕴藉，活画出寺人披为人的阴险反复和巧舌如簧、危言耸听的口才；并以此为衬托，刻画出晋文公从谏如流的宽阔胸襟和有计谋、有政治眼光的政治家形象。

介之推不言禄

《左传》

晋侯赏从亡者①,介之推不言禄②,禄亦弗及。

推曰:"献公之子九人③,唯君在矣。惠、怀无亲,外内弃之。天未绝晋,必将有主。主晋祀者,非君而谁?天实置之,而二三子以为己力④,不亦诬乎?窃人之财,犹谓之盗;况贪天之功,以为己力乎?下义其罪,上赏其奸。上下相蒙,难与处矣!"

其母曰:"盍亦求之⑤,以死谁怼⑥?"

对曰:"尤而效之,罪又甚焉!且出怨言,不食其食。"

其母曰:"亦使知之,若何?"

对曰:"言,身之文也。身将隐,焉用文之?是求显也。"

其母曰:"能如是乎?与汝偕隐。"遂隐而死。

晋侯求之不获,以绵上为之田⑦,曰:"以志吾过,且旌善人⑧。"

注释

①晋侯:指晋文公,即重耳。他逃亡在外,在秦国的帮助下回晋继承君位。 ②介之推:晋文公臣子,传说曾割自己腿上的肉以食文公。 ③献公:重耳之父晋献公。 ④二三子:指跟随文公逃亡的人。子是对人的美称。 ⑤盍(hé):何不。 ⑥怼(duì):怨恨。 ⑦绵上:地名,在今山西介休南、沁源西北的介山之下。 ⑧旌(jīng):表彰。

译文

晋文公赏赐跟随他一起逃亡的人,介之推不去求禄位,于是封赏也没有他。

介之推说:"献公的儿子共九个,只有君侯还活在世上。惠公、怀公没有亲近的人，国内国外都抛弃他们。上天不绝晋国，必定会有君主。继承国君之位主持晋国祭祀的人，除了君侯还有谁呢？这实在是上天要立他为君，但是那几位却认为是自己的力量，这不就是欺骗吗？偷取别人的财物，还被人称为强盗，何况是贪天之功以为自己的力量呢？下面的人把罪过视为正当，上面的人却对欺骗给予赏赐，上下互相欺骗蒙蔽，难同他们一起相处了。"

他的母亲说："你为什么不去求赏呢？因为这样而死，又怨恨谁呢？"

介之推回答说："谴责这样做是错误的而又去效法，罪过就更大了。况且我已经说出了怨恨的话，就不应当再享受他的俸禄。"

他的母亲说："也应当使他知道这件事情，怎么样呢？"

介之推回答说："语言，原是用来修饰自身的，我自身都要隐藏了，哪里还用得着用语言去修饰呢？如果这样，岂不是去求显露吗？"

他的母亲说："你能够像这样吗？能够这样，我同你一起隐居。"于是介之推母子隐居而死。

晋文公寻找他却没有找到，以绵上为介之推祭田，说："用这来记载我的过错，而且表彰好人。"

赏析

本文选自《左传·僖公二十四年》。

晋公子重耳在流亡期间，有一批人追随左右，出谋献策，介之推便是其中之一。重耳返回晋国即位，成为晋文公，赏赐追随者，别人都居功邀赏，唯有介之推"不言禄"，不吭声，不争利，结果"禄亦弗及"，没有得到应有的赏赐。

介之推怀着失望和愤慨的心情，向他的母亲诉说对晋文公的不满：不言禄不等于不要禄，如果晋文公主动赐予，他也不会拒绝；而自己不主动邀功，晋文公就不赏赐，说明君臣之间缺少相知的诚意，难以相处。介母的回答，妙在不直接入笔，而是用三个设问,提供三种选择:首先,让介之推去主动求禄。接着,说不要禄位,但让晋文公知道这件事。以此两问,试探出儿子的真实内心,的确是不要名、不图利、将隐退。最后,"能如是乎?与汝偕隐",对儿子的想法表示了理解和支持。三层设问,三层答复,一层深似一层,构思颇为巧妙。

文章结尾,记叙晋文公用绵上的土地作为介之推的祭田,并反省说:"以志吾过,且旌善人。"既照应了"不言禄""禄亦弗及",结构完整,又突出了主题,赞扬了介之推母子二人不重名不争利的高洁品格和情操。有画龙点睛、顾盼生姿之妙。

全文不足二百字,但主题鲜明,层次清晰,结构完整,人物形象栩栩如生,不愧是一篇短小精悍的写人叙事佳作。

展喜犒师

《左传》

齐孝公伐我北鄙①。公使展喜犒师②,使受命于展禽③。

齐侯未入竟④,展喜从之,曰:"寡君闻君亲举玉趾,将辱于敝邑,使下臣犒执事⑤。"

齐侯曰:"鲁人恐乎?"

对曰:"小人恐矣,君子则否。"

齐侯曰:"室如县罄⑥,野无青草,何恃而不恐?"

对曰:"恃先王之命。昔周公、大公股肱周室⑦,夹辅成王,成王劳之而赐之盟,曰:'世世子孙,无相害也。'载在盟府⑧,大师职之⑨。桓公是以纠合诸侯而谋其不协,弥缝其阙而匡救其灾,昭旧职也。及君即位,诸侯之望曰:'其率桓之功。'我敝邑用不敢保聚,曰:'岂其嗣世九年,而弃命废职,其若先君何?君必不然。'恃此以不恐。"齐侯乃还。

卷之一　周文

注释

①齐孝公：齐桓公之子。　②展喜：鲁国大夫，为展禽之弟。　③展禽：鲁国大夫，名获，封邑在柳下，谥号为惠，所以又叫柳下惠。　④竟：同"境"。　⑤执事：左右的办事人员，实指齐孝公。这是一种外交辞令，表示尊敬对方，不敢直接指称。　⑥县：同"悬"。　⑦周公：周文王之子，名旦，为鲁国始祖。大公：即姜太公，为齐国始祖。　⑧盟府：掌管盟约的官府。　⑨大师：太师，掌管盟约的官。

译文

齐孝公侵犯我鲁国北部边境。僖公派展喜去慰劳齐国军队。出发前，叫他向展禽请教如何措辞。

齐侯的军队还没进入鲁国境内，展喜就出境迎接，谒见齐侯，说："我们鲁君听说您亲动大驾，将屈尊驾临敝国，所以派我慰劳您。"

齐侯问："鲁国人害怕吗？"

展喜答道："小人十分害怕，君子却相反。"

齐侯说："府库像倒悬的磬，空无一物，田野里蔬菜也没生长出来，你们依仗什么竟不害怕？"

展喜答道："依仗先王的命令。从前，周公、太公，是周王室最有力的助手，共同辅佐成王。成王慰劳他们，赐给他们盟约，说：'代代子孙都不要互相侵害。'这盟约还保存在盟府，由太师负责保管。桓公因此联合诸侯，商讨解决他们之间的不和谐，弥补诸侯的缺失，解决他们的灾祸，这就是在昭明旧时太公的职责。到您即位时，诸侯盼望说：'他一定会继承桓公的功业吧。'我们鲁国因而不敢聚众防守，大家都说：'难道齐侯即位才九年，就背弃先王的命令，废弃太公的职责吗？这将怎么面对先君呢？他一定不会这样。'我们就凭这个，所以不害怕。"于是齐侯收兵而回。

赏析

本文选自《左传·僖公二十六年》。

这年夏天，齐孝公率兵攻打鲁国。当时，齐大鲁小，齐强鲁弱，鲁无力以武力相抗衡，于是派展喜为使者，通过外交活动逼迫齐国退兵。

本篇即为展喜面对齐孝公的一段游说之辞。其内容，可分两层。第一层重申王命，以周天子之命抗却齐国军队，抬天子压诸侯，义正词严。第二层称颂齐国先君，寄厚望于孝公，措辞委婉、语气平和。两层意思，可谓刚柔相济，不卑不亢，使讲求孝道、爱好虚荣、死要面子的齐孝公无可置词，齐师不战自退。

展喜说辞，善于揣摩对方心理，态度不卑不亢，有的放矢，切中要害，机智变化，纵横自如，充分体现出《左传》外交使者擅长辞令的特点。

艺术上，本文最大的特点是巧于构思，章法变幻。齐师不战自退，虽属展喜之功，但篇首分明有"受命于属禽"一语，则展喜的说辞，实得力于展禽的面授机宜。文章塑造展喜、展禽的形象，令人感觉一实一虚，双管齐下：展喜为实，实处皆虚；展禽为虚，虚中尽实；相互映衬，妙趣无穷。

烛之武退秦师

《左传》

晋侯、秦伯围郑①，以其无礼于晋，且贰于楚也。晋军函陵②，秦军汜南③。

佚之狐言于郑伯曰④："国危矣，若使烛之武见秦君⑤，师必退。"公从之。辞曰："臣之壮也，犹不如人；今老矣，无能为也已。"公曰："吾不能早用子，今急而求子，是寡人之过也。然郑亡，子亦有不利焉。"许之。

夜缒而出⑥，见秦伯曰："秦、晋围郑，郑既知亡矣。若郑亡而有益于君，敢以烦执事⑦。越国以鄙远⑧，君知其难也。焉用亡郑以陪邻⑨？邻之厚，君之薄也。若舍郑以为东道主，行李之往来⑩，共其乏困⑪，君亦无所害。且君尝为晋军赐矣，许君焦、瑕⑫，朝济而夕设版焉⑬，君之所知也。夫晋何厌之有？既东封郑⑭，又欲肆其西封。若不阙秦⑮，将焉取之？阙秦以利晋，唯君图之。"秦伯说⑯，与郑人盟。使杞子、逢孙、杨孙戍之⑰，乃还。

子犯请击之⑱。公曰："不可！微夫人之力不及此⑲。因人之力而敝之，不仁；失其所与，不知；以乱易整，不武。吾其还也。"亦去之。

注释

①晋侯：晋文公，名重耳，晋国君。秦伯：秦穆公，名任好，秦国君。②函陵：郑地名，在今河南新郑北。③氾（fàn）南：氾水之南。氾水在今河南中牟，已干涸。④佚之狐：郑国大夫。郑伯：郑文公。⑤烛之武：郑国大夫。⑥缒（zhuì）：用绳子缚着身体吊下。⑦执事：左右传令办事的人员，实际指秦穆公。不直陈，是外交辞令中的婉转、客套。⑧鄙远：指把远处之地作为边邑。鄙，边境城邑。⑨陪：增益。⑩行李：外交使节。⑪共：供。乏困：资粮缺乏。⑫焦、瑕：均为晋国城邑，在今河南三门峡陕州附近。秦国曾武装支持晋文公回国做了国君，晋惠公将焦、瑕二邑许给秦国。⑬版：筑墙的工具。⑭东封郑：以郑为东面的疆界。封，疆界。⑮阙：损害。⑯说：同"悦"。⑰杞子、逢孙、杨孙：均为秦国大夫。⑱子犯：即狐偃，晋文公的舅舅，晋国大夫。⑲夫（fú）人：那个人，指秦穆公。

译文

晋文公和秦穆公围攻郑国，因为郑国曾经对晋国无礼，并且还怀有二心，和楚国亲近。晋国的军队驻扎在函陵，秦国的军队驻扎在氾南。

佚之狐对郑文公说："国家十分危急了！如果派烛之武去见秦君，两国的军队定会撤退。"郑文公采纳了佚之狐的意见。烛之武辞谢道："我壮年之时，尚且比不上别人；如今老了，不能做什么啦！"郑文公说："我未能早用先生，现在事情危急了才求您，这是我的过失。但是郑国灭亡了，您也有不利呀！"于是烛之武答应了。

43

晚上，烛之武用绳子绑住身体，悬吊出城。烛之武见了秦穆公，说："秦、晋两国围攻郑国，郑国已经知道要灭亡了。假如灭郑而有益于您，那么就冒昧地拿灭郑这件事来麻烦您吧。不过，越过晋国，把偏远的郑国作为秦国的边邑，您知道这是很困难的。既然如此，为什么要用灭郑国的办法来扩充邻国晋的土地呢？邻国的实力雄厚了，您的实力就相对薄弱了。如果放弃郑国，把它作为东方大路上的主人，秦国的使者往来经过，郑国可以供给他们缺少的物资，这样对您也没有什么害处。再说，您曾经施予晋惠公恩惠，他答应把焦和瑕两个地方送给您，可是他早上渡过黄河回国，晚上就筑城加强守备。这些都是您所知道的。晋国哪能满足？晋国灭了郑国，把郑国作为它东边的国界，必定又要扩展它西边的国界。若不侵削秦国的土地，又到哪里去取得地盘呢？削弱秦国而有利晋国，这件事您还是掂量一番吧。"秦穆公听后很高兴，就和郑国订立友好盟约，派杞子、逢孙和杨孙屯兵帮助郑国防守，自己便返回秦国了。

子犯请晋文公派兵追击秦军。晋文公说："不行。没有此人的帮助，我不能有今天。依靠此人的力量而得到好处，又反过来损害他，这是不仁义的；失掉自己的盟国，这是不聪明的；以秦晋交兵来代替原来的步调一致，这不算威武。我们还是回去吧。"晋国的军队于是离开了郑国。

赏析

本文选自《左传·僖公三十年》。

这年九月，晋文公、秦穆公联合攻打郑国，借口是郑国对晋国无礼，而且表面上与晋结盟而实际上却倾向于楚国。这种"莫须有"的罪名，正反映出"春秋无义战"的现实。

当时，秦晋大军压境，郑国国势十分危急，郑伯亲自去见烛之武，恳请烛之武去游说秦穆公退兵。烛之武不计前嫌，顾全大局，夜缒而出，去见秦穆公，分析利害，比较得失，终于离间了秦晋之间的关系，使两国先后撤兵，解除了郑国的危难，充分表现了烛之武高尚的爱国情操和能言善辩的才干。

文章描写烛之武的说辞非常精彩，不仅注意语言的有理有利有节，而且更注意语言的逻辑力量、说服力量和感染力量。如文中烛之武游说秦伯的一席话，态度上不卑不亢，措辞上委婉得体，方法上采用对比、设问、推理、援引史实、挑拨离间等手段，陈之以利，晓之以害，紧紧抓住"越国以鄙远""亡郑以陪邻""阙秦以利晋"等利害关系，用事势必然之理来耸动秦伯，秦伯就非撤兵不可。

文章语言简洁洗练。短短近三百字，就记叙了一个完整的事件，塑造出烛之武、郑伯、秦穆公、晋文公等鲜明生动的人物形象。其开篇二十五字，交代出事件的起因、参与者和双方的态势，高度简洁。"夜缒而出"四字，不仅交代了烛之武出城的时间、方式，而且写出了秦晋围郑、郑国岌岌可危的局势，更重要的是刻画出了烛之武不顾年老危险，只身赴难、忠勇爱国的高大形象，语言可谓洗练之至。

蹇叔哭师

《左传》

杞子自郑使告于秦曰："郑人使我掌其北门之管，若潜师以来，国可得也。"穆公访诸蹇叔①。蹇叔曰："劳师以袭远，非所闻也。师劳力竭，远主备之②，无乃不可乎？师之所为，郑必知之。勤而无所，必有悖心。且行千里，其谁不知？"

公辞焉，召孟明、西乞、白乙③，使出师于东门之外。蹇师哭之曰："孟子！吾见师之出，而不见其入也！"

公使谓之曰："尔何知！中寿④，尔墓之木拱矣⑤！"

蹇师之子与师。哭而送之，曰："晋人御师必于殽⑥。殽有二陵焉⑦。其南陵，夏后皋之墓也⑧；其北陵，文王之所辟风雨也⑨。必死是间，余收尔骨焉！"

古文观止鉴赏

秦师遂东。

注释

①蹇（jiǎn）叔：秦国大夫、老臣。 ②远主：指远方国家的国君。 ③孟明、西乞、白乙：秦国将领。孟明，姓百里，名视，字孟明，秦大夫百里奚之子；西乞，复姓，名述；白乙，复姓，名丙。 ④中寿：中等寿命。 ⑤木：树。拱：两手合抱。 ⑥殽（yáo）：也作崤，山名，有东、西二殽，地势险要，在今河南洛宁北。 ⑦二陵：东殽有南北二陵，尔后秦晋交兵，秦大败于此。陵，大土丘。 ⑧夏后皋：夏桀祖父，名皋。夏，夏朝。后，君主。 ⑨文王：周文王。辟：同"避"。

译文

杞子从郑国派使者报告秦国说："郑国派我掌管他们北门的钥匙，如果悄悄地派军队前来，郑国便可以到手。"穆公以此事咨询蹇叔。蹇叔说："辛辛苦苦地调动军队去偷袭远方的国家，这样的事情我还没听说过。我们的军队累得精疲力竭，而远方的郑国却早有了防备，这大概不行吧？我们军队的行动，郑国必定会知道。使士兵劳苦而又无所得，一定会产生怨恨叛离之心。何况，行军千里，谁会不知道呢？"

穆公拒绝了蹇叔的劝谏，召集孟明、西乞和白乙三个大将，派他们带兵从东门外出发。蹇叔哭着对他们说："孟明呀！我看见军队出发，却看不到他们回来了！"

穆公派人对他说："你懂得什么？如果你只活到中等寿数，现在你坟墓上的树都已经有合抱那么粗了！"

蹇叔的儿子也参加了出征队伍，蹇叔哭着送别他，说："晋国一定会在殽山阻击秦军。殽山有两座山陵。南边的山陵，是夏王皋的坟墓；北面的山陵，是周文王避过风雨的地方。你一定会死在这两山之间，我将去那里收你的遗骨！"

秦国的军队就向东方出发了。

赏析

本篇选自《左传·僖公三十二年》。

烛之武拆散秦晋联盟以后，秦派杞子等人驻守郑国。晋文公一死，秦穆公决定出兵袭郑，企图一举占领之。秦国老臣蹇叔坚决反对，据理力争，本文即是蹇叔劝阻秦伯出兵的谏词和断定秦兵必败于崤的预言。

蹇叔的谏词，先总断一句："劳师以袭远，非所闻也。"犹如当头棒喝，斩截干脆。然后分两层展开：第一层，言郑不可得；第二层，言出师毫无秘密可守。其意思不外是说，长途奔袭，别人早有准备，不能出其不意攻其不备，疲劳无功，军队抱怨，必然失败。其谏词，击中要害，层层论断，简明扼要。可惜秦穆公利令智昏，不予采纳，后来甚至派人辱骂蹇叔，其刚愎自用的性格特点，可见一斑。

蹇叔的哭师之辞，则预言了秦军必败的结局，并指明了秦军失败的地点，既为后文秦军大败于崤张本，又突出了蹇叔的英明远见。其哭辞，惨淡凄楚，情景相生，令人不忍卒读。

本篇文章虽短小，却借人物的语言、行动，塑造出审时度势、深谋远虑、直言敢谏、忠贞爱国的蹇叔的形象，表现了他视国危为己危的爱国精神。

卷之二 周文

郑子家告赵宣子

《左传》

晋侯合诸侯于扈①，平宋也。于是晋侯不见郑伯②，以为贰于楚也。

郑子家使执讯而与之书③，以告赵宣子④，曰："寡君即位三年，召蔡侯而与之事君⑤。九月，蔡侯入于敝邑以行，敝邑以侯宣多之难⑥，寡君是以不得与蔡侯偕。十一月，克减侯宣多，而随蔡侯以朝于执事。十二年六月，归生佐寡君之嫡夷⑦，以请陈侯于楚而朝诸君⑧。十四年七月，寡君又朝，以蒇陈事⑨。十五年五月，陈侯自敝邑往朝于君⑩。往年正月，烛之武往朝夷也。八月，寡君又往朝。以陈、蔡之密迩于楚，而不敢贰焉，则敝邑之故也。虽敝邑之事君，何以不免？在位之中，一朝于襄，而再见于君，夷与孤之二三臣⑪，相及于绛⑫。虽我小国，则蔑以过之矣⑬。今大国曰：'尔未逞吾志。'敝邑有亡，无以加焉。古人有言曰：'畏首畏尾，身其余几？'又曰：'鹿死不择音⑭。'小国之事大国也，德，则其人也；不德，则其鹿也。铤而走险，急何能择？命之罔极，亦知亡矣。将悉敝赋⑮，以待于鯈⑯，唯执事命之。文公二年，朝于齐。四年，为齐侵蔡，亦获成于楚⑰。居大国之间，而从于强令，岂其罪也？大国若弗图，无所逃命。"

晋巩朔行成于郑⑱，赵穿、公婿池为质焉⑲。

注释

①晋侯：指晋国国君晋灵公。扈：郑国城邑，故地在今河南原阳。
②郑伯：指郑国国君郑穆公。　③子家：郑国公子、大夫。执讯：掌管通讯

卷之二 周文

联络的官。 ④赵宣子：晋国卿大夫赵盾。 ⑤蔡侯：指蔡庄公。 ⑥侯宣多：郑国大夫，因立郑穆公即位有功，所以恃宠专权作乱。 ⑦归生：即子家，归生是其名，子家是字。夷：郑国太子。 ⑧陈侯：陈国君主共公，名朔。 ⑨葳（chǎn）：完成。 ⑩陈侯：陈灵公，名平国，继陈共公之位。 ⑪孤：指郑国国君。 ⑫绛：晋国都城，在今山西新绛。 ⑬蔑：无。 ⑭音：同"荫"。 ⑮赋：指兵，古代按田赋出兵，所以称赋。 ⑯儵（chóu）：晋、郑交界的地方。 ⑰成：讲和修好。 ⑱巩朔：晋大夫。 ⑲赵穿：晋国执政大夫。池：晋灵公的女婿。

译文

晋灵公在郑国的扈地会合诸侯，为的是平定宋国的内乱，晋灵公不肯和郑穆公相见，认为他怀有二心，与楚国往来。

郑国的子家派遣执讯官到晋侯驻地，给了他一封信，以此告诉晋卿赵宣子道："我们国君即位的第三年，召来不服贵国的蔡侯，和他一起侍奉晋侯。九月，蔡侯来到我国准备去朝见晋侯，我国因为侯宣多作乱，所以我们国君未能与蔡侯同行。十一月，平定了侯宣多之乱，我们国君便随蔡侯朝拜晋侯。十二年的六月，我陪同我们国君的世子夷到楚国去要求楚君允许陈侯朝见晋侯，然后，我们国君朝见了晋侯。十四年七月，我们国君又到晋国朝见，以完成关于陈国的事情。十五年的五月，新即位的陈侯通过我国到晋国去朝见。去年正月，烛之武辅佐夷前往朝见晋君。八月，我们国君又去晋国朝见。像陈、蔡两国紧靠楚国国界而不敢对晋国怀有二心，这就是因为我国的缘故。我国这样服侍晋侯，为什么还免不了获罪呢？我国国君即位以来，一次朝见贵国先君襄公，又两次朝见您，世子夷和我们国君的几个臣下接连不断地来到晋国首都绛邑朝拜。虽然我国是小国，服侍晋国的礼节没有能超过我国的了。如今你们晋国却说：'你还没有满足我的愿望！'我国只有灭亡，无法再增加服侍晋国的礼节了。古人有句话：'畏首畏尾，剩下来的身子还有多少呢？'又有句话说：'鹿快死时顾不上挑选阴凉的地方。'小国服侍大国，大国有恩德，小国就是恭顺的人；大国无恩德，小国就是逃命的鹿。狂奔走险，急迫时还能有什么选择？晋国的要求没个止境，我们也知道自己面临灭亡了。只好准备全部的兵力，在边境儌地等候你们，现在就听凭您下命令了。我们文公即位的第二年，到齐国朝见。第四年，帮助齐国去打和楚国亲近的蔡国，也和楚国达成媾和修好的结局。我国处在晋楚两个大国中间，服从强者的命令，难道是我国的错误？大国如果不加体恤，我们只好面对您的命令，终将无处逃避了。"

晋国派巩朔去郑国议和，晋卿赵穿和晋侯的女婿池到郑国做人质。

赏析

本文选自《左传·文公十七年》。

文章主要记载了郑国执政大夫子家写给晋国执政大夫赵盾的一封信，针对晋国谴责郑国有二心的说法，阐明了郑对晋的恭顺和忠诚，表明了郑国处于晋、楚两个大国之间的苦衷，并正告晋国不要逼迫太甚，否则将反目成仇，甚至不惜拼死一战。这封信，使晋国无言以对，做出让步，晋、郑两国结为联盟。

全文内容，可分三段。

首段，简括当前形势，交代写信缘起："晋侯不见郑伯，以为贰于楚也。"

次段，记叙子家致信赵盾的内容。这是全文的主要部分，分为两层进行：首先，历数郑国对晋国的朝见活动，君臣频繁穿梭往来，不敢稍有懈怠和怀有二心，表明了郑国对晋国的恭顺和忠诚，从而委婉地驳斥了晋国的怪罪。然后，申诉郑国夹于晋、楚两大国之间的狼狈处境，明告晋国：如果一味逼迫，郑国只有铤而走险，甚至不惜拼死一战。这就表明态度和决心，显示出维护国家尊严的强硬立场。

末段，记叙晋国做出让步，交换人质，与郑结为联盟。

全文紧紧抓住晋、楚利害冲突，利用晋国不愿同郑国断绝关系的心理，以委婉得体的外交辞令表明了郑国的立场、态度，使晋无言以对，只好认错让步，收效十分明显。

郑国的外交胜利，正是子家善于抓住对方心理、善于言辞所取得的胜利。子家的信，事实充分，说理深入，层次清晰，委婉得体。尤其是论述郑国窘境、不惜铤而走险的一段文字，屡引谣谚，巧作比喻，排挞而出，富于气势，而又柔中带刚，委婉详赡。其中，"畏首畏尾，身其余几""鹿死不择音""小国之事大国也，德，则其人也；不德，则其鹿也""铤而走险，急何能择"等语，皆生动形象，富于含蕴，深藏哲理，警策长鸣，令人过目难忘，常读常新！

王孙满对楚子

《左传》

楚子伐陆浑之戎①，遂至于雒②，观兵于周疆。定王使王孙满劳楚子，楚子问鼎之大小轻重焉③。

对曰："在德不在鼎。昔夏之方有德也，远方图物，贡金九牧④，铸鼎象物，百物而为之备，使民知神奸。故民入川泽山林，不逢不若⑤，螭魅罔两⑥，莫能逢之。用能协于上下，以承天休⑦。桀有昏德⑧，鼎迁于商，载祀六百⑨。商纣暴虐⑩，鼎迁于周。德之休明，虽小，重也；其奸回昏乱，虽大，轻也。天祚明德，有所底止。成王定鼎于郏鄏⑪，卜世三十，卜年七百，天所命也。周德虽衰，天命未改，鼎之轻重，未可问也。"

注释

①陆浑之戎：西北少数民族，后被秦、晋诱迁于伊川（今河南嵩县东北）。　②雒：同"洛"，水名。　③鼎：相传大禹铸九鼎，是传国之宝。庄王问鼎，有觊觎天下的意思。　④九牧：九州之长。　⑤不若：指不顺之事。　⑥螭魅罔两：今多作"魑魅魍魉"，指山水木石间的鬼怪。　⑦休：吉庆。　⑧桀：夏王朝的暴君。　⑨载祀：载和祀都是年的别称。　⑩纣：商王朝暴君。　⑪郏（jiá）鄏（rǔ）：周地，在今河南洛阳。

译文

楚庄王攻打陆浑的夷人，乘势到达洛水，在周王室的边境上陈兵示威。周定王派大夫王孙满去慰劳楚王。楚王问起九鼎的大小轻重。

王孙满答道："鼎的大小轻重在于天子之德，而不在鼎本身。从前夏朝正当有德的时候，远方国家画出山川奇异的事物献给夏王，九州君长贡献青铜，夏王用这些青铜铸成九鼎，模仿各地所绘的奇物铸在鼎上，各种东西都具备，让人们了解神物和恶物。所以人民走进河川、水泽、山林，不会遇到不顺利的事情；山水和木石的鬼怪，没有人会撞见。因此，能够使上下和谐，承受上天的福佑。夏桀王无道，九鼎被迁移到商朝，经历了六百年。商纣王暴虐，九鼎被迁到周朝。天子德行光明美善，九鼎虽小，也是很重的；天子奸邪混乱，九鼎即使很大，却是很轻的。上天赐福给明德之人，是有一定期限的。成王在郏鄏安顿好九鼎时，向上天占卜的结果是传三十代，享国七百年，这是上天的命令。周王室的德望虽然衰微了，但是天命没有改变。所以，九鼎的轻重，是不可以询问的。"

赏析

本篇节选自《左传·宣公三年》。

主要记载了周大夫王孙满回绝楚庄王问鼎大小轻重的一番外交辞令。

全文内容，分为两段。

首段，记叙事件的发生，交代人物和背景。楚庄王北上伐戎，自矜功劳，自恃强大，在周王室的边境陈兵耀武，并问鼎之轻重大小，大有蔑视天子、觊觎中原之意。

第二段，记载王孙满的答辞。王孙满以"德行""天命"为武器，斥责楚庄王的勃勃野心，应对十分有力和得体。首先，以"在德不在鼎"一言喝断，明告楚王：鼎的大小轻重，在德不在鼎本身，给楚王的骄纵放肆迎头痛击。然后，历叙夏、商、周的变迁废替，皆由德行，论证了自己的观点。末尾，再以天命赐周，天命未改，严词相告"鼎之轻重，未可问也"，彻底回绝了楚王的无理要求。

王孙满的答辞，居高临下，义正词严，中心突出，条理清晰，干脆利落而又委婉得体，非常精彩。

王孙满的观点，核心是以德为政、天命佑德的思想。这种思想，是春秋时期占统治地位的思想，因此，王孙满的话才这样充满自信，振振有词。也唯其如此，连偏处一隅的楚庄王也自觉理屈，不再逞强。可见，"春秋无义战"，的确是一个崇尚实力的时代；但也可以说，春秋重传统，亦是一个崇尚名分、恪守尊卑贵贱等级制度的时代。如若不然，楚庄王硬要以武力问鼎，恐怕才真正是：鼎之所在，不可知矣。

齐国佐不辱命

《左传》

晋师从齐师，入自丘舆①，击马陉②。齐侯使宾媚人赂以纪甗、玉磬与地③，"不可，则听客之所为④"。

宾媚人致赂，晋人不可，曰："必以萧同叔子为质⑤，而使齐之封内尽东其亩。"

对曰："萧同叔子非他，寡君之母也；若以匹敌，则亦晋君之母也。吾子布大命于诸侯，而曰必质其母以为信，其若王命何？且是以不孝令也。《诗》曰：'孝子不匮，永锡尔类。'若以不孝令于诸侯，其无乃非德类也乎？

"先王疆理天下，物土之宜而布其利，故《诗》曰：'我疆我理，南东其亩。'今吾子疆理诸侯，而曰'尽东其亩'而已，唯吾子戎车是利，无顾土宜，其无乃非先王之命也乎？反先王则不义，何以为盟主？其晋实有阙⑥！

"四王之王也⑦，树德而济同欲焉；五伯之霸也⑧，勤而抚之，以役王命。今吾子求合诸侯，以逞无疆之欲。《诗》曰：'敷政优优，百禄是遒。'子实不优而弃百禄，诸侯何害焉？

"不然，寡君之命使臣，则有辞矣。曰：'子以君师辱于敝邑，不腆敝赋以犒从者⑨；畏君之震，师徒挠败⑩。吾子惠徼齐国之福，不泯其社稷，使继旧好，唯是先君之敝器土地不敢爱，子又不许，请收合余烬⑪，背城借一。敝邑之幸，亦云从也；况其不幸，敢不唯命是听？'"

注释

①丘舆：齐国城邑，在今山东青州西南。　②马陉（xíng）：齐国城邑，在今山东青州西南。　③宾媚人：齐国上卿，即国佐。纪：古国名，姜姓，为齐所灭。甗（yǎn）：玉甗。磬（qìng）：乐器。都是纪国之物。　④客：指晋国。　⑤萧同叔子：萧，国名。同叔，萧国君主的字。子，女儿。萧国君之女嫁齐，为齐顷公母亲，晋人不便说以顷公母为质，所以这样称呼她。　⑥阙：失。　⑦四王：指夏禹、商汤、周文王和周武王。　⑧五伯：一般指春秋五霸，即齐桓公、宋襄公、晋文公、秦穆公、楚庄王。伯，通"霸"。　⑨腆：厚。赋：兵。古代按田赋出兵，所以用赋指兵。　⑩挠：挫折。　⑪余烬：物体燃烧后的剩余物，比喻战败的残兵。

译文

晋国军队追赶齐国军队。从丘舆进兵，攻打马陉。齐顷公派宾媚人把灭纪所得的玉甗、玉磬以及侵略鲁、卫二国所得到的土地作为礼物送给晋国，说："如果他们不肯讲和，就听凭他们怎么办吧！"

宾媚人送去礼物，晋国人果然不肯，说："一定要把萧同叔的女儿送到晋国来做人质，同时使齐国境内的田亩全部改成东西向，我们才撤军。"

宾媚人答道："萧同叔的女儿不是别人，是我们国君的母亲，若把齐晋两国相比并，也就是你们晋侯的母亲。您向诸侯宣布代天子讨伐齐国的重大命令，却说定要拿齐侯的母亲做人质来取信，这怎么符合天子的命令呢？这简直是叫人们做不孝的事情！《诗》上有句话：'孝子之心没有穷尽，长久施予感化你的同类。'如果以不孝号令诸侯，这恐怕不是有德之举吧？

"先王划分天下疆界，分别地理，一定要因地制宜，规定有利的分布。所以《诗》上说：'我划分疆界，分别地理，使垄亩沟渠有的东西向，有的南北向。'现在您给诸侯划分疆界，分别地理，却说'田垄全部东西向'。您只顾有利于自己的兵车长驱直入，不管自然条件是否相宜，这恐怕不是先王的命令吧？违背先王就是不义，又怎么能成为诸侯的盟主？晋国的做法实在是有失妥当啊！

"四位先王之所以统一天下，是因为他们树立德行，满足诸侯共同的愿望。五位霸主之所以能够成为诸侯盟主，是因为他们自己勤劳且安抚诸侯，以贯彻执行天子的命令。现在您却希望会合诸侯来满足无限的欲望。《诗》上说：'执行政事宽大舒徐，各种福禄都将归聚。'您实在不宽和，抛弃各种福禄，这对诸侯有什么害处呢！

"您如果不答应讲和，那么我们国君吩咐我的时候，还有另外几句话。他说：'您率领晋侯的军队屈尊驾临敝国，我国的军事力量很单薄，只不过用来慰问一下您的部下。只因害怕晋君的威力，我国军队挫败了。如果您能给予恩惠，赐福给齐国，不灭掉我国，使我们能继续过去的友好关系，那么，我不敢吝惜祖先的一点破旧器物和土地。您要是仍然不答应，那就请让我们收集残兵，和你们背城一战，我国就是有幸战胜，也当依从于晋；何况不幸而败，还敢不听从晋命吗？'"

赏析

本文选自《左传·成公二年》。

文章主要记载了齐晋鞌之战以后，齐国大夫国佐（即文中的宾媚人，又称国武子）出使晋国不辱使命的历史故事。

全文内容，分为两部分。

第一部分，以简括笔触，介绍齐晋鞌之战齐国战败后的两国态势，与齐国请求议和的举动。引出此文的主人公宾媚人，为下文预作铺垫。

第二部分，记叙宾媚人出使晋国、不辱使命的外交辞令。这是全文的主干。此时，晋国以战胜国的姿态，咄咄逼人，提出苛刻条件：以萧同叔子为人质，同时要齐国铲平境内的陇埂沟渠，道路改为东西向（以便于晋国兵车长驱直入）。宾媚人作为战败国的使者，不卑不亢，据理反驳，拒绝了晋国的要求，维护了国家的利益和尊严。宾媚人的反驳，分四层展开：首先，批驳以萧同叔子为质，谴责晋君欲以齐顷公的母亲作为人质，是"不孝"；然后，驳斥道路必须东西向，谴责晋君违背先王的遗训，是"不义"。据此质问：不孝不义，何以称霸天下？接着又引证四王五伯的功业，证实自己的观点，耸动晋君之心；最后，表明齐国态度，或者两国修好，或者负死决战，听凭晋君选择。这就把矛盾和责任交给对方，表明了议和不成，坚决抵抗到底的战斗决心。

宾媚人的一席话，绝无战败国的低声下气，而是据理驳斥，振振有词。同时，又注意措辞的得体、语气的委婉、论旨的堂正和议论的周详。所以，能一举折服晋国君臣，出色地完成了这次艰难而又责任重大的外交使命。

宾媚人外交辞令的完美和成功，正体现出《左传》"善于行人辞令之美"的特点。这也正是《古文观止》选辑者所关注、所推崇的关键点，因此，才辑入了如此多的《左传》说辩论辞。

楚归晋知罃

《左传》

晋人归楚公子谷臣与连尹襄老之尸于楚[①]，以求知罃。于是荀首佐中军矣[②]，故楚人许之。

王送知罃曰："子其怨我乎？"

对曰："二国治戎，臣不才，不胜其任，以为俘馘③。执事不以衅鼓④，使归即戮，君之惠也。臣实不才，又谁敢怨？"

王曰："然则德我乎？"

对曰："二国图其社稷，而求纾其民，各惩其忿，以相宥也⑤。两释累囚⑥，以成其好。二国有好，臣不与及，其谁敢德？"

王曰："子归，何以报我？"

对曰："臣不任受怨，君亦不任受德，无怨无德，不知所报。"

王曰："虽然，必告不穀。"

对曰："以君之灵，累臣得归骨于晋，寡君之以为戮，死且不朽。若从君惠而免之，以赐君之外臣首⑦，首其请于寡君，而以戮于宗，亦死且不朽。若不获命，而使嗣宗职，次及于事，而帅偏师以修封疆，虽遇执事，其弗敢违；其竭力致死，无有二心，以尽臣礼，所以报也。"

王曰："晋未可与争。"重为之礼而归之。

注释

①谷臣：楚庄王的儿子。连尹襄老：楚国大夫，连尹是他的官职。鲁宣公十二年（前597）六月，晋楚战于邲（bì），晋知罃（zhìyīng）被俘。知罃的父亲荀首射死楚国的连尹襄老，擒获楚公子谷臣，现晋以襄老和谷臣换回知罃。 ②中军：晋国的军队分为上、中、下三军。主将自率中军，"佐中军"就是中军副元帅。 ③俘：被活捉的俘虏。馘（guó）：割下左耳。"俘馘"指俘虏。 ④衅（xìn）鼓：古代祭礼，杀牲以血涂鼓。"不以衅鼓"就是不把我杀死。 ⑤宥（yòu）：宽赦。 ⑥累：用绳捆绑。 ⑦外臣：对别国君主称本国的臣。首：知罃之父荀首。

译文

晋国人归还楚国公子谷臣和连尹襄老的尸体给楚国，要求以此交换知罃。这时，知罃的父亲荀首担任中军副帅，所以，楚国人答应了这个要求。

楚共王送别知罃时说："您可能怨恨我吧？"

知䓨答道:"两国交兵,下臣缺少才能,不能胜任自己的职责,成了俘虏。您没有用我的血来衅鼓,而让我回国去接受诛杀,这是君王的恩惠。我实在没有才能,又敢怨恨谁?"

楚王说:"那么,您感激我吗?"

知䓨答道:"两国为自己的国家打算,以求缓和百姓之苦,各自压制愤怒,互相谅解。双方释放俘虏,以结成友好关系。两国友好,并非为我个人,我敢感谢谁的恩德?"

楚王说:"您回去以后,用什么报答我?"

知䓨答道:"我担当不了受怨,您也担当不了受德,没有怨恨,也没有恩德,不知道报答什么。"

楚王说:"尽管如此,也一定要告诉我。"

知䓨答道:"托您的福,我这个被囚之臣,能把骨头带回晋国。如果我们国君把我杀掉,我死而不朽。如果和您一样开恩赦免我,把我交给您的外臣荀首,荀首请示晋君把我杀死在祖庙里,我也死而不朽。如果晋君不允许杀死我,而叫我继承世袭的官职,轮到我担任晋国的军职,带领一支军队治理边疆,即使碰上了您,我也不敢回避,一定竭尽全力,直到战死,没有其他的念头,以此来尽到臣下对君主应有的礼数,这就是我用来报答您的。"

楚王听了,说道:"晋国是不可以跟它相争的。"于是对他重加礼遇,送他归去。

赏析

此篇节选自《左传·成公三年》。

鲁宣公十二年(前597),晋大夫知䓨在晋楚邲之战中被俘,做了楚国的俘虏。后来,晋国用邲之战中俘获的楚庄王之子谷臣和襄老的尸体,交换知䓨。

本文主要记载了知䓨离楚返国之前与楚共王之间的一席对话,斥责了楚共王的无理要求,维护了自己和国家的尊严,从而也赢得了楚共王的尊重。

文章内容,分为两部分。

第一部分，概述知䓨离楚返国的背景，是为全文引子，故极简略。

第二部分，是知䓨与楚共王之间的对话。这是全文的重点，故极详赡。对于楚王"其怨""德我"的挑衅，知䓨是不急不躁、不卑不亢，冷冷相答，颇为得体，表现出恢宏的气度和尽释前嫌的宽容。而对于楚王"何以报我"的纠缠，则是先以"无怨无德，不知所报"予以拒绝，继而正言相告：必然忠于晋国，与楚血战到底，直到献出生命！在知䓨的无私无畏面前，楚王终于折服，叹息不可与晋争锋，并举行隆重的礼仪把知䓨送回晋国。

通篇以对话的形式展开。知䓨的答辞，针锋相对，处处维护了个人和国家的尊严；又委婉得体，柔中寓刚；气格自高，令人感佩。文中表现出他忠君爱国的精神和机智从容、善于应对的过人才干。

文章层次分明，结构完整，人物形象鲜明生动，语言简练有文采。

吕相绝秦

《左传》

晋侯使吕相绝秦①，曰：

"昔逮我献公及穆公相好②，戮力同心，申之以盟誓，重之以昏姻。天祸晋国③，文公如齐，惠公如秦。无禄，献公即世，穆公不忘旧德，俾我惠公用能奉祀于晋④。又不能成大勋，而为韩之师⑤。亦悔于厥心⑥，用集我文公，是穆之成也。

"文公躬擐甲胄⑦，跋履山川，逾越险阻，征东之诸侯，虞、夏、商、周之胤⑧，而朝诸秦，则亦既报旧德矣。郑人怒君之疆场⑨，我文公帅诸侯及秦围郑。秦大夫不询于我寡君，擅及郑盟⑩。诸侯疾之，将致命于秦。文公恐惧，绥靖诸侯，秦师克还

59

无害，则是我有大造于西也。

"无禄，文公即世，穆为不吊，蔑死我君；寡我襄公，迭我殽地⑪，奸绝我好，伐我保城；殄灭我费滑⑫，散离我兄弟⑬，挠乱我同盟，倾覆我国家。我襄公未忘君之旧勋，而惧社稷之陨，是以有殽之师。犹愿赦罪于穆公。穆公弗听，而即楚谋我⑭。天诱其衷，成王陨命，穆公是以不克逞志于我。

"穆、襄即世，康、灵即位。康公我之自出⑮，又欲阙翦我公室，倾覆我社稷，帅我蟊贼⑯，以来荡摇我边疆。我是以有令狐之役⑰。康犹不悛，入我河曲⑱，伐我涑川⑲，俘我王官⑳，翦我羁马㉑。我是以有河曲之战㉒。东道之不通，则是康公绝我好也。

"及君之嗣也，我君景公引领西望，曰：'庶抚我乎？'君亦不惠称盟，利吾有狄难㉓，入我河县，焚我箕、郜㉔，芟夷我农功，虔刘我边陲㉕。我是以有辅氏之聚。君亦悔祸之延，而欲徼福于先君献、穆，使伯车来命我景公㉗，曰：'吾与女同好弃恶，复修旧德，以追念前勋。'言誓未就，景公即世。我寡君是以有令狐之会㉘。君又不祥，背弃盟誓。白狄及君同州㉙，君之仇雠，而我之昏姻也㉚，君来赐命曰：'吾与女伐狄。'寡君不敢顾昏姻，畏君之威，而受命于使。君有二心于狄，曰：'晋将伐女。'狄应且憎，是用告我。楚人恶君之二三其德也，亦来告我曰：'秦背令狐之盟，而来求盟于我，昭告昊天上帝、秦三公、楚三王，曰："余虽与晋出入，余唯利是视。"不榖恶其无成德，是用宣之，以惩不一。'诸侯备闻此言，斯是用痛心疾首㉛，昵就寡人。寡人帅以听命，唯好是求。君若惠顾诸侯，矜哀寡人，而赐之盟，则寡人之愿也。其承宁诸侯以退，岂敢徼乱？君若不施大惠，寡人不佞，其不能以诸侯退矣！

"敢尽布之执事，俾执事实图利之！"

注释

①晋侯：指晋厉公。吕相：晋国大夫魏锜的儿子，名魏相。吕是他的封邑。绝秦：与秦绝交。鲁成公十一（前580）年，晋厉公与秦桓公盟于令狐，秦君归而违约。于是，晋派吕相为使，数秦之罪，与之绝交。 ②逮：自从。
③天祸晋国：指骊姬之乱。晋献公宠骊姬，立其子为世子，尽逐群公子。

④奉祀：主持祭祀，指立为国君。　⑤韩之师：指韩原之战。鲁僖公十五年，秦、晋战于韩原，晋惠公被俘。　⑥厥：其，他的。指秦穆公。　⑦摄（huàn）：这里指穿戴。　⑧胤（yìn）：后代。　⑨场（yì）：边境。　⑩擅及郑盟：指僖公三十年，秦、晋围郑，经郑大夫烛之武游说，秦背晋而与郑盟。　⑪迭我殽地：指僖公三十年冬，秦发兵袭郑，三十三年，途经晋国殽山，两国交兵，秦败于殽。迭，突然侵犯。　⑫费滑：即滑国。费（bì），滑国都城，故地在今河南偃师附近。秦袭郑未果，归而灭滑。　⑬兄弟：晋与滑皆姬姓国。　⑭即楚谋我：鲁僖公三十三年，秦败于殽之后，释放楚臣斗克回楚国，以求与楚结盟。但次年（鲁文公元年）楚成王被儿子商臣所杀，以致秦谋不成。　⑮康公我之自出：晋献公的女儿伯姬嫁秦，生康公。　⑯蟊（máo）贼：害虫。这里指秦送来争位的晋公子雍。　⑰令狐之役：鲁文公七年，秦晋交兵于令狐（今山西临猗），秦师败绩。　⑱河曲：晋地名，在今山西永济黄河曲流处。　⑲涑（sù）川：水名，源出山西绛县（晋国都城），西经闻喜，至永济流入黄河。　⑳王官：晋地名，在今山西闻喜南。　㉑羁马：晋地名，在今山西永济南。　㉒河曲之战：鲁文公十二年，晋与秦战于河曲，秦兵夜遁，双方并无胜负。　㉓狄难：鲁宣公十五年时，晋灭赤狄潞国。　㉔箕：在今山西蒲县东北。郜：在今山西祁县西。　㉕虔刘：屠杀。　㉖辅氏：地名，在今陕西大荔朝邑西北。　㉗伯车：秦桓公的儿子。　㉘令狐之会：鲁成公十一年，晋厉公与秦桓公盟于令狐，秦伯归，即背晋盟。　㉙白狄：狄族中的一支。　㉚我之昏姻：赤狄女季隗嫁晋文公。　㉛斯是用：因此。

译文

晋厉公派吕相去和秦国绝交。吕相向秦桓公传达晋厉公的话，说：

"从前，我国献公和贵国穆公互相友好，协力同心，订立盟约来表明这种友谊，又通过婚姻来加深它。上天降祸给晋国，我国文公逃到齐国，惠公逃到秦国。不幸，献公逝世，穆公不忘旧日的感情，使我惠公能在晋国主持祭祀。可是秦国没能完成这一重大功业，因而发生了韩原之战。之后，穆公也后悔于心，因而成就我文公即位，这是穆公的功劳。

"我们文公亲自戴盔披甲，跋山涉水，逾越艰难险阻，征讨东方的诸侯，让虞、夏、商、周的后代都来朝见秦君。这就已经报答贵国旧日的恩惠了。郑国人侵犯贵国的边境，我们文公率领诸侯和贵国的军队包围郑国。贵国大夫不征求我们文公的意见，擅自和郑国订立和约。诸侯痛恨贵国这种行为，准备和你们拼命。文公忧惧，安抚诸侯，秦军方能安然回国而没受到损害。那么我国对西边是有重大贡献的。

"不幸，文公又逝世，穆公不来吊唁，蔑视我们已故的君主，欺侮我们刚刚即位的襄公，侵犯我殽地，断绝我们的友好关系，攻打我保城，灭掉我滑国，离散我兄弟之邦，扰乱我同盟之国，颠覆我们的国家。我国襄公没有忘记贵国旧日的恩德，而又忧惧国家的灭亡，因此发生了殽地之战。但是依然希望穆公能谅解我们的过失。穆公不听，反拉拢楚国，共谋伐我国。幸而上天有眼，楚成王丧命，穆公因此不能在我国得逞。

"贵国穆公、我国襄公相继逝世后，贵国康公、我国灵公即位。康公是我们晋国穆姬所生，却又想要损害我公室，灭亡我们国家，带领那小蟊贼公子雍来动摇我们的边境。我国因此才有了令狐之战。康公仍不悔改，又进兵河曲，侵犯我涑川，掳掠我王官，剪灭我羁马，我国因此进行了河曲之战。由秦到晋的道路被阻塞，是由于康公断绝了我们的友好关系。

"到您即位，我们景公伸长脖子遥望西方的贵国，说：'大概会要体恤我国了吧？'但您同样不肯施予恩惠，与我国结盟。反而利用我们遭逢狄氏之难，侵入我河县，焚烧我箕、郜，割掉我庄稼，屠杀我边民，我国因此在辅氏集结军队进行抵抗。您也后悔战祸迁延，而想求福于先君晋献公、秦穆公，于是派伯车来吩咐我国景公说：'我与你共同和好，捐弃怨恨，再恢复以前的友好关系，以追念先君的勋劳。'盟约还没订立，我国景公逝世了，因此我们晋君和您有令狐的会盟。而您又不怀好意，背弃盟誓。白狄和贵国同属雍州，是你们的仇敌，却是我们的姻亲。您派人来通知我们说：'我和你一同去打白狄！'我晋君不敢顾念姻亲关系，畏惧您的威严，从您的使者那里接受了命令。不料您对白狄别有心思，反倒对他们说：'晋国人准备侵犯你们哩！'白狄口里答应你们，心里却憎恶你们，因而把这情形告诉了我们。楚国人厌恶你们反复无常，也来告诉我们说：'秦国背弃了令狐之盟，而来要求和我们结盟，明告皇天上帝及秦国的穆公、康公、共公和楚国的成王、穆王、庄王："我虽然和晋国往来，但我只是谋求利益。"我国君王憎恶他缺乏固有的道德，因此将这件事公布出来，以惩戒那种用心不一的人。'诸侯都听到了这番话，因而恨透了秦国，而亲近于我。现在，我晋君率领诸侯来听候您的命令，只是为了请求友好。您如果加惠顾念诸侯，哀怜于寡人，而赐我们以结盟，这正是寡人的愿望。我将承您之意，安定诸侯撤军，难道还敢希求混战一场？您如果不肯施予大恩，我实在不才，恐怕不能让诸侯退走了。

"谨将全部意见陈述于您，望您充分权衡利弊，选择有利的方面去做。"

赏析

本文选自《左传·成公十三年》。

鲁成公十一年（前580），晋厉公与秦桓公约定于令狐会盟。届时，秦桓公违约，没有赴会。后来，秦又唆使狄人和楚国进攻晋国。于是晋厉公派吕相赴秦，与秦断绝友好关系。本文就是吕相当时与秦断交的外交辞令。

文章内容，分为三部分。

首先，追叙秦晋先王的友好关系；其次，述说晋国对秦国的恩德；然后，历数秦国背盟弃义的行径和种种损害晋秦友好的事件。全篇文章，紧紧抓住晋秦绝交是秦"绝我好也"这一中心，追昔道今，痛加斥责，把一切责任归罪于秦。

一般说来，外交辞令大多辞气委婉，叙述曲折，不卑不亢，于婉曲之中显示出锋芒。但本文却一反常调，词锋犀利，振振有理，气势充沛，雄辩酣畅，处处显示出咄咄逼人的气势。正因为这样，尽管吕相的问罪有不少夸张不实的地方，但洋洋洒洒，淋漓痛快，使人感觉问罪有理，绝秦有名，辞挟风霜，理直气壮，不愧是一篇绝妙的外交辞令。

同时，吕相的外交辞令，已经远远超出了问答的范围，形成了长篇大论，初具后代"檄移"之体的规模，标志着先秦论辩散文的重大发展。

驹支不屈于晋

《左传》

会于向①，将执戎子驹支②。范宣子亲数诸朝③，曰："来，姜戎氏。昔秦人追逐乃祖吾离于瓜州④，乃祖吾离被苫盖⑤，蒙荆棘，以来归我先君。我先君惠公有不腆之田，与女剖分而食之。今诸侯之事我寡君不如昔者，盖言语漏泄，则职女之由。诘朝之事⑥，尔无与焉。与，将执女。"

对曰："昔秦人负恃其众，贪于土地，逐我诸戎。惠公蠲其大德⑦，谓我诸戎，是四岳之裔胄也⑧，毋是翦弃。赐我南鄙之田，狐狸所居，豺狼所嗥。我诸戎除翦其荆棘，驱其狐狸豺狼，以为先君不侵不叛之臣，至于今不贰。昔文公与秦伐郑，秦人窃与郑盟而舍戍焉，于是乎有殽之师。晋御其上，戎亢其下⑨，秦师不复，我诸戎实然。譬如捕鹿，晋人角之，诸戎掎之⑩，与晋踣之⑪。戎何以不免？自是以来，晋之百役，与我诸戎相继于时，以从执政，犹殽志也，岂敢离逷⑫？今官之师旅，无乃实有所阙，以携诸侯，而罪我诸戎。我诸戎饮食衣服，不与华同，贽币不通，言语不达，何恶之能为？不与于会，亦无瞢焉⑬。"赋《青蝇》而退⑭。

宣子辞焉，使即事于会，成恺悌也⑮。

注释

①向：地名，属吴国，在今安徽怀远。吴国请求晋国率中原诸国伐楚，于是在向地会盟。　②戎子驹（jū）支：姜戎族的首领，名驹支。当时姜戎是附属于晋国的一个少数民族。　③范宣子：晋国大夫。　④瓜州：今甘肃敦煌。　⑤被：同"披"。苫（shān）：白茅草。盖：苫的别名。　⑥诘朝：

卷之二 周文

明日早晨。　⑦蠲（juān）：显示。　⑧四岳：传说为尧、舜时四方部落首领。　⑨亢：同"抗"。　⑩掎（jǐ）：拉住，指执鹿腿。　⑪踣（bó）：仆倒。　⑫逷（tì）：远。　⑬瞢（méng）：冈。　⑭《青蝇》：《诗经·小雅》中的一篇，首章为："营营青蝇，止于樊。岂弟君子，无信谗言。"　⑮恺（kǎi）悌：和乐平易。

译文

　　晋国在向地会集诸侯，准备把姜戎族首领驹支抓起来。范宣子亲自在朝廷上数落他的错误，说："过来，姜戎氏！从前秦国人在瓜州驱逐你的祖父吾离，你的祖父吾离披着茅草做的蓑衣，戴着荆条做的帽子来归附我先君惠公。我先君惠公只有不丰厚的土地，却和你平分来享受食物。现在，诸侯服侍我们国君不如以前，原因是泄露了我国机密，而这主要是你的缘故。明日早晨会见之事，你不要参加了。如果参加，就把你抓起来！"

　　驹支答道："从前，秦国人仗着他们人多，贪得土地，驱逐我各部戎人。惠公显示了他的大德，说戎的各个部族都是四岳的后代，不应当灭绝抛弃。于是赏赐给我们南方边境上的田地，那里是狐狸居住、豺狼嗥叫的地方。我们各部戎人剪除荆棘，赶走狐狸豺狼，做贵国先君不侵扰、不背叛的臣子，至今不怀二心。从前贵国文公和秦国讨伐郑国，秦国人暗中和郑国结盟，还留下部队戍守，于是发生了殽之战。晋国抵御秦兵于上，我们抗击秦兵于下，秦军覆灭不返，这是我各部戎人效力才能这样的。譬如抓鹿，晋国人抓住它的角，我们拖住它的脚，与晋国人一起把它打倒在地下。戎人为什么还不能免于获罪？从此以后，晋国的多次战役，我们都相继参与，总是紧跟着你们的执政，如同殽之战所持的态度一样，岂敢和你们离异疏远？现在，晋国的军旅之事，恐怕确实有过失，致使诸侯三心二意，你们却怪罪我们各部戎人。我们戎族饮食衣服与中原不同，财币不通，言语不懂，能够做什么坏事呢？不参加会见，也没什么不痛快的。"于是他朗诵了《青蝇》这首诗后退了出去。

　　范宣子向他道歉，让他参加会见，成就自己和乐平易的美誉。

65

赏析

本篇选自《左传·襄公十四年》。

姜戎是我国古代西北少数民族之一，春秋时为晋国附庸。驹支是当时姜戎的首领。

在一次诸侯的盟会上，晋国怀疑驹支泄露秘密，晋大夫范宣子盛气凌人地责备驹支，要取消其与会的资格。驹支据理力争，依事驳斥，终于使范宣子改正错误，赔礼道歉。

本文即记载了这一历史事件的经过，突出记叙了驹支反驳范宣子的言论。

全文内容分为三层。

首层，简介事件缘起，着重记叙了范宣子责备驹支忘恩负义、泄露秘密的言论。

次层，记叙驹支的辩解和驳斥。驹支不惧不怒，列举事实，理直气壮地予以反驳：首先，回顾姜戎开发晋国南部地区的功劳，表明至今不二的忠心；然后，强调指出姜戎在军事上佐助晋国，大败秦军于殽的重要贡献；最后，剖析本民族对晋国的友好态度，申辩姜戎与华夏诸多阻隔，不可能泄露秘密，更不可能阴谋捣乱的衷情。辩驳有事实，有议论，态度强硬，措辞委婉，非常具有说服力。

末层，交代事件结果。范宣子被驳得哑口无言，并向驹支谢罪，表现出一个政治家的宽大襟怀。

全文侧重以言论记叙事件、以言论刻画人物，结构较为单纯，言辞颇为精彩。驹支的沉着应对、据理力争，范宣子的盛气凌人、知过即改，都生动逼真，给人以深刻的印象。

此外，文章从一个侧面生动展示出，早在春秋时期，中原华夏民族与西北地区的少数民族已经相互交往、和平相处的历史状况，颇具史料价值和认识价值。

祁奚请免叔向

《左传》

栾盈出奔楚①。宣子杀羊舌虎②，囚叔向③。人谓叔向曰："子离于罪④，其为不知乎？⑤"叔向曰："与其死亡若何⑥？《诗》曰：'优哉游哉，聊以卒岁⑦。'知也。"

乐王鲋见叔向曰⑧："吾为子请。"叔向弗应，出，不拜。其人皆咎叔向。叔向曰："必祁大夫。⑨"室老闻之曰："乐王鲋言于君无不行，求赦吾子，吾子不许。祁大夫所不能也，而曰必由之。何也？"叔向曰："乐王鲋，从君者也，何能行？祁大夫外举不弃仇，内举不失亲，其独遗我乎？《诗》曰：'有觉德行，四国顺之⑩。'夫子，觉者也。"

晋侯问叔向之罪于乐王鲋⑪。对曰："不弃其亲，其有焉。"于是祁奚老矣，闻之，乘驲而见宣子⑫，曰："《诗》曰：'惠我无疆，子孙保之⑬。'《书》曰：'圣有谟勋，明征定保。'夫谋而鲜过，惠训不倦者，叔向有焉，社稷之固也。犹将十世宥之，以劝能者。今壹不免其身，以弃社稷，不亦惑乎？鲧殛而禹兴⑭；伊尹放大甲而相之⑮，卒无怨色；管、蔡为戮⑯，周公右王⑰。若之何其以虎也弃社稷？子为善，谁敢不勉，多杀何为？"

宣子说⑱，与之乘，以言诸公而免之。不见叔向而归，叔向亦不告免焉而朝。

注释

①栾盈：晋国大夫。 ②宣子：晋国执政大夫，范鞅。羊舌虎：为栾盈党羽。 ③叔向：晋国大夫，叫羊舌肸（xī），为羊舌虎之兄。 ④离：同"罹（lí）"，遭受。 ⑤知：同"智"。 ⑥亡：指逃亡。 ⑦"优哉游哉"二句：不见于《诗经》，是逸诗。 ⑧乐王鲋（fù）：晋大夫，姓乐王，名鲋。

⑨祁大夫：祁奚。 ⑩"有觉"二句：见《诗经·大雅·抑》。 ⑪晋侯：指晋平公。 ⑫驲（rì）：古代驿站用的马车。 ⑬"惠我"二句：见《诗经·周颂·烈文》。 ⑭鲧（gǔn）：夏禹之父。 ⑮伊尹：商汤王的相国，名伊，尹是官名。大甲：商汤之孙。大，同"太"。 ⑯管、蔡：管叔、蔡叔，都是周公之弟。 ⑰周公：周武王的弟弟，名旦，曾助武王灭商。武王死，成王年幼，由周公摄政。 ⑱说：同"悦"。

译文

晋国大夫栾盈逃亡到楚国。范宣子杀掉羊舌虎，同时囚禁叔向。有人对叔向说："您遭受罪孽，大概是您不明智吧？"叔向说："和那些被杀和逃亡的人相比，我怎么样？《诗》上说：'逍遥自在啊，聊且这么度完岁月！'这正是明智啊。"

乐王鲋来看叔向，说："我帮您向国君请求赦免。"叔向不回答，乐王鲋退出时，他也不拜送。叔向手下的人都责怪他。叔向说："请求赦免，一定要祁大夫才行。"叔向的家臣首领听到这话，便说："乐王鲋对国君说的话，没有不照办的，他要帮您请求赦免，您却不答应。祁大夫不能办到，您却说非他不行。这是为什么？"叔向说："乐王鲋是个顺从国君的人，他怎么能做到？祁大夫在推荐人才时，对外不弃仇人，对内不避亲子，难道会独独丢下我吗？《诗》上说：'有正直的德行，四方都会归顺。'祁老先生，他就是个正直的人。"

晋平公向乐王鲋询问叔向的罪过。乐王鲋答道："叔向不抛弃亲情，大概是他弟弟的同谋吧。"当时，祁奚已经告老离职，听说此事，忙坐上马车去找范宣子，说："《诗》上说：'施给百姓无穷恩惠，子孙依赖它得到拥护。'《书》上说：'圣明之人有谋略和功勋，应该相信和保护。'有谋略而少有过错，教育别人而不知疲倦，叔向正具有这两种优点。国家就靠这种人来巩固。即使他第十代孙子犯了罪，都要加以赦免，以此来勉励有才能的人。今为一弟之故，而自身不免于死，这是抛弃社稷之臣，岂不是太糊涂了吗？以前，鲧被杀死了，他的儿子禹却被任用。伊尹流放过太甲，太甲做天子，仍用伊尹辅佐自己，而且始终没有怨恨之色。管叔、蔡叔被杀，周公和他们是亲兄弟，却仍然辅佐成王。怎么能因为羊舌虎的缘故而抛弃叔向这种社稷之臣呢？您为善，谁敢不努力为善，多杀人干什么？"

范宣子听了很高兴，和他同坐一辆车去见晋平公，向平公说明道理，赦免了叔向。祁奚没有去看叔向，就回去了。叔向也没有告诉祁奚获得赦免之事，就直接去朝见平公。

赏析

本文选自《左传·襄公二十一年》。

文章围绕晋国大夫叔向受人牵连、被捕入狱这一中心事件，记叙了晋大夫祁奚、乐王鲋的不同言论、行为，塑造了三个品格不同的人物形象，表达了作者对祁奚、叔向的赞美，对乐王鲋的讽刺。

全文内容，分为四段。首段，记叙叔向受人牵连被捕入狱，虽身为囚徒，但处危不乱，毫不怨天尤人。第二段，写乐王鲋主动要求替叔向说情，叔向态度冷淡，并断言其人言行不一，必定不会救自己，而只有祁奚才会甘冒风险拯救自己。第三段，以对比手法，描写乐王鲋在晋平公面前说叔向的坏话，而祁奚不顾年迈体弱，驾车到晋平公住处替叔向竭力说情。塑造出两个截然不同的士大夫形象，印证了叔向的看法。第四段，记叙祁奚救人于危难而不求回报的高尚行为，以及叔向受人恩惠而不讲虚情假意的感戴的磊落情性。

全篇文章，短短三百余字，叙述了一个完整的历史故事，塑造了三个生动鲜明的人物形象：祁奚年老德昭，爱才惜才，救人于危难之中而不图回报，真心实意，品格高尚，可敬可佩；叔向处乱不惊，镇定自若，有见事之明和知人之明，且不讲俗套，行为洒脱，心胸旷达，可钦可羡；乐王鲋虚情假意，两面三刀，表里不一，落井下石，一个典型的投机商和两面派，可恨可恶。

文章善用对比手法，通过人物的言论、行动展示人物的心理、性格，使人物宛然若睹、呼之欲出。同时，大量引用《诗经》成句，含义丰厚，增强表达效果，言简意赅而富于文学色彩。

子产告范宣子轻币

《左传》

范宣子为政,诸侯之币重①。郑人病之。二月,郑伯如晋②,子产寓书于子西以告宣子③,曰:

"子为晋国,四邻诸侯不闻令德④,而闻重币,侨也惑之。侨闻君子长国家者⑤,非无贿之患⑥,而无令名之难。夫诸侯之贿聚于公室,则诸侯贰;若吾子赖之,则晋国贰。诸侯贰则晋国坏,晋国贰则子之家坏。何没没也⑦,将焉用贿?

"夫令名,德之舆也⑧。德,国家之基也。有基无坏,无亦是务乎!有德则乐,乐则能久。《诗》云:'乐只君子,邦家之基⑨。'有令德也夫!'上帝临女,无贰尔心⑩。'有令名也夫!恕思以明德,则令名载而行之,是以远至迩安。毋宁使人谓子'子实生我',而谓子'浚我以生'乎⑪?象有齿以焚其身,贿也。"

宣子说,乃轻币。

注释

①币:指财礼。 ②郑伯:郑简公。 ③子产:名公孙侨,郑大夫公子发之子。子西:郑国大夫,随郑简公到晋国。 ④令:美善。 ⑤国家:指国和家族。 ⑥贿:财货,此指贡献礼品。 ⑦没没(mòmò):即昧昧,不明白,糊涂。 ⑧舆:车。 ⑨"乐只"二句:见《诗经·小雅·南山有台》。 ⑩"上帝"二句:见《诗经·大雅·大明》。 ⑪浚(jùn):索取,榨取。

译文

范宣子主持晋国国政,诸侯朝见时贡品很重,郑国对此事感到很痛苦。二月,郑伯到晋国,子产托子西带去书信,让他告诉范宣子,说:

"您治理晋国,四邻的诸侯没有听到您的美德,只听说贡品很重,我公孙侨对此感到迷惑不解。我听说君子主持国和家族,不是忧虑没有钱财,而是难在没有美名。诸侯进贡的财货积聚在晋国公室,诸侯就会离心离德。如果您将财物据为己有,晋国人便会离心离德。诸侯离心,会使晋国受到损害;晋国人离心,您的家族会受到祸害。为什么您这样糊涂呢?这么多财物用到哪里去呢?

"美名,是载德之本。而道德,则是国家的基础。有道德这个基础,国家就不会毁坏,不应该致力于这件事吗?有道德就会与人同乐,与人同乐在位就会长久,《诗经》说:'君子快乐,是国和家的基础。'这是因为有美德吧!又说:'天帝在你上面,不要三心二意。'这是有美名吧!用忠厚体谅来昭明道德,美名就会载着好的道德而流传,于是远方的人来归附,近处的人也安定。是宁愿让别人说您'您确实养活了我们',还是让别人说'您榨取我们的财物来生活'呢?大象因为牙齿而毁了它的身体,那是因为象牙值钱。"

范宣子听了很高兴,于是就减轻了诸侯贡纳的财物。

赏析

本篇选自《左传·襄公二十四年》。

春秋时期,晋是北方的大国和强国。诸侯会盟时,弱小的诸侯国家按照所谓的"礼仪",往往要向晋国进贡财物以示尊重。这种变相的公开掠夺,到范宣子执政时更为严重。郑子产以政治家的眼光洞察其弊,特写信向范宣子进言:贪图贿赂,看重钱财,必将对晋国造成危害,唯有美好的德行和名声,才能安定臣民,使诸侯归顺,保持国家的长治久安。范宣子愉快地接受了子产的意见,从此减轻了贡品。

本文以夸赞的笔触,记叙了这一事件的起因、经过和结果,对郑子产的政治灼见和范宣子的从谏如流,都表示了高度的肯定和赞许。

子产的劝谏,是全文的重点,分两层展开:第一,直斥晋国"重币"之非,论述了贪图贿赂的危害性:腐蚀人心,离散人心,败坏国家，祸及子孙。因此，不能贪恋钱财。第二，从美好的名声和德行入手，援引先秦典籍，举出大象有齿焚身的事例为比喻，充分论证了美好的名声和德行，才是国家和家族的牢固基础，是最重要的东西。子产的观点，集中体现了先秦儒家的政治主张，具有一定的进步性和民主性，值得肯定和借鉴。

这段谏词，观点鲜明，论证有力，有理论，有事实，有论断，有比喻，正大堂皇，一气贯注，有不可辩驳的逻辑力量。因此，立竿见影，收到显效，传为千古美谈。

晏子不死君难

《左传》

崔武子见棠姜而美之①，遂取之。庄公通焉②。崔子弑之。晏子立于崔氏之门外③。

其人曰："死乎？"

曰："独吾君也乎哉，吾死也？"

曰："行乎？"

曰："吾罪也乎哉，吾亡也？"

曰："归乎？"

曰："君死安归？君民者，岂以陵民④？社稷是主。臣君者，岂为其口实？社稷是养。故君为社稷死则死之，为社稷亡则亡之。若为己死而为己亡，非其私昵，谁敢任之？且人有君而弑之，吾焉得死之，而焉得亡之？将庸何归？"

门启而入，枕尸股而哭⑤，兴，三踊而出。

人谓崔子："必杀之。"崔子曰："民之望也，舍之得民。"

注释

①崔武子：名杼，齐国执政大夫。棠姜：刚死去的棠公之妻。棠，城邑名。　②庄公：指齐庄公。　③晏子：齐国大夫晏婴。　④陵民：处于民之

上。　⑤股：大腿。

译文

崔武子看见棠姜，觉得她很美，于是娶她为妻。齐庄公与棠姜私通，崔武子因而杀死了庄公。

晏子站在崔家门外。

他的左右问："为国君死难吗？"

晏子说："难道是我一个人的君主吗？我为什么要死？"

左右说："逃走吗？"

晏子说："难道是我的罪过吗？我为什么要逃亡？"

左右说："那就回家吧？"

晏子说："国君死了，我还回到哪里去？作为百姓的君主，难道是徒然居于民众之上？他应主持国政啊！作为君主的臣下，难道是为了俸禄？应管理好国家啊！所以，君主为国家而死，做臣子的就该跟他一道死，君主为国家而逃亡，做臣子的就该跟他逃亡。如果君主是为自己而死，为自己而逃亡，不是他私自宠爱的人，谁敢承当这种祸难？再说，人家有君主却要杀掉他，我又怎能为君主而死，为君主而逃亡？我又能回到哪里去？"

崔家的门开了，晏子进去，头枕在尸首的大腿上放声而哭，站起来，又十分哀痛地连连顿脚，然后出去。

有人对崔武子说："一定要杀掉他！"崔武子说："他是百姓仰望的人物，放了他，可以得民心。"

赏析

本文选自《左传·襄公二十五年》。

文章通过记叙齐国著名国相晏婴在齐庄公死后所表现出来的公义私情，嘲讽、斥责了齐庄公的荒淫、昏庸，称赞了晏婴公私分明的言论举动。

全文内容分为三部分。

首先，记载事件缘起。齐庄公荒淫无道，与齐大夫崔杼的妻子棠姜私通，在崔家被崔杼杀死。

其次，记叙晏子在齐庄公死后的言行。在国君新丧、国内大乱的形势下，晏子既不逃奔，也不为齐庄公殉道，更不为齐庄公之死而辞职归乡；而是伫立于崔家门外，通过答辞，严肃地谴责了齐庄公的荒淫、暴虐和昏庸，阐明了不值得不应该也不需要为齐庄公这样的国君去死去逃去归。

末尾，描写晏婴进崔家为齐庄公哀切恸哭，尽臣子私情的情形，借崔杼的话表示了对晏婴的充分肯定。

全文主旨，在于通过晏婴的言行，表达了国君不应高踞百姓之上，应当勤政廉洁、以国事为重的观点，对齐庄公荒淫暴死进行了谴责，对晏子公私分明的情感态度作了高度的评价。

文章篇幅短小，层次清晰，事件完整，人物形象鲜明。晏婴的一席答辞，以若干反诘问句构成，理由充分，言辞犀利，感情强烈，一气而下，尤为精彩动人。全篇语言简练，善于抓住人物言论、行动进行描写，三言两语，境界全出，性格毕现，不失为一篇短小精悍的历史散文。

季札观周乐

《左传》

吴公子札来聘①，请观于周乐②。

使工为之歌《周南》《召南》③，曰："美哉！始基之矣，犹未也，然勤而不怨矣。"

为之歌《邶》《鄘》《卫》④，曰："美哉，渊乎！忧而不困者也。吾闻卫康叔、武公之德如是⑤，是其卫风乎？"

为之歌《王》⑥，曰："美哉！思而不惧，其周之东乎？"

为之歌《郑》⑦，曰："美哉！其细已甚，民弗堪也，是其先亡乎？"

为之歌《齐》⑧，曰："美哉！泱泱乎，大风也哉！表东海者，其大公乎⑨？国未可量也。"

为之歌《豳》⑩，曰："美哉，荡乎！乐而不淫，其周公之东乎？"

为之歌《秦》⑪，曰"此之谓夏声。夫能夏则大，大之至也！其周之旧乎？"

为之歌《魏》⑫，曰："美哉，沨沨乎⑬！大而婉，险而易行，以德辅此，则明主也！"

为之歌《唐》⑭，曰："思深哉！其有陶唐氏之遗民乎？不然，何忧之远也？非令德之后，谁能若是！"

为之歌《陈》⑮，曰："国无主，其能久乎？"

自《郐》以下⑯，无讥焉⑰。

为之歌《小雅》⑱，曰："美哉！思而不贰，怨而不言，其周德之衰乎？犹有先王之遗民焉！"

为之歌《大雅》⑲，曰："广哉，熙熙乎！曲而有直体，其文王之德乎？"

为之歌《颂》⑳，曰："至矣哉！直而不倨，曲而不屈；迩而不逼，远而不携；迁而不淫，复而不厌；哀而不愁，乐而不荒；用而不匮，广而不宣；施而不费，取而不贪；处而不底，行而不流。五声和㉑，八风平；节有度，守有序。盛德之所同也！"

见舞《象箾》《南籥》者㉒，曰："美哉！犹有憾。"

见舞《大武》者㉓，曰："美哉！周之盛也，其若此乎？"

见舞《韶濩》者㉔，曰："圣人之弘也，而犹有惭德！圣人之难也。"

见舞《大夏》者㉕，曰："美哉！勤而不德，非禹，其谁能修之？"

见舞《韶箾》者㉖，曰："德至矣哉！大矣，如天之无不帱也㉗，如地之无不载也！虽甚盛德，其蔑以加于此矣㉘。观止矣！若有他乐，吾不敢请已！"

注释

①吴公子札：吴王寿梦的小儿子季札。　②周乐：天子之乐。鲁为周公

之后，成王因周公的缘故赐鲁周乐。　③《周南》《召南》：采自周（周公旦的封地）、召（召公奭的封地）地方的乐歌。　④《邶（bèi）》《鄘》《卫》：指采自邶、鄘、卫地区的乐歌。邶是纣王之子武庚的封地（在今河南汤阴），鄘是武王之弟管叔的封地（在今河南新乡东北），卫是武王之弟康叔的封地（在今河南淇县）。　⑤卫康叔：卫国贤君。武公：康叔第九世孙。　⑥《王》：采自周朝东都（今河南洛阳）的乐歌。　⑦《郑》：采自郑地（今河南郑州一带）的乐歌。　⑧《齐》：采自齐地（今山东一带）的乐歌。　⑨大公：即姜太公吕尚。大，同"太"。　⑩《豳（bīn）》：采自豳地（今陕西旬邑、彬州一带）的乐歌。　⑪《秦》：采自秦地（今陕西一带）的乐歌。　⑫《魏》：采自魏地（今山西芮城一带）的乐歌。　⑬沨沨（fánfán）：声调适中。　⑭《唐》：采自唐地（今山西南部）的乐歌。　⑮《陈》：采自陈地（今河南东南、安徽北部）的乐歌。　⑯郐（kuài）：采自郐地（今河南新密一带）的乐歌。　⑰讥：评论。　⑱《小雅》：《诗经》中的雅诗分《小雅》《大雅》，《小雅》多为贵族作品。　⑲《大雅》：西周时期贵族乐歌。　⑳《颂》：祭祀歌曲。　㉑五声：指五声音阶的宫、商、角、徵（zhǐ）、羽。　㉒《象箾》《南籥（yuè）》：舞乐，相传为文王之乐。《象箾》为武舞，《南籥》为文舞。箾，竿，舞者所持道具。籥，一种管乐器。　㉓《大武》：武王之乐。　㉔《韶濩（hù）》：商汤之乐。　㉕《大夏》：大禹之乐。　㉖《韶箾》：虞舜之乐。　㉗帱（dào）：覆。　㉘蔑：没有。

译文

吴国公子季札前来鲁国访问，请求欣赏周朝的音乐舞蹈。

鲁国派乐工给他演唱《周南》《召南》，季札说："真美呀！文王教化开始的基础就在二南了，虽然还未完成，但是百姓劳苦，却没有怨恨。"

给他演唱《邶风》《鄘风》《卫风》的歌谣，季札说："真美呀！歌声那么深沉，情调忧伤，却不窘迫。我听说卫康叔、卫武公的德行就是这样感人，这大概就是卫国的歌谣吧？"

给他演唱《王风》的歌谣，季札说："真美呀！虽然忧虑，并不恐惧，大概是周王室东迁洛阳以后的歌谣吧？"

给他演唱《郑风》的歌谣，季札说："真美呀！只是烦琐得过分了，百姓不能忍受，这个国家怕要先灭亡吧！"

给他演唱《齐风》的歌谣，季札说："真美呀！好洪亮啊！

真是大国之风,这是东海表率,大概是太公吧?他的国家未可限量啊。"

给他演唱《豳风》的歌谣,季札说:"真美呀!坦荡平直。欢乐而不放荡,大概是周公东征的歌谣吧?"

给他演唱《秦风》的歌谣,季札说:"这是夏声,夏就是大,大到极致了,这大概是西周旧乐吧?"

给他演唱《魏风》,季札说:"真美呀!声调适中,雄伟而又婉曲,急促而流畅。再用德行辅助,就是一位贤君啦。"

给他演唱《唐风》的歌谣,季札说:"思虑深远呀!大概是唐尧的遗民吧?否则,为什么会那么忧思深远呢?不是圣君的后代,谁能够像这样?"

给他演唱《陈风》的歌谣,季札说:"国家没有一个好的君主,这样的国家还能长久存在吗?"

从《郐风》以下就没有再加以评论了。

给他演唱《小雅》,季札说:"真美呀!忧思但不怀二心,怨恨但忍住不说,这大概是周朝德行衰败时的音乐吧?还有先王的遗民呢!"

给他演唱《大雅》,季札说:"宽广呀!声音多么和美。抑扬曲折而本体刚健劲直,大概是歌颂文王之德吧?"

给他演唱《颂》,季札说:"达到至极啦!刚劲而不放肆,婉顺而不卑下;紧密而不局促,悠远而不散漫;变化而不过度,反复而不厌倦;哀伤而不忧愁,欢乐而不荒淫;消耗而不匮乏,广大而不显扬;施予而不损失,吸收而有节制;安处而不凝滞,流动而不放荡。五声和谐,八音协调,节拍有度,遵守有序。有盛德的人都是这样。"

季札看见表演舞乐《象箾》《南籥》的,就说:"真美呀!可还不完善。"

看见表演《大武》的,他说:"真美呀!周王室的兴盛就是这样吧。"

看见表演舞乐《韶濩》的,他说:"像圣人那样的宽宏,尚且还有美中不足,可见当圣人不易啊。"

看见表演乐舞《大夏》的，他说："真美呀！那样劳苦而不自以为有德，不是禹还有谁能做到？"

看见表演乐舞《韶箾》的，他说："道德达到了极点，伟大呀，像上天一样无所不盖，像大地一样无所不载。即使有盛大的德行，大概也不能超过这个了。观赏到此为止了吧，如果还有别的乐曲，我也不敢再要求了。"

赏析

本文选自《左传·襄公二十九年》。

这一年，吴公子季札到鲁国访问，欣赏"周乐"。本文记叙了鲁国乐工演奏的顺序和季札对"周乐"的评价，反映了春秋时期音乐高度发达的状况，以及艺术欣赏的水平和特点，可以作为一篇文艺论文来读。

值得注意的是，文章所载鲁国乐工演奏"周乐"的顺序，与今存的《诗经》大致相同，只是《豳风》提前，省了《曹风》。这恰好证明，孔子整理《诗经》以前，《诗经》已有雏形；后来孔子用之做教材，也基本上没做什么变动。

季札对"周乐"的评价，大约分为三种情况：一种是赞美，这是大多数；一种是褒贬不一，如《陈风》；一种是不置可否，"自《郐》以下，无讥焉"。其评价，往往着眼于各国的政治、历史和社会人文精神，既显示出季札丰富的历史知识、人生经验和极高的艺术修养，又体现出艺术反映现实（历史）、表现思想感情的传统文艺批评观。这些评价，大多中肯而精当，尤其是对《国风》《小雅》诸诗的感受和评点更为精彩，具有较高的参考价值和启发意义。

另外，季札的评价，形式上基本都是随观随评，点到为止，虽然是一些简单的联系、思考和零星的论断，但卓有见识，内涵丰富，言近旨远，耐人深思。这种不偏重理论的阐释更侧重于观赏者的经验和感受的"评点式"的文艺批评方式，对中国古代文学批评的影响非常重大和深远。

子产坏晋馆垣

《左传》

子产相郑伯以如晋①。晋侯以我丧故②,未之见也。子产使尽坏其馆之垣,而纳车马焉。

士文伯让之曰③:"敝邑以政刑之不修,寇盗充斥,无若诸侯之属辱在寡君者何,是以令吏人完客所馆④,高其閈闳⑤,厚其墙垣,以无忧客使。今吾子坏之,虽从者能戒,其若异客何?以敝邑之为盟主,缮完葺墙以待宾客,若皆毁之,其何以共命?寡君使匄请命。"

对曰"以敝邑褊小,介于大国,诛求无时⑥,是以不敢宁居,悉索敝赋,以来会时事。逢执事之不闲,而未得见,又不获闻命,未知见时。不敢输币,亦不敢暴露。其输之,则君之府实也,非荐陈之,不敢输也。其暴露之,则恐燥湿之不时而朽蠹,以重敝邑之罪。侨闻文公之为盟主也,宫室卑庳⑦,无观台榭,以崇大诸侯之馆,馆如公寝。库厩缮修,司空以时平易道路⑧,圬人以时塓馆宫室⑨。诸侯宾至,甸设庭燎⑩,仆人巡官,车马有所,宾从有代,巾车脂辖,隶人牧圉,各瞻其事,百官之属,各展其物。公不留宾而亦无废事,忧乐同之,事则巡之,教其不知,而恤其不足。宾至如归,无宁菑患⑪,不畏寇盗,而亦不患燥湿。今铜鞮之宫数里⑫,而诸侯舍于隶人,门不容车,而不可逾越,盗贼公行而夭厉不戒⑬,宾见无时,命不可知。若又勿坏,是无所藏币,以重罪也,敢请执事,将何所命之?虽君之有鲁丧,亦敝邑之忧也。若获荐币,修垣而行,君之惠也,敢惮勤劳?"

文伯复命。赵文子曰⑭:"信。我实不德,而以隶人之垣以赢诸侯⑮，是吾罪也。"使士文伯谢不敏焉。晋侯见郑伯，有加礼，厚其宴好而归之。乃筑诸侯之馆。

叔向曰："辞之不可以已也如是夫！子产有辞，诸侯赖之，若之何其释辞也？《诗》曰：'辞之辑矣，民之协矣；辞之怿矣，民之莫矣⑯。'其知之矣。"

注释

①相（xiàng）：辅佐。郑伯：指郑简公。 ②晋侯：晋平公。我丧：指鲁襄公之丧。左传是叙述鲁史的，所以以"我"称鲁国。 ③士文伯：晋大夫，名匄，字伯瑕。 ④完：修缮。 ⑤闬（hàn）闳（hóng）：里门和巷门。这里指馆舍大门。 ⑥诛：责、要求。 ⑦庳（bì）：矮小。 ⑧司空：掌管土木的官员。 ⑨圬（wū）人：泥水匠。墁（mì）：涂。 ⑩甸：管理柴薪的官吏。庭燎：庭中照明的火烛。 ⑪蓄：同"灾"。 ⑫铜鞮（dī）：地名，在今山西沁县，晋平公筑宫殿于此。 ⑬夭厉：瘟疫。 ⑭赵文子：晋卿大夫赵武。 ⑮赢：接受。 ⑯"辞之"以下四句：见《诗经·大雅·板》。辑，和睦。怿（yì），喜悦。莫，安定。

译文

子产辅佐郑简公去晋国。晋平公因为鲁国有丧事，没有接见。子产派人全部拆掉宾馆的围墙，把带来的车马放进里面。

士文伯责备他，说："我国因为政事刑罚不能修明，盗贼到处都是，诸侯、卿大夫屈驾来见我们国君，所以才差遣官员修缮宾客居住的馆舍，加高馆舍大门，加厚馆舍围墙，以免宾客担忧。如今您拆毁了它，虽然您的随行人员能够自行戒备，可是，其他宾客该怎么办呢？由于我国是诸侯的盟主，所以以修缮馆舍围墙，用以接待宾客。如果都拆掉，我们拿什么满足宾客的需求呢？我们晋君派我来请问拆墙的理由。"

子产答道："因为我国狭小，处在大国之间，大国索求贡品，没有一定的时间，所以我们国君不敢安居，搜集我国全部的财物，随时来朝见。碰到你们没有空，不能接见，又得不到命令，不知道接见的时间。我们不敢交纳贡品，也不敢让它日晒夜露。如果交纳，这便是晋君府库中的财物，不经过陈列仪式，不敢奉献。让它日晒夜露，又担心时而干燥时而潮湿而朽坏，这就加重我国的罪过了！我公孙侨听说，贵国晋文公做盟主时，宫室矮小，没有台观亭榭，却把招待诸侯的馆舍修得又高又大，馆舍犹如晋君的寝宫。仓库、马房经过修缮，司空按时整修道路。泥匠按时涂饰宾馆房间。各国的外宾来到，甸人点燃庭燎，仆役们在宾馆巡视，车马有一定的地方，外宾的仆从有人代替他服役，管理车辆的官员用油脂涂轮轴，仆役、马夫，各人照管自己的差事，大小官员展示礼品招待外宾。文公不让外宾滞留，因而不会耽误事情。双方同忧共乐，事情没办妥的，派人巡查。教给他们所不知的，体恤他们所不足的。外宾来到贵国，如同回到自己家里，不但没有灾患，不怕抢劫偷盗，也不担心燥热或潮湿。现在，贵国建在铜鞮的宫殿宽广好几里，诸侯却住在奴隶般的屋子里。门口进不去车子，而又不能从墙上翻越。盗贼公开抢劫，瘟疫不能预防。外宾的接见没有一定的时间，召见的命令也不可知。如果不拆掉墙壁，没有地方收藏财礼，这就加重我们的罪过了！冒昧地请问，将命令我们把这财礼置于何处？虽说贵国国君逢鲁君之丧事，那也是我国的悲伤，若能奉上财礼，我们修好墙壁再走。这将是晋君的恩惠，岂敢害怕劳苦？"

文伯回复晋君之命，赵文子说："确实如此啊！我们实在德行有失，竟用奴仆们住的房子接待外宾。这是我的过错！"随即派士文伯去就自己的不才表示道歉。晋平公接见郑简公时，礼仪有加，宴会更隆重，然后送他们回去。于是又建筑接待诸侯的宾馆。

叔向说："辞令就是这样地不可忽视啊！子产擅长辞令，诸侯都因他而得利。怎么能废弃辞令呢！《诗》上说：'辞令和谐，百姓团结；辞令动听，百姓安定。'作诗的人一定知道这个道理吧。"

赏析

本文选自《左传·襄公三十一年》。

文章记载了子产陪同郑简公到晋国访问，受到冷遇，子产派人把晋国宾馆的围墙通通拆除，并就此发表了一番振振有词的议论，使晋国君臣折服的故事，显示了郑子产的才干、机敏、胆识和善于辞令。

全文内容，分为五段。

首段，概述子产陪同郑简公出访晋国遭受冷遇，愤而将晋国宾馆围墙拆除的事件。开门见山，骤掀波澜，令人有直截了当之快感。

次段，晋国震惊，晋使登门问罪，斥责子产无礼，要讨个说法。虽措辞委婉，但气势汹汹，来者不善，大有兴师问罪之意。

第三段，子产从容镇定，巧为应答。其答辞，分为两层：首先，表明郑国此次携带大量贵重财物来聘问晋君，晋君却借口鲁国有丧事避而不见，使得财物不能及早进献；郑国又害怕不经过陈列的仪式奉献礼物，不合规范；更担心财物日晒夜露，朽烂残毁，加重郑国的罪过，所以，要尽行拆除宾馆围墙。然后，又着重指出拆除围墙是晋君逼出来的举动，主要是为了使晋君早日接见；若获接见，郑国愿意重修围墙而后离开。这两层答辩，都紧扣晋君避而不见这一要害问题，实际是批评晋君失礼，应负全部责任。

第四段，记叙晋国君臣心悦诚服，接见郑简公、子产一行人，厚加款待，竭诚相送，并自行将宾馆的围墙修复。

第五段，借叔向的评价，高度肯定了子产善于外交辞令和过人的胆略识见。

全篇文章，有头有尾，结构完整，叙事富于故事情节性和戏剧冲突性；善于通过人物语言、行动来刻画人物形象，使之栩栩如生。

子产论尹何为邑

《左传》

子皮欲使尹何为邑①。

子产曰："少，未知可否。"

子皮曰："愿②，吾爱之，不吾叛也。使夫往而学焉，夫亦愈知治矣。"

子产曰："不可。人之爱人，求利之也。今吾子爱人则以政，犹未能操刀而使割也，其伤实多。子之爱人，伤之而已，其谁敢求爱于子？子于郑国，栋也。栋折榱崩③，侨将厌焉④，敢不尽言？子有美锦，不使人学制焉。大官大邑，身之所庇也，而使学者制焉，其为美锦，不亦多乎？侨闻学而后入政，未闻以政学者也。若果行此，必有所害。譬如田猎，射御贯⑤，则能获禽。若未尝登车射御，则败绩厌覆是惧，何暇思获？"

子皮曰："善哉！虎不敏。吾闻君子务知大者、远者，小人务知小者、近者。我小人也。衣服附在吾身，我知而慎之；大官大邑，所以庇身也，我远而慢之。微子之言，吾不知也。他日我曰⑥：'子为郑国，我为吾家，以庇焉，其可也。'今而后知不足。自今请虽吾家，听子而行。"

子产曰："人心之不同，如其面焉，吾岂敢谓子面如吾面乎？抑心所谓危，亦以告也。"

子皮以为忠，故委政焉。子产是以能为郑国。

注释

①子皮：郑国执政大夫，名罕虎。尹何：子皮的属臣。　②愿：为人谨厚。　③榱（cuī）：椽子。　④厌：同"压"。子产执政是子皮推荐的，任用尹何不当，自然会影响到子产，所以说"侨将厌焉"。　⑤贯：同"惯"，熟

练。　⑥他日：往日。

译文

子皮想任命尹何治理封邑。

子产说："尹何年轻，不知道行不行？"

子皮说："尹何谨慎厚道，我喜欢他，他不会背叛我。让他去那里学习学习，他就更懂得怎样治理了。"

子产说："不行。人们喜爱一个人，总是要求有利于他。现在您喜欢一个人，却把政事交给他，这就像一个人还不会拿刀，却让他去宰割东西，这会造成许多伤害。您对人的喜欢，只是伤害他罢了，谁还敢希望得到您的喜爱呢？对于郑国，您是栋梁。栋梁一断，椽子就会坍塌，我公孙侨也要被压倒，怎么敢不对您畅所欲言？比如您有漂亮的锦缎，是不会让人用它去学裁剪的。大的官职，大的封邑，是自身的庇护，您却叫一个初学的人去治理，岂不是对漂亮的锦缎的考虑比对封邑还多吗？我公孙侨只听说过要先学习，然后才能办政事，还没听说过拿办政事来作为学习的。果真这样做，一定会有所伤害。就像打猎，射箭和驾车都很熟练了，就能获得猎物。如果没有登上车子射过箭，驾过车，一味地担心翻车和被压，哪里还有工夫去考虑怎么打到猎物呢？"

子皮说："说得好呀！我确实糊涂！我听说君子致力于了解大的、远的事情，小人却只注意小的、眼前的事情。我就是小人啊。衣服穿在身上，我了解而且爱惜它；大官和大的封邑是用来庇护自己身体的，我却疏远而轻视它。不是您的这一番话，我还不明白呢。以前我说：'您治理国家，我治理我的家族，以此庇护自身，这就够了。'现在才知道这还不够。从现在起我请求，即使是我家族的事，也听凭您办理。"

子产说："人心不同，犹如各人的脸孔。我怎么敢说您的长相和我一样呢？只不过我心里认为危险的，就把它告诉您。"

子皮认为子产忠诚，把政事全部交给他。子产因此能治理好郑国。

卷之二 周文

赏析

本篇节选自《左传·襄公三十一年》。

全文内容，分为三部分。

第一部分，叙写郑国执政大臣子皮，喜欢家臣尹何的忠心谨慎，明知尹何没有什么从政经验，却把自己的封邑交给他管理。子产认为，这样做不妥当，因为尹何年少，缺乏经验。子皮却认为，可以让尹何在从政中学到治理的经验，自己愿意这么做。

第二部分，子产诚恳地指出，这样做"不可"，并用形象的比喻，针对子皮的观点，一喻尹何，二喻自己，三喻子皮，四喻尹何，随手出喻，阐明了"学而后入政，未闻以政学者也。若果行此，必有所害"的中心论点。

第三部分，记叙子皮恍然大悟，愉快地接受了子产的批评，让子产执政，并表示连家中事务也交由子产全权处理。

全篇文章，主要通过人物的对话刻画出两个鲜明、生动的人物形象，表达了作者对子产、子皮的推崇、赞美之情。子产的政治远见，待人坦诚和知无不言、言无不尽的性格特点，以及子皮知错即改、从谏如流的政治家风度，都给人以深刻的印象。

子产的观点，核心是"学而后入政，未闻以政学"。这当然有一定的道理，但也有着明显的缺陷。事实上，人们从事某项工作，不可能都先具有一定的经验以后再去做，而往往是先干起来，在干中学习，恐怕才是更重要更普遍的正确的学习方法。

整篇文章，纯以譬喻连缀而成，做到了观点明确，形象生动，构思精巧，文势宕逸不群。

子产却楚逆女以兵

《左传》

楚公子围聘于郑①，且娶于公孙段氏②。伍举为介③。将入馆，郑人恶之，使行人子羽与之言④，乃馆于外。

既聘，将以众逆⑤。子产患之，使子羽辞曰："以敝邑褊小，不足以容从者，请墠听命⑥。"

令尹使太宰伯州犁对曰："君辱贶寡大夫围⑦，谓围：'将使丰氏抚有而室⑧。'围布几筵⑨，告于庄、共之庙而来⑩。若野赐之，是委君贶于草莽也。是寡大夫不得列于诸卿也。不宁唯是，又使围蒙其先君，将不得为寡君老⑪，其蔑以复矣。唯大夫图之。"

子羽曰："小国无罪，恃实其罪。将恃大国之安靖己，而无乃包藏祸心以图之⑫。小国失恃，而惩诸侯⑬，使莫不憾者，距违君命⑭，而有所壅塞不行是惧。不然，敝邑馆人之属也，其敢爱丰氏之祧⑮。"

伍举知其有备也，请垂櫜而入⑯，许之。

注释

①公子围：楚国令尹，职务相当于后代宰相。 ②公孙段：郑国大夫。 ③伍举：楚国大夫伍参的儿子。介：副使。 ④行人：官名，执掌朝见访问他国之事。 ⑤逆：迎。 ⑥墠（shàn）：扫除地面，供祭祀用。 ⑦贶（kuàng）：赐。 ⑧丰氏：公孙段之女。丰，地名，为公孙段食邑。而：同"尔"。室：夫以妇为室。 ⑨几筵：古代祭席。 ⑩庄、共：楚庄王和楚共（同"恭"）王，为公子围的祖父和父亲。 ⑪老：大臣。 ⑫而：同"尔"。 ⑬惩：使戒备。 ⑭距：抗拒。 ⑮祧（tiāo）：远祖庙。 ⑯櫜（gāo）：弓袋。

卷之二 周文

译文

楚国公子围访问郑国,并且迎娶公孙段家的女儿做妻子。伍举担任副使。公子围一行打算入住宾馆,郑国人怀疑他们有诈,就派行人子羽去交涉,于是他们便在城外住下了。

聘问之礼结束后,公子围准备带领兵士迎娶新娘。子产很担心这件事,便派子羽出面拒绝,说:"因为敝邑窄小,无法容纳您的随从,请在城外设祭祀场地,再听候您的命令举行婚礼。"

公子围派太宰伯州犁答复说:"多蒙贵君赏赐我国大夫围,对围说:'将使丰氏做你的妻子。'围设了祭品,在庄王、共王的祠堂里祭告之后,才到贵国来。如果在野外赏赐我们,这既是把贵国君王的赏赐抛丢在草莽间,也使得我们大夫围不能处在卿的行列!不仅如此,又使得围蒙骗了先君,将不能再做楚国的大臣,恐怕没法回去了!请大夫考虑一下吧。"

子羽说:"小国没有什么过失,一味倚仗大国倒是它的过失。我们想要依靠大国来安定自己,怎奈你们包藏祸心,来暗算我们。小国固然失去了依靠,诸侯却会引以为戒,使大家都怨恨楚国的欺诈,抗拒贵国君王的命令,使贵国君王的命令阻滞难行,这才是我们最担心的。如果不是这样,那么我们对贵国来说,犹如看守馆舍的人,难道还敢吝惜丰氏的祖庙吗?"

伍举知道郑国有防备,请求让迎亲卫队倒挂弓袋进城,郑国同意了。

赏析

本文选自《左传·昭公元年》。

文章主要记叙了子产拒绝楚国用军队迎娶郑国公孙段家的女儿,严词揭露其包藏的祸心,使楚国放弃了袭击郑国的阴谋。

文章内容,可分四层。

首层,简叙事件的缘起。郑国想以通婚向楚国表示友好,而楚国却阴谋利用婚娶之机兵临城下,袭击郑国,郑国有所戒备,不许他们入城。

次层，描写聘礼之后，楚国军队前往迎亲，子产派子羽严词相拒。而楚国使者却软磨硬缠，以求一逞。

第三层，写子羽直言揭露楚国的用心：欺诈郑国，包藏不轨。并警告说，楚国这样做只会使亲近的国家寒心而怨恨楚国，使楚国国君的命令难以通行。从而既委婉又强硬地表示了不惜以断绝两国关系来反对楚国的决心。

末层，楚国解除了武装入城迎娶，郑国取得了外交斗争的胜利，捍卫了国家的尊严和安全。

文章的二、三两层，是全文的中心，故详细记叙。子羽的外交辞令，委婉得体，柔中寓刚，揭穿了楚国的祸心，防止了一场迫在眉睫的战争，不愧是"善于辞令之美"的典型。然而，子羽的言论，分明是子产之意。因此可以说，郑国的外交胜利，是子产政治才干和外交谋略的胜利。本文标以"子产却楚逆女以兵"，是颇有道理的。而《左传》作者对郑子产的称颂赞扬之意，亦不言自明。

子革对灵王

《左传》

楚子狩于州来①，次于颍尾②，使荡侯、潘子、司马督、嚣尹午、陵尹喜帅师围徐③，以惧吴。楚子次于乾溪④，以为之援。

雨雪，王皮冠、秦复陶⑤、翠被、豹舄⑥，执鞭以出。仆析父从⑦。

右尹子革夕⑧，王见之，去冠、被，舍鞭，与之语曰："昔我先王熊绎⑨，与吕伋、王孙牟、燮父、禽父并事康王⑩。四国皆有分，我独无有。今吾使人于周，求鼎以为分，王其与我乎？"

对曰："与君王哉！昔我先王熊绎，辟在荆山；筚路蓝缕，以处草莽；跋涉山林，以事天子；唯是桃弧棘矢，以共御王事⑪。齐，王舅也⑫；晋及鲁、卫，王母弟也⑬。楚是以无分，而彼皆有。今周与四国，服事君王，将唯命是从，岂其爱鼎？"

王曰："昔我皇祖伯父昆吾⑭，旧许是宅。今郑人贪赖其田，而不我与。我若求之，其与我乎？"

对曰："与君王哉！周不爱鼎，郑敢爱田？"

王曰："昔诸侯远我而畏晋，今我大城陈、蔡、不羹⑮，赋皆千乘，子与有劳焉，诸侯其畏我乎？"

对曰："畏君王哉！是四国者，专足畏也，又加之以楚，敢不畏君王哉！"

工尹路请曰⑯："君王命剥圭以为鏚柲⑰，敢请命。"王入视之。

析父谓子革："吾子，楚国之望也。今与王言如响⑱，国其若之何？"

子革曰："摩厉以须⑲，王出，吾刃将斩矣！"

王出，复语。左史倚相趋过。王曰："是良史也，子善视之。是能读《三坟》《五典》《八索》《九丘》⑳。"

对曰："臣尝问焉。昔穆王欲肆其心㉑，周行天下，将皆必有车辙马迹焉。祭公谋父作《祈招》之诗以止王心㉒，王是以获没于祇宫㉓。臣问其诗，而不知也。若问远焉，其焉能知之？"

王曰："子能乎？"

对曰："能。其诗曰：'祈招之愔愔㉔，式昭德音。思我王度，式如玉，式如金。形民之力，而无醉饱之心。'"

王揖而入，馈不食，寝不寐，数日，不能自克，以及于难㉕。

仲尼曰："古也有志：'克己复礼，仁也。'信善哉！楚灵王若能如是，岂其辱于乾溪？"

注释

①楚子：楚灵王。州来：地名，在今安徽凤台。 ②颍尾：颍水入淮河处。 ③徐：国名，嬴姓，故地在今江苏泗洪东南。 ④乾溪：地名，在今安徽亳州。 ⑤复陶：衣名，用禽兽毛制成。 ⑥舄（xì）：鞋。 ⑦仆析父（fǔ）：楚国大夫。 ⑧右尹子革：子革为郑国大夫子然的儿子，名丹，由郑

奔楚，任右尹。 ⑨熊绎：楚国始封君。 ⑩吕伋（jí）：姜太公吕尚（封于齐）之子。王孙牟：卫国始封君康叔的儿子。燮父：晋国始封君唐叔的儿子。禽父：周公之子，始封于鲁。 ⑪共：同"供"。 ⑫王舅：姜太公的女儿是周成王的母亲，所以说齐君是周王的舅父。 ⑬母弟：同母之弟，唐叔为成王母弟，周公、康叔为武王母弟。 ⑭昆吾：楚国远祖季连之兄名昆吾。曾居许地（今河南许昌）。 ⑮不羹：地名，在今河南境内。 ⑯工尹路：工尹，官名。路，人名。 ⑰锧（qī）：斧。柲（bì）：柄。 ⑱响：回声。 ⑲摩厉：同"磨砺"。须：等待。 ⑳三坟：三皇之书。五典：五帝之书。八索：八卦之说。九丘：九州之志。均已失传。 ㉑穆王：西周第五代天子。 ㉒祭（zhài）公谋父：谋父为周穆公卿士，封于祭。祈招：祈父，名招，周穆王司马，执掌军队。 ㉓祇（qí）宫：穆王别宫。 ㉔愔（yīn）愔：安和貌。 ㉕及于难：次年，楚灵王被其子弃疾所逼，自缢于乾溪。

译文

楚灵王到州来冬猎阅兵，驻扎在颍尾，派遣荡侯、潘子、司马督、嚣尹午、陵尹喜五位大夫率领军队包围徐国，从而威胁吴国。楚灵王自己驻扎在乾溪，做他们的后援。

天上下着大雪，灵王头戴皮帽，身穿秦国的复陶羽衣，外披翠羽编成的披肩，脚穿豹皮制成的鞋子，手拿鞭子走出营帐。仆析父跟随在后。

右尹子革晚上来朝见。灵王接见他，脱下帽子和披肩，放下鞭子，和他说话。灵王说："从前，我们先王熊绎和齐国的吕伋、卫国的王孙牟、晋国的燮父、鲁国的禽父，一起侍奉康王，四国都分得周王室的珍宝，唯独我国没有。现在我派人到周天子那儿，要求以九鼎作为我应得的一份珍宝，周王会给我吗？"

子革答道："会给君王的！从前我们先王熊绎分封在偏僻的荆山，乘柴车，穿破衣，开辟丛生的荒草，跋山涉水，侍奉周天子。我们只能用桃弓棘箭贡献朝廷。齐侯，是周天子的舅父；晋侯和鲁侯、卫侯，是周天子的同胞兄弟。所以楚国没有分到财物，而他们都有。如今周王室和四国都服侍您，将听凭您吩咐，难道还吝惜那九鼎吗？"

灵王说："从前，我皇祖伯父昆吾，曾经居住在许国的旧地。如今，郑国贪图那里的田地，而不给我。我如果向他们索求，他们会给我吗?"

子革答道:"会给君王的!周天子不敢吝惜他的九鼎,郑伯还敢舍不得那些田地吗?"

灵王说:"从前,诸侯都认为我国偏远而只是害怕晋国,如今,我大规模修建陈国、蔡国、东不羹、西不羹的城墙,他们都能出兵车千乘。这件事你也有功劳,诸侯会害怕我们吗?"

子革答道:"当然害怕君王!仅此四国的兵力,已足以让他们害怕了,何况加上楚国,谁还敢不畏惧您呢?"

工尹路请示道:"君王您吩咐破开圭玉来修饰斧柄,请进一步指示。"灵王进去察看。

析父对子革说:"您是楚国很有声望的人,现在和君王谈话,却犹如回声一般,国家怎么办呢?"

子革说:"我正磨快了刀等候着呢,君王出来时,我的刀刃就要斩断他的邪念了!"

灵王出来,继续谈话。左史倚相恭敬地弯腰碎步快走过去。灵王对子革说:"这是一个很好的史官,你要善待他。他能读《三坟》《五典》《八索》《九丘》呢!"

子革答道"我曾经问过他:从前周穆王想放纵自己的心志,遍行天下,让天下都有他的车辙和马迹。祭公谋父作了一篇《祈招》的诗歌,用来抑制穆王的欲心,穆王听从了他的劝告,因而能在祗宫善终。我问倚相这首诗,他却不知道。如果问更久远的事情,他怎么知道?"

灵王说:"那么你知道吗?"

子革答道:"我知道。那诗说:'祈招性情和平,故能昭明美德名声。想我周王的气度,犹若玉,犹若金。度民力之所能,没有醉饱之心。'"

灵王向子革作了一个揖就进去了。吃不下,睡不着,持续了好几天,但是,他仍然不能克制自己,最后终于遭到了祸难。

孔子说:"古书上有记载:'控制自己的欲望,回复到礼,这就是仁。'确实说得好啊!楚灵王如果能够这样,难道会在乾溪遭受耻辱吗?"

古文观止鉴赏

赏析

本文选自《左传·昭公十二年》。

楚灵王弑杀楚王麇，自立为王。登位后，不爱惜民力，对内残酷搜刮镇压，对外东征西讨，并公然洋洋得意地向周王室求鼎，向诸侯国索地，其欲称霸中国的野心，昭然若揭。

针对楚灵王的所作所为和勃勃野心，子革虚与周旋，辛辣嘲讽，坚决谏阻。可是，楚灵王劣性不改，依然故我，最终落得个众叛亲离、自缢身亡的下场。本文即记载了这一历史事件的全过程，通过对楚灵王得意忘形、贪求无厌的描写，子革冷嘲热讽的谏词，以及楚灵王的下场和孔子的话语，表达了作者对楚灵王的谴责，对子革的称赞。

文章内容较为丰富，大致可分为六个部分。

第一部分，描写楚灵王淫乐游猎、四处征讨的骄纵，服饰豪华、洋洋自得的奢侈。

第二部分，记载楚灵王与子革的对话。面对楚灵王"问鼎""索地"的贪婪野心，子革虚与周旋。

第三部分，记叙楚国其他大夫责备子革顺从王意，子革表明自己坚决谏阻灵王好大喜功、害民生事的决心。

第四部分，子革通过评价左史倚相和援引《诗经》成句，借周穆王的典故，批评了楚灵王的骄纵和野心。直言劝谏灵王，对他猛击一掌。突出表现了子革的睿智、机敏和富于原则性。

第五部分，写楚灵王听了子革的劝谏，一连数日吃不下饭、睡不好觉。但是他不知悔改，终于自食恶果。

第六部分，借孔子"克己复礼，仁也"的话语，批评了楚灵王的贪婪、骄纵，阐明了儒家"克己复礼"的重要性。

全文主旨，在于最后一段的画龙点睛之笔，而子革的直言劝谏，亦属于正流的儒家思想观念。其合理性的内核，如戒贪婪、勿骄纵，严于律己，遵守礼法等，有一定的借鉴意义，不容轻易否定。

文章善于辞令之美。子革的劝谏，或虚与周旋、冷嘲热讽，或严词谴责、正言相告，皆幽默生动而富于哲理性、启发性，令人惊奇称叹。而子革的形象，自然高大，楚灵王的形象，难免猥琐，两两对比，爱憎褒贬的感情，又何其鲜明！

子产论政宽猛

《左传》

郑子产有疾，谓子大叔曰①："我死，子必为政。唯有德者能以宽服民，其次莫如猛。夫火烈，民望而畏之，故鲜死焉。水懦弱，民狎而玩之②，则多死焉。故宽难。"疾数月而卒。

大叔为政，不忍猛而宽，郑国多盗，取人于萑苻之泽③。大叔悔之，曰："吾早从夫子，不及此。"兴徒兵以攻萑苻之盗，尽杀之，盗少止。

仲尼曰："善哉！政宽则民慢，慢则纠之以猛。猛则民残，残则施之以宽。宽以济猛，猛以济宽，政是以和。《诗》曰：'民亦劳止，汔可小康。惠此中国，以绥四方④。'施之以宽也。'毋从诡随⑤，以谨无良。式遏寇虐，惨不畏明⑥。'纠之以猛也。'柔远能迩，以定我王⑦。'平之以和也。又曰：'不竞不絿⑧，不刚不柔。布政优优，百禄是遒⑨。'和之至也。"及子产卒，仲尼闻之，出涕曰："古之遗爱也。"

注释

①子大叔：即游吉，郑国大夫。大，同"太"。　②玩：相习而不经意。　③萑（huán）苻（pú）：水泽名，在今河南中牟西北。　④"民亦劳止"以下四句：见《诗经·大雅·民劳》。汔，其。　⑤从：同"纵"。诡随：小恶。欺诈叫诡，善变叫随。　⑥惨：又作"憯"（cǎn），竟。以上所引同④。　⑦以上所引同④。　⑧絿（qiú）：急。　⑨遒（qiú）：聚。以上所引，见《诗

93

经·商颂·长发》。

译文

郑国执政大夫子产有病，对子大叔说："我死之后，你必然执政。只有有道德的人能够以宽大来使百姓服从，德行次一等的人不如采取严厉的政策。火很猛烈，百姓看见就害怕，所以，很少有人死在火里。水很柔弱，人们因亲近喜欢而轻视它，所以，很多人死在水里。因此宽柔很难。"子产病了几个月就死了。

大叔执政，不忍心严厉，而施行宽柔，结果，郑国强盗很多，他们聚集在萑苻之泽。大叔很懊悔，说："我早听从先生教诲，就不至于到这一步。"于是调动步兵去攻打水泽的强盗，将他们全部杀死。强盗稍稍有所收敛。

孔子说："好啊！政策宽柔，百姓就轻慢。轻慢，就要用严厉的政策来纠正。但是，太严厉了，百姓就会受到摧残，受到摧残就必须以宽柔的政策来调和。用宽大来调和严厉，又用严厉来补充宽大，政事因此而调和。《诗》上说：'百姓辛劳，可使安康。加惠中原，安抚四方。'这是说实施宽柔。这首诗又说：'不可轻易放纵小恶，以此约束不良之人。遏制盗贼暴虐，他们从不怕法律严明。'这是说用严厉来纠正。这首诗又说：'安抚远方，怀柔近处，安定我王室。'这是说用和谐的手段来使国家安定。又有一首诗说：'不强不急，不刚不柔。施政从容不迫，各种福禄都聚集。'这是和谐的最高境界！"等到子产逝世，孔子听到这个消息，流着眼泪说："他的仁爱，是古代贤明政治的遗风啊！"

赏析

本文选自《左传·昭公二十年》。

主要记叙了郑国著名政治家子产临终前向继承人授政的言辞、继承人施政的情况，以及孔子的评价，表达了作者对郑子产的肯定和赞美之情。

文章内容，分为三段。

第一段，记叙郑子产临终前向继承人大叔交代后事，重点论述了施政的"宽"与"猛"。子产指出"唯有德者能以宽服民，其次莫如猛"，并认为"猛"易而"宽"难。

第二段，记叙大叔在子产死后执政，不忍"猛"而用"宽"，结果盗贼滋生，社会动乱，后经镇压才得以平定，显示出"宽""猛"失度的恶果。

第三段，援引先秦典籍的论述和孔子的评价，提出了"宽以济猛，猛以济宽，政是以和"的著名论断，并对郑子产的贤明、仁爱和才能，表示了充分的肯定和由衷的称赞。

全文通过子产授政、大叔宽猛失度以及孔子的评价，阐明了为政应当宽猛相济的观点。这种观点，既是郑子产执政二十多年内政外交均有显著政绩的经验总结，也是先秦儒家对历代政治统治经验的高度概括和提炼。后来，它便成为中国历代统治者治理国家的根本手段。

文章观点鲜明，层次清楚，结构完整；善于运用通俗浅显的比喻，说明深刻的道理；善于通过人物的对话、言论，刻画出人物的性格特征，塑造出子产、大叔、孔子等栩栩如生的人物形象；是一篇颇具哲学、政治学、管理学内涵和文学色彩的历史短文。

吴许越成

《左传》

吴王夫差败越于夫椒①，报槜李也②，遂入越。越子以甲楯五千保于会稽③，使大夫种因吴太宰嚭以行成④。吴子将许之。

伍员曰⑤："不可。臣闻之：'树德莫如滋，去疾莫如尽⑥。'昔有过浇杀斟灌以伐斟鄩⑦，灭夏后相⑧。后缗方娠⑨，逃自窦，归于有仍⑩，生少康焉，为仍牧正。惎浇⑪，能戒之。浇使椒求之，逃奔有虞⑫，为之庖正，以除其害。虞思于是妻之以二姚⑬，而邑诸纶⑭,有田一成,有众一旅,能布其德而兆其谋,以收夏众,抚其官职。使女艾谍浇,使季杼诱豷,遂灭过、戈,复禹之绩,祀夏配天,不失旧物。今吴不如过,而越大于少康,或将丰之,不亦难乎?勾践能亲而务施,施不失人,亲不弃劳,与我同壤而世为仇雠。于是乎克而弗取。将又存之,违天而长寇雠,后虽悔之,不可食已。姬之衰也,日可俟也。介在蛮夷而长寇雠,以是求伯⑮,必不行矣。"

弗听。退而告人曰:"越十年生聚,而十年教训,二十年之外,吴其为沼乎!"

注释

①吴王夫差:吴,国名,姬姓,子爵,称王超越本分。夫差,吴王名。夫椒:山名,在今江苏苏州西南太湖中。 ②槜(zuì)李:地名,在吴越交界处,故地在今浙江嘉兴。 ③越子:即越王勾践。越,国名,姒姓,子爵,封于会(kuài)稽(今浙江绍兴)。楯(dùn):同"盾"。会稽:此指会稽山。 ④大夫种:越国大夫,姓文,名种,字子禽。太宰嚭(pǐ):太宰,官名,嚭为其名。行成:请求讲和。 ⑤伍员(yún):字子胥,楚国人,父兄被楚所杀而奔吴国为大夫。 ⑥"树德"二句:见《书·泰誓》。 ⑦有过:古国名,在今山东莱州北。斟灌:古国名,在今山东寿光东北。斟鄩(xún):古国名,在今山东潍坊一带。 ⑧夏后:夏朝君王。相:名,夏训之孙,失国后,投靠二斟,又被浇所灭。 ⑨后缗(mín):夏后相的妻子,为有仍国之女。 ⑩有仍:古国名,今山东济宁。 ⑪恁(jì):狠毒。 ⑫有虞:古国名,今山西永济。国君名虞思。 ⑬姚:虞君的姓。 ⑭纶:虞邑,在今河南虞城东南。 ⑮伯:同"霸"。

译文

吴王夫差在夫椒山把越国军队打败了,这是为了报复槜李战役的仇恨,于是乘势打进越国境内。越王勾践率领披甲持盾的士兵五千人,退守在会稽山。派遣大夫文种通过吴国的太宰嚭向吴王求和。吴王准备答应他。

伍员说:"不行,我听说:'建树德行要多多培养,去除疾患要彻底干净。'从前,有过国的浇杀了斟灌国的君主,又去攻打斟鄩国,灭掉夏王相。相的妻子后缗正怀孕,从墙洞里逃出,回到娘家有仍国，在那里生下了相的遗腹子少康。少康后来担任了有仍国牧正的官职。他对浇满怀仇恨而能时刻戒备。浇派自己的臣子椒寻找少康。少康逃到有虞国，给有虞国君担任膳食部门的官，从而避免了被浇所害。虞国君主姚思于是把两个女儿嫁给他。把他分封在纶邑，有十里见方的土地和五百人。他能广施恩德，开始他的复国计划，收集了夏朝的遗民，安抚原来的官吏。少康派他的臣下女艾去侦探浇的动静，又派儿子季杼去引诱浇的弟弟豷。终于灭亡了过国、戈国，恢复了禹的业绩。祭祀夏王室的先祖，同时祭祀上天，仍不失夏朝的江山。现在，吴国比不上过国，而越国大于少康，我们允许他讲和，可能会使他强大起来，将来不就难了吗？勾践能亲近百姓而好施恩惠。好施恩惠必不失人，对人亲近就不会抛弃有功劳的人。越国和我国土地相接，又世代为仇。在这时候打胜了却不将它占领，还打算保存它，这是违背天意而助长仇敌，以后，就是后悔也来不及了！我吴国的衰亡，计日可待了！我国处在蛮夷之间而让敌人强大，用这种办法来求取霸业，必然是行不通的。"

吴王不听。伍员退出朝廷后，告诉别人说："越国用十年时间繁衍人口，积蓄财富，用十年时间教导训练人民，二十年后，吴国的宫室恐怕会成为池沼了！"

赏析

本篇选自《左传·哀公元年》。

这一年（前494），吴王夫差在夫椒大败越国，为他两年前在吴越战争中受伤而死的父亲报了仇。越王勾践派人求和，夫差准备答应，吴大夫伍员（伍子胥）极力谏阻。本文记叙了这一历史事件，重点记叙了伍子胥的谏词，表现了伍子胥忠直敢谏的性格和远见卓识的政治眼光。

全文内容分三段。

首段，交代事件起因和吴越双方态势，文字简练。

次段，记叙伍员谏词，详加分析、记述。这是全篇的重心所在。伍员先援引历史事例，以少康复仇、中兴夏朝的史实，警醒吴王引以为戒；再以吴越两国土地相连，世代结仇，利害攸关，说明斩草除根的必要性和迫切性，告诫吴王乘胜追击，不可议和。

第三段，交代事件结果。吴王"弗听"，伍员论断吴国二十年必亡。

综观全文，伍员的分析从历史的教训和吴越的实际出发，很有见地，也很有针对性和说服力；可惜吴王夫差被胜利冲昏头脑，盲目自大，不听忠言，刚愎自用，放任越国生存发展下去，最终导致了兵败灭国的悲惨结局。值得一提的是，吴王夫差国灭身死，距伍员谏阻正好二十二年，历史的发展完全证实了伍员的论断和预言，真是令人可惊、可哀、可叹！

文章巧于记言。伍员的谏词，详略精当，以宾为主，详论少康复国的历史而略写越王勾践的居心，充分体现出让历史事实说明除害务尽的道理的良苦用心；且详略衬映，笔墨俭省，而论旨愈彰。

卷之三 周文

祭公谏征犬戎

《国语》

穆王将征犬戎①。

祭公谋父谏曰:"不可,先王耀德不观兵。夫兵,戢而时动,动则威,观则玩②,玩则无震。是故周文公之《颂》曰③:'载戢干戈④,载櫜弓矢⑤。我求懿德,肆于时夏⑥,允王保之。'先王之于民也,茂正其德,而厚其性;阜其财求,而利其器用;明利害之乡⑦,以文修之,使务利而避害,怀德而畏威,故能保世以滋大。

"昔我先世后稷⑧,以服事虞、夏。及夏之衰也,弃稷弗务。我先王不窋用失其官⑨,而自窜于戎、翟之间⑩。不敢怠业,时序其德,纂修其绪,修其训典;朝夕恪勤,守以惇笃,奉以忠信。奕世载德,不忝前人。至于武王昭前之光明⑪,而加之以慈和,事神保民,莫不欣喜。商王帝辛⑫,大恶于民,庶民弗忍,欣戴武王以致戎于商牧。是先王非务武也,勤恤民隐,而除其害也。

"夫先王之制,邦内甸服⑬,邦外侯服⑭,侯卫宾服⑮,夷、蛮要服⑯,戎、翟荒服⑰。甸服者祭,侯服者祀,宾服者享,要服者贡,荒服者王。日祭,月祀,时享,岁贡,终王,先王之训也。有不祭,则修意;有不祀,则修言;有不享,则修文;有不贡,则修名;有不王,则修德;序成而有不至,则修刑。于是乎有刑不祭,伐不祀,征不享,让不贡,告不王。于是乎有刑罚之辟⑱,有攻伐之兵,有征讨之备,有威让之令,有文告之辞。布令陈辞,而又不至,则又增修于德,无勤民于远。是以近无不听,远无不服。

"今自大毕、伯仕之终也⑲，犬戎氏以其职来王。天子曰：'予必以不享征之，且观之兵。'其无乃废先王之训，而王几顿乎？吾闻夫犬戎树惇，能帅旧德，而守终纯固，其有以御我矣。"

王不听，遂征之，得四白狼、四白鹿以归。自是荒服者不至。

注释

①犬戎：西北少数民族戎的一支。　②玩：轻忽。　③周文公：即周公旦，"文"是谥号。颂：指《诗经·周颂·时迈》，相传为周公所作。　④载：助词。戢（jí）：敛，收藏。军队三时务农，一时习武，平时不用兵器。　⑤櫜（gāo）：弓箭袋。　⑥时：同"是"，这。　⑦乡：此指（利害）所在。⑧后稷：王室执掌农事的官。周的始祖名弃，舜时掌农事，所以称后稷。后，君主。　⑨不窋（zhú）：弃的儿子。　⑩翟：也作"狄"。　⑪武王：周武王姬发，灭殷建周。⑫帝辛：纣王。⑬邦内：国都周围五百里内地区。甸服：国都周围的人以交田赋出兵车服事天子。甸，即田，指耕作田地。　⑭邦外：国都周围五百里以外的地区。侯，通"候"，斥候，指任天子警卫。⑮侯卫：指侯畿到卫畿。《周礼》：邦外之地以五百里为单位，依次分为侯、甸、男、采、卫、蛮、夷、镇、蕃九畿。宾服：指按时朝贡，服事天子。⑯夷蛮：这里指夷畿、蛮畿，处于边远之地。要服：按约尊王，以服事天子。要，通"约"。　⑰戎翟：指更遥远的镇畿、蕃畿。翟，即"狄"。荒服：指不定期地朝见，以服事天子。　⑱辟：法令、条例。　⑲大毕、伯仕：犬戎的两个君主。

译文

周穆王准备征伐犬戎。

祭公谋父劝阻说："不可以，先王昭明德行，而不炫耀武力。武力平时要收敛，在需要时才行动，行动就要有威慑力，经常炫耀武力，大家便习以为常，习以为常就没有威慑力量。所以，周公所作的《颂》诗中说：'收起盾和戈，藏起弓和箭，我追求那美好的德行，让它广布华夏，我王能永远保有天命。'先王对于百姓，是勉励他们端正德行，使他们性情敦厚；增加他们的财富，使他们的器用精良；懂得利害之所在，用礼法去教育他们，使他们感念天子的恩德，又畏服天子的威严。所以，先王能世世代代享有天下，并发展壮大。

"从前，我们周朝祖先世代承袭稷这一官职，侍奉虞和夏两朝。到夏朝衰败的时候，废弃了稷这一官职，不再致力于农事。我们的先王不窋，因此失去了官职，逃亡在戎狄之间。但他仍不敢懈怠于农业，时时保持他的德行，继续拓展先王的事业，制定教化百姓的法典，随时小心谨慎，保持敦厚，坚守忠信，累代继承，不辱没祖先。到武王的时候，光大了祖先的丰功伟绩，再加上他慈爱温和，侍奉神明，养育百姓，使民众无不欣喜。商朝的纣王，却被人民恨透了，百姓不堪忍受，真诚地拥戴武王，结果才出兵到商朝首都的郊外牧野。由此可见，我们先王并不是一味使用武力，而是勤于体恤民众的痛苦，为他们铲除祸害。

"先王的制度是：邦内诸侯按田赋出兵车侍奉天子，称为甸服；邦外诸侯作为警卫侍奉天子，称为侯服。邦外九畿中，从侯畿到卫畿，要按时朝贡，侍奉天子，称为宾服；夷畿、蛮畿要按约尊王，侍奉天子，称为要服；属于镇畿、蕃畿的戎狄要不定期朝见，侍奉天子，称为荒服。甸服要进献天子每日祭祀的祭品。侯服要进献天子每月朔望祭祀的祭品。宾服要进献每季首月祭祀远祖的祭品。要服要进献天子年终宗庙大祭的祭品。荒服只需在天子即位之初朝见一次。甸服供日祭，侯服供月祀，宾服供季享，要服按年进贡，荒服一生朝见一次，这是先王垂训。有供日祭而不来的，天子要省察自己的心意；有供月祀而不来的，天子要检查国家的号令；有供季享而不来的，天子要修明政令教化；有应该岁贡而不来的，天子要端正尊卑职贡的名号；有应该朝见而不来的，天子要修明德行。上面所说的五个方面都做到了，仍有不来的，就必须检查刑罚。所以就有了惩罚不祭的，攻伐不祀的，征讨不享的，谴责不贡的，告谕不朝的。于是乎有刑罚的条例，有讨伐的兵力，有征讨的军备，有威严的谴责命令，有晓谕的文告。如果宣布了命令，发布了文告，仍然不来，天子还要进一步修明德行，而不让人民艰苦远征。所以，附近的诸侯没有不听命的，远方的诸侯也没有不服从的。

"自从大毕、伯仕两代犬戎君主死后，犬戎氏都按照规定的职分来朝见。如果天子说：'我一定要按不供四时之享的罪名讨伐他，并且要显示我强大的军事力量给他看。'这样做，恐怕废弃了先王的教训，荒服诸侯一生朝见一次的礼制也被破坏了。我听说，那犬戎的君臣禀性敦厚，能够遵循祖先的制度，始终保持朝见的礼节。这样犬戎就有抗拒我们军队的理由了。"

穆王不听，于是出兵征讨犬戎，得四条白狼、四只白鹿而归。从此，荒服的诸侯就不来朝见了。

赏析

本篇选自《国语·周语上》，是《国语》中的第一篇文字。

文章主要记载了祭公谋父向周穆王进谏的言论，其主旨是："耀德不观兵"。

全文内容，分为三部分。

第一部分，开门见山，提出全文主旨"耀德不观兵"；并且论证了滥用武力不能使人惧怕，只有德治才能治理天下的道理。

第二部分，具体论证观点。首先，引据先王的教导，阐明爱惜民力、体恤民隐才是圣贤君主的德行；然后，援引先王的制度和法令，提出以礼治国的主张，并且阐明犬戎不可征伐的原因。这两部分文字，是全篇的重心，援引典章，以古论今，层层深入，逻辑性强。

第三部分，交代事件结果。周穆王不听祭公劝谏，强行征戎，结果是只猎取了狼、鹿回来，从此以后，边远的少数民族再也不归顺依附于周朝了。所得甚微，所失甚大！

全篇文章，虽短小，却完整。以祭公谋父的言论为主体，其言论，口不离先王，大讲先王之训、先王之制，用先王之礼来批评时君之政。这是当时颇为时髦的做法，也是从周公以来形成的"法先王"的传统思想。祭公主张以德安民、以礼治国，即使出现越礼之事，也要先"增修于德"，不能滥用兵伐，虽有浓重的说教意味，但它所包含的体恤民情、爱惜民力的思想观点，具有先秦民本思想的特征，在一定程度上还是值得肯定的。

祭公的言辞，观点明确，论证充分，逻辑严密，结构完整，本身就是一篇精彩的说理文章；再加上议论内容为国家大政，处处以先王创业史、统治术和礼法制度为依据，以古论今，层层深入，排比而出，一气呵成。因此，文章短小精悍、气势充沛，充分显示出《国语》善言、"深宏杰异"的论辩特色。较之于《尚书》简朴的说理文辞，已有长足的进步。

召公谏厉王止谤

《国语》

厉王虐①，国人谤王②。召公告曰③："民不堪命矣！"王怒，得卫巫④，使监谤者，以告，则杀之。国人莫敢言，道路以目。

王喜，告召公曰："吾能弭谤矣⑤，乃不敢言。"

召公曰："是障之也。防民之口，甚于防川。川壅而溃，伤人必多。民亦如之。是故为川者决之使导，为民者宣之使言。故天子听政，使公卿至于列士献诗⑥，瞽献曲⑦，史献书⑧，师箴⑨，瞍赋⑩，矇诵⑪，百工谏⑫，庶人传语，近臣尽规，亲戚补察，瞽史教诲，耆艾修之⑬，而后王斟酌焉，是以事行而不悖。民之有口也，犹土之有山川也，财用于是乎出；犹其有原隰衍沃也⑭，衣食于是乎生。口之宣言也，善败于是乎兴，行善而备败，所以阜财用衣食者也⑮。夫民，虑之于心而宣之于口，成而行之，胡可壅也？若壅其口，其与能几何？"

王弗听，于是国人莫敢出言。三年，乃流王于彘⑯。

注释

①厉王：周王朝第十代天子，名胡。 ②国人：包括王都六乡之民，有未执政的贵族及城市的工商业者。 ③召公：周王室的卿士，姓姬，名虎，谥号穆公。 ④卫巫：卫国巫师。 ⑤弭：禁止。 ⑥公卿：执掌权力的上层贵族，三公九卿。列士：各署衙中的办事官员，地位在大夫之下。 ⑦瞽：

103

盲人，这里指乐师。　⑧史：史官。　⑨师：少师，九卿之一。　⑩瞍（sǒu）：没有瞳仁的瞎子。　⑪矇（méng）：有瞳仁而看不见的瞎子。　⑫百工：管理各种工匠的官。　⑬耆艾：寿高德重的人，指国家元老重臣。　⑭隰（xí）：低下潮湿之地。　⑮阜：增多。　⑯彘（zhì）：地名，在晋国境内，故地在今山西霍州。

译文

周厉王十分残暴，国人都指责他。召公告诉他说："人民已不能忍受您的政令！"厉王大怒，找来卫国的巫师，叫他们监察指责自己的人，一有告发，便遭杀戮。国人再没有敢议论的，就是在路上相遇，也只有用目光来示意。

厉王大喜，告诉召公说："我能消除臣民的指责，现在他们竟不敢说话了。"

召公说："这是堵住他们的口。堵塞民众的口，危害甚于堵塞河川。河川壅塞而溃决，伤害的人一定很多。堵塞民口的危害也是这样。所以，治水的人应该排除淤塞，让它畅通；治理民众的人应该开导他们，让他们讲出意见。因此，天子处理政事时，命令从公卿到列士献上讽谏的诗篇，乐官献上民间的歌谣，史官献上记录古代政治得失的史籍，少师献上劝谏的格言，让瞍歌唱公卿列士所献的诗，让矇吟诵百工对天子的意见，平民把对政事的意见传给天子，让左右的臣子尽心规劝，令宗室姻亲之臣察补政事的失误，使乐官和太史提供教诲，让元老重臣对各种问题加以归纳整理，提出意见，最后由天子斟酌，因此政事畅通无阻，不悖情理。人民有嘴，犹如大地上有山川，财富由此而出；又好像农田有沟渠，衣食由此而生。人民口中发表意见，政事的好坏方能反映出来。国家实行好的政令，对不好的加以防范，以此增加财用衣食。人民心里考虑，而后口中议论，正确的就实行它，怎么可以堵塞民口呢？如果堵塞他们的口，又能维持多久呢？"

厉王不听，从此，国人没有一个敢有所议论。三年之后，厉王被放逐到了彘地。

赏析

本文选自《国语·周语上》。

卷之三　周文

周厉王是西周时期有名的暴君，他任用卫巫来监视人民的行动，禁止人民对其暴政提出批评，使老百姓敢怒不敢言。有政治眼光的召穆公认为这样做不利于统治，对周厉王进行了直言劝谏。但厉王暴虐成性，拒不接受，终于受到人民的惩罚，于公元前842年被推翻，驱逐到彘地。

本文简要地记叙了这一历史事件，并着重记载了召公劝谏周厉王不可阻塞言路的谏词，借以批判了统治者的残暴，提出了"防民之口，甚于防川"的著名观点，表现出重视舆论、重视人民力量的进步思想，具有一定的思想意义和认识价值。

全文内容，分为三段。

第一段，从篇首到"道路以目"，交代事情缘起，说明弭谤由来，既点出"弭谤"之题，揭示出国人与厉王的尖锐矛盾，又为下文埋下了伏笔。

第二段，从"王喜"到"其与能几何"，是召公针对厉王言己能弭谤的力谏之词，是全文的重点。召公先用形象生动的比喻，再引证历史事例，紧接着又用比喻，最后正面立论，阐述了"防民之口，甚于防川"的观点，并加以多角度的设譬立论，反复腾挪，说理绵密，具有很强的逻辑性和说服力。

第三段，记载事件结果："王弗听，于是国人莫敢出言。三年，乃流王于彘。"照应篇首，结束全文，有力地证实了召公谏词的预见性和正确性。

整篇文章，有事有言，连贯一气，而以言论为主，详略分明，层次井然。记言之中，立论精当，析理绵密，见解深刻，措辞委婉。此外，文章结构完整，语言平实，极善比喻，且一喻切一理，喻理统一，情事一致，颇有特色。

襄王不许请隧

《国语》

晋文公既定襄王于郏①，王劳之以地。辞，请隧焉②。

王弗许，曰："昔我先王之有天下也，规方千里，以为甸服，以供上帝山川百神之祀，以备百姓兆民之用，以待不庭不虞之患。其余，以均分公、侯、伯、子、男，使各有宁宇，以顺及天地，无逢其灾害。先王岂有赖焉？内官不过九御③，外官不过九品④，足以供给神祇而已，岂敢厌纵其耳目心腹，以乱百度？亦唯是死生之服物采章，以临长百姓而轻重布之⑤，王何异之有？今天降祸灾于周室，余一人仅亦守府⑥，又不佞以勤叔父⑦，而班先王之大物⑧，以赏私德，其叔父实应且憎⑨，以非余一人。余一人岂敢有爱也？先民有言曰：'改玉改行⑩。'叔父若能光裕大德，更姓改物，以创制天下，自显庸也，而缩取备物，以镇抚百姓，余一人其流辟于裔土⑪，何辞之与有？若犹是姬姓也，尚将列为公侯，以复先王之职，大物其未可改也。叔父其茂昭明德，物将自至。余敢以私劳变前之大章，以忝天下，其若先王与百姓何？何政令之为也？若不然，叔父有地而隧焉，余安能知之？"

文公遂不敢请，受地而还。

注释

①襄王：周天子姬郑。惠后立自己所生之子叔带为周王，襄王出奔，后晋文公消灭叔带，仍立襄王。郏（jiá）：指周王朝东都洛邑，故地在今河南洛阳附近。　②隧：穿隧道下葬，为天子葬礼。　③九御：九嫔，泛指后宫女官。　④九品：九卿，泛指朝内诸官。　⑤临长：治理。　⑥余一人：周天子自称。相当于后世皇帝称朕。　⑦叔父：周天子称小国同姓诸侯为叔父。　⑧班：分给。大物：大礼，指"隧"的葬礼。　⑨应（yīng）：接受。　⑩

改玉、改行（xíng）：古人佩玉，以声响节制步行，使徐疾尊卑有度。　⑪裔（yì）土：边远之地。

译文

晋文公使周襄王重返王都，安定了君位，襄王赏赐给文公土地以表示慰劳。文公不接受，请求让他死后用天子挖掘墓道下葬的礼仪。

襄王不允许，说："从前，我先王统一天下时，划出千里之地，作为京畿，用这里的田赋来供给上帝、山川和各种神灵的祭祀，供应百官和广大百姓的用度，用以防备诸侯叛逆不朝和其他意外变故。其余的土地按公、侯、伯、子、男的爵位分给各国，使他们各有安宁的环境，顺天意，尽地利，不会受到灾祸。先王哪有独自专享的利益？宫内不过九嫔，朝廷不过九卿，足以供给祭祀罢了，哪敢满足、放纵自己的声色衣食之欲，而破坏各种法度呢？唯有这生前死后的服饰器具的色彩和花样，为治理百姓而分出贵贱等级，除此之外，天子有什么特殊呢？如今，上天降下灾祸给我王室，我只能看守王室府藏，偏偏又无才能，致使叔父劳苦。如果我分赐先王的大礼给您，以报偿您对我个人的恩惠，大概叔父就是接受了，也会心下憎恶，认为我赏赐不当。我岂敢有所吝惜？古人有句话：'改变佩玉，就须改变行步。'叔父如果能发扬伟大的德行，使天下改变姓氏，变易历法和服色，从而创立新的制度，自可公开使用天子礼仪，采取完备的礼仪来统治安抚百姓。那时，我即使被驱逐、杀戮于边远之地，又有什么可说的呢？如果天下仍然是我们姬姓的，那就还要分清公侯等级，履行先王的制度，大礼是不可改变的。叔父还是发扬昭明美好的德行吧，礼仪自会降临。我哪敢为报偿私劳而改变原有的重大礼仪制度来玷辱天下呢？这样我将如何面对先王和百姓，又将如何去推行政令呢？如果您认为我这话不对，那么叔父自有土地，挖墓道下葬而行隧礼，我又怎么知道？"

于是，文公不敢再要求，接受赏赐的土地回去了。

赏析

本文选自《国语·周语中》。

周襄王贵为天子，但势力衰微；晋文公虽为诸侯，但势力强盛。而且，晋文公刚刚帮助周襄王恢复王位，大有功高盖主之势。因此，晋文公敢于恃功请求在他死后葬以天子"隧礼"。这种非分要求，理所当然地要遭到周襄王的拒绝。本文即记载了这一事件的经过，突出记叙了周襄王拒绝晋文公的一番言辞。

文章内容，分为三段。

首先，记叙晋文公请"隧"之事，交代事件起因、人物等。简洁有力，一笔不懈。

其次，详记周襄王的对答之辞。面临如此棘手的问题，若同意，就意味着丧失天子特权和尊严；若不同意，又可能得罪晋文公而遭到报复。因此，周襄王根据"亲亲、尊尊"的一整套宗法等级思想，紧扣不能以大物赏私德的中心旨意，采用旁敲侧击的方式，反复申述，既入情合理，又婉言拒绝，否定了晋文公的要求。

最后，简叙事件的结果：晋文公不敢再提出请求，接受了周襄王的赏地回去了。一场危机得以圆满解决，反衬出周襄王一番外交辞令的出色和成功。

通篇文章，观点鲜明，大处落墨。周襄王的答辞无一字实写不许请隧，而断然拒绝之意却一步紧逼一步。同时，周襄王又十分注意词语的选择和说话的角度，谦恭有礼，既充分表现出对晋文公的尊重，又显得义正词严，不容动摇，可谓机智巧妙，令人叹服。

单子知陈必亡

《国语》

定王使单襄公聘于宋[①]，遂假道于陈，以聘于楚。火朝觌矣②，道茀不可行也③，候不在疆，司空不视涂，泽不陂④，川不梁，野有庾积⑤，场功未毕，道无列树，垦田若艺⑥，膳宰不致饩⑦，司里不授馆，国无寄寓，县无旅舍，民将筑台于夏氏⑧。及陈，陈灵公与孔宁、仪行父南冠以如夏氏，留宾弗见。

单子归，告王曰："陈侯不有大咎，国必亡。"

王曰："何故？"

对曰："夫辰角见而雨毕⑨，天根见而水涸，本见而草木节解，驷见而陨霜，火见而清风戒寒。故先王之教曰：'雨毕而除道，水涸而成梁，草木节解而备藏，陨霜而冬裘具，清风至而修城郭宫室。'故《夏令》曰：'九月除道，十月成梁。'其时儆曰：'收而场功，偫而畚挶⑩，营室之中，土功其始。火之初见，期于司里。'此先王之所以不用财贿，而广施德于天下者也。今陈国火朝觌矣，而道路若塞，野场若弃，泽不陂障，川无舟梁，是废先王之教也。

"周制有之曰：'列树以表道，立鄙食以守路。国有郊牧，疆有寓望，薮有圃草⑪，囿有林池，所以御灾也。其余无非谷土，民无悬耜⑫，野无奥草。不夺农时，不蔑民功。有优无匮，有逸无罢⑬。国有班事，县有序民。'今陈国道路不可知，田在草间，功成而不收，民罢于逸乐。是弃先王之法制者也。

"周之《秩官》有之曰：'敌国宾至⑭，关尹以告，行理以节逆之⑮，候人为导，卿出郊劳，门尹除门，宗祝执祀，司里授馆，司徒具徒，司空视涂，司寇诘奸，虞人入材，甸人积薪，火师监燎，水师监濯，膳宰致餐，廪人献饩，司马陈刍，工人展车，百官各以物至。宾入如归，是故小大莫不怀爱。其贵国之宾至，则以班加一等益虔。至于王使，则皆官正莅事，上卿监之。若王巡守，则君亲监之。'今虽朝也不才，有分族于周，承王命以为过宾于陈，而司事莫至，是蔑先王之官也。

"先王之令有之曰：'天道赏善而罚淫。故凡我造国，无从匪彝⑯，无即慆淫⑰，各守尔典，以承天休。'今陈侯不念胤续之常⑱，弃其伉俪妃嫔，而帅其卿佐，以淫于夏氏，不亦渎姓矣乎⑲？陈，我大姬之后也⑳，弃衮冕而南冠以出，不亦简彝乎？是

109

又犯先王之令也!

"昔先王之教,茂帅其德也㉑,犹恐陨越;若废其教而弃其制,蔑其官而犯其令,将何以守国?居大国之间,而无此四者,其能久乎?"

六年,单子如楚。八年,陈侯杀于夏氏。九年,楚子入陈。

注释

①定王:周天子,于公元前606年至公元前585年在位。单(shàn)襄公:名朝,周定王卿士,单为其食邑,襄为其谥号。 ②火:星名,又称心星。觌(dí):现。 ③道茀(fú):野草塞路。 ④陂(bēi):泽边堤岸。 ⑤庾(yǔ):露。 ⑥薿(yì):茅草芽。 ⑦饩(xì):活的牲畜。 ⑧夏氏:陈国大夫夏征舒。陈灵公与征舒之母夏姬淫乱,所以要百姓给夏氏筑台。 ⑨角:角宿,星名。古人以星宿出现的情况说明时序和农事,以下"天根"和"驷""火""营室"皆星宿名。 ⑩偫(zhì):准备。揭(jú):抬土的器具。 ⑪畺:同"疆"。薮(sǒu):水浅草茂的湖泽。 ⑫耜(sì):犁铧。 ⑬罢:同"疲"。 ⑭敌:地位相当,匹敌。 ⑮行理:官名,行人(主管外交)的助手。 ⑯匪彝:不法。匪,同"非"。 ⑰慆(tāo):轻慢。 ⑱胤(yìn):后代。 ⑲渎姓:亵渎同姓。夏氏与陈灵公同为妫姓。 ⑳大姬:周武王的女儿,嫁陈国始封君虞胡公为妻。大,同"太"。 ㉑茂:勤勉。

译文

周定王派单襄公出访宋国,接着又向陈国借道,前往楚国访问。这时正是心宿在早上出现于东方的夏历十月,但陈国的驿道长满杂草,没法行走,负责迎送外宾的候人不在边境,负责交通的司空不检查道路,湖泽未修堤防,河川未架桥梁,田野上有露天堆积的谷物,场上粮食没有归仓,大路边没有标明驿道的成行树木,已经耕种了的田土长出的庄稼好像稀疏的茅草芽,主管饮食的膳宰不依礼致送生牲,执掌客馆的司里不安排好宾客住宿,国都没有宾馆,县里没有旅店,老百姓却要去替夏氏修筑高台。到了陈国的都城,陈灵公正和大夫孔宁、仪行父戴着楚国式样的帽子去夏家,却丢下宾客不见。

单襄公返回后,告诉定王说:"如果陈侯本人不遇大难,陈国也必定要灭亡。"

定王问："什么缘故？"

单襄公答道："如果角星早上出现，雨水就没有了；天根星早上出现，河水就干涸了；本星早上出现，草木开始飘零；驷星早上出现，就会降霜；心星早上出现，凉风吹来，告诉人们寒冬要到了。所以，先王的教训说：'雨季结束就修平道路；河流干涸就架设桥梁；草木零落应准备收藏好庄稼；降霜时节，就应准备好过冬的皮衣；凉风起时，该修缮城郭和宫室。'所以《夏令》说：'九月修路，十月架桥。'到期又告诫人民说：'结束你们打场的农活，准备好你们的运土工具，室星在黄昏时出现在中天，建筑工程可以开始了。心星刚刚出现时，就到司理那儿集合。'这就是先王不花钱财却广施恩惠于天下的缘故。如今的陈国心星已在早上出现了，道路却是那样地阻塞不通，田野的庄稼那样地荒弃不顾，湖泽不筑堤，河川不架浮桥。这是废弃了先王的教令啊！

"周代的制度有这种规定：'驿道种植树木，以此标记道路远近。四面边邑十里一庐，备有饮食守候来往行人。都城四郊有牧地。边境上有客舍和接待宾客的人，薮泽有茂盛的草。园囿里有树木和池塘。这些都是用来防御灾害的。其余的地方无不是种植粮食的田地，农家没有闲置的犁耙，田野没有很深的野草。不妨碍农时，不浪费民力。这样便能富裕而不匮乏，轻松而不疲劳。都城的建设有条理，地方的民力有秩序。'现在，陈国的道路无法辨识，田覆盖在草里，庄稼成熟而不收割。民众被陈侯的享乐搞得很疲劳！这是废弃了先王的法令制度！

"周代的《秩官》篇上有这样一段话：'等级相同的国家，有使节到来，掌管城门的关尹要报告，行理手持符节去迎接，迎送宾客的候人引路，卿到郊外慰劳，管门的门尹扫除门庭，掌管祭祀的宗伯、太祝陪同外宾到祖庙里致敬，掌管客舍的司理安排宾馆，掌管土地和人民的司徒召集仆役，负责工程的司空视察道路，掌管刑狱的司寇盘查奸盗，掌管山泽的虞人供应木材，主管照明柴薪的甸人堆积燃料，火师监管照明，水师照管洗涤，膳宰送上熟食，掌管米谷的廪人献上谷米，掌管养马的司马摆出马吃的草料，工匠检查车辆，百官分别带来供应物品。客人到来犹如回到家中，所以，访问使节和随从人员没有一个不心怀感激的。如果大国的客人来了，接待的官吏，位次要加高一等，更为恭敬。至于天子的使节到来，就要官长亲临办事，上卿检查监督。如果天子巡察，就由国君亲自监督接待。'如今我单朝虽没有才能，却是天子的亲族，奉天子之命，作为过往宾客到陈，而有关的官吏没有一个前来，这是无视先王的制度啊。

"我们先王的教令这样说：'天道奖励善良而惩罚淫恶。所以，凡是我分封的诸侯国．不要违背常法，不要堕入轻慢和放荡，各自遵守你们的法度，承受上天的赐福。'现在，陈侯不考虑伦理常法，抛弃他的妻妾，带了卿佐去与夏氏淫乱，这不是亵渎侮辱本家之姓吗？陈是我周王室太姬的后代，现在，却抛弃正式礼服而戴楚国式样的帽子外出，不是轻视常规吗？这又违犯了先王的教训啦！

"从前先王的教训，即使努力遵循他的德政，尚且担心败亡；如果废除先王的教训，抛弃先王的制度，蔑视先王官职，违犯先王政令，将拿什么去保住国家？处于晋楚两个大国之间，而没有教、制、官、令这四点，还能长久吗？"

定王六年，单襄公到楚国去。定王八年，陈侯被夏征舒所杀。定王九年，楚庄王攻入陈国。

赏析

本文选自《国语·周语中》。

文章主要记载了周朝大夫单襄公通过亲身观察和体验，论断陈国必然灭亡的一番言辞。

全文可分为三部分。

第一部分，记叙单襄公出使楚国．路经陈国，所看到的陈国各部门各行业反常混乱的情况。文章以简要的笔触描绘陈国当时的现状：道路长满杂草，主管迎宾的官员不在边境迎接来宾，司空不巡视道路，水泽没有圩堤，河流没有桥梁，田野里堆放积谷，场圃未打扫干净，道路两旁无树木，耕种过的田地里生长着茅草般的庄稼，负责宾客的膳夫不供应食物，管理房屋的官员不为客人提供房舍等，为单子后面的议论作了有力的铺垫。

第二部分，记叙单子把这些现象与古代的教令法规相比较分析，得出"知陈必亡"的论断。单子的论述，主要围绕着陈国"废先王之教""弃先王之法制""蔑先王之官""犯先王之令"和"居大国之间"等五个方面进行，层层论析了陈国必然灭亡的道理。

第三部分，记叙事件的结果。三年之后，陈国被楚国吞并，成为楚国的一个县，用事实证明了单襄公论断的正确性和深刻性。

全篇文章，中心突出，层次井然，结构完整。单襄公的言辞，有论断，有分析，逐层剖析，有条不紊，切中陈国实际，很有针对性；同时，议论中又时常引据《尚书》《诗经》等先秦典籍，并信手拈来谚语、他人之言等，有理有据，既丰富了语言的表现力，又增强了文章的说服力。文中充分体现出单襄公卓越的见解、高超的说理艺术与熟练驾驭语言的能力。

展禽论祀爰居

《国语》

海鸟曰爰居①，止于鲁东门之二日。臧文仲使国人祭之②。

展禽曰③："越哉！臧孙之为政也。夫祀，国之大节也，而节，政之所成也。故慎制祀以为国典。今无故而加典，非政之宜也。

"夫圣王之制祀也，法施于民则祀之，以死勤事则祀之，以劳定国则祀之，能御大灾则祀之，能捍大患则祀之。非是族也，不在祀典。昔烈山氏之有天下也④，其子曰柱，能植百谷百蔬。

夏之兴也，周弃继之，故祀以为稷。共工氏之伯九有也⑤，其子曰后土⑥，能平九土，故祀以为社。黄帝能成命百物⑦，以明民共财。颛顼能修之⑧。帝喾能序三辰以固民⑨。尧能单均刑法以仪民⑩。舜勤民事而野死⑪。鲧障洪水而殛死⑫。禹能以德修鲧之功⑬。契为司徒而民辑⑭。冥勤其官而水死⑮。汤以宽治民而除其邪⑯。稷勤百谷而山死。文王以文昭。武王去民之秽。故有虞氏禘黄帝而祖颛顼⑰，郊尧而宗舜⑱。夏后氏禘黄帝而祖颛顼，郊鲧而宗禹。商人禘舜而祖契⑲，郊冥而宗汤。周人禘喾而郊稷，祖文王而宗武王。幕⑳，能帅颛顼者也，有虞氏报焉㉑。杼㉒，能帅禹者也，夏后氏报焉。上甲微㉓，能帅契者也，商人报焉。高圉、太王㉔，能帅稷者也，周人报焉。凡禘、郊、祖、宗、报，此五者，国之典祀也。

"加之以社稷山川之神，皆有功烈于民者也；及前哲令德之人，所以为民质也；及天之三辰，民所以瞻仰也；及地之五行，所以生殖也；及九州名山川泽，所以出财用也。非是，不在祀典。

"今海鸟至，己不知而祀之，以为国典，难以为仁且知矣。夫仁者讲功，而知者处物。无功而祀之，非仁也；不知而不问，非知也。今兹海其有灾乎？夫广川之鸟兽，恒知而避其灾也。"

是岁也，海多大风，冬煖㉕。

文仲闻柳下季之言曰㉖："信吾过也！季子之言，不可不法也！"使书以为三策㉗。

注释

①爰居：一种大型海鸟，栖息于海岛。　②臧文仲：鲁国大夫，复姓臧孙，名辰。　③展禽：即柳下惠，名获，字禽。　④烈山氏：即神农氏，相传烈山为其出生地。　⑤共工氏：相传为古代部落酋长，做过水官。伯：同"霸"。　⑥后土：名句龙，黄帝时任土官。　⑦黄帝：古代帝王，姬姓，号轩辕氏，相传为中原各族共同的祖先。　⑧颛顼（zhuānxū）：古代帝王，黄帝之孙，兴起于高阳，号高阳氏。　⑨帝喾（kù）：古代帝王，黄帝曾孙，号高辛氏。　⑩尧：古代帝王，帝喾之子，号陶唐氏。单：通"殚"，尽。仪：善。　⑪舜：古代帝王，姚姓，号有虞氏，继尧帝位。　⑫鲧（gǔn）：禹的

114

父亲。　⑬禹：夏朝君主，姒姓。又称大禹、夏禹。　⑭契（xiè）：帝喾的儿子，相传为商代的祖先。辑：和。　⑮冥：相传为契的六世孙，为夏代水官。　⑯汤：商代开国君主，又称成汤。　⑰禘（dì）：祭礼，在祭天的高坛祭祀天帝，以先祖配祭。祖：祭礼，在太祖庙祭五帝，以祖（王业奠基者）配祭。　⑱郊：按四时节令在京城四郊祭坛举行的祭礼，除天、地、神祇之外，以先祖中有功业者配祭。宗：在太祖庙中祭五帝，以宗（王业开创者）配祭。　⑲禘舜：疑为"禘喾"之误。　⑳幕：舜的后代虞思，为夏代诸侯。㉑报：报德的祭祀。　㉒杼（zhù）：夏君主，为少康之子。　㉓上甲微：契的后代，商汤的六世祖。　㉔高圉（yǔ）：周的祖先，为稷的十代孙。太王：高圉的曾孙古公亶父。　㉕煖：同"暖"，暖和。　㉖柳下季：即展禽。季，兄弟排行中最小的。　㉗筴（cè）：同"策"，古代写字的竹片或木片。

译文

有一只叫"爱居"的海鸟，在鲁国都城东门外，停落了两天。臧文仲叫都城的国人去祭它。

展禽说："臧孙处理政事越礼了。祭祀是国家的大礼，而礼是政事成功的根据。所以，必须谨慎地制定祭祀制度作为国家的常法。现在无故增加祭祀，这是施政不应该做的。

"圣王制定祀典的原则是：立法施于万民，就祭祀他；以身殉职的，就祭祀他；以自己的劳苦奠定国家基业的，就祭祀他；能够抵御大灾难的，就祭祀他；能消除祸患的，就祭祀他。不属这类情形，不在祭祀之列。从前烈山氏统治天下的时候，他的儿子叫柱，能种植各种庄稼和蔬菜。夏朝兴起以后，周族的始祖弃继承了柱的事业，所以国家把他们作为谷神祭祀。共工氏称霸九州时，他的儿子叫后土，能够治理九州土地，所以把他尊为土神祭祀。黄帝能够定百物之名，从而使民不惑，并供给国家赋用。颛顼能继承黄帝的功业。帝喾能据日、月、星运行的规律来安定百姓。尧能够公平地执法，使民向善。舜为民事劳苦而死在苍梧的野地里。鲧用堵塞的方法治理洪水，因失败而被杀。禹能以德行完成其父鲧的事业。契在尧时担任执掌教化的司徒，而百姓和睦。冥任水官，辛劳尽职，最后淹死在水里。汤以宽厚的政治治理百姓，除去了邪恶的桀王。稷辛苦地种植百谷，最后死在黑水

115

之山。文王因文德而著称于世。武王铲除了人民的祸根商纣王。所以，有虞氏禘祭黄帝，祖祭颛顼，郊祭尧，宗祭禹。夏后氏禘祭黄帝，祖祭颛顼，郊祭鲧，宗祭禹。商人禘祭帝喾，祖祭契，郊祭冥，宗祭汤。周人禘祭帝喾，郊祭后稷，祖祭文王，宗祭武王。舜的后代幕，能继承颛顼的德业，有虞氏的后裔对他行报祭。禹的后代季杼，能继承禹的德业，夏后氏的后裔对他行报祭。契的后代上甲微，能继承契的德业，商人的后裔对他行报祭。稷的后代高圉及高圉的曾孙太王，能继承后稷的德业，周人对他们行报祭。总之，禘、郊、祖、宗、报，这五种祭礼，都属于国家的祭祀之典。

"再加上社神、稷神、山川之神，都是对人民有大功的；古代圣哲和道德高尚的人，是民众所信赖的；天上的日、月、星，它们是人民仰望的；大地上的金、木、水、火、土，是人民赖以生息的；以及九州的名山、大川、巨泽，它们是生产财富的。不是这些，就不在国家的祭祀典礼之内。

"现在，海鸟飞来，自己不了解它而去祭它，以此为国家的祭典，很难说这是仁德明智的。仁爱的人重视功德，聪明的人注重处理事情的方法。没有功德而祭，不合于仁；不明白而不请教别人，这不是智。如今海上大概将发生什么变故吧？大海中的鸟兽，往往知道躲避变故。"

这一年，海上多风暴，冬季很暖和。

臧文仲听到柳下季的话，说："确实是我的过错啊，季子的话不可不取法。"于是叫人将展禽的话记在竹简上，共抄写了三份。

赏析

本篇选自《国语·鲁语上》。

文章记叙了鲁国卿士臧文仲命令百姓祭祀一种名叫"爰居"的海鸟，遭到鲁国大夫展禽（柳下惠）坚决反对的故事，表达了对柳下惠卓越见识的赞美之情。

全文内容，分为三部分。

第一部分，交代事件缘起，海鸟爰居停落都城外，臧文仲让人祭祀它。

第二部分，详记柳下惠对祀礼的看法，祭祀爰居不合礼制。同时，把祭祀的失措归结到施政失误的高度来认识，高屋建瓴，立论庄严正大。接着具体论证观点。这是全文的中心部分，分三层展开：首先，援引古代圣王黄帝、颛顼、帝喾、尧、舜、禹、契、周太王等享受祀礼的事例，阐明祭祀为国家大典，共分"禘""郊""祖""宗""报"五种，都有明确的标准和内容，不得妄意施用。然后，又于五种祀典之外，兼举诸祀，强调了必须有功有益于民的，才能祀及之。最后，归结到祭祀海鸟的错误，批评臧仲子命令祭祀海鸟的"非知""非仁"。

第三部分，记叙臧仲子接受批评，改正错误的情况，印证了柳下惠意见的正确性。

全篇文章，紧扣祭祀爰居是"无故而加典"这一中心论题，以柳下惠的分析论证为重点，摆事实，讲道理，有说服力。

虽然，祭祀本是人们对祖先、对有贡献的历史人物的一种纪念方式，但在古代，也渗透着神权和迷信的思想。柳下惠的认识和论述，强调了被祭祀者的功德和贡献，阐述了祭祀是寄托人们怀念的一种方式，并且批评了祭祀海鸟的迷信做法，这些都值得肯定。

文章论旨正大，论述详尽，结构完整，语言整饬，有典雅庄重的风范。

里革断罟匡君

《国语》

宣公夏滥于泗渊①，里革断其罟而弃之②，曰："古者大寒降③，土蛰发，水虞于是乎讲罛罶④，取名鱼，登川禽⑤，而尝之寝庙，行诸国人，助宣气也。鸟兽孕，水虫成，兽虞于是乎禁罝罗⑥，猎鱼鳖⑦，以为夏槁，助生阜也。鸟兽成，水虫孕，水虞于是乎禁置䍠⑧，设阱鄂⑨，以实庙庖，畜功用也。且夫山不槎蘖⑩，泽不伐夭；鱼禁鲲鲕⑪；兽长麑麋⑫；鸟翼彀卵⑬，虫舍蚳蝝⑭；蕃庶物也，古之训也。今鱼方别孕，不教鱼长，又行网罟，贪无艺也⑮！"

公闻之，曰："吾过而里革匡我，不亦善乎！是良罟也，为我得法。使有司藏之，使吾无忘谂⑯。"

师存侍曰："藏罟不如置里革于侧之不忘也。"

注释

①滥：沉浸。泗：水名，发源于山东蒙山南麓。 ②里革：鲁国太史。罟（gǔ）：网。 ③大寒降：大寒以后。 ④水虞：官名，掌川泽禁令。讲：通"构"，整理布设之意。罛（gū）：大鱼网。罶（liǔ）：捕鱼用具。 ⑤川禽：鳖蜃一类水产。 ⑥兽虞：官名，掌鸟兽禁令。罝（jū）：捕兽的网。 ⑦猎（cuò）：刺取。 ⑧䍠䍠（lù）：小鱼网。"䍠"当作"罜"（zhǔ）。 ⑨鄂：捕兽器具。 ⑩槎（chá）：用刀斧砍。 ⑪鲲鲕（ér）：小鱼苗。 ⑫麑（ní）：幼鹿。麋（yǎo）：幼麋鹿。 ⑬彀（kòu）：雏鸟。 ⑭蚳（chí）：蚁卵。蝝（yuán）：未生翅的蝗子。 ⑮艺：极，限度。 ⑯谂（shěn）：规劝。

译文

鲁宣公夏天张渔网在泗水的深处捕鱼，里革割断他的网后扔掉，说："古代在大寒以后，蛰伏在土里的昆虫开始苏醒时，捕捉大鱼，捞取甲鱼、大蛤蜊等，献为祭品，供宗庙祭祀，并让国人照此捕捞祭祖。这是帮助阳气宣泄流行。春天，鸟兽怀孕而鱼类长成时，掌管鸟兽禁令的官就要禁止网罗鸟兽，但可以用叉子叉鱼，做成夏天吃的鱼干。这是为了帮助鸟兽生育繁殖。夏天，鸟兽长大了，而鱼类却交尾产子，掌江河禁令的水虞在这时就要禁止下网，小网也不行，准许设陷阱，用器具捕捉鸟兽，用来供给宗庙祭祀，丰富臣民庖厨。这是为了保护并储备鱼类。并且山上不能砍掉新生的嫩枝，水泽不能割没长成的草；鱼类禁捕鱼子；兽类要让小鹿、小麋长大；鸟类要保护鸟孵卵；虫类不要取蚁卵和蝗子制食品。这一切是为了使万物繁衍生长，这是古人的

卷之三　周文

训导。现在，鱼类正待交尾产子，您不让鱼繁殖生长，反而下网捕鱼，实在贪得无厌！"

宣公听了这番话，说："我有过错，而里革纠正了我，不很好吗？这网好啊，使我懂得了生物繁衍和渔猎之法，让相关的官吏将它珍藏起来，使我不忘记里革的劝告。"

一个叫存的乐师正侍立在旁，说："珍藏这网，不如把里革安排在您身边，这样，您更加不会忘记啊！"

赏析

本文选自《国语·鲁语上》。

文章的主要内容是：鲁国国君不按时令捕鱼，鲁大夫里革把鲁君的渔网割断并扔掉；为此，里革发表了一通振振有词的议论，终于使鲁君幡然悔悟。

里革的议论，可分为两部分。第一部分，论述了古训。首先，援引古代捕鱼制度，正面阐述了捕鱼应取之有时的道理；紧接着，又从反面论证了非其时而捕鱼，应严加禁止的道理；然后，阐述蓄养以时、增其繁殖的重要性；最后，总结到草木兽鱼虫等自然资源，都应注意保养、生息和爱护的观点。

第二部分，借古论今，深拓主题。里革认为，鲁君不按时令捕鱼，是一种滥捕行为，违背古训，贪得无厌，必有恶果。

里革的议论，观点鲜明，言辞犀利，论证充分，深刻有力，击中了鲁国国君的要害，使鲁君欣然改过；同时，也显示出里革的政治眼光与无私无畏、直言敢谏的耿介性格。

综观里革的谏词，其核心是保护自然资源、维持生态平衡。这种认识，无疑是一种卓越的见解。时至今日，如何保护自然资源、维持生态平衡、保护人类生存的环境，仍然是现代人所面临的重大问题之一。读此篇文章，里革二千六百年前的议论，无疑会给我们以有益的启示！

敬姜论劳逸

《国语》

公父文伯退朝[1]，朝其母，其母方绩。

文伯曰："以歜之家，而主犹绩，惧干季孙之怒也[2]，其以歜为不能事主乎！"

其母叹曰："鲁其亡乎！使僮子备官，而未之闻邪？居，吾语女。昔圣王之处民也，择瘠土而处之，劳其民而用之，故长王天下。夫民劳则思，思则善心生；逸则淫，淫则忘善，忘善则恶心生。沃土之民不材，淫也；瘠土之民莫不向义，劳也。是故天子大采朝日[3]，与三公九卿祖识地德[4]，日中考政，与百官之政事，师尹惟旅牧相[5]，宣序民事。少采夕月[6]，与太史司载纠虔天刑[7]。日入监九御，使洁奉禘郊之粢盛，而后即安。诸侯朝修天子之业命，昼考其国职，夕省其典刑，夜儆百工，使无慆淫[8]，而后即安。卿大夫朝考其职，昼讲其庶政，夕序其业，夜庀其家事[9]，而后即安。士朝受业，昼而讲贯，夕而习复，夜而计过，无憾而后即安。自庶人以下，明而动，晦而休，无日以怠。王后亲织玄紞[10]，公侯之夫人，加之以纮綖[11]，卿之内子为大带，命妇成祭服，列士之妻，加之以朝服，自庶士以下，皆衣其夫。社而赋事[12]，烝而献功[13]。男女效绩，愆则有辟[14]，古之制也。君子劳心，小人劳力，先王之训也。自上以下，谁敢淫心舍力！今我寡也，尔又在下位，朝夕处事，犹恐忘先人之业，况有怠惰，其何以避辟？吾冀而朝夕修我曰[15]：'必无废先人。'尔今曰：'胡不自安？'以是承君之官，余惧穆伯之绝祀也[16]！"

仲尼闻之曰："弟子志之，季氏之妇不淫矣！"

卷之三 周文

注释

①公父（fǔ）文伯：鲁国大夫，叫公父歜（chù）。 ②干：犯。季孙：即季康子，鲁国正卿，文伯之母敬姜是季孙的从叔祖母。 ③大采：五彩。朝（cháo）日：天子春分之日祭日。 ④祖：熟习。 ⑤师尹：官名。旅：各级官府的属官。牧：地方长官。相：百官之长。 ⑥少采：三彩。夕月：天子于秋分之夜祭月。 ⑦司载：官名，主管天文。纠虔：恭敬。 ⑧慆（tāo）：怠慢。 ⑨庀（pǐ）：治理。 ⑩紞（dǎn）：悬挂在帽上的丝绳。⑪纮（hóng）：从冠冕两旁垂下，结绕于颔下的丝带。綖（yán）：覆在冕上面的方形版。 ⑫社：春祭。 ⑬烝：冬祭。 ⑭愆（qiān）：过失。辟：刑罚。 ⑮而：你。 ⑯穆伯：文伯之父。

译文

公父文伯退朝回家，拜见他的母亲，他的母亲正在纺麻线。

文伯说："像我们这样的人家，母亲您还纺麻线，恐怕会惹得季孙发脾气的，他大概会认为我不能很好地侍奉您吧！"

他的母亲叹气说："鲁国大概要灭亡了吧！让你这样的孩子在朝廷做官，竟没听说过这些道理吗？坐下，我告诉你。从前圣王治理百姓，选择瘠薄土地来安置他们，使百姓辛勤劳作，然后任用他们，所以能长久称王于天下。百姓劳苦就会思索，思索就会萌生善良之心；相反，闲逸就会放荡，放荡就会忘掉善良，忘掉善良，就会产生邪恶之心。肥沃土地上的人不能成才，就是因为放荡；瘠薄土地上的人无不心向正义，就因为勤劳。所以，天子在春分那天，穿上五彩礼服祭日，和三公九卿共同熟识土地孕物育民之德，中午考察国家政治和百官的事务。师尹、众士、州牧、国相都要宣布和安排庶民的政务。秋分之夜，天子穿着三彩衣服祭月，和太史、司载恭敬地观测天象，每天日落要监督内宫的九嫔，使他们把禘祭和郊祭的粢稷一类供品准备好，打理干净，然后才休息。诸侯早起执行天子颁布的工作和命令，白天考察国家大事，傍晚检查法律制度，晚上告诫百官，使他们不要怠慢和放荡，然后才休息。卿大夫早上考察职责，白天办理各种公事，傍晚整理自己白天的工作情况，晚上处理好采邑家政才休

121

息。士早上接受学业，白天讲习，傍晚复习，晚上要省察自己是否有失，如果没有悔恨，然后才去休息。自平民以下之人，黎明即起，夜晚才休息，没有一天懈怠。王后要亲自织冠冕两边的黑色丝绳，公侯的夫人除此而外，还要织系冕的带子和冠上的方版，卿的正妻织束腰带，大夫的妻子做祭服，列士的妻子还要做丈夫的朝服，下士以下的妻子都要给丈夫做衣服。春祭向神明祷告农事开始，冬祭禀告农事成功。男女各自陈述功绩，有过失就要责罚，这是古代的制度。君子操劳于心，小人从事以力，这是先王的垂训。从上到下，谁敢放纵心思而不出力？现在，我是一个寡妇，你又处在下大夫的位置，即使从早到晚做事，还怕丢掉了先人的业绩；何况有懈怠懒惰之心，那将怎样避免处罚？我希望你早晚提醒我说：'一定不要废弃先人业绩！'你现在却说：'为什么不自图闲逸？'以这种态度担任国君的官职，我真怕穆伯的祭祀会断绝！"

孔子听到这件事，说："弟子们记住，季氏的这位妇人的确不图安逸享乐啊！"

赏析

本文选自《国语·鲁语下》。

文章记叙了鲁国大夫公父文伯与他母亲敬姜之间关于"劳逸"问题的一席话。

首先，记叙文伯的话语。认为自己母亲是士大夫的妻子，儿子也在朝廷做官，完全可以安享欢乐，但她却亲自纺麻，使自己深以为耻辱。

其次，详述敬姜的一段宏论。她先以"劳"为中心，层层推进，阐明了劳动的必要性和重要意义，认为自天子至诸侯，自卿士到士大夫、庶民百姓，自王后到夫人、妻子，无一人不劳，无一事不劳，无一日不劳。因此，劳动并不可耻。然后以严母口吻，论述现实处境的势单力薄，教训儿子遵守先王之制，不要贪图淫逸而亡身灭族。

末尾，以孔子的评价高度赞赏了敬姜的言行，表达了作者褒扬的思想倾向。

全篇文章，通过敬姜认为劳动有益的论述，强调了劳动的必要性和重要性，并把劳动节俭与富贵享乐提高到关系国家、个人存亡的高度加以认识和阐扬，实属难能可贵。文章虽然记载的是家庭琐事、母子言论，但小中寓大，含义深远，颇发人深思。

敬姜的宏论，知识广博，层次清晰，表现出高度的教养和独特的见解，这是可贵的，尤其是对一个贵族的妇女来说更是如此。

敬姜母子之间的分歧，在于对封建礼制的不同态度。公父文伯认为母亲纺麻丢人脸面，对"礼"的了解甚为肤浅；而敬姜不仅对劳动身体力行，认为合符"礼"，而且希望儿子也能守"礼"。正因为如此，她的言行才被孔子引为同调，大加赞扬。的确，劳动崇高、节俭可贵，而自矜富贵、贪图逸乐才是可耻的。这一些浅显而深刻的道理，人们应当牢记。

叔向贺贫

《国语》

叔向见韩宣子①。宣子忧贫，叔向贺之。宣子曰："吾有卿之名，而无其实，无以从二三子，吾是以忧。子贺我，何故？"

对曰："昔栾武子无一卒之田②，其官不备其宗器③，宣其德行，顺其宪则，使越于诸侯，诸侯亲之，戎狄怀之，以正晋国，行刑不疚，以免于难④。及桓子⑤，骄泰奢侈，贪欲无艺，略则行志，假货居贿，宜及于难，而赖武之德，以没其身。及怀子⑥，改桓之行，而修武之德，可以免于难，而离桓之罪，以亡于楚。

"夫郤昭子⑦，其富半公室，其家半三军，恃其富宠，以泰于国⑧，其身尸于朝，其宗灭于绛。不然，夫八郤，五大夫三卿，其宠大矣，一朝而灭，莫之哀也，惟无德也。

"今吾子有栾武子之贫，吾以为能其德矣，是以贺。若不忧德之不建，而患货之不足，将吊不暇，何贺之有？"

宣子拜，稽首焉，曰："起也将亡，赖子存之。非起也敢专承之，其自桓叔以下嘉吾子之赐⑨。"

注释

①叔向：晋国大夫，羊舌氏，名肸（xì）。宣子：晋国正卿韩起。 ②栾武子：晋国上卿栾书。一卒之田：百人为卒，一卒之田为一百顷。但按规定上卿当有田五百顷。 ③官：或作"宫"。 ④以免于难：栾书杀晋厉公，因其行为公正，未受"弑君"的责难。 ⑤桓子：栾书之子栾黡（yàn）。 ⑥怀子：栾黡之子栾盈。 ⑦郤（xì）昭子：郤至，晋国正卿。 ⑧泰：骄奢。 ⑨桓叔：韩氏祖先。

译文

叔向去见韩宣子，韩宣子正为家境不宽裕而发愁，叔向却向他道贺。韩宣子说："我有正卿之名，却无正卿所拥有的财富，无法和各位卿大夫做礼尚往来的交际，所以我很忧愁。你向我道贺，是什么缘故呢？"

叔向答道："从前，栾武子连一百顷田也没有，家里甚至不能办齐祭祀的礼器，但是他能发扬自己的德行，遵守国家的法度，使自己的名声远扬诸侯，诸侯亲近他，戎狄感念他，从而治理好了晋国。他执行法律没有弊端，因此没有受到弑君的责难。到他的儿子桓子担任上卿时，骄傲奢侈，贪欲无限，违法乱纪，任意妄为，放债取利，聚敛钱财，这种行为本该遭受祸难，可是仰赖栾武子的功德，得以善终。到怀子时，他改变桓子的行为，继承祖父武子的德行，本该免于祸难，却遭桓子的罪过牵累，以至逃亡到楚国。

"再说，晋卿郤昭子，他的财富抵得过君主的一半，武力有晋国军队的一半，倚仗着富有和尊荣，在晋国骄纵放肆。结果，尸体摆在朝廷示众，整个宗族的人在晋国都城绛被杀灭。如果不是这样，郤氏中的八人，五个做到大夫，三个做到上卿，恩宠尊荣确实够大了。然而，一旦被灭，却没有谁同情他们，就因为他们没有德行啊！

"现在，您有栾武子的清贫，我认为也能行栾武子的德行，所以向您道贺。如果所忧虑的不是自己不能立德，而是忧虑钱财不够，那我哀吊您都来不及，还有什么可道贺的呢？"

韩宣子跪拜磕头说："我韩起本来要灭亡的，多亏您保全了我。不仅仅是我韩起一个人承受您的恩惠，从我始祖桓叔以下，都要感谢您的恩赐！"

赏析

此篇选自《国语·晋语》。

晋国的卿大夫韩宣子，财富不多，为此发愁。大夫叔向却向他"贺贫"。本文即是叔向"贺贫"的一番言辞。

文章内容分为三部分。

第一部分，交代事件缘起。"贫"可忧而不足"贺"，是人情事理之常。开篇即记叔向"贺贫"，惊世骇俗，自然而然引出下面议论。

第二部分，记叙叔向议论。这是全文的中心部分。叔向既不旁征博引，也不故作高深玄妙，而是就近取材，让事实说话。首先以晋国正卿栾武子为例，居"贫"而拥"德"，惠及子孙后代，正面论述了贫而有德者可贺；然后，又以郤氏为例，郤昭子富豪而无德行，结果是身死族灭，反面对照，阐明了富而无德者足忧。这样就从正反两方面得出结论：韩宣子清贫而有德行，所以可贺可喜。

第三部分，写出效果和影响。韩宣子听叔向一席话，茅塞顿开，稽首称谢，更加反衬出叔向识见的不凡。

全文主旨，不是宣"贫"而是贺"德"。叔向的言论，深刻分析了"贫"与"德"的辩证关系，认为富不足喜、贫不可忧，关键在于是否拥有德行。这种认识，虽然从根本上说还是为了维护卿士大夫的利益，具有较严重的局限性，但是，也充分表现出叔向的政治远见，在当时社会条件下无疑有着进步的思想意义。

同时,也在客观上揭露了统治阶级搜刮民脂民膏、"为富不仁"的罪恶行径。

文章以记载叔向的言论为主,层次清晰,结构完整。而叔向的言辞,观点鲜明,采用对比手法引古论今,说理充分,论证有力。本文不愧是《国语》记言之作中的佳品。

王孙圉论楚宝

《国语》

王孙圉聘于晋①,定公飨之②。赵简子鸣玉以相③,问于王孙圉曰:"楚之白珩犹在乎④?"

对曰:"然。"

简子曰:"其为宝也,几何矣?"

曰:"未尝为宝。楚之所宝者,曰观射父⑤,能作训辞以行事于诸侯,使无以寡君为口实。又有左史倚相⑥,能道训典,以叙百物,以朝夕献善败于寡君,使寡君无忘先王之业,又能上下说乎鬼神,顺道其欲恶,使神无有怨痛于楚国。又有薮曰云⑦,连徒洲,金、木、竹、箭之所生也;龟、珠、角、齿、皮、革、羽、毛,所以备赋,以戒不虞者也,所以共币帛,以宾享于诸侯者也。若诸侯之好币具,而导之以训辞;有不虞之备,而皇神相之,寡君其可以免罪于诸侯,而国民保焉。此楚国之宝也。若夫白珩,先王之玩也,何宝焉?圉闻国之宝,六而已。圣能制议百物,以辅相国家,则宝之。玉足以庇荫嘉谷,使无水旱之灾,则宝之。龟足以宪臧否⑧,则宝之。珠足以御火灾,则宝之。金足以御兵乱,则宝之。山林薮泽,足以备财用,则宝之。若夫哗嚣之美,楚虽蛮夷,不能宝也。"

注释

①王孙圉(yǔ):楚国大夫。 ②定公:晋国国君姬午。飨(xiǎng):宴

享宾客。　③赵简子：晋国正卿赵鞅。相：辅助定公仪赞礼。　④白珩（héng）：楚国的佩玉。　⑤观射父（guànyìfǔ）：楚国大夫。　⑥左史：官名。周代史官分左史、右史，左史记言，右史记事。　⑦薮：水浅草茂的湖泽。云：云梦泽，古代的一个大湖泽，在今湖北、湖南境内。　⑧宪：表明、显示。

译文

王孙圉到晋国去访问，定公设宴招待他。赵简子作陪客，他故意让身上的佩玉发出撞击声，问王孙圉："楚国的白珩还在吗？"

王孙圉答道："是的，还在。"

赵简子说："作为一件宝贝，它有多少价值？"

王孙圉说："白珩不曾被我国视为宝贝。被楚国视为宝贝的，是大夫观射父，他擅长辞令，和各国交往，使我们国君不在诸侯中落下话柄。还有左史倚相，能讲述先王的训典，有序地安排一切事物，并早晚向我们国君进呈成败的经验和教训，使我们国君不忘先王的功业。他还能取悦天地鬼神，顺其所欲，避其所恶，使鬼神对楚国没有怨恨。还有一个大湖叫云梦，连接着徒洲，金属、木材、竹子和箭竹从这儿出产，龟壳、珍珠、兽角、象牙、虎豹皮、犀革、鸟羽和牦牛尾，可用来充作军备，防备意外的祸患，用来提供礼物，以奉献诸侯。若与各国交好的礼物已经具备，又能以好的辞令疏导关系；有对付意外事件的准备，又有皇天神明保佑，我们国君大约可以不被诸侯怪罪，而我国百姓也可以安宁。这些才是楚国的宝贝。至于那白珩，不过是先王的玩物，算什么宝贝呢？我听说，国家的宝贝，只有六件：才识卓越，能正确判断各种事物，辅助治理国家的人，就被视为宝贝；祭祀用的宝玉，能够保佑五谷生长，使它们不遭水旱灾害，就把它视为宝贝；占卜用的龟壳，可以显示吉凶，就把它视为宝贝；珍珠如能避御火灾，就把它视为宝贝；山林湖沼，可以供给财物、用度，就把它们视为宝贝。至于那鸣响的佩玉，楚国虽属蛮夷之地，也不会把它视为宝贝的。"

赏析

此篇选自《国语·楚语下》。

这是楚国大夫王孙圉出访晋国，在宴会上回答晋大夫赵简子傲慢提问的一篇答辞。

全文内容分为两部分。

第一部分，简要叙述事件的地点、起因、经过和当时的气氛，突出晋国大夫赵简子的阔气和傲慢。

第二部分，记叙王孙圉的答复。这部分内容又分三层展开：首先，以"未尝为宝"四字作否定回答，斩钉截铁，掷地有声，不仅当头给赵简子一棒，而且提纲挈领，亮出全篇主旨，奠定了全文的基调。紧接着，王孙圉列举出楚国的三件宝物：观射父、倚相、云连徒洲。三件宝中，人居其二，地居其一。人有内政、外交之才干，地有丰饶之物产。这就与赵简子的以玉为宝、讲阔气，形成鲜明的对比。其着眼点，在于对国家对人民有利，境界自比赵简子高出一筹。最后，照应篇首，指出"白珩"是"玩物"而不是"宝物"，并一口气列举六件宝物进行证明，进一步拓深了主题，显得气足神完，把赵简子的傲慢彻底击溃。

作为楚国使臣，面对他国大夫的蓄意挑衅，王孙圉如何回答，不仅关系到个人的荣辱，而且涉及楚国的声望和威信。通观全文，王孙圉的答辞，不卑不亢，从容机智，既阐述了观点，又不正面批评对方，既不损楚国国格，又不伤晋国面子，显得非常得体。纵论观点时，却又处处与对方对立，针锋相对，寸土必争。结尾处以谦恭语气，褒中含贬，软中带硬，柔中寓刚。总之，充分显示出王孙圉善于外交辞令的能力，也折射出当时外交使者长于言辞、纵横捭阖的特点。

王孙圉对"宝物"的阐释，重视人的力量和价值，着眼于是否对国家对人民有利，更是一笔宝贵的思想遗产，给人们有益的启迪。

卷之三 周文

诸稽郢行成于吴

《国语》

吴王夫差起师伐越，越王勾践起师逆之江①。

大夫种乃献谋曰："夫吴之与越，唯天所授，王其无庸战。夫申胥、华登②，简服吴国之士于甲兵③，而未尝有所挫也。夫一人善射，百夫决拾④，胜未可成。夫谋，必素见成事焉⑤，而后履之，不可以授命。王不如设戎，约辞行成⑥，以喜其民，以广侈吴王之心。吾以卜之于天，天若弃吴，必许吾成，而不吾足也，将必宽然有伯诸侯之心焉⑦。既罢弊其民⑧，而天夺之食，安受其烬，乃无有命矣。"

越王许诺，乃命诸稽郢行成于吴曰⑨："寡君勾践，使下臣郢，不敢显然布币行礼，敢私告于下执事曰：'昔者越国见祸，得罪于天王⑩，天王亲趋玉趾，以心孤勾践⑪，而又宥赦之。君王之于越也，繄起死人而肉白骨也。孤不敢忘天灾，其敢忘君王之大赐乎？今勾践申祸无良⑫，草鄙之人，敢忘天王之大德，而思边陲之小怨，以重得罪于下执事？勾践用帅二三之老⑬，亲委重罪，顿颡于边⑭。今君王不察，盛怒属兵，将残伐越国。越国固贡献之邑也，君王不以鞭箠使之，而辱军士使寇令焉。勾践请盟。一介嫡女，执箕帚以晐姓于王宫⑮；一介嫡男，奉盘匜以随诸御⑯。春秋贡献，不懈于王府。天王岂辱裁之？亦征诸侯之礼也！'夫谚曰：'狐埋之而狐搰之⑰，是以无成功。'今天王既封殖越国⑱，以明闻于天下，而又刈亡之，是天王之无成劳也。虽四方之诸侯，则何实以事吴？敢使下臣尽辞，唯天王秉利度义焉！"

注释

①逆：迎。 ②申胥：伍子胥，名员，申是伍子胥封地。华登：宋人，

129

因避祸奔吴，做吴国大夫。　③简服：训练。　④决：用象骨做成，射箭时套在拇指上钩弦。拾：用皮革做成，射箭时套在左臂上。　⑤素：预先。　⑥行成：请求讲和。　⑦伯：同"霸"。　⑧罢：同"疲"。　⑨诸稽郢（yǐng）：越国大夫。　⑩天王：京畿外诸侯称天子为天王，这里指夫差之父吴王阖庐，为讨好之词。　⑪孤：怜悯。吴越槜李之战，阖庐大败而回，称"怜悯勾践"是婉词。　⑫申：再次。　⑬老：家臣，对越卿大夫的卑称。　⑭顿颡（sǎng）：叩头而以额触地。　⑮赅（gāi）姓：纳女于天子。　⑯盘匜（yí）：洗手、洗脸的用具。　⑰㩅（hú）：掘出。　⑱封殖：封，给草木根部培土。殖：同"植"。所谓培植越国隐指槜李之战中吴国大败，越国安然无恙。

译文

吴王夫差出兵攻打越国，越王勾践出兵在江边迎战。

大夫文种献计说："吴国和越国，胜败只看上天保佑谁，君王不用交战。申胥和华登训练吴国的士兵，还没有打过败仗。一人擅长射箭，就有百人拿弓张弦向他学习。我们要想获胜，是没有把握的。对一件事情的谋划，必须能预见到成功，然后才能实施，不能去拼命。君王不如设防自卫，同时卑词求和，以使吴国百姓欢喜，并且膨胀吴王的骄傲之心。我可以向上天卜问，上天如果抛弃吴国，吴国一定会允许我们讲和，不把我们放在眼里，并且一定会产生称霸诸侯的野心。到吴国百姓已被搞得疲惫不堪，上天剥夺他们的禄位时，我们就可以安然收拾残局，吴国也就灭亡了。"

越王同意了，派诸稽郢去向吴王求和，说："我们国君勾践派遣小臣郢，不敢公然陈列礼品，行聘问之礼，只是冒昧地私下禀告贵国下属臣僚：'从前，越国遭受祸害，得罪了天王，天王带兵驾临我国，但又怜悯勾践，于是赦免了他的罪过。天王对于越国的恩德，真是使死者复生，使白骨长肉。既然勾践不敢忘记上天所降的灾祸，难道还敢忘记天王的大恩吗？现在勾践自作自受，再次遭受祸殃。我们这种边远地区的草野之人，怎敢忘记天王的大恩，而对边境上的小怨耿耿于怀，以致再次得罪您呢？因此勾践领着几个臣子，亲自承担重罪，在边境上叩头。如今君王您不了解此情，盛怒之下率领大军，准备打垮越国。越国本来是向君王称臣纳贡的城邑，君王不用鞭子来驱使我们，却派军队屈尊讨伐我们。勾践请求缔结和约。献上一个嫡妻所生的女儿，让她拿着箕帚，在王宫侍奉君王；还献上一个嫡妻所生的儿子，让他捧着盥洗用具，跟在那些仆役背后听君王使唤。春秋纳贡进献，不敢对王府稍有懈怠。难道还要天王来屈尊处理吗？这也是天子向诸侯征税的礼节啊！'俗话说：'狐狸埋好东西又刨出，因此事情做不成功。'如今天王既已培植了越国，天下诸侯都知道了，现在又要铲除，这是天王前功尽弃呀。即使是四方的诸侯，今后凭什么去侍奉吴国呢？因此，越国冒昧地派遣小臣详尽陈辞，请天王权衡其间的利与义吧。"

赏析

本篇选自《国语·吴语》。

公元前494年，吴王夫差为报父仇大举伐越，大败越军。不久，吴又兴师伐越，越王勾践派诸稽郢为使者去吴国求和。本文则主要记载了诸稽郢游说吴王夫差以求和的一段言辞。

本文内容，分为两大部分。

第一部分，记叙事件起因，勾画出越国危急局势。重点记载了越大夫文种对敌强我弱形势的仔细分析，提出了议和的主张。

第二部分，记载诸稽郢游说吴王夫差的言论。诸稽郢的使命，关系到越国的存亡，又全凭三寸之舌和语言技巧来完成，因此具有很大的难度。诸稽郢审时度势，紧紧抓住吴王夫差的强者地位和骄傲心理，把自己国君勾践降到卑微下臣的地步，把吴王夫差的身份提高到天子的地位。厚币贿赂，卑辞求和，使吴王夫差在飘飘然的自我陶醉中忘乎所以，最终同意了议和。

诸稽郢的游说之辞，实际上是一种"捧杀"的手段，既解了越国之危，又助长了吴王夫差的骄纵。唯其如此，文章大量使用了"天王""君王""下臣"等表示尊卑地位的话语，而且极尽谄媚，狡辩地夸大吴国之恩，竭力掩饰越国的复仇之心。这一切，虽显得虚伪造作，格调卑下，但也从一个方面说明了诸稽郢的智慧和随机应变的能力，也间接地表现出越王勾践忍辱负重、不惜牺牲个人尊严而使国家免遭覆灭的良苦用心和宽大胸襟。

这次外交活动的成功，是越国战略决策的胜利，也是诸稽郢善于外交辞令的胜利。后来，越国终于灭掉吴国，报仇雪耻，就是必然的结局和最有力的证明。

申胥谏许越成

《国语》

吴王夫差乃告诸大夫曰："孤将有大志于齐，吾将许越成，而无拂吾虑。若越既改，吾又何求？若其不改，反行，吾振旅焉。"

申胥谏曰："不可许也。夫越非实忠心好吴也，又非慑畏吾甲兵之强也。大夫种勇而善谋，将还，玩吴国于股掌之上①，以得其志。夫固知君王之盖威以好胜也②，故婉约其辞，以从逸王志③，使淫乐于诸夏之国，以自伤也。使吾甲兵钝弊，民人离落，而日以憔悴，然后安受吾烬。夫越王好信以爱民，四方归之。年谷时熟，日长炎炎。及吾犹可以战也。为虺弗摧④，为蛇将若何？"

吴王曰："大夫奚隆于越？越曾足以为大虞乎？若无越，则吾何以春秋曜吾军士⑤？"乃许之成。

将盟，越王又使诸稽郢辞曰："以盟为有益乎？前盟口血未干，足以结信矣。以盟为无益乎？君王舍甲兵之威以临使之，而胡重于鬼神而自轻也？"吴王乃许之，荒成不盟⑥。

注释

①还（xuán）：同"旋"，转动。　②盖：崇尚。　③从：同"纵"。　④虺（huǐ）：小蛇。　⑤曜：同"耀"，炫耀。　⑥荒：虚，空。

卷之三　周文

译文

吴王夫差便告诉各位大夫说："我准备攻打齐国，以酬我大志，我将准许越国求和，你们不要违反我的意志。如若越国已经悔改，我还要求什么呢？如果它不悔改，待我伐齐归来，再兴师问罪。"

伍子胥劝阻道："不能同意越国求和。越国并不是真正地忠心结好吴国，也不是害怕我们军队强大。越国大夫文种既勇敢又善于谋划，将回去随心所欲地玩弄吴国，从而达到他的目的。他本知君王您崇尚军威而又好胜，因此说话委婉谦卑，以此放纵君王的心志，使您过分乐观地去和中原各国争霸，从而伤害自己。使我们的兵力被消磨，人民遭离散，国家日益贫弱，然后便安然收拾我国残局。越王在国内讲究信用且爱惜人民，四方的人都归附他，农业经常丰收，国势日益兴旺。趁我们还可以作战时灭掉它。小蛇不打死，长成了大蛇怎么对付？"

吴王说："大夫为何如此抬高越国？越国居然能成为我们的心腹大患吗？如果没有越国，春秋两季，我向谁去炫耀我的军事力量呢？"于是准许越国讲和。

将要盟誓的时候，越王又叫诸稽郢去婉言推辞，说："认为盟誓有益处吗？上次盟誓涂在口上的血还没干呢，这足以取信了。认为盟誓无益吗？君王能放弃武力驾临驱使越国，为什么却看重鬼神而轻视自己呢？"吴王便同意了，因此，吴越仅仅讲了和，却不曾歃血盟誓。

赏析

本篇选自《国语·吴语》，当与前篇《诸稽郢行成于吴》合读。

越国派诸稽郢为使者，通过厚币卑辞向吴国求和，得到了吴王夫差的同意。但是，却遭到了吴国大夫伍员的坚决反对。本文则记载了伍员力谏吴王夫差的情形。

文章分为三大段。首段记叙吴王夫差同意越国议和、准备讨伐齐国的主张，并向臣僚征求意见，是全文的引子。次段记叙伍员劝阻吴王的一段谏词，针锋相对，逐条驳斥，是全文的中心部分。末段记叙夫差坚持己见、不听劝谏的情况，交代出事件的结果：与越讲和，且不盟誓。这是全文的尾声。

伍员的谏词，首先以"不可许也"总断一句，亮出观点，鲜明醒目。然后，详尽地分析了越国（特别是谋臣文种）企图以妥协退让来保全自己、发展自己，让吴国去犯错误，然后伺机打败、消灭吴国的阴谋，警告吴王不可上当。伍员的分析，切中越国要害，显示出他洞若观火的战略眼光和对吴王的耿耿忠心。

然而，被胜利冲昏头脑的吴王夫差，却不听忠告，坚持错误，让陷入困境的仇敌得到喘息、休养和发展的机会，自我陶醉在利用越国力量去讨伐齐国的幻想之中。夫差的如意算盘和麻痹轻敌，正好为自己走向灭亡创造了条件。

可笑吴王夫差，刚愎自用，缺乏远见，有伍员这样的人才而不能任用，丧国亡身，岂不是可悲可叹吗？读罢此文，令人深省！

春王正月

《公羊传》

元年者何[①]？君之始年也。春者何？岁之始也。王者孰谓？谓文王也。曷为先言王而后言正月？王正月也[②]。何言乎王正月？大一统也。公何以不言即位[③]？成公意也。何成乎公之意？公将平国而反之桓[④]。曷为反之桓？桓幼而贵，隐长而卑。其为尊卑也微，国人莫知。隐长又贤，诸大夫扳隐而立之[⑤]。隐于是焉而辞立，则未知桓之将必得立也。且如桓立，则恐诸大夫之不能相幼君也。故凡隐之立，为桓立也。隐长又贤，何以不宜立？立適以长不以贤[⑥]，立子以贵不以长。桓何以贵？母贵也。母贵则子何以贵？子以母贵，母以子贵。

注释

①元年：君王即位的第一年。　②王正（zhēng）月：指周文王改正朔后的正月，与夏、商两朝的正月不同。古代帝王受命，必改正朔（每年一月为正月，正月第一天叫朔日）。　③公：指鲁隐公，是鲁惠公的妾所生的长子。　④平：治。反：同"返"。桓：鲁桓公，为隐公异母弟。　⑤扳：攀，这里为拥护之意。　⑥適：同"嫡"，正妻为嫡。

译文

"元年"是什么？是国君即位的第一年。"春"又是什么？是一年中的第一季。"王"指的是谁？指周文王。为何先说"王"而后说"正月"？因为是文王受命而改建的周历正月。为何要说"王正月"？是说天下一统，都奉文王确定的正朔。对于隐公为何不说"即位"？这是成全隐公的本意。为什么说成全隐公本意呢？因为隐公准备治理好国家之后再交回给桓公。为何要交回给桓公？因为桓公年纪虽小，但（他的母亲是鲁惠公的夫人）地位却高，隐公年纪虽大，但（他的母亲是鲁惠公正妻的随嫁姐妹）地位却低。这种高低差别很小，国人并不知道。隐公年长而且贤明，所以大夫都拥护他，立他做国君。如隐公在此时辞让而不即位，就不能肯定桓公将来一定能够做鲁国的君主。况且，就是现在立桓公为君，又担心那些大夫不能辅佐年幼的君主。所以，隐公做国君，是为了桓公将来能做国君。隐公年长且贤明，为什么不宜做鲁国的国君？因为立正室夫人的儿子做国君，是根据年龄大小而不根据贤明与否；立庶子做国君，则根据地位是否高贵，而不根据年龄大小。桓公为什么地位高贵？因为他的母亲地位高贵。母亲地位高贵，儿子为什么地位也高贵？儿子因为母亲高贵而高贵，母亲也因为儿子高贵而高贵。

赏析

本文选自《公羊传·隐公元年》。

《公羊传》，也称《春秋公羊传》，与《左传》《穀梁传》合称为《春秋》三传。它是解释《春秋》的一部书，作者相传为公羊高。

在体例上，《公羊传》一般是先引《春秋》"经文"，然后自问自答，逐层剖析《春秋》经文的"微言大义"。《公羊传》是今文经学的主要典籍，也是研究战国至秦汉之间儒家思想的重要文献之一。

本篇文章，就是对《春秋》经文"元年春王正月"这六个字的阐释。

文章内容分为两层。

第一层，阐释《春秋》经文的"大一统"思想。

第二层，阐释《春秋》经文"辨尊卑，别嫡庶"的正名思想。

全文的阐发，都立足于儒家的思想观点，探求《春秋》的"微言大义"。这种方式，看似冠冕堂皇、振振有词，实则是儒家正统观念的说教，以此论史，的确显得牵强附会和迂阔酸腐。

文章善于自问自答，逐字逐层挖掘阐扬，条理清楚，语言简洁，干脆利落，别具一种爽达气质。

宋人及楚人平

《公羊传》

外平不书①，此何以书？大其平乎己也。何大其平乎己？庄王围宋②，军有七日之粮尔，尽此不胜，将去而归尔。于是使司马子反乘堙而窥宋城③。宋华元亦乘堙而出见之④。司马子反曰："子之国何如？"华元曰："惫矣！"曰："何如？"曰："易子而食之，析骸而炊之⑤。"司马子反曰："嘻！甚矣惫！虽然，吾闻之也，围者柑马而秣之⑥，使肥者应客。是何子之情也⑦？"华元曰："吾闻之：君子见人之厄则矜之，小人见人之厄则幸之。吾见子之君子也，是以告情于子也。"司马子反曰："诺，勉之矣！吾军亦有七日之粮尔，尽此不胜，将去而归尔。"揖而去之。

反于庄王⑧。庄王曰："何如？"司马子反曰："惫矣！"曰："何如？"曰："易子而食之，析骸而炊之。"庄王曰："嘻！甚矣惫！虽然，吾今取此，然后而归尔。"司马子反曰："不可，臣已告之矣，军有七日之粮尔。"庄王怒曰："吾使子往视之，子曷为告之？"司马子反曰："以区区之宋，犹有不欺人之臣，可以楚而无乎？是以告之也。"庄王曰："诺，舍而止！虽然，吾犹取此，然后归尔。"司马子反曰："然则君请处于此，臣请归尔。"庄王曰："子去我而归，吾孰与处于此？吾亦从子而归尔。"引师而去之。故君子大其平乎已也。此皆大夫也。其称"人"何？贬。曷为贬？平者在下也。

注释

①外：《春秋》记载鲁史，称他国为外。 ②庄王：楚庄王，春秋五霸之一。平：停战讲和。 ③司马子反：司马，官名，执掌军队。子反，楚公子侧。堙(yīn)：为攻城而筑的土山。闚：同"窥"，偷看。 ④华元：宋国大夫。 ⑤析：分开。骸：尸骨。 ⑥柑：同"钳"。秣(mò)：喂牲口。 ⑦情：实情。 ⑧反：同"返"。

译文

其他国家相互之间停战讲和，《春秋》是不记载的，这次为什么要记载呢？是赞美华元和子反自己做主停战讲和。为什么赞美他们自行讲和？楚庄王包围宋国，军中仅有七天口粮了，吃完这些粮食还不能取胜就要离开宋国返回。庄王于是派司马子反登上攻城的土山窥探宋国都城的动静。宋国的华元也登上土山来和他见面。司马子反说："贵国情况怎么样？"华元说："已经疲惫不堪了！"子反说："具体情况如何？"华元说："已经到了交换儿子来吃，劈开尸骨烧饭的程度。"子反说："唉！真是疲惫不堪了！尽管如此，我却听说过这样的话：被包围的人，钳住马嘴喂马，牵出肥马应客，以显示粮草积蓄丰厚。你为什么要说出实情？"华元说："我听说：君子看见别人的灾难就怜悯他；小人看见别人的灾难就幸灾乐祸。我看您是君子，因此将实情告诉您。"子反说："好的，你们再努力坚守！我军也只有七天口粮了，吃完了粮食还不能取胜，就要离开宋国返回了。"两人拱了拱手就离开了。

子反回到庄王那里。庄王问："情况如何？"子反说："已经疲惫不堪了！"庄王说："具体情况如何？"子反说："到了交换儿子来吃，劈开尸骨来烧饭的程度。"庄王说："唉！真是疲惫到极点了！既然如此，我这次要拿下宋城再回去啦。"子反说："不行，我已经告诉他，我们的军队只有七天口粮了。"庄王发怒道："我派你去观察他们的情形，你为什么把我们的实情告诉他们？"子反说："小小一个宋国，尚且有不骗人的臣子，堂堂楚国，难道可以没有吗？因此，我告诉了他。"庄王说："好吧，且安排房屋住下来。虽然你已告诉他我们的粮食快吃完了，但是，我还是要拿下宋城然后再回去。"子反说："那么，请您留在这里，我请求回去了。"庄王说："你离开我回去，我和谁留在这里？我也跟你回去算了。"于是带领军队离开宋国。所以君子赞美这次讲和全在华元、子反自己做主。这两人都是大夫，为什么《春秋》要称"宋人""楚人"？这有贬的意味。为什么要贬呢？因为讲和的是处在下位的两个臣子，总有越权之嫌。

赏析

本文选自《公羊传·宣公十五年》。

文章的首、尾部分，是《公羊传》作者对《春秋》经文"微言大义"所作的阐释。

作者认为：子反和华元平息了宋、楚之间的一场战争，同情百姓疾苦，有仁爱之心，值得肯定，因此《春秋》专文记载，有褒扬之意。同时，作者又指出：子反与华元议和，事先并没有取得楚王的同意，虽有功，但属于以下犯上的非礼行为，因此，《春秋》以"人"字记载，表示贬斥之意。

这样，作者就从正反两个方面挖掘和阐扬了《春秋》经文的深义，给人以详尽透彻之感。

本文的中间部分,即文章的主体部分,则记叙了这次讲和的具体经过。从宋大夫华元的叙述中,可以看出战争给人民带来的深重灾难。"易子而食,析骸而炊"的悲惨情景,使两个敌对国家的主要将领都不忍心再继续战斗下去了,真是摧人肺腑、触目惊心!

从这种意义上说,本文对《春秋》褒扬子反、华元的解释,是比较恰当的,有一定的思想认识意义;而对《春秋》贬斥子反、华元的解释,则显得牵强可笑,恐不足为训。

全篇文章,阐释清晰,记叙生动,语言质朴而畅达,足与《左传》印证、发挥,流传久远。

吴子使札来聘

《公羊传》

吴无君,无大夫①,此何以有君,有大夫?贤季子也②。何贤乎季子?让国也。其让国奈何?谒也、余祭也、夷昧也,与季子同母者四。季子弱而才,兄弟皆爱之,同欲立之以为君。谒曰:"今若是迮而与季子国③,季子犹不受也。请无与子而与弟,弟兄迭为君,而致国乎季子。"皆曰:"诺。"故诸为君者,皆轻死为勇。饮食必祝曰:"天苟有吴国,尚速有悔于予身④!"故谒也死,余祭也立;余祭也死,夷昧也立;夷昧也死,则国宜之季子者也。季子使而亡焉⑤。僚者,长庶也⑥,即之。季子使而反,至而君之尔。阖庐曰⑦:"先君之所以不与子国而与弟者,凡为季子故也。将从先君之命与,则国宜之季子者也;如不从先君之命与,则我宜立者也。僚恶得为君乎?"于是使专诸刺僚⑧,而致国乎季子。季子不受,曰:"尔弑吾君,吾受尔国,是吾与尔为篡也;尔杀吾兄,吾又杀尔,是父子兄弟相杀,终身无已也!"去之延陵⑨,终身不入吴国。故君子以其不受为义,以其不杀为仁。

贤季子，则吴何以有君，有大夫？以季子为臣，则宜有君者也。札者何？吴季子之名也。春秋贤者不名，此何以名？许夷狄者，不一而足也。季子者，所贤也，曷为不足乎季子？许人臣者必使臣，许人子者必使子也。

注释

①吴无君，无大夫：照《春秋》记史的原则，吴国属蛮夷之邦，涉及吴国史事，只称其国，不载其国君与大夫。　②季子：吴王寿梦的小儿子季札。　③迮（zé）：仓猝。　④悔：灾祸。　⑤亡：指离开吴国。　⑥僚：吴王寿梦的妾所生之子。比正妻所生的谒、余祭、夷昧、季子四人年长。　⑦阖庐：即公子光，谒的儿子，夫差的父亲。　⑧专诸：人名，春秋时有名的刺客。为阖庐所使，刺吴王僚，自己也当场被杀。　⑨延陵：地名，在今江苏常州武进。

译文

《春秋》不记载吴国的君主和大夫，这里为什么有国君（吴子），有大夫（札）？是为了赞美季子。为何要赞美季子？他辞让国君之位。他辞让国君之位是怎么回事？是这样的：谒、余祭、夷昧和季子是同母所生的四兄弟。季子最小，却颇有才能，几个哥哥都喜爱他，都想立他做国君。谒说："现在像这样仓猝间把君位交给季子，季子不会接受。请你们做国君后君位不传子而传弟，我们兄弟轮流做国君，最后把国家交给季子。"余祭、夷昧说："好。"所以，他们做国君后，把不怕死视为勇敢，吃饭时都必定要祷告说："上天如果保佑吴国，就赶快把灾祸降到我身上吧！"所以，谒死了，余祭即位；余祭死了，夷昧即位；夷昧死后，国家应该交给季子了，可是季子出使他国没有回来。僚在兄弟中最年长，但不是正妻生的，他即位了。季子出使归来，到达吴国也把僚当国君对待。阖闾说："先君所以不把国家传子而传弟，都是为了季子的缘故。要遵从先君的命令，那么国家应该给季子；若不遵从先君的命令，那么我就应该立为国君。僚怎么能做国君呢？"于是派专诸刺死了僚，把国家送给季子。季子不接受，说："你杀了我的君主，我接受你交给我的国家，这便是我与你一同篡位了；你杀了我兄，我又因此而杀你，这是父子兄弟互相残杀，一辈子都没完没了啦！"于是季子离开吴国都城到了延陵，终生不进吴国都城。所以君子认为他不受君位是"义"，认为他不杀阖闾是"仁"。

赞美季子，为什么记载吴国的事就有君主，有大夫？既然以季子为臣，那就应该有君了。"札"是什么？是吴国季子的名。按《春秋》的原则，贤人是不直书其名的，这里为什么直书其名？赞许夷狄之国，不能因为一件好事就将其看得完美无缺。季子是《春秋》所赞美的，对季子还感到有什么不是的呢？赞许人臣，就一定要使他和人臣的身份相适应；赞许人子，就一定要使他和人子的身份相符合。

赏析

本文选自《公羊传·襄公二十九年》。

"吴子使札来聘"，是《春秋》中的一句话。本篇文章就是《公羊传》对这句经文的解释。

战国时期，黄河中下游流域是中原诸侯的居住地，也是当时经济、文化最为发达的地区，因此中原诸侯国常称"华夏"或"中国"。而对吴、楚、越等经济、文化相对落后的边远地区，则蔑称为"蛮夷"之邦。因此，《公羊传》作者认为：吴国国君余祭派遣其弟季札访问鲁国。《春秋》称他为"吴子"，是一种尊敬和肯定的表示。因为，吴国国君的行为，是吴国"有君有臣"的一个证明；同时，也因为吴季札兄弟互相谦让，不争君位，千古传为美谈。

文章又认为：吴季札虽为贤者，但来自蛮夷之邦，并不完美，所以《春秋》不依照"贤者不名"的原则，而直写其名。

以上两层阐释，构成了本文的基本内容。第一层阐释，对吴季札让国和不介入骨肉相残的权力斗争，倍加赞扬，认为符合儒家"礼让"的道德规范，正好体现出《公羊传》儒家的传统思想观念。后一层阐释，则集中地体现了《公羊传》严"华夷之辨"的儒家正统思想倾向，这种倾向，显然是一种偏颇，应当扬弃。

郑伯克段于鄢

《穀梁传》

克者何？能也①。何能也？能杀也②。何以不言杀？见段之有徒众也。段，郑伯弟也。何以知其为弟也？杀世子、母弟目君③，以其目君，知其为弟也。段，弟也，而弗谓弟；公子也，而弗谓公子，贬之也。段失子弟之道矣，贱段而甚郑伯。何甚乎郑伯？甚郑伯之处心积虑，成于杀也。于鄢，远也，犹曰取之其母之怀中，而杀之云尔，甚之也。然则为郑伯者宜奈何？缓追逸贼④，亲亲之道也。

注释

①克者何？能也：《穀梁传》将"克"解作"能"，与《左传》解作"打败"不同。　②杀：《穀梁传》认为郑伯杀段，与《左传》所记"大叔出奔共"不同。　③世子：天子或诸侯的嫡长子，君位的继承人。母弟：同母之弟。目：称呼。按《春秋》记史的笔法，凡杀世子和同母弟弟的，都以国君的称号称呼。　④逸贼：放掉作乱的人。

译文

"克"是什么意思？是能够。能够做什么？能够杀共叔段。为什么不说"杀"？这样就可以看出共叔段有军队。段是郑伯的弟弟。怎么知道他是弟弟？只有杀世子和同母弟，《春秋》记载时才按国君称呼，因为这里是按国君称呼"郑伯"，所以知道段是弟弟。段是弟弟，却不称为"弟"；是公子，却不称"公子"，这是贬抑他。段丧失了做公子、弟弟的本分，贬抑段同时也更严厉地贬抑了郑伯。更严厉地贬抑郑伯什么？贬抑郑伯处心积虑，促成公叔段被杀的结局。"于鄢"，表示公叔段逃得很远了，郑伯追杀到鄢,这就等于说郑伯将公叔段从他母亲的怀里抢过来杀死,所以说是严厉地贬抑他。那么,作为郑伯应该怎样呢?不要急迫地追逼,放掉作乱之人,这才是把亲人视为亲人的办法呀。

赏析

本文选自《穀梁传·隐公元年》。

《穀梁传》,也是一部解释《春秋》"微言大义"的书。它与《左传》《公羊传》合称《春秋》三传。相传为孔子再传弟子穀梁赤所作。其体例与思想观点,大致与《公羊传》相同。

本文是该书收录的第一篇文字,与《左传·隐公元年》所载"郑伯克段于鄢"系同一事件。但两《传》的侧重点却迥然不同:《左传》记叙事件的发生、发展和结局,详尽而完整,着重于记事;《穀梁传》则从《春秋》经文的字面入手,阐发含义,着重于释意。

此篇文章,就是《穀梁传》的代表。它紧紧围绕《春秋》经文"郑伯克段于鄢",逐一释义。

首先,解释"克"与"段",谴责了郑伯杀弟的处心积虑。

其次,解释"于鄢",着重斥责了郑伯骨肉相残的冷酷无情。

最后,替古人设想,认为郑伯正确的做法应该是"缓追逸贼,亲亲之道也"。

全篇文章,只就"处心积虑"四字阐发《春秋》的微言大义,严斥了郑伯的险恶用心,宣扬了儒家"亲亲""宽恕"等思想观点。

文章语言朴实简练,议论斩钉截铁而带有浓厚的主观感情色彩。与擅长记事写人,将论断与感情寄寓于人物、场景、情节、细节的描写之中的《左传》相比较,无论是思想性还是艺术性,都逊色不少。

虞师晋师灭夏阳

《穀梁传》

非国而曰灭，重夏阳也①。虞无师，其曰师，何也？以其先晋，不可以不言师也。其先晋何也？为主乎灭夏阳也。夏阳者，虞、虢之塞邑也，灭夏阳而虞、虢举矣。

虞之为主乎灭夏阳，何也？晋献公欲伐虢，荀息曰②："君何不以屈产之乘，垂棘之璧③，而借道乎虞也？"公曰："此晋国之宝也，如受吾币④，而不借吾道，则如之何？"荀息曰："此小国之所以事大国也。彼不借吾道，必不敢受吾币，如受吾币而借吾道，则是我取之中府，而藏之外府；取之中厩，而置之外厩也。"公曰："宫之奇存焉，必不使受之也。"荀息曰："宫之奇之为人也，达心而懦，又少长于君。达心则其言略；懦则不能强谏；少长于君，则君轻之。且夫玩好在耳目之前，而患在一国之后，此中知以上⑤，乃能虑之，臣料虞君，中知以下也。"

公遂借道而伐虢。宫之奇谏曰："晋国之使者，其辞卑而币重，必不便于虞。"虞公弗听，遂受其币而借之道。宫之奇又谏曰："语曰：'唇亡则齿寒。'其斯之谓与！"挈其妻子以奔曹⑥。

献公亡虢五年，而后举虞。荀息牵马操璧而前曰："璧则犹是也，而马齿加长矣！"

注释

①夏阳：也作下阳，虢国的边邑，在今山西平陆北。　②荀息：晋国大夫。　③屈：晋国地名，出产良马。垂棘：晋国地名，出产美玉。　④币：泛指财礼，玉、帛、圭、璧、马、皮，都可称币。　⑤知：同"智"。　⑥曹：国名，姬姓，后为宋所灭。

卷之三 周文

译文

　　夏阳不是国家，《春秋》却说"灭"，这是重视夏阳。虞国并没有出兵，《春秋》却称"虞国的军队"，这是为什么？这是因为先于晋，所以不可以不说虞国的军队。先于晋是什么意思？是说虞国对灭夏阳负有主要责任。夏阳是虞、虢两国边境上的城邑。灭了夏阳，虞、虢两国就容易攻取了。

　　说虞国对灭夏阳负有主要责任，这是什么缘故？晋献公想攻打虢国，荀息说："您为何不把屈地出产的骏马、垂棘的玉璧，作为礼物送给虞君，向虞君借路？"献公说："这两种东西是晋国的宝物，如果虞国接受了我们的礼物，却不借路给我们，那怎么办？"荀息说："这种礼物是小国用来侍奉大国的。如果他们不借路给我们，便一定不敢接受我们的礼物；如若接受我们的礼物而借路给我们，那么我们不过是把玉璧从内库拿出来，保藏在外库，不过是把良马从宫内马栏里牵出来，放在宫外的马栏里罢了。"献公说："有宫之奇在呢，他一定不会让虞君收下我们的礼物。"荀息说："宫之奇为人，内心明白事理，可是性格懦弱，又从小在虞君身边长大。内心明白事理的人，往往言辞简略，不把话说透；性格懦弱的人，就不会极力劝谏；从小跟虞君一起长大，虞君就不会看重他的意见。再说，这些玩好之物就在虞君眼前，而祸患却在虢国被灭之后，这要中等以上智慧的人才会考虑得到，我可以料定虞君不过是中等以下智慧的人。"

　　于是献公就向虞君借路攻打虢国。宫之奇劝谏说："晋国的使者，言辞谦卑而礼物贵重，一定对我们虞国不利。"虞公不听，于是接受了礼物，同时借路给晋国。宫之奇又劝谏道："俗话说'唇亡齿寒'，这大概就是说的现在这种情形吧！"后来，宫之奇就带了妻子儿女离开虞国，逃亡到曹国去了。

　　晋献公于鲁僖公五年灭掉虢国，随后便消灭了虞国。荀息牵着骏马，拿着玉璧，走到献公面前说："玉璧依然如故，不过马倒是长大了几岁！"

赏析

本文选自《穀梁传·僖公二年》。

文章内容，分为三部分。

首先，逐字阐释《春秋》经文"虞师晋师灭夏阳"的微言大义，着重谴责了虞国国君不明形势、不分敌友、助晋为虐、主动出兵灭掉夏阳的错误行径。

接着，记叙虞公贪图晋国的美玉宝马，看不到唇亡齿寒的恶果，不听宫之奇的忠谏，最终导致国家灭亡，自己也沦为阶下囚的事实，具体印证了虞公的罪责。文中突出记载了晋国大夫荀息对虞国情况的分析，切中肯綮，判断准确，塑造出一位智谋之士的形象。

最后，交代了事件的结局。事件的发展，完全与荀息的预料一样，虞国被灭，虞公被俘，宫之奇举家迁移别国以避难。最后，文章以荀息"璧则犹是也，而马齿加长矣"的戏谑之言作结，形象生动，余味悠长，有力地嘲讽了虞公的贪婪和昏庸。

全文宗旨，在于谴责和归罪虞公。文章短小精悍，议论尖刻，记叙生动，观点鲜明，层次清楚，虽无更多的伦理道德和迂腐说教，但同样照亮灵魂、发人深省，是《穀梁传》中较为清新畅达的篇章之一。

晋献公杀世子申生
《礼记》

晋献公将杀其世子申生①。公子重耳谓之曰②："子盍言子之志于公乎③？"世子曰："不可！君安骊姬④，是我伤公之心也。"曰："然则盍行乎？"世子曰："不可！君谓我欲弑君也，天下岂有无父之国哉？吾何行如之⑤？"

使人辞于狐突曰⑥："申生有罪，不念伯氏之言也⑦，以至于死。申生不敢爱其死。虽然，吾君老矣，子少，国家多难。伯氏不出而图吾君，伯氏苟出而图吾君，申生受赐而死。"再拜稽首乃卒。是以为恭世子也。

注释

①世子：天子、诸侯的嫡长子，君位的继承人。 ②重耳：申生的异母弟，后即君位，称晋文公。 ③盖：同"盍（hé）"，何不。 ④骊姬：晋献公的宠妃。 ⑤如：到，往。 ⑥狐突：申生的师傅，重耳的外祖父，晋国大夫。 ⑦伯氏之言：指狐突曾劝申生出奔他国，申生未从。狐突，字伯行，所以称伯氏。

译文

晋献公将要杀死自己的世子申生。公子重耳对申生说："你何不向父亲说明情由呢？"申生说："不行！君上因骊姬才生活得舒心，说明真情，这样我就伤了父亲的心。"重耳说："那么，何不逃走呢？"申生说："不行！君上说我想杀他，天下哪有不要父亲的国家呢？我能到哪里去？"申生派人向狐突告辞说："申生遭逢罪过，当初没有考虑您的话，以至于要丢掉性命。申生不敢吝惜自己的生命，但是，我父亲老了，骊姬的儿子奚齐又小，国家多难。您不出来帮助我们君上谋划国事则罢，您假使肯出来助我们君上，申生便受您的恩惠而死！"申生拜了两拜，叩头至地，自缢而死。因此，后世称他为"恭世子"。

赏析

本文选自《礼记·檀弓》。

《礼记》是儒家经典之一。它是秦汉以前各种礼仪论著的选集，为汉代人所辑。《礼记》是研究中国古代社会、儒学家说和典章文物制度的重要文献。

檀弓，本为人名，鲁国人。因其深通礼仪，所以用作篇名。

本文主要记载了晋献公受所宠爱的骊姬的谗言，废除太子申生并迫使其自杀的历史事件，突出了申生的忠孝和恭顺，寄寓了作者的同情和赞扬。

文章内容分为两层。第一层，记叙公子重耳劝申生向父亲挑明真相或者逃奔他国暂时避难，申生不予采纳。本来，申生横遭诬陷（骊姬自恃晋献公宠爱，图谋废除申生而立自己所生的儿子奚齐为太子，竟在申生祭祖庙带回的祭肉中投放毒药陷害申生，说申生阴谋弑君，申生被迫逃离都城），是可以向父亲晋献公辨明冤枉的，但申生担心挑明真相会使晋献公伤心，出奔他国又只会背负弑君的恶名，所以对重耳的劝告予以拒绝。

第二层，记叙申生自杀前，央请自己的老师出来为晋献公筹划政事的言行，为申生忠臣孝子的形象划上完整的一笔。

综观全文，申生的言行因为符合儒家"君君、臣臣、父父、子子"的伦理道德的说教，所以受到了作者的肯定和赞扬。但是，申生的认识和所作所为，在严酷的统治集团内部的矛盾斗争中，又显得多么的苍白和可笑！事实上，申生的自杀并未能阻止骊姬的野心和晋献公的昏庸，也没有实现使父亲安逸舒心的善良愿望，晋国从此遭受了长达二十余年的动乱。探究这段惨痛的历史，申生的委曲求全、忠孝恭顺以及不负责任的自杀等言行，恐怕也有着不可推卸的责任！

曾子易箦

《礼记》

曾子寝疾①，病。乐正子春坐于床下②，曾元、曾申坐于足③，童子隅坐而执烛。童子曰："华而睆④，大夫之箦与⑤！"子春曰："止！"曾子闻之，瞿然曰⑥："呼！"曰："华而睆，大夫之箦与！"曾子曰："然。斯季孙之赐也⑦，我未之能易也。元，起易箦！"曾元曰："夫子之病革矣⑧！不可以变。幸而至于旦，请敬易之！"曾子曰："尔之爱我也，不如彼。君子之爱人也以德，细人之爱人也以姑息。吾何求哉？吾得正而毙焉，斯已矣！"举扶而易之，反席未安而没⑨。

注释

①曾子：孔子得意门徒，名参，字子舆。 ②乐（yuè）正子春：曾参的弟子，官任乐正。 ③曾元、曾申：都是曾参的儿子。 ④睆（huǎn）：光滑。 ⑤箦（zé）：床席。 ⑥瞿（jù）然：惊动的样子。 ⑦季孙：鲁国执政大夫季孙氏。 ⑧革（jí）：（病势）沉重。 ⑨反：同"返"。

译文

曾子卧病在床，病得很厉害。他的学生乐正子春坐在床下，他的儿子曾元和曾申坐在他的脚边，一个僮仆坐在屋角，拿着蜡烛。僮仆说："多么漂亮，多么光滑，这是大夫用的席子吧！"子春说："住口！"曾子听到后，吃惊地叫道："啊！"僮仆又说："多么漂亮，多么光滑，这是大夫用的席子吧！"曾子说："是的，这是季孙赐给我的，我无力换它了。元，扶我起来换席子吧！"曾元说："您的病很沉重！不能动。希望您能坚持到天亮，到时请允许我恭敬地给您换掉。"曾子说："你对我的爱护不能像那样。君子从道德原则的高度去爱护人，小人却以姑息迁就的方式去爱护人。我还有什么可求的呢？我能够得到正道而倒下死去就够了！"于是大家扶着抬他起来，换了席子，放回换过的席子上，还没放安稳，曾子就死了。

赏析

本文选自《礼记·檀弓》。

文章通过描写曾子临终前更换床席的经过，对曾子的俭朴习性和一丝不苟的崇礼精神，表示了充分的肯定和赞扬。

全文内容，可分三层。

首层，简叙曾子病重卧床的情景，介绍出事件的起因、人物。语言简洁而描写错落有致，其人其景，宛若目睹。

第二层，记叙曾子临终坚持更换床席的经过，突出了曾子的俭朴习性和一丝不苟的崇礼精神。寥寥十数语，有对话，有动作，有细节描写，凸现人物心理活动，塑造出生动鲜明的人物形象。

末尾，记叙曾子换席而终，"得正而毙"的结局。照应篇首，结构谨严。

整幅文字，针线细密，行文从容，以区区换席琐事，通过人物对话和细节描写，极概括又极生动地写照出曾子一生的德行，可谓丝发无憾。而作者对曾子德行的充分肯定和赞扬，也自然而然流溢于字里行间。

曾子临终前的垂训之语，其言虽小，但寓意深远，可为后世殷鉴。

本文在艺术上的成功之处，在于塑造出曾子、子春、童子等生动鲜明的人物形象。文章抓住人物对话和细节描写，以质朴的语言，于简练之中，显示出万千姿态。例如，子春听到童子的发问，怕惊动老师，用一"止"字，活现出子春对老师的尊重爱护之情；而这一"止"字，又为后文曾元所说"夫子之病革矣！不可以变"予作伏笔。又比如，当曾子听到童子的发问，感到很吃惊，文章用一"呼"字，表达出曾子的虚弱和惊觉之状；这一"呼"字，也为后文曾子坚持换席作了铺垫。一"止"一"呼"，两边夹写，一时俱到，前后映带，言简意赅，而人物神情宛肖，呼之欲出。

有子之言似夫子

《礼记》

有子问于曾子曰[1]："问丧于夫子乎[2]？"曰："闻之矣：'丧欲速贫，死欲速朽。'"有子曰："是非君子之言也。"曾子曰："参也闻诸夫子也。"有子又曰："是非君子之言也。"曾子曰："参也与子游闻之[3]。"有子曰："然。然则夫子有为言之也。"

曾子以斯言告于子游。子游曰："甚哉！有子之言似夫子也！昔者夫子居于宋，见桓司马自为石椁④，三年而不成。夫子曰：'若是其靡也，死不如速朽之愈也！'死之欲速朽，为桓司马言之也。南宫敬叔反⑤，必载宝而朝。夫子曰：'若是其货也，丧不如速贫之愈也！'丧之欲速贫，为敬叔言之也。"

曾子以子游之言告于有子，有子曰："然！吾固曰非夫子之言也。"曾子曰："子何以知之？"有子曰："夫子制于中都⑥，四寸之棺，五寸之椁。以斯知不欲速朽也。昔者夫子失鲁司寇⑦，将之荆⑧，盖先之以子夏⑨，又申之以冉有⑩。以斯知不欲速贫也。"

注释

①有子：名若，字子若，孔子的弟子。　②丧：这里指失去官位。夫子：指孔子。　③子游：姓言，名偃，字子游，孔子的弟子。　④桓司马：宋国大夫桓魋（tuí），任司马之职，封邑在桓。椁（guǒ）：外棺。　⑤南宫敬叔：鲁国大夫仲孙阅。　⑥中都：鲁国城邑，在今山东梁山东南。孔子于鲁定公九年做中都宰。　⑦司寇：官名，为六卿之一，执掌刑法等。　⑧荆：指楚国。　⑨子夏：姓卜，名商，字子夏，孔子的弟子。　⑩冉有：名求，字子有，孔子的弟子。

译文

有子问曾子道："你向先生问过失去官位的事情吗？"曾子说："听先生说过：'丢官以后要快些贫穷，死了以后要快些腐烂。'"有子说："这不是君子说的话。"曾子说："我是从先生那里听到的。"有子又说："这不是君子说的话。"曾子说："我和子游都听到过。"有子说："如果是这样，那么先生是有所针对而说的。"

曾子把这话告诉了子游。子游说："太像啦！有子的话确实像先生啊！从前，先生住在宋国，看见桓司马用石板给自己做外棺，三年也没做成。先生就说：'像这样靡费，死了倒不如快些腐烂才好呢！'希望死了之后快些腐烂，这是针对桓司马而说的。南宫敬叔失了官位，离开鲁国，后来又回来了，他总是要用车子装着宝物去朝见君王。先生就说：'像这样行贿，去官以后倒不如快些贫穷才好呢!'希望丢官以后快些贫穷，这是针对敬叔而说的。"

曾子把子游的话告诉了有子。有子说："果然如此！我原本就说不是先生的话。"曾子说："你怎么知道的?"，有子说："先生做中都宰时，制定了内棺厚四寸、外棺厚五寸的规定。根据这个就知道先生是不希望死后快些腐烂的。从前，先生失掉了鲁国司寇的官职，准备到楚国去，先生先叫子夏去打听，又派冉有去了解。根据这种情形，我知道先生并不希望去官以后快些贫穷。"

赏析

本文选自《礼记·檀弓》。

文章记叙了有子、曾参、子游三人关于孔子对"丧""死"问题的言论，阐明了对孔子的言论不能离开当时说话的对象和环境去理解，也不能离开孔子的一贯主张而片面、机械地去理解。只有听其言、论其事，并结合其一贯思想，才能比较全面、公正、准确地理解孔子的话。

全文内容，分为三段。

第一段，记叙有子和曾参关于孔子论"丧"的言论。曾参以自己亲耳听闻为据，认为孔子的态度是"丧欲速贫，死欲速朽"。有子予以否定，认为这不是孔子的真实思想。从而提出问题，引起悬念，为后文预作铺垫。

第二段，曾参不解，问于子游。子游指出，孔子的言论，有特定的对象和环境："死之欲速朽"是针对桓魋奢靡，准备石椁，三年未成的行为而表示的批评；"丧之欲速贫"则是针对南宫敬叔丧失职位以后想用大量钱财进行贿赂，以求复位的行为所抒发的感慨。子游的话，阐明本文的主旨，破译了首段的悬念，是文章的重心所在。

第三段，有子联系孔子关于厚葬、积极入世的一贯主张，回答了自己之所以否定孔子"死之欲速朽""丧之欲速贫"看法的原因。照应了篇首，深化了题旨。

全文借孔子三个弟子的对话，说明了对孔子（包括一切人）

的言论，都应结合其对象、环境和一贯思想主张去加以理解、把握，不能死守章句，到处生搬硬套，甚至断章取义。这种思想认识，无疑是正确的，值得我们认真学习、借鉴。

公子重耳对秦客

《礼记》

晋献公之丧，秦穆公使人吊公子重耳①，且曰："寡人闻之：'亡国恒于斯，得国恒于斯。'虽吾子俨然在忧服之中，丧亦不可久也②，时亦不可失也，孺子其图之！"

以告舅犯③。舅犯曰："孺子其辞焉！丧人无宝，仁亲以为宝。父死之谓何？又因以为利，而天下其孰能说之？孺子其辞焉！"

公子重耳对客曰："君惠吊亡臣重耳！身丧父死，不得与于哭泣之哀，以为君忧。父死之谓何？或敢有他志以辱君义？"稽颡而不拜④，哭而起，起而不私。

子显以致命于穆公⑤，穆公曰："仁夫！公子重耳。夫稽颡而不拜，则未为后也⑥，故不成拜；哭而起，则爱父也；起而不私，则远利也。"

注释

①使人吊公子重耳：当时重耳为避祸难，正逃亡在狄，穆公使人慰问，有劝其归国即位之意。　②丧：指失位、丢官。下面"身丧"与此同。　③舅犯：狐突之子狐偃，字子犯，重耳的舅父。　④稽颡（sǎng）：以额触地多时，以表示哀痛，是古人守丧时拜客的礼节。　⑤子显：名絷（zhí），秦公子，是穆公所派的使者。显，当作"㬎"。　⑥后：后嗣，继承人。按古时候丧礼，先稽颡而后拜，是继承人的礼仪。当时重耳还不是晋献公继承人，所以只稽颡而不拜。

译文

晋献公去世，秦穆公派人慰问公子重耳，并且说："我听说，

153

失去君位常在这种时候,得到君位也常在这种时候。虽然你庄重地守在居丧之中,但是失位流亡不可太久,时机不可丧失,你好好考虑一下吧!"

重耳将此话告诉舅父子犯。子犯说:"你一定要谢绝他!失位流亡的人没有什么别的宝贵东西了,只有把仁爱和孝顺作为贵重东西。父亲逝世,这是什么样的事情啊?却趁机借此谋利,天下谁能为之辩护?你一定要谢绝他!"

于是公子重耳对客人说:"承蒙秦君恩惠,慰问我这流亡之人!我失位流亡,父亲逝世而不能参加葬礼,悲痛地哭灵,因而使您替我担忧。父亲逝世,这是什么样的事情啊?我哪敢存别的念头来辱没您的情义呢?"说完,跪下叩头而以额触地面,却不行拜礼,哭着站起来,起来以后不再和秦国使者私下谈话。

子显将这些情形回复穆公。穆公说:"多么仁爱啊,公子重耳!叩头至地而不拜谢,是表示自己还没成为君位继承人,所以不行拜礼;哭着站起来,表示爱他的父亲;起来以后并不和我的使者私下交谈,是远远避开谋取君位的私利啊!"

赏析

本篇选自《礼记·檀弓》。

公元前651年,晋献公逝世。此时,晋公子重耳流亡于狄国已达五年之久。秦穆公派人前往吊丧,一方面表示慰问悼念之情,一方面游说怂恿重耳返回晋国夺取政权。重耳在舅犯等人的策动下,考虑到回国夺权的条件还不成熟,又摸不透秦国的真实意图,所以婉言谢绝。本文即记叙了这次事件的经过,重点记叙了晋公子重耳谢绝秦使的言论,从而塑造出沉着练达、深怀智谋的晋公子重耳的形象。

全文内容,分为三部分。

第一部分,简述事件的发生和舅犯的谋划。

第二部分,记叙公子重耳谢绝秦使的言论。重耳以封建伦理的"仁亲"为借口,虚与周旋,言辞堂正,态度恭谨,举止得体,充分显示出政治上的成熟。

卷之三　周文

第三部分，记叙重耳的言谈举止得到了秦穆公的称赞，表现了作者对重耳的赞美与肯定。

综观全文，晋国君臣的谋划及其言论，虽似冠冕堂皇，实则假意虚情。这并不是重耳等人品格低下，而是出于情势所迫的不得已：当时，晋国大乱，鹿死谁手殊难预料，秦国态度不明朗，自己的力量又很薄弱，返国条件并不成熟。所以，针对秦使试探性的吊丧、游说，重耳不得不以"礼"巧与周旋，一席入情入理的话语，终于赢得了秦穆公的赞扬和佩服。这一切都足以表明，晋公子重耳在经历了长期的流亡生活之后，已由一个不谙世事的贵介公子逐步成长为一个有智谋、有口才、明事体、知进退的政治家。

文章善于记言，简洁生动，精练传神，重耳舅犯、秦穆公等人的形象栩栩如生。

杜蒉扬觯

《礼记》

知悼子卒[①]，未葬，平公饮酒[②]，师旷、李调侍[③]，鼓钟。杜蒉自外来[④]，闻钟声，曰："安在？"曰："在寝。"杜蒉入寝，历阶而升，酌曰："旷饮斯！"又酌曰："调饮斯！"又酌，堂上北面坐饮之，降趋而出。

平公呼而进之曰："蒉！曩者尔心或开予[⑤]，是以不与尔言。尔饮旷何也？"曰："子卯不乐[⑥]。知悼子在堂，斯其为子卯也大矣。旷也，太师也，不以诏，是以饮之也[⑦]。""尔饮调何也？"曰："调也，君之亵臣也。为一饮一食，忘君之疾[⑧]，是以饮之也。""尔饮何也？"曰："蒉也，宰夫也，非刀匕是共，又敢与知防，是以饮之也。"平公曰："寡人亦有过焉，酌而饮寡人！"杜蒉洗而扬觯[⑨]。公谓侍者曰："如我死，则必毋废斯爵也[⑩]！"

至于今，既毕献，斯扬觯，谓之杜举。

155

注释

①知(zhì)悼子:晋国大夫知䓨,"悼"是他的谥号。 ②平公:晋国君主,名彪。 ③师旷:晋国乐官。李调:晋平公的近臣。 ④杜蒉:晋国宰夫。《左传》作屠蒯。 ⑤曩(nǎng)者:刚才。 ⑥子卯不乐(yuè):夏朝暴君桀死于乙卯日,商朝暴君纣死于甲子日,后世君主以为"疾日",不奏乐。 ⑦诏:告诉。 ⑧疾:指疾日,相当于忌日、凶日。 ⑨觯(zhì):古代饮酒的器皿。 ⑩爵:酒器,指上文"觯"。

译文

知悼子去世,还没有安葬,晋平公就饮起酒来了,师旷和李调作陪,并敲钟奏乐。杜蒉从外面进来,听到钟声,就问:"他们在哪里?"有人回答说:"在寝宫。"杜蒉走进寝宫,踏着阶梯走上去,斟了一杯酒,说:"旷,你喝干这杯!"又斟满一杯酒,说:"调,你喝干这杯!"又斟了一杯酒,在殿堂上正对着北面的晋平公,双膝着地,坐在脚后跟上喝干了这杯酒,然后走下阶梯,躬身快步出了寝宫。

平公喊他进来,说:"蒉,刚才你的意思大概是要开导我吧,所以我没有跟你谈话。你为何罚旷喝酒呢?"杜蒉说:"子卯不奏乐。知悼子的灵柩还在堂上,这比子卯之忌大多了。旷是太师,却不将这道理告诉您,所以我罚他酒。"平公问:"你为何又罚调饮酒呢?"杜蒉说:"调是您的亲近之臣,为了贪图吃喝,而忘记了您该忌讳的事情,所以我罚他酒。"平公又问:"你自己为何又喝酒呢?"杜蒉说:"蒉,不过是主管君王膳食的宰夫,不操刀拿勺,供给饮食,竟敢参与知谏防闲的事,所以罚自己酒。"平公说:"我也有过错,斟一杯酒来罚我!"杜蒉洗净酒器,斟酒之后,高举献上。平公对侍从说:"如果我死了,切不可丢掉这酒杯!"

直到现在,享宴致礼之后,就要高举酒杯,人们称之为"杜举"。

赏析

本篇选自《礼记·檀弓》。

文章内容，分为三段。

第一段，记叙晋平公不守礼制。晋大夫知悼死，未葬，晋平公却与师旷、李侍调等人在寝处饮酒作乐。

第二段，记叙厨师杜蒉巧妙劝谏晋平公的行为和言论。通过晋平公三问和杜蒉的三答，指斥了师旷、李侍调的失职，含蓄地批评了晋平公违"礼"的错误。

第三段，记叙晋平公承认错误，并以杜蒉的酒杯留作纪念，命名为"杜举"。交代结果，收束全篇。

杜蒉善于利用晋平公的好奇心理，使用三酌之后不言而出的特殊举动，引起平公注意，得以阐释自己的见解，提出忠告，的确是善于劝谏者。若是杜蒉直接撞宴，厉词直谏，恐怕晋平公就未必能够心悦诚服地加以接受。由此可见，注意时间、地点，讲究方式、方法，抓住人物心理活动，使被批评者乐于采纳，是批评者应当注意的技巧。

同时，晋平公作为一国之君，能够欣然采纳一个普通厨子的规劝，改正错误，以之为戒，这在中国古代亦属难能可贵。晋平公的勇于改错，也值得人们借鉴。

晋献文子成室

《礼记》

晋献文子成室①，晋大夫发焉②。张老曰："美哉轮焉③！美哉奂焉④！歌于斯，哭于斯，聚国族于斯。"文子曰："武也得歌于斯，哭于斯，聚国族于斯，是全要领以从先大夫于九京也⑤。"北面再拜稽首。君子谓之善颂善祷。

注释

①献文子：晋卿赵武，"献文"为其谥号。　②发：送礼祝贺新屋落成。
③轮：指宫室高大。　④奂：通"焕"，华丽。　⑤要：即"腰"。领：颈。

古代重罪处以腰斩,罪稍轻处以割颈。全要领指免于上述刑罚而善终。九京:晋国卿大夫的墓葬地。

译文

晋国的献文子建成了一幢新屋,晋国的大夫上门去送礼恭贺。大夫张老说:"多么美呀,这样宽敞高大;多么美呀,这样富丽堂皇!祭祀奏乐在这里,死丧哭泣在这里,聚会国宾宗族也在这里。"献文子说:"我赵武能够祭祀奏乐在这里,死丧哭泣在这里,聚会国宾宗族在这里,那就是能够免遭刑罚,保全身躯,能够追随祖先于九京啊!"于是他朝着北面拜了两拜叩头致谢。君子认为张老善于祝颂,献文子善于祈福。

赏析

本文选自《礼记·檀弓》。

晋国卿大夫赵武建成新居,晋国大夫前往祝贺。张老的祝词,不同凡俗:先是夸赞新居的高大、华美,然后以"歌于斯,哭于斯,聚国族于斯"贺颂之,祝其荫佑子孙后代,实含有戒奢侈、慎言行的谏劝之意。

赵武的祷词,亦委婉得体:居安思危,虚心接纳,以"全要领"申明自己建新居、荫子孙的愿望,唱和张老的祝词,祈祷免祸为福,繁衍昌盛。

一善颂、一善祷,均被后人称道。

文章记叙张老、赵武的言论举止,简练传神,三言两语,勾画出张老的机智和赵武的谦谨,人物形象比较鲜明生动。这种以简练的笔触,通过人物的言论、举止塑造人物形象,并达到传神写照的方法,对后世小品文(如《世说新语》)等影响很大。

本文的思想、内容,距今已经时代久远,早已隔膜,似不足取法。但文章所贯穿的居安思危、为子孙后代的长远利益着想的观点,对我们还是有一定的启示意义。

卷之四　秦文

苏秦以连横说秦

《国策》

苏秦始将连横说秦惠王①，曰："大王之国，西有巴蜀汉中之利②，北有胡貉代马之用③，南有巫山黔中之限④，东有殽函之固。田肥美，民殷富，战车万乘，奋击百万，沃野千里，蓄积饶多，地势形便。此所谓天府，天下之雄国也。以大王之贤，士民之众，车骑之用，兵法之教，可以并诸侯，吞天下，称帝而治。愿大王少留意，臣请奏其效！"秦王曰："寡人闻之：毛羽不丰满者，不可以高飞；文章不成者⑤，不可以诛罚；道德不厚者，不可以使民；政教不顺者，不可以烦大臣。今先生俨然不远千里而庭教之，愿以异日。"

苏秦曰："臣固疑大王之不能用也。昔者神农伐补遂⑥，黄帝伐涿鹿而禽蚩尤⑦，尧伐驩兜⑧，舜伐三苗⑨，禹伐共工⑩，汤伐有夏，文王伐崇⑪，武王伐纣，齐桓任战而霸天下。由此观之，恶有不战者乎⑫？古者使车毂击驰⑬，言语相结，天下为一。约从连横⑭，兵革不藏；文士并饬⑮，诸侯乱惑；万端俱起，不可胜理；科条既备，民多伪态；书策稠浊，百姓不足；上下相愁，民无所聊；明言章理，兵甲愈起；辩言伟服，战攻不息；繁称文辞，天下不治；舌敝耳聋，不见成功；行义约信，天下不亲。于是乃废文任武，厚养死士，缀甲厉兵，效胜于战场。夫徒处而致利，安坐而广地，虽古五帝三王五霸⑯，明主贤君，常欲坐而致之，其势不能，故以战续之，宽则两军相攻，迫则杖戟相撞，然后可建大功。是故兵胜于外，义强于内，威立于上，民服于下。今欲并天下，凌万乘，诎敌国⑰，制海内，子元元⑱，臣诸侯，非

159

兵不可。今之嗣主，忽于至道，皆惛于教，乱于治，迷于言，惑于语，沉于辩，溺于辞。以此论之，王固不能行也。"

说秦王书十上，而说不行。黑貂之裘敝，黄金百斤尽，资用乏绝，去秦而归。赢滕履蹻⑲，负书担囊，形容枯槁，面目犁黑，状有愧色。归至家，妻不下纴⑳，嫂不为炊，父母不与言。苏秦喟然叹曰："妻不以我为夫，嫂不以我为叔，父母不以我为子，是皆秦之罪也。"乃夜发书，陈箧数十㉑，得太公《阴符》之谋㉒，伏而诵之，简练以为揣摩㉓。读书欲睡，引锥自刺其股，血流至足，曰："安有说人主，不能出其金玉锦绣，取卿相之尊者乎？"期年，揣摩成，曰："此真可以说当世之君矣。"

于是乃摩燕乌集阙㉔，见说赵王于华屋之下，抵掌而谈。赵王大说㉕，封为武安君㉖，受相印。革车百乘，锦绣千纯㉗，白璧百双，黄金万镒㉘，以随其后。约从散横，以抑强秦，故苏秦相于赵而关不通。当此之时，天下之大，万民之众，王侯之威，谋臣之权，皆欲决于苏秦之策。不费斗粮，未烦一兵，未战一士，未绝一弦，未折一矢，诸侯相亲，贤于兄弟。夫贤人任而天下服，一人用而天下从。故曰："式于政㉙，不式于勇，式于廊庙之内，不式于四境之外。"当秦之隆，黄金万镒为用，转毂连骑，炫熿于道㉚，山东之国，从风而服，使赵大重。且夫苏秦，特穷巷掘门、桑户棬枢之士耳㉛。伏轼撙衔㉜，横历天下，庭说诸侯之主，杜左右之口㉝，天下莫之伉㉞。

将说楚王，路过洛阳，父母闻之，清宫除道，张乐设饮，郊迎三十里。妻侧目而视，侧耳而听。嫂蛇行匍伏，四拜自跪而谢。苏秦曰："嫂！何前倨而后卑也？"嫂曰："以季子位尊而多金。"苏秦曰："嗟乎！贫穷则父母不子，富贵则亲戚畏惧，人生世上，势位富厚，盖可以忽乎哉㉟！"

注释

①苏秦：字季子，东周洛阳（今河南洛阳东）人，战国时期著名策士。连横：主张秦国分别联合崤山以东六国，从而远交近攻，破坏合纵的政治、外交策略。说（shuì）：游说。秦惠王：秦国国君，名驷。　②巴：今重庆全境、四川东部、湖北西部的地区。蜀：今四川成都一带。汉中：今陕西南部。

卷之四 秦文

③胡：匈奴族，这里指他们的居住地区。代：地名，今河北、山西北部地区。 ④黔中：地名，在今湖南西北部和贵州东部。 ⑤文章：法令。 ⑥神农：即炎帝，传说中的远古帝王。补遂：古国名。 ⑦涿鹿：山名，在今河北涿鹿东南。蚩尤：传说中的古代部落首领。 ⑧驩（huān）兜：尧的臣子，因作乱而被尧放逐。 ⑨三苗：古国名，在今湖北、湖南、江西一带。 ⑩共工：传说中的古代水官。 ⑪崇：商代小国，这里指崇侯虎，为纣王卿士，因助纣为虐而被文王诛杀。 ⑫恶（wū）：哪，何。 ⑬毂（gǔ）：车轮中心有窟窿可以插轴的部分。 ⑭约从：崤山以东六国联合抗秦的政治、外交策略。从，同"纵"。 ⑮饰（shì）：通"饰"。 ⑯五帝：《史记》以远古帝王黄帝、颛顼、帝喾、唐尧、虞舜为五帝。三王：夏禹、商汤、周文王。五霸：春秋时期先后称霸的诸侯齐桓公、晋文公、宋襄公、秦穆公、楚庄王。 ⑰诎：同"屈"。 ⑱子：视为儿女，有抚育之意。元元：百姓。 ⑲羸（léi）：同"缧"，缠、束。滕（téng）：绑腿布。蹻（jué）：草鞋。 ⑳纴（rèn）：织布的丝缕。 ㉑箧（qiè）：箱子。 ㉒太公：辅佐周得天下的姜太公吕望。《阴符》：相传为太公所作的兵书。 ㉓简：选择。练：熟悉。 ㉔摩：逼近。燕乌集阙：赵国宫阙。 ㉕说：同"悦"。 ㉖武安君：苏秦的封号，武安为赵国城邑，在今河北武安。 ㉗纯：束、捆。 ㉘镒（yì）：古代重量单位，一镒为二十两。 ㉙式：用。 ㉚炫熿：显耀，同"炫煌"。 ㉛掘：通"窟"。椎（quān）枢：弯木作门轴。 ㉜撙（zǔn）：勒住，控制住。衔：马勒口。 ㉝杜：堵塞。 ㉞伉（kàng）：相匹敌。 ㉟盖：通"盍"，何，怎么。

译文

苏秦起初用连横的主张去游说秦惠王，说："大王的国家，西有巴蜀、汉中的出产之利，北有胡地狐貉、代地的良马供使用，南有巫山、黔中的险阻，东有崤山、函谷关的坚固。土地肥沃，人民富足，战车万乘，勇士百万，沃野千里，积蓄丰饶，地势难攻易守。这就是所谓的天然府库，天下强国啊。凭大王的贤明，士兵百姓的众多，兵车战马的使用，兵法的训练，可以兼并诸侯，并吞天下，称帝治国。愿大王稍稍留意，请让我来陈述秦统一天下的功效！"秦王说："我听说过：羽毛没有长丰满，不可以高飞；法令还不完备，不可以使用刑罚；道德不高，不可以役使百姓；政令教化不和顺，不可以烦劳大臣。如今先生虽然郑重

161

其事，不远千里来到秦国，在朝廷上教诲我，但是请改日再谈吧。"

苏秦说："我原本就怀疑大王不能采纳我的主张。从前神农讨伐补遂，黄帝攻打涿鹿而擒获蚩尤，唐尧讨伐骥兜，虞舜讨伐三苗，夏禹讨伐共工，商汤讨伐夏桀，周文王讨伐崇侯虎，周武王讨伐商纣，齐桓公发动战争而成为天下的霸主。由此看来，哪有不进行战争的呢？古时候使者的车辆络绎不绝，来往奔驰，言语缔约，天下一体。如今讲合纵连横，但武器没有收藏不用。辩士花言巧语，使诸侯昏乱疑惑，以致各种事端并起，无法理出头绪。法度虽然已完备，民众却多虚伪奸邪；文献简策繁多混乱，百姓却衣食不足；君臣为此忧愁，民众却无依无靠。道理冠冕堂皇，战争却连绵不断；辩士鲜衣华服四处游说，战乱攻伐越是不能停息；巧饰的言辞，繁复的说教，不能使天下得到治理；舌头磨破，耳朵听聋，不见成功；实行仁义，倡导信用，天下却不能相亲。于是弃文而尚武，优厚收养敢死之士，整治铠甲，磨利兵器，决胜于战场。不用动手而获利，安稳坐着而扩大土地，即使古代的五帝三王五霸，以及别的贤明君主，也常常希望坐着就实现这种愿望，但客观形势却不可能，所以继之以战争，相距远时，摆开阵势攻打，相距近时，使用杖戟厮杀，如此之后，才可以建成大功。所以在国外打胜了战争，才能在国内加强道义，君主树立威望于上，民众才会服从于下。现在想要兼并天下，凌驾大国之上，征服敌国，控制天下，安抚百姓，使诸侯臣服，非通过战争不可。如今一些继承王位的君主，忽视了这个重要道理，都不懂教化，治理混乱，为花言巧语所迷惑，不能自拔。照此而论，大王是一定不能实行我的主张的了。"

苏秦游说秦王的书信上了十次，他的主张秦王始终不肯实行。黑貂皮裘穿破了，黄金百斤用完了，物资费用花光了，只好离开秦国回家。他绑上裹腿，穿上草鞋，背着书本，挑着行囊，模样憔悴瘦弱，脸色黑里带黄，看上去面露羞愧。回到家里，妻子不下织布机，嫂子不给他煮饭，父母不同他说话。苏秦深深地叹息说："妻子不把我当丈夫，嫂子不把我当叔叔，父母不把我当儿子,这都是我苏秦自己的过错啊。"于是连夜找出书来,摆出几十个书箱,找出姜太公的兵书《阴符》,伏案诵读,熟记精要,揣摩含意。读书困了想睡的时候,就拿锥子刺大腿,鲜血一直流到脚上,他说:"岂有游说君主而不能叫他拿出宝玉锦绣取得卿相尊位的呢?"一年之后,他读书读得差不多了,说:"这次真可以去游说当代的君主了。"

于是苏秦来到燕乌集宫,在华丽的宫殿里游说赵王,和赵王谈得很投机。赵王非常高兴,封苏秦为武安君,授予他相印。还有兵车百乘、锦缎千束、白璧百双、黄金万镒,受他支配,他去游说六国合纵,拆散连横,从而抑制强大的秦国,所以苏秦做了赵相而使得函谷关交通断绝。在这个时候,天下那样大,人民那样多,王侯那样有威风,谋臣那样有权势,却都取决于苏秦的策略。不费一斗粮食,不用一件兵器,没有一位将士打仗,没有拉断一根弓弦,没有折断一支箭,六国诸侯相亲,胜过兄弟。真是贤人当政,天下归服,一人用事,天下顺从。所以说:"用政治,不用武力,运用朝廷内决策的手段,不用在国境外打仗的方式。"苏秦达到鼎盛之时,有黄金万镒供他使用,车轮飞转,马车相连,在大路上奔驰,好不显赫。山东各诸侯国闻风服从,使赵国大受尊重。苏秦只不过是居于穷巷,掘洞为门,用桑条编成门扉,把木条揉作门轴的一介穷士。终至于高车大马,驰骋天下,在朝廷上游说诸侯,使其左右哑口无言,天下没有一个人能与他匹敌。

苏秦将去游说楚王,路过洛阳时,父母听到这个消息,连忙打扫房屋,清除道路,演奏音乐,摆设酒宴,到郊外三十里去迎接他。他的妻子不敢正眼看他,侧着耳朵听他说话。他的嫂子像蛇一样伏在地上爬行,连拜四拜,自己跪在地上向他谢罪。苏秦说:"嫂子!你为何以前那么傲慢而现在如此谦卑呢?"嫂子说:"因为季子现在地位尊贵而且有很多金钱。"苏秦说:"唉!贫穷的时候连父母都不认儿子,富贵的时候连亲戚都敬畏惧怕,人生世间,权势和金钱,怎么可以忽视呢!"

赏析

本文选自《战国策·秦策》。

文章记叙了战国时期著名的策士苏秦游说秦王的说辞和他坎坷曲折的发迹史。

结构上，文章可分为两大部分。第一部分，主要记叙苏秦游说秦王采用连横之计的说辞。广征博引，夸饰扬厉，谈古论今，恭维吹捧，晓以战争吞并天下的必然性和迫切性，但未获成功。第二部分，记叙苏秦说秦失败后的狼狈情形，以及发奋读书终至成功的发迹史，对炎凉世态和苏秦毫不掩饰的功利之心，有莫大的讽刺和感慨。全篇文章，刻画了苏秦能言善辩、急功好利、意志坚韧、奋发有为的策士形象，从而反映了战国时期知识分子在政治道路上的辛酸，以及当时社会重名利的价值观。

本文艺术上的特点主要有：第一，成功地塑造了苏秦这一纵横家的典型性格。其积极的一面，如他的以锥刺股、发奋读书的坚强意志和进取精神，已成为中华民族千百年来教育、激励青少年的宝贵教材。第二，善于通过对话刻画人物，对话具有个性化特点。如苏秦与嫂子的对话，就极为准确精练地勾画出苏嫂浅薄庸俗的势利心态。第三，善用对比。如苏秦潦倒惨状与发迹后显赫气焰的对比，家人对苏秦态度的前后对比，等等，都增加了文章的戏剧性，突现了主题思想。第四，语言流畅生动，讲究辞藻，注重铺排，有较强的文学色彩。

无论是思想内容还是艺术特色，文章都堪称《战国策》的代表之作。

司马错论伐蜀

《国策》

司马错与张仪争论于秦惠王前[①]。司马错欲伐蜀，张仪曰：

"不如伐韩。"王曰："请闻其说。"

对曰："亲魏善楚，下兵三川②，塞轘辕缑氏之口③，当屯留之道④，魏绝南阳⑤，楚临南郑⑥，秦攻新城宜阳⑦，以临二周之郊⑧，诛周主之罪，侵楚魏之地。周自知不救，九鼎宝器必出。据九鼎，按图籍，挟天子以令天下，天下莫敢不听，此王业也。今夫蜀，西僻之国，而戎狄之长也，敝名劳众，不足以成名，得其地，不足以为利。臣闻争名者于朝，争利者于市。今三川、周室，天下之市朝也，而王不争焉，顾争于戎狄，去王业远矣。"

司马错曰："不然。臣闻之，欲富国者，务广其地；欲强兵者，务富其民；欲王者，务博其德。三资者备，而王随之矣。今王之地小民贫，故臣愿从事于易。夫蜀，西僻之国也，而戎狄之长也，而有桀纣之乱，以秦攻之，譬如使豺狼逐群羊也。取其地，足以广国也；得其财，足以富民。缮兵不伤众⑨，而彼已服矣。故拔一国，而天下不以为暴；利尽西海⑩，诸侯不以为贪。是我一举而名实两附，而又有禁暴止乱之名。今攻韩劫天子，劫天子，恶名也，而未必利也，又有不义之名，而攻天下之所不欲，危。臣请谒其故⑪：周，天下之宗室也；韩，周之与国也⑫。周自知失九鼎，韩自知亡三川，则必将二国并力全谋，以因乎齐赵⑬，而求解乎楚魏，以鼎与楚，以地与魏，王不能禁。此臣所谓危，不如伐蜀之完也。"惠王曰："善！寡人听子。"

卒起兵伐蜀⑭，十月取之，遂定蜀。蜀主更号为侯，而使陈庄相蜀。蜀既属，秦益强富厚，轻诸侯。

注释

①司马错：战国时期秦国将军。张仪：魏国人，战国时期著名策士，以连横策略游说诸侯，做秦惠王相，封武信君。 ②三川：黄河、伊水、洛水，这里指三河流经之地，在今河南省黄河以南。 ③轘辕（huányuán）：山名，地势复杂险要，在今河南偃师东南。缑（gōu）氏：古地名，因山得名，在今河南偃师市东南嵩山口。 ④屯留：地名，属韩国，在今山西屯留。 ⑤南阳：地名，属韩，在今河南南阳。 ⑥南郑：在今河南新郑。 ⑦新城、宜阳：都是韩地，在今河南境内。 ⑧二周：指周王室（都洛阳，称东周）和周王室附近的小国西周。 ⑨缮：治。 ⑩西海：古人以为我国四周都是海，

165

西海指西部。　⑪谒：禀告。　⑫与国：盟国。　⑬因：用。　⑭卒：结果，终于。

译文

　　司马错和张仪在秦惠王面前争论。司马错主张攻打蜀国，张仪说："不如攻打韩国。"惠王说："请把你们的理由说出来听听。"

　　张仪回答说："和魏国亲近，和楚国友善，向三川出兵，阻塞镮辕、缑氏两山险道的出口，挡住通向屯留的要道。魏国断绝南阳交通，楚国直逼南郑边境，秦国进攻新城、宜阳，直逼东周、西周城郊，声讨周王的罪行，然后逐渐侵占楚国、魏国的地方。周王自知不能挽救，必然交出九鼎宝器。占有九鼎，掌握了地图和户籍，从而挟持天子，号令天下，天下没有谁敢不听从，这是帝王的事业啊。至于蜀国，不过是西部的偏僻之国，只能算是戎狄的首领。攻打蜀国，士兵疲惫，百姓劳苦，却不足以成名。得到它的土地，也没有多大用处。我听说争名的人聚于朝堂，争利的人聚于集市。现在三川和周室，就是天下争利的市场和争名的朝堂，可是大王却不去争夺，反而去争夺戎狄，这样做离帝王的事业太远了。"

　　司马错说："不对。我听说，想富国的人，致力于扩大他的土地；想强兵的人，致力于让百姓富足；想做帝王的人，致力于增加他的德行。这三条具备了，王业就随之而成。如今大王地盘小，百姓穷，所以我希望您先从容易办的事情做起。蜀国，是西部的偏僻之国、戎狄的首领，又出现了夏桀、商纣那样的乱政，以秦国的兵力去攻打它，犹如让豺狼去追逐羊群。夺取它的土地，足以扩大秦的地盘，得到它的财物，足以让秦国百姓富足。用兵而不伤害民众，而对方早已被降服。所以灭掉一个国家，而天下并不会认为我们残暴；尽得西海的财物，而诸侯并不会认为我们贪婪。这样做，我们可以一举而名、实两得，并且还会获得禁暴止乱的名声。现在攻打韩国胁持周天子，胁持天子是恶名声，而且未必有利，反倒会落得不义的名声。攻打天下所不愿攻打的国家，这是很危险的。请让我说说其中的道理：周，是天下尊崇的王室；韩，是周室的盟国。一旦周自知要失去九鼎，韩自知要失去三川，那么，两国一定会联合起来共商对策，并通过齐国、赵国，去向楚国、魏国寻求和解。这时周把九鼎给楚，韩把三川给魏，大王是禁止不住的。这就是我认为危险的缘故，不如攻打蜀国，这才是万全之策。"惠王说："好！我听从您的意见。"

结果，秦国就兴兵攻打蜀国。十月夺取蜀国，于是平定了蜀。蜀国君主的名号改为侯，秦国派陈庄去当蜀侯的丞相。蜀国已经附属于秦国，秦国就更加富裕强盛，轻视其他诸侯国了。

赏析

本文选自《战国策·秦策》，记载了司马错与张仪在秦惠王面前的一场论争。

张仪主张伐韩，挟天子以令诸侯，称霸天下，建成帝业；司马错则力主伐蜀，广国富民，构筑王业的基础。两人在实现秦国称雄一统天下的战略目标上并无分歧，但在如何实现这一目标的战术问题上却尖锐对立。

司马错论伐蜀的道理，分三层进行。首先，正面立论，提出成就王业必须具备"广其地""富其民""博其德"三项条件，而伐蜀则正可以创造这些条件，一举而名利双收。其次，反面驳论，指斥伐韩、劫天子的弊端，认为此举未必有利，又负不义恶名，终将危及国家。最后，归纳总结：伐韩之危不如伐蜀之利。

司马错的一番话，立论驳论，交互使用；头头是道，句句入理。记叙伐蜀之利，自是批驳伐韩之谬，指陈伐韩之弊，正是论证伐蜀的正确，一正一反，相得益彰。

议论中，司马错还善于借题发挥，因势利导。张仪说伐蜀无名无利，司马错则抓住"名""利"二字大做文章，先论伐蜀有名有利，再批伐韩无名无利而且有"危"，针锋相对，字字见血，句句驳倒张仪，使文章有很强的论驳色彩和说服力量。同时，以"名""利"耸动秦王，也较易打动秦王之心，使之乐于接受伐蜀主张。

范雎说秦王

《国策》

范雎至①,秦王庭迎范雎,敬执宾主之礼,范雎辞让。是日,见范雎,见者无不变色易容者。秦王屏左右,宫中虚无人。秦王跪而进曰②:"先王何以幸教寡人?"范雎曰:"唯唯③。"有间,秦王复请,范雎曰:"唯唯。"若是者三。秦王跽曰④:"先生不幸教寡人乎?"

范雎谢曰:"非敢然也。臣闻昔者吕尚之遇文王也⑤,身为渔父,而钓于渭阳之滨耳。若是者,交疏也。已一说而立为太师⑥,载与俱归者,其言深也。故文王果收功于吕尚,卒擅天下,而身立为帝王。即使文王疏吕望,而弗与深言,是周无天子之德,而文、武无与成其王也。今臣,羁旅之臣也⑦,交疏于王,而所愿陈者,皆匡君臣之事,处人骨肉之间⑧。愿以陈臣之陋忠,而未知王心也。所以王三问而不对者,是也。臣非有所畏而不敢言也,知今日言之于前,而明日伏诛于后,然臣弗敢畏也。大王信行臣之言,死不足以为臣患,亡不足以为臣忧,漆身而为厉、被发而为狂,不足以为臣耻⑨。五帝之圣而死,三王之仁而死,五霸之贤而死,乌获之力而死⑩,奔、育之勇而死⑪。死者,人之所必不免,处必然之势。可以少有补于秦,此臣之所大愿也,臣何患乎?伍子胥橐载而出昭关⑫,夜行而昼伏,至于陵夫⑬,无以糊其口,膝行蒲伏,乞食于吴市,卒兴吴国,阖闾为霸。使臣得进谋如伍子胥,加之以幽囚不复见,是臣说之行也,臣何忧乎?箕子、接舆⑭,漆身而为厉,被发而为狂⑮,无益于殷、楚。使臣得同行于箕子、接舆,可以补所贤之主,是臣之大荣也,臣又何耻乎?臣之所恐者,独恐臣死之后,天下见臣尽忠而身蹶也⑯,因

卷之四 秦文

以杜口裹足,莫肯向秦耳。足下上畏太后之严,下惑奸臣之态,居深宫之中,不离保傅之手⑰,终身闇惑⑱,无以照奸。大者宗庙灭覆,小者身以孤危,此臣之所恐耳!若夫穷辱之事,死亡之患,臣弗敢畏也。臣死而秦治,贤于生也。"

秦王跪曰:"先生,是何言也!夫秦国僻远,寡人愚不肖,先生乃幸至此,此天以寡人慁先生⑲,而存先王之庙也。寡人得受命于先生,此天所以幸先生⑳,而不弃其孤也。先王奈何而言若此!事无大小,上及太后,下至大臣,愿先生悉以教寡人,无疑寡人也。"范雎再拜,秦王亦再拜。

注释

①范雎(jū):字叔,魏国人,曾做魏国大夫须贾的家臣,因私受齐襄王礼物而受罚,装死之后潜逃秦国,昭王用为相,封应侯。 ②跪:古人席地而坐,两膝着地,臀压脚跟为坐,跪与坐姿势相近,臀部不压脚后跟即为跪。 ③唯唯:应诺声,如同"嗯嗯"。 ④跽(jì):又叫长跪,双膝着地,上身挺直。 ⑤吕尚:即姜太公、姜子牙,吕为其封地。 ⑥太师:官名,位列三公而地位最高。 ⑦羁(jī)旅:也作"羁旅",客居他乡。 ⑧处人骨肉之间:处在昭王、太后、穰侯之间,穰侯为太后之弟,当时太后、穰侯权倾天下。 ⑨漆身而为厉、被发而为狂:意思是改变自己形貌,暗与下文箕子、接舆之事相比。厉,即癞;被,同"披"。 ⑩乌获:秦武王时的大力士。 ⑪奔、育:指孟奔、夏育,战国时期卫国的勇士。 ⑫伍子胥:名员,春秋时楚国人,父兄被楚平王所杀,伍子胥逃奔吴国。橐(tuó):口袋。昭关:楚国地名,在吴、楚交界处,在今安徽含山西北。 ⑬菱夫:即溧水,在今安徽、江苏境内。 ⑭箕子:纣王叔父,名胥余,箕为其封地,因谏纣王而获罪,于是假装癫狂为奴。接舆:春秋时期楚国的隐士,曾披发装疯不仕。 ⑮被:同"披",散。 ⑯蹶(jué):跌倒。 ⑰保傅:宫内侍候君王的女官。 ⑱闇:同"暗"。 ⑲慁(hùn):乱,烦扰。 ⑳先生:或当作"先王"。

译文

范雎到来之后,秦昭王在宫廷中迎接,恭敬地行宾主之礼,范雎辞让不受。因传说范雎已死,这天看见范雎出现的人没有不改变神色,十分惊讶的。秦王屏退左右,宫中再无他人。秦王改变坐姿，膝行上前对范雎说："先生用什么来赐教于我？"范雎应道："嗯、嗯。"过了一会儿，秦王又请他指教，范雎还是应道："嗯、嗯。"如此三次。秦王直起上身来说："先生不愿意赐教于我吗？"

范雎道歉说："不敢这样。我听说当初吕尚遇周文王时，他不过是个在渭水北岸钓鱼的渔夫。两人的交情是那样浅，可是很快地经过一番交谈，就被文王立为太师，用车子载着他一同归去，这是因为他所谈的道理很深透。文王也果然依靠吕尚而获得成功，终于占有天下，做了帝王。假使文王疏远吕望，而不肯与他深谈，那便是周室没有做天子的德行，文王、武王也就会失去辅佐他们成就王业的人。现在我不过是一个客居秦国的臣子，和大王交情很浅，而我希望陈说的，都是匡正君臣的大事。处于你们骨肉亲情之间，我希望陈说自己浅陋的忠心，却不知大王的心思。所以大王再三询问，我却没有答复，原因就在于此。我不是因为有所畏惧而不敢陈说，我即使知道今天在大王面前把话说出来，明天便受到诛杀，我也不敢有所畏惧。如果大王确实会采纳我的意见，死并不能使我害怕，放逐并不能使我忧愁，用漆涂身而满身长疮，披散头发成为狂人也不足以使我感到羞耻。五帝那么圣明也要死，三王那么仁德也要死，五霸那么贤良也要死，乌获那么有力也要死，孟奔、夏育那么勇猛也要死。死亡，是人必不可免的。面对死亡这种必然趋势，却可以对秦国稍有补益，这就是我最大的心愿，我会害怕什么呢？伍子胥藏在口袋里逃出昭关，夜行昼伏，到达溧水，没有吃的充饥，于是以膝盖着地在地上爬行，在吴国的街上讨饭吃，可是到最后，他却使吴国兴旺发达，使吴王阖闾成为霸主。假使我能像伍子胥一样献谋进策，就是把我囚禁起来，终身不能再见大王，只要我的主张实行了，我还忧虑什么呢？箕子和接舆，一个漆身成为癞子，一个披头散发佯装狂人，这对殷朝和楚国并没有什么益处。假使我能同箕子、接舆一样行事而可以补益贤明的君主，这就是我最大的光荣，我又有什么感到耻辱的呢？我所害怕的，只是我死了之后，天下人看到我竭尽忠诚而死，因而闭口不言，裹足不前，没有人肯到秦

卷之四　秦文

国来了。大王上惧怕太后的威严，下迷惑于奸臣的奸邪，住在深宫里面，不离保傅，一生暗昧不明，没有人同大王一起识别奸佞。这样，大则国家覆灭，小则自身陷于孤立危险，这才是我所害怕的啊！至于困窘受辱的事情，死亡放逐的忧虑，我是不敢害怕的。我虽死而秦国得治，这更胜过我活着。"

秦王长跪起身说："先生，您说到哪里去了！秦国偏僻荒远，我愚笨而没有才能，幸而先生来到这里，这是上天让我劳烦先生，而使先王的宗庙得以保存。我能够受到先生教诲，这是上天垂幸先生，而不抛弃我。先生怎么这样说啊！事情无论大小，上至太后，下至大臣，希望先生一一指教，不要对我有什么怀疑。"范雎向秦王拜了两拜，秦王也向范雎拜了两拜。

赏析

本篇选自《战国策·秦策》。

文章主要记叙了策士范雎向秦昭王冒死进谏，请求废除穰侯、杜绝私门、增强公室的一番言辞。

范雎认为，穰侯、宣太后等人把持朝政，发展私家势力，骄恣专横，排斥异己，是当时秦国面临的最大危险，必须坚决彻底地予以铲除。可是，妙在不直接陈述论证，而是引而不发，旁敲侧击，以事喻之，以情动之。

秦王见范雎，三次跪而请教，范雎却"唯唯"不置可否。等到秦王长跪而求："先生不幸教寡人乎？"才逼得范雎开口，但不直说，而是以吕尚遇文王的故事进行旁敲侧击，试探秦王真心。接着，又向秦王剖析心迹，表明甘冒杀头危险，进谏忠言。可是，仍不直说，而是再引伍子胥、箕子、接舆被囚遭辱的史实，反复申说自己对秦王的忠诚和不避杀头、不怕耻辱的决心。从而，深深打动秦昭王，取得了秦昭王的信任，为自己的谏说做了充分的铺垫。然后，才归结到文章的主题："足下上畏太后之严，下惑奸臣之态，居深宫之中，不离保傅之手，终身闇惑，无与照奸。大者宗庙必覆，小者身以孤危，此臣之所恐耳！"真是婉转曲折，波澜起伏，感情真挚，议论恳切，自有一种耸动人心的力量。难怪秦昭王会深受感动，采纳了范雎的意见，废穰侯，逐太后，杜私门，强公室，拜范雎为相，使秦国日益强大兴旺。

邹忌讽齐王纳谏

《国策》

邹忌修八尺有余①，而形貌昳丽②。朝服衣冠，窥镜，谓其妻曰："我孰与城北徐公美？"其妻曰："君美甚，徐公何能及君也！"城北徐公，齐国之美丽者也。忌不自信，而复问其妾曰："吾孰与徐公美？"妾曰："徐公何能及君也！"旦日，客从外来，与坐谈，问之："吾与徐公孰美？"客曰："徐公不若君之美也！"明日，徐公来。熟视之，自以为不如。窥镜而自视，又弗如远甚。暮，寝而思之，曰："吾妻之美我者，私我也③；妾之美我者，畏我也；客之美我者，欲有求于我也。"

于是，入朝见威王，曰："臣诚知不如徐公美，臣之妻私臣，臣之妾畏臣，臣之客欲有求于臣，皆以美于徐公。今齐地方千里，百二十城，宫妇左右莫不私王，朝廷之臣莫不畏王，四境之内莫不有求于王。由此观之，王之蔽甚矣④！"王曰："善。"

乃下令："群臣吏民，能面刺寡人之过者⑤，受上赏；上书谏寡人者，受中赏；能谤议于市朝，闻寡人之耳者，受下赏。"令初下，群臣进谏，门庭若市。数月之后，时时而间进。期年之后，虽欲言，无可进者。燕、赵、韩、魏闻之，皆朝于齐。此所谓战胜于朝廷。

注释

①邹忌：齐威王时为相，号成侯，封于下邳。修：长。八尺：约相当于今5.6尺，合公制1.86米左右。 ②昳：通"逸"，气度不凡。 ③私：偏爱。 ④蔽：蒙蔽。 ⑤寡人：国君的谦称。

卷之四　秦文

译文

邹忌身材修长，八尺有余，仪容漂亮而有风度。一天早晨，他穿戴好衣帽，照着镜子对他的妻子说："我和城北徐公相比，谁更美？"他的妻子说："您美极了，徐公哪里比得上！"城北的徐公是齐国的美男子。邹忌不相信自己比徐公美，于是又问他的小妾说："我与徐公相比，谁更美？"他的妾说："徐公哪里比得上您呀！"第二天，客人从外地来，邹忌和他坐着谈话，问客人说："我与徐公相比，谁更美？"客人说："徐公不如您美。"又过了一天，徐公来了，邹忌仔细打量，自认为不如徐公。照着镜子看自己，更觉得相差很远。晚上，他睡在床上琢磨此事，说："我的妻子说我美，是偏爱我；我的妾说我美，是畏惧我；客人说我美，是有事要求我。"

于是，邹忌进入朝廷去见威王，说："我确实知道自己没有徐公美，我的妻子偏爱我，我的妾惧怕我，我的客人有事要求我，都说我比徐公美。现在齐国的国土方圆千里，城池一百二十座，宫里的后妃和身边的随从没有谁不偏爱您，朝廷里的臣子没有谁不惧怕您，全国境内，没有人不有求于您。由此看来，大王所受的蒙蔽很深啊！"威王说："说得好。"

于是威王下令："大臣、官吏和百姓，能够当面指出我的过失的，受上等奖赏；上书向我进谏的，受中等奖赏；能够在街市和朝廷议论我的过失，传到我的耳中的，受下等奖赏。"命令下达时，群臣进谏，宫殿门前犹如闹市。几个月后，就只是断断续续有人进谏。一年之后，即使想进谏，也没有什么可说的了。燕国、赵国、韩国、魏国听到这种情况，都到齐国来朝见。这就是人们所说的战胜他人于朝廷。

赏析

此篇选自《战国策·齐策》。

本文通过邹忌从妻、妾、宾客的一片赞美声中，觉察到听真话、闻直言的不容易，以此来讽劝齐威王也应除蔽纳谏，广泛听取意见，才能办好国家大事。

文章内容可分三段。第一段，围绕与徐公比美这一情节，描述了邹忌与妻、妾、宾客的三次问答，邹忌通过对徐公的观察、比较，对生活经验的分析、总结，引发出向齐王进谏的论辞。第二段，邹忌用自己的私事作比喻，推论国家大事，劝齐王除蔽纳谏。这是本文的核心部分，也是邹忌讽谏的正文。第三段，写齐威王接受邹忌进谏，齐国国力威望与日俱增的效果，结束全篇。整篇文章表明：喜欢别人吹捧的人是听不到真话的。它很自然地使人们联想到"人贵有自知之明"的道理。

本文的写法是由近及远，由小到大，由个人的生活琐事推衍到国家大事，由个别归纳到一般，道理讲得浅显而又富于启发性。文章描写细腻，情节生动，反复申说，说服力强。而人物的语言和对话，如邹忌与妻、妾、宾客的三问三答，意思虽一致，但句法和分寸却各不相同，反映出各自的心理，文字非常灵活。文末从国内国外两个方面概述出齐威王纳谏后取得的成效，得出"此所谓战胜于朝廷"的结论，结构完整，议论周详，使文章气足神完，颇具说服力量。

颜斶说齐王

《国策》

齐宣王见颜斶[1]，曰："斶前！"斶亦曰："王前！"宣王不说[2]。左右曰："王，人君也；斶，人臣也。王曰'斶前'，斶亦曰'王前'，可乎？"斶对曰："夫斶前为慕势，王前为趋士，与使斶为慕势，不如使王为趋士。"王忿然作色曰："王者贵乎？士贵乎？"对曰："士贵耳，王者不贵。"王曰："有说乎？"斶曰："有。昔者秦攻齐，令曰：'有敢去柳下季垄五十步而樵采者[3]，死不赦！'令曰：'有能得齐王头者，封万户侯，赐金千镒！'由是观之,生王之头,曾不若死士之垄也④。"

宣王曰:"嗟乎,君子焉可侮哉!寡人自取病耳。愿请受为弟子。且颜先生与寡人游,食必太牢⑤,出必乘车,妻子衣服丽都。"颜斶辞去,曰:"夫玉生于山,制则破焉,非弗宝贵矣,然太璞不完⑥。士生乎鄙野,推选则禄焉,非不尊遂也⑦,然而形神不全。斶愿得归,晚食以当肉,安步以当车,无罪以当贵,清净贞正以自虞⑧。"则再拜而辞去。

君子曰:"斶知足矣,归真反璞,则终身不辱。"

注释

①颜斶(chù):齐国隐士。 ②说:同"悦"。 ③柳下季:见《展禽论祀爰居》㉖注。垄:坟墓。 ④曾:竟然。 ⑤太牢:古人祭祀,一牛、一羊、一猪,三牲具备,叫太牢。 ⑥璞:含玉的石块。 ⑦尊遂:尊贵显达。 ⑧自虞:即自娱。

译文

齐宣王召见颜斶,说:"颜斶过来!"颜斶也说:"大王过来!"宣王不高兴。左右侍从说:"大王是国君,颜斶是臣子。君王说'颜斶过来',颜斶也说'大王过来',这样行吗?"颜斶回答说:"我颜斶朝君王走过去是贪慕权势,君王朝我走过来是礼贤下士,与其使我贪慕权势,不如让君王礼贤下士。"宣王很生气,变了脸色说:"是做君王的尊贵?还是士人尊贵?"颜斶回答说:"士人尊贵,做君主的人不尊贵。"宣王说:"可有说法?"颜斶说:"有。从前秦国攻打齐国,曾下令说:'有谁敢到柳下季坟墓五十步之内去打柴的,判处死刑,不得赦免!'还下令说:'有谁能够得到齐王的脑袋,封为万户侯,赐黄金千镒!'由此看来,活着的齐王之头,竟不如死去的士人之墓。"

宣王说:"唉,君子怎么可以侮辱呢!我是自讨没趣啊。希望您接受我做个弟子。如果颜先生和我交往,吃的一定是牛肉、羊肉、猪肉,出门一定有车乘,妻子和儿女衣服华美。"颜斶婉言拒绝,离别时说:"玉生在山中,琢磨制作时要凿开含玉的璞。玉并非不宝贵,但是失去了璞的本真。士人生长在穷乡僻壤,经推举做官便可得到俸禄，做官并非不尊贵显达，然而形神的本真已不能保全。我颜斶希望归去，晚一些时间饿了再吃饭，便可以当作吃肉了，安闲地走路，便可以当作乘车了，不获罪就可以当作富贵了，保持纯洁正直的节操而自得其乐。"颜斶向齐王拜了两拜便辞别而去。

君子说："颜斶知道满足啊，归于纯朴的本性，犹如玉归于璞，这样就终生不会蒙受羞辱。"

赏析

本文选自《战国策·齐策》。

文章通过颜斶与齐王在态度、思想认识上的截然对立，批驳了王贵士贱的谬说，塑造了一位不肯趋炎附势、洁身自好、崇尚节操的古代士子形象。

文章的主题，在于宣扬贵士、重士、强调游士的作用。这种"士贵耳，王者不贵"的思想，与孟子"民贵君轻"的主张，在某种程度上有异曲同工之妙。

贵士，就是重视贤才，就是重视知识分子的作用，就是肯定和张扬普通人的价值与人格尊严。这种认识，不仅在战国时代有进步作用，而且在今天也有借鉴意义。

值得注意的是，文章在肯定贵士、强调重士的同时，不再宣扬敬天爱民的思想，其意趣已与《左传》大不相同。特别是颜斶的尽忠直言，并不是希求名利禄位，而主要是为了申张士贵，强调人的价值和尊严。最后，他辞别齐王，回归乡间，去过一种"清静贞正"的普通人生活，其思想又明显带有道家思想的烙印，也与战国时代的一般游士不尽相同。

全篇文章，语言简洁，绘声绘色，十分形象。尤其是篇首描写齐宣王与颜斶互相呵唤一段，寥寥数语，写尽齐王的骄倨和颜斶的高傲，活灵活现，对映成趣，读之令人拍案叫绝。

冯煖客孟尝君

《国策》

齐人有冯煖者①，贫乏不能自存，使人属孟尝君②，愿寄食门下。孟尝君曰："客何好？"曰："客无好也。"曰："客何能？"曰："客无能也。"孟尝君笑而受之，曰："诺。"左右以君贱之也，食以草具③。

居有顷，倚柱弹其剑，歌曰："长铗归来乎④，食无鱼！"左右以告。孟尝君曰："食之，比门下之客。"居有顷，复弹其铗，歌曰："长铗归来乎，出无车！"左右皆笑之，以告。孟尝君曰："为之驾，比门下之车客。"于是乘其车，揭其剑⑤，过其友⑥，曰："孟尝君客我。"后有顷，复弹其剑铗，歌曰："长铗归来乎，无以为家！"左右皆恶之，以为贪而不知足。孟尝君问："冯公有亲乎？"对曰："有老母。"孟尝君使人给其食用，无使乏。于是冯煖不复歌。

后，孟尝君出记⑦，问门下诸客："谁习计会，能为文收责于薛者乎⑧？"冯煖署曰："能。"孟尝君怪之，曰："此谁也？"左右曰："乃歌夫'长铗归来'者也。"孟尝君笑曰："客果有能也，吾负之，未尝见也。"请而见之，谢曰："文倦于事，愦于忧⑨，而性懧愚⑩，沉于国家之事，开罪于先生，先生不羞，乃有意欲为收责于薛乎？"冯煖曰："愿之。"于是约车治装，载券契而行，辞曰："责毕收，以何市而反？"孟尝君曰："视吾家所寡有者。"

驱而之薛，使吏召诸民当偿者，悉来合券。券遍合赴，矫命以责赐诸民，因烧其券。民称"万岁"。

长驱到齐，晨而求见。孟尝君怪其疾也，衣冠而见之，曰："责毕收乎？来何疾也！"曰："收毕矣。""以何市而反？"冯煖曰："君云'视吾家所寡有者'。臣窃计：君宫中积珍宝，狗马实外厩，美人充下陈[11]，君家所寡有者，以义耳。窃以为君市义。"孟尝君曰："市义奈何？"曰："今君有区区之薛，不拊爱子其民，因而贾利之[12]。臣窃矫君命，以责赐诸民，因烧其券，民称'万岁'，乃臣所以为君市义也。"孟尝君不说，曰："诺，先生休矣。"

后期年，齐王谓孟尝君曰[13]："寡人不敢以先王之臣为臣。"孟尝君就国于薛[14]。未至百里，民扶老携幼，迎君道中终日。孟尝君顾谓冯煖："先生所为文市义者，乃今日见之。"

冯煖曰："狡兔有三窟，仅得免其死耳。今有一窟，未得高枕而卧也。请为君复凿二窟。"孟尝君予车五十乘，金五百斤，西游于梁[15]，谓梁王曰："齐放其大臣孟尝君于诸侯，先迎之者，富而兵强。"于是梁王虚上位，以故相为上将军，遣使者，黄金千斤，车百乘，往聘孟尝君。冯煖先驱，诫孟尝君曰："千金，重币也，百乘，显使也。齐其闻之矣。"梁使三反，孟尝君固辞不往也。

齐王闻之，君臣恐惧，遣太傅赍黄金千斤[16]，文车二驷，服剑一，封书谢孟尝君曰："寡人不祥，被于宗庙之祟，沉于谄谀之臣，开罪于君。寡人不足为也，愿君顾先王之宗庙，姑反国统万人乎？"冯煖诫孟尝君曰："愿请先王之祭器，立宗庙于薛[17]。"庙成，还报孟尝君曰："三窟已就，君姑高枕为乐矣！"

孟尝君为相数十年，无纤介之祸者，冯煖之计也。

注释

①冯煖（xuān）：人名，孟尝君门下食客。又作"冯谖"。 ②属：同"嘱"，嘱托。孟尝君：所谓战国四君子之一，姓田，名文，齐湣王时任齐国相国。 ③草具：粗劣食物。 ④铗（jiá）：剑柄。 ⑤揭：举。 ⑥过：拜访。 ⑦记：文告。 ⑧责：同"债"。薛：孟尝君封邑，故地在今山东滕州东南。 ⑨愦（kuì）：昏乱。 ⑩忙：即"懦"。 ⑪下陈：下列。 ⑫贾（gǔ）：藏货待卖。 ⑬齐王：指齐湣王。 ⑭国：指孟尝君封邑。 ⑮梁：魏都城大梁（今河南开封），这里指魏国。 ⑯赍（jī）：携带。 ⑰立宗庙于薛：孟尝君与齐王同族，在薛立宗庙，可使他的地位更牢固。

卷之四 秦文

译文

　　齐国有个叫冯谖的人,穷得无法养活自己,叫人嘱托孟尝君,希望到他门下当一名食客。尝孟君说:"客人有何爱好?"来人说:"没有什么爱好。"孟尝君又说:"客人有何才能呢?"来人说:"没有什么才能。"孟尝君笑着接受了,说:"好吧。"孟尝君身边管事的人,认为孟尝君看不起冯谖,就拿粗劣的食物给他吃。

　　住了些时候,冯谖靠着柱子边弹剑边唱道:"长剑啊归去吧,吃饭没有鱼!"管事的人把这事报告了孟尝君,孟尝君说:"比照一般门客,给他鱼吃。"又住了一些时候,冯谖又弹着他的长剑,唱道:"长剑啊归去吧,出门没有车!"孟尝君身边管事的人都嘲笑他,又把这事报告给孟尝君。孟尝君说:"比照有车坐的门客的标准,给他车子坐。"于是冯谖坐着他的车子,举着他的长剑,去拜访他的朋友,说:"孟尝君用宾客的礼遇款待我。"又过了些时候,冯谖又弹着他的长剑,唱道:"长剑啊归去吧,没有办法养家!"管事的人都讨厌他,认为他怀贪心而不知满足。孟尝君问:"冯先生有亲人吗?"有人回答说:"有一个老母亲。"孟尝君派人供给冯谖母亲的吃用,不让她缺少衣食。于是,冯谖不再唱歌了。

　　后来,孟尝君贴出一张文告,问门下各食客:"有谁熟习会计,能替我去薛地收债吗?"冯谖签名,说:"我能。"孟尝君很奇怪,说:"这是谁啊?"管事的人说:"就是唱'长剑啊归去吧'的那个人。"孟尝君笑着说:"这位门客果然有才能,我对不起他,还没有和他见过面。"孟尝君请冯谖来相见,道歉说:"我田文被政事搞得很疲倦,被忧民之事搞得心烦意乱,并且生性懦弱愚笨,沉溺于国家事务中,得罪了先生,先生没有感到蒙羞,还愿意替我去薛地收债吗?"冯谖说:"愿意。"于是套车治装,装载好借据就动身。冯谖向孟尝君告辞说:"收完债后,买点什么东西回来呢?"孟尝君说:"你看我家里少什么就买什么吧。"

　　冯谖驱车到薛地,叫官吏召集应该还债的百姓,全部来核对借据。借据统统核对完了,冯谖站起来,假借孟尝君的命令把债款赏赐给百姓,接着便烧掉了借据。老百姓都欢呼"万岁"。

冯谖一直不停地驱车回到齐国都城,清晨便去请求见孟尝君。孟尝君对他回来得如此之快感到奇怪,于是穿戴好衣帽,去见冯谖,说:"债都收完了吗?怎么回来得这么快啊!"冯谖说:"收完了。"孟尝君问:"买了什么东西回来?"冯谖说:"您说'看我家里少什么就买什么'。我私下考虑:您宫中积满了珍珠宝贝,宫外马厩里尽是骏马好狗,美女站满堂下。您家里缺少的,只是义了。我私下用债款替您买了义。"孟尝君说:"买义是怎么回事?"冯谖说:"如今您只有一块小小的薛地,您却不去爱护那里的老百姓,用商贾之道向百姓求利。我私自假借您的命令,把债款赏赐给了百姓,并烧掉了借据,百姓齐呼'万岁',这便是我用债款给您买回来的义。"孟尝君不高兴,说:"好吧,先生,算了罢。"

后来,过了一年之后,齐湣王对孟尝君说:"我不敢用先王的臣子做我的臣子。"孟尝君只好回到封地薛。离薛地还有一百里,老百姓扶老携幼,在路上迎接孟尝君一整天。孟尝君回头对冯谖说:"您替我买的义,我今天才看见了。"

冯谖说:"狡兔三窟,才能避免一死。如今您有了一窟,还不能高枕而卧。请让我再替您凿两个窟。"孟尝君给他五十乘车,五百斤铜钱,让他去西边游说魏国。冯谖对梁惠王说:"齐国把孟尝君放逐到诸侯间,谁先迎接他,就会国家富足,兵力强大。"于是魏王空出相国的高位,用原来的相国做上将军,派遣使者带了铜钱一千斤、车子一百乘去聘请孟尝君。冯谖先赶车到达薛地,告诫孟尝君说:"铜钱千斤是很重的聘礼规格啊,车子百乘是显要的使臣所乘的车辆数。齐国大概听到这个消息了吧。"魏国的使者往返三次,孟尝君坚决拒绝,不去魏国。

齐国听到这个消息,君臣恐惧,马上派了太傅带了铜钱一千斤,饰有文采的四马车二辆,佩剑一把,封了亲笔信带给孟尝君,道歉说:"我真不吉利,遭受到祖宗降下的祸祟,受到那些阿谀逢迎的臣子迷惑,得罪了您。我是不值得辅助的,希望您顾念先王留下来的国家，姑且回到国都来治理人民吧?"冯谖告诫孟尝君说："希望您向齐王请求赏赐先王传下来的祭器，在薛地建立宗庙。"宗庙建成了，冯谖回来报告孟尝君说："三个窟都已经凿成，您只管垫高枕头睡觉，安安稳稳地享乐吧！"

孟尝君在齐国当相国几十年，没有遭受到丝毫祸患，这都是靠了冯谖的计谋。

赏析

本篇选自《战国策·齐策》。

文章集中描绘了冯谖的才干智谋与远见卓识，反映了战国后期养士以自保的社会风气，对谋臣策士的智慧和作用表示了高度的肯定。

冯谖是一位奇特的人才。他初为门客时，不被孟尝君重视，便三弹其铗而歌之，为自己争得优待，言行已是不同凡响，引人侧目。继而为孟尝君收债，假托命令，烧券市义，使老百姓受惠，为孟尝君取得人心，更加出人意表，身手不俗。最后，他又利用诸侯之间错综复杂的关系，巧妙地为孟尝君赢得声誉，巩固了在齐国的地位，的确是深谋远虑、高人一等。综观冯谖一生行事，既为孟尝君着想策划，以报答知遇之恩，又缓和了齐国统治阶级内部的矛盾，烧券之举也确实为百姓解除了部分痛苦。因此，他基本上是一位值得肯定的智谋人物。

相比之下，孟尝君则显得苍白平庸，不符盛名。不识冯谖的才干，漠然视之，三次弹铗后仍是不识冯谖为何人，无知人之明；继而冯谖烧券市义，孟尝君不究深义，颇为恼怒，"先生休矣"，足证其毫无睿智卓识；最后，凭借冯谖之计抬高身价，巩固地位，因人而立，实无特异才能。足见孟尝君徒有"战国四公子"的美名，其实不过是一个平庸无能的贵介公子罢了。

在写作上，本文已由叙事记言转为写人。有人物，有故事，有情节，有戏剧冲突，甚至有细节描绘，初具传记的特征，开后世史书"列传"的先河。冯谖的弹铗而歌、烧券市义的事迹，以及"狡兔三窟"的比喻，更是脍炙人口，千古流传。

赵威后问齐使

《国策》

齐王使使者问赵威后①，书未发，威后问使者曰："岁亦无恙耶②？民亦无恙耶？王亦无恙耶？"使者不说③，曰："臣奉使使威后，今不问王而先问岁与民，岂先贱而后尊贵者乎？"威后曰："不然。苟无岁，何有民？苟无民，何有君？故有问④，舍本而问末者耶？"

乃进而问之曰："齐有处士曰钟离子⑤，无恙耶？是其为人也，有粮者亦食，无粮者亦食，有衣者亦衣，无衣者亦衣。是助王养其民者也，何以至今不业也？叶阳子无恙乎⑥？是其为人，哀鳏寡⑦，恤孤独，振困穷⑧，补不足。是助王息其民者也，何以至今不业也？北宫之女婴儿子无恙耶⑨？撤其环瑱⑩，至老不嫁，以养父母。是皆率民而出于孝情者也，胡为至今不朝也⑪？此二士弗业，一女不朝，何以王齐国、子万民乎？於陵子仲尚存乎⑫？是其为人也，上不臣于王，下不治其家，中不索交诸侯⑬。此率民而出于无用者，何为至今不杀乎？"

注释

①齐王：齐襄王之子，名建。赵威后：赵惠文王之妻，孝成王（太子丹）之母，孝成王即位时年幼，由威后执政。　②岁：指收成。　③说：同"悦"。　④故：表示反问。　⑤处士：没有做官的读书人。钟离子：钟离，复姓；子，尊称。　⑥叶阳子：齐国处士，叶阳为复姓。　⑦鳏（guān）：老而无妻叫鳏。　⑧振：同"赈"，救济。　⑨北宫：复姓。婴儿子：人名，齐国孝女。　⑩瑱（zhèn）：作耳饰的玉。　⑪不朝：指未加封号。古代妇女有封号才能上朝。　⑫於（wū）陵：齐国邑名，在今山东长山西南。子仲：齐国隐士。　⑬索：求。

卷之四 秦文

译文

　　齐王派遣使者拜问赵威后，问候的信还没有拆开，威后就问使者："年成还好吧？百姓安乐吧？齐王安康吧？"使者听了不高兴，说："我奉君王的使命出使威后您这里，现在您不先问候君王而先问候年成和百姓，岂不是把卑贱的置于前，把尊贵的置于后吗？"威后说："不对。假使没有收成，哪里还有百姓？假如没有百姓，哪里还有国君？难道有所询问，应该舍弃根本而先问枝末吗？"

　　于是，威后又进一步问道："齐国有个处士叫钟离子，他还好吗？他为人啊，有粮食的人他给他们东西吃，无粮食的他也给他们东西吃，有衣服的人他给他们衣服穿，无衣服的他也给他们衣服穿。这是帮助君王抚养百姓啊，为什么至今没有任用他，让他成就功业呢？叶阳子还好吗？他为人啊，怜悯鳏夫寡妇，抚恤孤儿和孤身的老人，救济贫穷的人，补助衣食不足的人。这是帮助国君养育百姓啊，为什么至今还没有任用他，让他成就功业呢？北宫氏的女儿婴儿子还好吗？她摘除首饰，到老不嫁，奉养父母。这都是在带动百姓推行孝道啊，为什么至今没有给她封号，让她朝见国君呢？这两位处士没有被任用，一位孝女没有朝见国君，又凭什么来治理齐国，抚养万民呢？於陵子仲还活着吗？他为人啊，上不侍奉君王，下不治理家业，中不结交诸侯。这是率领百姓无所作为啊，为什么至今不杀掉他呢？"

赏析

　　此篇选自《战国策·齐策》，是一篇非常别致的问答式的议论文。

　　文章通过赵威后与齐使的一席对话，批评了齐国统治者的昏庸，陈述了"以民为本"的政治主张，表现了作者对赵威后的赞美之情。

　　文章内容分为两部分。前部分，着眼于封建社会的经济基础，记叙了赵威后论述"岁""民""君"三者的关系，提出了民为本、岁次之、君最次的观点。这种论调，与孟子的"民为贵，社稷次之，君为轻"的著名思想基本一致。后部分，则着眼于封建政权的政治秩序，记叙了赵威后的用人思想，强调了选贤任能，重用和表彰那些善于"养民""息民"和导民以"孝情"的贤人。全篇文章的中心，是"民本"思想。这种政治见解，既秉承于周末以来儒家的政治伦理思想，又直接得之于现实的政权得失斗争中的经验教训，无论在当时还是后世，都有一定的借鉴意义。

艺术上，文章通篇以问为主，一问到底。前后连用十五个问句，一气呵成，章法严整而富于变化。妙在正问反问，各有侧重，逐层开拓，从不同角度不同侧面阐述了自己的政治见解，做到了论点鲜明，中心突出，行文生动，紧凑有力。尤其是于问话中自然而然地展现出人物的音容举止和思想性格，绘形绘声，富于浓厚的文学意味。

庄辛论幸臣

《国策》

臣闻鄙语曰①："见兔而顾犬，未为晚也；亡羊而补牢，未为迟也。"臣闻昔汤、武以百里昌，桀、纣以天下亡。今楚国虽小，绝长续短②，犹以数千里，岂特百里哉？

王独不见夫蜻蛉乎③？六足四翼，飞翔乎天地之间，俛啄蚊虻而食之，仰承甘露而饮之，以为无患，与人无争也；不知夫五尺童子，方将调饴胶丝，加己乎四仞之上④，而下为蝼蚁食也。

夫蜻蛉其小者也，黄雀因是以⑤。俯噣白粒⑥，仰栖茂树，鼓翅奋翼，自以为无患，与人无争也；不知夫公子王孙，左挟弹，右摄丸，将加己乎十仞之上，以其类为招⑦。昼游乎茂树，夕调乎酸醎⑧，倏忽之间，坠于公子之手。

卷之四 秦文

　　夫雀其小者也,黄鹄因是以⑨。游乎江海,淹乎大沼,俯噣鳝鲤,仰啮薐衡⑩,奋其六翮而凌清风⑪,飘摇乎高翔,自以为无患,与人无争也;不知夫射者,方将修其碆卢⑫,治其矰缴⑬,将加己乎百仞之上,被劚磻⑭,引微缴,折清风而抎矣⑮。故昼游乎江湖,夕调乎鼎鼐⑯。

　　夫黄鹄其小者也,蔡灵侯之事因是以⑰。南游乎高陂⑱,北陵夫巫山⑲,饮茹溪流⑳,食湘波之鱼㉑,左抱幼妾,右拥嬖女㉒,与之驰骋乎高蔡之中㉓,而不以国家为事;不知夫子发方受命乎灵王㉔,系己以朱丝而见之也。

　　蔡灵侯之事其小者也,君王之事因是以。左州侯㉕,右夏侯,辇从鄢陵君与寿陵君,饭封禄之粟,而载方府之金㉖,与之驰骋乎云梦之中,而不以天下国家为事;而不知夫穰侯方受命乎秦王㉗,填黾塞之内㉘,而投己乎黾塞之外。

注释

①鄙语:俗语。 ②绝:截。 ③独:难道。 ④仞:古代长度单位,一仞八尺。 ⑤因:如同。是:这样。 ⑥噣:同"啄"。 ⑦招:指弹射的目的物。 ⑧酸醎:指调味的作料。 ⑨黄鹄(hú):天鹅。 ⑩啮(niè):咬。薐:同"菱"。衡:一种水草。 ⑪六翮(hé):指翅膀。翮指羽毛的茎。 ⑫碆(bō):石制的箭头。卢:黑弓。 ⑬矰(zēng):系着丝绳的箭。缴(zhuó):系在箭上的生丝线。 ⑭劚(jiān):锐利。磻:同"碆"。 ⑮抎:同"陨(yǔn)",落下。 ⑯鼎鼐(nài):古代烹煮的器具。鼐,大鼎。 ⑰蔡灵侯:蔡国国君,名般,弑父(蔡景侯)而自立为君,后被楚灵王诱杀于申。 ⑱陂(bēi):丘。 ⑲陵:登,升。 ⑳茹溪:水名,在今重庆巫山北。 ㉑湘波:湘水,在今湖南。 ㉒嬖(bì):宠爱。 ㉓高蔡:蔡国地名,故地在今河南上蔡。 ㉔子发:楚国大夫。 ㉕州侯:与下文夏侯、鄢陵君、寿陵君都是襄王宠臣,州、夏、鄢陵、寿陵是他们的封地。 ㉖方府之金:四方贡献,应纳入国府之金。 ㉗穰(ráng)侯:姓魏,名冉,穰为其封地。秦王:指秦昭王。 ㉘黾(méng)塞:楚国北部边塞,即今河南信阳西南平靖关。

译文

　　我听俗语有:"见兔子才回头唤狗,还不算晚;掉了羊才去补圈,还不算迟。"我听说从前商汤、武王凭借百里之地而昌盛,夏桀、商纣王虽拥有天下而被灭亡。如今楚国虽小,截长补短拼凑起来,仍然有几千里土地,岂止一百里呢?

大王难道没有看见那蜻蛉吗?蜻蛉六只脚两对翅膀,飞翔在天地之间,低头捕食蚊、虻,仰头接饮甘露,自以为没什么祸患,与他物无争;哪知五尺孩童,正调制黏液,涂在丝线上,在四仞高的空中施加到它身上,被捉下来成为蚂蚁的食物。

那蜻蛉还是小的呢,黄雀也是这样。它向下啄白米,向上栖息在茂密的树林,展开翅膀奋飞,自以为没有祸患,与他物无争;却不知道那些公子王孙,正左手拿着弹弓,右手安上弹丸,将在十仞高的空中施加到它的身上,以黄雀这类鸟作为弹射的目标。黄雀白天还在茂密的树林中飞来飞去,黄昏时分便被人调和调料做成美食,顷刻之间,便落入公子手中。

那黄雀还是小的呢,天鹅也是这样。它在江海之上浮游,在广大的湖沼里休息,低头啄食鳝鱼和鲤鱼,仰头咀嚼菱角和水草,奋力展开翅膀,乘着清风,飘飘荡荡在高空翱翔,自以为没什么祸患,与他物无争。殊不知那些射箭的人,正修理石制的箭头和黑色的弓,收拾系着丝线的箭,将在百仞高空施加到它身上,于是逼锐利的石箭射中,拖看细细的丝线,从清风中折落下来。所以它白天还浮游在江湖之上,黄昏时分便在鼎镬之中被烹煮。

天鹅还是小的呢,蔡灵侯的事也是这样。他南游高丘,北登巫山,饮茹溪水,吃湘江鱼,左手搂抱年轻的妻妾,右手拥抱着宠爱的美女,与她们在高蔡的原野上骑马奔驰,不把治理国家当作一回事。殊不知那子发正在接受楚灵王的命令,用红绳捆绑他去见灵王。

蔡灵侯的事还是小的呢,君王的事也是这样。您左边跟有州侯,右边跟有夏侯,车子后边跟有鄢陵君和寿陵君,吃着从封地进奉来的粮食,载着从四方进贡来的金钱,和他们在云梦泽骑马奔驰,而不把治理天下国家当一回事。殊不知穰侯正在接受秦王的命令,军队大批开进黾塞之南的楚国,而把您俘去黾塞之北的秦国。

赏析

本文选自《战国策·楚策》，是一篇思想性、艺术性颇高的作品。

楚怀王被秦昭王扣留，死于秦国。顷襄王即位，不思发奋图强，报仇雪耻，反而亲信小人，昏聩荒淫，结果遭到秦国的连年进攻，兵败地削，险遭亡国之祸。本文即记载楚国在连失鄢、蔡、陈、郢等大片国土之后，庄辛对楚襄王的一次劝谏。

文章以一连串的生动设喻，阐明了强敌当前，必须励精图治，才能振兴国家的道理，并提出告诫：若一味贪图享乐，亲信小人，疏远贤臣，对敌人丧失警惕，必将招致亡国的灾祸。

文章艺术上的特点，首先是层层设喻，由远而近，由小到大，由虫、鸟到人，步步迫近，最后揭示出主题。其次，塑造了蜻蛉、黄雀、黄鹄等艺术形象，它们情况各异，但有一个共同之处，就是陶醉在舒适的环境中，毫无远虑，以致死到临头而不自知。由这些形象引入蔡灵侯、楚襄王等人的情况，其喻意明显，又避免了抽象的说教，使人从形象的、直观的感悟中，体味出其内在的深义，触动灵魂，受益匪浅。最后，本文句式上多用排比，有铺张扬厉之风；遣词上，藻饰缤纷，雕刻精细；再加上丰富的想象，适度的夸张，使文章具有辞赋化的倾向。

触詟说赵太后

《国策》

赵太后新用事[①]，秦急攻之。赵氏求救于齐。齐曰："必以长安君为质[②]，兵乃出。"太后不肯，大臣强谏。太后明谓左右："有复言令长安君为质者，老妇必唾其面！"

左师触詟愿见[3]，太后盛气而揖之[4]。入而徐趋，至而自谢，曰："老臣病足，曾不能疾走，不得见久矣，窃自恕。恐太后玉体之有所郄也[5]，故愿望见。"太后曰："老妇恃辇而行。"曰："日食饮得无衰乎？"曰："恃粥耳[6]。"曰："老臣今者殊不欲食，乃自强步，日三四里，少益嗜食，和于身。"曰："老妇不能。"太后之色少解。

左师公曰："老臣贱息舒祺[7]，最少，不肖，而臣衰，窃爱怜之，愿令补黑衣之数[8]，以卫王宫，没死以闻[9]。"太后曰："敬诺。年几何矣？"对曰："十五岁矣。虽少，愿及未填沟壑而托之[10]。"太后曰："丈夫亦爱怜其少子乎？"对曰："甚于妇人。"太后笑曰："妇人异甚。"对曰："老臣窃以为媪之爱燕后[11]，贤于长安君。"曰："君过矣，不若长安君之甚。"左师公曰："父母之爱子，则为之计深远。媪之送燕后也，持其踵为之泣，念悲其远也，亦哀之矣。已行，非弗思也，祭祀必祝之，祝曰：'必勿使反[12]。'岂非计久长有子孙相继为王也哉？"太后曰："然。"左师公曰："今三世以前，至于赵之为赵，赵王之子孙侯者，其继有在者乎？"曰："无有。"曰："微独赵，诸侯有在者乎？"曰："老妇不闻也。""此其近者祸及身，远者及其子孙。岂人主之子孙则必不善哉？位尊而无功，奉厚而无劳[13]，而挟重器多也[14]。今媪尊长安君之位，而封以膏腴之地，多予之重器，而不及今令有功于国，一旦山陵崩[15]，长安君何以自托于赵？老臣以媪为长安君计短也，故以为其爱不若燕后。"太后曰："诺，恣君之所使之[16]。"于是为长安君约车百乘，质于齐，齐兵乃出。

子义闻之[17]，曰："人主之子也，骨肉之亲也，犹不能恃无功之尊，无劳之奉，以守金玉之重也，而况人臣乎！"

注释

①赵太后：即赵威后。用事：执政。 ②长安君：赵太后所宠爱的小儿子，长安君是他的封号。 ③左师：官名。触詟（chùzhé）：人名，赵国的臣子，清人以为应作"触龙"。 ④揖：当作"胥"，胥，同"须"，等待。 ⑤郄（xì）：不舒适。 ⑥鬻：即"粥"。 ⑦息：儿子。 ⑧黑衣：卫士的代称，因当时王宫卫士都穿黑衣。 ⑨没死：冒死。 ⑩填沟壑：死亡的委婉

说法。　⑪媪（ǎo）：古时称年老妇人。燕后：赵太后的女儿嫁燕国为后。　⑫反：同"返"，诸侯的女儿嫁到他国，只有被休弃，或对方国家覆灭方可返回。　⑬奉：同"俸"，指俸禄。　⑭重器：指贵重的宝物。　⑮山陵崩：喻君死，是一种委婉说法。　⑯恣：任凭。　⑰子义：人名，赵国贤士。

译文

　　赵太后刚刚执政，秦国就加紧进攻赵国。赵国向齐国求援。齐国说："一定要以长安君为人质，我们才出动军队。"赵太后不同意，大臣极力劝谏。太后明白地告诉身边的人说："有人再来劝说叫长安君去做人质的，我老婆子一定把唾沫吐到他脸上。"

　　左师触龙说想谒见，太后很生气地等待他。触龙进来，慢慢地碎步小跑。到了太后面前，自己告罪说："老臣的脚有毛病，以至不能快跑，不能拜见您已经很久了，我私下原谅自己，但是担心太后的玉体不安适，所以我想来看望您。"太后说："我靠车子走路。"触龙说："每天的饮食该没有减少吧？"太后说："靠吃粥而已。"触龙说："老臣近来特别不想吃东西，于是我自己强制着走走路，每天三四里，这样能稍稍增进食欲，身体舒和了一些。"太后说："我做不到。"太后生气的脸色稍稍缓和下来。

　　左师公说："我的儿子舒祺，年纪最小，没有出息，但是我已经衰老了，私下里十分爱怜他，希望让他能在宫里的卫士中充个数，保卫王宫，我冒着死罪向您禀告这个要求。"太后说："好吧。年纪多大了？"触龙回答说："十五岁了。虽然还小，希望趁我还未死之前把他托付给您。"太后说："男人也爱怜自己的小儿子吗？"触龙回答说："比妇人还爱得厉害。"太后笑着说："妇人爱得异常厉害。"触龙回答说："老臣私下以为您爱燕后，胜过长安君。"太后说："您错了，比起长安君来差远了。"左师公说："父母疼爱子女，就要为他们长远打算。您送燕后出嫁时，抓着她的脚后跟，对着她哭，惦念着她而且伤心她远嫁于外，也是怜爱她啊。出嫁以后，您并不是不想念她，但是祭祀的时候一定为她祝祷。说：'千万别让她回来啊。'这岂不是为她考虑长远，希望她有子孙相继为王吗？"太后说："是啊。"左师公说："现今三世以前，到赵氏建立赵国的时候，赵王子孙封为侯的，他们的后嗣还有继续在位的吗?"太后说:"没有。"触龙说:"不仅仅是赵国,其他诸侯子孙封侯的,其后嗣还有在位的吗?"太后说:"我不曾听说过。"触龙说:"这就是时间短的,自身便遭到祸害,时间长的,祸患便落到子孙头上。难道国君的子孙就一定不好吗?他们地位尊贵而没有功勋,俸禄优厚而没有劳绩,却占有许多金玉宝贝。如今您使长安君地位尊贵,还封给他肥美的土地,多多地给予金玉宝贝,却不让他趁现在为国家建立功勋,一旦您百年之后,长安君凭什么在赵国立身呢?我认为您替长安君考虑得短浅,所以认为您对他的爱比不上燕后。"太后说:"好,任凭您把他派遣到什么地方去。"于是为长安君准备了一百乘车,让他到齐国去做人质,齐国的军队才出动。

子义听到这件事,说:"君王的子女,与君王是骨肉之亲,尚且不能依仗没有功勋的尊贵地位、没有劳绩的丰厚俸禄,来保守住金玉宝器,何况是做臣子的呢!"

赏析

此篇选自《战国策·赵策》,主要记叙了触龙说服赵太后交出小儿子长安君去做人质以换取齐国救兵的故事。

文章一开始,就描绘了一个气氛极为紧张的局面:赵君新亡,赵求齐助,齐要长安君作抵押,赵太后拒绝;大臣强谏,太后不听,扬言"必唾其面"。这时候,触詟要求面见太后,他顺着赵太后溺爱长安君的心理,因势利导,层层进逼。首先,从闲话入手,关心太后的饮食、健康,让太后息怒消气;其次,寻出"爱子"话题,引起太后的兴趣,拉近了相互的感情距离;再次,提出真正爱护子女就必须"为之计深远"的原则,为自己的游说奠定了基础;最后,指出不让长安君去做人质,不使他"有功于国",就不是真正的"爱子"。点出利害,申明主旨。通过这样层层深入的启发引导,情寓于理,理表于情,娓娓道来,亲切动听,终于打动说服了赵太后,同意长安君入齐。

文章对赵太后感情变化的描写,颇为生动传神。从表情上看,先是"盛气而揖",再是"色少解",最终是"笑";从语言上看，先是冷冰冰地说"恃辇而行""恃粥耳""老妇不能"，然后是客气热情地说"然""老妇不闻也"，最后是心悦诚服地说"诺，恣君之所便之"。这就与触龙巧妙精彩的论辞彼此配合，相映成趣。

本文所显示的在做思想工作时要注意方式方法，教育爱护子女要为他们长远着想，让子女经受磨炼、有益于国家等等思想见解，都给人以有益的启示。

鲁仲连义不帝秦
《国策》

秦围赵之邯郸[①]，魏安釐王使将军晋鄙救赵[②]，畏秦，止于荡阴[③]，不进。

魏王使客将军辛垣衍[④]，间入邯郸，因平原君谓赵王曰[⑤]："秦所以急围赵者，前与齐闵王争强为帝，已而复归帝，以齐故[⑥]。今齐闵王益弱[⑦]，方今唯秦雄天下，此非必贪邯郸，其意欲求为帝。赵诚发使尊秦昭王为帝，秦必喜，罢兵去。"平原君犹豫未有所决。

此时，鲁仲连适游赵[⑧]，会秦围赵，闻魏将欲令赵尊秦为帝，乃见平原君曰："事将奈何矣？"平原君曰："胜也何敢言事！百万之众折于外[⑨]，今又内围邯郸而不去，魏王使客将军辛垣衍令赵帝秦，今其人在是。胜也何敢言事！"鲁连曰："始吾以君为天下之贤公子也，吾乃今然后知君非天下之贤公子也。梁客辛垣衍安在[⑩]？吾请为君责而归之。"平原君曰："胜请为召而见之于先生。"

平原君遂见辛垣衍曰："东国有鲁连先生[⑪]，其人在此，胜请为绍介而之于将军。"辛垣衍曰："吾闻鲁连先生，齐国之高士也。衍，人臣也，使事有职，吾不愿见鲁连先生也。"平原君曰：

191

"胜已泄之矣。"辛垣衍许诺。

鲁连见辛垣衍而无言。辛垣衍曰："吾视居此围城之中者，皆有求于平原君者也。今吾视先生之玉貌，非有求于平原君者，曷为久居此围城之中而不去也？"鲁连曰："世以鲍焦无从容而死者[12]，皆非也。今众人不知，则为一身。彼秦，弃礼义上首功之国也[13]，权使其士，虏使其民，彼则肆然而为帝，过而遂正于天下[14]，则连有赴东海而死耳，吾不忍为之民也。所为见将军者，欲以助赵也。"辛垣衍曰："先生助之奈何？"鲁连曰："吾将使梁及燕助之，齐、楚固助之矣。"辛垣衍曰："燕则吾请以从矣。若乃梁，则吾乃梁人也，先生恶能使梁助之耶[15]？"鲁连曰："梁未睹秦称帝之害故也。使梁睹秦称帝之害，则必助赵矣。"辛垣衍曰："秦称帝之害将奈何？"鲁仲连曰："昔齐威王尝为仁义矣，率天下诸侯而朝周。周贫且微，诸侯莫朝，而齐独朝之。居岁余，周烈王崩，诸侯皆吊，齐后往。周怒，赴于齐曰：'天崩地坼[16]，天子下席[17]，东藩之臣田婴齐后至[18]，则斮之[19]。'威王勃然怒曰：'叱嗟！而母，婢也[20]！'卒为天下笑。故生则朝周，死则叱之，诚不忍其求也。彼天子固然，其无足怪。"

辛垣衍曰："先生独未见夫仆乎？十人而从一人者，宁力不胜、智不若邪？畏之也。"鲁仲连曰："然梁之比于秦，若仆邪？"辛垣衍曰："然。"鲁仲连曰："然则吾将使秦王烹醢梁王[21]！"辛垣衍怏然不说，曰："嘻！亦太甚矣，先生之言也！先生又恶能使秦王烹醢梁王？"鲁仲连曰："固也，待吾言之。昔者鬼侯、鄂侯、文王[22]，纣之三公也。鬼侯有子而好[23]，故入之于纣，纣以为恶，醢鬼侯。鄂侯争之急，辨之疾，故脯鄂侯[24]。文王闻之，喟然而叹[25]，故拘之于牖里之库百日[26]，而欲令之死。曷为与人俱称帝王，卒就脯醢之地也？齐闵王将之鲁[27]，夷维子执策而从[28]，谓鲁人曰：'子将何以待吾君？'鲁人曰：'吾将以十太牢待子之君。'夷维子曰：'子安取礼而来待吾君？彼吾君者，天子也。天子巡狩，诸侯避舍，纳筦键[29]，摄衽抱几，视膳于堂下，天子已食，而听退朝也。'鲁人投其籥，不果纳，不得入于鲁。将之薛，假途于邹[30]。当是时，邹君死，闵王欲入吊，夷维子谓邹之孤曰：

卷之四　秦文

'天子吊，主人必将倍殡柩⑯，设北面于南方，然后天子南面吊也。'邹之群臣曰：'必若此，吾将伏剑而死。'故不敢入于邹。邹、鲁之臣，生则不得事养，死则不得饭含⑰，然且欲行天子之礼于邹、鲁之臣，不果纳。今秦万乘之国，梁亦万乘之国，交有称王之名，睹其一战而胜，欲从而帝之，是使三晋之大臣⑱，不如邹、鲁之仆妾也。且秦无已而帝，则且变易诸侯之大臣，彼将夺其所谓不肖而予其所谓贤，夺其所憎而予其所爱。彼又将使其子女谗妾为诸侯妃姬，处梁之宫，梁王安得晏然而已乎？而将军又何以得故宠乎？"

于是辛垣衍起，再拜，谢曰："始以先生为庸人，吾乃今日而知先生为天下之士也！吾请去，不敢复言帝秦！"秦将闻之，为却军五十里。适会公子无忌夺晋鄙军以救赵击秦⑲，秦军引而去。

于是平原君欲封鲁仲连，鲁仲连辞让者三，终不肯受。平原君乃置酒，酒酣，起，前，以千金为鲁连寿。鲁连笑曰："所贵于天下之士者，为人排患、释难、解纷乱而无所取也。即有所取者，是商贾之人也，仲连不忍为也。"遂辞平原君而去，终身不复见。

注释

①邯郸（hándān）：赵国都城，在今河北邯郸。　②魏安釐（xī）王：魏国国君，名圉（yǔ）。　③荡阴：赵、魏两国交界的地方，在今河南汤阴。　④客将军：他国人客居魏国而做了将军，称客将军。辛垣衍：人名，姓辛垣，名衍。　⑤平原君：赵孝成王的叔父，名胜，平原君是他的封号，当时做赵国相，是战国四君子之一。赵王：指赵孝成王。　⑥以齐故：公元前288年，齐湣王称东帝、秦昭王称西帝。齐湣王因苏代劝谏而取消帝号，秦也不情愿地取消了帝号，所以说"以齐故"。　⑦今齐闵王益弱：此句疑有误，秦围邯郸时，齐闵王已死二十余年。　⑧鲁仲连：齐国人，一生不做官，好为人排难解纷。　⑨百万之众折于外：指公元前260年秦赵长平之战，赵大败，被秦活埋降兵40余万。　⑩梁：大梁是魏国都城，所以借梁指魏。　⑪东国：指齐国，因齐在魏国东面。　⑫鲍焦：周朝隐士，相传因不满当时政治，抱树饿死。　⑬上：崇尚。首功：斩首之功。　⑭正：即政，指统治。　⑮恶（wū）：怎么。　⑯天崩地坼（chè）：比喻天子死。坼，裂开。　⑰下席：指

193

孝子离开宫室，寝在苫（shān草垫）上守丧。　⑱东藩：指齐国。藩，篱笆，古代分封诸侯作为王室屏藩，以捍卫王室。田婴齐：齐威王姓名。　⑲斮（zhuó）：斩杀。　⑳而：你的。　㉑醢（hǎi）：剁成肉酱。　㉒鬼侯、鄂侯：纣时诸侯，鬼侯封地在今河北临漳，鄂侯封地在今山西中阳。　㉓子：指女儿。好：貌美。　㉔脯（fǔ）：肉干，意思是做成肉干。　㉕喟（kuì）然：叹气的样子。　㉖牖（yǒu）里：或作"羑里"，在今河南汤阴。库：监狱。　㉗齐闵王：即齐湣王。　㉘夷维子：齐国人，以地名夷维（在今山东潍坊）为姓。　㉙筦键：钥匙。　㉚邹：小国名，在今山东邹城。　㉛倍：同"背"，不正面对着。古代丧礼，灵柩停西阶，丧事主人位于东阶面对灵柩，天子吊丧，主人换到西阶，面向北哭，不正面对着灵柩。　㉜饭含：古代丧礼，在死者口中放入米叫饭，放入玉叫含。　㉝三晋：春秋时期的晋国分裂为韩、赵、魏三国，所以合称三晋。　㉞公子无忌：即战国四君子之一的信陵君，是魏昭王少子，安釐王的异母弟，他托魏王爱姬如姬盗出兵符，假传魏王命令，夺晋鄙兵权，击秦救赵。

译文

　　秦国军队包围了赵国邯郸，魏安釐王派客籍将军晋鄙援救赵国，晋鄙害怕秦军，便把军队停在荡阴，不再前进。

　　魏王也派将军辛垣衍，从小路潜入邯郸，通过平原君对赵王说："秦国之所以急迫地围攻赵国，是因为秦国以前和齐湣王争强称帝，后来齐湣王取消了帝号，于是秦王也不得不取消了帝号。现在的齐国比齐湣王时更弱小，当今只有秦国称雄天下，这次围攻赵国不是一定要贪图占领邯郸，秦王的意思是想称帝。如果赵国真的派出使者，去尊秦昭王为帝，秦昭王必然高兴，就会收兵回去。"平原君很犹豫，没有做出决定。

　　这时候，鲁仲连恰好来到赵国，碰上秦军包围赵国，听说魏国打算叫赵国尊奉秦王为帝，于是就去见平原君说："事情将会怎么样呢？"平原君说："我哪里敢谈什么战事啊！我国的百万大军在外损失殆尽，如今秦军又在国内包围邯郸而不退兵，魏王派客籍将军辛垣衍叫赵国尊秦王为帝，现在那人还在这里。我哪里敢谈什么战事啊！"鲁仲连说："当初我还认为您是天下的贤德公子呢，我现在才知道您并非天下的贤德公子啊。魏国客人辛垣衍在哪里？请让我替您谴责他，让他回去。"平原君说："请让我为您召他前来相见。"

于是平原君去见辛垣衍,说:"齐国有位鲁仲连先生,这个人就在这里,让我介绍他和您相见。"辛垣衍说:"我听说鲁仲连先生是齐国的一位高士。我辛垣衍是做臣子的,出使赵国有重任在身,我不愿意见鲁仲连先生。"平原君说:"我已经把您到这里的事情泄露出去了。"辛垣衍只好同意。

鲁连见到辛垣衍,并不说话。辛垣衍说:"据我观察,留在这个围城中的,都是有求于平原君的人。现在我看您不凡的相貌,并不是有求于平原君的人,为什么您却滞留在这座围城之中而不离去呢?"鲁连说:"世上凡以为鲍焦是心地狭窄而死的人,统统不对。如今一般人都不理解他,认为他是为个人而死。秦国,是抛弃礼义而崇尚战功的国家。它以权诈之术来对待国内士人,像对待奴隶般地役使人民。假使那秦王肆无忌惮地称帝,进一步统治天下,那么,我鲁仲连就跳进东海而死,我不能忍受做它的百姓。我来见将军,就是想借此机会帮助赵国。"辛垣衍说:"先生怎么帮助赵国呢?"鲁仲连说:"我将让魏国和燕国帮助赵国,而齐国和楚国则本来就在帮助赵国了。"辛垣衍说:"燕国,我认为它会听从您的话。至于魏国,我便是魏国人,先生怎么能使魏国帮助赵国呢?"鲁仲连说:"魏国还没有看到秦王称帝的害处。假使魏国认清秦王称帝的害处,就一定会帮助赵国了。"辛垣衍说:"秦王称帝有什么害处?"鲁仲连说:"从前齐威王曾经施行仁义,率领天下诸侯朝拜周天子。当时的周王室贫穷衰微,没有哪个诸侯去朝拜。过了一年多,周烈王去世,诸侯都去吊丧,齐国迟迟来到。周天子发怒,派人到齐国报丧说:'天崩地裂,新天子离开寝宫在苫席上守丧,东方属国之臣田婴齐吊丧迟到,罪该斩首。'齐威王勃然大怒说:'呸!你的母亲,不过是个婢女!'结果成为天下笑柄。周烈王活着的时候去朝拜,死后则叱骂,这实在是因为不能忍受周的苛求。做天子的总是那样威风逼人,这倒是不足为怪的。"

辛垣衍说:"先生难道没有见过那些仆人吗?十人却听从一人,难道是力气胜不过、智慧比不上吗?那是因为害怕啊。"鲁仲连说:"对,不过魏国对于秦国就好比仆人一般吗?"辛垣衍说:"是的。"鲁仲连说:"如果是这样,我就让秦王把魏王煮了,剁成肉酱!"辛垣衍很不高兴,说:"嘿!先生的话也太过分了!先生又怎么能够叫秦王把魏王煮了,剁成肉酱?"鲁仲连说:"当然能够,等我说给您听。从前鬼侯、鄂侯和文王,是商纣王的三个诸侯。鬼侯有个女儿很漂亮,所以进献给纣王,纣王却认为她长得丑陋,结果把鬼侯剁成肉酱。鄂侯极力替鬼侯争辩,结果纣王把鄂侯杀了做成肉干。文王听到这件事,深深地叹息,结果被纣王囚禁在牖里一百天,想置他于死地。为什么与他人一样称王,结果却落到被人做成肉干、剁成肉酱的地步呢?齐湣王准备去鲁国,夷维子拿着马鞭跟从于他。夷维子对鲁国人说:'你们将怎样接待我们的国君?'鲁国人说:'我们将用十太牢的礼节来接待你们的国君?夷维子说:'你们这是按什么礼节接待我们的国君呢?我们的国君,是天子。天子巡视,诸侯要离开宫室让天子住,自己避居别舍,还要交出钥匙,诸侯披起衣襟,捧着几案,在堂下伺候天子用膳,待天子吃完,诸侯才退下回到朝堂去听政。'鲁国人听了之后,闭关下锁,不让齐湣王入境,于是齐湣王没能进入鲁国。齐湣王准备进驻薛地,要从邹国借路经过。正在这个时候,邹国的国君去世,湣王打算去吊丧,夷维子对已故邹国国君的儿子说:'天子吊丧,丧主必须背对灵柩,在停放灵柩的西阶设坐南向北的丧主位置,然后天子坐北向南吊丧。'邹国群臣说:'假如非要这样做不可,我们宁可伏剑自杀!'结果齐湣王不敢进入邹国。邹国和鲁国的臣子,因国势贫弱,国君活着时没有好好侍奉,死后也没有遵照殡礼料理丧事,尽管如此,一旦有人要对他们行天子之礼,他们都不肯接纳。现在秦国是拥有兵车一万乘的国家,魏国也是拥有兵车一万乘的国家,都是拥有万乘兵车的大国,彼此同样有称王的名分,看到秦国打了一次胜仗,就想顺从秦国尊秦为帝,这是三晋这种大国的臣子,还不如邹、鲁两国的奴仆啊。再说,如果秦国逞欲不止而终于称帝,他们将撤换诸侯的大臣,剥夺那些他们视为不肖者的禄位,而给予他们认为好的;剥夺他们不满意的臣子的禄位,而给予他们所喜爱的；还要把他们自己娇养的女儿和善于毁贤忌能的小妾嫁给诸侯做妃姬，住在魏王的宫中，魏王哪能平安无事呢？而将军您又怎能保住原来的尊荣呢？"

于是辛垣衍站起来，对鲁仲连拜了两拜，谢罪说："开始我还把先生您看作一个平庸之辈，我现在才知道先生是天下的贤士！请让我就此离开赵国，不敢再谈尊秦为帝的事了！"秦国的将军听到这个消息，为此撤军五十里。刚好又赶上魏国公子无忌夺取晋鄙军权，来救援赵国，进攻秦军，秦军只好撤回。

这时，平原君想封赏鲁仲连，鲁仲连再三辞让，始终不肯接受。于是平原君设宴款待鲁仲连。酒兴正浓，平原君站起来，走上前去，送上一千斤铜钱祝鲁仲连长寿。鲁仲连笑着说："天下有才识的士人，他们的可贵之处是替人排除忧患，消除危难，化解纷乱，而不求取什么。如果想获取什么，那就是做买卖的商人了。我鲁仲连不愿做这种人。"接着就辞别平原君离去，终身没有再来见平原君。

赏析

本文选自《战国策·赵策》。

赵孝成王八年（前258），秦围赵国国都邯郸。魏、赵本是从晋国分裂出来的国家，是兄弟邻邦，魏却慑于秦军的强盛，不敢进兵援救，反而派辛垣衍去游说赵王尊秦为帝，实质上是逼赵投降。在这生死存亡的关头，抗秦派义士鲁仲连挺身而出，与投降派代表辛垣衍展开了一场帝秦还是抗秦的大辩论。

鲁仲连的论辞分三层进行。首先，正面立论，不可帝秦。因为秦怀虎狼之心，奸诈好战，贪得无厌。其次，反面论述帝秦的危害，列举历史上齐威王的被天下笑、鬼侯的被醢、鄂侯的被脯、文王的被拘等历史事实，说明今天如果帝秦，魏、赵等国也会落得个任人宰割的可悲下场。最后，又以邹、鲁小国坚持斗争、坚持气节，以宁死不屈的精神拒绝臣服他国而终于取得胜利的例子，证明只有抗秦才有出路。鲁仲连的论述，分析矛盾，指陈利害，恣肆纵横，富于技巧，终于说服了辛垣衍，也增加了赵国抵抗秦国的信心和决心。后来，赵国在魏公子信陵君的救援下，迫使秦国退兵而去。

本文对鲁仲连的形象刻画得很生动、突出。他见义勇为，刚正不阿，有坚定的政治立场和信念，胜利后，辞封爵，拒千金，传为千古美谈。鲁仲连的崇高伟岸形象，与国难当头、束手无策的平原君，只图名利、鼠目寸光的辛垣衍，形成鲜明的对比。

全文叙事、描写均生动精彩，人物形象鲜明，语言明快犀利，句式铺陈排比，文风扬厉纵恣，是《战国策》中的名篇。

鲁共公择言

《国策》

梁王魏婴觞诸侯于范台①，酒酣，请鲁君举觞②。鲁君兴，避席择言曰："昔者帝女令仪狄作酒而美③，进之禹，禹饮而甘之，遂疏仪狄，绝旨酒，曰：'后世必有以酒亡其国者。'齐桓公夜半不嗛④，易牙乃煎熬燔炙⑤，和调五味而进之，桓公食之而饱，至旦不觉，曰：'后世必有以味亡其国者。'晋文公得南之威⑥，三日不听朝，遂推南之威而远之，曰：'后世必有以色亡其国者。'楚王登强台而望崩山⑦，左江而右湖，以临彷徨⑧，其乐忘死，遂盟强台而弗登，曰：'后世必有以高台、陂池亡其国者⑨。'今主君之尊，仪狄之酒也；主君之味，易牙之调也；左白台而右闾须⑩，南威之美也；前夹林而后兰台⑪，强台之乐也。有一于此，足以亡其国。今主君兼此四者，可无戒与？"梁王称善相属⑫。

注释

①梁王魏婴：指魏国君主梁惠王，惠王名婴（或作"䓨"）。觞（shāng）：酒器，这里指设酒宴款待。范台：魏国台名，台是一种高而平的建筑。　②鲁君：鲁共公，名奋。　③帝女：可能是指尧或舜的女儿。仪狄：人名，酿酒能手。　④嗛（qiè）：满意，舒服。　⑤易牙：齐桓公宠信的侍臣，善调

制食物。燔（fán）：一种烹饪方法。　⑥南之威：美女，又作"南威"。　⑦楚王：指楚庄王。强台：楚国的章华台。崩山：山名，在今湖北境内。　⑧彷徨：徘徊，流连忘返。　⑨高台陂（bēi）池：泛指宫殿园林。陂池，水池。　⑩白台、间须：都是美女名。　⑪夹林、兰台：魏国的高台名，是魏王的游览胜地。　⑫相属（zhǔ）：连续不断。

译文

梁惠王魏婴在范台设酒宴款待诸侯，酒兴正浓时，梁惠王请鲁国君举杯祝酒。鲁君站起来，离开座位，选择措词说："从前帝女命令仪狄酿酒，酒很美，进献给禹，禹饮了也觉得非常甘美，但是却疏远了仪狄，戒绝美酒，说：'后世的君主一定有因为美酒而亡国的。'齐桓公半夜里感到吃得不足，易牙就煎熬烧烤，调和五味，进献给桓公。桓公吃饱了，可直到天明也没有醒来，他说：'后世的君主一定有因为美味而亡国的。'晋文公得到美女南之威，连续三天不上朝听政，于是推开南之威而疏远她，说：'后世的君主一定有因为美色而亡国的。'楚王登上强台眺望崩山的景色，左边是长江，右边是洞庭湖。他居高临下，流连忘返，竟快乐得忘其所以，于是发誓不再登临强台，说：'后世的君主一定有因为迷恋山水而亡国的。'现在您的酒杯里，就是仪狄酿造的美酒；您的饮食，就是易牙烹调的美味；您左边的白台、右边的间须，就是南威那样的美女；您前面的夹林、后面的兰台，就有强台那样让人欢乐的美景。只要有其中的一件，就足以亡国。现在您兼有这四样，能够不警惕吗？"梁王连连说好。

赏析

本文选自《战国策·魏策》，是鲁共公在魏惠王所设的一次宴会上的祝酒辞。

魏惠王十五年（前355），鲁、卫、宋、郑四国国君来朝见魏惠王，魏惠王在范台设宴款待他们。当时，魏惠王完全沉醉在自己的实力之中，飘飘然不知其所以然。鲁共工及时向惠王进谏，提出了"四戒"之说，犹如当头棒喝，终于使魏王清醒过来。

所谓"四戒"，就是戒酒戒食戒色戒乐。简要言之，就是：

生于忧患,死于安乐。鲁共公列举前代君王不沉溺于酒、食、色、乐的事实,抽取出贪图享乐必然导致亡国之祸的至理名言,显示出他的远见卓识。这种深刻见解,在今天仍然有着现实的借鉴意义。

　　文章善于运用排比铺陈的手法,以大禹杜绝美酒、齐桓公谢绝佳肴、晋文公疏远女色、楚庄王不图逸乐的史例,并逐一引用了这些有作为的君主四句句法相同的富于预见性的箴言,力谏魏惠王不要沉溺于"仪狄之酒""易牙之调""南威之美"和"强台之乐"之中,以免因此而"亡其国"。这就使文章具有整齐美和节奏感,更加强了文章的气势和力度。篇末总结性的警策:"有一于此,足以亡其国。今主君兼此四者,可无戒与?"点明主题,掷地有声,足以发人深思和警醒。

　　文章章法严整而奇巧。举觞进谏,由"酒"及"味",再及"色""乐",四件事连类相及,物欲转相牵引。似乎漫不经意举起四事,不料事事相应,一气贯注,可谓自然浑成,精巧圆熟。

唐雎说信陵君

《国策》

　　信陵君杀晋鄙①,救邯郸,破秦人,存赵国,赵王自郊迎。唐雎谓信陵君曰②:"臣闻之曰,事有不可知者,有不可不知者;有不可忘者,有不可不忘者。"信陵君曰:"何谓也?"对曰:"人之憎我也,不可不知也;我憎人也,不可得而知也。人之有德于我也,不可忘也;吾有德于人也,不可不忘也。今君杀晋鄙,救邯郸,破秦人,存赵国,此大德也。今赵王自郊迎,卒然见赵王③,愿君之忘之也。"信陵君曰:"无忌谨受教④。"

注释

　　①信陵君:魏公子无忌,战国时著名的四公子之一。晋鄙:魏国大将。

当时秦国派军队围攻赵国的国都邯郸,魏王派晋鄙率兵救赵,因为害怕秦军强大,晋鄙的军队停止不前。后来信陵君设法窃兵符,杀晋鄙,领兵攻秦,解除了邯郸之围,挽救了赵国。 ②唐雎(jū):魏国人。 ③卒然:猝然,突然。 ④谨:谨慎,郑重。

译文

信陵君杀了晋鄙,救了邯郸,攻破了秦军,保存了赵国,赵王亲自来到郊外迎接。唐雎对信陵君说:"我听说,事情有不可以知道的,有不可以不知道的;有不可以忘记的,有不可以不忘记的。"信陵君说:"这是指的什么呢?"唐雎回答说:"别人憎恶我的事,不可以不知道;我憎恶别人的事,不可以被别人知道。别人对我有恩德,不可以忘记;我对别人有恩德,不可以不忘记。现在您杀了晋鄙,救了邯郸,攻破了秦军,保存了赵国,这是很大的功德。现在赵王亲自来郊外迎接,您马上就要见到赵王,希望您忘记救赵的事。"信陵君说:"我无忌恭敬地接受您的指教。"

赏析

此篇选自《战国策·魏策》。

魏安釐王二十年,秦军围攻赵国都城邯郸。魏王在赵国的再三请求下,派大将晋鄙率兵援赵。兵至,又害怕秦军攻魏,便驻扎下来不敢进兵。信陵君听从门客的建议,窃得兵符,派人椎杀晋鄙,亲自统兵救赵,终解邯郸之围。赵王感激,想封赐给信陵君五座城池以表谢意,信陵君获知后,面有骄矜自得的神情。于是,唐雎直言进谏之。

唐雎谏辞,可分两层。其主旨,在于劝诫信陵君忘掉救赵的功德,切忌居功骄傲。妙在并不直说,而是曲折迂回、旁敲侧击。先用"不可""不可不"等话语,抛出两组对立的抽象命题,自然引起信陵君的追问和思考;然后,才逐一解说这些命题,并在结束处拈出信陵君窃符救赵之事,透点主旨:希望信陵君忘掉救赵的大恩大德。整幅谏辞,紧扣戒骄之意,观点鲜明,层次清晰,说理透彻,发人深省。

文章行文也颇具特色。舒缓而不懈怠，复沓而不板滞，婉曲多致，有飘逸俊爽的气度，不愧是短小精悍的上乘之作。

唐雎不辱使命

《国策》

秦王使人谓安陵君曰①："寡人欲以五百里之地易安陵，安陵君其许寡人！"安陵君曰："大王加惠，以大易小，甚善。虽然，受地于先王，愿终守之，弗敢易！"秦王不说②。安陵君因使唐雎使于秦。

秦王谓唐雎曰："寡人以五百里之地易安陵，安陵君不听寡人，何也？且秦灭韩亡魏，而君以五十里之地存者，以君为长者，故不错意也③。今吾以十倍之地，请广于君，而君逆寡人者，轻寡人与？"唐雎对曰："否，非若是也。安陵君受地于先王而守之，虽千里不敢易也，岂直五百里哉④？"

秦王怫然怒⑤，谓唐雎曰："公亦尝闻天子之怒乎？"唐雎对曰："臣未尝闻也。"秦王曰："天子之怒，伏尸百万，流血千里。"唐雎曰："大王尝闻布衣之怒乎⑥？"秦王曰："布衣之怒，亦免冠徒跣⑦，以头抢地耳。"唐雎曰："此庸夫之怒也，非士之怒也。夫专诸之刺王僚也⑧，彗星袭月⑨，聂政之刺韩傀也⑩，白虹贯日；要离之刺庆忌也⑪，苍鹰击于殿上。此三子皆布衣之士也，怀怒未发，休祲降于天⑫，与臣而将四矣。若士必怒，伏尸二人，流血五步，天下缟素⑬，今日是也！"挺剑而起。

秦王色挠⑭，长跪而谢之曰⑮："先生坐！何至于此！寡人谕矣⑯：夫韩、魏灭亡，而安陵以五十里之地存者，徒以有先生也。"

注释

①秦王：秦始皇嬴政，当时还未称帝，所以称秦王。安陵君：安陵的君

卷之四 秦文

主,安陵是战国时期魏国分封的属国。 ②说:同"悦"。 ③不错意:不放在心上。错,同"措"。 ④直:只。 ⑤怫(fú)然:愤怒的样子。 ⑥布衣:指平民。 ⑦徒跣(xiǎn):光脚。 ⑧专诸之刺王僚:吴国公子光(即后来继位的吴王阖闾)不满堂兄吴王僚继承君位,派专诸刺杀吴王僚。专诸,人名,春秋时著名刺客。王僚,吴国国王,名僚。 ⑨彗星袭月:彗星光芒掩盖月亮,古人认为这是上天显示的某种大事征兆。 ⑩聂政之刺韩傀(kuǐ):韩国大夫严仲子跟韩傀有仇,派聂政刺杀韩傀。聂政,战国时期齐国人。韩傀,韩国丞相。 ⑪要离之刺庆忌:吴王僚被刺,庆忌逃到魏国,被吴王阖闾(公子光)遣要离刺死。要离,春秋时期吴国人。庆忌,吴王僚之子。 ⑫休祲(jìn):祸福的征兆。指上面的"彗星袭月""白虹贯日"等。休,吉祥。祲,灾祸之气。 ⑬缟(gǎo)素:这里指丧服。 ⑭挠:屈。 ⑮长跪:古人两膝着地,臀部压在脚后跟上叫坐,臀部离开脚跟叫跪,再以上身挺直,叫长跪。与今"跪"义不同。 ⑯谕:同"喻",明白。

译文

秦王派人对安陵君说:"我想用五百里的土地来换安陵,安陵君你一定要答应我!"安陵君说:"大王赏给我恩惠,以大换小,这非常好。尽管如此,我从先王那儿继承了土地,希望永远守住它,不敢交换。"秦王很不高兴。于是安陵君派唐雎出使秦国。

秦王对唐雎说:"我用五百里的土地来换安陵,安陵君不听从于我,为什么呢?再说,秦灭掉了韩国和魏国,而安陵君却凭着五十里的领土保存下来,是因为我把他看作一个有德行的长者,所以我没有打他的主意。如今我用十倍的土地,来扩大他的领土,而他却拒绝我,是轻视我吗?"唐雎回答说:"不,不是这样。安陵君从先王那儿继承了土地而保住它,即使一千里土地也不敢交换,何况只是五百里呢?"

秦王怒气冲冲,对唐雎说:"您曾经听说过天子发怒吧?"唐雎回答说:"我还没有听说过。"秦王说:"天子发怒,横尸百万,血流千里。"唐雎说:"大王曾经听说过平民发怒吗?"秦王说:"平民发怒,无非是取下帽子,打着赤脚,用头去碰地罢了。"唐雎说:"这是庸人之怒,不是勇士之怒。当年专诸刺杀吴王僚,彗星的光芒掩盖月亮;聂政刺杀韩傀,一道白气穿过太阳;要离刺杀庆忌,苍鹰突然飞扑到殿上。这三个人,都是平民中的勇士,他们胸中的怒气还没有迸发,征兆便从天上降下来,今天再加上我就将是四个人了。如果勇士必将发怒,就将倒下两人的尸体,五步之内鲜血溅流,天下人都要穿白戴孝,今天就是如此!"唐雎拔出剑站了起来。

秦王变了脸色,神情沮丧,臀部离开脚后跟,直起身来,对唐雎道歉说:"先生坐下来!何至于此!我明白了,韩国、魏国已经灭亡,而安陵却凭着五十里的领土而保存下来,只是因为有先生这样的人啊!"

赏析

此篇选自《战国策·魏策》。

文章主要描写唐雎与秦王面对面的斗争。以天子之怒和布衣之怒渲染出紧张的气氛,揭露了秦王的虚伪狡诈、外强中干,歌颂了唐雎坚持正义、不畏强暴、敢于斗争和善于斗争的可贵精神。

对于唐雎,文章主要通过人物的语言来加以描写,展示其性格的不同侧面:始则据理力争,不卑不亢;次则语带讥讽,从容镇定;再则问话含威,柔中寓刚;终则侃侃而谈,杀气逼人。末尾再配以一个"挺剑而起"的动作描绘,使这个有勇有谋、大义凛然、拼死维护国家利益和威严的志士形象,丰厚饱满,跃然纸上。

对于秦王,文章则主要通过语言、行为和神情的描写,突出其性格特点。特别是神情描写,笔笔传神,由"不悦"到"怫然怒",再到"色挠",准确而凝练地表达出秦王的内心变化,揭示出他的骄横跋扈和贪生怕死。

妙在两个人物始终对立,衬映生辉。暴君秦王,志士唐雎,皆鲜明生动,千古流传。

此外,文章的叙述语言也极为简洁,叙事说理,状物写人,都具有较强的艺术表现力。

乐毅报燕王书

《国策》

昌国君乐毅①，为燕昭王合五国之兵而攻齐②，下七十余城，尽郡县之以属燕。三城未下③，而燕昭王死，惠王即位，用齐人反间疑乐毅，而使骑劫代之将④。乐毅奔赵，赵封以为望诸君⑤。齐田单诈骑劫⑥，卒败燕军，复收七十余城以复齐。

燕王悔，惧赵用乐毅，乘燕之敝以伐燕。燕王乃使人让乐毅⑦，且谢之，曰："先王举国而委将军⑧，将军为燕破齐，报先王之仇⑨，天下莫不振动，寡人岂敢一日而忘将军之功哉？会先王弃群臣，寡人新即位，左右误寡人，寡人之使骑劫代将军，为将军久暴露于外，故召将军，且休计事。将军过听，以与寡人有隙，遂捐燕而归赵，将军自为计则可矣，而亦何以报先王之所以遇将军之意乎？"

望诸君乃使人献书报燕王曰：

"臣不佞⑩，不能奉承先王之教，以顺左右之心，恐抵斧质之罪⑪，以伤先王之明，而又害于足下之义，故遁逃奔赵。自负以不肖之罪，故不敢为辞说。今王使使者数之罪，臣恐侍御者之不察先王之所以畜幸臣之理⑫，而又不白于臣之所以事先王之心，故敢以书对。

"臣闻贤圣之君，不以禄私其亲，功多者授之；不以官随其爱，能当者处之。故察能而授官者，成功之君也；论行而结交者，立名之士也。臣以所学者观之，先王之举错⑬，有高世之心，故假节于魏王⑭，而以身得察于燕。先王过举，擢之乎宾客之中，而立之乎群臣之上，不谋于父兄，而使臣为亚卿⑮。臣自以为奉令承教，可以幸无罪矣，故受命而不辞。先王命之曰：'我有积

205

怨深怒于齐，不量轻弱，而欲以齐为事。'臣对曰：'夫齐，霸国之余教⑯，而骤胜之遗事也⑰，闲于甲兵⑱，习于战功。王若欲伐之，则必举天下而图之。举天下而图之，莫径于结赵矣。且又淮北、宋地⑲，楚魏之所同愿也，赵若许约，楚赵宋尽力，四国攻之，齐可大破也。'先王曰：'善。'臣乃口受令，具符节，南使臣于赵。顾反命，起兵随而攻齐。以天之道，先王之灵，河北之地，随先王举而有之于济上⑳。济上之军，奉令击齐，大胜之。轻卒锐兵，长驱至国。齐王逃遁走莒，仅以身免。珠玉财宝，车甲珍器，尽收入燕。大吕陈于元英㉑，故鼎反乎历室㉒，齐器设于宁台㉓，蓟邱之植植于汶篁㉔。自五伯以来㉕，功未有及先王者也。先王以为顺于其志，以臣为不顿命㉖，故裂地而封之，使之得比乎小国诸侯。臣不佞，自以为奉令承教，可以幸无罪矣，故受命而弗辞。

"臣闻贤明之君，功立而不废，故著于春秋㉗；蚤知之士㉘，名成而不毁，故称于后世。若先王之报怨雪耻，夷万乘之强国，收八百岁之蓄积㉙，及至弃群臣之日，遗令诏后嗣之余义㉚，执政任事之臣，所以能循法令，顺庶孽者㉛，施及萌隶㉜，皆可以教于后世。

"臣闻善作者不必善成，善始者不必善终。昔者伍子胥说听乎阖闾，故吴王远迹至于郢。夫差弗是也，赐之鸱夷而浮之江㉝。故吴王夫差不悟先论之可以立功㉞，故沉子胥而弗悔；子胥不蚤见主之不同量，故入江而不改。夫免身全功，以明先王之迹者，臣之上计也；离毁辱之非㉟，堕先王之名者㊱，臣之所大恐也；临不测之罪，以幸为利者，义之所不敢出也。

"臣闻古之君子，交绝不出恶声；忠臣之去也，不洁其名。臣虽不佞，数奉教于君子矣。恐侍御者之亲左右之说，而不察疏远之行也，故敢以书报，唯君之留意焉。"

注释

①昌国君乐毅：昌国君，乐毅的封号。乐毅，魏国人，战国时期名将，为报燕昭王知遇之恩，大败齐军，振兴燕国。 ②五国：指赵、楚、韩、魏、燕五国。 ③三城：指聊城、莒（jǔ）、即墨（今山东平度东南）。 ④骑劫：

燕将。　⑤望诸君：赵国给乐毅的封号。望诸属齐地，在今河南商丘、虞城之间。　⑥田单诈骑劫：田单是齐国大将，他派人向燕军诈降，后以牛千余头，披上五彩龙纹，角上缚刀，尾上缚苇灌油，夜间点燃，冲入燕营，大败燕军。　⑦让：责备。　⑧先王：指燕昭王。　⑨先王之仇：燕王哙想效法尧舜禅让，在国内引起混乱，齐宣王趁机伐燕，大败燕国。　⑩不佞（nìng）：不才，不贤。　⑪斧质：斩人的刑具。　⑫侍御者：侍候国君的人，实际代指燕惠王，是一种婉曲的说法。　⑬举错：即"举措"，指安排、措施。　⑭假节于魏王：凭借魏王的符节，意思是奉魏王之命出使燕国。乐毅本为魏国臣僚，出使燕国而受燕昭王赏识，所以留燕。假，凭借。节，古代使者用以表示信用的符节。　⑮亚卿：仅次于上卿的官职。　⑯余教：指传下的业绩。　⑰骤：屡次。　⑱闲：同"娴"，熟习。　⑲淮北、宋地：都是齐国属地。宋被齐并吞。　⑳济上：齐国边界上的地方，在济水西面。　㉑大吕：钟的一种。元英：燕国官殿。　㉒故鼎：被齐国夺去的燕国的鼎。历室：燕国宫殿。　㉓宁台：燕国宫殿。　㉔蓟（jì）邱：燕国都城，在今北京西南。汶：指汶水，在齐国境内，即今山东大汶河。篁：指竹田。　㉕五伯：指春秋五霸。　㉖顿：使受挫折。　㉗春秋：这里泛指史籍。　㉘蚤：同"早"。　㉙八百岁：从姜太公始封于齐到齐闵王，其间约八百年。　㉚余义：深远的意义。　㉛庶孽：庶子，即妾所生的儿子。封建社会国君去世，往往发生嫡庶争位的内乱。　㉜萌隶：百姓。萌，同"氓"。　㉝鸱（chī）夷：皮口袋。　㉞先论：预见。吴越夫椒一战，吴大败越军，直逼越国都城会稽。越向吴求和，伍子胥多次劝阻吴王而不听，后吴王反信谗言，赐伍子胥死。伍子胥临死时说："抉吾眼悬诸东门，以观越人之入灭吴也。"九年后，越国灭吴。先论即指伍子胥临死时所说的话。　㉟离：同"罹"，遭受。　㊱堕：同"隳"（huī），毁坏。

译文

昌国君乐毅替燕昭王联合韩、赵、魏、楚、燕五国的军队攻打齐国，攻下七十多座城池，全部改为郡县归属燕国。在只剩三个城池还没攻下时，燕昭王去世了。惠王即位，因齐国人使用反间计，惠王对乐毅产生怀疑，因而派骑劫取代乐毅统军。乐毅逃奔到赵国，赵国封他为望诸君。齐国的田单用计诈骗骑劫，结果打败燕军，重新收回七十多个城池而光复齐国失地。

燕王后悔了，害怕赵国乘燕国败落的机会派乐毅攻打燕国。于是燕王派人责备乐毅，同时又向他表示歉意，说："先王把整个国家委托给将军,将军替燕国打败了齐国,替先王报了仇,天下没有人不为之震动,我哪敢有一天忘记将军的功劳啊?适遭先王抛下群臣逝世,我又刚刚即位,身边的人造谣蛊惑误了我,我派骑劫去代替将军,是因为将军长期风餐露宿,所以召回将军,暂且休息并商议国事。将军误解了我的意思,从而和我产生了嫌隙,于是抛弃燕国而投奔赵国。如果将军为自己考虑而这样做是可以的,可是又怎样报答先王知遇将军的情意呢?"

于是,望诸君就派人呈上书信回答燕王说:

"臣下不才,没有能尊奉秉承先王的教诲,顺从左右大臣的心意,又害怕遭受杀身之罪,而有损先王知人之明,并损害您仁义的名声,所以才逃奔到赵国。我自己承担了不贤的罪名,所以不敢为自己申辩。如今大王派遣使者来数说我的罪过,我担心您不能明察先王之所以收留并宠信我的道理,而且又不明白我侍奉先王的一片忠心,所以才敢用书信作答。

"我听说贤明圣德的君主,不因私情把俸禄赐给亲信,而是给予功劳多的人;不把官职随便赐给偏爱的人,而是让能够胜任的人去担当。所以考察才能而授予官职的,是能够成就功业的君主;根据品行去结交朋友的,是能够成就名声的士人。我凭着学到的知识,观察先王的措施,超越一般世人的用心,所以我持魏王的符节出使燕国,得以亲身考察燕国的情况。先王过分抬举我,把我从宾客之中提拔上来,安置我的职位高于群臣,没有同宗族父兄商量,就任命我当亚卿。我自认为奉行先王的命令,承受先王的指教,可以有幸而免于获罪,因此便接受任命而不推辞。先王命令我说:'我对齐国有深仇大恨,不考虑自己的轻微弱小,想把齐国作为攻击对象。'我回答说:'齐国,保持着霸主之国的遗教,也多次取得重大胜利的功业,精于用兵,惯于作战。大王如果想讨伐它,必须联合天下诸侯来对付它。联合天下诸侯来对讨它,没有比联合赵国更直接的了。而且齐国吞并的淮北和故宋之地,正是楚国和魏国同样想得到的地方,赵国如果答应缔约,楚国、魏国和宋国一定尽力,四国攻打齐国,可以大破齐国。'先王说:'好。'于是我接受了先王的亲口命令,带着符节，向南出使赵国。从赵国回来复命之后，随即兴兵攻打齐国。依靠上天的帮助、先王的威灵及黄河以北的地利，我随先王一举打到齐国的边界济水之上。整顿济上的军队，又奉命攻打齐军，获得大胜。轻装而精锐的士兵长驱直入，打到齐国的国都。齐王逃走，跑到莒城，才免去一死。齐国的珠玉财宝、车辆、铠甲和珍贵器物，统统收入燕国。大吕钟陈列在元英宫，从前被齐国掠去的鼎返回到历室宫，齐国的珍贵器物摆设在宁台，燕都蓟邱的树木被移植到了齐国汶水的竹田中。自从五霸以来，没有谁的功绩比得上先王的。先王认为已经实现了他的心愿，认为我没有辜负他的命令，所以划出一块土地来封给我，使我得到相当于小国诸侯的地位。我实不才，自以为尊奉命令，秉承指教，就可以幸免于获罪了，所以接受了封赏的命令而没有推辞。

"我听说贤明的君主建立功业而不废弃，所以载入史册；有预见的贤士，成就了名声而不毁坏，所以被后世称道。像先王那样报仇雪耻，踏平拥有万乘兵车的强国，收缴齐国人百年积蓄的财物，直到他抛下群臣逝世之日，留下意义深远告诫子孙的遗诏，使执掌政权、担任政事的臣子，能够遵循法令，处理好王位继承之事，甚至恩泽施及百姓。这些都是可以用来教导后代的。

"我听说善于开创事业的不一定善于守成，有好的开端的不一定有好的结果。从前伍子胥的主张被吴王阖闾采纳，因此吴王的足迹远达楚国的郢都。夫差不听从伍子胥的意见，还赐给一个皮袋装了伍子胥投入江中。吴王夫差不明伍子胥的预见可以建功立业，所以把伍子胥沉入江中而不后悔；伍子胥没有及早认识阖闾和夫差两个君主的胸怀肚量不同，所以被沉入江水也不改变初衷。使自己免遭杀戮，保全功绩，以彰显先王的伟业，这是我的上策；遭受诋毁和侮辱性的非难，损害先王的名声，这是我最害怕的；冒着不可预测的大罪，攻打燕国而侥幸图利，凭道义我是不敢做的。

"我听说，古代的君子交情断绝也不恶语伤人，忠臣被逐，也不诋毁君主来洗刷自己的名声。我虽然不才，也经常受教于君子。因为担心您听信左右大臣的话，而不体察我这个被疏远的人的行为，所以我冒昧地用这封信作答，希望您明鉴。"

赏析

本文选自《战国策·燕策》。

这是燕国著名将领乐毅答复燕惠王的一封书信。燕昭王在位时,乐毅深得赏识和重用,他也曾披肝沥胆,率兵攻占齐国七十余城,替昭王报了一箭之仇。燕惠王继位以后,乐毅却受到燕王猜忌,遭小人谗毁,不得不逃往赵国以避杀身之祸。燕惠王又多次致书数落他的罪状,声讨他。乐毅迫不得已写下此信作为答复。

这封信,满怀忧愤,剖析了自己遭受冤屈的心迹。叙事说理,以情动人。叙事,则围绕先王对自己的信任,集中铺叙了君臣相知相得、同心破齐的辉煌经历;说理,则依据当时的价值观、道德观,并援引伍子胥的历史例证,着重申述了自己避赵的动机;言情,则字里行间充盈着对先王的感戴,对燕国的忠诚,对遭受侮辱损害的愤慨,以及悽惋悲恻、长歌当哭的悲痛之情。事、理、情三者有机融合在一起,使文章情辞俱切,感人至深。

战国时代,臣僚的升降荣辱全系于君主一身。君主圣贤,臣僚效命,君臣相知相得,是中国封建社会无数志士仁人的政治理想。乐毅的遭遇和他饱含血泪的自白,控诉了昏君燕惠王的虚伪与狡诈,客观上暴露了君主专制制度的黑暗与残忍。同时,也塑造出忠贞勇猛而富于才学人情的一代将领乐毅的高大形象。

这封信,历来传诵。它曾令司马迁"未尝不废书而泣",也曾被清人金圣叹推许为与诸葛亮《出师表》并驾齐驱而超乎其上的佳作。

李斯谏逐客书

秦文

秦宗室大臣皆言秦王曰[①]:"诸侯人来事秦者,大抵为其主游

卷之四 秦文

间于秦耳,请一切逐客。"李斯议亦在逐中②。

斯乃上书曰:"臣闻吏议逐客,窃以为过矣!

"昔穆公求士③,西取由余于戎④,东得百里奚于宛⑤,迎蹇叔于宋⑥,求丕豹、公孙支于晋⑦。此五子者,不产于秦,而穆公用之,并国二十,遂霸西戎。孝公用商鞅之法⑧,移风易俗,民以殷盛,国以富强,百姓乐用,诸侯亲服,获楚、魏之师⑨,举地千里,至今治强。惠王用张仪之计,拔三川之地⑩,西并巴、蜀,北收上郡⑪,南取汉中⑫,包九夷⑬,制鄢、郢⑭,东据城皋之险⑮,割膏腴之壤,遂散六国之从⑯,使之西面事秦,功施到今。昭王得范雎⑰,废穰侯⑱,逐华阳⑲,强公室,杜私门,蚕食诸侯,使秦成帝业。此四君者,皆以客之功。由此观之,客何负于秦哉!向使四君却客而不内⑳,疏士而不用,是使国无富利之实,而秦无强大之名也。

"今陛下致昆山之玉㉑,有随、和之宝㉒,垂明月之珠,服太阿之剑,乘纤离之马㉓,建翠凤之旗㉔,树灵鼍之鼓㉕。此数宝者,秦不生一焉,而陛下说之㉖,何也?必秦国之所生然后可,则是夜光之璧不饰朝廷,犀象之器不为玩好,郑、魏之女不充后宫,而骏马駃騠不实外厩㉗,江南金锡不为用,西蜀丹青不为采㉘。所以饰后宫、充下陈、娱心意、悦耳目者,必出于秦然后可,则是宛珠之簪㉙、傅玑之珥㉚、阿缟之衣㉛、锦绣之饰不进于前,而随俗雅化、佳冶窈窕赵女不立于侧也。夫击瓮叩缶㉜、弹筝搏髀而歌呼呜呜快耳目者㉝,真秦之声也。郑、卫、桑间㉞,韶虞、武象者㉟,异国之乐也。今弃击瓮而就郑、卫,退弹筝而取韶虞,若是者何也?快意当前,适观而已矣。今取人则不然,不问可否,不论曲直,非秦者去,为客者逐。然则是所重者在乎色乐珠玉,而所轻者在乎人民也。此非所以跨海内、制诸侯之术也。

"臣闻地广者粟多,国大者人众,兵强则士勇。是以泰山不让土壤㊱,故能成其大;河海不择细流,故能就其深;王者不却众庶,故能明其德。是以地无四方,民无异国,四时充美,鬼神降福,此五帝、三王之所以无敌也。今乃弃黔首以资敌国㊲,却

211

宾客以业诸侯，使天下之士，退而不敢西向，裹足不入秦，此所谓藉寇兵而赍盗粮者也。㊲

"夫物不产于秦，可宝者多；士不产于秦，而愿忠者众。今逐客以资敌国，损民以益仇，内自虚而外树怨于诸侯，求国之无危，不可得也。"

秦王乃除逐客之令，复李斯官。

注释

①宗室：与国君同宗的贵族。秦王：指秦始皇。　②李斯：战国时期楚国上蔡（今河南上蔡）人，荀子的学生，他入秦游说秦臣，拜为客卿，助秦王统一天下后，任丞相，秦二世时，被赵高陷害，受腰斩之刑。　③穆公：秦穆公，春秋五霸之一。　④由余：春秋时期晋国人，曾逃亡西戎为王，穆公用计招其归秦，助秦称霸西戎，开地千里。戎：即下文西戎，我国古代西部少数民族。　⑤百里奚：春秋时期楚国人，做过虞国大夫，虞国被灭，作为陪嫁奴仆入秦，逃到楚国宛地，秦穆公知道他有才能，用五张羊皮将他赎出，封为大夫。　⑥蹇（jiǎn）叔：百里奚的朋友，经百里奚推荐，穆公用重币将他从宋国接到秦，封为上大夫。　⑦丕豹：晋国大夫，父亲丕郑被杀后，逃奔秦国，为穆公所用。公孙支：身世不详，从晋国归秦，做穆公谋臣，任大夫。　⑧孝公：即秦孝公。商鞅：战国时期卫国人，姓公孙，名鞅，又称卫鞅，商是他的封地。　⑨获楚、魏之师：楚宣王三十年，秦封卫鞅于商，南侵楚。秦孝公二十二年，卫鞅击魏，俘魏公子卬（áng），魏割让河西之地给秦。　⑩三川：黄河、洛水、伊水。借指河南西北一带。　⑪上郡：原属魏国的地方，在今陕西西北。　⑫汉中：原属楚国，在今陕西汉中地区。　⑬九夷：指当时楚国境内的少数民族。　⑭鄢：楚国旧都，在今湖北宣城。郢：楚国国都，在今湖北江陵。　⑮城皋：在周的东境，即今河南荥阳虎牢关，是古代的军事要塞。　⑯从：同"纵"，合纵。　⑰范雎（jū）：战国时期卫国人，秦昭襄王时为秦相，封应侯。　⑱穰侯：即魏冉，秦昭襄王舅父。　⑲华阳：华阳君，名芈戎，秦昭襄王舅父。华阳君和穰侯因宣太后的关系在秦擅权。　⑳内：同"纳"。　㉑昆山之玉：昆仑山出产的美玉。　㉒随、和之宝：指随侯珠、和氏璧。古代著名的珍宝。　㉓太阿：古剑名，相传是春秋时吴国的欧冶子、干将所铸。　㉔纤离：古代骏马名。　㉕翠凤之旗：用翠羽为凤形装饰起来的旗。　㉖灵鼍（tuó）：长江下游的一种鳄鱼，又名扬子鳄，皮可蒙鼓。　㉗说：同"悦"。　㉘駃騠（juétí）：骏马名。　㉙丹青：丹砂、靛青，绘画颜料。　㉚宛珠：宛地（今河南南阳）的宝珠。　㉛

傅玑之珥：镶嵌珠子的耳环。傅，同"附"。玑，不圆的珠。珥，耳环。　㉜阿：地名，属齐国，在今山东东阿。缟（gǎo）：白色的绢。　㉝瓮、缶（fǒu）：都是秦国的陶制打击乐器。　㉞搏：拍。髀（bì）：大腿。　㉟郑、卫、桑间：郑、卫，国名。桑间，卫国地名。借指郑、卫的音乐。　㊱韶虞：相传为舜乐。武象：周乐。　㊲让：排斥。　㊳黔首：秦代指百姓。　㊴藉：借。赍（jī）：给予。

译文

秦国的宗室大臣都对秦王说："各诸侯国的人来侍奉秦国，大多数都是替他们的君主游说、离间秦国，请把客卿统统驱逐掉。"李斯也是拟议中被驱逐的对象。

于是李斯上书给秦王，说：

"我听说官吏们在商议驱逐客卿，我私下认为这是错误的！

"从前秦穆公访求贤士，从西边西戎得到了由余，从东边宛地得到了百里奚，从宋国迎来蹇叔，从晋国得到了丕豹、公孙支，这五个人都不是出生在秦国的，但是穆公任用他们，兼并了二十个小国，于是称霸西戎。孝公采用商鞅的新法，移风易俗，百姓因此富足，国家因此而富强，百姓乐于为国家效力，诸侯国亲近服从秦，秦国打败了楚国、魏国的军队，攻占了千里的土地，至今安定强盛。惠王采用张仪的计谋，攻占了三川的土地，西面兼并了巴国、蜀国，北面攻占了上郡，南面取得了汉中，吞并了楚国境内众多的少数民族，挟制着楚国的鄢、郢二城，东边占据了城皋这个险要之地，割取了肥沃富饶的土地，于是拆散了六国的合纵，使它们转向西面侍奉秦国，功业延续至今。昭王得到范雎，罢免穰侯，驱逐华阳君，强化王室权力，抑制豪门贵族，吞食诸侯土地，终于使秦国成就了帝王之业。这四个君主，都凭借了客卿的功劳。由此看来，客卿有什么对不起秦国呢！假使这四位君主拒绝客卿而不接纳他们，疏远贤士而不任用他们，那就会使国家没有雄厚富裕的实力，而秦国也不会有强盛的威名了。

"如今陛下弄来昆仑山的美玉，有随侯、和氏的珍宝，悬挂明月珠，佩带太阿剑，乘坐纤离马，树立翠凤旗，摆设灵鼍鼓。这几种珍宝，一样都不是秦国产的，但是陛下却喜欢它们，这是为什么呢？如果一定要是秦国出产的然后才可以使用的话，那么这些夜光明珠就不能装饰朝廷，犀角和象牙器物就不能成为玩赏、喜欢的东西，郑国、魏国的美女不能充满后宫，骏马駃騠不能关养在外面的马棚，江南的金锡不能使用，西蜀的丹青不能用作色彩。用来装饰后宫的珠宝，充满堂下的美女，娱乐心意、悦人耳目的东西，一定要秦国出产的才可以使用的话，那么这些嵌着宛珠的簪子、镶着玑珠的耳环、东阿白绢做成的衣服、锦缎绣成的饰物就不能进献到您面前，而且打扮入时优雅、姿容美好、身材窈窕的赵国女子就不能侍立在您身边了。击瓮、敲缶、弹筝、拍腿，呜呜地歌唱呼喊来娱人耳目，这才是真正的秦国音乐呢。郑、卫、桑间的音乐，舜的韶虞、周的武象，这些都是异国音乐。如今抛弃击瓮敲缶，而听郑国、卫国的音乐，取消弹筝而选取韶虞的乐曲，这样做是为什么呢？不过是为了眼前的快乐，适合观赏罢了。而现在用人就不是这样了，不问是否可以，不论是非曲直，不是秦国的人都得离去，做客卿的都要驱逐。既然这样，那么您所看重的就是女色、音乐、珍珠、宝玉，您所轻视的就是人才了。这不是统一天下、征服诸侯的办法啊。

"我听说土地广大的粮食多，国家强大的人口多，兵器精良，战士就勇猛。因此，泰山不拒绝土壤，因而能形成它的高大；河海不排除细流，因而能形成它的深广；帝王不拒绝普通民众，因而能显示他的德行。因此，地方不分东西南北，民众不论本国异国，四季都富足美好，鬼神都来降福，这就是五帝、三王无敌于天下的原因。如今您抛弃百姓就是帮助敌国，拒绝宾客就是成就诸侯的事业，使天下的贤士退缩而不敢向西边来，停住脚步不进入秦国，这就叫做把兵器借给敌寇而把粮食送给盗贼啊。

"物品虽不产于秦国，可是值得珍视的很多；贤士虽不出生在秦国，可是愿意忠实于秦国的人很多。现在驱逐客卿来帮助敌国，减少自己的民众而增加仇敌的人口，内部把自己搞得空虚了，外部又在诸侯间结下更多怨恨，这样要想求得国家没有危险，是不可能的啊。"

于是，秦王就撤销了逐客的命令，恢复了李斯的官职。

卷之四　秦文

赏析

　　秦王政元年（前246），秦王因水工郑国的间谍行为而下令驱逐客卿。李斯为楚人，是客卿，在被逐之列。他在被驱逐的路上，写下了这篇谏文，论述了逐客的错误。据传，秦王阅书后幡然改悔，取消了逐客令，并委任李斯为廷尉。后来，依靠李斯的谋略和行政才干，吞并六国，统一天下，成就了帝业。此书的动人力量、重大价值，可见一斑。

　　文章采用演绎推理的方法，先将结论"吏议逐客，窃以为过矣"摆出来，观点鲜明，耸人耳目。继而，从秦国历史上任用客卿、现实中喜欢声色珠玉以及逐客的利害得失三个方面进行具体论证。最后，又对前面三部分加以理论的总结，回应观点，结束全篇。全文层次清晰，逻辑严密，卓识出众，胆略超人，充分显示出李斯的才能。

　　尤其值得称道的是，文章善于揣摩人主的心理，做到了知说者之心，善于远举、近举，曲得其妙。全文从头到尾，始终抓住秦王有一统天下、成就帝业的雄心，处处从秦国的利益出发，处处高悬统一天下的旗帜，处处从秦国的实际着笔，而绝不谈个人的得失，表现出对秦王的热忱期望和赤胆忠心，自然容易打动秦王。同时，措辞又随机变化，从容不迫，委婉得体，不析伤，不逆鳞，总以情动人，以理服人，诚为上书谏说中的佳构。

　　此外，文章还具有形象的比喻，铺张扬厉的气势和鲜明的对比映衬，辞藻华丽，音韵铿锵，被人视为汉代辞赋的先声。

卜　居

《楚辞》

　　屈原既放[①]，三年不得复见。竭智尽忠，而蔽障于谗。心烦虑乱，不知所从。乃往见太卜郑詹尹曰②："余有所疑，愿因先生决之。"詹尹乃端策拂龟曰③："君将何以教之？"

屈原曰："吾宁悃悃款款朴以忠乎④，将送往劳来斯无穷乎？宁诛锄草茅以力耕乎⑤，将游大人以成名乎？宁正言不讳以危其身乎，将从俗富贵以媮生乎⑥？宁超然高举以保真乎，将哫訾栗斯喔咿嚅唲以事妇人乎⑦？宁廉洁正直以自清乎，将突梯滑稽如脂如韦以絜楹乎⑧？宁昂昂若千里之驹乎，将氾氾若水中之凫乎⑨，与波上下偷以全吾躯乎？宁与骐骥亢轭乎⑩，将随驽马之迹乎？宁与黄鹄比翼乎⑪，将与鸡鹜争食乎⑫？此孰吉孰凶，何去何从？世溷浊而不清⑬，蝉翼为重，千钧为轻；黄钟毁弃⑭，瓦釜雷鸣⑮；谗人高张，贤士无名。吁嗟默默兮，谁知吾之廉贞！"

詹尹乃释策而谢曰："夫尺有所短，寸有所长；物有所不足，智有所不明；数有所不逮⑯，神有所不通。用君之心，行君之意。龟策诚不能知此事。"

注释

①屈原：战国时期楚国人，在楚怀王时做左徒、三闾大夫，因谗言而被疏远，顷襄王时遭放逐。屈原是我国文学史上伟大的诗人。其生平参见本书卷之五《屈原列传》。 ②太卜：官名，为卜官之长。郑詹尹：太卜的姓名。 ③策：蓍（shī）草。龟：龟壳。策和龟都是占卜工具。 ④悃（kǔn）悃款款：忠心耿耿的样子。 ⑤草茅（máo）：茅草。 ⑥媮：通"偷"。 ⑦哫訾（zúzǐ）栗斯：指献媚、奉承。喔咿嚅唲（wōyīrúér）：强作笑颜的样子。 ⑧突梯滑（gǔ）稽：圆转自如的样子。絜（xié）：量圆形的东西。楹：柱子。 ⑨氾（fàn）氾：漂浮不定的样子。凫（fú）：野鸭。 ⑩骐骥（jì）：良马。亢轭（è）：并驾。 ⑪黄鹄（hú）：天鹅。 ⑫鹜（wù）：鸭。 ⑬溷（hùn）：浊。 ⑭黄钟：一种乐器，形体最大，声音最洪亮。 ⑮瓦釜（fǔ）：陶土烧制的锅。 ⑯数：这里指占卜。逮：及，达到。

译文

屈原已被放逐，三年不能再见怀王。他虽然竭尽智慧的忠心，却被谗言阻隔。心烦意乱，不知如何办才好。于是去见太卜郑詹尹说："我有些事情疑惑不解，希望通过先生来决定。"詹尹于是摆正蓍草,拭净龟壳说:"您有何事见教呢?"

屈原说:"我是宁可老老实实、纯朴忠心呢,还是送往迎来、周旋奉迎,求得通达呢?宁可铲除杂草努力耕耘,还是游说权贵显身扬名呢?宁可直来直去使自己遭受危险呢,还是追随世俗、追求富贵、苟且偷生呢?宁可清高地卓立于世,保持自己的本性呢,还是阿谀逢迎、强作笑颜侍奉那妇人呢?宁可廉洁正直保持清白呢,还是圆滑玲珑、趋炎附势呢?宁可昂首而驰像千里马呢,还是漂浮不定像水中的野鸭,随波上下,苟且保全躯体呢?宁可与千里马并驾齐驱呢,还是跟随劣马的步伐呢?宁可与天鹅比翼齐飞呢,还是和鸡鸭争夺食物呢?哪种选择为吉哪种选择为凶?我该摒弃什么遵从什么?世道混浊不清,蝉的翅膀看得很重,千钧反而看得很轻;黄钟被毁坏遗弃,瓦釜反而敲打得雷一般响;专进谗言的人身居高位,贤明的人反而默默无闻。默默感慨啊,谁知道我的廉洁忠贞!"

郑詹尹于是放下蓍草而致歉说:"尺有所短,寸有所长;事物总有欠缺之处,智慧也有弄不明白的地方;占卜有预测不到的东西,神明也有不灵的时候。按照您的本心,去做符合您心意的事吧。龟壳和蓍草确实无法知道这样的事。"

赏析

本篇选自《楚辞》。其作者,历来有学者认为不是屈原。

文章质疑于太卜,所提的问题,与《天问》有别,既不是遂古之初,也不是山川神祇或历史人物,而是有关立身处世、何所适从的人生实际问题。例如:"吾宁悃悃款款朴以忠乎,将送往劳来斯无穷乎?……此孰吉孰凶,何去何从?"态度执着,一问到底,既不回避,更不超脱。值得注意的是,在这些问题后面,实寄寓了作者的无限愤慨:"世溷浊而不清,蝉翼为重,千钧为轻;黄钟毁弃,瓦釜雷鸣;谗人高张,贤士无名。吁嗟默默兮,谁知吾之廉贞!"这是牢骚,也是杂感。其出发点,全在于愤世嫉俗。但作者的思想,既愤世又不出世,既嫉俗又不随俗,境界颇为高远。因此,可以说本文是一篇针对现实、深寓身世之慨的感士不遇，实为秦汉以后的感士不遇、悲士不遇一类作品的滥觞。

本篇问卜，却并不认为卜可决疑。设为问答之辞，其实只是一种发牢骚、抒愤懑的方式。篇末，太卜詹尹也"释策而谢"，说："夫尺有所短，寸有所长；物有所不足，智有所不明；数有所不逮，神有所不通。用君之心，行君之意，龟策诚不能知此事。"可见本文与欲神其事的巫书大不相同。

宋玉对楚王问

《楚辞》

楚襄王问于宋玉曰①："先生其有遗行与②？何士民众庶不誉之甚也？"

宋玉对曰："唯，然，有之。愿大王宽其罪，使得毕其辞。客有歌于郢中者，其始曰《下里》《巴人》③，国中属而和者数千人；其为《阳阿》《薤露》④，国中属而和者数百人；其为《阳春》《白雪》⑤，国中属而和者不过数十人；引商刻羽，杂以流徵⑥，国中属而和者不过数人而已。是其曲弥高，其和弥寡。故鸟有凤，而鱼有鲲⑦。凤凰上击九千里，绝云霓，负苍天，足乱浮云，翱翔乎杳冥之上⑧。夫藩篱之鷃⑨，岂能与之料天地之高哉！鲲鱼朝发昆仑之墟⑩，暴鬐于碣石⑪，暮宿于孟诸⑫。夫尺泽之鲵⑬，岂能与之量江海之大哉！故非独鸟有凤而鱼有鲲也，士亦有之。夫圣人瑰意琦行，越然独处，世俗之民，又安知臣之所为哉！"

注释

①楚襄王：即楚顷襄王，是楚怀王的儿子。宋玉：战国时期楚国人，屈原的学生，顷襄王时曾做过楚国大夫，但很不得意，是文学史上较有名的楚辞作家。　②遗行：有失检点的行为。　③《下里》《巴人》：都是楚国通俗流行的歌曲。　④《阳阿》《薤（xiè）露》：古代歌曲名，不如《下里》《巴

218

人》通俗。　⑤《阳春》《白雪》：古代高雅的歌曲。　⑥商、羽、徵（zhǐ）：中国古代音乐将音阶分为宫、商、角、徵（zhǐ）、羽五级，相当于1、2、3、5、6。　⑦鲲：传说中的一种大鱼。　⑧杳（yǎo）冥：高远幽深。　⑨鷃：鸟名，体形小。　⑩墟：山脚。　⑪鬐（qí）：鱼的背鳍。碣石：山名，位于海边。　⑫孟诸：古代大湖泽名，在今河南商丘东北。　⑬鲵（ní）：一种小鱼。

译文

楚襄王问宋玉说："先生大概有不检点的行为吧？为什么士人庶民特别地不赞赏你呢？"

宋玉回答说："对，是的，有这样的情况。希望大王宽恕我的罪过，使我能够把话说完。有客人在郢都歌唱，他开始唱《下里》《巴人》，国都中唱和的有几千人；他唱《阳阿》《薤露》时，国都中跟着唱和的有几百人；他唱《阳春》《白雪》时，国都中跟着唱和的不过几十个人；当他延长商音，降低羽音，配上流动的徵音时，国都中跟着唱和的不过几个人而已。这是因为他唱的曲调越高雅，唱和的人就越少。所以鸟当中有凤凰，鱼当中有鲲鱼。凤凰扇动翅膀直上九千里高空，超越云霓，背负苍天，脚踏浮云，翱翔在辽远幽深的高空。那篱笆上的鷃雀，哪能与凤凰一样去估量天地的高远啊！鲲鱼早晨从昆仑山脚下出发，然后在碣石山下晒鳍，晚上停宿在孟诸泽。那小小水泽中的鲵鱼，哪能与鲲鱼一样测知江海的广大啊！所以不仅仅是鸟中有凤而鱼中有鲲，士人之中也有凤凰和鲲鱼啊。圣明的人思想奇伟，举动不凡，超越常人而独往独来，那些凡夫俗子，又怎么了解我的作为啊！"

赏析

本文选自《楚辞》。作者可能不是宋玉。

其内容，是宋玉回答楚襄王提问，自我辩解为什么不能见誉于士民众庶的原因。文章用夸张、比喻的手法，以《阳春》《白雪》的曲高和寡，与凤鲲奋飞远举不为鷃鲵所理解，表明志士贤人不被世俗所知的忧愤，借以表现了作者孤芳自赏的性格和政治上不得意的愤郁之情。

　　文章运用神话故事来喻事说理，显受《庄子》影响；排比铺陈、辞藻华丽，又与战国策士的说辞相似。

　　就其构思、结体来说，本文与辞赋相同，但通篇不用韵，是一篇完全散体化的赋体杂文，对后世的赋体杂文有明显的影响。诗人刘熙载《艺概·文概》有：用辞赋的华美辞藻和骈偶句式来撰写文章的，起源于宋玉《对楚王问》，后来竞相仿效的作家，有邹阳、枚乘、司马相如等人。据此，我们似乎可以认为，宋玉对屈原的继承，主要在于"辞令"而不在于"直谏"，历来"屈宋"并称，并不合适。事实上，宋玉不过是文章由骚而发展为赋的重要作家而已。

卷之五 汉文

五帝本纪赞

《史记》

太史公曰①：学者多称五帝，尚矣②。然《尚书》独载尧以来③，而百家言黄帝，其文不雅驯④，荐绅先生难言之⑤。孔子所传《宰予问五帝德》及《帝系姓》⑥，儒者或不传。余尝西至空峒⑦，北过涿鹿⑧，东渐于海⑨，南浮江淮矣。至长老皆各往往称黄帝、尧、舜之处，风教固殊焉。总之，不离古文者近是⑩。予观《春秋》《国语》，其发明《五帝德》《帝系姓》章矣⑪，顾弟弗深考⑫，其所表见皆不虚⑬。《书》缺有间矣，其轶乃时时见于他说⑭。非好学深思，心知其意，固难为浅见寡闻道也。余并论次，择其言尤雅者，故著为本纪书首⑮。

注释

①太史公：《史记》作者司马迁自称。太史，史官名。 ②尚：通"上"，指年代久远。 ③《尚书》：又称《书》，是现存最早的上古典章文献的汇编。儒家奉为经典，所以又称《书经》。 ④雅驯：规范典雅，有根据。 ⑤荐绅：同"缙绅"，指士大夫阶层。 ⑥《宰予问五帝德》《帝系姓》：古书中的篇名。前者以宰予（孔子的学生）和孔子问答的形式概述五帝事略。后者是五帝简要家谱。 ⑦空峒：山名，在今甘肃平凉与宁夏隆德之间，又作"崆峒"。 ⑧涿鹿：山名，在今河北境内。 ⑨渐（jiān）：到。 ⑩古文：指古文经籍。汉代把隶书抄录的经籍称为今文经，把春秋战国文字（篆书）抄录的经籍称为古文经。 ⑪发明：阐发，说明。 ⑫顾弟：但。 ⑬表见：指记载的内容。 ⑭轶（yì）：散失。 ⑮本纪：纪传体史书中的帝王传记。

译文

太史公说：学者多引说五帝，五帝的年代已经很久远了。但是《尚书》又只记载尧以来的事情,诸子百家叙述黄帝,文字很不雅正顺畅,所以士大夫们也都难以说清楚。孔子所传的《宰予问五帝德》和《帝系姓》,儒生有的也不传习。我曾经西边到了空峒,北边过了涿鹿山,东边到了大海,南边泛舟于长江、淮水,游历那些前辈们都常常称为是黄帝、尧、舜去过的地方,那些地方的风俗教化固然不相同,但总的说来,与古文经籍的说法相符,比较接近实际。我读《春秋》《国语》,认为它们对《五帝德》和《帝系姓》的阐发都很明了,只是没有深入地考查,其实它们的记载都不是虚妄之说。《尚书》残缺、脱漏,但是它散失的记载往往见于其他书中。如果不是好学深思,心中真正领会了其中的意思,确实很难向浅见寡闻的人讲述。我把这些材料评议编次,选择那些文字特别雅正的,写成本纪,列为全书的开篇。

赏析

　　本文是《史记·五帝本纪》的最后一段,是司马迁关于写作《五帝本纪》的缘由和考订有关文献资料的一篇简要的说明文字。

　　文章内容可分两层。其一,简叙"百家言黄帝,其文不雅驯"的状况,交代出自己创作《五帝本纪》以黄帝为首的原因,是整齐百家,成一家之言。其二,概述了自己以《宰予问五帝德》《帝系姓》两篇史料为基础写作《五帝本纪》的情况,尤其是对这两篇文献资料的考订情况:首先,通过实地考察,得到关于黄帝的史闻,大体上与两篇的记载相接近。其次,以《左传》《国语》的记载验证这两篇资料,证明"其所表见皆不虚"。两方面的考证,都证明《宰予问五帝德》《帝系姓》是基本可信的。因此,自己"择其言尤雅者",写成了《五帝本纪》。

　　通过这篇说明,我们可以看出司马迁写作历史时考信于六艺的求实精神和严肃认真的研究态度。同时,我们也深刻体会到,《五帝本纪》是司马迁"好学深思,心知其意"的一篇著作,其突出的成就就是关于黄帝的记载。司马迁完全摒弃了神农以前的神话传说,以《五帝本纪》为《史记》之首,以黄帝为中国古史的开端,并将远古不同世系的天子组成黄帝、颛顼、帝喾、尧、舜这样一脉相承的血系，依次排列；又将少数民族的首领也写成与黄帝有血缘关系。这样，五帝三王，秦皇汉武，四方民族，列国诸侯，都有一个共同的祖先黄帝，都是黄帝的子孙，这就从血统上将中华民族统一起来。其人文影响，至为巨大深远。

项羽本纪赞

《史记》

太史公曰：吾闻之周生曰①："舜目盖重瞳子②。"又闻项羽亦重瞳子③。羽岂其苗裔邪④？何兴之暴也⑤？夫秦失其政，陈涉首难⑥，豪杰蜂起，相与并争，不可胜数。然羽非有尺寸，乘势起陇亩之中⑦，三年，遂将五诸侯灭秦，分裂天下而封王侯，政由羽出，号为霸王，位虽不终，近古以来未尝有也。及羽背关怀楚⑧，放逐义帝而自立⑨，怨王侯叛己，难矣。自矜功伐，奋其私智而不师古，谓霸王之业，欲以力征经营天下，五年，卒亡其国，身死东城⑩，尚不觉寤⑪，而不自责，过矣。乃引"天亡我，非用兵之罪也"，岂不谬哉！

注释

①周生：汉代姓周的儒生，事迹不详。　②盖：大概。重瞳子：两个瞳仁。　③项羽：名籍，字羽，下相（今江苏宿迁西）人。秦末起兵反秦，后来杀了秦二世，自立为西楚霸王。在与刘邦争夺天下的战争中，被刘邦打败。　④苗裔（yì）：后代。　⑤暴：迅猛。　⑥陈涉：名胜，字涉，秦末农民起义领袖之一。　⑦陇亩：田野，指民间。陇，同"垄"。　⑧背：放弃。关：指关中，原秦国腹地，今函谷关以西，西安、咸阳一带。　⑨义帝：战国时期楚怀王的孙子，姓熊，名心，项羽立熊心为楚怀王，灭秦后曾奉其为义帝。　⑩东城：在今安徽定远南。　⑪觉寤：即"觉悟"。

译文

太史公说：我听周生说："舜的眼睛大概有两个瞳仁。"还听说项羽的眼睛也是两个瞳仁。项羽难道是舜的后代吗？他为什么兴起得如此迅猛呢？秦朝失修政治，陈涉首先发难，豪杰蜂拥而起，互相争夺，不可胜数。然而项羽没有尺寸土地，乘着天下大乱的形势在乡野之中起事，经过三年，就率领五国诸侯灭掉了秦王朝，划分天下土地，分封王侯，政令都由项羽发出，自号为霸王。他的势位虽然没有保持长久，但是近古以来还不曾有过这样的人物呢。后来项羽放弃关中的险要形势，怀念楚国而建都彭城，又放逐义帝，自立为王，结果却埋怨王侯背叛自己，这就难了！项羽自夸战功，只凭个人的心意行事而不效法古人，认为霸王的事业，要靠武力征伐来统治天下，结果才五年的时间，便最终亡国，身死于东城，还不觉悟，不肯自责，这实在是错误的！最后还要拿"天要灭亡我，不是我用兵的过错"来推脱责任，难道不荒谬吗？

赏析

本文是《史记·项羽本纪》的最后一段，是司马迁对项羽其人其事、功过是非所作的总体评价。

一方面，作者以钦佩赞叹的笔调，叙写出项羽的奇异不凡，热情肯定了项羽这个"起陇亩之中"的英雄灭秦的伟大功绩，称赞他是"近古以来未尝有也"的历史人物，并将其列入《本纪》，视为帝王一类人物，充分表现了司马迁不以成败论英雄的卓越见解，表现了他对项羽的肯定、敬佩和仰慕的感情。

另一方面，司马迁又尖锐地指出了项羽在政策、策略上的失误（如背关怀楚，放弃中原，回到彭城；放逐义帝而自立，失掉民心；怨诸侯叛己，不善利用一切可以利用的力量等），性格上的弱点（如刚愎自用、为人粗疏而缺少心计、不善用将等），以及思想认识上的错误（如自矜功伐；不师古，不施仁义，欲专以霸力经营天下；声称天亡我非战之罪也等），都进行了适当的分析和严肃的批判。

这两方面的评价，态度鲜明，是是非非，充分体现出司马迁尊重历史的朴素唯物论精神。同时，也可窥见司马迁创作《本纪》、记叙帝王的历史，其着眼点并不在于专记一姓一帝政权的得失，而是根据历史人物在历史斗争中的实际作用而记古今帝王成败兴亡的规律，提供后世的殷鉴，这是非常难能可贵的。

秦楚之际月表

《史记》

太史公读秦楚之际曰：初作难，发于陈涉；虐戾灭秦①，自项氏；拨乱诛暴，平定海内，卒践帝祚②，成于汉家。五年之间，号令三嬗③，自生民以来，未始有受命若斯之亟也④！

昔虞、夏之兴，积善累功数十年，德洽百姓⑤，摄行政事⑥，考之于天，然后在位。汤、武之王，乃由契、后稷，修仁行义十余世，不期而会孟津八百诸侯⑦，犹以为未可，其后乃放弑。秦起襄公，章于文、缪、献、孝之后⑧，稍以蚕食六国，百有余载，至始皇乃能并冠带之伦⑨。以德若彼，用力如此，盖一统若斯之难也！

秦既称帝，患兵革不休，以有诸侯也，于是无尺土之封，堕坏名城⑩，销锋镝⑪，钼豪杰⑫，维万世之安⑬。然王迹之兴，起于闾巷⑭，合从讨伐⑮，轶于三代⑯。乡秦之禁⑰，适足以资贤者为驱除难耳，故愤发其所为天下雄，安在无土不王⑱？此乃传之所谓大圣乎⑲？岂非天哉？岂非天哉？非大圣孰能当此受命而帝者乎？

注释

①虐戾（lì）：暴虐。　②帝祚（zuò）：帝位。　③三嬗：指陈涉、项羽、汉高祖间的变更。嬗，变迁、更替。　④亟（jí）：急速。　⑤洽：润泽。　⑥摄：代理。　⑦孟津：古代黄河渡口。　⑧章：同"彰"，显著。　⑨并：兼并。冠带之伦：习于礼仪教化之辈，指山东六国，别于夷狄而言。伦，类、辈。　⑩堕：毁坏。　⑪镝（dí）：箭头。　⑫钼（chú）：诛灭，除掉。　⑬

维：同"惟"，思考，想要。 ⑭闾巷：指民间。汉高祖刘邦原是民间一个亭长。 ⑮合从：即"合纵"。本指联合东方六国攻秦，这里泛指联合。 ⑯轶：超过。 ⑰乡：同"向"，从前，过去。禁：指销毁兵器、诛灭豪杰等禁令。 ⑱无土不王：意思是没有封地就不能成就王业。 ⑲传（zhuàn）：书籍，记载。

译文

　　太史公阅读秦楚之际的历史说：开初兴兵反秦，始于陈涉；用暴力灭秦，则是项羽；治乱除暴，平定天下，最终登上帝位获得成功的，是汉高祖刘邦。五年之间，发号施令的人更替了三次，自从有人类以来，还不曾有过接受天命像这样迅速的！

　　从前虞舜、夏禹兴起，都积累了善事功德达几十年之久，恩德润泽百姓，代天子施行政事，并且经过天意考察验证，然后才登上帝位。商汤和武王称王，是因为契和后稷开始，便修仁行义达十多代，即使当武王不期而遇，和八百诸侯会集在孟津受到诸侯拥戴时，武王还认为天命不许可，都是过了一段时间，商汤才放逐夏桀，武王才杀掉商纣。秦国从襄公时兴起，在文公、穆公时已经名声显著。献公、孝公以后，开始渐渐蚕食六国，经过一百多年的时间，到秦始皇时才兼并了六国。凭借功德，一如虞、夏、商、周那样经历了长久的时间，运用武力，一如秦那样经历百余年的蚕食兼并。原来统一天下是如此的艰难啊！

　　秦始皇称帝之后，担心战乱不停，认为这是因为存在诸侯的缘故，于是没有分封一尺土地与人，并且毁坏名城，销毁兵器，诛杀豪杰，想要保有万代帝业，长治久安。可是汉代王业勃然兴起，起于民间，天下联合讨秦，声势胜过夏、商、周三代。从前秦朝关于废除封国、毁坏名城、销毁兵器等禁令，恰好能够有助于贤人扫除灭秦的困难，所以奋发有为就能称雄天下，怎能说没有封地就不能成就王业呢？这就是书传上所说的大圣人吧？难道不是天意吗？难道不是天意吗？如果不是大圣人，谁能够在这种形势之下接受天命而做皇帝呢？

赏析

　　《史记》十表，绝不是单纯的年代世系表，而是概括全书的精华。它们以表格这种最简明的形式,记叙某一时期的历史、人物,揭示出古今历史变化的规律,反映出作者对天命和历史发展的见解,有很高的资料价值和认识意义。

《秦楚之际月表》为十表之一。本篇文章即是该表的序言。其内容,主要包括三层。

首先,司马迁把秦楚之际的历史看作是政治变迁的特殊时期,以陈涉起义、项羽灭秦和刘邦兴汉三个最重要的历史问题来概括此期纷繁的历史,可谓慧眼独具。

其次,强调指出统一是历史发展的必然趋势。由秦到汉,在风云变幻的历史过程中,统一走了一个"之"字形的曲折道路。由古代诸侯割据称霸到汉代的统一天下,是一种必然规律,任何力量也难以抗拒。

最后,论述了秦之弊和汉之变。秦行暴政,主观上想以此维系万世的安定,但事与愿违,这些倒行逆施的暴政恰恰为刘邦兴起汉室提供了条件,最终刘邦做了皇帝。这就在某种程度上揭示了历史敝则必变、盛中见衰的变化规律。

本篇序言,高度概括地表述了秦汉之间的重大事件和朝代的更替,不仅展示出历史发展、变化的特点,而且揭示了历史变化的客观规律,充分表现出司马迁卓越的历史观。但是,文中认为刘汉王朝是"受命而帝",反复感叹"岂非天哉"和"非大圣孰能当此受命而帝者乎",则暴露出司马迁对"天命"的错误认识,是司马迁思想的局限。

高祖功臣侯年表

《史记》

太史公曰:古者人臣功有五品:以德立宗庙定社稷曰"勋",以言曰"劳",用力曰"功",明其等曰"伐"[1],积日曰"阅"[2]。

封爵之誓曰："使河如带，泰山若厉，国以永宁，爰及苗裔③。"始未尝不欲固其根本，而枝叶稍陵夷衰微也④。余读高祖侯功臣，察其首封，所以失之者，曰："异哉所闻！"

《书》曰："协和万国。"迁于夏、商，或数千岁。盖周封八百，幽、厉之后；见于《春秋》。《尚书》有唐、虞之侯伯，历三代，千有余载，自全以蕃卫天子⑤。岂非笃于仁义奉上法哉？汉兴，功臣受封者百有余人，天下初定，故大城名都散亡户口可得而数者十二三。是以大侯不过万家，小者五六百户。后数世，民咸归乡里，户益息⑥，萧、曹、绛、灌之属⑦，或至四万，小侯自倍，富厚如之。子孙骄溢，忘其先，淫嬖⑧。至太初⑨，百年之间，见侯五⑩，余皆坐法，陨命亡国，耗矣。罔亦少密焉⑪，然皆身无兢兢于当世之禁云⑫。

居今之世，志古之道，所以自镜也，未必尽同。帝王者，各殊礼而异务，要以成功为统纪，岂可绲乎⑬？观所以得尊宠，及所以废辱，亦当世得失之林也，何必旧闻？于是谨其终始，表见其文，颇有所不尽本末，著其明，疑者阙之。后有君子欲推而列之，得以览焉。

注释

①伐：功绩。　②阅：资历。　③爰：于是。　④陵夷：衰颓。　⑤蕃：通"藩"，篱笆，喻诸侯国像护卫天子的屏障。　⑥息：滋长，繁衍。　⑦萧：萧何。曹：曹参。绛：绛侯周勃。灌：灌婴。四人都是助刘邦夺取天下的功臣。　⑧淫嬖（bì）：指荒淫放荡。　⑨太初：汉武帝年号。　⑩见：同"现"。　⑪罔：同"网"，法禁之网。少：同"稍"。　⑫兢兢：谨慎。禁：法令。　⑬绲（gǔn）：将布条缝合到衣服边沿或鞋口等。指勉强求取一致。

译文

太史公说：古代臣子的功勋有五等：用德行辅助君主建立政权、安定国家的叫"勋"，因进言献计立功的叫"劳"，用武力征战立功的叫"功"，建立制度、以明高下的叫"伐"，累计资历来计算功劳的叫"阅"。封爵的誓词说："即使黄河变得像衣带那么细，泰山消磨得像磨刀石那样平，也要使封国永远安宁，让朝廷

卷之五 汉文

的恩泽延及后世子孙。"当初封国的时候,何尝没有想到使功臣的基业稳固呢,但他们的后代却渐渐地衰落了。我读高祖给功臣封侯的记载,考察最初封侯及后来丧失爵禄的情况,说:"实际情况与传闻是多么不同啊!"

《尚书·尧典》说:"使万国的诸侯协调和睦。"时间延续到夏朝、商朝,有的已几千年。周朝封了八百诸侯,幽王、厉王之后的诸侯,事迹可以见于《春秋》。《尚书》记载唐尧、虞舜时的侯伯,经历了夏、商、周三代,有一千多年,还能保全自己的地位并作为屏障护卫天子。难道不就是因为他们坚守仁义,遵奉天子的法令吗?汉朝兴起,功臣受到封爵的有一百多人,当时天下初定,大城名都的人口逃散在外,剩下来可计算的户口只有十分之二三。因此大侯的封邑不超过一万户,小侯只有五六百户。过了几代以后,百姓都回到了故乡,户籍人口繁衍增多,萧何、曹参、周勃、灌婴一类列侯的后代,有的增到四万户,小侯的封邑户口也成倍增加,他们的财富也相应地成倍增长。他们的子孙骄奢淫逸,忘记了他们的祖先,生活荒淫放荡。到武帝太初年间,只不过百来年,如今仍然为侯的只有五人,其余都因犯法而丧命亡国,不复存在了。其原因固然是朝廷的法网也稍微严密了些,但主要还是他们自己没有谨慎地遵守当世的法令。

生活在当今时代,记取古代的处世之道,用来作为自己的借鉴,不是一定要求与古人完全相同。历代帝王,礼法施政各不相同,重要的是以获得成功为根本,哪能强求一致呢?看看列侯得到尊贵宠幸及后来被废弃受辱的原因,也是当今成功与失败的道理所在,何必一定要寻求古代的传闻呢?因此我谨慎地记载高祖封功臣的始末,用表格列出文字说明,但其中还很有一些本末不详之处,材料清楚的就记载下来,尚有疑问的材料就缺而不载。以后有君子想推求他们的事迹,可以用这个表作参考。

赏析

《高祖功臣侯年表》是《史记》"十表"中的四个侯表之一。它以侯者为经,以年代为纬,记叙了汉兴功臣(兼及外戚和王子)封侯者一百四十余人,到武帝太初年间一百多年的尊宠废辱,借以反映了汉初封侯的政治内容和历史变化。

本文是该表的序文,集中地体现了司马迁对汉初分封功臣的政治内容、目的、结果以及经验教训的探寻和评价。

文章分为三段。首段,推究汉初封侯的目的是为了奖励功臣、明其功绩、巩固国家、传之子孙;可是,考察现实,结果并非如此,"异哉所闻",值得深思!次段,提出诸侯享国久长的原因,在于坚守仁义、遵奉天子法令,并联系汉初功臣封侯者一百余人,到太初年间一百余年,现存侯者仅余五家的历史变化,分析总结了原因和教训:一方面是汉朝的法网日益严密;另一方面是这些功臣侯者的后代,忘记了祖先创业的艰难,骄傲自满,邪恶放荡,触犯法律,亡身亡国。而后者,是造成一百多家侯者灭亡的主要原因。第三段,明确提出创作本表的主旨,是"居今之世,志古之道,所以自镜"和考察推究"当世得失"。表明了司马迁要以历史为殷鉴,为当世提供鉴戒的思想观点。

全篇以论为主。从政治和历史的角度,全面论述和总结了侯者尊宠废辱的历史以及经验教训,文字简洁,观点鲜明,层次清楚,发人深省。

孔子世家赞

《史记》

太史公曰:《诗》有之:"高山仰止,景行行止[①]。"虽不能至,然心乡往之[②]。余读孔氏书,想见其为人。适鲁,观仲尼庙堂、车服、礼器,诸生以时习礼其家,余低回留之,不能去云。天下君王,至于贤人,众矣,当时则荣,没则已焉。孔子布衣,传十余世,学者宗之。自天子王侯,中国言六艺者[③],折中于夫子[④],可谓至圣矣!

卷之五 汉文

注释

①"高山"两句：引自《诗经·小雅·车辖》。高山，比喻道德崇高。景行，大道，比喻行为正大光明。止，语气助词。 ②乡：同"向"。 ③六艺：指《诗》《书》《礼》《乐》《易》《春秋》。 ④折中：调和取其中正，这里指作为判断的标准。

译文

太史公说：《诗经》中有这样的话："崇高的山岳让人景仰，宽广的大道让人遵循。"虽然我不能达到这种境界，但是心里却向往着它。我读孔子的著作，想见他的为人。到鲁国去，参观孔子的庙堂、车服和祭祀用的器物，还看见学生按时在孔子家庙演习礼仪，我徘徊留恋，不愿离去。从天下的君王直到那些贤人，也够多了，他们在世时，荣耀显赫，一旦死去就终了完结。孔子是一个布衣之士，他的名声却流传了十多代，读书人都尊奉他。从天子王侯起，中国讲说六艺的人，都以孔子的言论作为判断是非的标准。孔夫子可算是达到最高境界的圣人了！

赏析

本文是《史记·孔子世家》的最后一段，是司马迁对这位儒家圣人的总评价。

《孔子世家》传写孔子一生，在政治上鼓吹"克己复礼"；在哲学上宣扬"仁义""博爱"；在学术上追求真知灼见；反对急功好利，反对"犯上作乱"；平易近人，循循善诱；积极入世，以天下为己任；……对孔子颇有敬爱、崇仰之情。因此，在篇末赞语中，对孔子其人其事作了高度的评价，表现出由衷的推崇敬仰之意。

司马迁的推崇敬仰之意，包含两层意思。其一，尊崇和追念孔子的高峻人格、积极入世匡救天下的精神："高山仰止，景行行止。""虽不能至，然心乡往之。""余读孔氏书，想见其为人。""余低回留之，不能去云。"其二，充分肯定孔子在思想、学术上的贡献，认为孔子开创了一个学派即先秦儒家学派，在学术上产生了不可估量的影响："孔子布衣，传十余世，学者宗之。""中国言六艺者，折中于夫子，可谓至圣矣！"

事实上，在以上两个方面，孔子对司马迁都有着直接的影响，并有所表现。如他学习孔子为人处世的原则，积极入世，创作《史记》"述往事，思来者"，有匡正世道人心的远志；他论叙史实，考信于六艺，秉笔直书，并多次借孔子的言论来评价时政和人物。唯其如此，这篇序文才写得如此饱含感情，高度褒扬，低回唱叹，一往情深！

外戚世家序

《史记》

自古受命帝王，及继体守文之君①，非独内德茂也，盖亦有外戚之助焉。夏之兴也以涂山②，而桀之放也以妹喜③；殷之兴也以有娀④，纣之杀也嬖妲己⑤；周之兴也以姜原及大任⑥，而幽王之禽也淫于褒姒⑦。故《易》基乾坤⑧，《诗》始《关雎》⑨，《书》美釐降⑩，《春秋》讥不亲迎⑪。夫妇之际，人道之大伦也。礼之用，唯婚姻为兢兢⑫。夫乐调而四时和。阴阳之变，万物之统也，可不慎与？

人能弘道⑬，无如命何。甚哉，妃匹之爱⑭！君不能得之于臣，父不能得之于子，况卑下乎？既欢合矣，或不能成子姓⑮，能成子姓矣，或不能要其终⑯，岂非命也哉？孔子罕称命，盖难言之也。非通幽明之变⑰，恶能识乎性命哉⑱？

注释

①继体：继承帝统。守文：遵守成法。 ②涂山：古代国名，传说禹娶涂山氏的女儿为妻，生启，启建立夏朝。 ③妹喜：夏朝亡国之君夏桀的宠妃。 ④有娀（sōng）：古代国名。传说帝喾娶有娀氏的女儿简狄为次妃，生契，是殷的始祖。 ⑤嬖：宠爱。妲（dá）己：商纣王的宠妃。 ⑥姜原：

周始祖后稷的母亲，或作"姜嫄"。大任：周文王的母亲。大，同"太"。 ⑦幽王：西周最后一个君王，荒淫昏乱，被犬戎杀于骊山之下。禽：同"擒"。褒姒：周幽王的宠妃。 ⑧乾坤：《易经》中的两个卦名。乾为阳，坤为阴。乾坤象征天地、日月、男女等。 ⑨《关雎》：《诗经》中的第一篇。 ⑩釐：料理。降：下嫁。 ⑪亲迎：按古代婚礼，迎娶新娘，夫婿应亲自前往。鲁隐公二年（前721），纪国国君派大夫前往鲁国迎接新娘。 ⑫兢兢：小心谨慎的样子。 ⑬弘：弘扬，扩大。 ⑭妃（pèi）匹：配偶。妃，同"配"。 ⑮子姓：子孙。 ⑯要：求得。 ⑰幽明：指天地间有形无形的事物。 ⑱性命：指人的本性和天命。

译文

　　自古以来接受天命开创基业的帝王，和继承王位遵守法度的君主，不仅仅是他们内在的德行美好，大都还有外戚的帮助。夏朝的兴起是因为有涂山氏的缘故，夏桀被放逐是因为他宠幸妹喜；商朝的兴起是因为有娀氏的缘故，纣王被杀死是因为他宠幸妲己；周朝的兴起是因为有姜原和太任，周幽王被擒是因为他和褒姒的荒淫昏乱。所以《易经》以乾、坤二卦作基础，《诗经》把《关雎》列于篇首，《书经》赞美尧嫁女儿，《春秋》讥讽纪侯不亲自迎亲。夫妻之间的关系，是人类道德中最大的伦常。礼仪的使用，在婚姻方面最为慎重。音乐协调，就能四时和顺。阴阳变化，才能统领万物，能够不慎重吗？

　　人可以弘扬道，但是对天命却无可奈何。极不寻常啊，夫妇之爱！君主不能从臣下那儿得到，父亲不能从儿子那儿得到，何况更卑下的人呢？夫妇已经欢合，有的不能繁育子孙，有子孙的，有的又不能得其善终，这难道不是天命吗？孔子很少谈到天命，大概是因为很难讲清楚吧。不能通晓天地万物的变化，又怎么能认识清楚人的本性和天命呢？

赏析

　　《史记·外戚世家》记叙了汉高祖、文帝、景帝、武帝四朝皇后（吕后另有专传）、太后及其家族盛衰的历史。

　　本文是《外戚世家》的序，共分两部分。第一部分，密切联系历代帝王的成败与后妃、外戚相关联的事实,结合六艺的经典宗旨,强调了婚姻关系是人伦的根本,必须持慎重的态度,必须注重德行的完美。第二部分,突出了帝王婚姻的重要性,认为后妃、外戚之祸危及宗庙社稷和子孙后代,直接关系到国家兴衰治乱,尤须慎之又慎。

事实上,西汉一代,外戚专权及其祸灾,贯彻始终,影响甚巨,直接关系到刘汉王朝的衰亡。司马迁的总结和告诫,是有强烈的针对性的,并包含深厚的历史经验和教训,并非狂妄虚语、危言耸听。时至今日,仍有着现实的借鉴意义。

至于文中所说:"孔子罕称命,盖难言之也。非通幽明之变,恶能识乎性命哉?"则表明司马迁对天命问题有时还陷于迷惑状态,倾向于保守和肯定天命。这与司马迁有时明确否定天命的激进认识(如《伯夷列传》)相比,形成了鲜明的对立和矛盾,它表明了司马迁思想的局限。

伯夷列传

《史记》

夫学者载籍极博[1],犹考信于六艺,《诗》《书》虽缺,然虞夏之文可知也[2]。尧将逊位,让于虞舜。舜禹之间,岳牧咸荐[3],乃试之于位,典职数十年[4],功用既兴,然后授政。示天下重器[5],王者大统,传天下若斯之难也。而说者曰:"尧让天下于许由[6],许由不受,耻之,逃隐。及夏之时,有卞随、务光者[7]。"此何以称焉?太史公曰:余登箕山[8],其上盖有许由冢云。孔子序列古之仁圣贤人,如吴太伯[9]、伯夷之伦详矣。余以所闻,由、光义至高,其文辞不少概见[10],何哉?

孔子曰:"伯夷、叔齐,不念旧恶,怨是用希[11]。""求仁得仁,又何怨乎?"余悲伯夷之意,睹轶诗可异焉[12]。其传曰:伯

卷之五 汉文

夷、叔齐，孤竹君之二子也[13]。父欲立叔齐。及父卒，叔齐让伯夷，伯夷曰："父命也。"遂逃去。叔齐亦不肯立而逃之。国人立其中子。于是伯夷、叔齐闻西伯昌善养老[14]，盍往归焉。及至，西伯卒，武王载木主[15]，号为文王，东伐纣。伯夷、叔齐叩马而谏曰[16]："父死不葬，爰及干戈[17]，可谓孝乎？以臣弑君，可谓仁乎？"左右欲兵之。太公曰[18]："此义人也。"扶而去之。武王已平殷乱，天下宗周，而伯夷、叔齐耻之，义不食周粟，隐于首阳山[19]，采薇而食之[20]。及饿且死，作歌，其辞曰："登彼西山兮[21]，采其薇矣！以暴易暴兮，不知其非矣！神农虞夏，忽焉没兮，我安适归矣！于嗟徂兮[22]，命之衰矣！"遂饿死于首阳山。由此观之，怨邪非邪？

或曰："天道无亲，常与善人。"若伯夷、叔齐，可谓善人者非邪？积仁絜行如此而饿死。且七十子之徒[23]，仲尼独荐颜渊为好学[24]，然回也屡空，糟糠不厌，而卒蚤夭。天之报施善人，其何如哉？盗跖日杀不辜[25]，肝人之肉，暴戾恣睢[26]，聚党数千人，横行天下，竟以寿终，是遵何德哉？此其尤大彰明较著者也[27]。若至近世，操行不轨，事犯忌讳，而终身逸乐，富厚累世不绝。或择地而蹈之，时然后出言，行不由径，非公正不发愤，而遇祸灾者，不可胜数也。余甚惑焉，倘所谓天道，是邪非邪？子曰："道不同，不相为谋。"亦各从其志也。故曰："富贵如可求，虽执鞭之士，吾亦为之；如不可求，从吾所好。""岁寒然后知松柏之后凋。"举世混浊，清士乃见。岂以其重若彼，其轻若此哉？

君子疾没世而名不称焉。贾子曰[28]："贪夫徇财，烈士徇名，夸者死权[29]，众庶冯生[30]。"同明相照，同类相求，云从龙，风从虎，圣人作而万物睹。伯夷、叔齐虽贤，得夫子而名益彰；颜渊虽笃学，附骥尾而行益显。岩穴之士，趋舍有时[31]，若此类名堙灭而不称[32]，悲夫！闾巷之人，欲砥行立名者，非附青云之士，恶能施于后世哉[33]！

注释

①载籍：书籍。　②虞夏之文：指《尚书》中的《尧典》《舜典》《大禹

235

谟》，其中有关于虞夏禅让的较详细记载。　③岳牧：这里指尧、舜时代分管四方部落的四个大臣和九个州的长官。　④典：任，主持。　⑤重器：贵重的宝器，借以象征国家政权。　⑥许由：上古时代的隐士。　⑦卞随、务光：夏朝时的隐士，相传汤想把天下让给卞随、务光，两人均以为耻，投河自杀。　⑧箕山：在今河南登封。　⑨太伯：周文王姬昌的伯父，本当继承周太王的君位，但他认为小弟季历之子姬昌有圣德，因而出走，以便太王将君位传季历，再传姬昌。　⑩少：同"稍"。概：梗概。　⑪是用：因此。希：稀少。　⑫轶诗：指下文的《采薇》，因《诗经》未收入，所以称轶诗。　⑬孤竹君：孤竹国的国君。孤竹，商代的一个小国。　⑭西伯昌：指周文王姬昌。⑮木主：木制的象征死者的牌位。　⑯叩：同"扣"，拉住。　⑰爰：于是。　⑱太公：指姜太公。　⑲首阳山：在今山西永济南。　⑳薇：一种野菜。　㉑西山：即首阳山。　㉒于嗟：叹息声。于，同"吁"。徂（cú）：同"殂"，死去。　㉓七十子之徒：孔子授徒三千，通六艺七十二人，号称"贤人七十"。　㉔颜渊：孔子的学生，即颜回，渊是字。　㉕盗跖：相传为春秋时期大盗，或认为是奴隶起义的首领。跖是名。　㉖恣睢（suī）：任意胡为。㉗彰明较著：非常明显，容易看清。较和著都是明显的意思。　㉘贾子：指贾谊，西汉洛阳人，杰出政治家、文学家，汉文帝时任过太中大夫。　㉙夸：矜夸，自大。　㉚冯：同"凭"，依靠。　㉛趋：趋向，进取。舍：隐退。　㉜堙（yīn）灭：埋没。　㉝施（yì）：延续，留传。

译文

学者们涉猎的书籍极为广博，但还要从六经当中去考察是否可信。《诗经》《尚书》虽有缺失，但是虞夏两代事情的文字还可以从中看到。尧将要退位时，把帝位禅让给虞舜。从虞舜到夏禹之间禅位，四岳、九牧都举荐夏禹，这才把他置于所担任的职位上试用考察，主持政务几十年，等到功绩建立之后，才把国家的政权交给他。这表示天下是不轻易授人的重器，帝王是天下大统，传授天下竟是这样的难啊！可是有的人却说："唐尧把天下让给许由，许由不接受，并且认为这是耻辱，于是逃走隐居起来。到夏朝时，又有卞随、务光以接受君位为耻辱。"这些事情又是怎样传下来的呢？太史公说：我登上箕山，据说上面有许由的坟墓。孔子依次记叙古代仁德圣明贤能的人，例如吴太伯、伯夷那样的人，都很详细。我认为自己听到的许由、务光的德行极为高尚，但关于他们的记载却很少，这是为什么呢？

孔子说："伯夷、叔齐不计较过去的旧怨，因此怨恨很少。他们追求仁而达到了仁的境界，又有什么怨恨呢？"我对伯夷的心意感到悲苦，看了他们未被载入经书的诗歌又感到很诧异。他们的传记如此：伯夷、叔齐，是孤竹君的两个儿子。父亲想立叔齐为君。到父亲去世之后，叔齐要把君位让给伯夷，伯夷说："你继承君位是父亲之命。"于是就逃走了。叔齐也不肯继承君位而逃走。国人便拥立孤竹君的第二个儿子做国君。当时伯夷、叔齐听说西伯姬昌能够很好地奉养老人，便想，何不去归附他呢？可是待他们赶到那儿时，西伯已经去世，武王载着西伯的神主牌位，追称他为文王，向东讨伐商纣。伯夷、叔齐勒住武王的马缰绳，劝阻说："父亲死了没有埋葬，就动起了刀兵，能算得孝顺吗？作为臣子去杀国君，能说是仁义吗？"武王身边的随从要杀他们。姜太公说："这是义士啊！"扶起他们，让他们离去。武王已经平定殷纣的乱政，天下归顺周朝，伯夷、叔齐却为这件事感到羞耻，因此，坚持节义，不吃周朝的粮食，并隐居在首阳山，靠采野菜来吃。到饿得快要死的时候，他们作了一首歌，歌词说："登上那西山啊，采摘那薇菜！用暴力代替暴政啊，还不知道那错误！神农、虞、夏转眼消逝啊，我将归于何处！唉，只有一死啊，命运如此衰微！"他们就这样饿死在首阳山上。由此看来，伯夷、叔齐是有怨恨呢，还是没有怨恨呢？

有人说："上天没有偏私，总是向着好人。"像伯夷、叔齐这样的人，可以算是好人呢，还是不算？他们如此地施行仁义，保持高洁，却饿死了。再看孔子那七十名优秀的弟子，孔子唯独称赞颜渊好学，可是颜渊却总是处于贫困中，连粗劣的食物都无法保证，而终于年纪轻轻便死去。天报偿好人，究竟是怎样的呢？盗跖每天杀死无辜的人，把人的心肝当作肉吃，暴虐嚣张，横行无忌，聚集党徒几千人，横行于天下，竟然长寿而终，这又是遵循了什么德行呢？这是特别重大而又明显的例子啊。至于说到近世，那些行为不端，专门违法犯禁的人却终身安逸享乐，富足优厚几代享用不完。有的人举步谨慎，说话小心，不走歪门邪道，不是公正的事情就不抒发愤懑，像这样的人遭遇祸患灾难，却多得数也数不清。我真是困惑极了，如果说这就是所谓天道，那究竟对呢，还是不对呢？孔子说："主张不同，就没有什么好互相商讨的。"也就是各人按着自己的志趣行事吧。所以孔子又说："假如富贵是走正道可以求得的，就是拿着鞭子当马夫，我也愿意干；假如富贵不可求得，那就按照我所喜好的去做吧。""天气严寒才知道松柏是最后凋零的。"整个世界混乱污浊，清高廉洁的人就显现出来了。难道这不正是因为他们重视德行，而轻视富贵的结果吗？

　　孔子说："君子最怕的是死后名声不传。"贾谊说："贪婪的人为财富而丧命，追求功名的人为名节而献身，热衷权势的人为权而亡命，普通百姓只是求得生存。"同是光明的东西，就会互相映照，同属一类的事物，就会互相感应，云跟着龙而生，风随着虎而起，圣人出现后万物方生。伯夷、叔齐虽然贤明，得到孔子的称赞，名声才更加显扬；颜渊虽然专心好学，因为追随孔子，德行才更加显明。岩居穴处的隐士，或进取，或隐退，都有一定的时运，像这样的人，名声埋没而无人称扬，实在是可悲啊！处于社会底层的人，想要砥砺德行，树立名声，如果不依附那些德高望重的人，又怎么能传名于后世啊！

赏析

　　本文记叙伯夷、叔齐的生平事迹，只有梗概，文字不多，而作者的咏叹和议论，却占据了大部分篇幅。这是司马迁借叙伯夷、叔齐的事迹及其守节饿死的不幸遭遇，抒发了自己对于人间是非颠倒、黑白混淆的不平和愤慨，同时表现了对"天道"的怀疑和否定。

　　司马迁认为，伯夷、叔齐反对"以暴易暴"，不事周室，饿死首阳山，是值得嗟叹和同情的。要说他们死而无怨，却大可怀疑。

　　司马迁又认为，好人得不到善报，不是穷困潦倒终生，就是过早死亡；而恶人却常常富贵享乐，寿终正寝。所谓"天道无亲，常与善人"的话，是靠不住的骗人之语。

司马迁还认为，某些操行不轨的人，终身逸乐富厚，而且累世不绝；而小心谨慎、品行端庄、公而无私的人，却屡遭祸灾。所谓"天道"，哪里有什么公正可言？

司马迁聊以自慰的是，"举世混浊，清士乃见"，"贪夫徇财"而"烈士徇名"。从孔子到颜渊，从屈原到贾谊，都曾有不同于流俗的志节，可以引为千古的知己，无须为自己的命运而悲叹。

最后，他对于社会上那些坚守节操、默默无闻的"岩穴之士"和"闾巷之人"，赞其人品，誉其名节，哀其遭遇，抒发了悲愤和不平。

全篇文章，名为传记，实为一篇牢骚不平的杂文。太史公将其列为《史记》七十篇列传的第一篇，向"天命"发难，向人世的不平开火，向传统的偏见宣战，确实称得上是一篇无韵的《离骚》。

管晏列传

《史记》

管仲夷吾者①，颖上人也②。少时常与鲍叔牙游③，鲍叔知其贤。管仲贫困，常欺鲍叔④，鲍叔终善遇之，不以为言。已而鲍叔事齐公子小白⑤，管仲事公子纠，及小白立为桓公，公子纠死，管仲囚焉，鲍叔遂进管仲。管仲既用，任政于齐，齐桓公以霸，九合诸侯，一匡天下，管仲之谋也。管仲曰："吾始困时，尝与鲍叔贾，分财利，多自与，鲍叔不以我为贪，知我贫也。吾尝为鲍叔谋事，而更穷困，鲍叔不以我为愚，知时有利不利也。吾尝三仕三见逐于君⑥，鲍叔不以我为不肖，知我不遭时也。吾尝三战三走，鲍叔不以我为怯，知我有老母也。公子纠败，召忽死之⑦，吾幽囚受辱，鲍叔不以我为无耻，知我不羞小节，而耻功名不显于天下也。生我者父母，知我者鲍子也。"鲍叔既进管仲，以身下之。子孙世禄于齐，有封邑者十余世，常为名大夫。天下不多管仲之贤⑧，而多鲍叔能知人也。

管仲既任政相齐，以区区之齐，在海滨，通货积财，富国强兵，与俗同好恶⑨。故其称曰："仓廪实而知礼节，衣食足而知荣辱，上服度则六亲固⑩。""四维不张⑪，国乃灭亡。""下令如流水之源，令顺民心。"故论卑而易行。俗之所欲，因而予之，俗之所否，因而去之。其为政也，善因祸而为福，转败而为功，贵轻重，慎权衡。桓公实怒少姬⑫，南袭蔡，管仲因而伐楚，责包茅不入贡于周室⑬。桓公实北征山戎⑭，而管仲因而令燕修召公之政⑮。于柯之会，桓公欲背曹沫之约，管仲因而信之，诸侯由是归齐⑯。故曰："知与之为取，政之宝也。"

管仲富拟于公室，有三归反坫⑰，齐人不以为侈。管仲卒，齐国遵其政，常强于诸侯。后百余年而有晏子焉⑱。

晏平仲婴者，莱之夷维人也⑲。事齐灵公、庄公、景公，以节俭力行重于齐。既相齐，食不重肉，妾不衣帛。其在朝，君语及之，即危言⑳；语不及之，即危行。国有道，即顺命；无道，即衡命。以此三世显名于诸侯。

越石父贤，在缧绁中㉑。晏子出，遭之途，解左骖赎之㉒，载归。弗谢，入闺㉓，久之，越石父请绝。晏子戄然，摄衣冠谢曰："婴虽不仁，免子于厄，何子求绝之速也？"石父曰："不然。吾闻君子诎于不知己㉔，而信于知己者㉕。方吾在缧绁中，彼不知我也。夫子既已感寤而赎我，是知己，知己而无礼，固不如在缧绁之中。"晏子于是延入为上客。

晏子为齐相，出，其御之妻从门间而闚其夫㉖。其夫为相御，拥大盖，策驷马，意气扬扬，甚自得也。既而归，其妻请去。夫问其故，妻曰："晏子长不满六尺㉗，身相齐国，名显诸侯，今者妾观其出，志念深矣，常有以自下者。今子长八尺，乃为人仆御，然子之意，自以为足，妾是以求去也。"其后夫自抑损。晏子怪而问之，御以实对，晏子荐以为大夫。

太史公曰：吾读管氏《牧民》《山高》《乘马》《轻重》《九

卷之五 汉文

府》及《晏子春秋》㉘,详哉其言之也。既见其著书,欲观其行事,故次其传㉙。至其书,世多有之,是以不论,论其轶事。管仲世所谓贤臣,然孔子小之。岂以为周道衰微,桓公既贤,而不勉之至王,乃称霸哉？语曰㉚:"将顺其美,匡救其恶,故上下能相亲也。"岂管仲之谓乎？方晏子伏庄公尸哭之,成礼然后去,岂所谓"见义不为无勇"者邪㉛？至其谏说,犯君之颜,此所谓"进思尽忠,退思补过"者哉㉜！假令晏子而在,余虽为之执鞭,所忻慕焉。

注释

①管仲夷吾:春秋时期著名政治家,辅佐齐桓公成为春秋五霸之首。仲是字,夷吾是名,谥号敬。 ②颖上:颖水之滨,在今安徽颖上南。 ③鲍叔牙:春秋时期齐国大夫。游:交往。 ④欺:这里指分财利而多占便宜。 ⑤小白:齐桓公,与下文公子纠都是齐襄公的弟弟。 ⑥见:被。 ⑦召忽:春秋时期齐国人,与管仲一起侍奉公子纠,公子纠与小白争夺君位失败被杀,召忽随之自杀。 ⑧多:认为难得。 ⑨俗:指庶民百姓。 ⑩服度:遵循法度。六亲:管仲的《管子·牧民》有《六亲五法》一节。六亲指以家为家；以乡为乡；以国为国；以天下为天下；如同天地,不特别抱有偏私于人；如同日月,无私照临天下。 ⑪四维:指礼、义、廉、耻。 ⑫少姬:齐桓公从蔡国娶的妾,少姬与桓公游玩,摇荡游船惊吓了桓公,被遣回娘家,蔡君将少姬另嫁,桓公怒而攻蔡。 ⑬"责包茅"句:事见本书《齐桓公伐楚盟屈完》。 ⑭山戎:北方少数民族,于齐桓公23年攻打燕国,齐桓公兴兵攻打山戎以救燕。 ⑮召公:武王贤臣,燕国始祖。 ⑯"于柯之会"四句:齐桓公攻打鲁国,鲁将曹沫三战三败,鲁国割地求和。齐、鲁在柯（齐国地名）会盟,曹沫以匕首劫持桓公,桓公被迫同意归还鲁国失地。后来桓公想反悔,管仲劝其践约,取信诸侯。 ⑰三归反坫(diàn):三归指三处华丽的高台；反坫指堂屋两柱间放置祭祀和宴会所用的礼器和酒的台。按礼,诸侯才能享有这些。 ⑱晏子:齐国大夫,名婴,字仲,谥号平。 ⑲莱:国名,为齐国所灭。夷维:莱国城邑。 ⑳危言:直言。 ㉑缧绁(léixiè):指捆犯人的绳索。 ㉒左骖:车子左边的马。 ㉓闺:内室小门。 ㉔诎:同"屈"。 ㉕信:同"伸"。 ㉖闚:同"窥"。 ㉗六尺:大约相当于今四尺二,合公制约一米四。 ㉘《牧民》至《九府》:《管子》篇名。《晏子春秋》:记载晏子言行的一部书,作者不详。 ㉙次:编列。 ㉚引语出自《孝经·事君》。 ㉛见义不为无勇:见《论语·为政》。 ㉜引语出自《孝经·

事君》。

译文

　　管仲，名夷吾，颍上人。他年轻时常与鲍叔牙交往，鲍叔知道他贤明有才干。管仲家贫，常占鲍叔便宜，而鲍叔始终友好地待他，不因为这些事情而说他的闲话。后来鲍叔侍奉齐国的公子小白，管仲侍奉公子纠，到小白自立为齐桓公时，公子纠被杀，管仲被囚，于是鲍叔向齐桓公推荐管仲。管仲被任用后，在齐国主持政事，齐桓公得以成就霸业，多次会盟诸侯，一举匡正天下，这都依靠了管仲的智谋。管仲说："我当初贫困时，曾和鲍叔一同经商，分钱财时，自己多拿，鲍叔不认为我贪财，他知道我贫穷。我曾经替鲍叔办事，结果使他更加困顿，鲍叔不认为我愚笨，知道时运有顺利和不顺利。我曾经三次做官，三次被国君辞退，鲍叔不认为我没有才能，知道我没有遇上时机。我曾经三次作战，三次逃跑，鲍叔不认为我胆小，知道我家里有老母亲。公子纠失败，召忽为他而死，我却被囚受辱，鲍叔不认为我不知廉耻，知道我不因小节有失而感到耻辱，却耻于功名没有显扬于天下。生我的是父母，了解我的是鲍叔呀。"鲍叔推荐管仲后，自己位居管仲之下。他的子孙在齐国也世代享有俸禄，享有封地的有十多代，常出有名的大夫。所以天下的人不认为管仲的才德难得，而以鲍叔能够了解人为难得。

　　管仲在齐国当宰相执政后，凭着小小的齐国处在海边的条件，流通货物，积累财富，富国强兵，与百姓同好恶，所以说："谷仓充实了才懂得礼节，衣食充足了才懂得荣辱，君主遵循法度，'六亲'才会稳固。""礼、义、廉、耻不发扬光大，国家就会灭亡。""颁发命令像流水的源头，要顺从民心。"所以命令符合下情就容易实行。百姓所希望的，就顺应着给予他们，百姓所反对的，就顺应他们而废止。管仲执政，善于将祸患转变为祥福，将失败转化为成功，重视事情的轻重缓急，慎重地权衡利害得失。齐桓公实际上是怀恨少姬另嫁，向南袭击蔡国，管仲就借此讨伐楚国，责备楚国不向周天子进贡包茅。齐桓公实际上是北

242

征山戎，而管仲就借此命令燕国修明召公时候的政教。齐桓公与鲁国在柯地会盟，后来却想背弃，鲁国曹沫逼迫他订立的盟约，管仲根据当时的形势劝桓公信守盟约，诸侯因此归附齐国。所以说："懂得给予便是获取，这是为政的法宝。"

管仲的财富比得上诸侯公室，有华丽的三归台和国君享宴的设施，但是齐国的人并不认为他奢侈。管仲去世之后，齐国仍然遵循他的政令，常比其他诸侯国强盛。一百多年以后，齐国又出了个晏子。

晏平仲，名婴，莱地夷维人。侍奉过灵公、庄公、景公，以节俭力行受到齐国人的敬重。他当上齐国宰相后，吃饭不吃两种肉食，妻妾不穿丝绸衣服。他在朝廷上，国君有话问他，他就直言相告；没有事情吩咐他，他就正直行事。国君有道，就奉命办事；国君无道，就权衡度量行事。因此晏子在灵公、庄公、景公三朝都扬名于诸侯。

越石父有才德，却被囚禁。晏子外出，遇见他，就解下左边驾车的马把他赎了出来，并让他一同坐车回去。晏子没有向他辞别就进了内室，很久不出来，于是越石父请求断绝交往。晏子非常吃惊，整理衣冠道歉说："虽然我没有仁德，但是帮助你脱离了困境，为什么这么快你就要求和我绝交呢？"石父说："话不能这么说，我听说君子在不了解他的人那里受到委屈，而在了解他的人那里得以伸展。我身陷囹圄，是那些人不了解我。先生既然有所感悟而赎了我，就算是了解我的人，了解我而对我无礼，还不如被囚禁。"于是晏子请他进府待为上宾。

晏子做齐国的相国，一次乘车外出，车夫的妻子从门缝中偷看她的丈夫。她丈夫替相国驾车，坐在宽大的伞盖下面，用鞭子赶着四匹马，神气十足，非常得意。后来车夫回到家里，他的妻子请求离去。丈夫问她什么原因，妻子说："晏子身高不到六尺，却成为齐国相国，名扬诸侯，刚才我看见他外出，思虑沉着深远，常有自居人下的态度。如今你身长八尺，不过替人当车夫，可是却自以为满足，我因此要求离去。"此后她的丈夫就谦虚谨慎起来。晏子感到奇怪，就问他，车夫如实地回答，晏子推荐他做了大夫。

太史公说：我读管仲的《牧民》《山高》《乘马》《轻重》《九府》，还有《晏子春秋》，其中的言论详细极了。看见他们著的书后，还想看看他们的事迹，所以编写了他们的传记。至于他们的著作，世上已有很多了，因此不讲述，只讲他们的轶事。管仲是世人所说的贤臣，可是孔子瞧不起他。难道是因为周王室国运衰微，齐桓公既然贤明，而管仲不勉励他实行王道，却帮助他称霸吗？古话说："发扬君主的美德，匡正君王的过错，所以君臣能互相亲近。"难道这是讲的管仲吗？晏子伏在庄公的尸体上痛哭，尽了臣子的礼节之后才离去，这难道是"见义不为，没有勇气"的人吗？至于他直言进谏，敢于冒犯君主威严，这就是所谓"在朝想着尽忠，退朝想着补正朝政缺失"的人啊！假使晏子还活着，我即使为他执鞭赶车，也是很欣然向往的呀。

赏析

本文是《史记》七十列传之一，为春秋时期齐国两位名相的合传。

管仲相齐，辅佐齐桓公"九合诸侯，一匡天下"；晏婴相齐，辅佐齐灵公、齐庄公、齐景公，多做规谏，政绩显著。二人先后为齐相，有美名，同时又都人品高洁、才能出众、有奇闻逸事可传，因此太史公将其合传之。

文章通过鲍叔分金、让贤的事迹，突出了管仲的才干超群和自知之明；通过晏子赎贤、荐贤，以及身居相位"食不重肉，妾不衣帛"的描写，展现了晏子高尚的品格和俭朴的作风。

文章叙事，不拘一格。时而总叙，时而分叙，在短短的篇幅中，概括了许多传闻逸事，刻画了人物的性格特征，反映了司马迁对管、晏二人的钦佩、敬仰、赞美和肯定的思想感情，并且对儒家某些传统思想进行了含蓄的批评。

文章还善于抓住典型事件以及人物的对话，采用对比手法，表现人物，突出主题，倾注感情。如管仲所说一大段议论，是针对鲍叔而言的，但悉数写进传中，对比映衬，借以表明管仲不但有政治才能，而且颇有自知之明，展示出管仲的精神风度，使其形象更加鲜明突出；同时，也说明了"世有千里马，而伯乐不常有"的道理，深深寄寓了司马迁的人生感慨和不平。

屈原列传
《史记》

屈原者，名平，楚之同姓也①。为楚怀王左徒②。博闻强志，明于治乱，娴于辞令。入则与王图议国事、以出号令，出则接遇宾客、应对诸侯。王甚任之。

上官大夫与之同列③，争宠而心害其能。怀王使屈原造为宪令，屈平属草稿未定④，上官大夫见而欲夺之，屈平不与，因谗之曰："王使屈平为令，众莫不知。每一令出，平伐其功曰⑤：'以为非我莫能为也。'"王怒而疏屈平。

屈平疾王听之不聪也，谗谄之蔽明也，邪曲之害公也，方正之不容也，故忧愁幽思而作《离骚》。"离骚"者，犹离忧也⑥。夫天者，人之始也；父母者，人之本也。人穷则反本，故劳苦倦极，未尝不呼天也；疾痛惨怛⑦，未尝不呼父母也。屈平正道直行，竭忠尽智以事其君，谗人间之，可谓穷矣！信而见疑，忠而被谤，能无怨乎？屈平之作《离骚》，盖自怨生也。《国风》好色而不淫⑧，《小雅》怨诽而不乱⑨，若《离骚》者，可谓兼之矣。上称帝喾，下道齐桓，中述汤武，以刺世事。明道德之广崇，治乱之条贯，靡不毕见⑩。其文约，其辞微，其志洁，其行廉，其称文小而其指极大⑪，举类迩而见义远。其志洁，故其称物芳；其行廉，故死而不容。自疏濯淖污泥之中，蝉蜕于浊秽，以浮游尘埃之外，不获世之滋垢⑫，皭然泥而不滓者也⑬。推此志也，虽与日月争光可也。

屈原既绌⑭。其后秦欲伐齐，齐与楚从亲⑮。惠王患之，乃令张仪详去秦[16]，厚币委质事楚[17]，曰："秦甚憎齐。齐与楚从亲。楚诚能绝齐，秦愿献商於之地六百里[18]。"楚怀王贪而信张仪，遂绝齐。使使如秦受地，张仪诈之曰："仪与王约六里，不闻六百里。"楚使怒去，归告怀王。怀王怒，大兴师伐秦。秦发兵击之，大破楚师于丹、淅[19]，斩首八万，虏楚将屈匄[20]，遂取楚之汉中地。怀王乃悉发国中兵，以深入击秦，战于蓝田[21]。魏闻之，袭楚至邓[22]。楚兵惧，自秦归。而齐竟怒，不救楚，楚大困。

明年，秦割汉中地与楚以和。楚王曰："不愿得地，愿得张仪而甘心焉。"张仪闻，乃曰："以一仪而当汉中地，臣请往如楚。"如楚，又因厚币用事者臣靳尚[23]，而设诡辨于怀王之宠姬郑袖。怀王竟听郑袖，复释去张仪。是时屈原既疏，不复在位，使于齐，顾反，谏怀王曰："何不杀张仪？"怀王悔，追张仪，不及。

其后，诸侯共击楚，大破之，杀其将唐眜。

时秦昭王与楚婚，欲与怀王会。怀王欲行，屈平曰："秦，虎狼之国，不可信，不如无行。"怀王稚子子兰劝王行："奈何绝秦欢？"怀王卒行。入武关[24]，秦伏兵绝其后，因留怀王以求割地。怀王怒，不听，亡走赵，赵不内，复之秦，竟死于秦而归葬。

长子顷襄王立，以其弟子兰为令尹[25]。

楚人既咎子兰以劝怀王入秦而不反也，屈平既嫉之。虽放流，眷顾楚国，系心怀王，不忘欲反，冀幸君之一悟，俗之一改也。其存君兴国而欲反覆之，一篇之中，三致意焉。然终无可奈何，故不可以反，卒以此见怀王之终不悟也。

人君无愚、智、贤、不肖，莫不欲求忠以自为，举贤以自佐，然亡国破家相随属，而圣君治国累世而不见者，其所谓忠者不忠，而所谓贤者不贤也。怀王以不知忠臣之分，故内惑于郑袖，外欺于张仪，疏屈平而信上官大夫、令尹子兰，兵挫地削，亡其六郡[26]，身客死于秦，为天下笑，此不知人之祸也。《易》曰："井渫不食[27]，为我心恻，可以汲；王明，并受其福。"王之不明，岂足福哉！

卷之五 汉文

令尹子兰闻之，大怒，卒使上官大夫短屈原于顷襄王，顷襄王怒而迁之。

屈原至于江滨，被发行吟泽畔^㉘，颜色憔悴，形容枯槁。渔父见而问之曰："子非三闾大夫欤^㉙？何故而至此？"屈原曰："举世混浊而我独清，众人皆醉而我独醒，是以见放^㉚。"渔父曰："夫圣人者，不凝滞于物而能与世推移。举世混浊，何不随其流而扬其波？众人皆醉，何不餔其糟而啜其醨^㉛？何故怀瑾握瑜^㉜，而自令见放为？"屈原曰："吾闻之：'新沐者必弹冠，新浴者必振衣。'人又谁能以身之察察^㉝，受物之汶汶者乎^㉞？宁赴常流^㉟，而葬乎江鱼腹中耳。又安能以皓皓之白，而蒙世之温蠖乎^㊱？"乃作《怀沙》之赋。于是怀石，遂自投汨罗以死^㊲。

屈原既死之后，楚有宋玉、唐勒、景差之徒者^㊳，皆好辞而以赋见称。然皆祖屈原之从容辞令，终莫敢直谏。其后，楚日以削，数十年竟为秦所灭。

自屈原沉汨罗后百有余年，汉有贾生^㊴，为长沙王太傅^㊵，过湘水，投书以吊屈原^㊶。

太史公曰：余读《离骚》《天问》《招魂》《哀郢》^㊷，悲其志。适长沙，过屈原所自沉渊，未尝不垂涕，想见其为人。及见贾生吊之，又怪屈原以彼其材游诸侯，何国不容？而自令若是！读《服鸟赋》^㊸，同生死，轻去就，又爽然自失矣！

注释

①同姓：屈原的祖先熊瑕是楚武王之子，所以称同姓。因封于屈地，所以封地为姓氏。　②左徒：官职，地位较高，仅次于令尹。　③上官：即靳尚，上官是复姓。　④属：编写。　⑤伐：夸耀。　⑥离：同"罹"，遭受。　⑦惨怛（dá）：悲痛。　⑧《国风》：《诗经》中的一部分，多属民间歌谣。　⑨《小雅》：《诗经》中的一部分，有的是对当时朝政的讽刺和批评。　⑩靡：无。见：同"现"。　⑪指：同"旨"，意蕴，含义。　⑫滋：黑色，污浊。　⑬皭（jiào）然：即"皎然"，洁白的样子。　⑭绌：同"黜"，罢免官职。　⑮从：同"纵"，六国联合抗秦的战略。　⑯张仪：战国时期魏国人，以连横主张助秦瓦解合纵策略。　⑰质：同"贽"，礼物。　⑱商於（wū）：秦国之地，在今陕西商洛境内。　⑲丹、淅：河流名称，指丹水（汉

江支流)、淅水(丹水支流)。 ⑳屈匄(gài):楚国大将。 ㉑蓝田:秦国地名,在今陕西蓝田西。 ㉒邓:楚国地名,在今河南邓州。 ㉓用事者:当权的人。 ㉔武关:秦国南部关塞,在今陕西商洛丹凤东。 ㉕令尹:楚国最高行政长官,相当于相国。 ㉖六郡:指汉中地区。 ㉗渫(xiè):淘去污泥。 ㉘被:同"披"。 ㉙三闾大夫:楚国官名,掌管楚国王族事务。 ㉚见:被。 ㉛餔(bǔ):吃。醨(lí):薄酒。 ㉜瑾、瑜:美玉,比喻高尚的节操。 ㉝察察:洁白的样子。 ㉞汶汶:昏暗不明。 ㉟常流:长流,指江水。 ㊱温蠖(huò):尘埃很厚,形容污浊。 ㊲汨(mì)罗:水名,湘江支流。 ㊳宋玉:见本书《宋玉对楚王问》。唐勒、景差:都是与宋玉同时代的楚国人。唐勒曾做楚国大夫。 ㊴贾生:贾谊,西汉初期洛阳人,著名的政治家、文学家,汉文帝时做过太中大夫(高级顾问),后任长沙王太傅、梁王太傅。 ㊵长沙王:汉朝开国功臣吴芮(ruì)的玄孙吴差。太傅:官名,辅佐或教导国君、太子。 ㊶书:指贾谊写的《吊屈原赋》。 ㊷《离骚》:以下都是屈原的作品。 ㊸《服鸟赋》:即《鵩鸟赋》,贾谊作品。

译文

屈原,名平,是楚王的同姓。担任过楚怀王的左徒。他学识渊博,记忆力强,通晓国家兴亡盛衰的道理,熟习外交辞令。对内他与怀王谋划商议国事,发布政令,对外他接待外国使节,与诸侯交往。怀王十分信任他。

上官大夫与屈原官阶相当,为争得怀王宠信,嫉妒屈原的才能。怀王叫屈原制订法令,屈原起草未定,上官大夫看见了就想夺去,屈原不给,于是上官大夫借故诽谤屈原,对怀王说:"大王叫屈原制订法令,众人没有不知道的。每一条法令颁布出来,屈原就夸耀他的功劳说:'除了我谁也干不了。'"怀王很气愤,因而疏远了屈原。

屈原痛心怀王耳朵不能明辨是非,被谗言遮蔽了眼睛,邪恶妨害了国事,使正直的人难以容身,所以他忧伤愁苦,沉郁深思写出了长诗《离骚》。"离骚"就是遭受忧患。上天是人的始创者,父母是人的本源。人只要处境困顿,就会回过头去求助根本。所以人在劳累、痛苦、疲倦、困窘之时,没有不呼叫上天的;在身心痛苦悲惨之时,没有不呼叫父母的。屈原行为端正,竭尽忠诚和智慧来侍奉他的国君，讲坏话的人却来离间他们，可以说是处境困顿窘迫啊！诚信而被怀疑，忠诚而遭诽谤，能够没有怨恨吗？屈原创作《离骚》，大概是由怨恨而生吧。《国风》爱慕美色而不过分，《小雅》讽刺时政而不乱君臣之道。像《离骚》这样的作品，可以说是兼有二者的长处。《离骚》远古称道帝喾，近世称道齐桓公，中间赞颂商汤、周武王，都是用来批评时政的。阐明道德的博大崇高及兴亡盛衰的道理，没有不详尽体现的。他的文章文辞简约，辞意含蓄，他志向高洁，行为廉正。他讲的事物虽小，但意旨重大；举出的事物就在眼前，体现的意义却很深远。因为他志向高洁，所以他所述及的都是芳香之物；因为他行为廉正，所以至死不为小人所容。他自己避开污泥浊水，像蝉脱壳一样摆脱污浊，从而浮游于尘埃之外，不染尘世的污垢，他洁白无瑕，是出污泥而不染之人。推求这种高洁的志向，就是说他与日月争光也是可以的啊！

屈原被罢黜免官后，秦国想攻打齐国，但齐国和楚国有合纵之盟。秦惠王对此感到忧虑，于是叫张仪假装脱离秦国，献上丰厚的礼物表示愿意为楚国效劳，说："秦国最恨齐国。齐国和楚国有合纵关系，如果楚国真正能与齐国绝交，秦国愿意把商於六百里的土地献给楚国。"楚怀王贪图秦地而相信了张仪，于是和齐国绝交。楚国派遣使者到秦国去接受土地，张仪欺骗使者说："我与楚王约好是六里地，没有听说给六百里。"楚国的使者气愤地离开了秦国，回国报告怀王。怀王很恼怒，大规模举兵攻打秦国。秦国出兵迎击，在丹水、淅水大败楚军，斩杀了八万人，俘虏了楚国的将军屈匄，接着便夺取了楚国的汉中地区。怀王于是调集国内的全部军队，大举反击秦军，两军在蓝田交战。魏国听到这个消息，偷袭楚国，到了邓邑。楚军害怕了，从秦国返回。齐国终因恼怒怀王而不援救楚国，楚国陷入极其困难的境地。

第二年，秦国愿意割汉中地区归还楚国，与楚国讲和。楚怀王说："不希望得到土地，希望得到张仪就甘心了。"张仪听到了，就说："用一个张仪抵汉中的土地，我请求前往楚国。"到了楚国，张仪又用丰厚的礼物贿赂当权的大臣靳尚，对怀王的宠姬郑袖施展诡辩。怀王居然听信郑袖，又释放了张仪。当时屈原已被疏远，不再在朝廷任重要职位，正在齐国出使，等返回楚国时，他劝谏怀王说："为什么不杀掉张仪？"怀王后悔了，派人追杀张仪，却没有追到。

后来，诸侯共同攻打楚国，大败楚军，杀了楚国的将军唐眛。

当时，秦昭王与楚国通婚，想和怀王会见。怀王准备去，屈原说："秦国是虎狼之国，不能信任，不如不去。"怀王最小的儿子子兰却劝怀王去。子兰说："怎么能拒绝秦国的欢晤呢？"结果怀王还是去了。怀王进入武关，秦国的伏兵就截断他的归路，于是扣留怀王，要求楚国割让土地。怀王很愤怒，不同意，逃跑到赵国，赵国不接纳。怀王只好回到秦国去，终于死在秦国，只得把尸体运回，在楚国安葬。

怀王的长子顷襄王继位做国君，任用他的弟弟子兰做令尹。

楚国人怪罪子兰劝怀王到秦国去而没能回来，屈原也痛恨他，尽管被放逐在外，依然眷恋楚国，挂念怀王，念念不忘回到郢都，希望国君能够醒悟，风气能够改变。他那种挂念国君、振兴国家、挽救衰败局面的愿望，在一篇作品之中，多次地表现出来。然而终于无可奈何，不能返回，由此可见怀王始终没有醒悟啊！

国君无论是愚笨还是聪明，贤能还是不贤，没有不想求得忠臣来帮助自己，举拔贤才来辅佐自己的，然而亡国破家相继发生，圣明的君主、兴旺的国家却很久没有出现，原因就是国君认为是忠臣的，其实并不忠，国君认为是贤臣的，其实并不贤。怀王因为不懂忠臣应尽的职分，所以内被郑袖迷惑，外被张仪欺骗，疏远屈原而信任上官大夫、令尹子兰，以至军队受挫，国土沦丧，失掉汉中六郡，自己死在秦国，被天下的人耻笑。这正是他不能知人善任所引起的祸患啊！《易经》说："井淘干净了，没有人来喝，使我心中难过，因为井水可以汲饮啊，君王明白了这个道理，大家都能得到福佑。"怀王是那样昏庸，哪能享受福佑啊！

卷之五 汉文

令尹子兰听说屈原恨他,非常愤怒,结果叫上官大夫在顷襄王面前说屈原的坏话,顷襄王愤怒地放逐了屈原。

屈原来到江边,披散着头发,在水泽旁一边行走一边吟诵。他脸色憔悴,形体枯瘦。一个渔翁看见了,问他说:"先生不是三闾大夫吗?怎么来到了这个地方?"屈原说:"整个世界上一片混浊,只有我干净清白,众人都醉了,只有我保持清醒,因此被放逐。"渔翁说:"圣明的人,不拘泥外物而能随着时代的潮流转移。整个世界一片混浊,何不跟随潮流而推波助澜?众人都醉了,何不吃那酒糟,喝那薄酒?为了什么缘故要坚守如美玉般高洁的德操,而使自己招来放逐的结局?"屈原说:"我听说:'刚洗过头的人一定要弹掉帽子上的灰尘,刚洗过澡的人一定要抖掉衣服上的灰尘。'谁能让自己洁白的躯体,去蒙受浊物呢?我宁愿投入浩浩的江水而葬身鱼腹,又怎么能让高洁的德操,蒙受世俗的污秽呢?"于是屈原写了一篇《怀沙》赋。他怀抱着石头,自投汨罗江而死。

屈原去世后,楚国有宋玉、唐勒、景差一类的人,都喜好文辞而以赋著称。然而他们都只是效法屈原委婉含蓄的文辞,始终没有人敢于直言进谏。从此以后,楚国一天天被削弱,几十年后终于被秦国灭亡。

屈原投汨罗江后一百多年,汉代有个贾谊,做长沙王的太傅。他从湘江经过,把他写的《吊屈原赋》投入江中,凭吊屈原。

太史公说:我读《离骚》《天问》《招魂》《哀郢》,为屈原的志向而悲叹。我到长沙,寻访屈原投江的地方,不禁黯然垂泪,追想屈原高尚的为人。等看到贾谊凭吊他的文章,又怪屈原,凭他那样的才能去游说诸侯,哪个国家不能容身?然而他却让自己选择了投江这样的结局!又读到贾谊的《鹏鸟赋》,他把生和死等同看待,不以做官和罢官为意,我又感到茫然若失了。

赏析

本文记叙了楚国爱国诗人屈原忠贞不渝、受谗遭贬、自沉于汨罗江的悲惨遭遇，揭露了楚国上层统治集团的昏庸、腐朽，鞭挞了谗佞小人嫉贤妒能的邪恶行径，无限痛惜楚王缺乏知人之明，高度评价了屈原的人格和作品，充分表现了司马迁对屈原其人其事的崇仰之情。

文章以屈原的生平为主要线索，叙议兼行，以议为主。不以故事情节和细节取胜，而是叙事、议论、抒情三者高度融合，于激愤抑郁之中寓酣畅淋漓的文气，于反复咏叹之中藏深厚久远的情操，使作者的愤激之情喷射而出，极富感染力量，引起人们心灵的共鸣。

文章还以较多的篇幅，叙述楚怀王受骗入秦、兵败地削、客死于秦的种种历史史实，暗示出屈原遭遇与楚国兴衰存亡的关系，从而强调了国君知人之明的重要性。

本文还引用淮南王刘安《离骚传》的语言和楚辞《渔父》入传，水乳交融，和谐自然，反映了司马迁匠心独运、善于剪裁的能力。

总之，本文是研究屈原生平的重要文献，也是《史记》中最富于感情色彩的篇章之一。

酷吏列传序

《史记》

孔子曰[1]："道之以政[2]，齐之以刑，民免而无耻；道之以德，齐之以礼，有耻且格[3]。"老氏称[4]："上德不德，是以有德；下德不失德，是以无德。""法令滋章，盗贼多有。"太史公曰：信哉是言也！法令者，治之具，而非制治清浊之源也。昔天下之网尝密矣[5]，然奸伪萌起，其极也，上下相遁[6]，至于不振。当是之时，吏治若救火扬沸，非武健严酷，恶能胜其任而愉快乎[7]？言道德者，溺其职矣[8]。故曰："听讼，吾犹人也，必也使无讼

卷之五 汉文

乎⑨。""下士闻道大笑之⑩。"非虚言也。汉兴,破觚而为圜⑪,斫雕而为朴⑫,网漏于吞舟之鱼,而吏治烝烝⑬,不至于奸,黎民艾安⑭。由是观之,在彼不在此。

注释

①孔子曰:以下引文出自《论语·为政》。 ②道:同"导",引导。 ③格:正。 ④老氏称:以下引文语出《老子》。老氏,老子,姓李,名耳,又称老聃。古代著名思想家,道家创始人。 ⑤昔:过去,实际指秦王朝。 ⑥遁:回避。 ⑦恶(wū):怎么。 ⑧溺:丧失。 ⑨"听讼"三句:语出《论语·颜渊》。 ⑩"下士"句:语出《老子》。下士,指浅薄的人。 ⑪觚(gū):方形的酒器。圜:圆。 ⑫斫(zhuó):砍。 ⑬烝烝:美盛的样子。 ⑭艾安:太平安乐。艾,同"乂(yì)",治理。

译文

孔子说:"用政令来引导,用刑罚来约束,百姓可以避免犯罪却没有羞辱之心;用道德来引导,用礼仪来约束,百姓就会有羞辱之心而行为端正。"老子说:"高尚的道德并不表现为形式上的德,这才是真正有德;低下的道德处处表现为形式上的德,却谈不上有德。""法令越细致越明白,盗贼反而更多。"太史公说:这些话多么真实可信啊!法令是治理天下的工具,却不是决定政治清明和污浊的本源。从前天下的法网也曾是严密的,然而奸邪欺诈的事情仍然经常发生,到最严重的时候,上下狼狈为奸,以至于弄得国势不振。当时,吏治如抱薪救火、扬汤止沸,不用强硬严酷的手段,又怎么能够担当职责求得效果和快意呢?那些主张道德的人,已经无所作为了。所以孔子说:"审理诉讼,我和别人是一样的,如果有所不同,那就是一定要使人们不发生诉讼啊!"老子说:"浅陋的人,听到讲'道'就哈哈大笑。"这可不是假话。汉朝建立之初,废除苛法,使政令宽缓简约,法网宽疏得可以漏掉吞舟的大鱼,但是吏治美善,没有作奸犯科的事情,百姓太平安乐。由此看来,治理国家在于道德教化,而不在于法令严酷。

赏析

　　所谓酷吏，是指那些执法严酷、以酷烈著称的官吏。汉武帝时，严刑峻法，重用酷吏，横施暴虐，民不安生。司马迁作《史记·酷吏列传》，主要记叙了汉武帝手下的张汤、杜周等十个酷吏的行事，以及他们与汉武帝之间的亲密关系，揭露了酷吏的残暴，批评了武帝尚法酷刑的统治政策。

　　本篇是《酷吏列传》的序文。通过孔子、老子的言论，并以秦末与汉初相比较，表达了作者对吏治的见解。司马迁认为：法令是用来督导人民的，刑罚是用来禁止奸邪的，它们都是统治的工具，而不是判断政治好坏的标准。秦末严法酷刑，结果是天下大乱；汉初是约法宽刑，结果是国泰民安。因此，吏治的根本在"德"而不在"刑"。同时，司马迁还认为：要民不乱，首先官不能乱；要民遵法，首先官要守法；只要朝廷施行德治，上行下效，大小官吏奉法循理，约法省刑，因循民利，就能够澄清吏治，达到天下大治。

　　司马迁的这些见解，实质上已经触及到封建统治和法律的本质问题，揭示出封建社会"奸""乱"的根源，鲜明地表现了他厌恶酷吏暴虐的感情，和反对严刑峻法的政治观点。而所有这一切，都显示出司马迁的远见卓识，界说了司马迁的彪炳不凡。

游侠列传序

《史记》

　　韩子曰[1]："儒以文乱法，而侠以武犯禁。"二者皆讥，而学士多称于世云。至如以术取宰相、卿、大夫，辅翼其世主，功名俱著于春秋，固无可言者。及若季次、原宪[2]，闾巷人也，读书怀独行君子之德，义不苟合当世，当世亦笑之。故季次、原宪终

卷之五 汉文

身空室蓬户，褐衣疏食不厌。死而已四百余年，而弟子志之不倦。今游侠，其行虽不轨于正义，然其言必信，其行必果，已诺必诚，不爱其躯，赴士之阸困③。既已存亡死生矣，而不矜其能④，羞伐其德⑤，盖亦有足多者焉⑥。

且缓急人之所时有也。太史公曰：昔者虞舜窘于井廪⑦，伊尹负于鼎俎⑧，傅说匿于傅险⑨，吕尚困于棘津⑩，夷吾桎梏⑪，百里饭牛⑫，仲尼畏匡，菜色陈蔡⑬。此皆学士所谓有道仁人也，犹然遭此菑⑭，况以中材而涉乱世之末流乎？其遇害何可胜道哉！鄙人有言曰："何知仁义？已向其利者为有德⑮。"故伯夷丑周，饿死首阳山，而文武不以其故贬王；跖蹻暴戾⑯，其徒诵义无穷。由此观之，"窃钩者诛，窃国者侯，侯之门，仁义存⑰"，非虚言也。今拘学或抱咫尺之义，久孤于世，岂若卑论侪俗⑱，与世浮沉而取荣名哉！而布衣之徒，设取予然诺，千里诵义，为死不顾世，此亦有所长，非苟而已也。故士穷窘而得委命，此岂非人之所谓贤豪间者邪⑲！诚使乡曲之侠，予委次、原宪比权量力，效功于当世，不同日而论矣。要以功见言信，侠客之义，又曷可少哉？

古布衣之侠，靡得而闻已。近世延陵、孟尝、春申、平原、信陵之徒⑳，皆因王者亲属，藉于有土卿相之富厚，招天下贤者，显名诸侯，不可谓不贤者矣。比如顺风而呼，声非加疾，其势激也。至如闾巷之侠，修行砥名，声施于天下，莫不称贤，是为难耳。然儒墨皆排摈不载㉑。自秦以前，匹夫之侠湮灭不见，余甚恨之。以余所闻，汉兴有朱家、田仲、王公、剧孟、郭解之徒㉒，虽时扞当世之文罔㉓，然其私义廉洁退让。有足称者。名不虚立，士不虚附。至如朋党宗强，比周设财役贫㉔，豪暴侵凌孤弱，恣欲自快，游侠亦丑之。余悲世俗不察其意，而猥以朱家、郭解等㉕，令与豪暴之徒同类而共笑之也。

注释

①韩子：韩非，战国时期法家代表人物。以下引文见《韩非子·五蠹》。②季次、原宪：都是孔子的学生。 ③阸（è）困：危急和困难。 ④矜（jīn）：夸耀。 ⑤伐：夸耀。 ⑥多：称道。 ⑦虞舜窘于井廪：舜未称帝

255

时，他的父亲因偏爱后妻之子而存心杀他，让他修缮粮仓而撤梯烧仓，让他淘井而推土填井。窘，受困。廪，谷仓。 ⑧伊尹：商汤的贤相，相传他曾经是汤妃的陪嫁奴隶，背着鼎（锅）、俎（zǔ）（砧板）做饭的人。 ⑨傅说（yuè）：殷王武丁贤相，遇武丁前，曾隐居在傅险（即傅岩，地名，在今山西平陆东）为人筑墙。 ⑩吕尚：即辅佐武王建立周王朝的姜太公，相传他七十多岁时，还在棘津（地名，在今河南境内）以卖食物为生。 ⑪夷吾：辅助齐桓公成就霸业的管仲，曾遭囚禁。 ⑫百里：即百里奚，秦穆公贤相，曾卖身为奴，替人养牛。 ⑬"仲尼"以下二句：孔子路过匡地，被误作阳虎（匡人的仇人），几乎遇害；由陈国到蔡，又被围而绝粮。 ⑭菑：同"灾"。 ⑮向：同"享"。 ⑯跖：见《伯夷列传》注。蹻：相传为战国时期的大盗。 ⑰"窃钩"以下四句：语出《庄子·胠箧》。 ⑱侪：同类。 ⑲间者：这里指杰出的人才。 ⑳延陵：吴公子季札。见本书《季札观周乐》。孟尝：齐国孟尝君田文。春申：楚国春申君黄歇。平原：赵国平原君赵胜。信陵：魏国信陵君魏无忌。以上四人是战国时期有名的四公子。 ㉑排摈：排斥，摒弃。 ㉒朱家、田仲、王公、剧孟、郭解：汉初很有社会影响的游侠。 ㉓扞（hàn）：违犯。文罔：指法律禁令。罔，同"网"。 ㉔比周：互相勾结。 ㉕猥（wěi）：滥，杂。

译文

韩非子说："儒生利用经书扰乱法制，游侠依仗武力触犯禁令。"两种人都受到韩非子指责，可是儒生却被世人称赞。至于那些以儒术取得宰相、公卿、大夫职位的人，他们辅佐国君，功绩和名声都已载入史册，因此再没有什么可说的了。像季次、原宪，他们是里巷平民，勤苦读书，怀抱独善其身的君子之德，坚守正义，不肯与世俗苟合，当世之人也讥笑他们。所以季次、原宪终生住在陋室草屋里，连粗劣的衣食都得不到满足。他们已经去世四百余年，后世的儒生却不断地怀念他们。如今的游侠，他们的行为虽不合于国家的法制，但是他们说话必守信用，办事必有结果，已经许诺的事情一定诚心诚意去办，不惜牺牲自己的生命，去解救别人的危难。在使面临危亡的人得以保全，面临死亡的人得以生存之后，他们不炫耀自己的才能，耻于夸耀自己的恩德，游侠也有值得称道的地方啊！

况且，危急的事情人们常常会遭遇到。太史公说：从前舜被

卷之五 汉文

困于谷仓和井底，伊尹背着锅子和砧板做厨役，傅说隐匿在傅岩做泥工，吕尚困在棘津卖食，管仲被戴着手铐脚镣遭囚禁，百里奚给别人饲养牛，孔子在匡地受到威胁，在陈蔡绝粮而面有饥色。这些都是读书人所说的有道德的仁人，他们尚且遭到这种灾难，何况处在动荡衰微的乱世的普通人呢？他们遭遇的祸害又哪里说得完啊！俗话说："怎么知道仁义？得到了他的好处，他就是有德的人。"伯夷认为周人灭商可耻，因而饿死在首阳山，但周文王、周武王的功德并不因为这个缘故而被贬损；盗跖、庄蹻残酷暴戾，但他们的党徒却对他们的义气称颂无穷。由此看来，"窃钩之人受到诛杀，窃国之人封为王侯。只要是王侯家门，就有仁义存在。"这可不是假话。现在那些偏狭的学士抱着短浅的道义，长期孤立于世，哪里比得上那些议论不高、跟随时俗、与世沉浮而获取声誉的人啊！那些平民出身的游侠之辈，信守取予承诺，他们的义气千里传诵，为别人牺牲生命，不顾世人的非难，这也有他们的长处，并不是随便就可以做到的！所以士人在困厄窘迫之时能把性命托付给他们，这难道不是人们所说的圣贤豪杰一类杰出人物吗！假使让乡曲里巷的游侠与季次、原宪比较地位和能力，效力当世，那就简直不能同日而语了，要从办事见功效和说话守信用来看，游侠的义气又怎么可以缺少呢？

古代的平民游侠，他们的事迹不得而知了。近代延陵季子、孟尝君、春申君、平原君、信陵君这些人，都因为是王侯的亲属，凭借封地和卿相地位的富有尊贵，招揽天下贤士，扬名诸侯，不能说他们不是贤人。这好比顺风呼喊，声音并没有加大，但是风势把喊声激荡到远处去了。至于民间的游侠，他们只凭修养德行，磨砺名节，使自己名闻天下，而天下没有谁不称赞他们的贤明。这才是很难做到的。但是儒家、墨家都摈弃游侠而不记载他们的事迹。秦朝以前，平民游侠都湮没不闻，我对此深感遗憾。根据我所听说的，汉朝兴起后，有朱家、田仲、王公、剧孟、郭解一班人，虽然他们常常触犯当世的法律禁令，然而他们个人的操守却是廉洁谦让的，有值得称道的地方。他们的名声不是凭空建立起来的，士人依附他们也不是无缘无故的。至于那些跟强宗豪族拉帮结派，互相勾结，凭借钱财役使贫民，仗势欺凌势孤力弱的人，放纵私欲，以求快活，游侠也认为这是耻辱的。我深深惋惜世俗之人对游侠的思想不了解，随随便便地把朱家、郭解和那些豪强暴戾之徒看作一路货色而任意取笑。

赏析

这是司马迁在《史记·游侠列传》篇首对游侠所作的总体分析评价。

本文内容分为三段。第一段，把游侠与汉儒作了对比，认为：儒者以学术取功名，辅佐国君，青史垂名；游侠，其行为虽不合乎朝廷的法度和约束，但他们言行一致，讲求忠信，舍己助人，不炫耀，不期待回报，其行为和品格有许多值得称道的地方。这就旗帜鲜明地为游侠正了名，并将其摆放到与汉儒等同的地位加以称颂，的确难能可贵。

第二段，首先提出对游侠褒贬毁誉的不同标准，指出有"王""侯"与"跖""蹻"两种是非标准。继而论证了"窃国者"与"窃钩者"的道德标准也不同。然后总括说人们所称道的游侠之义不是朝廷的道德，但不可缺少，颇得人心。

第三段，强调指出，如朱家、郭解等游侠之士，其道德品质高尚，值得称颂；同时，又指出那些欺凌孤弱、结伙劫财的豪暴之徒，与游侠不是一类，不可同日而语。从而再次照应了观点，划清了界线。

全篇文章，以明显的歌颂态度为游侠正名，为其树碑立传，充分表现出司马迁对游侠的好感和敬佩。同时，司马迁歌颂游侠，事实上也就批判了镇压游侠的专制王朝，把自己摆在游侠一边，与专制主义统治相对抗。因此，本篇序文具有反专制、反强暴、颂反抗、争自由的进步思想倾向。

卷之五 汉文

滑稽列传

《史记》

孔子曰："六艺于治一也①。《礼》以节人，《乐》以发和，《书》以导事，《诗》以达意，《易》以神化，《春秋》以道义。"太史公曰：天道恢恢②，岂不大哉！谈言微中，亦可以解纷。

淳于髡者，齐之赘婿也，长不满七尺，滑稽多辨③，数使诸侯，未尝屈辱。

齐威王之时，喜隐，好为淫乐长夜之饮，沉湎不治，委政卿大夫。百官荒乱，诸侯并侵，国且危亡，在于旦暮。左右莫敢谏。淳于髡说之以隐曰："国中有大鸟，止王之庭，三年不蜚又不鸣④，王知此鸟何也？"王曰："此鸟不蜚则已，一蜚冲天；不鸣则已，一鸣惊人。"于是乃朝诸县令长七十二人，赏一人，诛一人，奋兵而出。诸侯振惊，皆还齐侵地，威行三十六年。语在《田完世家》中⑤。

威王八年，楚大发兵加齐。齐王使淳于髡之赵，请救兵，赍金百斤⑥，车马十驷，淳于髡仰天大笑，冠缨索绝。王曰："先生少之乎？"髡曰："何敢！"王曰："笑岂有说乎？"髡曰："今者臣从东方来，见道旁有穰田者⑦，操一豚蹄，酒一盂，而祝曰：'瓯窭满篝⑧，污邪满车⑨，五谷蕃熟，穰穰满家⑩。'臣见其所持者狭而所欲者奢，故笑之。"于是齐威王乃益赍黄金千镒，白璧十双，车马百驷。髡辞而行，至赵，赵王与之精兵十万，革车千乘。楚闻之，夜引兵而去。

威王大说，置酒后宫，召髡赐之酒。问曰："先生能饮几何而醉？"对曰："臣饮一斗亦醉，一石亦醉。"威王曰："先生饮一斗而醉，恶能饮一石哉？其说可得闻乎？"髡曰："赐酒大王之

259

前，执法在旁，御史在后⑪，髡恐惧俯伏而饮，不过一斗径醉矣。若亲有严客，髡帣韝鞠䞈⑫，侍酒于前，时赐余沥，奉觞上寿，数起，饮不过二斗径醉矣。若朋友交游，久不相见，卒然相睹，欢然道故，私情相语，饮可五六斗径醉矣。若乃州闾之会⑬，男女杂坐，行酒稽留，六博投壶⑭，相引为曹⑮，握手无罚，目眙不禁⑯，前有堕珥，后有遗簪，髡窃乐此，饮可八斗而醉二参⑰。日暮酒阑，合尊促坐⑱，男女同席，履舄交错⑲，杯盘狼籍，堂上烛灭，主人留髡而送客，罗襦襟解⑳，微闻芗泽㉑，当此之时，髡心最欢，能饮一石。故曰：'酒极则乱，乐极则悲。'万事尽然。言不可极，极之而衰。"以讽谏焉。齐王曰："善。"乃罢长夜之饮，以髡为诸侯主客。宗室置酒，髡尝在侧。

注释

①六艺：六经，也就是下文的《礼》《乐》《书》《诗》《易》和《春秋》，为儒家经典。　②恢恢：宽阔广大的样子。　③滑（gǔ）稽：指说话圆转自如，外似平易，内藏睿智。　④䖟：同"飞"。　⑤《田完世家》：《史记》篇名。　⑥赍（jī）：把物送人。　⑦禳（ráng）：同"禳"，祈祷鬼神消灾。　⑧瓯窭（ōujù）：狭小的高地。　篝（gōu）：竹笼，指盛粮器具。　⑨污邪（xié）：地势低洼的田。　⑩穰（ráng）穰：形容五谷丰饶。　⑪御史：这里指监视酒政、纠察失仪的官。　⑫帣：同"卷"。韝（gōu）：袖笼。鞠䞈（jì）：躬身下跪。䞈，同"跽"。　⑬州闾：乡里。　⑭六博：古代的一种棋，双方各执六子。投壶：将箭投入壶中，以投中多少定胜负的游戏。　⑮为曹：结伴。曹，辈。　⑯眙（chì）：直视。　⑰参：同"三"。　⑱尊：盛酒之器。　⑲舄（xì）：木屐。　⑳襦（rú）：短袄。　㉑芗泽：同"香泽"，香气。

译文

孔子说："六艺对于治理国家来说作用一样。《礼记》用来节制人的言行，《乐经》用来促进社会和谐，《书经》记述往事用来供人借鉴，《诗经》用来表情达意，《易经》用来发现事物的神明变化，《春秋》用来阐明道义。"太史公说：宇宙的规律恢宏广阔，难道不大吗！言谈能巧妙切中要害，也可以解除纷扰。

淳于髡是齐国人招赘的女婿，身高不满七尺，说话巧妙，善于辩论，屡次出使诸侯国，从未受屈而有辱使命。

齐威王在位时，喜欢隐语，喜欢无节制地作乐，通宵饮酒，沉溺酒色，不理国事，把政事都委托给公卿大夫。百官政事荒疏、混乱，诸侯纷纷入侵，齐国危急，亡国只在旦夕之间。身边的臣僚无人敢进谏。淳于髡用隐语对齐威王说："国中有一只大鸟，停息在大王的宫廷，三年不飞也不鸣，大王知道这只鸟为什么这样吗？"威王说："这只鸟不飞则罢，一飞就冲上天去；不鸣则罢，一鸣惊人。"于是齐威王就召见全国各县的官长七十二人，赏了一人，杀了一人，振奋军队出战。诸侯震惊，都把侵占的土地归还给齐国，齐国的声威持续了三十六年。这些事记载在《田完世家》中。

齐威王八年，楚国大举发兵进犯齐国。齐威王派淳于髡出使到赵国去请求救兵，让他带上黄金百斤、车马十乘作礼物，淳于髡仰天大笑，笑得系在下巴颏下的帽带子都断了。齐威王说："先生认为礼品太少了吗？"淳于髡说："怎么敢！"威王说："仰天大笑又怎么解释呢？"淳于髡说："今天我从东方来，看见路旁有一个祈求田地丰收的人，他拿着一只猪蹄和一壶酒，祷告说：'高坡上狭小的瘦地，收的谷物装满大筐，低洼的渍水田，收的谷物装满车子，五谷丰登，粮食堆满我家。'我看见他拿来祭祀的东西太少而希望得到的东西太多，所以笑他。"于是齐威王就把礼品增加到黄金一千镒，白璧十双，车马一百乘。淳于髡辞别威王而去，到了赵国，赵国借给齐国精兵十万，战车千乘。楚国听到这个消息，连夜撤兵而去。

威王非常高兴，在后宫摆下酒宴，召见淳于髡，赐给他酒喝。威王问："先生能饮多少酒才醉呢？"淳于髡答道："我饮一斗酒会醉，饮一石酒也醉。"威王说："先生饮一斗酒就醉了，怎么能饮一石呢？其中的道理可以说出来听听吗？"淳于髡说："在大王面前喝您赏赐的酒，监视酒政的官站在旁边，纠察失仪的官站在后面，我胆战心惊，俯身伏地而饮，饮不到一斗就醉了。倘若父亲有贵客，我卷起袖子躬身跪着，在他们面前侍奉饮酒，他们时时赏赐我残酒，我举杯祝酒，屡次起身，饮不到两斗酒就醉了。如果是朋友交往，好久不见，突然相逢，高兴地叙述往事，互吐衷肠，可以饮五六斗酒才醉。至于乡里集会，男女混杂坐在一起，行酒缓慢，还下棋、投壶，互相招呼，结为一群，握妇女的手不受责罚，目不转睛地注视她们也无人禁止，前面有掉下的耳饰，后面有遗落的发簪，我心中暗自高兴，可以饮上八斗才有二三分醉。傍晚时分，酒席将散，把壶里的剩酒合在一起，大家挤在一块儿坐，男女同席，鞋子、木屐纵横满地，杯子、盘子乱七八糟，堂上的烛光熄灭了，主人留下我而送走其他的客人，侍女解开丝罗短袄的衣襟，可以隐隐闻到一股香味，这个时候，我心里感到最欢乐，能够饮一石酒。所以说：'饮酒过度就会生乱，玩乐过头就会生悲。'一切事情都是如此。这话说明事情不能走到极端，走到极端就会衰败。"淳于髡以此讽谏齐威王。齐威王说："好！"于是取消了通宵达旦的夜饮，任命淳于髡做接待诸侯的主客大夫。齐国的王族宗室举行酒宴时，淳于髡常常在场监督。

赏析

《史记·滑稽列传》记叙了战国时期齐国的淳于髡、楚国的优孟、秦国的优旃等滑稽之士的传闻逸事。

本篇文章即由《滑稽列传》的序言和淳于髡的故事组合而成。

序言部分，通过孔子对六艺政治功用的概括，表明六艺在政治上的作用是一致的，即有益于世。与此相对举，司马迁评价滑稽之士："谈言微中，亦可以解纷。"即是说，滑稽之士的诙谐谈言，也颇中事机，可以解纷乱，也有益于世。其政治功用，正与六艺相同。对滑稽之士作了充分肯定和高度评价。

淳于髡的事迹，则围绕"滑稽"二字，描述淳于髡的机智诙谐，打哑谜，作比喻，谈体验。先后劝谏齐威王奋发图强、增加财物向赵国借兵、罢长夜之饮，最终取得显著成效的故事。突出了淳于髡能言善辩、机智诙谐的个性特征，表现了司马迁的欣赏、赞美之情。

文章叙事写人，简练精彩、生动传神。淳于髡幽默风趣的言谈举止，其富于形象性、哲理性和启发性的深刻见解，给人留下了深刻的印象，令人拍案叫绝、感佩不已。

货殖列传序
《史记》

《老子》曰："至治之极，邻国相望，鸡狗之声相闻，民各甘其食，美其服，安其俗，乐其业，至老死不相往来。"必用此为务，挽近世[①]，涂民耳目[②]，则几无行矣。

太史公曰：夫神农以前，吾不知已。至若《诗》《书》所述，虞夏以来，耳目欲极声色之好，口欲穷刍豢之味[③]，身安逸乐，而心夸矜势能之荣，使俗之渐民久矣[④]，虽户说以眇论[⑤]，终不能化。故善者因之，其次利道之，其次教诲之，其次整齐之，最下者与之争。

夫山西饶材、竹、穀、纑、旄、玉石[⑥]，山东多鱼[⑦]、盐、漆、丝、声色，江南出楠、梓、姜、桂、金、锡、连、丹沙、犀、瑇瑁、珠玑、齿、革[⑧]，龙门、碣石北多马、牛、羊、旃裘、筋角[⑨]，铜、铁则千里往往山出棋置。此其大较也[⑩]。皆中国人民所喜好，谣俗被服、饮食、奉生、送死之具也。故待农而食之，虞而出之[⑪]，工而成之，商而通之。此宁有政教发征期会哉？人各任其能，竭其力，以得所欲。故物贱之征贵，贵之征贱。各劝其业，乐其事，若水之趋下，日夜无休时，不召而自来，不求而民出之。岂非道之所符而自然之验邪[⑫]？

《周书》曰："农不出则乏其食，工不出则乏其事，商不出则三宝绝，虞不出则财匮少[⑬]。"财匮少而山泽不辟矣[⑭]。此四者，民所衣食之原也。原大则饶，原小则鲜。上则富国，下则富家。贫富之道，莫之夺予，而巧者有余，拙者不足。故太公望封于营丘⑮，地潟卤⑯，人民寡，于是太公劝其女功，极技巧，通鱼盐，则人物归之，襁至而辐凑⑰。故齐冠带衣履天下，海岱之间⑱，敛袂而往朝焉⑲。其后齐中衰，管子修之，设轻重九府⑳，则桓公以霸，九合诸侯，一匡天下；而管氏亦有三归㉑，位在陪臣㉒，富于列国之君，是以齐富强至于威宣也。

故曰："仓廪实而知礼节，衣食足而知荣辱㉓。"礼生于有而废于无。故君子富，好行其德；小人富，以适其力。渊深而鱼生之，山深而兽往之，人富而仁义附焉。富者得势益彰，失势则客无所之，以而不乐。谚曰："千金之子，不死于市。"此非空言也。故曰："天下熙熙，皆为利来；天下壤壤㉔，皆为利往。"夫千乘之主，万家之侯，百室之君，尚犹患贫，而况匹夫编户之民乎㉕！

注释

①挽近世：近世。挽，同"晚"。②涂：闭塞。③刍（chú）：以草料饲养的家畜。豢（huàn）：以粮食饲养的家畜。④俗：风气。渐：逐渐侵染。⑤眇（miǎo）论：微妙的道理。⑥山西：今太行山以西的地区。榖（gǔ）：楮树，皮可造纸。纑：苎麻一类野生植物。旄（máo）：牦牛尾，可作装饰。⑦山东：今太行山以东的地区。⑧梓（zǐ）：树木名。连：同"链"，铅矿。犀（xī）：指犀牛角，珍贵药材。瑇瑁（dàimào）：一种像龟的爬行动物，可作装饰品，又作"玳瑁"。玑：不圆的珠。⑨龙门：地名，在今山西河津西北，陕西韩城东北。碣石：山名，在今河北境内。旃（zhān）：同"毡"，一种毛织物。筋角：制弓的原料。⑩大较：大略。⑪虞：虞人，古代掌管山林水泽的官，这里泛指开发山林资源的人。⑫验：验证。⑬匮（kuì）：缺乏。⑭辟：开发。⑮营丘：古代地名，故地在今山东昌乐东南。⑯潟（xì）卤：土壤含盐碱重。⑰襁（qiǎng）：穿钱的绳子。辐：车轮中间集中于车毂上的直木。⑱岱：泰山。⑲敛袂（mèi）：整理衣袖。⑳轻重：贮积货币调节物价。九府：掌管钱币的九个官府。㉑三归：见《管晏列传》。㉒陪臣：诸侯对天子称臣，诸侯大夫对自称陪臣。㉓"仓廪"二句：语出《管子·牧民》篇。㉔壤壤：同"攘攘"，形容纷乱。㉕编户：编入户口册的平民。

译文

《老子》说："天下盛世达到了顶点之时，邻国可以彼此望见，鸡鸣狗吠的声音可以互相听到，老百姓都认为各自的食物甘美，衣着漂亮，安于他们的习俗，乐于他们的事业，直到老死都不互相来往。"如果一定要以此为要务，改变近世的风气，堵塞人民的耳目，这几乎是行不通的。

太史公说：神农以前的情形，我不知道。至于《诗经》《尚书》记叙的情形，从虞夏以来，人们的耳目想尽情享受声色的美好，口中希望尽享肉食的美味，身体贪图安逸舒适，而心里却夸耀着权势的光荣，这种风气浸染民众已经很久了，即使用老子高妙的言论去挨户劝说，也终究不能有所改变。所以最好的办法是顺其自然，其次是因势利导，再其次是教育他们，又其次是约束他们，最下等的办法是与民争利。

太行山以西的地区盛产木材、竹子、楮树、野麻、旄牛尾和玉石，太行山以东的地区多产鱼、盐、漆、丝和音乐美色，长江以南出产楠木、梓木、姜、桂、金、锡、铅、丹砂、犀牛角、玳瑁、珠玉、象牙、皮革，龙门、碣石以北盛产马、牛、羊、毡裘、筋角，铜和铁分布千里，往往逢山便有，像棋子一样密布。这只是大略情况。这些物产都是中原人民所喜爱的，是世人穿着、饮食、养生、送死的东西。所以要靠农民生产才有吃的，靠虞人才能开发山林资源，靠工匠才能制成器物，靠商人才能使物产流通。这难道有政令教化去征发召集吗？人们各自发挥自己的能力，竭尽自己的力量，来获得他们想要得到东西。所以物价低贱了，生产运输的人少，预兆着价格上涨，物价昂贵了，生产和运来的必多，预兆着价格下降。人们各自勉力从事工作，喜欢自己所做的事情，就好像水向下流，日夜不停，不用召集而自己会来，不用索求而自己把东西拿出。难道这不是符合规律而自然发生的证明吗？

《周书》说："农民不种出压稼就缺乏粮食，工匠不做工就缺乏器用，商人不出来经商就会使粮食、器用、钱财三样宝贵的东西断绝交流，虞人不开发山泽资源就缺乏财源。"财源缺乏就使山林水泽不能得到开发了。农、工、商、虞四个方面，是人民衣食的本源。本源大就财富多，本源小就财富少。这四个方面，上可以富国，下可以富家。贫和富的门路，没有谁能剥夺和给予，聪明的人富足有余，笨拙的人衣食不足。从前姜太公吕望封在营丘，土地含盐碱很重，人口稀少，于是太公鼓励百姓致力于纺织刺绣，充分发挥技能技巧，经营鱼和盐，于是各地的百姓和财物纷纷归往齐国，像钱串一样，络绎不绝，像车辐集中，八方汇聚。所以齐国制造的帽子、带子、衣服、鞋子遍布天下，东海到泰山之间的诸侯整饰衣袖恭谨地前往朝拜。后来，齐国中道衰落，管仲出来修明了太公望的政治，设置调节经济的九府，桓公因此而成为诸侯的霸主，多次召集诸侯，一举匡正天下，而管仲也有三归台，他的职位是诸侯的大夫，而他的财富却超过诸侯国的国君，从此齐国的富强一直延续到威王和宣王。

所以说："粮仓充足，百姓才知晓礼节，衣食丰足才知晓荣辱。"礼产生于富有，废弃于贫穷。所以君子富有，好行仁德；小人富有，可以尽力。潭深，鱼就会在里面生长；山深，野兽才会在那里出没；人富，仁义就会依附于他们。富有的人得势就会更加显赫，失势则客人也不去了，因而很不高兴。有句谚语说："家有千金的人，不会犯法处死在街市。"这不是没有根据的说法。所以说："天下和乐热闹，都是为获利而来；天下喧闹纷乱，都是为获利而往。"兵车千乘的国王，食邑万户的诸侯，食邑百家的大夫，尚且还要担心贫穷，何况是普通百姓、编入册籍的平民呢？

赏析

本文选自《史记·货殖列传》的篇首部分，是司马迁从大量的社会现象中，考察了人们从事的各种活动的终极动机所得出的结论，典型地体现了司马迁关于社会生产和交换方面的经济思想。

文章内容，分为五段。

首先，文章明确指出老子小国寡民的思想已不能适应社会的发展，是行不通的。

其次，从社会历史的角度考察了人们对物质文化财富的态度，阐明追求物质利益是人类的本性，古今一概。要人们放弃物质追求，徒劳而无益。

再次，论证了人类追求物质利益的活动，不是任何政治力量和说教所能强制改变的，因此，整个社会的经济活动，必待"农而食之，虞而出之，工而成之，商而通之"。而这一切社会经济活动，和自然征候一样，有自身的必然性，合于一定的"道"（即自然、社会的客观规律）。

再次，司马迁具体考证了齐国充分利用自然资源，实行社会分工，开展生产与交换等经济活动，从而富国强民的情况，为自己的经济观点提供了有力的证据。

最后，文章再一次明确强调了人类的本性就是要追求物质利益。照应观点，戛然作结。

以上所有论述，其中心在于以"富""利"二字考察人类社会经济活动和人们的社会心理，为普通劳动者谋取富、利制造舆论。它们集中地反映了司马迁重视社会经济活动、主张发展工商经济的朴素唯物论思想，值得称赞和重视。

太史公自序
《史记》

太史公曰："先人有言：'自周公卒，五百岁而生孔子。孔子卒后，至于今五百岁，有能绍明世①，正《易传》，继《春秋》，本《诗》《书》《礼》《乐》之际。'意在斯乎！意在斯乎！小子何敢让焉！"

上大夫壶遂曰②："昔孔子何为而作《春秋》哉？"太史公曰："余闻董生曰③：'周道衰废，孔子为鲁司寇④，诸侯害之，大夫壅之⑤，孔子知言之不用，道之不行也，是非二百四十二年之中⑥，以为天下仪表，贬天子，退诸侯，讨大夫，以达王事而已矣。'

子曰：'我欲载之空言，不如见之于行事之深切著明也。'夫《春秋》，上明三王之道，下辨人事之纪，别嫌疑，明是非，定犹豫，善善恶恶，贤贤贱不肖，存亡国，继绝世，补敝起废，王道之大者也。《易》著天地、阴阳、四时、五行，故长于变。《礼》经纪人伦，故长于行。《书》记先王之事，故长于政。《诗》记山川、溪谷、禽兽、草木、牝牡、雌雄，故长于风。《乐》乐所以立，故长于和。《春秋》辨是非，故长于治人。是故《礼》以节人，《乐》以发和，《书》以道事，《诗》以达意，《易》以道化，《春秋》以道义。拨乱世反之正，莫近于《春秋》。《春秋》文成数万，其指数千[7]，万物之散聚，皆在《春秋》。《春秋》之中，弑君三十六，亡国五十二，诸侯奔走不得保其社稷者不可胜数。察其所以，皆失其本已。故《易》曰：'失之毫厘，差以千里。'故曰：'臣弑君，子弑父，非一旦一夕之故也，其渐久矣。'故有国者，不可以不知《春秋》，前有谗而弗见，后有贼而不知。为人臣者，不可以不知《春秋》，守经事而不知其宜[8]，遭变事而不知其权。为人君父，而不通于《春秋》之义者，必蒙首恶之名。为人臣子，而不通于《春秋》之义者，必陷篡弑之诛，死罪之名。其实皆以为善为之，不知其义，被之空言而不敢辞。夫不通礼义之旨，至于君不君，臣不臣，父不父，子不子。君不君则犯，臣不臣则诛，父不父则无道，子不子则不孝。此四行者，天下之大过也，以天下之大过予之，则受而弗敢辞。故《春秋》者，礼义之大宗也。夫礼禁未然之前，法施已然之后，法之所为用者易见，而礼之所为禁者难知。"

壶遂曰："孔子之时，上无明君，下不得任用，故作《春秋》，垂空文以断礼义，当一王之法。今夫子上遇明天子，下得守职，万事既具，咸各序其宜。夫子所论，欲以何明？"太史公曰："唯唯，否否，不然。余闻之先人曰：'伏羲至纯厚[9]，作《易》八卦；尧舜之盛，《尚书》载之，礼乐作焉；汤武之隆，诗人歌之；《春秋》采善贬恶，推三代之德，褒周室，非独刺讥而已也。'汉兴以来，至明天子，获符瑞[10]，建封禅[11]，改正朔[12]，易服色[13]，受命于穆清[14]，泽流罔极[15]，海外殊俗，重译款塞[16]，

卷之五　汉文

请来献见者不可胜道。臣下百官，力诵圣德，犹不能宣尽其意。且士贤能而不用，有国者之耻；主上明圣而德不布闻，有司之过也。且余尝掌其官，废明圣盛德不载，灭功臣世家贤大夫之业不述，堕先人所言，罪莫大焉！余所谓述故事，整齐其世传，非所谓作也，而君比之于《春秋》，谬矣。"

于是论次其文，七年而太史公遭李陵之祸⑰，幽于缧绁⑱。乃喟然而叹曰："是余之罪也夫！是余之罪也夫！身毁不用矣！"退而深惟曰："夫《诗》《书》隐约者，欲遂其志之思也。昔西伯拘羑里⑲，演《周易》；孔子厄陈、蔡⑳，作《春秋》；屈原放逐，著《离骚》；左丘失明㉑，厥有《国语》；孙子膑脚㉒，而论兵法；不韦迁蜀㉓，世传《吕览》；韩非囚秦㉔，《说难》《孤愤》；《诗》三百篇，大抵贤圣发愤之所为作也。此人皆意有所郁结，不得通其道也，故述往事，思来者。"于是卒述陶唐以来㉕，至于麟止㉖，自黄帝始。

注释

①绍：继。　②壶遂：与司马迁同时代的人，与司马迁一起编定《太初历》。　③董生：指董仲舒，西汉哲学家，今文经学大师，倡导"罢黜百家，独尊儒术"。　④司寇：官名，掌管刑狱纠察。　⑤壅（yōng）：堵塞。　⑥是非：褒贬评论。二百四十二年：孔子删定《春秋》，跨越历史242年。　⑦指：同"旨"，意蕴。　⑧经事：常事。　⑨伏羲：传说中的古代帝王，相传八卦即为伏羲所作。　⑩符瑞：上天所降的祥瑞。相传汉武帝曾捉获一只白麒麟，被识为上天所降的祥瑞。　⑪封禅：古代帝王在泰山祭祀天地的典礼。　⑫正朔：指历法。正，一年中的第一天；朔，一月中的第一天。古代改朝换代，帝王修改正朔记年。　⑬服色：指各种服用器物的颜色。古代改朝换代，规定本朝崇尚的正色，以作为服用器物的颜色。　⑭穆清：指上天。　⑮周：无。　⑯重译：辗转翻译。款塞：叩关。款，叩；塞，关塞。　⑰李陵之祸：李陵事详见本书《报任安书》。　⑱缧绁（léixiè）：捆绑犯人的绳索。　⑲西伯：即周文王。文王被商纣王拘禁在羑里，推演八卦为六十四卦，为《周易》主体。　⑳厄（è）：困厄，灾难。孔子周游列国，从陈到蔡，被围困而断粮，返回鲁国后作《春秋》。　㉑左丘：即左丘明，春秋时期鲁国史官，据说《国语》为左丘明所作。　㉒孙子：战国时期著名军事家，遭庞涓妒忌而被割去膝盖骨。膑（bìn）：割去膝盖骨的酷刑。　㉓不韦：即吕不韦，

269

曾做秦始皇丞相，因获罪罢职，贬谪蜀郡，曾召集宾客编《吕氏春秋》。 ㉔韩非：战国末期韩国公子，到秦国后，被李斯陷害，死于狱中。生前著《说难》《孤愤》等，辑入《韩非子》一书。 ㉕陶唐：唐尧。尧初居陶丘，后迁唐地，所以称陶尧、唐尧、陶唐氏。 ㉖麟：鲁哀公于十四年（前481）猎获麒麟，孔子认为麟出非时，停止撰写《春秋》，汉武帝于元狩元年（前122）获白麟，司马迁模仿《春秋》，将《史记》止于这一年。

译文

太史公说："先父说过：'从周公死去五百年后有了孔子。孔子死去以后，到现在五百年了，有谁能够继续叙述太平盛世的历史，考定《易传》，续写《春秋》，探求《诗经》《尚书》《礼记》《乐经》的本源呢？'这意思就是在此时吧！意思就是在此时吧！我小子怎敢推让啊！"

上大夫壶遂说："从前孔子为什么写《春秋》呢？"太史公说："我听董生说：'周朝政治衰微，孔子做鲁国司寇，诸侯害怕他，大夫排挤他，孔子知道自己的话没有人采用，政治主张不能实行，于是就对二百四十二年的历史论断是非，作为天下的标准，贬抑天子，斥责诸侯，声讨大夫，以此来阐明王道罢了。'孔子说：'我想把观点记载在空泛的言论中，还不如表现在具体的事件中深切显明。'《春秋》这部书，上则阐明夏禹、商汤、周文王治世的道理，下则辨明人事的纲纪，判别嫌疑，明辨是非，消除犹豫，褒扬善行，谴责邪恶，称道贤人，鄙视不肖，保存灭亡国家的历史，继承断绝的世系，补救敝政，兴起废缺，这是王道的重大内容。《易》说明天地、阴阳、四时、五行，所以擅长于讲变化。《礼》阐述人伦关系，所以擅长于讲品行。《书》记载先王的事迹，所以擅长于讲政治。《诗》记述山川、溪谷、禽兽、草木、雌雄、男女，所以擅长于讲风化。《乐》建立礼乐的根据，所以擅长于讲和谐。《春秋》辨明是非，所以擅长于讲治人。因此，《礼》用来节制人的行为，《乐》用来抒发和畅的感情，《书》用来叙述往事指导政事，《诗》用来表情达意，《易》用来阐明变化，《春秋》用来阐明道义。把乱世挽回到正道上来，没有比《春秋》更贴近的了。《春秋》文字几万，要义几千，万事万物的

卷之五 汉文

分合变化，都在《春秋》之中。《春秋》这部书中，弑君的有三十六次，亡国的有五十二个，诸侯逃跑流亡不能保住他的国家的多得无法计算。考察其中的原因，都是因为失去了根本。所以《易》说：'失之毫厘，差以千里。'又说'臣弑君，子弑父，不是一朝一夕的原因，它的起始和发展已经很久了。'所以做国君的，不可以不知道《春秋》，不然，前面有谗人而看不见，后面有奸贼而不知道。做臣子，不可以不知道《春秋》，不然，掌管日常事务而不知道适当地处理，遭逢事情变化而不知道权衡轻重缓急。做君主、做父亲的，如果不通晓《春秋》的意义，一定会蒙受首恶的罪名。做臣子、做儿子的，如果不通晓《春秋》的意义，一定会陷入篡位弑君弑父而受诛戮，得到一个死罪的名声。其实他们都认为是好事才去做，只是因为不懂得《春秋》要义，结果做错了，被加上法律条文上的罪名而不敢推卸。不通晓礼义的要旨，弄得国君不像国君，臣子不像臣子，父亲不像父亲，儿子不像儿子。国君不像国君就会受到臣子的侵犯，臣子不像臣子就会受到诛戮，父亲不像父亲就是无道，儿子不像儿子就是不孝。这四种行为，是天下最大的过错，用天下最大过错的罪名加在他们身上，他们也只能承受而不敢推卸。所以《春秋》是礼义的本源啊。礼要防范于坏事发生之前；法要施行于坏事发生之后。法纪的作用容易被人看见，而礼教的预防作用却难于被人们了解。"

壶遂说："孔子的时代，上面没有圣明的君主，下面的人才不得任用，所以创作《春秋》，传下文章来断定礼义，当作一种王法。如今先生您上遇圣明的天子，下面的人能够坚守职位，万事都已具备，全都各得其所。先生的论著，想用来阐明什么呢？"太史公说："嗯，嗯，不对，不对，不是这样的。我听先父说：'伏羲的时代最纯厚，创作了《易经》的八卦；尧舜的时代最兴盛，《尚书》记载了它，礼乐兴起于那时；商汤、周武王的时代很兴隆，诗人作诗来歌颂；《春秋》称赞善人，贬斥恶人，推崇夏、商、周三代的盛德，褒扬周朝，不单是讽刺而已。'汉朝兴起以来，到当今的圣明天子，获麒麟，封泰山，改历法，变服色，受命于上天，恩泽流传无穷，海外不同风俗的国家通过辗转翻译，入关请求进献拜见的不可胜数。臣子百官，竭力颂扬圣德，还不能说尽他们心中的情意。士人贤能而不任用，是国君的耻辱；天子圣明而他的仁德不能广泛传播，是主管其事的官吏的过错。并且我曾经担任太史令这种官职，废弃天子的明圣和盛德不予记载，埋没功臣世家贤大夫的功业不加记述，背弃先父的遗教，罪过没有比这更大的啊！我所以说的是叙述过去的事情，整理相传的史料，不是所谓创作，先生把它和《春秋》相比，是不对的。"

于是整理编写这些文章，过了七年，太史公遭到李陵之祸，幽禁狱中。于是深深地叹息道："这是我的罪孽啊！这是我的罪孽啊！身体毁伤没有用了！"退一步仔细思考说："《诗》《书》隐约含蓄的原因，是想表达他们的思想啊。从前西伯被拘禁在羑里，推演了《周易》；孔子在陈、蔡遭受困厄，创作了《春秋》；屈原被流放，写下了《离骚》；左丘双目失明，才有《国语》；孙子被割掉膝盖骨，才写了兵法；吕不韦贬谪到蜀国去，世上才流传他的《吕览》；韩非囚禁在秦国，才有《说难》《孤愤》；《诗》三百篇，大都是有才能的人为了抒发他们的忧愤而作的。这些人都是意气郁结，不能实行自己的主张，所以记述往事，希望未来的人借此了解自己。"于是我终于记述了陶唐以来的事情，下以当今天子捉获麒麟为止，上自黄帝开始。

赏析

《太史公自序》是《史记》七十列传之一，也是整部《史记》的序言。它主要记叙了司马迁的生平活动，以及创作《史记》的目的、动机、准备经过、指导思想、结构安排，概述各篇主旨，品评人物，总结历史，探讨规律，等等。实际上，本文是一篇作者的自叙传和写作《史记》的纲要细目。

本文选录自《太史公自序》的第一部分。文章以对话的形式，阐明了司马迁创作《史记》的目的、动机和宗旨，抒发了司马迁忍辱含垢、发愤著书、叙述历史、垂鉴后世的愤郁之情和奋发之志。

文章内容可分三部分。首先，记叙父亲临终遗言，表达自己效法周公、孔子的宏伟志向，充满着历史学家的使命感。其次，以对话方式，赞颂《春秋》所引起的巨大社会历史作用，委婉而明确地表明了自己效法《春秋》而创作《史记》的动机，表现出极大的热忱。最后，阐明自己所处的社会条件和创作《史记》的宗旨。其重点，在于联系历史上周公、孔子、屈原、韩非等人发愤著书、名垂后代的史事，强调了自己创作《史记》是抒愤之作，是为了"述往事，思来者"。这就表明：《史记》不是奉命之制，也不是媚世之作，而是叙述历史，垂鉴后世；并且，可以自由地表达看法，发抒愤懑，不惟封建最高统治者的意志是从。

文章笔带锋芒，语含感情，文辞高古庄重，具有浓厚的抒情色彩，给人以很大的感染和激励力量。

报任安书

司马迁

太史公牛马走司马迁再拜言①，少卿足下：

曩者辱赐书②，教以慎于接物，推贤进士为务。意气勤勤恳恳③，若望仆不相师④，而用流俗人之言。仆非敢如此也。仆虽罢驽⑤，亦尝侧闻长者之遗风矣。顾自以为身残处秽，动而见尤⑥，欲益反损，是以独抑郁，而谁与语？谚曰："谁为为之？孰令听之？"盖钟子期死，伯牙终身不复鼓琴⑦。何则？士为知己者用，女为说己者容。若仆大质已亏缺矣⑧，虽才怀随、和⑨，行若由、夷⑩，终不可以为荣，适足以见笑而自点耳⑪。书辞宜答，会东从上来，又迫贱事，相见日浅，卒卒无须臾之闲得竭志意⑫。今少卿抱不测之罪⑬，涉旬月，迫季冬⑭，仆又薄从上雍⑮，恐卒然不可为讳⑯，是仆终已不得舒愤懑以晓左右，则长逝者魂魄私恨无穷。请略陈固陋。阙然久不报[17]，幸勿为过。

仆闻之：修身者，智之符也；爱施者，仁之端也；取予者，义之表也；耻辱者，勇之决也；立名者，行之极也。士有此五者，然后可以托于世，而列于君子之林矣。故祸莫憯于欲利[18]，悲莫痛于伤心，行莫丑于辱先，诟莫大于宫刑。刑余之人，无所比数[19]，非一世也，所从来远矣。昔卫灵公与雍渠同载，孔子适陈[20]；商鞅因景监见，赵良寒心[21]；同子参乘，袁丝变色[22]。自古而耻之。夫中材之人，事有关于宦竖[23]，莫不伤气，而况于慷慨之士乎？如今朝廷虽乏人，奈何令刀锯之余，荐天下之豪俊哉！

仆赖先人绪业[24]，得待罪辇毂下[25]，二十余年矣。所以自惟：上之，不能纳忠效信，有奇策材力之誉，自结明主；次之，又不能拾遗补阙，招贤进能，显岩穴之士；外之，不能备行伍，攻城野战，有斩将搴旗之功[26]；下之，不能积日累劳，取尊官厚禄，以为宗族交游光宠。四者无一遂，苟合取容，无所短长之效[27]，可见于此矣。向者仆亦尝厕下大夫之列[28]，陪奉外廷末议[29]，不以此时引纲维[30]，尽思虑，今已亏形为扫除之隶，在闒茸之中[31]，乃欲仰首伸眉，论列是非，不亦轻朝廷羞当世之士邪？嗟乎！嗟乎！如仆尚何言哉！尚何言哉！

且事本末未易明也。仆少负不羁之才，长无乡曲之誉。主上幸以先人之故，使得奏薄伎，出入周卫之中[32]。仆以为戴盆何以望天[33]，故绝宾客之知，亡室家之业，日夜思竭其不肖之才力，务一心营职，以求亲媚于主上。而事乃有大谬不然者！夫仆与李陵，俱居门下[34]，素非能相善也。趋舍异路，未尝衔杯酒，接殷勤之余欢。然仆观其为人，自守奇士，事亲孝，与士信，临财廉，取与义，分别有让，恭俭下人，常思奋不顾身以殉国家之急。其素所蓄积也，仆以为有国士之风。夫人臣出万死不顾一生之计，赴公家之难，斯已奇矣。今举事一不当，而全躯保妻子之臣，随而媒蘖其短[35]，仆诚私心痛之。且李陵提步卒不满五千，深践戎马之地，足历王庭，垂饵虎口，横挑强胡，仰亿万之师，与单于连战十有余日[36]，所杀过当。虏救死扶伤不给，旃裘之君长咸震怖[37]，乃悉征其左右贤王[38]，举引弓之人，一国共攻而围之。转斗千里,矢尽道穷,救兵不至,士卒死伤如积。然陵一呼劳军,士无不起,躬自流涕,沫血饮泣③,更张空拳④,冒白刃,北向争死敌者。陵未没时,使有来报,汉公卿王侯皆奉觞上寿⑪。后数日,陵败书闻,主上为之食不甘味,听朝不怡,大臣忧惧,不知所出。仆窃不自料其卑贱,见主上惨怆怛悼⑫,诚欲效其款款之愚⑬。以为李陵素与士大夫绝甘分少⑭,能得人之死力,虽古之名将不能过也。身虽陷败,彼观其意⑮,且欲得其当而报于汉。事已无可奈何,其所摧败,功亦足以暴于天下矣。仆怀欲陈之而未有路,适会召问,即以此指推言陵之功⑯,欲以广主上之意,塞睚眦之辞⑰。未能尽明,明主不晓,以为仆沮贰师⑱,而为李陵游说,遂下于理⑲。拳拳之忠,终不能自列⑳。因为诬上,卒从吏议。家贫,货赂不足以自赎,交游莫救视,左右亲近不为一言。身非木石,独与法吏为伍,深幽囹圄之中,谁可告愬者㉑!此真少卿所亲见,仆行事岂不然乎?李陵既生降,颓其家声,而仆又佴之蚕室㉒,重为天下观笑。悲夫!悲夫!事未易一二为俗人言也。

仆之先,非有剖符丹书之功㉓,文史星历㉔,近乎卜祝之间,固主上所戏弄,倡优所畜,流俗之所轻也。假令仆伏法受诛,若九牛亡一毛,与蝼蚁何以异?而世俗又不能与死节者次比,特以为智穷罪极,不能自免,卒就死耳。何也?素所自树立使然也。人固有一死。死,或重于泰山,或轻于鸿毛,用之所趣异也。太上不辱先,其次不辱身,其次不辱理色㉕,其次不辱辞令,其次诎体受辱㉖,其次易服受辱㉗,其次关木索、被箠楚受辱㉘,其次剔毛发、婴金铁受辱㉙,其次毁肌肤、断肢体受辱,最下腐刑极矣!传曰㉚:"刑不上大夫。"此言士节不可不勉励也。猛虎在深山,百兽震恐,及在槛阱之中㉛,摇尾而求食,积威约之渐也㉜。故士有画地为牢,势不可入,削木为吏,议不可对,定计于鲜也。今交手足,受木索,暴肌肤,受榜箠,幽于圜墙之中。当此之时,见狱吏则头抢地,视徒隶则心惕息㉝。何者?积威约之势也。及以至是,言不辱者,所谓强颜耳,曷足贵乎?且西伯,伯也,拘于羑里㉞;李斯,相也,具于五刑㉟;淮阴,王也,受械于陈⑥；彭越、张敖⑦，南面称孤，系狱抵罪；绛侯诛诸吕，权倾五伯，因于请室⑧；魏其，大将也，衣赭衣，关三木⑨；季布为朱家钳奴⑩；灌夫受辱于居室⑪。此人皆身至王侯将相，声闻邻国，及罪至罔加⑫，不能引决自裁，在尘埃之中。古今一体，安在其不辱也？由此言之：勇怯，势也；强弱，形也。审矣！何足怪乎？夫人不能早自载绳墨之外⑬，以稍陵迟⑭，至于鞭箠之间，乃欲引节，斯不亦远乎？古人所以重施刑于大夫者，殆为此也。

　　夫人情莫不贪生恶死，念父母，顾妻子。至激于义理者不然，乃有所不得已也。今仆不幸，早失父母，无兄弟之亲，独身孤立，少卿视仆于妻子何如哉？且勇者不必死节，怯夫慕义，何处不勉焉？仆虽怯弱，欲苟活，亦颇识去就之分矣，何至自沉溺缧绁之辱哉？且夫臧获婢妾⑮，犹能引决，况仆之不得已乎？所以隐忍苟活，幽于粪土之中而不辞者，恨私心有所不尽，鄙陋没世而文采不表于后世也。

　　古者富贵而名磨灭，不可胜记，唯倜傥非常之人称焉。盖文王拘，而演《周易》；仲尼厄，而作《春秋》；屈原放逐，乃赋《离骚》；左丘失明，厥有《国语》；孙子膑脚，兵法修列；不韦迁蜀，世传《吕览》；韩非囚秦，《说难》《孤愤》⑯；《诗》三百篇，大底贤圣发愤之所为作也。此人皆意有所郁结，不得通其道，故述往事，思来者。乃如左丘无目，孙子断足，终不可用，退而论书策以舒其愤，思垂空文以自见。仆窃不逊，近自托于无能之辞，网罗天下放失旧闻，略考其事，综其终始，稽其成败兴坏之纪，上计轩辕，下至于兹，为十表，本纪十二，书八章，世家三十，列传七十，凡百三十篇。亦欲以究天地之际，通古今之变，成一家之言。草创未就，会遭此祸，惜其不成，是以就极刑而无愠色。仆诚已著此书，藏之名山，传之其人，通邑大都，则仆偿前辱之责⑰，虽万被戮，岂有悔哉！然此可为智者道，难为俗人言也！

　　且负下未易居⑱，下流多谤议⑲。仆以口语，遇遭此祸，重为乡党所戮笑，以污辱先人，亦何面目复上父母之丘墓乎？虽累百世，垢弥甚耳！是以肠一日而九回，居则忽忽若有所亡，出则不知其所往。每念斯耻，汗未尝不发背沾衣也。身直为闺阁之臣㉚，宁得自引深藏岩穴邪？故且从俗浮沉，与时俯仰，以通其狂惑㉛。今少卿乃教以推贤进士，无乃与仆私心刺谬乎㉜？今虽欲自彫琢曼辞以自饰㉝，无益，于俗不信，适足取辱耳。要之，死日然后是非乃定。

书不能悉意，略陈固陋。谨再拜。

注释

①牛马走：像牛马般被驱使的仆人，这是司马迁的自谦词。走，等于说仆人。 ②曩（nǎng）：从前，过去。 ③意气：情意语气。 ④望：怨。仆：我。 ⑤罢：同"疲"。驽：劣马。 ⑥尤：过，指责、责备。 ⑦钟子期、伯牙：都是春秋时楚人。伯牙善弹琴，钟子期最能欣赏了解他的琴音。后来钟子期死了，伯牙破琴断弦，终身不再弹琴，以为世无知音。 ⑧大质：身体。 ⑨随：指随侯珠。和：指和氏璧。都是古代珍宝。 ⑩由：许由。夷：伯夷。见本书《伯夷列传》。 ⑪点：污。 ⑫卒卒（cùcù）：同"猝猝"，匆忙急迫的样子。 ⑬少卿：即任安，字少卿，西汉荥阳人。征和二年，戾太子发兵杀江充等，当时任安任北军使者护军（监理京城禁卫军北军的官），太子命令任安发兵，任安接受了命令，但闭门不出。太子事平，任安被判腰斩（即下文所指"不测之罪"），后来获赦。 ⑭迫季冬：靠近十二月。汉律，十二月处决犯人。 ⑮雍：地名，在今陕西凤翔南。 ⑯不可为讳：死的婉辞，指任安死。 ⑰阙：同"缺"。 ⑱憯（cǎn）：同"惨"。 ⑲比：比并，放在一起。数（shǔ）：计算。 ⑳"昔卫灵公"下两句：卫灵公和他的夫人同车出游，请宦官雍渠同车，孔子坐后面的车。孔子感到很耻辱，说："我没见过像好色那样好德的。"于是离开了卫国。 ㉑"商鞅"下二句：商鞅是靠秦孝公宠信的宦官景监引见而得官的。赵良，当时秦之贤者。他认为商鞅得官的方法不当，曾劝说商鞅引退，商鞅不听。 ㉒"同子"下二句：同子指汉文帝的宦官赵谈，司马迁为避父讳，改称他为同子。袁丝：姓袁，名盎，丝是字。汉文帝时人，官至太常，他任中郎时，见赵谈参乘，就伏在汉文帝的车前谏阻，说："我听说天子只和天下的豪杰英雄同车。"参乘：陪坐在车上。变色：这里指严肃、郑重。 ㉓竖：宫廷供役使的小臣。 ㉔绪业：遗业。 ㉕待罪：即做官，谦词。辇毂下：皇帝的车驾之下，代称京城。 ㉖搴（qiān）：拔取。 ㉗无所短长：等于说无所长，即无所建树。 ㉘厕：夹杂，谦词。下大夫：周代大史属下大夫，这里是谦词。 ㉙外廷：汉代把官员分为外朝官（丞相以下至六百石）和中朝官（大司马、侍中等）。太

史令属外朝。 ㉚纲维：指国家的法令。 ㉛阘茸（tàróng）：下贱，指下贱的人。 ㉜周卫：即宫禁。 ㉝戴盆何以望天：戴着盆子与望天，二者不可得兼。比喻自己一心营职，就无暇再管私事。 ㉞李陵：汉景帝、汉武帝时名将李广的孙子，善射骑。李陵曾任侍中，司马迁当时任太史令，都是能出入宫门的官。 ㉟媒糵其短：把李陵的过失酿成大罪，指陷人于罪。媒，酒麹。糵，同"蘖"，也是酒麹。 ㊱单（chán）于：古代匈奴对其君王的称呼。 ㊲旃裘：匈奴人穿的衣服，借指匈奴。旃，同"毡"。 ㊳左右贤王：左贤王、右贤王，都是匈奴王之号。 ㊴沬（huì）血：以血洗脸，等于说血流满面。 ㊵弮（quān）：弩弓。 ㊶上寿：进酒献祝辞。一般是指在宴会上向尊者进酒祝寿。这里指祝捷。 ㊷惨怆（chuàng）怛（dá）悼：都是悲伤的意思。 ㊸款款：忠诚的样子。 ㊹绝甘分少：好的东西自己不要，稀罕的东西分给别人。 ㊺彼观其意：观彼之意。 ㊻指：意思。 ㊼睚眦（yázì）：怒目而视。 ㊽贰师：指贰师将军李广利，其妹为武帝宠妃，贰师本是当时大宛国的地名。太初元年（前104），武帝派李广利至该地夺取良马，因而以贰师为广利之号。征和三年，武帝派李广利征匈奴，令李陵为助。李广利出兵祁连山，李陵率五千步卒出居延北，李陵被围，李广利却按兵不动。所以武帝就以为司马迁有心诋毁李广利。 ㊾理：指大理，掌诉讼刑狱之事。 ㊿列：陈述。 ○51想：同"诉"。 ○52佴（èr）：居次。蚕室：指像蚕室那样的密封之室。受过官刑的人怕风寒，所居之室必须严密而温暖，就像养蚕的屋子一样。 ○53剖符丹书：古代君王颁发给功臣的凭证。后世子孙可凭此免罪。 ○54文史星历：都是太史令掌管的事。星，指天文。历，历算。 ○55理色：指脸面。 ○56诎：通"屈"。指被捆绑、囚禁时身体屈曲。 易服：换上赭色的罪人衣服。 ○58关：指戴上。木：指枷。索：绳。被：遭受。箠：杖。楚：荆条。 ○59剔：同"剃"。剃去头发，即髡（kūn）刑。婴金铁：以铁圈束颈，即钳（qián）刑。婴，绕。 ○60传：指古书，这里指《礼记》。 ○61槛：养兽之圈（juàn）。 ○62渐：浸渍，指浸渍的结果。 ○63徒隶：狱卒。惕：怕。息：喘息。 ○64拘于羑里：见《太史公自序》注。 ○65五刑：割鼻、斩左右脚、打杀、斩首、把骨肉剁成肉酱。 ○66"淮阴"三句：韩信被封为楚王，有人告他谋反，刘邦用陈平计，扬言游幸云梦，韩信到陈地迎谒，刘邦便乘机逮捕了他。淮阴，指淮阴侯韩信。受械，受刑。 ○67彭越：高祖时的功臣，封为梁王，后来怕他谋反，用计把他逮捕下狱。后被吕后所杀。张敖：汉高祖功臣张耳之子，继父爵封为赵王。因被诬告谋反而被囚禁。 ○68"绛侯"三句：汉惠帝和吕太后死后，诸吕专权，图谋颠覆汉朝，周勃与陈平等共诛诸吕，拥立文帝，后被人诬告，曾一度下狱。诸吕，指刘邦的妻子吕太后的亲族吕产、吕禄等。请室，请罪之室。 ○69"魏其"四句：魏

卷之五 汉文

其侯窦婴在平定七国之乱中有大功，后与丞相田蚡不和，下狱，被杀。赭衣，囚犯的衣服。三木，颈、手和足上的刑具。 ⑦季布为朱家钳奴：季布，项羽的将领。项羽失败后，刘邦缉捕项羽的将领季布，季布剃发变服，自卖与大侠朱家为奴。 ⑦灌夫受辱于居室：武帝时的将军灌夫，因得罪丞相田蚡，拘在居室。居室，官署名。 ⑦罔加：受到法令的制裁。罔，同"网"，法网。 ⑦绳墨：这里指法律。 ⑦以：同"已"。稍：渐。陵迟：颓败。 ⑦臧获：泛指奴隶。 ⑦"盖文王拘"以下十四句：见本书《太史公自序》注⑲—㉔。 ⑦责：同"债"。 ⑦负下：背负罪名的情况下。 ⑦下流：下贱。 ⑧闺阁之臣：指宦官。 ⑧通其狂惑：疏散自己的烦闷。 ⑧剌（là）谬：违背。 ⑧曼辞：好听的话。曼，美。

译文

太史公牛马之仆司马迁再拜陈说，少卿足下：

以前承蒙您赐给我书信，指教我谨慎地待人接物，把推荐贤才当作自己的要紧事。信中的情意和语言诚恳真挚，如果您责备我不听您的指教，而遵循世俗之人的话，我实在不敢如此。我虽然才能低劣，也曾经从旁听到过您的遗风。只是自己认为遭受腐刑而身残，处在宦官的可耻地位，稍有举动就被人指责，想对事情有所补益，结果反而招来损害，因此独自愁苦郁闷，又能向谁诉说？俗话说："为谁而为之？叫谁来听从？"钟子期死后，伯牙终身不再弹琴。为什么呢？士人为知己出力，女子为喜爱她的人打扮。像我这样的人，身体已经残缺了，即使所怀之才如随侯珠、和氏璧，德行如许由、伯夷，终究不能以此为荣，正好被人耻笑而自取侮辱。来信应该答复，适逢我跟随皇帝东巡回来，忙于卑贱琐碎的事务，彼此见面的时间很少，忙忙碌碌，没片刻空闲，现在可以让我对您尽吐胸怀。如今少卿遭逢不测之罪，过一个月，就到了处决犯人的十二月，我又将忙着跟随着皇帝到雍地去祭祀，恐怕您突然遭受不幸，这样我将终不能向您抒发自己的愤懑之情，使您与世长辞的灵魂抱怨无穷。因此，请让我向您简略地陈述偏狭浅陋的意见。您的信久未答复，请不要见怪。

我听说：修养本性，是智的表现；施人以爱，是仁的开端；不苟取舍，是义的表现；懂得耻辱，是勇的标志；树立名声，是行的极致。士人具有这五种品德，然后可以立身于世，排在有道君子的行列。所以祸患没有比贪求私利更悲惨的，悲哀没有比心灵受伤更痛苦的，行为没有比辱没祖先更丑恶的，耻辱没有比宫刑更大的。在宫刑之下获得余生的宦者，地位不能和任何人相比，这不是一个时代的事情，已经是由来已久的了。从前卫灵公与宦官雍渠同乘一辆车子，孔子感到耻辱而离开卫国去陈国；商鞅因为依靠宦官景监的引见而做官，贤人赵良为之寒心；宦官赵谈与汉文帝一起坐车，大臣袁丝严正谏阻。自古以来人们就鄙视宦官。即使那些只有一般才能的人，事情牵涉到宦官，尚且都要挫伤意气，何况那些慷慨有志之士呢？如今朝廷虽然缺乏人才，又怎能让受过宫刑的人，去推荐天下的英才豪杰啊！

我依赖祖先的遗业，能够在京城做官，已经二十余年。我自己想：对上，我不能奉献自己的忠信，不具有奇谋异才的声誉，没取得皇帝的信任；其次，又不能拾君王遗漏，补君王过失，举荐贤能，使那些隐居岩穴的隐士得到任用；对外，不能在军队的行列中充数，攻打城池，野外作战，立下斩将拔旗的功劳；对下，不能在平日积下功劳，取得高官厚禄，为宗族亲友增光。这四个方面没有一样有成就，只能随声迎合取得欢心，无所建树，由此可见我的无能了。从前我也曾厕身于下大夫的行列，在外廷奉陪，发表些微不足道的议论，没有在那时整顿纲常法纪，尽自己的一份心力，而今残缺之躯，成为打扫台阶的差役，处在下贱的地位，竟想昂首扬眉，议论是非，这不是轻视朝廷，羞辱当代的士人吗？唉！唉！像我这样的人还说什么啊！还说什么啊！

事情的本末是不容易弄明白的。我少年时缺乏非凡的才能，长大后没有得到乡里人的称誉。幸蒙皇上因我祖先的缘故，使我能贡献自己微薄的技能，在宫廷之中出入。我认为头戴木盆又怎么可以抬头望见天空，所以断绝与宾客的交游，忘掉家里的私事，日夜思量竭尽自己低劣的才能和力量，一心一意地努力做好本职工作，以期得到皇上的亲近和信任。然而事情却大大出乎自己的愿望，情况完全相反！我和李陵，同在朝廷供职，平时相处并不亲密。我们的爱好和志趣不同，不曾在一起饮过一杯酒，很少亲密地在一起欢乐相处。但是我看李陵的为人,是一个能够守住自己节操的奇士。他侍奉父母很孝顺,与士人交往守信用,处理钱财很廉洁,对待取舍讲义气,分别尊卑,谦让有礼,态度恭俭,对人谦卑,经常想着奋不顾身,以生命去殉国家的危难。这是他平时养成的,我认为他具有国士风范。做人臣的,能出于万死而不顾一生的考虑,奔赴国家的危难,这已经不同凡响了。现在办事一不恰当,那些只顾保全性命和妻子儿女的臣子,便立即夸大他的过失,我私下确实感到痛心。况且,李陵率兵不满五千人,深入匈奴的兵马之地,足迹到达匈奴王廷,犹如在虎口边投下诱饵,向强大的匈奴勇猛挑战,向居高临下的众多敌军进攻,与匈奴单于接连交战十多天,所杀敌军超过了自己军队的人数。敌人连救死扶伤都来不及,匈奴的君主和长官都感到震惊恐怖,于是全部征集左贤王、右贤王的兵士,发动会射箭的人,举国进攻而包围了李陵。李陵辗转奋战千里,箭射完了,归路断绝,救兵不来,士卒死伤遍野。然而李陵振臂一呼,勉励士兵,士兵无不奋起,大家流着眼泪,满面血污,暗暗哭泣,又张着空弓,冒着白刃,向着北面争先与敌人决一死战。李陵的军队没有覆没时,使者来朝廷报捷,汉朝的公卿王侯都举杯祝贺。几天后,李陵兵败的战报传来,皇上为之感到饮食无味,上朝听政很抑郁烦恼,大臣担忧害怕,不知如何是好。我没有私下考虑自己地位卑贱,看见皇上悲伤愁苦确实想奉献自己诚挚的愚见。我认为李陵一向与士兵军官同甘共苦,能够使人为他效死卖力,就是古代的名将也不能超过他。他虽然因战败而身陷匈奴,看他的意图,是想得到适当的时机来报效汉朝。战事已经无可奈何,但他大大挫败匈奴之兵,功劳也足以清楚地显示于天下。我想把心中这些愚见禀告皇上而没有机会,适逢皇上召见询问,我就把这些意见禀告皇上以说明李陵的功劳,想借此宽解皇上的思虑,堵塞诋毁李陵的坏话。我没有完全说明白,皇上没有理解,以为我是在诋毁贰师将军李广利,为李陵辩护,于是把我交给廷尉审判。我的耿耿忠心,终于不能表白,因此我犯了诬上的罪名,结果皇上听从了狱吏的判决,定为宫刑。我家里贫穷,没有财物可以用来赎罪，朋友也没有营救的，皇上左右亲近的人也不替我讲一句话。人不是木头石块，独自落入狱吏手中，深深囚禁在监牢里，痛苦向谁诉说啊！这确实是少卿您亲眼看见的，我的遭遇难道不是这样吗？李陵已经活着投降，败坏了他家族的名声，而我又随后被置于蚕室，更被天下人围观耻笑。悲痛啊！悲痛啊！这事真难对俗人述说一二。

　　我的祖先，没有立下不朽的功勋可以让子孙免罪，掌管文史资料和天文历法，近乎卜官和巫祝之类，这原本不过是国君所戏弄，像乐工伶人一样养起来，为世俗之人所轻视的职务。假使我伏法被杀，不过犹如九牛而丢失一毛，同蝼蚁蚂蚁有何不同？而世俗之人又不能把我的死与坚守气节而死的人相比，只认为我计穷智短，罪大恶极，因此无法免罪，结果自赴死路。为什么呢？是向来地位低贱所造成的。人总有一死。有的死得重于泰山，有的死得轻于鸿毛，这是因为死的价值不同。首先不能辱没祖先，其次不能辱没自身，其次不能侮辱脸面，其次不能被人用言辞来侮辱，再次是被捆绑身体受辱，再次是换上囚犯的赭衣受辱，再次是戴上木枷、被人杖打受辱，再次是剃光头发、颈戴铁圈受辱，再次是毁坏肌肤、砍断肢体受辱，最下等的是处以腐刑受辱，这是最大的耻辱啊！《礼记》说："刑不上大夫。"这是说士大夫的气节不可不勉励啊。猛虎在深山，百兽震慑害怕，待落入兽圈陷阱中时，就摇尾巴向人求食，这是人对它长期施以威力约制渐渐使它驯服下来的。所以士人中有画地为牢也绝不进入的，有即使木制的狱吏来审罪，也绝不去面对他的，而是早有定见，准备未遇刑就自杀，以免受侮辱。如今手足交叉，戴上木枷，暴露肌肤，遭受杖打，深深囚禁在监牢之中，在这个时候，看见狱吏就用头撞地磕头，看见狱卒就胆战心惊。为什么呢？这是长期的威力约制造成的。到了这种地步，还说不受辱，这就是人们说的厚脸皮了，还有什么尊贵的呢？西伯周文王是诸侯的首领，曾被关押在羑里；李斯是秦国的丞相，受尽了五种残酷的刑罚；淮阴侯韩信被封为楚王，在陈地戴上镣铐；彭越、张敖，身为王侯，被关入监狱抵罪；绛侯周勃诛灭吕太后的家族，权势超过五霸，后来却被囚于请室；魏其侯窦婴是大将军，后来却穿上了罪犯的赭衣，颈上、手上、足上都戴上了木枷；楚将季布受髡钳的刑罚后卖给朱家为奴；灌夫因为得罪丞相田蚡而在居室中受到侮辱。这些人都位至王侯将相，名声远扬邻国，等到降罪处罚，不能下决心自杀，结果落入狱中。这种情形古今一样，哪里有不遭受侮辱的呢？照此说来，勇敢和怯弱，是地位决定的；强大和弱小，是形势决定的。这很清楚，有什么值得奇怪的呢？人不能趁早自杀，以逃避法律制裁，志气逐渐衰颓，等到遭受鞭打之时，才想到保全气节而自杀，这不是已经晚了吗？古人之所以对士大夫慎重施刑，原因大概就在这里吧。

人之常情没有不贪生厌死，思念父母，顾念妻子和儿女的。至于那些被义理所激发的人又有所不同，那是有不得已之处。而今我却不幸，父母早亡，没有兄弟，孑然一身，孤立于世。少卿您看到我对妻儿又怎么样呢？勇敢的人不一定为气节而死，怯弱的人若仰慕道义，又何处不能勉励自己呢？我虽然怯弱，想苟活下去，也颇懂得舍生就义的道理，为什么竟至于自己落到关入监狱而遭受侮辱的地步呢？而且那些奴才和婢妾，尚且能够自杀殉节，何况我已到了不得已的境况之中呢？我之所以暗暗地忍受侮辱，苟且偷生，囚禁在粪土一样肮脏的环境而不拒绝苟活，是遗憾自己心中的意愿没有完全实现，耻了此一生而著作不能传于后世。

古代那些富贵而名声磨灭的人，多得没法记载，只有那些卓越不凡的人才名垂后世。文王拘囚在羑里而推演《周易》，孔子遭受困苦而写作《春秋》，屈原遭到放逐而创作《离骚》，左丘明失明而编写《国语》，孙子被割掉膝盖骨而著述兵法，吕不韦放逐到蜀地而世上流传《吕览》，韩非子被囚在秦国而有《说难》《孤愤》，《诗经》三百篇，大都是圣明贤能的人为了抒发胸中的愤懑而作的。这些人都是情意郁结，理想不得实现，因此记述往事，希望未来的人以此作为鉴戒。就好像左丘明瞎了眼睛，孙子断了双足，终究不能为世所用，才退下来著书立说以抒发他们心中的愤懑，希望留下这些文章来表现自己的才能和主张。我私下不谦逊，近来凭借自己笨拙的文辞，搜罗天下的逸闻轶事，略微加以考订，综述它们的本末，考察它们的成败兴亡规律，上从轩辕黄帝开始，下止于当今，写了表十篇，本纪十二篇，书八篇，世家三十篇，列传七十篇，共计一百三十篇。还想用以探求天和地的关系，通晓古今的变化，成为有独立见解的一家之言。草稿尚未完成，恰好遭到这场大祸，因惋惜这部书不能完成，所以受到极严厉的刑罚也没有怨恨。倘若我果真著成这部书，藏在名山之中，传给可传的人，流传到通都大邑，那么我就偿还了先前忍受侮辱的旧债，届时即使被杀万次，难道还有什么后悔！然而这些话只能对聪明的人讲，很难对世俗的人谈啊！

　　负罪的人不易立身处世，下贱的人多遭怨谤非议。我因讲了几句话而遭遇这场祸患，深为乡里耻笑，并且侮辱了祖先，还有什么面目再到父母的坟前？即使过了百代，侮辱也会更加厉害！因此我愁肠一日九转，在家迷惘，若有所失，外出又不知去哪里。每每想到这种耻辱，没有不汗流浃背、沾湿衣裳的。身为宦官，又岂能自己引退到深山之中去做隐士呢？所以只好随着世俗浮沉，随着时势上下，从而宣泄心中极度的烦闷。而今少卿指教我推举贤士，这不是与我私下的想法相背吗？现在我即使想自己选用美丽的言辞来粉饰自己，也是无益的，世俗之人不会相信，反而正好自取耻辱。总之，死了之后是非才能定论。

　　信中不能完全表达我的心意，只是略微陈述一些浅陋的想法。谨再拜。

赏析

　　本文是司马迁给朋友任安的一封回信，作于太初四年（前101）十一月。

　　司马迁因李陵事件，于天汉三年（前98）受宫刑，出狱以后，任中书令。任安曾写信给他，要他"慎于接物，推贤进士"。司马迁满怀悲愤地写了这封信，把长期积压在心底的痛苦和愤慨一一倾诉出来。

　　司马迁在信中，首先阐明了身处秽残、动而见尤的刑余之人，不足以荐举天下豪俊的原因。然后，叙述了李陵事件的始末，遭受宫刑的缘由，受刑屈辱的过程，对汉朝是非不分、忠奸不辨、严刑峻法、刻暴寡恩，表示了极大的愤慨。继而，剖析了自己隐忍苟活，效法《春秋》，创作《史记》的心曲，并且提出了"人固有一死。死，或重于泰山，或轻于鸿毛，用之所趣异也"的震灼千古的生死观，表示了著《史记》以"述往事，思来者""究天地之际，通古今之变，成一家之言"的宏伟抱负。

　　整封书信，叙事、议论和抒情交织在一起，用各种长短不齐的散句、对偶句和排比，把一腔悲愤表现得淋漓尽致。全文反复曲折，首尾相续，叙事明白，豪气逼人。其感叹啸歌，大有燕赵烈士之风，忧愁幽思，又直与《离骚》对垒。可以说，它是司马迁满腔心血凝成的悲慨放歌。同时，它又是中国古代散文史上最早最长的一篇抒情散文，感人至深，流传广远，影响极大，千古不朽。

卷之六 汉文

高帝求贤诏

西汉文

盖闻王者莫高于周文,伯者莫高于齐桓①,皆待贤人而成名。今天下贤者智能,岂特古之人乎②?患在人主不交故也,士奚由进③?今吾以天之灵,贤士大夫,定有天下,以为一家。欲其长久,世世奉宗庙亡绝也④。贤人已与我共平之矣,而不与吾共安利之,可乎?贤士大夫有肯从我游者,吾能尊显之。布告天下,使明知朕意⑤。御史大夫昌下相国⑥,相国酂侯下诸侯王⑦,御史中执法下郡守⑧。其有意称明德者⑨,必身劝为之驾,遣诣相国府,署行义年⑩。有而弗言,觉免。年老癃病⑪,勿遣。

注释

①伯:同"霸"。 ②特:独,只。 ③奚:何,怎么。 ④亡:同"无"。 ⑤朕(zhèn):皇帝自称。 ⑥御史大夫:官名,执掌监察兼管机要文书,职位仅次于丞相。昌:汉高祖开国功臣周昌,任御史大夫,封汾阴侯。 ⑦酂侯:汉高祖开国功臣萧何,官居丞相,封酂侯。 ⑧御史中执法:又叫御史中丞,是御史大夫的副手。郡守:郡一级的地方行政长官。 ⑨意:名声。称:相符。 ⑩署:填写,登记。义:同"仪",指容貌。 ⑪癃(lóng)病:衰弱多病。

译文

听说行王道的没有人高出周文王,行霸道的没有人高出齐桓公。他们都依靠贤人而成名。当今天下的贤人也很有智慧才能,难道只有古人才有吗?问题在于君主不去结交他们,这样贤士又怎能进用?而今我依靠上天的神灵和贤士大夫的帮助,平定了天下，使天下一统，我希望能长久保持，世世代代奉祀祖先的宗庙而不断绝。贤人已经与我共同平定了天下，而不与我共同使天下安定受益，这样行吗？贤士大夫有愿意跟从我治理天下的，我能够让他尊荣显贵。特将此诏令布告天下，让大家明白我的意思。御史大夫周昌把这个诏令下达给丞相，丞相鄭侯下达给诸侯王，御史中丞下达给各郡的郡守。如果有名声和才德相符的人，郡守应亲自前往劝勉，并为之驾车，送他们到丞相府，登记其经历、容貌和年龄。有贤能之人而郡守不报，发觉之后罢免其官职。年老体弱多病的贤人，则不必送来。

赏析

本文选自《汉书·高帝纪》。

汉高祖刘邦，在楚汉战争中历尽千辛万苦，终于打败了势力强大、不可一世的西楚霸王项羽，建立了西汉王朝。面对秦末动乱造成的千疮百孔的社会现实，刘邦清醒地认识到：依靠武力夺取天下，不能依靠武力来治理天下。因此，他一面大力发展农业生产，一面竭力搜寻人才，以期达到长治久安的目的。

这篇文告，表现了刘邦论功行赏、量才录用的人才思想，表达了他愿意礼贤下士、为国求才的迫切心情和政治远见。

文章内容分为三层。

首先，古今对比，提出得人才者得天下的观点，并以王伯自许，将人才能否尽其才归咎于人主的任用与否，真是高屋建瓴，难能可贵。

其次，公开宣称自己罗致人才的目的是为了汉室的兴旺和长治久安，并坦诚表示愿与天下人才共享太平富贵。以天子之尊，结交人才，屈意求贤，显示出恢宏的气魄和度量。

最后，明文责令有关官吏，从相国、御史大夫到各级官吏，留心察举真正有才的人；若有坐失职守、不荐人才者，一经查实，则免官罢职。心情迫切，态度诚恳，措施有力，辞气斩钉截铁，绝非虚饰空谈之作。

全文宗旨，是求贤任贤。刘邦出身低微，崛起草莽，平日常慢侮儒生；等到天下初定，汉室方兴，于是一反常态，礼遇儒生，刻意求贤，孜孜搜寻，如恐不及，终于使得人才归附，从而推动了当时社会经济、文化的复苏和发展。可以说，汉王朝的巩固和兴旺，正是得人才用人才的结果。这篇《求贤诏》的价值和意义，不可低估！

文帝议佐百姓诏

西汉文

间者数年比不登[1]，又有水旱疾疫之灾，朕甚忧之。愚而不明，未达其咎[2]。意者，朕之政有所失，而行有过与？乃天道有不顺，地利或不得，人事多失和，鬼神废不享与[3]？何以致此？将百官之奉养或费，无用之事或多与？何其民食之寡乏也？夫度田非益寡，而计民未加益，以口量地，其于古犹有余，而食之甚不足者，其咎安在？无乃百姓之从事于末，以害农者蕃[4]，为酒醪以靡谷者多，六畜之食焉者众与？细大之义，吾未能得其中。其与丞相、列侯、吏二千石、博士议之[5]，有可以佐百姓者，率意远思，无有所隐。

注释

①间：近来。比：接连。 ②咎（jiù）：过错。 ③享：祭祀。 ④末：这里指工商业。蕃：多。 ⑤列侯：汉代异姓之臣立功封侯的称列侯。吏二千石：俸禄二千石的官。王室子弟封国的国相及郡守等，均为二千石的官。博士：皇帝的顾问。

译文

近几年农业连续歉收，又有水、旱、疾病、瘟疫等灾害，我对此极为忧虑。我愚昧不明，不知过错何在。想来是我施政有失误，行为有错呢？或者是不顺天道，不得地利，多失人和，废弃

卷之六 汉文

鬼神不祭祀呢？为何弄到这个地步？或许是百官的俸禄太浪费，或许是无用的事情办得太多了吧？为什么百姓的粮食如此缺乏呢？测量田地并未减少，统计人口并未增加，以人口计算土地，比古时还有多余，而粮食却极为匮乏，其中的过错在哪里呢？难道是百姓从事工商业而危害农业的人多了，酿酒浪费谷子多了，六畜吃掉的粮食多了吗？这些大大小小的道理，我没有找到最中肯的。希望与丞相、列侯、二千石的官员和博士共同探讨一下这个问题，有可以帮助百姓的办法，便放开思路，深入考虑，不要隐瞒自己的看法。

赏析

本文选自《汉书·文帝纪》。

这是汉文帝刘恒在连年灾荒、粮食匮乏的形势下，要求群臣提供帮助百姓的对策而颁发的一篇文告。

文章首先回顾了连年的灾荒、粮食歉收的情形，道出了自己的忧虑和反省，表现出关心民生疾苦的迫切心情。然后，追究原因，躬身自问，以一连串的设问，层层进逼，表达了探求天灾频繁、执政失误、耗费过度、百姓贫困、农商颠倒等一系列原因的困惑。仔细体味，其实是强调了"政有所失，而行有过"的焦虑和惶恐。篇末，公开要求百官合议，提出切实可行的利民措施，知无不言、言无不尽，帮助自己更好地治理国家。

文章有为而发，言简意赅。通篇以诘问组成，结构别致。其自责自咎，情辞恳切，充分显示出汉文帝忧国爱民的赤诚之心。后来，文帝采纳了贾谊等人的建议，以农业为立国之本，注重粮食的生产与贮备，贬抑商贾，减轻赋税，与民休息，无为而治，终于取得了经济的恢复发展，迎来了"文景之治"的大好政治局面。

景帝令二千石修职诏

西汉文

雕文刻镂，伤农事者也；锦绣纂组①，害女红者也②。农事伤，则饥之本也；女红害，则寒之原也。夫饥寒并至，而能无为非者寡矣。朕亲耕，后亲桑，以奉宗庙粢盛祭服③，为天下先。不受献，减太官④，省繇赋⑤，欲天下务农蚕，素有畜积，以备灾害。强毋攘弱，众毋暴寡，老耆以寿终⑥，幼孤得遂长⑦。

今岁或不登，民食颇寡，其咎安在？或诈伪为吏，吏以货赂为市，渔夺百姓，侵牟万民⑧。县丞⑨，长吏也，奸法与盗盗⑩，甚无谓也。

其令二千石，各修其职。不事官职，耗乱者⑪，丞相以闻，请其罪。

布告天下，使明知朕意。

注释

①纂组：丝编织的红色带子。　②女红：也作"女工"，指妇女所从事的纺织、针线等。　③粢盛（zīchéng）：盛在祭器内供祭祀用的谷物。粢，指黍稷。　④太官：掌管宫廷膳食的官。　⑤繇：同"徭"，劳役。　⑥耆（qí）：老人，六十为耆。　⑦遂：成长。　⑧牟：谋取。　⑨县丞：县级地方长官，为县令的副职。　⑩与盗盗：帮助强盗抢劫，这里指助长下属侵夺百姓。　⑪耗（mào）乱：昏乱不明。

译文

在器物上雕刻文饰，是伤害农事的；用锦绣编织彩色丝带，是侵害妇女针黹的。农事受到伤害，是饥饿的根源；妇女针黹受到侵害，就是挨冻的根源。饥寒交迫而能够不干坏事的人很少。

卷之六 汉文

我亲自耕田，皇后亲自种桑，用以供奉宗庙祭祀的黍稷和祭服，为天下的人做榜样。我不受贡献，减少太官，减轻徭役赋税，希望天下的人努力从事农业桑蚕，在平时有所积蓄，以便防备灾害。强大的不能侵夺弱小的，人多的不能欺压人少的，老年人得以寿终，幼儿孤儿能够成长。

今年的年成有的地方不好，百姓的粮食很少，那过失究竟在哪里？有的地方狡诈虚伪的人做了官吏，这些官吏用财货做交易，盘剥百姓，侵夺万民。县丞本是县吏之长，却舞弊乱法，助长吏役侵夺百姓，这就完全失去了国家设置县丞的意义了。

我命令二千石的地方官，各自负起职责。对那些不负责任、昏暗不明的人，丞相要向我报告，追究他们的罪责。

特此布告天下，使大家都知道我的意思。

赏析

本文选自《汉书·景帝纪》。

这是汉景帝刘启即位之后，为提倡节俭、整顿吏治而颁布的一篇文告。

文告开门见山，论断奢侈是饥寒之源，而饥寒并至，则天下大乱。紧接着，明言重视农耕，厉行节俭并亲身垂范：带头参加农业耕作，皇后植桑养蚕，不接受老百姓的"献费"，节衣缩食，裁减官员，减轻徭赋，为天下百姓做出表率。然后，严令各地官吏（尤其是郡守、县丞一级的官吏）恪尽职守、奉公守法，不得侵夺百姓，层层整肃吏治。最后，对那些做奸邪之事和助盗为盗的不法官吏，对那些鱼肉百姓、搜刮民脂的贪官污吏，要严加督察，依法问罪。

本篇文告的着眼点是整肃吏治、发展农耕、休养生息，以期达到天下大治。其开篇数言，穷极国家动乱的原委，针针见血，发人深省！而文中抨击"奸法与盗盗"，又不仅切中时弊，而且道破封建社会的千古弊端：府库空虚、百姓穷困、贪官污吏狼狈为奸，这正是国家的最大祸害！

文章言之有物，短小精悍。汉景帝时期，经济繁荣，国力强盛，人民安居乐业，吏治比较洁廉，形成所谓的"文景之治"的大好局面，以这篇文告观之，绝非偶然。

武帝求茂材异等诏

西汉文

　　盖有非常之功，必待非常之人。故马或奔踶而致千里①，士或有负俗之累而立功名。夫泛驾之马②，跅弛之士③，亦在御之而已。其令州郡，察吏民有茂材异等④，可为将相及使绝国者⑤。

注释

　　①奔踶：马不驯服，或狂奔，或踢人。　②泛（fěng）驾：把车弄翻。泛，覆的意思。　③跅（tuò）弛：放荡不羁。　④茂材：优秀人才。异等：才能超凡出众的人。　⑤绝国：极为辽远的邦国。

译文

　　要建立非同寻常的功业，必须依靠非同寻常的人才。有的马奔跑踢人而能行千里；有的士人受到世俗的讥议，却可以建立功名。不受驾驭之马，放纵不羁之士，在于如何驾驭他们罢了。我命令各个州郡考察官吏百姓中具有才能、超越常人、可以担任将相及出使到远方国家去的人才。

赏析

　　本文选自《汉书·武帝纪》。
　　这是汉武帝刘彻为不拘一格任用人才而颁发的一篇文告。
　　汉朝历经高、惠、文、景四朝，其间七八十年的发展生产、休养生息，到汉武帝时，已是经济繁荣、国力强盛，文治和武功都达到西汉的鼎盛时期。据史书记载，当时天下安定，老百姓有吃有穿，城乡的粮仓里装满了粮食，官府里存有数不清的余钱。

在这种富厚的情况下，汉武帝决心广泛搜寻人才，强化文治武功。

这篇文告，命令各州郡负责监察的官吏，破除偏见，打破旧习，不拘一格举荐人才。文告特别列举了那些桀骜不驯、不受拘束、受到世俗讥嘲的人，只要他真有超群出众的才学、能力，就要加以察举、选拔和任用。尤其是那些军事上能够带兵打仗，在行政上出色干练，外交上能出使他国而不辱使命的人，更是不论出身，一律加以重用。

文告言之有物，简短有力，充分体现出汉武帝搜揽人才、强化文治武功的雄才大略，其胸襟、气魄，正与汉高祖刘邦《大风歌》相同。而汉武帝求才任人、不拘资格、务求名实相符的人才观，实开汉代得人的时代风气之先，意义重大，影响深远，至今仍然给人以有益的启示。

贾谊过秦论上

西汉文

秦孝公据殽函之固①，拥雍州之地②，君臣固守，以窥周室，有席卷天下、包举宇内、囊括四海之意，并吞八荒之心③。当是时也，商君佐之④，内立法度，务耕织，修守战之具，外连衡而斗诸侯⑤。于是秦人拱手而取西河之外⑥。

孝公既没，惠文、武、昭蒙故业，因遗策，南取汉中，西举巴蜀，东割膏腴之地，收要害之郡。诸侯恐惧，会盟而谋弱秦。不爱珍器、重宝、肥饶之地，以致天下之士。合从缔交⑦，相与为一。当此之时，齐有孟尝，赵有平原，楚有春申，魏有信陵⑧。此四君者，皆明智而忠信，宽厚而爱人，尊贤而重士。约从离横，兼韩、魏、燕、赵、宋、卫、中山之众。于是六国之士⑨，有宁越、徐尚、苏秦、杜赫之属为之谋，齐明、周最、陈轸、召滑、楼缓、翟景、苏厉、乐毅之徒通其意，吴起、孙膑、带佗、兒良、王廖、田忌、廉颇、赵奢之伦制其兵。尝以什倍之地，百万之众，叩关而攻秦。秦人开关而延敌，九国之师，遁逃而不敢进。秦无亡矢遗镞之费，而天下诸侯已困矣。于是从散约解，争割地而赂秦。秦有余力而制其弊，追亡逐北⑩，伏尸百万，流血漂橹。因利乘便，宰割天下，分裂河山。强国请服，弱国入朝。

施及孝文王、庄襄王，享国之日浅，国家无事。

及至始皇⑪，奋六世之余烈⑫，振长策而御宇内⑬，吞二周而亡诸侯⑭，履至尊而制六合⑮，执敲扑以鞭笞天下⑯，威振四海。南取百越之地⑰，以为桂林、象郡⑱，百越之君，俛首系颈⑲，委命下吏。乃使蒙恬北筑长城而守藩篱⑳，却匈奴七百余里，胡人不敢南下而牧马，士不敢弯弓而报怨。于是废先王之道，燔百家之言㉑，以愚黔首；隳名城㉒，杀豪俊，收天下之兵聚之咸阳㉓；销锋镝㉔，铸以为金人十二㉕，以弱天下之民。然后践华为城㉖，因河为池，据亿丈之城，临不测之溪以为固。良将劲弩，守要害之处，信臣精卒，陈利兵而谁何㉗。天下已定，始皇之心，自以为关中之固，金城千里，子孙帝王万世之业也。

始皇既没，余威震于殊俗㉘。

然而陈涉㉙，瓮牖绳枢之子㉚，氓隶之人㉛，而迁徙之徒也㉜。材能不及中庸，非有仲尼、墨翟之贤㉝，陶朱、猗顿之富㉞。蹑足行伍之间，俛起阡陌之中㉟，率罢弊之卒㊱，将数百之众，转而攻秦。斩木为兵，揭竿为旗㊲。天下云集而响应㊳，赢粮而景从㊴。山东豪俊㊵，遂并起而亡秦族矣。

且夫天下非小弱也，雍州之地，殽函之固，自若也。陈涉之位，不尊于齐、楚、燕、赵、韩、魏、宋、卫、中山之君也；锄耰棘矜㊶，不铦于钩戟长铩也㊷；谪戍之众，非抗于九国之师也；深谋远虑，行军用兵之道，非及曩时之士也㊸。然而成败异变，功业相反。试使山东之国，与陈涉度长絜大㊹，比权量力，则不可同年而语矣。然秦以区区之地，致万乘之权㊺，招八州而朝同列㊻，百有余年矣。然后以六合为家，殽函为宫。一夫作难，而七庙隳㊼，身死人手㊽，为天下笑者，何也？仁义不施，而攻守之势异也。

注释

①秦孝公：秦献公之子，名渠梁。用商鞅变法，使秦富强。殽：山名，在今河南洛宁北，函谷关东。也作"崤"。函：函谷关。在今河南灵宝。②雍州：古代九州之一，包括今陕西北部及甘肃西北部与青海部分地区。③八荒：指八方极远之地。 ④商君：战国时卫国的庶出公子，名鞅，也称卫鞅。因为仕秦而封于商，所以又称商鞅。 ⑤连衡：战国时期秦国瓦解山东六国联合的一种政治策略。也作"连横"。 ⑥拱手：两手相合，不必费力。比喻容易取得的意思。西河之外：指魏国在黄河以西的大片土地。 ⑦合从：战国时，六国从南到北连合起来，缔结盟约，与秦对抗的一种政治策略。也作"合众"。 ⑧孟尝：孟尝君田文。平原：即平原君赵胜。春申：即春申君黄歇。信陵：即信陵君魏无忌。后世并称战国四公子，以招贤纳士著称。 ⑨六国之士：指六国那些才能卓越的人物。以下列举的人都是当时的风云人物，或为谋士，或为军事家，或为外交家，有的事迹已不详。 ⑩亡：逃亡。北：战败。 ⑪始皇：即秦始皇。 ⑫六世：指秦孝公、惠文王、武王、昭襄王、孝文王、庄襄王六代。烈：功绩，功业。 ⑬振：挥动。策：马鞭。御：驾驭，比喻统治天下。 ⑭二周：东周时期的周赧王时，周王室分为东西二周，西周以洛（今河南洛阳）为都城，东周以巩（今河南巩义）为都城。西周灭于秦昭襄王五十一年（前256），东周灭于庄襄王元年（前249）。 ⑮履至尊：登上帝位。履，践。至尊，指天下之位。制：控制。六合：上下与四方，指天下。 ⑯敲、扑：都指杖，短的叫敲，长的叫扑。鞭、笞：都是刑具，这里是鞭打的意思。 ⑰百越：古代南方一些少数民族的总称。 ⑱桂林、象郡：秦王朝设的两个郡。桂林郡为今广西侗族自治区的一部分，象郡在今广东西南部与广西侗族自治区与南部及西部等地区。 ⑲俛：同"俯"，低下。系颈：用绳系在脖子上，表示屈服。 ⑳蒙恬：秦始皇的将领，二世时赐死。藩篱：篱笆，比喻国家的屏障，指长城。 ㉑燔（fán）：焚烧。百家之言：诸子百家的著述。 ㉒黔首：指百姓。 ㉓隳（huī）：毁坏。 ㉔咸阳：秦都城，故城在今陕西咸阳城东。 ㉕镝（dí）：箭头，代指兵器。也作"镝"。 ㉖金人：金属铸造的人像。 ㉗践：登。这里作"据"讲。华：指华山。 ㉘谁何：都是表示询问的词，谁、何连用作动词，表示严加缉查盘问。 ㉙殊俗：不同的风俗。指远方的部族。 ㉚陈涉：又名陈胜，阳城（今河南登封）人。秦末农民起义领袖之一。 ㉛瓮牖（yǒu）绳枢：以破瓮为窗户，以绳索拴门枢，形容居住简陋，比喻陈涉出身微贱。牖，窗户。枢，门轴。 ㉜氓隶：当时对农民和奴隶的贱称。 ㉝迁徙之

徒：指被谪罚而服劳役的人。　㉞墨翟（dí）：即墨子。春秋末期人，为墨家创始人。　㉟陶朱：春秋末越国大夫范蠡的别号。范蠡晚年曾在陶山经商，号称陶朱公。猗（yī）顿：鲁人，范蠡教以畜牧，他就到猗氏（山西临猗南）大畜牛羊，十年而为巨富。　㊱俛起：自下而起。阡陌：田间小路，此指田野。　㊲罢（pí）：同"疲"，困乏。　㊳揭：高举。　㊴云集：如云集合，形容众多。响应：如声响回应，形容快速。　㊵赢：担负。景从：如影随形，比喻归附的人紧紧追随（陈涉）。景，同"影"。　㊶山东：指函谷关、殽山之东。　㊷耰（yōu）：锄柄。棘：棘木。矜：矛柄。　㊸铦（xiān）：锋利。钩戟：带钩的戟。铩（shā）：长矛。　㊹曩（nǎng）：从前。　㊺絜（xiè）：计量事物的粗细。　㊻万乘：周制，天子地方千里，能出兵车万辆，后以"万乘"代指帝位。　㊼八州：古时分天下为九州，这里指秦所据雍州之外的八州，即六国之地。　㊽七庙：祖先七代的庙。古宗法制度，天子祭祀七庙，后以"七庙"代称封建王朝。　㊾身死人手：指秦王子婴为项羽所杀。

译文

秦孝公凭借殽山、函谷关的险固地势，拥有雍州的土地，君臣牢牢地守卫国土，企图夺取周王朝的政权，怀有征服天下、统一全国、囊括四海、吞并八方的野心。就在此时，商鞅辅佐孝公，对内建立法令制度，努力从事耕田织布，制造攻守的武器装备；对外使用连横策略，使诸侯互相争斗。于是，秦国人轻而易举地夺得了黄河以西的大片土地。

孝公去世之后，惠文王、武王、昭襄王继承前代基业，遵循孝公传下来的政策，南面夺取了汉中，西面攻占了巴蜀，东面割据了肥沃的土地，收取了形势险要的州郡。诸侯恐慌害怕，集会结盟商量削弱秦国的办法。他们不惜用珍贵的器用、贵重的财宝和肥沃的土地，招揽天下人才。他们采取合纵策略，缔结盟约，互相结为一体。就在此时，齐国有孟尝君，赵国有平原君，楚国有春申君，魏国有信陵君。此四君，都贤明聪颖而讲忠诚信义，为人宽厚而又爱护他人，尊敬贤者，重视人才。他们相约合纵，瓦解连横，聚集了韩、魏、燕、赵、宋、卫、中山等国的许多人。于是六国的士人中，有宁越、徐尚、苏秦、杜赫之类为他们出谋划策，有齐明、周最、陈轸、召滑、楼缓、翟景、苏厉、乐毅一班人替他们沟通意见，有吴起、孙膑、带陀、倪良、王廖、田忌、廉颇、赵奢之辈给他们统领军队。他们曾经凭借十倍于秦国的土地，率领百万大军，直逼函谷关而进攻秦国。秦国人开关迎敌，九国的军队逃跑而不敢前进。秦国没有损失一支箭，而天下诸侯已经困乏不堪。于是合纵离散，盟约瓦解，各国争先恐后地割让土地，讨好秦国。秦国便有了余力来挟制各国的弱点，追杀败北逃亡的军队，伏尸遍地，流淌的血可以漂起盾牌。秦国趁着有利的形势和时机，宰割天下，分裂侵夺各国的土地。诸侯国中的强国请求归服，弱国前去朝拜。

到孝文王、庄襄王的时候，他们在位的时间短，国家没有出现什么大事。

到秦始皇的时候，他发扬了上面六位君主遗留下来的功业，像挥动长鞭驾驶牲口一样地驾驭天下，吞并东周、西周，灭掉各国诸侯，登上皇帝宝座，控制整个天下，拿着棍子鞭打天下，威风震动四海。他向南进攻夺取了百越的土地，设立了桂林郡和象郡，百越的君主低下头，在颈上系上绳子，把生死交给了秦朝的下级官吏。秦始皇又派遣蒙恬在北面修筑长城以镇守边界，使匈奴后退七百余里，匈奴人不敢南下来牧马，六国之士也不敢弯弓来报仇。于是秦始皇废除先王治国之道，焚烧诸子百家之书，想使百姓愚昧无知；他毁掉有名的城池，杀掉六国豪杰，收缴天下的兵器集中在咸阳；销熔刀箭，铸成十二个金人，以此来削弱天下百姓。然后，以华山作为城墙，凭借黄河作为护城河，拥据亿丈之高的城墙，面临深不可测的护城河，以此作为坚固的屏障。优秀的将领带着强劲的弓弩，在要害的地方守卫，忠实的臣子率领精锐的士卒，拿着锋利的武器查问过往之人。天下已经平定，在秦始皇的心中，自认为关中的牢固，犹若千里铜墙铁壁，这是子子孙孙流传万世的帝王基业。

秦始皇去世之后，他的余威还震动着风俗不同的边远地域。

然而，陈涉不过是贫苦人家之子，耕地仆役之人，征发戍边之辈。才能不及一般人，没有孔子、墨子之贤，缺乏陶朱、猗顿之富。他插足在士卒的队伍之中，在田野中起义造反，率领疲惫的士卒，带领几百个人，掉转头来进攻秦国。斩断树木当作兵器，举起竹竿当作旗帜。天下的百姓像云团那样聚拢，如回响那样应声而起，自己带着粮食像影子跟随形体那样跟着陈涉起义。于是山东的英雄豪杰，一同起兵灭掉了秦王朝。

天下并没有缩小削弱，雍州的土地，殽山、函谷关的险固，依然如故。陈涉的地位，并不比齐、楚、燕、赵、韩、魏、宋、卫、中山的国君尊贵；锄头木棍，不比九国军队的钩戟、长矛锋利；征调去防守边地的人，不比九国的军队强大；深谋远虑，行军用兵的策略，也比不上过去的谋士。然而成败变化，功业相反。如果试以山东的九国同陈涉比量长短大小，比较权势力量，那是不可能相提并论的。然而秦国凭着小小的地盘，夺取了天子的权力，诏令其他八州，使处于同等地位的诸侯入秦朝拜，其间已经一百多年了。然后，秦国以天地四方为私有产业，以殽山、函谷关作为宫墙。可是一个人起来发难，秦朝的宗庙被毁，国君死于他人之手，遭到天下人的耻笑，这是什么原因呢？因为不施行仁义，所以攻守的形势不同了。

赏析

本文选自《贾子新书》卷十。

汉王朝是在秦帝国的迅速灭亡中建立起来的，如何总结历史的教训，免蹈亡秦的覆辙，是汉初政治上的一个重要课题。刘邦曾经要求陆贾"试为我著秦所以失天下"（《史记·陆贾列传》），张释之、贾山、晁错等人都探讨议论过这个问题。贾谊的《过秦论》就是在这种背景下产生的一篇以史论形式出现的政治论文。

过秦，就是指责秦朝的过失。《过秦论》共有三篇，这里选录的是上篇。其文字，《新书》《史记》《文选》等所载也互有异同。

本文内容，分"史"与"论"两大部分。前部分，写秦的兴亡史，摆事实，讲道理，对照比较；后部分，分析论断秦亡的原因，归纳议论，关合照应。篇末"仁义不施，而攻守之势异也"是全文的中心论点，画龙点睛，启人深省。

卷之六 汉文

贾谊的写作意图是借过秦以过汉，希望汉文帝引为鉴戒，推行仁政，缓和阶级矛盾，用以维护和巩固新建的西汉政权。这在当时的历史条件下，堪称识见卓迈，具有积极的意义。对于后世，也有借鉴的作用。

本文在布局结构上，先史后论，据史立论，相互呼应，层次分明，颇具说服力量。"结句见主意"（李耆卿《文章精义》），观点鲜明，一语破的，力量万钧。此外，文章大量运用衬托、对比，铺排夸饰，顿挫抑扬，音节朗畅，"文有赋心，气如河海"（章学诚《答大儿贻选问》），有明显的辞赋化倾向。

整篇文章，立论精辟，识见高迈，议论风发，气势强盛，感情充沛而富于文采，被鲁迅先生推赞为"两汉鸿文"（《汉文学史纲要》）。

贾谊治安策一

西汉文

夫树国固①，必相疑之势，下数被其殃，上数爽其忧，甚非所以安上而全下也。今或亲弟谋为东帝②，亲兄之子西乡而击③，今吴又见告矣④。天子春秋鼎盛⑤，行义未过，德泽有加焉，犹尚如是。况莫大诸侯，权力且十此者乎？

然而天下少安，何也？大国之王，幼弱未壮，汉之所置傅相，方握其事。数年之后，诸侯之王，大抵皆冠⑥，血气方刚，汉之傅相，称病而赐罢⑦，彼自丞尉以上，遍置私人，如此，有异淮南、济北之为邪？此时而欲为治安，虽尧舜不治。黄帝曰："日中必蕙⑧，操刀必割。"今令此道顺而全安甚易，不肯早为，已乃堕骨肉之属而抗刭之⑨，岂有异秦之季世乎⑩？

夫以天子之位，乘今之时，因天之助，尚惮以危为安，以乱为治。假设陛下居齐桓之处，将不合诸侯而匡天下乎？臣又知陛

299

下有所必不能矣。假设天下如曩时，淮阴侯尚王楚⑪，黥布王淮南⑫，彭越王梁⑬，韩信王韩⑭，张敖王赵⑮，贯高为相⑯，卢绾王燕⑰，陈豨在代⑱，令此六七公者皆亡恙⑲，当是时而陛下即天子位，能自安乎？臣有以知陛下之不能也。天下殽乱⑳，高皇帝与诸公并起㉑，非有仄室之势㉒，以豫席之也㉓。诸公幸者乃为中涓㉔，其次廑得舍人㉕，材之不逮至远也。高皇帝以明圣威武，即天子位，割膏腴之地，以王诸公，多者百余城，少者三四十县，德至渥也㉖。然其后七年之间，反者九起㉗。陛下之与诸公，非亲角材而臣之也㉘，又非身封王之也，自高皇帝不能以是一岁为安，故臣知陛下之不能也。

然尚有可诿者曰疏㉙，臣请试言其亲者，假令悼惠王王齐㉚，元王王楚㉛，中子王赵，幽王王淮阳，共王王梁，灵王王燕，厉王王淮南，六七贵人皆亡恙，当是时陛下即位，能为治乎？臣又知陛下之不能也。若此诸王，虽名为臣，实皆有布衣昆弟之心㉜，虑亡不帝制而天子自为者㉝，擅爵人，赦死罪，甚者或戴黄屋㉞，汉法令非行也，虽行不轨如厉王者，令之不肯听，召之安可致乎㉟？幸而来至，法安可得加？动一亲戚，天下圜视而起㊱，陛下之臣，虽有悍如冯敬者㊲，适启其口，匕首已陷其胸矣。陛下虽贤，谁与领此？

故疏者必危，亲者必乱，已然之效也。其异姓负强而动者，汉已幸胜之矣，又不易其所以然。同姓袭是迹而动，既有征矣，其势尽又复然。殃祸之变，未知所移，明帝处之，尚不能以安，后世将如之何？

屠牛坦一朝解十二牛㊳，而芒刃不顿者，所排击剥割，皆众理解也㊴。至于髋髀之所㊵，非斤则斧。夫仁义恩厚，人主之芒刃也；权势法制，人主之斤斧也㊶。今诸侯王，皆众髋髀也，释斤斧之用，而欲婴以芒刃㊷，臣以为不缺则折。胡不用之淮南、济北？势不可也。

臣窃迹前事，大抵强者先反。淮阴王楚，最强，则最先反；韩信倚胡，则又反；贯高因赵资，则又反；陈豨兵精，则又反；彭越用梁，则又反；黥布用淮南，则又反；卢绾最弱，最后反。

卷之六　汉文

　　长沙乃在二万五千户耳，功少而最完，势疏而最忠，非独性异人也，亦形势然也。曩令樊、郦、绛、灌④，据数十城而王，今虽已残亡可也。令信、越之伦，列为彻侯而居④，虽至今存可也。

　　然则天下之大计可知已。欲诸王之皆忠附，则莫若令如长沙王；欲臣子之勿菹醢⑤，则莫若令如樊、郦等；欲天下之治安，莫若众建诸侯而少其力。力少则易使以义，国小则亡邪心。令海内之势，如身之使臂，臂之使指，莫不制从。诸侯之君，不敢有异心，辐凑并进，而归命天子。虽在细民，且知其安，故天下咸知陛下之明。割地定制，令齐、赵、楚各为若干国，使悼惠王、幽王、元王之子孙，毕以次各受祖之分地，地尽而止。及燕、梁他国皆然。其分地众而子孙少者，建以为国，空而置之，须其子孙生者⑯，举使君之。诸侯之地，其削颇入汉者，为徙其侯国，及封其子孙也，所以数偿之。一寸之地，一人之众，天子亡所利焉，诚以定治而已，故天下咸知陛下之廉。地制一定，宗室子孙，莫虑不王，下无倍畔之心⑰，上无诛伐之志，故天下咸知陛下之仁。法立而不犯，令行而不逆，贯高、利几之谋不生，柴奇、开章之计不萌⑱，细民乡善，大臣致顺，故天下咸知陛下之义。卧赤子天下之上而安⑲，植遗腹，朝委裘⑳，而天下不乱，当时大治，后世诵圣。一动而五业附㉑，陛下谁惮而久不为此？

　　天下之势，方病大瘇㉒，一胫之大几如要㉓，一指之大几如股，平居不可屈信㉔，一二指搐，身虑无聊。失今不治，必为锢疾㉕，后虽有扁鹊，不能为已。病非徒瘇也，又苦蹠盭㉖。元王之子，帝之从弟也，今之王者，从弟之子也。惠王之子，亲兄子也，今之王者，兄子之子也。亲者或亡分地以安天下，疏者或制大权以逼天子。臣故曰：非徒病瘇也，又苦蹠盭。可痛哭者，此病是也。

注释

　　①国：指诸侯王的封国。　　②亲弟：汉文帝的弟弟刘长，封淮南王。因谋反而被告发，绝食而死。东帝：刘长的封地在西汉国都长安的东面，所以刘长自称东方的天子。　　③亲兄之子：指文帝兄齐悼惠王的儿子刘兴居，刘兴居为济北王，曾兴兵反叛，兵败伏诛。西乡：向西面。乡，同"向"。　　④

吴：指吴王刘濞。刘濞是高祖之兄刘仲的儿子，不遵法度而被告发。见：被。 ⑤春秋：指年岁。鼎：正当。 ⑥冠：成年。古代男子二十岁举行冠礼。 ⑦赐罢：恩准辞官。 ⑧暴（wèi）：曝晒。 ⑨堕：同"隳"，毁坏。刭（jǐng）：割颈。 ⑩季世：末世。 ⑪淮阴侯：汉朝开国功臣韩信。汉初封楚王，因被告发谋反，贬为淮阴侯。后刘邦征叛将陈豨，韩信不从，被处斩。 ⑫黥布：即英布。汉初封淮南王，起兵反叛，失败而死。 ⑬彭越：汉初功臣，封梁王，后以谋反罪被杀。 ⑭韩信：指韩王信，是战国时期韩襄王的庶孙。汉初封韩王，后反叛汉朝逃往匈奴，侵汉边境被杀。 ⑮张敖：刘邦的女婿，汉朝功臣张耳的儿子，张耳死后，继赵王位。 ⑯贯高：张敖的国相，因暗杀刘邦，事情败露后被捕自杀。 ⑰卢绾（wǎn）：刘邦的同乡、同学，汉初封燕王，与陈豨事牵连而逃往匈奴。 ⑱陈豨（xī）：刘邦的部将，汉初封为阳夏侯，起兵反叛，兵败被杀。 ⑲亡：同"无"。 ⑳殽：同"淆"，杂乱。 ㉑高皇帝：指汉高祖刘邦。 ㉒仄室之势：指宗族势力。仄，同"侧"。 ㉓豫藉：预先凭借。豫，同"预"。 ㉔中涓：皇帝侍从官。 ㉕厪：同"仅"。舍人：官阶次于中涓的侍从官。 ㉖渥：优厚。 ㉗九起：除上文所述淮阴侯等七起外，还有利几和燕王臧荼两起反叛事件。 ㉘角：较量。材：才能。 ㉙诿：推诿。 ㉚悼惠王：刘邦的儿子刘肥。下文中子（刘如意）、幽王（刘友）、恭王（刘辉）、灵王（刘建）、厉王（刘长）都是刘邦之子。 ㉛元王：刘邦的弟弟刘交。以上诸王当时都已去世。 ㉜昆弟：兄弟。以上诸王（除元王之外）和汉文帝都是刘邦之子。 ㉝虑：大约。 ㉞黄屋：用黄色丝绸做的车盖，指皇帝所乘之车。屋，同"幄"。 ㉟致：至，来。 ㊱圜：同"环"。 ㊲冯敬：御史大夫，因告发刘长谋反而被刺客所杀。 ㊳坦：人名，春秋时人，善宰杀牛。 ㊴理：肌理。解：关节的缝隙。 ㊵髋（kuān）：胯骨。髀（bì）：大腿骨。 ㊶斤：斧头。 ㊷婴：触。 ㊸樊、郦、绛、灌：指樊哙、郦商、周勃、灌婴，四人都封侯而忠实于刘邦。 ㊹彻侯：汉朝封爵二十级，最高等级为彻侯，又称通侯、列侯。 ㊺菹醢（zūhǎi）：古代把人杀死并剁成肉酱的酷刑。 ㊻须：等待。 ㊼倍畔：背叛。 ㊽柴奇、开章：人名，参与刘长叛乱。 ㊾赤子：婴儿。 ㊿委裘：指已故皇帝留下的衣服。 ㊿①五业：指前面讲的明、廉、仁、义、圣。 ㊿②瘇（zhǒng）：脚浮肿的病。 ㊿③要：腰。 ㊿④信：同"伸"。 ㊿⑤锢疾：痼疾，久治不愈的病。 ㊿⑥跖戾：脚掌反向扭转。

译文

　　建立的诸侯国太强大，必定会形成他们和朝廷互相疑忌的形

卷之六 汉文

势。上边疑下而加以讨伐，下面就会经常遭受祸殃；下边疑上而背叛，上面就会经常为此忧虑。这实在不是使朝廷平安而使地方保全的做法。现在，或者是天子的亲弟弟在东方阴谋称帝，或者是亲哥哥的儿子向西进攻朝廷，而今吴王又被人告发了。天子正当盛年，施行仁义，没有过失，施予他们很多恩惠，局面尚且如此，何况最强的诸侯，还有权力十倍于他们的呢？

然而天下还较为安定，这是什么原因呢？因为大诸侯国的国君年纪还小，没有长大成人，朝廷任命的太傅和丞相正在掌权。后来，诸侯国的国君大都成年，他们血气方刚，朝廷任命的太傅和丞相都年老称病，朝廷恩准辞官，诸侯王就从县丞和县尉以上普遍安插私人亲信，这样，他们和淮南王、济北王的行为会有什么不同呢？那时要想国家太平安定，就是尧、舜也办不到。黄帝说："要晒东西趁着正午，要割东西趁刀在手。"现在要顺着这个道理实行，使地方保全，朝廷安定，是十分容易的。如果不肯趁早行动，等到将来毁弃骨肉之亲而诛杀他们，和秦朝末年秦二世大杀始皇子女，难道会有什么不同吗？

凭借天子的地位，利用现在的时机，依靠上天的帮助，尚且害怕错以危为安，错以乱为治。假使陛下处在齐桓公的地位，恐怕不会会合诸侯匡正天下吧？我知道陛下有一定办不到的原因。假设天下像以前一样，淮阴侯还在楚地为王，黥布在淮南为王，彭越在梁为王，韩信在韩为王，贯高在赵为相，卢绾在燕为王，陈豨驻守代地，假使这六七个人都还健在，在这种情况下陛下即位当天子，自己能够觉得安全吗？我有根据知道陛下是不觉得安全的。秦末天下混乱，高皇帝和以上诸公同时起兵，并没有贵族宗室的势力预先作为依靠。他们当中幸运的人不过当上中涓，其次仅仅做到舍人，才能远不及高皇帝。高皇帝因为明圣威武，即位当了皇帝。他把肥沃的土地分给他们，封他们为诸侯王，多的得到了一百多个城邑，少的也有三四十县，恩德已极为优厚了，但在后来的七年之中，反叛的就有九起。陛下和他们，并不是亲自较量过才能而使他们为臣的，他们也不是陛下亲自封的王侯，即使高皇帝也不能凭他的条件求得一年的安定，所以我知道陛下也不能够得到安定。

　　但是，这种情况还可以有借口，就是那些人都和天子宗族关系疏远。那么，请让我来讲讲和天子亲密的同姓王侯吧。假使让悼惠王在齐为王，元王在楚为王，高皇帝的第三个儿子在赵为王，幽王在淮阳为王，共王在梁为王，灵王在燕为王，厉王在淮南为王，这六七个贵人都健在，在这种情况下陛下即位做皇帝，能使天下太平吗？我又知道陛下是不能的。像这样的诸侯王，虽然名义上是臣子，实际上都怀有把自己和天子看成普通兄弟的心思。大概没有不想采用帝制而自己做天子的，他们擅自给人封爵，赦免死罪，更有甚者，乘坐天子坐的黄盖车，朝廷的法令不能在诸侯国施行。然而即使像厉王那样行为不轨的人，连命令都不肯听从，召见他又怎么肯来呢？幸而来了，又怎么可以依法定罪呢？触动一个亲属，天下的王侯就会怒目而起。陛下的臣子，即使有悍勇如冯敬的，他刚要开口说话，匕首已经刺进他的胸膛了。陛下虽然贤明，谁来帮您管这种事？

　　所以，疏远的异姓王侯一定有危险，亲密的同姓王侯一定会作乱，这已经是被事实所证明了的。那些异姓王侯仗着势力强大而作乱的，朝廷已有幸战胜了他们，又不改变造成这种结果的根源。同姓王侯效尤作乱，已经有了苗头，叛乱势力一时除尽，现在又重新出现。祸殃的变化，不知将如何发展，圣明的皇帝处在这种形势下，尚且不得安定，后世子孙将怎么办？

　　有一个名叫坦的宰牛的人，一天早晨宰十二头牛，但他锋利的刀刃不钝，因为他排击剥割，都是从那骨肉的缝隙处下刀。至于盆骨和腿骨，不是用砍刀就是用斧头。仁义恩惠，是皇帝锋利的刀刃；权势法制，是皇帝的砍刀和斧头。如今的诸侯王，都是众多的盆骨和腿骨，抛开砍刀和斧头的用途，而想用锋利的刀刃去碰他们，我认为这刀不是缺损就是折断。为什么对淮南王、济北王不用仁义的锋刃来处置呢？那是形势不许可啊。

　　我私下考察从前的事情，大都是势力强大的先反叛，淮阴侯韩信在楚为王，力量最强，最先起来叛乱；韩王信勾结胡人，接着起来叛乱；贯高依靠赵国的帮助，也接着叛乱；陈豨的部队精

卷之六 汉文

良，也接着叛乱；彭越利用梁地的势力，也接着叛乱；黥布利用淮南的势力，也接着叛乱；卢绾的力量最弱，最后叛乱。长沙王吴芮只有二万五千户人口，功劳小却最得保全，关系疏远却最忠诚，这并不仅仅是吴芮的性情与人不同，也是形势使然。如果从前让樊哙、郦商、周勃、灌婴割据几十个城邑而封为王，现在就是已经残败灭亡也是可能的；假使对韩信、彭越之辈，只封给彻侯的官爵，他们至今存在也是可能的。

那么治理天下的大计就明白了。要想叫诸侯王都忠诚地依附朝廷，就不如让他们像长沙王那样；要想让臣子不要遭受剁成肉酱的刑罚，就不如使他们像樊哙、郦商等人那样；要想使天下安定太平，就不如多封诸侯而削减他们的势力。势力小就容易对他们施行仁义，封国小就不会有叛乱的邪心。使天下的形势，有如身体支配手臂，手臂支配手指一样，没有不受制约而听从的。诸侯国的国君，不敢和朝廷有二心，就像车辐聚向车轴一样归服朝廷，听命天子。就是老百姓，也感到天下安定，所以天下都知道陛下圣明。分割土地，定为制度，把齐、赵、楚各分成若干个小国，让悼惠王、幽王、元王的子孙都按世代次序各自得到祖先的一份地，直到把地分完为止。至于燕、梁等其他诸侯国也都照此办理。那些封地多而子孙少的，也建成若干个小国，让它们空设在那里。等到他们的子孙出生之后，全部让他们去做国君。诸侯的封地，因为犯罪而被削除收归朝廷的，就把侯国改封到别处，将来封给他的子孙，按原来的户数偿还给他们。一寸土地，一个百姓，天子并不从中图谋私利，实在只是为了安定太平而已，所以天下的人都知道陛下的廉洁。封地制度一经确定，宗室子孙没有谁再担心不会封王，下面没有背叛朝廷的思想，朝廷没有讨伐诸侯的念头，所以天下的人都知道陛下的仁爱。法律确立而没有人触犯，政令实行而没有人违抗，贯高、利几的阴谋不会产生，柴奇、开章的诡计不会出现，小民向善，大臣归顺，所以天下人都知道陛下的恩义。这样，就是置婴儿于万民之上也会安定，立遗腹子做皇帝，让臣子朝拜先帝遗下的衣裳，天下也不会动乱，当代国家大治，后世定会称颂陛下的圣明。一项举措而得到明、廉、仁、义、圣五种功业，陛下还顾虑什么而久久不这样做呢？

如今天下的形势，就像正患着严重的脚肿病，一条小腿肿得几乎像腰，一只脚趾肿得几乎像大腿，平时不能弯曲伸直，一两只脚趾抽搐，全身都感到无所依靠。如果丧失现在的时机而不去治疗，一定会变成难以治疗的痼疾，以后即使有扁鹊，也无能为力了。还不仅仅是患了脚肿病，还患了脚掌反背病。楚元王的儿子，是陛下的堂弟，如今的楚王，是堂弟的儿子。齐惠王的儿子，是陛下亲哥哥的儿子，如今的齐王，是陛下的哥哥的孙子。跟陛下亲近的人，有的还没有领地来安定天下；跟陛下关系疏远的人，有的竟控制着大权威逼天子。所以我说，不但患了脚肿病，还患了脚掌反背病。足以使人痛哭的，就是这种病啊！

赏析

本文选自《汉书·贾谊传》。

这是贾谊于文帝七年从长沙贬所被召回朝廷后，写给汉文帝刘恒的一篇奏议。文章很长，内容丰富，全面揭示了汉初表面繁荣下潜伏的深刻危机，提出了一系列有进步意义的政治主张，比较集中地体现了贾谊的政治思想，是他政论文章的代表作品。

本篇文章，是《治安策》前部分文字的节录。它紧紧围绕"众建诸侯而少其力"这一中心，逐层论析。

首先，分析汉初所封的异姓诸侯王反叛、分裂的历史教训。认为汉高祖刘邦为犒赏功臣而大封诸侯，想求得天下太平。结果是适得其反，诸侯王纷纷反叛中央，连年征讨不息，不能不说是一个重大的失策。

然后，分析当时刘姓诸侯王国力强盛、尾大不掉、威胁中央集权的现实政治态势。认为朝廷应当以仁义恩厚为芒刃，以权势法制为刀斧，恩威并施，使诸侯王不敢反叛。

最后，归纳议论。正面提出"众建诸侯而少其力"的主张，要求广封诸侯，分散削弱诸侯王的势力，使他们依附朝廷，无力割据。以期达到巩固国家统一、加强中央集权、使汉王朝长治久安的目的。

卷之六 汉文

文章主旨是强调中央政权的集中统一，坚决打击分裂割据的地方势力。这在当时形势下是有进步意义的。

文章结合历史和现实，揭露弊端，击中要害，有很强的针对性和深刻的预见性。汉景帝三年，爆发了吴楚七王之乱，证实了贾谊的论断正确。

文章铺陈事实，广用比譬；激情高亢，放肆直言；情文并茂，气势充足。这种文风，直接影响到南朝宋范晔《后汉书》的论赞，唐代陆贽、宋代苏轼等人的书牍奏议，意义十分深远。

晁错论贵粟疏

西汉文

圣王在上而民不冻饥者，非能耕而食之，织而衣之也，为开其资财之道也。故尧、禹有九年之水，汤有七年之旱，而国无捐瘠者①，以畜积多而备先具也。今海内为一，土地人民之众，不避禹、汤②，加以亡天灾数年之水旱③，而畜积未及者，何也？地有余利，民有余力，生谷之土未尽垦，山泽之利未尽出也，游食之民未尽归农也。民贫则奸邪生。贫生于不足，不足生于不农，不农则不地著④，不地著则离乡轻家。民如鸟兽，虽有高城深池，严法重刑，犹不能禁也。夫寒之于衣，不待轻暖；饥之于食，不待甘旨；饥寒至身，不顾廉耻。人情，一日不再食则饥，终岁不制衣则寒。夫腹饥不得食，肤寒不得衣，虽慈母不能保其子，君安能以有其民哉？明主知其然也，故务民于农桑，薄赋敛，广畜积，以实仓廪，备水旱，故民可得而有也。

民者，在上所以牧之⑤，趋利如水走下，四方无择也。夫珠玉金银，饥不可食，寒不可衣，然而众贵之者，以上用之故也。其为物轻微易藏，在于把握，可以周海内而亡饥寒之患。此令臣轻背其主，而民易去其乡，盗贼有所劝⑥，亡逃者得轻资也。粟

307

米布帛,生于地,长于时,聚于力,非可一日成也。数石之重⑦,中人弗胜,不为奸邪所利,一日弗得而饥寒至。是故明君贵五谷而贱金玉。

今农夫五口之家,其服役者不下二人,其能耕者不过百亩,百亩之收不过百石。春耕,夏耘,秋获,冬藏;伐薪樵,治官府,给徭役;春不得避风尘,夏不得避暑热,秋不得避阴雨,冬不得避寒冻,四时之间,无日休息;又私自送往迎来,吊死问疾,养孤长幼,在其中。勤苦如此,尚复被水旱之灾,急政暴虐⑧,赋敛不时,朝令而暮改。当其⑨,有者,半贾而卖⑩;亡者,取倍称之息,于是有卖田宅、鬻子孙以偿债者矣⑪。而商贾,大者积贮倍息,小者坐列贩卖,操其奇赢⑫,日游都市,乘上之急,所卖必倍。故其男不耕耘,女不蚕织,衣必文采,食必粱肉⑬,亡农夫之苦,有阡陌之得。因其富厚,交通王侯,力过吏势,以利相倾,千里游敖,冠盖相望,乘坚策肥⑭,履丝曳缟⑮。此商人所以兼并农人,农人所以流亡者也。今法律贱商人,商人已富贵矣;尊农夫,农夫已贫贱矣。故俗之所贵,主之所贱也;吏之所卑,法之所尊也。上下相反,好恶乖迕⑯,而欲国富法立,不可得也。

方今之务,莫若使民务农而已矣,欲民务农,在于贵粟。贵粟之道,在于使民以粟为赏罚。今募天下入粟县官⑰,得以拜爵,得以除罪。如此,富人有爵,农民有钱,粟有所渫⑱。夫能入粟以受爵,皆有余者也。取于有余,以供上用,则贫民之赋可损。所谓损有余补不足,令出而民利者也。顺于民心,所补者三:一曰主用足,二曰民赋少,三曰劝农功。今令民有车骑马一匹者⑲,复卒三人⑳。车骑者,天下武备也,故为复卒。神农之教曰:"有石城十仞㉑,汤池百步㉒,带甲百万,而亡粟,弗能守也。"以是观之,粟者,王者大用㉓,政之本务。令民入粟受爵,至五大夫以上㉔,乃复一人耳。此其与骑马之功,相去远矣。爵者,上之所擅,出于口而无穷;粟者,民之所种,生于地而不乏。夫得高爵与免罪,人之所甚欲也。使天下人入粟于边,以受爵免罪,不过三岁,塞下之粟必多矣。

卷之六 汉文

注释

①捐：捐弃，指饿死者。瘠：瘦弱。 ②不避：不亚于。避，让。 ③亡：同"无"。 ④地著（zhuó）：定居一地，不再迁徙。 ⑤牧：牧养牲畜。过去统治者把管理人民比作牧人饲养牲畜。 ⑥劝：鼓励。 ⑦石：一百二十斤（合六十公斤）为一石。 ⑧政：同"征"。虐：或作"赋"。 ⑨其：一作"具"，齐备，这里作"交纳"解。 ⑩贾：同"价"。 ⑪鬻（yù）：卖。 ⑫操：拿着。奇：稀有。赢：多余。 ⑬粱：精细的粮食。 ⑭坚：指好车。肥：指壮马。 ⑮曳：拖着。缟：白绢。 ⑯乖迕：违背。 ⑰县官：代称皇帝，这里指朝廷。 ⑱渫（xiè）：分散。 ⑲车骑马：指战马。 ⑳复卒：免除兵役。 ㉑仞：古七尺或八尺为一仞。 ㉒汤：沸水。池：指护城河。步：古代五尺或六尺为一步。 ㉓大用：重要的资财。用，物资。 ㉔五大夫：属第九等爵，纳粟至四千石，封"五大夫"。

译文

圣明的君主在上，百姓不会挨冻受饿，不是君主能够亲自耕种供给百姓粮食吃，亲自织布，供给百姓衣服穿，而是给百姓开辟获得物资财富的路子。所以尧、禹时曾有过九年的水灾，商汤时曾有七年的旱灾，而国内没有饥饿而死或面黄肌瘦的人，这是因为积蓄多，事前有准备。如今天下统一，土地和人口之多，不亚于夏禹和商汤的时代，加上没有多年的水旱天灾，但是积蓄的物资却比不上禹、汤的时代，这是什么原因呢？这是因为土地还有潜力，民众还有余力，生长谷物的荒地没有完全开垦，山林水泽的资源没有完全开发，吃闲饭的人没有全部回来务农。百姓贫穷就会滋生奸邪。贫穷缘于物资不足，物资不足缘于不致力于农业，不致力农业百姓就不安居乡土，百姓不安居乡土就会轻易离开家乡。百姓像鸟兽一样居无定处，就是有高高的城墙、深深的护城河，有严厉的法令、残酷的刑罚，还是不能禁止他们。寒冷的时候，对衣服并不期待又轻又暖，饥饿的时候，对食物并不期待甘甜可口，饥寒交迫就顾不得廉耻了。人的实际情况是，一天不吃两顿饭就会饥饿，终年不添置衣裳就会寒冷。肚子饿了没有饭吃，肌肤冻了没有衣穿，就是慈母也不能保住她的儿子，君主怎么能够拥有他的百姓呢？圣明的君主懂得这个道理，所以使百姓努力从事种田、养蚕，减轻赋税，增加粮食储备，用以充实粮仓，防备水旱，这样君主就可以拥有百姓了。

百姓，在于君主采取什么方法来治理。他们趋向利益就像水流向低处，不择东西南北。珍珠、宝玉、黄金、白银，饿了不能吃，冷了不能穿，然而大家把他们看得更贵重，这是因为君主使用它们的缘故。这些财物又轻又小，容易收藏，拿在手中，便可以周游天下而无饥寒之忧。这就会使臣子轻易背弃君主，使百姓轻易离开家乡，使盗贼受到诱惑，使逃亡的人得到便于携带的资财。粟、米、布、帛出产在地里，按四时而长成，聚集要靠人力，不是短时间内可以完成的。几石重的粮食，气力平常的人搬不动，奸邪的人不贪图，但一天没有这些东西，饥寒就会降临。因此，圣明的君主看重五谷而轻视金玉。

现在五口人的农民家庭，服役的不少于二人，每户能耕种的土地不到一百亩，一百亩的收获不过一百石。春天耕种，夏天除草，秋天收获，冬天贮藏；还要打柴草，修官府，服徭役；春天不能避风尘，夏天不能避酷热，秋天不能避阴雨，冬天不能避严寒，一年四季没有一天休息；还有亲友之间的来往，吊唁死者，探问病人，抚养孤儿，养育孩子，费用都出在这里面。农民勤苦到这样的程度，还要遭受水旱灾害，横征暴敛，征收赋税没有节制，早上发出命令，晚上就更改。当交纳赋税的时候，有农产品的，半价就把产品卖掉；没有农产品的，以加倍的利息借债来交税，于是就有了卖掉田地房屋，卖掉子孙来偿还债务的，而那些大商人就囤积货物谋取加倍的利润，小商人就在陈列着货物的店铺中贩卖，掌握着稀有的货物和余财，天天在街市上游来逛去，所以这些人男不耕田锄草，女不养蚕织布，穿衣必定要华丽，吃的必定要美味，他们没有农夫的辛劳，却有田地的收获。他们凭借财物的富厚，交往、勾结王侯，势力超过官府，他们因夺利而倾轧，千里奔走，络绎不绝。乘着牢固的车子，驾着肥壮的马匹，脚穿丝履，身上拖着绸袍。这就是商人之所以兼并农民，农民之所以流亡的原因。如今法律轻视商人，商人却富裕尊贵；法律尊重农民，农民却贫穷轻贱。因此，世俗所看重的，是君主所轻视的人；官吏所轻贱的，是法律所尊重的。上下相反，好坏颠倒，而希望国家富足，法令建立，是不可能的。

　　当前的事情，没有比使百姓努力从事农业更重要的了。要想使百姓努力从事农业生产，在于重视粮食。重视粮食的办法，在于使百姓以粮食作为赏罚。现在号召天下人交纳粮食给朝廷，可以封给爵位，可以免除罪罚。这样，富人有了爵位，农民有了钱财，粮食也流通了。能够纳粮受封爵位的，都是有余粮的人。取自有余粮的人，以供君上使用，贫穷百姓的赋税就可以减少。这就叫做损有余而补不足，号令发出而民众获利。这样做顺应民心，好处有三点：一是君主用度充足，二是百姓赋税减少，三是鼓励农业生产。现在的法令规定，百姓缴纳驾战车的马一匹，免除三人的兵役。驾战车的马是国家的军事装备，所以可以用来免除兵役。神农的遗教说："即使有十仞高的石头城墙，有百步阔的沸水护城河，有武装起来的士兵百万，如果没有粮食，也是不能守住的。"由此看来，粮食是君主的重要物资，是施政的根本。号召百姓纳粮食而受封爵位，封一个五大夫以上的爵位，才免除一个人的兵役。这比出一匹战马可以免除三个人的兵役的功效，相差太远了。爵位是君主专有的，出自口中，而没有穷尽。粮食是农民种出来的，出产在地里，而不缺乏。求得高的爵位而免除罪罚，是人们的最大欲望。叫天下的人都到边塞纳粮，用以受爵和免罪，不过三年，边塞地区的粮食一定很多了。

赏析

　　本文选自《汉书·食货志》。

　　这是晁错向汉文帝刘恒建议重农贵粟、发展生产，借以充实国用、加强战备、巩固封建中央政权的一篇奏议，非常著名，广为流传。

　　晁错看到了当时富商大贾兼并土地、农民流亡失所的社会现实，对富商大贾们"乘上之急，所卖必倍"、"交通王侯"、"履丝曳缟"、危及西汉政权的种种弊端深恶痛绝，因此提出了重农、抑商、贵粟的政策。

　　文章从四个方面阐明了务农贵粟的重大意义：第一，要备荒，使游食者归田，就必须重农贵粟；第二，要备战，加强边防，就必须重农贵粟；第三，要抑商，铲除商贾问政，就必须重农贵粟；第四，要巩固封建生产关系，巩固中央集权，就必须重农贵粟。文章并不把农业生产、粮食问题仅仅看作是一个经济问题，而将其看作一个关系到封建统治切身、长远利益的政治路线问题，这的确是卓见。

　　应该说，晁错的思想主张比贾谊《论积贮疏》更具体深刻，重农贵粟的道理和措施也阐述得更为充足和切合实际。虽然"入粟受爵"最终还是有利于地主豪商，但在当时特定历史条件下，在客观上促进社会经济发展、理顺生产关系、安定人民生活、加强国防和巩固中央集权统治，都具有积极的现实意义。事实上，汉文帝采纳了晁错的建议，付诸实施，很有成效，为"文景之治"的经济繁荣和政治安定，为汉武帝的反击匈奴，都奠定了雄厚的物质基础。

　　本文紧密结合实际，观点鲜明，说理透彻，语言朴实、态度冷静、广泛运用古今对照，正反衬映的手法，逐层剖析，深刻入木，与先秦法家韩非的文风相似。与贾谊政论散文的高谈阔论相较，更为冷静客观，更加切合现实实际，更具可行性和可操作性。但输于文采，是其不足。

邹阳狱中上梁王书

西汉文

　　邹阳从梁孝王游[①]。阳为人有智略，忼慨不苟合，介于羊胜、公孙诡之间[②]。胜等疾阳，恶之孝王。孝王怒，下阳吏，将杀之。阳乃从狱中上书曰：

卷之六 汉文

"臣闻'忠无不报,信不见疑',臣常以为然,徒虚语耳。昔荆轲慕燕丹之义③,白虹贯日④,太子畏之⑤;卫先生为秦画长平之事⑥,太白食昴⑦,昭王疑之。夫精变天地,而信不谕两主⑧,岂不哀哉?今臣尽忠竭诚,毕议愿知,左右不明,卒从吏讯,为世所疑,是使荆轲、卫先生复起,而燕、秦不寤也,愿大王熟察之。昔玉人献宝⑨,楚王诛之;李斯竭忠⑩,胡亥极刑。是以箕子阳狂⑪,接舆避世⑫,恐遭此患也。愿大王察玉人、李斯之意,而后楚王、胡亥之听,毋使臣为箕子、接舆所笑。臣闻比干剖心⑬,子胥鸱夷⑭,臣始不信,乃今知之。愿大王熟察,少加怜焉。

"语曰:'有白头如新,倾盖如故⑮。'何则?知与不知也。故樊於期逃秦之燕⑯,藉荆轲首以奉丹事⑰;王奢去齐之魏⑱,临城自刭,以却齐而存魏。夫王奢、樊於期,非新于齐、秦而故于燕、魏也,所以去二国死两君者,行合于志,慕义无穷也。是以苏秦不信于天下⑲,为燕尾生⑳;白圭战亡六城㉑,为魏取中山。何则?诚有以相知也。苏秦相燕,人恶之燕王,燕王按剑而怒,食以䮼騠㉒;白圭显于中山,人恶之于魏文侯,文侯赐以夜光之璧。何则?两主二臣,剖心析肝相信,岂移于浮辞哉?

"故女无美恶,入宫见妒;士无贤不肖,入朝见嫉。昔司马喜膑脚于宋㉓,卒相中山;范雎拉胁折齿于魏㉔,卒为应侯。此二人者,皆信必然之画,捐朋党之私,挟孤独之交,故不能自免于嫉妒之人也。是以申徒狄蹈雍之河㉕,徐衍负石入海,不容于世,义不苟取比周于朝㉖,以移主上之心。故百里奚乞食于道路㉗,缪公委之以政;宁戚饭牛车下㉘,桓公任之以国。此二人者,岂素宦于朝,借誉于左右,然后二主用之哉?感于心,合于行,坚如胶漆,昆弟不能离,岂惑于众口哉?故偏听生奸,独任成乱。昔鲁听季孙之说逐孔子㉙,宋任子冉之计囚墨翟㉚。夫以孔、墨之辩,不能自免于谗谀,而二国以危。何则?众口铄金,积毁销骨也。秦用戎人由余而伯中国㉜,齐用越人子臧而强威、宣㉝。此二国岂系于俗,牵于世,系奇偏之浮辞哉?公听并观,垂明当世。故意合,则吴、越为兄弟,由余、子臧是矣;不合,则骨肉为仇敌,朱、象、管、蔡是矣㉞。今人主诚能用齐、秦之

313

明，后宋、鲁之听，则五伯不足侔⑳，而三王易为也。

"是以圣王觉寤㊲，捐子之之心㊳，而不说田常之贤㊴，封比干之后㊵，修孕妇之墓㊶，故功业覆于天下。何则？欲善无厌也。夫晋文亲其仇㊷，强伯诸侯；齐桓用其仇㊷，而一匡天下。何则？慈仁殷勤，诚加于心，不可以虚辞借也。至夫秦用商鞅之法，东弱韩、魏，立强天下，卒车裂之㊸；越用大夫种之谋㊹，禽劲吴而伯中国㊺，遂诛其身。是以孙叔敖三去相而不悔㊻；於陵子仲辞三公㊼，为人灌园。今人主诚能去骄傲之心，怀可报之意，披心腹，见情素，堕肝胆，施德厚，终与之穷达，无爱于士，则桀之犬可使吠尧，跖之客可使刺由。何况因万乘之权，假圣王之资乎！然则荆轲湛七族㊽，要离燔妻子㊾，岂足为大王道哉？

"臣闻明月之珠，夜光之璧，以暗投人于道，众莫不按剑相眄者㊿。何则？无因而至前也。蟠木根柢，轮囷离奇○51，而为万乘器者，以左右先为之容也。故无因而至前，虽出随珠○52、和璧，祗怨结而不见德○53；有人先游，则枯木朽株，树功而不忘。今夫天下布衣穷居之士，身在贫羸，虽蒙尧、舜之术，挟伊、管之辩，怀龙逢○54、比干之意，而素无根柢之容，虽极精神，欲开忠于当世之君，则人主必袭按剑相眄之迹矣。是使布衣之士，不得为枯木朽株之资也。是以圣王制世御俗，独化于陶钧之上○55，而不牵乎卑乱之语，不夺乎众多之口。故秦皇帝任中庶子蒙嘉之言以信荆轲○56，而匕首窃发，周文王猎泾渭○57，载吕尚归，以王天下。秦信左右而亡，周用乌集而王○58。何则？以其能越挛拘之语○59，弛域外之议，独观乎昭旷之道也。今人主沉谄谀之辞，牵帷廧之制○60，使不羁之士，与牛骥同皂○61。此鲍焦所以愤于世也○62。

"臣闻盛饰入朝者，不以私污义；砥厉名号者，不以利伤行。故里名'胜母'，曾子不入；邑号'朝歌'，墨子回车○63。今欲使天下寥廓之士，笼于威重之权，胁于位势之贵，回面污行○64，以事谄谀之人，而求亲近于左右，则士有伏死堀穴岩薮之中耳○65，安有尽忠信而趋阙下者哉！"

卷之六 汉文

注释

①邹阳：汉初齐（今山东东部）人。初在吴王刘濞手下任职，吴王谋反，邹阳劝之不听，于是投奔梁孝王。后因被谗下狱，邹阳上表表白自己，得梁孝王赦免。梁孝王：汉文帝的儿子，景帝的弟弟，梁是封地，孝是谥号。②羊胜、公孙诡：梁孝王的门客。 ③荆轲：战国末卫人。燕丹：燕太子丹。④白虹贯日：白色长虹穿日而过。古人以为白虹是战争的预兆，日为君的象征。 ⑤畏：这里是担心的意思。荆轲因故耽误了赴秦刺秦王的行期，太子丹担心他变卦。 ⑥卫先生：秦将白起手下的谋士。长平之事：秦将白起攻打赵国，在长平大败赵军，打算趁势灭赵，派卫先生说秦昭王增拨兵粮，被秦相应侯范雎从中破坏，灭赵之事未成。下文"昭王疑之"即指此事。⑦太白食昴(mǎo)：赵地将有战事。太白，即金星。昴，星宿名。古人认为天上的昴星，相当于地上的赵国地带。 ⑧谕：使了解。 ⑨玉人献宝：相传卞和得到一块璞，先后献给楚厉王、楚武王，都误以为石，竟受刖(yuè)刑。 ⑩李斯：秦始皇丞相。始皇死，二世胡亥即位，听信赵高谗言，将李斯下狱，腰斩于市。 ⑪箕子：殷纣王的叔父，名胥余，封于箕。纣王荒淫无道，箕子因谏被囚，于是假装疯狂。阳：同"佯"。 ⑫接舆：春秋时楚国的隐士。避世：隐居。 ⑬比干：殷纣王时的贤臣，因强谏纣王而被剖心。⑭子胥：即伍子胥，名员，春秋时吴国大臣。鸱夷：一种皮制的袋子。吴王夫差攻打齐国，子胥劝谏，夫差不听，子胥被杀，吴王用鸱夷盛装子胥尸体，投入江中。 ⑮倾盖：这里指停车交谈。盖，车盖，形如伞。 ⑯樊於(wū)期：秦将，因获罪而逃到燕国。秦始皇灭其家，并用重金购其头。⑰藉：同"借"。奉：助。 ⑱王奢：齐臣，由齐逃到魏，后来齐伐魏，王奢不愿拖累魏而自杀。 ⑲苏秦：战国时纵横家。事迹详见本书《苏秦以连横说秦》。 ⑳尾生：古代传说中的极守信的人。据说他与一个女子约定在桥下相见，女子没到，大水来了，他抱着桥柱而死。 ㉑白圭：战国时中山国的将领。对外战败，失掉了六城。中山君想杀他，他逃到了魏国，受到厚待，后来他帮助魏国攻灭了中山。 ㉒驶骒(juétí)：良马名。 ㉓司马喜：宋国人。在宋受刑，逃到了中山，做了宰相。膑脚：割去膝盖骨的刑罚。 ㉔范雎：魏国人。曾随魏国大夫须贾出使到齐国。回国后，被须贾谗害，魏宰相魏齐使人痛打范雎，肋和齿都被打折。后来逃到秦国，被秦任用为相，封为应侯。 ㉕申徒狄：传说为殷末人。谏君，不被听信，自投雍水而死。 ㉖徐衍：周末人。因不满于乱世，负石自沉于海。 ㉗比周：指结党。 ㉘百里奚：见本书《谏逐客书》注。 ㉙宁戚：春秋时卫国人。隐居为商，偶与齐桓公遇，举为田官之长。饭：动词，喂。 ㉚季孙：即季桓子。齐人送给

季桓子女子歌舞队,季桓子接受了,并且三天不上朝,于是孔子离开了鲁国。　㉛墨翟:即墨子,战国时期著名的思想家,墨家创始人。　㉜由余:见本书《谏逐客书》注。伯:同"霸"。　㉝子臧:春秋时越人。齐国任用他,国势强盛。　㉞朱:丹朱,尧的儿子。相传丹朱不肖,所以尧不传位给他。象:舜的弟弟。象曾有意杀舜。管:管叔。蔡:蔡叔。　㉟侔:比拟,相等。　㊱捐:弃。子之:战国时燕王哙的相。曾骗燕王让位给他,以致造成燕国大乱,几乎亡国。　㊲田常:春秋时齐简公的相。曾杀简公而立平公,五年以后,夺取了齐国的王位。　㊳封比干之后:传说比干被纣王剖心,武王伐纣后,曾封比干之子。　㊴修孕妇之墓:传说纣王为了与妲己戏笑而剖看孕妇的胎儿。后武王为被杀孕妇修墓。　㊵晋文亲其仇:详见本书《寺人披见文公》。　㊶齐桓用其仇:参见《管晏列传》注。　㊷车裂:古代的一种酷刑,用牛驾车分裂人的身体。　㊸大夫种:即文种,春秋时越国的大夫。曾辅佐越王勾践灭吴国,后来被越王所杀。　㊹禽:同"擒"。　㊺孙叔敖:楚国令尹。三次被任为令尹,并不喜欢;三次被解职,也不懊恼。　㊻於(wū)陵:地名,在今山东长山。子仲:又名陈仲子。传说楚王要任他为相,派人去迎接他,他与妻同逃,为人灌园。三公:秦汉时期的三公指丞相、太尉、御史大夫。这里指相。　㊼湛:同"沉",没。这里指被消灭。　㊽要离燔妻子:春秋末年,要离为吴王谋刺公子庆忌,为取信于庆忌,让吴王砍断其右手,烧死其妻子。　㊾眄(miǎn):顾视。　㊿轮囷:委曲盘折。　㊿随珠:相传随侯救蛇所得之珠。　㊿衹:同"只"。　㊿龙逢(páng):夏桀时贤臣,因谏诤被杀。古代常以龙逢、比干代指对君主忠心耿耿的人。　㊿陶钧:古代制造陶器时所用的圆轮。这里比喻帝王要独自地运用政权教化天下。　㊿中庶子:官名,太子的属官。蒙嘉:秦国宠臣。荆轲到秦国时先用财物贿赂了他,他向秦国代燕国说了好话,才使荆轲有见秦王的机会。　㊿泾渭:二水名,都在今陕西省。　㊿乌集:比喻偶然遇合。　㊿挛(luán)拘:沾滞,固执。　㊿帷廧:妻妾所居之处,比喻宠臣。廧,同"墙"。　㊿皁:同"皂",马槽。　㊿鲍焦:春秋时期齐国人。据说他因愤世嫉俗,不臣天子,不友诸侯,甘心过贫苦生活,后抱木而死。　㊿曾子:孔子的弟子,有孝名。　㊿朝歌:纣时都邑,在今河南汤阴南。　㊿回面:转变面容。　㊿堀:同"窟"。薮:水浅草茂的泽地。

译文

邹阳跟从梁孝王做门客。他为人有智谋才略,性格慷慨,不肯苟合,处在梁孝王的亲信门客羊胜、公孙诡之间。羊胜等人嫉妒邹阳，在孝王面前毁谤他。孝王很愤怒，把邹阳交给狱吏判罪，准备杀掉他。于是邹阳从狱中给孝王上书说：

"我听说'忠心没有不得好报的，诚信不会被人怀疑'，我曾经认为真的是这样，其实这不过是一句空话罢了。从前荆轲仰慕燕太子丹的义气，感动得天上出现白虹贯日的天象，但太子丹却对他不放心；卫先生为秦国谋划长平灭赵的事情，上天垂现太白星侵犯昴星的天象，但秦昭王却怀疑他。精诚使天地发生了变异，但忠信却不为太子丹和秦昭王所理解，岂不可悲吗？如今我竭尽忠诚，把话全部说出来希望大王了解，可是大王左右的人却不明白我的意思，结果听凭狱吏审讯，使我被世人所怀疑。这是使荆轲、卫先生再世，而燕太子丹、秦昭王仍然不醒悟啊。希望大王深入明察。从前玉人卞和向楚王进献宝玉，楚王砍断了他的脚；李斯竭尽忠诚，胡亥却对他处以极刑。所以箕子假装疯癫，接舆隐居避世，就是害怕遭受这样的祸患啊。希望大王明察卞和、李斯的心意，而不要像楚王、胡亥那样偏听偏信，不要使我被箕子、接舆嘲笑。我听说比干被剖心，伍子胥的尸体被装在皮袋里投入江中，我当初不信，如今才明白了这样的事情。希望大王深思明察，稍稍加以怜惜。

"俗话说：'有相处到头发变白，却和初次交往一样淡漠的。有路上偶遇，停车交谈，却一见如故的。'为什么呢？这是能否相知的缘故。所以樊於期从秦国逃到燕国，把自己的头颅交给荆轲以成就太子丹的大事；王奢离开齐国逃到魏国，齐国为此而来攻打魏国时他登城自刎，从而退了齐兵而保存了魏国。王奢和樊於期，并非和齐国、秦国是新交而和燕国、魏国是故旧，他们所以离开齐、秦二国，为燕、魏两君而死，是因为这种行为合乎他们的志向，他们无比仰慕道义。所以苏秦不被天下各国信任，对燕国却像尾生一样忠诚；中山国的白圭在战争中失掉六城，逃到魏国后，因为魏文侯信任他而为魏国攻取中山。为什么呢？实在是因为相知啊。苏秦当燕国的相国，有人在燕王面前谗毁他，燕王听了按剑发怒，反而杀了驵骏骏马给苏秦吃；白圭因为攻取中山而地位显贵，有人在魏文侯面前谗毁他，文侯反而赐给他夜光璧。为什么呢？因为燕、魏两国的君主和苏秦、白圭两个臣下，能够推心置腹，肝胆相照，怎么会因为那些虚浮之辞而改变呢？

"所以女子无论美丑，一进入后宫就被人嫉妒；士人不管有无才能，进入朝廷就被人嫉妒。从前司马喜在宋国受到割去膝盖骨的酷刑，结果在中山国当了相国；范雎在魏国被打得断了肋骨脱了牙齿，结果在秦国被封为应侯。这两个人，都相信自己的计划一定能够实现，抛弃朋党的私情，只有少数的知交，所以他们自己不能避免嫉妒之人的谗毁。因此申徒狄自沉于雍水，徐衍背着石头投入海中，他们不为世俗所容，坚持正义，不在朝廷中苟且结党，去改变国君的心意。百里奚在路上乞食，秦穆公却将政事交给他管理；宁戚在车下喂牛，齐桓公却把国家大事交给他。这两个人，难道是一向在朝廷做官，凭借左右之人的赞誉，然后两位国君才重用他们吗？他们是心灵相通，看法相合，牢固得像胶漆，像亲兄弟一样不能离间，怎么会被众口之辞所迷惑呢？所以偏听偏信产生奸邪，独断独行酿成祸乱。从前鲁国国君听信季孙的话而赶走了孔子，宋国国君听信子冉的计策而囚禁墨翟。凭着孔子、墨子的辩才，尚且不能自免于遭受谗言，而鲁、宋二国因此陷入危险局面。为什么呢？这是因为众口可以熔化金属，谗言积多了足以伤人。秦国任用西戎人由余而称霸中国，齐国任用越人子臧而使齐威王、齐宣王强盛。这两个国家难道是受到世俗牵制，受一面之词束缚的吗？全面地听取意见，观察事物，成为那个时代明察的典范。所以心意相合，就是胡人、越人也可以成为兄弟，由余、子臧就是这样的；心意不合，即使骨肉之亲也可以变为仇敌，丹朱、象、管叔、蔡叔就是这样的。现在君主如能效法齐王、秦王那样的明察，不要像宋国、鲁国的国君那样偏听偏信，那么五霸不值得相比，而三王也容易做到。

"所以圣明的君王明察醒悟，就会捐弃子之那样的'忠心'，不喜欢田常那样的'贤能'，封赏比干的后代，为纣王杀死的孕妇修墓，所以功业可以笼盖天下。为什么呢？因为向善而没有满足。晋文公亲近过去的仇人，从而强大起来称霸诸侯；齐桓公任用过去的仇人，从而匡正天下。为什么呢？因为慈爱、仁厚和恳切的情意确实从内心施加于人，而不可能以虚浮之辞去代替。至于秦国采用商鞅的主张，向东削弱韩国、魏国，在天下建立起一个强国，但最后却车裂了商鞅；越国采用大夫文种的计谋，打败了强大的吴国而称霸中国，后来却杀掉了文种。所以孙叔敖三次免去相位而不后悔；於陵子仲拒绝三公的爵位，替人家浇灌园地。如今君主果真能够去掉骄傲之心，怀着有功必报的诚意，袒露心意，显出真情，肝胆相见，施以厚德，始终与士人同甘苦，对士人无所吝惜，那么夏桀的狗可以任由它去吠尧，盗跖的门客可以任由他去刺杀许由。何况凭着国君的权势，借助圣王的地位呢！那么荆轲为了报答燕太子丹而七族被杀，要离为报答吴王阖闾而烧死妻子儿女，难道还值得对大王说吗？

"我听说，如果将明月珠、夜光璧，暗中在路上投向行人，人们没有不按剑斜视的，为什么呢？因为它们是无缘无故投到面前的。屈曲的树根，盘绕弯折，而被天子看重，是因为左右的人先给它雕刻修饰了。所以无缘无故地来到面前，就是随侯珠、和氏璧，也只会结怨而不被感谢；有人先去推荐，就是枯木朽株一样的人，也可以建立功业而不被忘怀。现在天下那些困窘的平民士人，处于贫贱之中，就是有尧、舜的治国之术，有伊尹、管仲的辩才，怀着龙逄、比干的忠心，但是从来没有像树根那样得到雕饰，虽然竭尽精力，想表忠心于当世的君主，那么君主必然会走上按剑斜视的老路。这就使平民士人不能起到枯木朽株的作用了。所以圣王统治天下，应该像制陶的圆轮按照自己的规律旋转一样，要有自己独立的主张，而不被卑乱的谗言所牵制，不因为众多的议论而改变主张。所以秦始皇听信中庶子蒙嘉的话而相信荆轲，结果暗藏在地图中的匕首出现了；周文王猎于泾渭，载吕尚同车回去，因此称王于天下。秦始皇听信左右宠臣的话而亡国；周文王任用偶然相识的贤人而称王于天下。为什么呢？因为周文王能够超越成见，不受言论拘束，独立观察到光明宽广之道。现在君主沉溺在阿谀奉承的话里，受到近臣妻妾的牵制，使那些才识高超的士人，和牛马同槽共食。这就是鲍焦愤世嫉俗的原因啊。

"我听说品德修养高进入朝廷的人，不用私心去玷污道义；

砥砺节操声名的人，不因私利而伤害德行。所以里巷之名叫'胜母'，孝顺的曾子不进去；都邑之名叫'朝歌'，反对舞乐的墨子就掉转车头。现在想使天下抱负远大的士人，被威重的权力所笼络，被高贵的势位所胁迫，使他们改变态度，玷污品行，去侍奉谄谀之人，而求得君主亲近，那么士人就只有藏于深山湖泽之间直至死去而已，哪里还会有竭尽忠诚信义而到朝廷的呢！"

赏析

本文是邹阳因受羊胜、公孙诡的谗毁而被捕入狱时，写给梁王的一封信。

邹阳，汉初齐（今山东东部）人，曾为吴王刘濞门客，以文学著称。吴王密谋反叛，邹阳曾上书劝谏，不被采纳，于是去吴游梁，为梁孝王宾客。邹阳为人有智谋才略，性格耿介，因此被人谗毁下狱，在狱中写了这封书信自我表白。梁王阅信后，释放了他，并且拜为上宾。《史记》有《邹阳列传》。

本文的主旨是申辩冤屈，分五段展开。第一段，起笔悠渺，从历史经验谈起，旁征博引古人行事，申述自己忠不报、信见疑的切肤之痛，用婉转恳切的言辞，抒发慷慨怨愤的心情，颇有战国纵横家的遗风。

第二段，引用"白头如新，倾盖如故"的谚语和樊於期、王奢以及苏秦、白圭等人物的遭遇，说明君臣之间应当相知，含蓄地向梁王表示自己愿意竭尽忠诚。

第三段，再引用司马喜、范雎、百里奚，以及秦穆公、齐桓公、鲁国国君、齐国国君等历史行事，正反比较，指出君臣相知全在于国君不惑于众口、不移于浮辞。

第四段，阐述圣明君主之所以能建功立业的原因，在于"欲善无厌"。落实到君臣关系上，首先是要广开才路，不拘一格任用人才；其次是要善始慎终，不能像秦王车裂商鞅、越王逼迫大夫文种自杀那样，诛杀功臣。这就与篇首"忠无不报，信不见疑"遥相呼应，耸动梁王，富于说服力量。

最后一段，包括最后两个自然段，再用正反对照的两个比喻阐明，天下的有才之士，尽管富于智谋，怀有忠贞，但如果无人推荐，"先为之容"，便不能为君主竭尽忠诚，连枯木朽株都不如！在此基础上，又广泛引用秦始皇、周文王、曾子、墨子等一系列历史行事，反复申说君主不惑于众口的重要性；并以五霸三王的功业打动梁王，不要错杀自己，使天下人才寒心。

综观全文，邹阳为了表白自我，反复陈情，言辞恳切，善于抓住梁王的心理，晓以利害，辨析是非，这就从根本上动摇了梁王对谗言的信赖，幡然醒悟，立即释放了他。此外，文章还善用通俗而深刻的谚语、纷至沓来的历史典故和正反对比的方法，旁敲侧击，层层深入，雄辩滔滔，不卑不亢，极富感染力量。

司马相如上书谏猎

西汉文

相如从上至长杨猎①，是时天子方好自击熊豕，驰逐野兽。相如因上疏谏曰：

"臣闻物有同类而殊能者，故力称乌获②，捷言庆忌③，勇期贲、育④。臣之愚，窃以为人诚有之，兽亦宜然。今陛下好陵阻险⑤，射猛兽，卒然遇逸材之兽，骇不存之地，犯属车之清尘，舆不及还辕，人不暇施巧，虽有乌获、逢蒙之技不得用⑥，枯木朽株尽为难矣。是胡、越起于毂下⑦，而羌、夷接轸也⑧，岂不殆哉？虽万全而无患，然本非天子之所宜近也。

"且夫清道而后行，中路而驰，犹时有衔橛之变⑨。况乎涉丰草，骋邱墟，前有利兽之乐⑩，而内无存变之意，其为害也不难矣！夫轻万乘之重不以为安，乐出万有一危之途以为娱，臣窃为陛下不取。

"盖明者远见于未萌，而知者避危于无形，祸固多藏于隐微，而发于人之所忽者也。故鄙谚曰：'家累千金，坐不垂堂⑪。'此言虽小，可以喻大。臣愿陛下留意幸察。"

321

注释

①相如：司马相如，西汉时期汉武帝时人。原籍蜀郡成都，所作辞赋为汉武帝看重，用为郎（侍从官）。长杨：长杨宫，宫苑名，在今陕西周至东南。 ②乌获：战国时期秦国人，以力大著称。 ③庆忌：吴王僚的儿子。阖闾刺杀僚夺得王位，想杀庆忌，但骑马也未追上。 ④贲（bēn）、育：孟贲、夏育。战国时人，力大无比的勇士。 ⑤陵：登。 ⑥逢蒙：相传为夏代人，善射。 ⑦毂（gǔ）：车轮中心部分。 ⑧轸（zhěn）：车后横木。 ⑨衔：马勒口。橛：车钩心。 ⑩利：有贪图、贪享之意。 ⑪"家累"两句：意思是说富家子弟不坐堂边，以免檐瓦掉下受伤。垂堂，靠近屋檐下。

译文

相如跟从皇上到长杨宫打猎，当时天子正爱好亲自射击熊和野猪，驱车追逐野兽。相如因此上疏劝谏说：

"我听说物有同类而能力不同，所以力大要数乌获，敏捷要算庆忌，勇猛必待孟贲、夏育。以我的愚见，我私下认为既然人类确实有这种情况，那么，兽类也应该是这样。现在陛下喜欢登上险峻的地方，射击猛兽，如果突然遇到非常凶猛的野兽，它们受到惊骇，处在无法退避的地方，于是朝着随从车骑扑来，车子来不及旋转车辕，人也来不及采用巧妙的办法应付，即使有乌获、逢蒙那样的技能也无法使用，路上的枯木朽株也都挡道为难。这就好比胡人、越人从车轮之下窜出，而羌人、夷人紧追于车后，岂不危险吗？即使防备万无一失，没有什么危险，然而那种地方原本也不是天子所应当接近的。

"况且就是清理了道路而后出行，在大路的中间奔驰，还有时会发生马勒断裂、钩心脱落的事故。何况跋涉于丰茂的草丛中，驰骋在山丘荒野之间，眼前只图猎获野兽的快乐，心中却没有预防变故的思想，遭遇祸害很容易啊！轻视天子的尊贵，不顾自身安全，喜欢出游，到可能有危险的地方寻求快乐，我私下替陛下着想，认为这样是不可取的。

"英明的人能预见没有发生的事情，睿智的人能在危险尚未显出时避开，灾祸原本大都潜藏在隐微之中，而发生在人们疏忽大意的时候。所以有句俗话说：'家中积累千金，不坐堂檐之下。'这句话说的事情虽小，但可以比喻大的道理。我希望陛下留意并请明察。"

赏析

本文选自《汉书·司马相如传》。

司马相如，字长卿，蜀郡成都（今四川成都）人，是西汉著名的辞赋家。其作《子虚赋》《上林赋》为汉武帝刘彻看重，任为郎。曾奉命出使，通西南夷，对开发西南、沟通汉朝与西南少数民族的关系起了积极作用。他曾跟随汉武帝到长杨一带射猎，目睹了汉武帝迷恋游猎、亲自搏击狗熊和野猪的情景，深感危险和不妥，特作《谏猎书》以讽谏。

文章首先明确指出汉武帝喜欢临险地、射猛兽的危险性，并认为天子不应当这样做。然后，阐明"明者远见于未萌，而知者避危于无形"的道理，直言劝谏武帝不要以危险为娱乐，而应心怀谨慎、珍重身体。全篇主旨，在于诚恳劝谏汉武帝不要冒游猎的风险，似别无深意。

但文章写得忠诚恳切，充溢着对天子的无限关怀；用语朴素自然，几乎不假任何修饰；寓说理于叙事之中，反复劝谏，委婉有效。明显与赋一类的讽谏文字不同，是关心天子、维护汉王朝统治的热情洋溢的作品。

据史书记载，汉武帝阅此文后，大加肯定和称赏，可见本文有很强的说服、感染力量。

李陵答苏武书

西汉文

子卿足下[①]：

勤宣令德，策名清时[②]，荣问休畅[③]，幸甚幸甚。远托异国，昔人所悲，望风怀想，能不依依。昔者不遗，远辱还答，慰诲勤勤，有踰骨肉，陵虽不敏，能不慨然！

自从初降，以至今日，身之穷困，独坐愁苦。终日无睹，但见异类，韦韝毳幕④，以御风雨，膻肉酪浆，以充饥渴，举目言笑，谁与为欢？胡地玄冰⑤，边土惨裂，但闻悲风萧条之声。凉秋九月，塞外草衰，夜不能寐，侧耳远听，胡笳互动⑥，牧马悲鸣，吟啸成群，边声四起，晨坐听之，不觉泪下，嗟乎子卿！陵独何心，能不悲哉？

与子别后，益复无聊，上念老母，临年被戮⑦；妻子无辜，并为鲸鲵⑧；身负国恩，为世所悲。子归受荣，我留受辱，命也何如！身出礼义之乡，而入无知之俗，违弃君亲之恩，长为蛮夷之域，伤已！令先君之嗣，更成戎狄之族，又自悲矣！功大罪小，不蒙明察。孤负陵心区区之意，每一念至，忽然忘生，陵不难刺心以自明，刎颈以见志，顾国家于我已矣，杀身无益，适足增羞，故每攘臂忍辱，辄复苟活。左右之人，见陵如此，以为不入耳之欢，来相劝勉。异方之乐，只令人悲，增忉怛耳⑨。

嗟乎子卿！人之相知，贵相知心。前书仓卒，未尽所怀，故复略而言之。昔先帝授陵步卒五千，出征绝域，五将失道，陵独遇战。而裹万里之粮，帅徒步之师，出天汉之外⑩，入强胡之域，以五千之众，对十万之军，策疲乏之兵，当新羁之马⑪，然犹斩将搴旗⑫，追奔逐北⑬，灭迹扫尘，斩其枭帅⑭，使三军之士，视死如归。陵也不才，希当大任，意谓此时，功难堪矣。匈奴既败，举国兴师，更练精兵，强逾十万，单于临阵⑮，亲自合围。客主之形，既不相如，步马之势，又甚悬绝。疲兵再战，一以当千，然犹扶乘创痛，决命争首，死伤积野，余不满百，而皆扶病，不任干戈。然陵振臂一呼，创病皆起，举刃指虏，胡马奔走，兵尽矢穷，人无尺铁，犹复徒首奋呼，争为先登。当此时也，天地为陵震怒，战士为陵饮血⑯。单于谓陵不可复得，便欲引还，而贼臣教之⑰，遂使复战，故陵不免耳。

昔高皇帝以三十万众，困于平城⑱，当此之时，猛将如云，谋臣如雨，然犹七日不食，仅乃得免，况当陵者，岂易为力哉？而执事者云云，苟怨陵以不死，然陵不死，罪也，子卿视陵，岂偷生之士，而惜死之人哉？宁有背君亲，捐妻子，而反为利者乎？然陵不死，有所为也，故欲如前书之言，报恩于国主耳。诚以虚死不如立节；灭名不如报德也。昔范蠡不殉会稽之耻⑬，曹沫不死三败之辱⑳，卒复勾践之仇，报鲁国之羞。区区之心，窃慕此耳。何图志未立而怨已成，计未从而骨肉受刑，此陵所以仰天椎心而泣血也。

足下又云："汉与功臣不薄。"子为汉臣，安得不云尔乎？昔萧、樊囚絷㉑，韩、彭菹醢㉒，晁错受戮㉓，周、魏见辜㉔。其余佐命立功之士，贾谊、亚夫之徒㉕，皆信命世之才，抱将相之具，而受小人之谗，并受祸败之辱，卒使怀才受谤，能不得展，彼二子之遐举㉖，谁不为之痛心哉？陵先将军㉗，功略盖天地，义勇冠三军，徒失贵臣之意，到身绝域之表，此功臣义士所以负戟而长叹者也，何谓不薄哉！且足下昔以单车之使，适万乘之虏，遭时不遇㉘，至于伏剑不顾，流离辛苦，几死朔北之野。丁年奉使㉙，皓首而归，老母终堂，生妻去帷，此天下所希闻，古今所未有也。蛮貊之人㉚，尚犹嘉子之节，况为天下之主乎？陵谓足下当享茅土之荐㉛，受千乘之赏。闻子之归，赐不过二百万，位不过典属国㉜，无尺土之封加子之勤。而妨功害能之臣尽为万户侯，亲戚贪佞之类悉为廊庙宰㉝。子尚如此，陵复何望哉！且汉厚诛陵以不死，薄赏子以守节，欲使远听之臣，望风驰命，此实难矣！所以每顾而不悔者也。

陵虽孤恩㉟，汉亦负德。昔人有言："虽忠不烈，视死如归。"陵诚能安，而主岂复能眷眷乎？男儿生以不成名，死则葬蛮夷中。谁复能屈身稽颡㊱，还向北阙，使刀笔之吏弄其文墨耶？愿足下勿复望陵。

嗟乎子卿，夫复何言？相去万里，人绝路殊，生为别世之人，死为异域之鬼，长与足下生死辞矣。幸谢故人，勉事圣君。足下胤子无恙㊲，勿以为念，努力自爱。时因北风，复惠德音。李陵顿首。

注释

①子卿：苏武的字。西汉时期杜陵（今陕西西安东南）人，出使匈奴被

扣留，历时十九年而不屈服。汉朝降将李陵曾劝他归顺匈奴，苏武不听。苏武返汉后，曾写信劝李陵归汉。 ②策名：名字写在官府简册上。 ③荣问：美好的名声。问，同"闻"。休：美。 ④韦：皮革。韝（gōu）：套袖。毳（cuì）幕：毛毡制的帐篷。 ⑤玄冰：冰厚而呈黑色。 ⑥胡笳（jiā）：古代胡人的一种管乐。 ⑦临年：这里指临到老年。 ⑧鲵鲵（ní）：凶猛的鱼，比喻杀戮。 ⑨切怛（dāodá）：内心忧伤、愁苦。 ⑩天汉：汉武帝年号，借指汉朝统治地区。 ⑪羁（jī）：马笼头。 ⑫搴（qiān）：拔取。 ⑬北：败北。 ⑭枭（xiāo）帅：勇将。 ⑮单（chán）于：匈奴君主。 ⑯饮血：吞下血泪，形容极端悲愤。 ⑰贼臣：指管敢。管敢本为李陵手下的一名军侯，因被校尉打杖，逃入匈奴。在匈奴军队害怕汉有伏兵准备撤兵时，管敢告诉他们汉朝军队没有伏兵。 ⑱平城：地名，故地在今山西大同东。韩王信勾结匈奴叛汉，高祖刘邦带兵亲征，在平城被匈奴围困。 ⑲范蠡（lǐ）：春秋时期楚国人。为越国大夫，助越王勾践灭吴。会稽之耻：吴国曾打败越国，将勾践围困在会稽。 ⑳曹沫（mèi）：春秋时期鲁国人。与齐国军队三战三败，后鲁国与齐国订立盟约时，曹沫用匕首劫持齐桓公，迫使齐国归还鲁国失地。 ㉑萧：指汉高祖丞相萧何。萧何曾请求汉高祖刘邦让百姓耕种上林苑的空地，得罪高祖而被下狱。樊：指汉高祖左丞相樊哙。汉高祖曾听信谗言，解除樊哙兵权，押到长安囚禁。 ㉒韩、彭：指淮阴侯韩信、梁王彭越。汉朝功臣，后被诛杀。菹醢（zūhǎi）：剁成肉酱。 ㉓晁错：西汉颍川（今河南禹州）人。事文、景两朝，景帝时做到御史大夫，主张政治改革，触怒王公贵族。吴、楚七封国以诛晁错为名发动叛乱，景帝为求七国罢兵，杀晁错。 ㉔周：指周勃，刘邦的功臣。后劝立汉文帝，因被告谋反，被捕治罪。魏：指魏其侯窦婴。景帝时任大将军，因营救骂丞相田蚡的灌夫而被处死。 ㉕亚夫：周勃的儿子，西汉名将，被谗下狱，呕血而死。 ㉖退举：死的委婉说法。 ㉗先将军：指李陵的祖父李广。 ㉘遭时不遇：苏武出使匈奴，适逢匈奴发生谋反事件，事件牵涉苏武的副使张胜，苏武一行因之被扣留，历尽艰辛。 ㉙丁年：成年。 ㉚蛮：古代指南方少数民族。貊（mò）：古代指东方少数民族。 ㉛茅土：以茅包土，是天子赐土封侯的仪式。 ㉜千乘之赏：指封侯。 ㉝典属国：官名，掌管少数民族事务。 ㉞廊庙：朝廷。 ㉟孤：辜负。 ㊱稽颡（sǎng）：叩头触地。颡，额。 ㊲胤（yìn）子：苏武在匈奴娶一女子，生有一子，取名通国。胤子，即儿子。

译文

子卿足下：

卷之六　汉文

　　您勤勤恳恳地宣扬汉家美德，受封爵位于政治清明之时，美好的名声到处传扬，真是幸运得很，幸运得很。远远地寄身在异国，这是前人所悲叹的，我遥望风采，怀念故人，怎能不依依悬想。此前承您不弃，远远地赐我回信，安慰教诲，亲切真诚，超过了自己的骨肉，我虽然愚钝，又怎能不感动！

　　自从当初投降，直到今日，我身处困境，一个人独坐，忧愁苦闷。整天没有看见别的什么，只看见异族的人物，皮衣毳帐用来抗御风雨，膻肉乳浆用来充饥解渴，抬眼四顾，想说说笑笑，又能与谁一同为欢？胡地的冰，厚得发黑，边地的土，凄惨地冻裂，只听悲风萧瑟的声音。凉秋九月的时候，塞外的草便衰败枯黄了，夜不成眠，侧着耳朵倾听远处的声音，胡笳此起彼伏，牧马吟啸悲鸣，乐曲和长啸融汇，边地特有的声音从四方响起。早晨坐起来听着这些声音，不觉流下眼泪。唉，子卿！难道我李陵的心偏偏与众不同，又怎能不悲伤啊？

　　我与您辞别之后，感到更加无聊，念及在上的老母，垂暮之年竟被杀戮；妻儿无罪，同遭杀害；我辜负了国恩，为世人所悲叹。您回国享受尊荣，我留在匈奴蒙受耻辱，这是怎样的命运啊！我出生在讲究礼义的国度，却落入蒙昧无知的社会，背弃君主和父母的恩情，永远流落蛮夷之邦，真是伤心啊！使先父的后代，变成戎狄之族，又更加为自己感到悲伤！我功大罪小，没有得到明察，辜负了我内心微小的诚意。每想到此，便恍恍惚惚地忘记了自己还活着。我不怕刺心自尽来表明心迹，割颈自杀来表现志气，但想到国家对我已是恩断义绝，自杀没有好处，反倒增加羞辱，所以每每勉强振作精神，忍受屈辱，于是又苟且活下来。身边的人看见我这样，就安排一些我难于接受的欢乐场面来安慰我，劝勉我。异国的欢乐，徒让人悲哀，只增加内心的忧伤痛苦罢了。

　　唉，子卿！人的相知，贵在知心。前一封信写得很仓促，没有诉说完我的情怀，所以再次简略地谈谈。从前先帝给我步兵五千，出征到远国。一起出征的另外五个将军迷失了道路，只有我独自遭遇匈奴的军队与之交战。携带征战万里的粮草，率领徒步行走的兵卒，出征到大汉国土之外，进入强大的匈奴地域，凭着五千步兵，对抗千万大军，指挥疲劳困乏的步兵，抵抗精力充沛的刚刚上阵的骑兵。尽管如此，我们仍然斩将夺旗，追逐败退的逃敌，像灭掉行迹打扫尘埃一样地打退敌人，斩掉他们的勇将，全军士兵都视死如归。我虽然没有才能，却希望担当起重大任务，心中认为这时的功劳大得无可比拟了。匈奴失败之后，全国兴师动众，又训练精兵，超过千万，单于临阵，亲自进行包围。两军的形势已不能相比，步兵和骑兵的气势，更是相差悬殊。我们疲劳的士兵再次战斗，一个要抵挡一千个，然而大家带着创伤忍住痛苦，拼死争先。死伤的士卒积满了荒野，剩下的不满百人，而且都伤病在身，已拿不动武器。但是我振臂一呼，伤员、病号都从地上爬起，举刀杀向敌人，匈奴的骑兵赶快奔逃，我们兵器已尽，箭已用完，手无寸铁，没有了头盔，仍然高呼杀敌，争先恐后地向前冲去。当此之时，天地为我震怒，战士为我饮泣。单于认为我不能被他们俘获，于是准备领兵回去，但是贼臣管敢出卖军情，给敌军献计，于是使得单于再来交战，所以我没有逃过被俘的结局。

　　从前高皇帝带领三十万兵众，在平城被匈奴围困，当时，猛将如云，谋臣如雨，然而还断粮七日，只能勉强脱身而已。何况遇上我这样的情况，难道容易对付吗？可是汉朝执政的人议论纷纷，埋怨我不以死殉国。我没有死，固然是有罪的，可子卿观察我李陵，难道是苟且偷生之士、贪生怕死之人吗？又哪里会有背逆君主父母，抛弃妻子儿女，反而认为对自己有利的人呢？我李陵不死，是想有所作为，正如我给您的前一封信所说，是想等待机会对国君报恩。实在是认为白白地死去不如建立节操，消声灭名不如报答恩德。从前范蠡不为越国的会稽之耻而殉身，曹沫不为三次打败仗的耻辱而死去，结果范蠡为勾践复了仇，曹沫为鲁国雪了耻。我诚挚的心中，暗自仰慕他们的作为。哪想到我志向没有达到而怨恨已经构成，计划没有实现而骨肉亲人已经受刑被杀，这是我李陵仰天捶胸而哭出血来的原因啊。

　　足下又说："汉朝待功臣不薄。"您是汉朝的臣子，哪能不这样说呢？从前萧何、樊哙被囚禁捆绑，韩信、彭越被剁成肉酱，晁错受到杀戮，周勃、窦婴被判罪。其余辅佐天子建立功劳的人士，像贾谊、周亚夫这样的人，都确实是当时的杰出人才，怀有将相的才能，但是遭受小人的谗言，都遭祸受辱，终于怀才受谤，能力不得施展。这两个人的死亡，谁不为之痛心啊？我的祖父，功勋才略笼盖天地，忠义勇敢冠绝三军，只是失去权贵欢心，被迫自杀于辽远的异域，这是使有功之臣和正义之士负戟长叹的事啊。怎么能说待功臣不薄呢？并且，您从前以一个乘单车的使臣，出使到拥有强兵的敌国，遭遇的时机不好，竟至于不顾生命而拔剑自杀，后来颠沛流离，历尽辛苦，几乎死在北方的荒野。您壮年奉命出使，年老白发而归，老母去世，妻子改嫁，这是天下罕闻、古今没有的事。那些外族的人，尚且还赞赏您的节操，何况天下的君主呢？我认为您应当享受封国的恩典，封侯的奖赏。可是我听说您回去之后，赏赐不过二百万，官位不过是典属国，没有一尺土地的封赏来嘉奖您的劳苦。而那些妨碍立功、陷害贤能的臣子都做了万户侯，皇亲国戚和贪婪奸佞之辈都做了朝廷大官。您的情况尚且如此，我李陵还指望什么呢！并且汉朝因为我不死而严加诛罚，因为您坚守节操只给了微薄的赏赐，想使在远地听到这些消息的臣子，闻风而奔走效命，这实在困难啊！所以我每每想到这些就不后悔。

虽然我李陵对汉朝负恩，但是汉朝对我也负德。前人有句话说："虽然忠诚而不刚烈，也能视死如归。"我就是真正能安于死而不负恩，君上难道又能够对我眷眷怀念而不负德吗？男子活着不能成名，死了就葬在蛮夷中吧。谁还能够屈身叩头，回来向着朝廷，让那些狱吏去舞文弄墨呀？希望您不要再对我李陵抱什么希望了。

唉，子卿！还有什么话说呢？相隔万里，往来断绝，道路不同，生为另一个世界的人，死为远方异域之鬼，将永远与足下生死相别了。敬告我的老朋友，希望他们努力侍奉圣君。足下在匈奴的儿子很好，不要挂念。愿您尽力保重自己，随时借着北风，再带来好消息。李陵顿首。

赏析

这是李陵答复苏武的一封回信。其作者，历代研究者大多认为不是李陵，而属后人伪托。

汉始元六年（前81），流落匈奴十九年的苏武终得返汉，临行时，苏武致书李陵，劝其归汉。李陵写这封信作为答复。

全信除去一头一尾的客套、寒暄之语，内容可分三大段。

第一段，首先回顾自己投降匈奴十八年来的生活和感受。突出描写了边地的苦寒、心灵的孤独、思乡的愁肠、悲绝的心境；同时，叙说了老母妻子无辜被汉朝廷杀戮的一件件悲痛往事，为自己的苟且偷生进行辩解。

第二段，紧扣"功大罪小"，回顾当年率五千步兵深入匈奴、孤军奋战、死伤殆尽、终被俘虏的悲壮惨烈情景，阐述了自己之所以投降匈奴的原因和心曲，申明投降是迫不得已，偷生想待机而动，但汉武帝不问原委，杀其全家，才促使他铁心归附异族。

第三段，围绕苏武劝其归汉的言辞，展开逐层反驳。首先，列举萧何、韩信等功臣的遭遇，批驳"汉与功臣不薄"实为不厚；其次，以李广的被迫自杀，指斥汉朝廷的残酷无情；最后，以苏武自身流亡匈奴十九年的事例，证明汉朝廷的刻薄寡恩，并以苏武与自己比较，申述了不愿归汉的疑虑和衷情，以斩钉截铁的口吻说："愿足下勿复望陵。"对苏武的劝导作了坚决地拒绝。

全文的主旨是为自己叛国投敌的行为辩解。李陵作为一个丧失民族气节的投降者，其人其行固不足取。但是，平心而论，这封书信还是写得感情深挚、内容丰富、婉转动人的。特别是描写远居塞外的悲凉情景和浴血奋战的酷烈场面，极有声色。而以身居异域而情念故土、身陷绝境而忠勇拼杀、苏武荣归而自己将葬身边荒作强烈对比，亦容易引人同情。

文章基本上是整齐的四言句式，又多用排比，铿锵有力，朗朗上口，不失为一篇清脆可诵的畅达之作。

路温舒尚德缓刑书

西汉文

昭帝崩①，昌邑王贺废②，宣帝初即位③。路温舒上书④，言宜尚德缓刑。其辞曰：

"臣闻齐有无知之祸⑤，而桓公以兴；晋有骊姬之难⑥，而文公用伯⑦；近世赵王不终⑧，诸吕作乱⑨，而孝文为太宗⑩。由是观之，祸乱之作，将以开圣人也。故桓、文扶微兴坏，尊文、武之业，泽加百姓，功润诸侯，虽不及三王，天下归仁焉。文帝永思至德，以承天心，崇仁义，省刑罚，通关梁⑪，一远近，敬贤如大宾，爱民如赤子，内恕情之所安而施之于海内⑫，是以囹圄空虚，天下太平。夫继变化之后，必有异旧之恩，此贤圣所昭天命也。

"往者昭帝即世而无嗣，大臣忧戚，焦心合谋，皆以昌邑尊亲，援而立之，然天不授命，淫乱其心，遂以自亡。深察祸变之故，乃皇天之所以开至圣也。故大将军受命武帝⑬，股肱汉国⑭，披肝胆，决大计，黜亡义，立有德，辅天而行，然后宗庙以安，天下咸宁。

"臣闻《春秋》正即位，大一统而慎始也。陛下初登至尊，与天合符，宜改前世之失，正始受命之统，涤烦文，除民疾，存亡继绝，以应天意。

"臣闻秦有十失，其一尚存，治狱之吏是也。秦之时，羞文学⑮，好武勇，贱仁义之士，贵治狱之吏，正言者谓之诽谤，遏过者谓之妖言，故盛服先王不用于世，忠良切言皆郁于胸，誉谀之声日满于耳，虚美熏心，实祸蔽塞。此乃秦之所以亡天下也。方今天下，赖陛下恩厚，亡金革之危、饥寒之患，父子夫妻勠力安家，然太平未洽者，狱乱之也。夫狱有，天下之大命也，死者不可复生，绝者不可复属。《书》曰：'与其杀不辜，宁失不经[16]。'今治狱吏则不然，上下相驱，以刻为明，深者获公名，平者多后患。故治狱之吏，皆欲人死，非憎人也，自安之道在人之死。是以死人之血流离于市，被刑之徒比肩而立，大辟之计岁以万数[17]。此仁圣之所以伤也。太平之未洽，凡以此也。夫人情安则乐生，痛则思死，棰楚之下，何求而不得？故囚人不胜痛，则饰辞以视之；吏治者利其然，则指道以明之；上奏畏却[18]，则锻练而周内之[19]；盖奏当之成，虽咎繇听之[20]，犹以为死有余辜。何则？成练者众，文致之罪明也。是以狱吏专为深刻，残贼而亡极，愉为一切[21]，不顾国患，此世之大贼也。故俗语曰：'画地为狱议不入，刻木为吏期不对。'此皆疾吏之风，悲痛之辞也。故天下之患，莫深于狱；败法乱正，离亲塞道，莫甚乎治狱之吏。此所谓一尚存者也。

"臣闻乌鸢之卵不毁，而后凤皇集；诽谤之罪不诛，而后良言进。故古人有言：'山薮藏疾，川泽纳污，瑾瑜匿恶[22]，国君含诟。'唯陛下除诽谤，以招切言，开天下之口，广箴谏之路[23]，扫亡秦之失，尊文武之德，省法制，宽刑罚，以废治狱。则太平之风可兴于世，永履和乐，与天亡极。天下幸甚。"

上善其言。

注释

①昭帝：汉武帝的儿子刘弗陵。公元前86年至公元前74年在位。 ②昌邑王贺：汉武帝的孙子刘贺。汉昭帝无子，去世后由昌邑王刘贺继位，因昏乱无度，被大将军霍光废去帝位。 ③宣帝：汉武帝曾孙刘询。公元前73年到公元前49年在位。 ④路温舒：字长君，西汉巨鹿（今河北）人。昭帝时任廷尉奏曹掾，宣帝时官至太守。 ⑤无知：春秋时期齐国公子，杀齐襄公而自立为君。 ⑥骊姬：春秋时期晋献公的宠姬。为了让她自己的儿子继承君位，因而谗言陷害其他公子。 ⑦伯：即"霸"。 ⑧赵王：汉高祖刘邦的宠姬戚夫人的儿子，名如意，封赵王，被吕后毒死。 ⑨诸吕：吕太后家族的人，刘邦死后，吕太后和她的侄儿吕产、吕禄等专权，图谋篡夺汉家天下。 ⑩孝文：汉文帝刘恒，公元前180至前157年在位。 ⑪关梁：关塞

桥梁。　⑫恕：能推己及人。　⑬大将军：指霍光。他受汉武帝遗诏辅政。　⑭股肱（gōng）：比喻得力的辅佐大臣，这里指辅佐。　⑮文学：泛指哲学、历史、文学等书面著作。　⑯不经：没有依法惩治。　⑰大辟：死刑。　⑱却：被驳回。　⑲周内：网罗罪名陷人于罪。内，同"纳"。　⑳咎繇（gāoyáo）：即皋陶，相传为舜掌管刑罚的官。　㉑愉：苟且，马马虎虎。㉒瑾瑜：美玉。　㉓箴（zhēn）：劝诫。

译文

昭帝去世，昌邑王刘贺继位后很快被废黜，宣帝刚刚即位。路温舒上书给宣帝，谈应当崇尚仁德减轻刑罚。奏书说：

"我听说齐国有公孙无知的祸乱，而桓公得以兴起；晋国有骊姬作难，文公因而成就霸业；近世赵王不得善终，吕氏家族作乱，从而孝文帝做了太宗皇帝。由此看来，祸乱发作，是给圣明的人将要出现开辟道路。所以齐桓公、晋文公振兴衰微的国势，复兴衰败的旧业，尊奉文王、武王的业绩，恩泽加给百姓，功劳润及诸侯，虽然比不上三代圣王，可是天下都归附于他们的仁义。汉文帝思虑深远，道德崇高，从而顺承天意即皇帝位，崇尚仁义，减轻刑罚，沟通关塞桥梁，统一远近之地，尊敬贤人犹如贵宾，爱护人民犹如幼子，把自己内心中感到安适的愿望和欲求施加给海内，因此监狱空虚，天下太平。经历过祸乱变化之后，必有不同于旧时的恩典，这就是贤能圣明的君主用来昭明上天授命的措施。

"从前昭帝去世而没有后嗣继位，大臣忧虑悲戚，大家焦急地共同商量，都认为昌邑王地位尊贵，血统亲近，就推荐立他为帝。但是上天不肯授命，惑乱他的心志，于是自取灭亡。深入地考察祸乱变化的原因，原来是上天用来给至圣至明的君主开辟道路。所以大将军霍光接受武帝遗命，辅佐汉朝，披肝沥胆，决断大计，废黜无义的昏君，拥立有德的圣主，按照上天旨意行事，然后宗庙安定，天下太平。

"我听说《春秋》很重视端正君主即位的名分，尊崇天下统一而谨慎于开始的时候。陛下刚刚登上天子之位，与天意符合，应该改变前代的失误，整饬开始受命的纲纪，革除繁琐法令，解除百姓疾苦，使被废的王侯得以保存，断绝的祭祀得到延续，以此顺应天意。

"我听说秦朝有十种过失，其中的一种至今还存在，那就是负责审理案件的官吏。秦朝的时候，耻于谈文，崇尚勇武，鄙视仁义的士人，看重治狱的官吏，正直地陈述意见被说成诽谤，谏阻过失被说成妖言，所以极力佩服先王的人不能为世所用，忠良恳切的意见只有郁积在胸中，谄谀逢迎的声音每天充斥于耳，虚假的赞美迷乱了心窍，实际的祸殃却被掩盖。这就是秦朝失去天下的原因啊。当今的天下，仰赖陛下恩德深厚，没有战争的危险和饥寒的忧患，父子夫妻同心协力安家乐业，但是太平之中还有不协调，就是治狱的扰乱。刑狱是天下的重大事情，处死的人不能复活，斩断了的肢体不能再接起来。《尚书》说：'与其杀死无辜，宁可失之宽大。'可是现在治狱的官吏却不是这样，他们上下互相催督，把苛刻当明察，断案刻薄的人获得了公正的名声，治狱平和的人多有后患。所以断案的官吏，都想置人于死地。这并不是因为仇恨他人，而是因为保全自身的办法就在于置人于死地。所以，处死的人鲜血漂流在街市，受刑的人一个挨着一个站立，处斩的人每天数以万计，这是仁德圣明的君王感到伤心的啊。太平还不协和，都是因为这个缘故。大凡人的性情，安乐就乐于生存，痛苦就希望死去，鞭打之下，要什么供词会得不到呢？所以因犯忍受不了痛楚，就用假话来招供；狱吏利用这种情况，就指点因犯让他明白如何招供；上奏的时候害怕被驳回，于是编造罪名，设法陷入于法网。奏报所判之刑，正合所判之罪，其结果就是皋陶听了，也会认为死有余辜。为什么呢？因为罗织的罪状很多，按照法律条文所定的罪也明明白白。因此狱吏专门干那严厉刻薄之事，残害虐杀而没有止境，马马虎虎地办一切事情，不顾国家的祸患，这是世上的大害啊。所以俗话说：'即使在地上画一个监牢也不敢进去，即使刻一块木头当狱吏也不敢同他对质。'这都是憎恶狱吏的民谣，悲伤痛苦的说法啊。所以天下的忧患，没有比刑狱更深的了；败坏法纪，扰乱正道，离散亲人，闭塞道义，没有比断案的官吏更厉害的了。这就是至今还存

卷之六 汉文

在的秦朝的一种过失。

"我听说乌鸦、老鹰的蛋不被毁掉,然后凤凰才会飞来聚集;犯了诽谤之罪而不加诛戮,然后才会有良言进谏。所以古人说:'山林隐藏毒物,河泽容纳污物,美玉藏匿瑕点,国君忍受辱骂。'希望陛下除去诽谤之罪,从而招纳恳切的言论,开启天下人之口,扩大劝诫进谏之路,扫除导致秦朝灭亡的过失,尊奉文王、武王的仁德,精简法律制度,放宽刑狱惩罚,废除严刑苛法。那么,太平景象就可以在世上出现,永远享受和平快乐,与上天一样没有终极。天下就极有幸了。"

宣帝认为路温舒说得好。

赏析

本文选自《汉书·路温舒传》。

这是汉宣帝刘询即位之初,临淮太守路温舒写给宣帝的一篇奏议。

全文主旨是推崇德治,宽缓刑律,围绕"尚德缓刑"这一中心展开。

首先,援引史实,从齐桓、晋文的功业,讲到汉文帝的"崇仁义,省刑罚"、敬贤爱民、天下大治,再论及昌邑王淫乱自亡的经过,阐明了汉宣帝应当效法先贤,推行德治,顺应天意民心。

其次,分析论证秦国灭亡的原因,指出吏治残酷是其中重要的一条。汉兴以后,残酷的狱吏制度却被保存下来,这些狱吏心狠手辣,黑白颠倒,网络罪名,杀戮无辜,搞得民不安生,群情怨愤。这正是当前国家的最大祸患。

最后,引民谚和古语为理论依据,直言劝谏汉宣帝:崇尚德治,宽缓刑罚,废止诽谤之罪,广开言路,永享太平。

整篇文章,指责狱吏,大讲德治,要求宽缓刑罚,广开言路。议论堂堂正正,且切中时弊,有现实的积极意义。但封建狱吏制度是与整个封建制度紧密联系在一起的,由来已久,根深蒂固,实难彻底铲除;更因为汉宣帝本好刑名之学,杂王、霸道以为治,所以最终没有采纳、实现路温舒的建议,殊为可叹!

本文论旨庄重,论据翔实,论证有力,行文整饬,用语典丽,是秦汉奏议散文中的名篇之一,也是标志汉代文章向骈体演变的一篇重要作品。

杨恽报孙会宗书

西汉文

恽既失爵位家居①,治产业,起室宅,以财自娱。岁余,其友人安定太守西河孙会宗②,知略士也,与恽书谏戒之。为言大臣废退,当阖门惶惧,为可怜之意,不当治产业,通宾客,有称誉。恽,宰相子,少显朝廷,一朝晻昧语言见废③,内怀不服,报会宗书曰:

"恽材朽行秽,文质无所底,幸赖先人余业,得备宿卫④,遭遇时变⑤,以获爵位,终非其任,卒与祸会。足下哀其愚,蒙赐书教督以所不及,殷勤甚厚。然窃恨足下不深推其终始,而猥随俗之毁誉也⑥。言鄙陋之愚心,若逆指而文过⑦;默而息乎,恐违孔氏'各言尔志'之义⑧。故敢略陈其愚,唯君子察焉。

"恽家方隆盛时,乘朱轮者十人⑨,位在列卿,爵为通侯⑩,总领从官,与闻政事。曾不能以此时有所建明,以宣德化,又不能与群僚同心并力,陪辅朝廷之遗忘,已负窃位素餐之责久矣。怀禄贪势,不能自退,遭遇变故,横被口语,身幽北阙⑪,妻子满狱。当此之时,自以夷灭不足以塞责,岂意得全首领⑫,复奉先人之邱墓乎?伏惟圣主之恩,不可胜量。君子游道⑬,乐以忘忧;小人全躯,说以忘罪。窃自私念,过已大矣,行已亏矣,长为农夫以没世矣!是故身率妻子,戮力耕桑,灌园治产,以给公上。不意当复用此为讥议也。

"夫人情所不能止者,圣人弗禁。故君父至尊亲,送其终也,

卷之六 汉文

有时而既⑭。臣之得罪，已三年矣。田家作苦，岁时伏腊⑮，烹羊炰羔⑯，斗酒自劳。家本秦也，能为秦声。妇，赵女也，雅善鼓瑟。奴婢歌者数人。酒后耳热，仰天拊缶⑰，而呼乌乌。其诗曰：'田彼南山，芜秽不治。种一顷豆，落而为萁⑱。人生行乐耳，须富贵何时？'是日也，拂衣而喜，奋袖低昂，顿足起舞，诚淫荒无度，不知其不可也。恽幸有余禄，方籴贱贩贵，逐什一之利，此贾竖之事，污辱之处，恽亲行之。下流之人，众毁所归，不寒而栗。虽雅知恽者，犹随风而靡，尚何称誉之有？董生不云乎⑲：'明明求仁义，常恐不能化民者，卿大夫意也。明明求财利，尚恐困乏者，庶人之事也。'故道不同，不相为谋。今子尚安得以卿大夫之制而责仆哉？

"夫西河魏土⑳，文侯所兴，有段干木、田子方之遗风㉑，漂然皆有节概㉒，知去就之分。顷者足下离旧土，临安定。安定山谷之间㉓，昆戎旧壤㉔，子弟贪鄙，岂习俗之移人哉？于今乃睹子之志矣。

"方当盛汉之隆，愿勉旃㉕，毋多谈。"

注释

①恽（yùn）：杨恽，字子幼，西汉华阴（今陕西华阴）人，其父杨敞官至丞相。杨恽在宣帝时封平通侯，升中郎将，官至光禄勋，因遭陷害，削职为民，后又因故下狱治罪，并搜到他写给孙会宗的这封信，被腰斩处死。 ②孙会宗：西汉西河郡（今山西汾州）人，曾任安定（今宁夏固原）太守。 ③晻：同"暗"。语言见废：杨恽与宣帝宠臣太仆戴长乐不和，戴借故告发杨恽言语不敬，杨恽因此被罢官。 ④宿卫：指任中郎将，是保卫皇宫的侍卫官。 ⑤时变：指霍光子孙谋反之事。杨恽揭发有功，因而封侯。 ⑥猥（wěi）：轻率。 ⑦逆指：违背好意。 ⑧各言尔志：语出《论语·公冶长》。而，同"尔"。 ⑨朱轮：漆成红色的车轮。汉朝规定，公卿列侯和二千石以上的官员才可乘坐朱轮。 ⑩通侯：按汉制，异姓功臣封侯称为列侯，又称彻侯，因避汉武帝讳，改称通侯。 ⑪北阙：本指官殿北面的门楼，这里指皇宫。 ⑫领：颈。 ⑬道：正道，道义。 ⑭既：尽。古代君、父去世，守丧三年。 ⑮伏腊：一年中的两个节日，分别在夏至、冬至之后。 ⑯炰（páo）：裹起来烤。 ⑰拊：击，敲。缶：古代秦地的一种陶制乐器。 ⑱"落而为萁"以上四句：暗指朝廷荒乱，贤人放逐。一顷，合一百亩。其

337

古文观止鉴赏

(qí),豆茎。　⑲董生:西汉大儒董仲舒,今文经学大师,倡"罢黜百家,独尊儒术"。　⑳西河魏土:战国时的西河属魏国,与汉代西河郡不同,这里有讽刺孙会宗之意。　㉑段干木、田子方:战国时期贤人,魏文侯师事二人。㉒漂然:也作"飘然",形容高远。　㉓安定:汉代所设的郡,治所在今宁夏固原市。孙会宗任安定太守。　㉔昆戎:古代西北少数民族。　㉕旃(zhān):"之焉"的合音。

译文

杨恽失掉爵位之后,住在家中,治理产业,建房屋,用经营财富产业来行乐。过了一年多,他的朋友、安定太守、西河人孙会宗给他写了一封信,对他加以劝诫。信中说:大臣罢职退居,应当关起门来,诚惶诚恐,表现出可怜的样子,不应治理家业,结交宾客,应有受人称道的声誉。杨恽本是宰相之子,年轻时就显要于朝廷,一时昏乱糊涂,因为言语不敬而被罢黜爵位,心中不服。他回信给孙会宗说:

"我杨恽资质朽劣,行为低下,文采、气质都没有什么可称道的,侥幸依赖先人遗下的功业,才得以充当一名侍卫官,恰巧碰上霍氏谋反的事变,从而获得封爵,但终究不能胜任,结果遭遇祸患,足下哀怜我愚昧,赐给我书信,对我考虑不到的事情加以指教、督促,恳切之情十分深厚。但是,我心中却遗憾足下不深入了解事情的始末,轻率地附和世俗的毁誉。讲出我鄙陋的愚见吧,又好像违背了您的美意,在文过饰非;沉默不语吧,又恐怕违背了孔子'各言尔志'的精神。所以还是冒昧地简要陈述我的愚见,请您详察。

"我家兴隆之时,乘坐朱轮车的有十人,我位在九卿,封爵通侯,统领皇帝的侍从官,参与讨论国家大事。我竟不能在当时有所建树,来宣扬圣上的德化,又不能同各位同僚同心协力,弥补朝廷政事的缺失,已经受到窃取官位无功受禄的责备很久了。我贪恋俸禄和权势,不能自动引退,遭逢了变故,因为言语而横遭祸事,自己被幽禁宫中,妻子儿女都被关进监狱。就在这个时候,自己以为夷灭家族也不足以抵偿罪责,哪里料到还能保全性命,再去奉祀祖先的坟墓?我俯伏思量圣主的恩德,真是无法胜

卷之六 汉文

计。君子追求道义，快乐得忘记了忧愁；小人保全性命，高兴得忘记了罪过。我心中私下考虑：过失已经很大了，品行污损了，永远做一个农夫直到死去算了！因此，我带领妻子儿女，齐心合力耕田种桑，浇灌田园，治理产业，向官府交纳赋税。没料到又因此而受到讥刺和非议。

"人的感情所不能抑制的，圣人也不禁止。所以虽然君王是最尊贵的，父亲是最亲近的，但是给他们送终服丧，也有完结的时候。我获罪已经三年了。农家的劳作很辛苦，逢上伏日、腊日等祭祀的节日，便烹羊烤羔，斟一壶酒自己慰劳自己。我家本属秦地，所以能够唱秦地的歌曲。妻子是赵地女子，很善于弹瑟。奴婢中会唱歌的也有几个人。酒后耳热之时，昂头敲缶，'呜呜'而歌。歌词是：'耕田种地在南山，荒芜杂乱未治理。种下豆一顷，落地成豆茎。人生世上当行乐，等待富贵在何时？'这一天，我高兴得摆动衣服，上下舞袖，踏脚起舞，确实放荡无度，不知道这样是不可以的啊。我杨恽幸而有些余钱，就贱买贵卖，去追求那十分之一的赢利，这是小商人的事情，污秽耻辱的行当，我杨恽竟亲自去做了。地位低下的人，是众人毁谤的对象，使人不寒而栗。即使深知我杨恽的人，也会随风倒，还有什么人会称道我呢？董仲舒不是说过吗：'急急忙忙追求仁义，时时担心不能教化百姓，这是卿大夫的心情。急急忙忙追求财利，还担心穷困贫乏，这是平民百姓的事情。'所以志向不同不必互相商讨。而今您怎么还能用卿大夫的准则来要求我呢？

"那西河原是魏国的土地，是魏文侯兴起的地方，有段木干、田子方的遗风，他们都有高远的节操，懂得去就的本分。前不久，足下离开了故乡西河，到了安定。安定在山谷之间，是西戎的旧地，那里的子弟贪婪鄙陋，难道是习俗能改变人吗？如今我才看到您的心志。

"现在正当强盛的汉室兴隆之际，愿努力做事，不必多谈了。"

赏析

本文选自《汉书·杨恽传》。

杨恽是丞相杨敞之子，司马迁的外孙，官至诸吏光禄勋。杨恽为人，倨傲不苟合，言行洒脱不羁。后被人弹劾，免为庶人，归家闲居，治产业，造宅室，宴宾客，生活上颇为恣肆纵浪。杨恽的朋友，安定太守孙会宗写信劝诫他，认为大臣废退，应当闭门思过、诚惶诚恐，不宜广治产业、大兴土木、结交豪俊。杨恽不以为然，于是写下这封信作为答复。

书信分为四段。

第一段，简述自己免官经过，并表明回信目的。字里行间，流露出遭谗被贬的不平之气。

第二段，叙写自己由列卿通侯的地位降到"长为农夫"的遭际，反话正说，检讨自己已获得大罪，品行亏欠。做农夫了此一生也就心满意足了，没想到还会受别人的讥笑指斥，因此不能再保持沉默了。

第三段，首先叙述自己务农的艰辛，强调借酒馔菜肴来犒劳自己，借歌婢舞女的歌舞来欢愉自我是人之常情，即使是圣人也在所难免。反驳了孙会宗的批评。然后叙写自己从事商贾以求薄利的窘况，认为已经成为普通平民，就不能再用卿士大夫的标准来要求、责备自己。整段文字大肆渲染庆贺岁时伏腊的自得和追逐赢利的自贬，实际上寄托了作者难言的苦衷和怨愤。

第四段，追述西河与安定的历史，得出习俗变人的结论。语调极其辛辣尖刻，锋芒直逼孙会宗，表达了与孙决绝的态度。

全篇文章，嬉怒笑骂，锋芒毕露，对孙会宗的批评逐一进行了驳斥，申述了自己的不幸遭遇，抒发了心中的悲愤不平，使人们从一个侧面认识到封建社会的黑暗和险恶。

文章结构谨严，文气酣畅；句式变化多端，感情强烈处常用节奏短促的四字句；基调悲怆而慷慨，字里行间，自有一股不灭的豪气。

光武帝临淄劳耿弇

东汉文

车驾至临淄①，自劳军②，群臣大会。帝谓弇曰③："昔韩信破历下以开基④，今将军攻祝阿以发迹⑤，此皆齐之西界，功足相方。而韩信袭击已降⑥，将军独拔勍敌⑦，其功乃难于信也。又田横烹郦生⑧，及田横降，高帝诏卫尉不听为仇⑨。张步前亦杀伏隆⑩，若步来归命，吾当诏大司徒释其怨⑪。又事尤相类也。将军前在南阳⑫，建此大策⑬，常以为落落难合，有志者事竟成也⑭。"

注释

①临淄（zī）：地名，在今山东临淄。 ②自劳军：指光武帝刘秀亲自慰劳军队。 ③弇（yǎn）：耿弇，字伯昭，东汉茂陵（今陕西兴平东北）人。为光武帝立下卓著战功，刘秀即位后任建威大将军，封好畤侯。 ④历下：地名，在今山东济南东北。汉高帝三年，韩信率兵袭击历下，平定临淄。 ⑤祝阿：地名，在今山东济南市长清区。 ⑥已降：指已经投降的人。秦末，田儋割据旧齐地称王，后田广做齐王，田儋之子田横为丞相，刘邦派郦食其游说田广、田横解除武装，韩信趁其不备袭击。所以称"袭击已降"。 ⑦勍（qíng）敌：强敌，指下文"张步"。 ⑧郦生：郦食其。田广听信郦食其游说而失败，所以将郦食其烹杀。 ⑨卫尉：指郦食其之弟郦商。 ⑩张步：人名。张步占据齐地，刘秀派伏隆封张步为东海太守，张步想自立为王，杀伏隆。 ⑪大司徒：指伏隆之父伏湛。 ⑫南阳：地名，在今河南南阳。 ⑬建此大策：耿弇在南阳时，曾向刘秀献策，率兵北收上谷军队，平定渔阳、涿郡，东攻张步，平定齐地。 ⑭竟：终究，终于。

译文

光武帝的车驾来到临淄，亲自慰劳军队，群臣盛大聚会。光武帝对耿弇说："从前韩信攻破历下而开创基业，如今将军攻下

古文观止鉴赏

祝阿而立功扬名,这两个地方都是齐的西部边界,功劳完全可以同韩信相比。但韩信袭击的是已经投降的齐军,将军是独立攻下强大的敌人,这功劳的建立就比韩信更难了。此外,田横烹杀郦食其,到田横归降时,高帝诏令卫尉郦商不得报仇。张步从前杀了伏隆,如果张步来归顺,我也会诏令大司徒伏湛消除怨仇。这又是前后的事情特别相似的地方。此前将军在南阳时,提出了平定齐地的重大策略,我曾经认为疏阔难成,结果是有志者事竟成啊。"

赏析

本篇节录自《后汉书·耿弇列传》。

汉光武帝刘秀自立为帝,定都洛阳,建立东汉政权。刘秀即位后,任命扶风茂陵(今陕西兴平东北)人耿弇为建威大将军,率兵攻打山东割据势力张步。耿弇大破张步,后来两军又战于临淄,耿弇围攻临淄。此时,刘秀亲临前线,犒劳耿军。本文即为刘秀慰赏耿弇的一段话语。

文章内容,可分三层。

首层,以昔日汉高祖用韩信攻打田横、荡平齐地的史事,比譬今日自己用耿弇攻打张步、扫平山东的抉择,表彰了耿弇的功劳。

中间一层,插入自己想收服张步的意图,与当年刘邦想收服田横相比较,表明自己劝降张步、使之归顺的良苦用心。实际上,是暗示耿弇不宜一味强攻猛打,而要注意分化瓦解敌人,以期全胜。

末层,再次肯定了耿弇北伐彭宠、平定渔阳、东攻张步、平定齐地的战略决策,嘉许了耿弇的远大志向,以激励三军士气。

全篇文短意丰,鼓舞人心;结构严整,层次清晰;比譬妥帖,含蕴深厚。结尾处,以"有志者事竟成"作褒扬,戛然而止,警策长鸣,足以激励人心。

卷之六 汉文

马援诫兄子严、敦书
东汉文

援兄子严、敦①，并喜讥议，而通轻侠客。援前在交趾②，还书诫之曰："吾欲汝曹闻人过失③，如闻父母之名，耳可得闻，口不可得言也。好议论人长短，妄是非正法，此吾所大恶也，宁死不愿闻子孙有此行也。汝曹知吾恶之甚矣，所以复言者，施衿结缡④，申父母之戒，欲使汝曹不忘之耳。龙伯高敦厚周慎⑤，口无择言⑥，谦约节俭，廉公有威，吾爱之重之，愿汝曹效之。杜季良豪侠好义⑦，忧人之忧，乐人之乐，清浊无所失，父丧致客，数郡毕至，吾爱之重之，不愿汝曹效也。效伯高不得，犹为谨敕之士⑧，所谓刻鹄不成尚类鹜者也⑨。效季良不得，陷为天下轻薄子，所谓画虎不成反类狗者也。讫今季良尚未可知，郡将下车辄切齿⑩，州郡以为言，吾常为寒心，是以不愿子孙效也。"

注释

①援：马援，字文渊，东汉茂陵（今陕西兴平东北）人。光武帝时任陇西太守、伏波将军，封新息侯。严、敦：马援的侄子。 ②交趾：汉郡名，在岭南一带。 ③汝曹：你们。 ④施衿（jīn）结缡（lí）：古时女儿出嫁，母亲把佩带结在女儿身上，临行反复告诫。衿，佩带。缡，佩巾。 ⑤龙伯高：名述，京兆（今西安）人。当时任山都长。 ⑥择：同"殬"，败坏。 ⑦杜季良：名保，京兆人。时为越骑校尉。 ⑧谨敕：谨慎，能约束自己。 ⑨鹄（hú）：天鹅。鹜（wù）：野鸭。 ⑩下车：代指到任。

译文

马援哥哥的儿子马严和马敦，都喜欢讥笑议论别人，还结交一些轻薄的侠客。马援在交趾的时候，捎回书信告诫他们说：

"我希望你们听到别人的过失,就像听到父母的名字一样,耳朵可以听,口中不可以讲。喜欢议论别人的长短,对国家的法制妄加褒贬,这是我最厌恶的,我宁愿死去也不愿意听见子孙有这样的行为。你们是知道的,我对这样的行为极为厌恶,之所以再次提及,就像女儿出嫁时给她挂上佩带结上佩巾、申述父母的训诫一样,想使你们不要忘记罢了。龙伯高为人厚道,做事周密谨慎,口无恶言,谦虚平易,生活节俭,廉洁奉公,具有威望。我喜欢他敬重他,希望你们向他学习。杜季良豪侠好义,把别人的忧愁当作自己的忧愁,把别人的快乐当作自己的快乐,不论人品高下他都结交而不失礼教,他父亲去世时邀请宾客,几个郡的人都来了。我喜欢他敬重他,但不希望你们向他学习。学习伯高而不成,还可成为谨慎严正的人,所谓刻不成天鹅也还像一只野鸭。学季良而不成,便陷落成为天下的轻薄子弟,所谓画不成老虎反而像只狗了。到现在为止,季良的前途还不能预料,郡守一上任就对他咬牙切齿。州郡的人把这事说给我听,我常常替他忧心,所以不愿意子孙效法他的行为。"

赏析

　　本文选自《后汉书·马援传》。

　　这是马援写给他的侄儿马严、马敦的一封家信。虽名为"书",实是"家戒",并不同于寻常书信文字。

　　马援信中内容可分两部分。第一部分,明确指出两位侄儿喜欢讥议别人,结交轻薄的侠客,是为人处世的一大缺点,是自己生平最为厌恶之事。为下文训诫张本,并申明作书原因。第二部分,训诫侄子学习龙伯高,敦厚周慎,讷言敏行,谦逊稳重,廉洁勤俭;而对仗义豪侠的杜季良,自己虽然爱之重之,但不愿侄辈效法他,因为他广结天下豪俊,名声太大,影响颇巨,甚至父亲去世前来吊唁的人"数郡毕至",招致朝廷、州郡的疑忌,这并不是士大夫保家全身免祸的长久之策。

　　文章的中心,在于告诫子弟慎言谨行,全身远祸。这种希望子孙全身保命的思想,虽无太大的思想价值,但在某些方面也能给人以有益的启示；同时，在吏治森严的汉代，这种思想又颇具有时代特点。马援此书之后，效者甚众，如东汉樊宏《戒子》讲"保身全己"，郑玄《戒子益恩》讲"勖求君子之道"，可见其普遍性。

全文主旨正大，情意殷殷，不惮其烦，反复申说，正反比较，一唱三叹，自有一种庄重肃穆、亲切动人的风范。再三诵读，觉心胸澄澈，受益匪浅。

诸葛亮前出师表

后汉文

臣亮言①：

先帝创业未半②，而中道崩殂③。今天下三分，益州疲敝④，此诚危急存亡之秋也⑤。然侍卫之臣不懈于内，忠志之士忘身于外者，盖追先帝之殊遇，欲报之于陛下也。诚宜开张圣听，以光先帝遗德，恢宏志士之气⑥，不宜妄自菲薄。引喻失义⑦，以塞忠谏之路也。

宫中府中，俱为一体，陟罚臧否⑧，不宜异同。若有作奸犯科及为忠善者⑨，宜付有司论其刑赏⑩，以昭陛下平明之治，不宜偏私，使内外异法也。

侍中、侍郎郭攸之、费祎、董允等⑪，此皆良实，志虑忠纯，是以先帝简拔以遗陛下⑫。愚以为宫中之事，事无大小，悉以咨之，然后施行，必能裨补阙漏，有所广益。

将军向宠⑬，性行淑均⑭，晓畅军事，试用于昔日，先帝称之曰能，是以众议举宠以为督。愚以为营中之事，事无大小，悉以咨之，必能使行阵和穆，优劣得所也。

亲贤臣，远小人，此先汉所以兴隆也；亲小人，远贤臣，此后汉所以倾颓也。先帝在时，每与臣论此事，未尝不叹息痛恨于桓、灵也⑮。侍中、尚书、长史、参军⑯，此悉贞亮死节之臣也，愿陛下亲之信之，则汉室之隆，可计日而待也。

臣本布衣，躬耕于南阳⑰。苟全性命于乱世，不求闻达于诸侯。先帝不以臣卑鄙⑱，猥自枉屈⑲，三顾臣于草庐之中，咨臣以当世之事。由是感激，遂许先帝以驱驰。后值倾覆⑳，受任于败军之际，奉命于危难之间，尔来二十有一年矣。

先帝知臣谨慎，故临崩寄臣以大事也。受命以来，夙夜忧叹，恐托付不效，以伤先帝之明，故五月渡泸，深入不毛㉑。今南方已定，兵甲已足，当奖帅三军，北定中原，庶竭驽钝，攘除奸凶㉒，兴复汉室，还于旧都㉓。此臣之所以报先帝而忠陛下之职分也。至于斟酌损益㉔，进尽忠言，则攸之、祎、允之任也。

愿陛下托臣以讨贼兴复之效，不效则治臣之罪，以告先帝之灵。若无兴德之言，则责攸之、祎、允之咎，以彰其慢㉕。陛下亦宜自谋，以咨诹善道㉖，察纳人言，深追先帝遗诏。臣不胜受恩感激！

今当远离，临表涕泣，不知所云。

注释

①亮：诸葛亮（181—234），字孔明，琅琊阳都（今山东沂水南）人，三国时期卓越的政治家兼军事家。先帮助刘备建立帝业于蜀，拜为丞相；刘备死后，又遗命辅佐后主刘禅。建兴十二年（234），死于军中，年五十四。 ②先帝：去世的皇帝，这里指刘备。 ③崩殂（cú）：指帝王死。 ④三分：指魏蜀吴三国割据。益州：当时全国分为十二州，蜀汉得益州，包括现在的四川及贵州、云南部分地区。疲弊：国力贫弱。 ⑤秋：这里指紧要时刻。 ⑥开张圣听：意思是广开言路，听取意见。光：光大。恢宏：发扬。 ⑦引喻失义：指言谈失去大义。 ⑧陟（zhì）：提升。臧：赞美。否（pǐ）：恶，责备。 ⑨科：条令。 ⑩有司：主管部门的官员。 ⑪侍中、侍郎：都是官名，出入皇宫之中，是侍奉皇帝的近臣。郭攸之：南阳人，后主时为侍中。费祎：字文伟，江夏人，后主时为侍中。董允：字休昭，枝江（今湖北枝江）人，后主时曾为黄门侍郎。 ⑫简拔：选拔。简，同"柬"，选择。 ⑬向宠，字巨违，襄阳宜城（今湖北宜城）人。后主时封为亭侯，后为中都督。 ⑭淑均：性格和善，做事公平。 ⑮桓灵：桓，汉桓帝刘志，在位二十一年（147—167）。灵，汉灵帝刘宏，在位二十二年（168—189）。桓帝曾亲用

宦官单超等，禁锢正直的人。灵帝曾亲用宦官曹节等，杀李膺、陈蕃等人。　⑯侍中：指郭攸之、费祎等人。尚书：协助皇帝处理政务的官，指陈震。长史：辅助丞相管理政务的官，指张裔。参军：丞相府的重要幕僚，主管军务，指蒋琬。　⑰南阳：郡名。诸葛亮早年隐居隆中，地属南阳。　⑱卑鄙：低微而鄙陋。　⑲猥（wěi）：谦词，相当于"辱"。　⑳倾覆：指建安十三年（208）刘备被曹操击败于当阳长坂之事。　㉑"故五月"二句：指建兴三年（225）诸葛亮南征孟获事。泸，泸水，金沙江的支流。　㉒奸凶：指曹魏。㉓旧都：指长安和洛阳。两汉分别建都于此。　㉔损益：减少和增加，这里指取舍。　㉕慢：轻忽，怠慢。　㉖咨诹（zōu）：征询择取。

译文

臣诸葛亮上表进言：

先帝创建大业还没有完成一半，就中途逝世了。如今天下三国分立，益州疲困衰退，这实在是危急存亡的紧要关头。然而朝廷中侍卫陛下的臣子之所以毫不懈怠，忠诚有志的将士之所以在外奋不顾身，是因为追念先帝对他们的特殊恩遇，想把这种恩情报答在陛下身上。陛下确实应该扩大圣明的听闻，以光大先帝遗下的美德，激励志士的志气，不应该妄自菲薄，言谈失去大义，以致堵塞竭忠进谏的路。

皇宫的侍臣、相府的官吏，同为一朝的臣子，提升、处罚、表扬、批评，不应该有所不同。如果有人作奸犯科，或者有人为国尽忠做了好事，应该交给主管部门论定对他们的处罚和奖励，以昭示陛下公正严明的政治，不应该有偏袒和私心，使皇宫相府的法度不一致。

侍中、侍郎郭攸之、费祎、董允等，他们都善良诚实，思想忠诚纯正，所以先帝选拔出来留给陛下。我认为宫廷中的事情，无论大小，都先问问他们，然后再实行，就一定能够弥补缺失和疏漏，有更大的成效。

将军向宠，性格和善行事公正，通晓军事，往日试用过他，先帝称赞他能干，所以大家推举他做都督。我认为军营中的事情，无论大小，都先问问他，必能够使军队团结和睦，使才能不同的人各得其所。

亲近贤臣，疏远小人，这是西汉所以兴盛的原因；亲近小人，疏远贤臣，这是东汉所以倾败的原因。先帝在世时，每当同我论及此事，没有不对桓帝、灵帝感到痛心惋惜的。侍中、尚书、长史、参军，这些都是坚贞可靠，能够以死报国的臣子，希望陛下亲近他们，信任他们，那么汉室的兴隆就指日可待了。

我本来是个平民，亲自在南阳耕田，在乱世中苟且保全性命，不想向诸侯谋求显身扬名。先帝不认为我地位卑贱，见识鄙陋，不惜降低身份，委屈自己，三次到茅屋之中来看望我，询问我当时天下的大事。我因此非常感动，于是答应先帝愿意为他奔走效劳。后来遇到先帝当阳大败，我在战败之际接受重任，在危难之时承受使命，到现在已经二十一年了。

先帝知道我为人谨慎，所以临死时把国家大事托付给我。我接受使命以来，日夜忧虑叹息，唯恐先帝托付给我的大事没有成效，以致损伤先帝的知人之明，所以五月里渡过泸水，深入到五谷不生的荒凉之地。现在南方已经平定，武器盔甲已经充足，应当奖励并统率全军，北面平定中原，希望能尽我平庸的能力，铲除奸诈凶恶的敌人，复兴汉朝王室，回到原来的京都，这就是我用来报答先帝和尽忠于陛下的职责和本分。至于对国家政事权衡得失，斟酌取舍，尽量提出忠直的意见，那就是攸之、祎、允的责任了。

希望陛下把讨伐奸贼，复兴汉室，取得成效的责任交付给我，如果没有成效就治我的罪，以告慰先帝在天之灵。如果没有劝勉陛下发扬德行的忠言，就追究攸之、祎、允等人的怠慢之罪，让大家看到他们的过失。陛下也应该自己多加谋划，询问征求好的治国方法，明察并采纳群臣的好的意见，深切追念先帝的遗诏。我就蒙受陛下恩德，感激不尽了！

现在就要出征远离，面对奏表禁不住落泪，真不知道说了些什么。

赏析

表，是封建社会臣僚用来向国君陈述意见的一种实用性

卷之六 汉文

文体。

《前出师表》是蜀汉建兴五年（227）蜀相诸葛亮率领三军北驻汉中，准备伐魏，临行前写给后主刘禅的一封奏章。它最早见载于西晋陈寿《三国志·蜀志·诸葛亮传》，本无篇名，后为梁萧统编《文选》时所定。

本文内容可分为两部分。

第一部分，忠谏叙理。文章在分析蜀汉内外形势的基础上，提出了内政措施方面的三条重要建议："开张圣听""陟罚臧否，不宜异同""亲贤臣，远小人"。三条之中，亲贤远佞是根本，只要做到了这一条，其他两条就不难实现。应当承认，诸葛亮总结出的这三条政治经验，是具有远见卓识和切中蜀汉政治实际的，可以引为后世的鉴戒。

第二部分，剖情表态。通过叙忠情、言宏志，充分表现出诸葛亮忠于蜀汉，"鞠躬尽瘁，死而后已"的献身精神。

整篇文章，以议论、叙事为主，全文六百余字，有十三处提及"先帝"，字里行间渗透了诸葛亮感报刘备知遇之恩的强烈感情。同时，文章既指出应该做什么，不应该做什么，又指出该怎么做，不该怎么做，依靠什么人去做，不能依靠什么人去做，等等，充分表现出诸葛亮处事谨慎、考虑精细的作风，以及反复开导、打动和威压刘禅继承父亲遗志、发愤图强的良苦用心。

文章情辞俱挚，语言朴素，语重心长，感人至深，千百年来传诵不衰。

诸葛亮后出师表

后汉文

先帝虑汉贼不两立[①]，王业不偏安，故托臣以讨贼也。以先帝之明，量臣之才，固知臣伐贼，才弱敌强也；然不伐贼，王业亦亡。惟坐而待亡，孰与伐之？是故托臣而弗疑也。

臣受命之日，寝不安席，食不甘味。思惟北征②，宜先入南，故五月渡泸，深入不毛，并日而食。臣非不自惜也，顾王业不可偏安于蜀都，故冒危难以奉先帝之遗意。而议者谓为非计③。今贼适疲于西④，又务于东⑤，兵法乘劳，此进趋之时也。谨陈其事如左⑥：

高帝明并日月⑦，谋臣渊深，然涉险被创，危然后安。今陛下未及高帝，谋臣不如良、平⑧，而欲以长策取胜，坐安天下，此臣之未解一也。

刘繇、王朗⑨，各据州郡，论安言计，动引圣人，群疑满腹，众难塞胸，今岁不战，明年不征，使孙策坐大⑩，遂并江东⑪，此三之未解二也。

曹操智计，殊绝于人，其用兵也仿佛孙吴⑫，然困于南阳⑬，险于乌巢⑭，危于祁连⑮，逼于黎阳⑯，几败北山⑰，殆死潼关⑱，然后伪定一时尔⑲。况臣才弱，而欲以不危而定之，此臣之未解三也。

曹操五攻昌霸不下⑳，四越巢湖不成㉑，任用李服而李服图之㉒，委任夏侯而夏侯败亡㉓。先帝每称操为能，犹有此失，况臣驽下，何能必胜？此臣之未解四也。

自臣到汉中，中间期年耳㉔，然丧赵云、阳群、马玉、阎芝、丁立、白寿、刘郃、邓铜等，及曲长屯将七十余人，突将无前，賨叟、青羌散骑、武骑一千余人㉕，此皆数十年之内所纠合四方之精锐，非一州之所有。若复数年，则损三分之二也，当何以图敌？此臣之未解五也。

今民穷兵疲，而事不可息。事不可息，则住与行，劳费正等。而不及早图之，欲以一州之地，与贼持久，此臣之未解六也。

夫难平者事也㉖。昔先帝败军于楚㉗，当此时，曹操拊手，谓天下已定。然后先帝东连吴越㉘，西取巴蜀㉙，举兵北征，夏侯授首，此操之失计，而汉事将成也。然后吴更违盟，关羽毁败㉚，秭归蹉跌㉛，曹丕称帝。凡事如是，难可逆料。臣鞠躬尽力㉜，死而后已。至于成败利钝，非臣之明所能逆睹也⑫。

注释

①贼：指曹魏。　②思惟：思虑。　③非计：不正确的计划。　④今贼适疲于西：指蜀汉建兴六年（228）诸葛亮出祁山伐魏，使关中震动，魏明帝不得不亲自西镇长安。　⑤又务于东：指建兴六年，魏将曹休被吴将陆逊大破于石亭。　⑥如左：即现在所说的"如下"，按当时行款是竖行，从右到左书写。　⑦高帝：汉高帝刘邦。　⑧良、平：指张良和陈平，汉高祖的谋士和开国功臣。　⑨刘繇（yóu）：东汉末为扬州刺史。王朗：东汉末为会稽太守。都为孙策所败。　⑩孙策：三国时吴国国君孙权的哥哥，为会稽太守，封吴侯。坐大：安然壮大。　⑪江东：指长江下游地区。　⑫孙吴：指孙武和吴起，都是春秋战国时著名军事家。　⑬困于南阳：建安二年（197），曹操攻打张绣，张绣袭击曹操军队，杀曹操长子曹昂，曹操中流箭，败走舞阳（属今漯河）。　⑭险于乌巢：建安五年（200），官渡之战发生在乌巢附近。曹操在大破袁绍之前曾一度绝粮，所以称"险"。乌巢，今河南延津东南。　⑮危于祁连：曹操征西域，在祁连山下遭遇危险。　⑯逼于黎阳：建安八年（203）春二日，曹操和袁绍的儿子袁谭大战于黎阳。黎阳，地名，在今河南浚县境内，当时为袁谭所占据。　⑰几败北山：指建安二十四年（219），曹操与刘备争汉中，自长安出斜谷，运粮经过北山下，被赵云袭击，损失很大。　⑱殆死潼关：指曹操与马超战于潼关之事。建安十六年（211），曹操率兵攻打据守潼关的马超，马超率一万余人迎击，曹操几乎被箭射死。殆，几乎。　⑲伪：蜀汉自居正统，所以称曹操为"伪"。　⑳五攻昌霸：建安四年（199），东海昌霸背叛曹操，归附刘备，曹操遣刘岱、王忠去攻打，但没有攻下。　㉑四越巢湖：曹操与孙权多次在巢湖作战。巢湖，在今安徽合肥东南。　㉒"任用李服"句：李服可能是王服之误，王服曾与董承等共同谋杀曹操。　㉓"委任夏侯"句：魏将夏侯渊守汉中，被蜀将黄忠破杀于定军山。下文的"夏侯授首"即指此事。　㉔期（jī）年：周年。　㉕賨（cóng）叟、青羌：都是西南地区的少数民族。　㉖平：衡量，这里是预测的意思。　㉗"昔先帝"句：指建安十二年（207），刘备在当阳长坂被曹操打败一事。长坂为楚旧地。　㉘东连吴越：建安十三年（208），刘备联合孙权在赤壁大破曹操。　㉙西取巴蜀：指建安十九年（214），刘备打败刘璋夺取益州之事。　㉚"然后吴"二句：建安二十四年（219），孙权违背吴蜀盟约，趁关羽北攻樊城之际，派吕蒙暗袭荆州，后关羽被杀。　㉛秭归蹉跌：蜀汉武元年（221），刘备为关羽复仇，攻打吴国，次年，被吴将陆逊大破于夷陵，刘备逃到秭归，收残兵回蜀。秭归，今湖北秭归。蹉跌，跌交。　㉜鞠躬尽力：其

351

他选本多作"鞠躬尽瘁"。 ㉝逆：预先。

译文

先帝考虑汉王室和逆贼不能并立，汉王室的大业不能偏安一隅，所以把讨贼的重任托付给我。凭着先帝的圣明，衡量我的才能，原本知道我去讨贼，是才弱而敌强；但是如果不讨贼，王室的大业也要灭亡。与其坐等灭亡，何不如去讨伐它呢？因此，先帝托我讨贼，我没有丝毫犹豫。

我接受使命以来，睡不安稳，吃饭不香。考虑到征讨北方，应先安定南方，所以五月渡过泸水，深入到五谷不生的荒凉之地，两天只能吃到一天的饮食。我并非不爱惜自己，而是想到汉王室的大业不可以偏安在蜀都，所以冒着危险艰难遵奉先帝的遗愿。但是，议论的人却说这是不正确的计策。如今逆贼在西方作战已十分疲惫，又忙着对付东面，兵法说要利用敌人疲劳的时候，这正是进攻的时机啊。谨把讨贼的事宜陈述如下：

高帝圣明，一如日月，他的谋臣深谋远虑，但仍不免历艰险，受创伤，经过了许多危险，然后才能得到安定。现在陛下比不上高帝，谋臣比不上张良、陈平，却想以万无一失的计策取得胜利，坐着不动而平定天下，这是我所不理解的第一点。

刘繇、王朗，各人占据州郡，空谈安危计策，动辄引用圣人言论，他们满腹疑虑，充满畏难情绪，今年不出战，明年不出征，使得孙策安然强大起来，于是并吞了江东，这是我所不理解的第二点。

曹操的智慧计策，极为高超过人，他用兵就像孙武、吴起，但是他也被困于南阳，遇险于乌巢，遭难于祁连，被逼于黎阳，几乎失败于北山，险些战死在潼关，然后才僭称国号于一时。何况我才能微弱，却想没有一点危险而安定天下，这是我所不理解的第三点。

曹操五次攻打昌霸而攻不下，四次越渡巢湖而不成功，任用李服而李服谋害他，委任夏侯渊，夏侯渊又战败被杀。先帝常常称赞曹操是能人，尚且有这样的失败，何况我才能低下，怎么能够一定取胜？这是我所不理解的第四点。

从我出师到汉中以来，其间不过一年的时间罢了，但是却丧失了赵云、阳群、马玉、阎芝、丁立、白寿、刘郃、邓铜等大将，以及曲长、屯将七十多人，他们都是冲锋陷阵的将士，还丧失了賨叟、青羌的骑兵一千多人，这都是几十年中从四方招集起来的精锐兵力，不是一个州所能有的。如果再过几年，就要损失三分之二了，还用什么去消灭敌人？这是我所不理解的第五点。

如今百姓贫困，战士疲惫，而战事不能停息。战事不能停息，那么驻守和进攻，其劳苦和费用正相当。如果不趁现在策划，攻打敌人，想凭着一州的土地，与逆贼长久相持，这是我所不理解的第六点。

天下的事情很难料定。从前先帝战败于长坂，当时，曹操拍手称快，认为天下已定。但是，后来先帝东面联合吴越，西面夺取西蜀，兴师北伐，夏侯渊被斩首，这是曹操失算，而汉室的事业将要成功了。然而，后来东吴又违背盟约，关羽失败而死，先帝在秭归受挫，曹丕做了皇帝。凡事都是如此，难以预料。我鞠躬尽瘁，死而后已。至于成败利害，不是我所能预测的。

赏析

本文选自《三国志·蜀志·诸葛亮传》注引《汉晋春秋》。后世学者多疑为伪作。

据《汉晋春秋》记载，诸葛亮获知孙权破曹休，魏兵主力东下，关中虚弱，于是在建兴七年（229）十一月上书后主刘禅，请求率兵二次北伐，遂有散关之役。

全文分为四大段。第一段，强调再次北伐的原因在于受托讨贼，"汉贼不两立，王业不偏安"，旗帜鲜明地把讨伐曹魏摆在国家大政的第一位，为出师正名。并且，分析了敌强我弱的战略形势，指出与其坐以待毙，不如以攻为守，阐明了北伐的必要性和紧迫性。

第二段，剖析自己的耿耿忠心，陈述自己先安定南方，再举兵北伐的战略方针；并分析了曹魏东征西讨、疲于奔命的有利形势，指出此时正是用兵的好时机。

第三段，包括三至八自然段针对蜀汉内部（特别是刘禅）对再次北伐的议论和疑虑，提出"六未解"的看法，援引史实，逐条析论，实际上批驳和否定了种种糊涂认识，反复说明危而后安、战而后强的道理，指出了一味求安的严重后果。总之，北伐曹魏，义在必行，势在必行，非常明晰地指陈利害。

第四段，阐明谋事在人、成事在天的道理，强调北伐胜败难以预料，自己唯有努力争取，"鞠躬尽力，死而后已"。

综观全文，其写作目的在于申明北伐的必要性，强调时不可失的迫切性，分析蜀汉面临的形势和客观困难，批驳种种妄自菲薄、不思进取的错误观点，表示坚决伐魏的信心和决心。文章层层剖析，逻辑谨严，很有说服力量。

全篇感情真挚，语言朴实，字里行间流溢出一种忠贞壮烈之气。这是诸葛亮凛然胸襟、崇高人格以及积极进取精神的集中表现，也是本文赢得人们普遍喜爱的重要原因。

卷之七　六朝唐文

陈情表

李密

臣密言[①]：

臣以险衅[②]，夙遭闵凶[③]。生孩六月[④]，慈父见背[⑤]；行年四岁，舅夺母志[⑥]。祖母刘愍臣孤弱[⑦]，躬亲抚养。臣少多疾病，九岁不行，零丁孤苦，至于成立。既无叔伯，终鲜兄弟，门衰祚薄[⑧]，晚有儿息[⑨]。外无期功强近之亲[⑩]，内无应门五尺之童，茕茕孑立[⑪]，形影相吊。而刘夙婴疾病[⑫]，常在床蓐[⑬]，臣侍汤药，未尝废离。

逮奉圣朝[⑭]，沐浴清化。前太守臣逵察臣孝廉[⑮]，后刺史臣荣举臣秀才[⑯]，臣以供养无主，辞不赴命。诏书特下，拜臣郎中[⑰]，寻蒙国恩，除臣洗马[⑱]。猥以微贱[⑲]，当侍东宫[⑳]，非臣陨首所能上报。臣具以表闻，辞不就职。诏书切峻，责臣逋慢[㉑]；郡县逼迫，催臣上道；州司临门，急于星火。臣欲奉诏奔驰，则以刘病日笃；欲苟顺私情，则告诉不许。臣之进退，实为狼狈[㉒]。

伏惟圣朝以孝治天下，凡在故老，犹蒙矜育[㉓]，况臣孤苦，特为尤甚。且臣少事伪朝[㉔]，历职郎署[㉕]，本图宦达，不矜名节[㉖]。今臣亡国贱俘，至微至陋，过蒙拔擢，岂敢盘桓[㉗]，有所希冀？但以刘日薄西山，气息奄奄，人命危浅，朝不虑夕。臣无祖母，无以至今日；祖母无臣，无以终余年。母孙二人更相为命，是以区区不能废远[㉘]。臣密今年四十有四，祖母刘今年九十有六，是臣尽节于陛下之日长，报刘之日短也。乌鸟私情[㉙]，愿乞终养。

臣之辛苦，非独蜀之人士及二州牧伯所见明知[㉚]，皇天后土实所共鉴。愿陛下矜愍愚诚，听臣微志，庶刘侥幸，卒保余年。

355

臣生当陨首,死当结草㉛。

臣不胜犬马怖惧之情,谨拜表以闻。

注释

①密:李密(224—287),字令伯,三国末至西晋初犍为武阳(今四川眉山彭山东)人,做过蜀国尚书郎。晋武帝召他为太子洗马,他上《陈情表》,以奉养祖母为由不仕。 ②险衅:指厄运。 ③夙:早,昔。 闵:同"悯",这里指所忧愁的事。凶:指不幸的事。 ④生孩:生下来,还是婴孩的时候。 ⑤见背:背离我,指死去。 ⑥舅夺母志:舅父逼母改嫁。古人称妇女在丈夫死后不再嫁为"守志"。 ⑦愍(mǐn):同"悯",怜悯。 ⑧祚:福。 ⑨息:子女,后代。 ⑩"外无"句:这句话说亲族无人。在宗法社会中,以亲属关系的远近制定丧服的轻重。期,周年,这里指穿一周年丧服。功,服丧的期限。大功服丧九个月,小功服丧五个月。期、功都指关系近的亲属。强近,比较近。 ⑪茕(qióng)茕:孤独的样子。孑(jié)立:孤单的意思。 ⑫婴:缠绕。这里指疾病缠身。 ⑬蓐:草褥子。 ⑭圣朝:指晋朝。 ⑮孝廉:汉代以后选拔人才的一种科目名,即每年由地方官考察当地人物,向朝廷推荐孝顺父母、品行廉洁的人出仕。 ⑯秀才:汉代以后选拔人才的一种科目名,即优秀人才的意思。 ⑰郎中:在秦汉时是一种侍卫武官。晋至南北朝,为尚书曹司的长官。 ⑱洗(xiǎn)马:官名,原作"先马",太子的属官。 ⑲猥:谦词,鄙贱的意思。 ⑳东宫:太子所住的地方,也代指太子。 ㉑逋慢:逃避命令,态度傲慢。 ㉒狼狈:指进退困难。 ㉓矜:怜悯。 ㉔伪朝:指被晋灭掉的蜀汉。 ㉕郎署:郎官的衙署。李密曾在蜀汉做过郎中和尚书郎。 ㉖矜:自夸。 ㉗盘桓:徘徊不进。这里指故意不去做官。 ㉘区区:形容感情恳切。废远:指废掉奉养而远离祖母。 ㉙乌鸟私情:传说乌鸦能反哺(幼鸟喂老鸟),所以常用以比喻人的孝道。 ㉚二州牧伯:即上文所说的太守逵、刺史荣。 ㉛结草:春秋时,魏武子有爱妾,武子病时,嘱其子魏颗,自己死后,令妾改嫁。到了病危时,又说令妾殉葬。武子死后,魏颗把爱妾嫁出,说是遵照他父亲神志清醒时的遗命。传说后来魏颗和秦将杜回作战,见一老人结草绊倒了杜回,因而把杜回捉住。夜间魏颗梦见那老人说他是魏武子爱妾的父亲,帮助魏颗,是为报答不杀其女之恩。

译文

下臣李密上表陈言:

我因为命运悲惨,早年遭受不幸。出生只有六个月时,慈父抛下我而死去，到我四岁时，舅父又夺去母亲守寡不嫁的志节。祖母刘氏怜悯我孤苦弱小，亲自抚养我。我幼年多疾病，九岁还不能行走，孤苦伶仃，直到长成自立。既没有叔伯，也没有兄弟，家门衰败，福气微薄，年纪很大了才有儿子。外无关系较近的亲人，内无看守门户的童子，真是孤孤单单，形影相吊。祖母刘氏疾病缠身，常常卧床不起，我侍奉汤药，不曾废止远离。

到了圣明的当朝，我蒙受清明的政治和教化。以前太守名逵的考察推荐我为孝廉，后来刺史名荣的推举我为秀才。我因为家中无人供养祖母，辞谢没有接受举荐之命。现在诏书特地下达，封我为郎中，很快又蒙皇上的恩德，任命我为太子洗马。我凭自己的卑微贱陋，担任侍奉太子的职务，这种恩德不是我杀身所能报答的。我用表章一一奏闻皇上，辞拜不去就职。但是诏书急切严峻，责备我逃避怠慢；郡守县令逼迫，催促我赴任；州官登门催促比星火还急。我想奉诏赶快前往，但祖母刘氏的疾病一天比一天沉重；想暂且顺从内心孝敬祖母之情，但向上诉说苦衷又不被允许。实在叫我进退两难。

我伏身思量，圣朝以孝道治理天下，凡是活着的所有老人，尚且蒙受着朝廷的怜惜养育，何况我孤苦伶仃，更是特别明显。况且我年轻时曾侍奉蜀汉，担任过尚书郎的职务，原本希图官职显达，并不想以名节自夸。现在我是亡国的卑贱俘虏，特别微贱，特别鄙陋，却蒙提拔，又怎敢徘徊滞留，另有希求？可是因为祖母刘氏已经日薄西山，气息奄奄，人命危浅，朝不虑夕。我如果没有祖母，就不会到今天；祖母如果没有我，就没有办法度过余生。祖母孙子二人，相依为命，因此孝敬祖母的私衷使我不敢废弃供养而远离老人。臣李密今年四十四岁，祖母刘氏今年九十六岁，我尽节效忠陛下的时间长，报答供养刘氏的时间短。乌鸦尚有反哺之情，我愿乞求把祖母奉养到最后。

我的辛酸苦楚，不单单蜀地的人士和两个州牧所看见并清楚地了解，而且天地神明也都看得清清楚楚。希望陛下怜悯我愚钝的诚心，准许我卑微的志愿，或许祖母刘氏侥幸能终其天年。我生当舍命效力，死也结草报恩。

我怀着犬马一般惶恐畏惧的心情，谨拜伏呈上此表奏闻。

赏析

本文是李密写给晋武帝司马炎的一封奏章,内容是请求终养祖母,暂缓赴京任职。

文章分为两部分。第一部分,陈述奉养祖母、不能奉诏赴京的进退两难情形,分为两层叙述:首叙出身孤苦,赖祖母抚养以长大成人,现祖母年高病重,不忍远离;次叙自己因奉养祖母一再辞官,但诏书紧迫,州县催逼,忠孝不能两全的窘况。

第二部分,陈请朝廷恩准,终养祖母后再图报效国家,也分两层进行。第一层,说明不能应诏的理由:先从"以孝治天下"的伦理纲常入手,阐述奉养祖母以尽孝道应该得到朝廷恩准的道理;接着,就自己"本图宦达,不矜名节"立论,表明并无沽名钓誉之想,力避猜疑,杜人之口;然后,从祖母病重、去日无多,祖孙相依为命落笔,说明报祖母日短,报国家日长,动之以情;最后,在此基础上,正式提出终养祖母、暂缓赴京的请求,显得合情合理,难以挑剔。第二层,进一步表明愿意终养祖母的衷情和力图报答朝廷的至诚,结束全文。

全篇文章,处处紧扣"忠""孝"二字,叙事、说理、抒情均发自肺腑,情辞俱切,自然感人,被人誉为至情至性的千古绝作。另外,谨严清晰的层次,委婉凄切的笔调,形象生动的语言,也为本文增色不少。其"茕茕孑立,形影相吊""日薄西山,气息奄奄,人命危浅,朝不虑夕"等句,更是千古传诵,脍炙人口。

兰亭集序

王羲之

永和九年[①],岁在癸丑[②],暮春之初[③],会于会稽山阴之兰亭[④],修禊事也[⑤]。群贤毕至[⑥],少长咸集。此地有崇山峻岭,茂林修竹,又有清流激湍,映带左右,引以为流觞曲水[⑦],列坐其次⑧，虽无丝竹管弦之盛，一觞一咏，亦足以畅叙幽情。是日也，天朗气清，惠风和畅。仰观宇宙之大，俯察品类之盛，所以游目骋怀，足以极视听之娱，信可乐也。

夫人之相与，俯仰一世⑨。或取诸怀抱，晤言一室之内⑩；或因寄所托，放浪形骸之外⑪。虽取舍万殊，静躁不同⑫，当其欣于所遇，暂得于己，快然自足，曾不知老之将至。及其所之既倦，情随事迁，感慨系之矣。向之所欣⑬，俯仰之间已为陈迹，犹不能不以之兴怀⑭，况修短随化⑮，终期于尽。古人云："死生亦大矣⑯。"岂不痛哉！

每览昔人兴感之由，若合一契⑰，未尝不临文嗟悼，不能喻之于怀。固知一死生为虚诞⑱，齐彭殇为妄作⑲。后之视今，亦犹今之视昔，悲夫！故列叙时人，录其所述。虽世殊事异，所以兴怀，其致一也⑳。后之览者，亦将有感于斯文。

注释

①永和九年：公元353年。永和，东晋穆帝司马聃（dān）的年号。 ②癸丑：这一年是癸丑年。 ③暮春之初：三月初三日。 ④会稽：郡名，今浙江北部和江苏南部一带。山阴：古县名，今浙江绍兴。兰亭：在今绍兴西南兰渚山下。 ⑤修禊（xì）：古代的一种消除不祥的祭礼。原在三月上旬巳日，魏以后固定为三月三日，并简化为水边嬉游。 ⑥群贤：指孙绰、谢安、许询、支遁等四十一人。 ⑦流觞（shāng）：把酒杯放在曲水上游，循流而下，停到谁的面前，谁就要取饮。觞，酒杯。曲水：引水环曲为渠，以流酒杯。 ⑧次：处所，地方，这里指水边。 ⑨俯仰：低头仰头，比喻时间很短。 ⑩晤言：对面谈话。 ⑪放浪：放纵不羁。形骸：身体，形体。 ⑫静躁：安静和躁动。指上述"晤言一室之内"和"放浪形骸之外"两种不同的行动。 ⑬向：过去，从前。 ⑭兴怀：产生感慨。 ⑮修短：指寿命长短。修，长的意思。化：造化，自然。 ⑯死生亦大矣：死生也是一件大事。语出《庄子·德充符》。 ⑰若合一契：像符契那样相合，比喻完全一样。契，古人用木或竹刻的契券，分成两半，以合一为凭验。 ⑱一：看作一样。 ⑲齐彭殇：把长寿和短命看作同等。齐，看作同等。彭，彭祖，传说年至八百，以长寿著名。殇，短命早死的人。 ⑳致：情致。

译文

永和九年，正是癸丑年，暮春三月三日那天，我们会集在会稽郡山阴县的兰亭，进行修禊活动。众多的贤士都来了，晚辈与长者聚集在一起。这个地方有群山峻岭、茂密的树林和修长的竹子，又有清澈的水激荡奔腾，辉映着绕过兰亭两侧。引来清流作为流传酒杯的曲水，大家依次坐在曲水之旁。虽然没有丝竹管弦的盛况，但一面饮酒，一面赋诗，也足以畅叙内心深处的情怀。这一天，天空晴明，天气清爽，春风和煦柔畅。抬头观看宇宙的广阔，俯首审视万物的繁盛，纵目游览，驰骋胸怀，足以尽情地享受耳目视听的乐趣，实在是令人欢乐啊！

人与人相处，俯仰之间便是一世。有的人敞开胸怀，与他人倾心在室内交谈；有的人托物寄情，无拘无束，放浪形迹。虽然对生活的取舍千差万别，好静与好动各不相同，但当他们欣喜于所接触的事物，获得暂时的满足，感到欣然自足时，竟然都不知道暮年将到了。等到对向往的事物已经厌倦时，心情随着事物而变迁，感慨也就随之而生了！从前欣喜的事情，转眼之间，已经成为陈迹，对此人们尚且禁不住内心感念伤怀，何况寿命长短只能听凭造化，而且终究要归于穷尽。古人说："死生也是件大事。"怎不令人悲痛！

每每观察古人产生感慨的缘由，就像符契那样相合，于是面对那些文章总免不了嗟叹悲悼，自己心中也难于将这种感念说清楚。我固然知道把死和生看作一回事是虚无荒诞的，把长寿和短命等同看待是荒谬的。后人看当今，也正像今人看往昔一样，可悲啊！所以一一记下前来与会的人，录下他们所作的诗。虽然时世变迁事物变化，但是因为死生而引起的感叹，其情致是一样的。后世的读者，也将对这些诗文有所感慨吧！

赏析

本文选自《晋书·王羲之传》。

"序"是一种文体，多用于题赠或为著述的前言。本文是作者为他和名士们在兰亭举行修禊活动所写诗作的序。

全文由两部分内容组成。其主旨在于抒发欢乐有尽、人生短促的感慨。

前部分，叙写兰亭聚会盛况，突出一个"乐"字。首先，总叙盛会的时间、地点、原因。紧接着，描写出盛会的五种乐趣：名士济济，聚首兰亭；山环水绕，境界清幽；饮酒赋诗，畅述幽怀；天朗气清，风和日暖；仰观俯察，游目骋思。短短一百余字，写出种种可乐之事，道出无限可乐之情，文笔简洁流畅，意趣高雅闲适。结尾处，以"信可乐也"作为收束，倒点出本部分主题，有回眸一笑之妙。

后部分，主要是兴感抒怀、发表议论。阐明人虽不同，性格各异，但都将衰老，生命短暂，欢乐终有尽头。因此，感觉到庄子"一死生""齐彭殇"这种把事物的相对性绝对化的观点是虚妄的。最后，叙述作序的本意，强调死生问题是古今之人的共同感慨，突出了一个"感"字。

全文以清新隽永的文字叙事、写景、抒情、议论，这在盛行骈偶、讲求辞藻的魏晋时代，独具一格。文章抒发感慨，指斥庄周，对于当时谈玄之风，崇尚庄老之习，更是一种批判和超脱，尤其难能可贵。平心而论，作者人生苦短、古今一概的低沉感伤情绪，似乎也并未完全摆脱庄子的影响。

归去来辞

陶渊明

归去来兮！田园将芜胡不归？既自以心为形役①，奚惆怅而独悲？悟已往之不谏②，知来者之可追。实迷途其未远，觉今是而昨非。舟摇摇以轻飏，风飘飘而吹衣。问征夫以前路，恨晨光之熹微。③

乃瞻衡宇④，载欣载奔，僮仆欢迎，稚子候门。三径就荒⑤，松菊犹存，携幼入室，有酒盈樽⑥。引壶觞以自酌⑦，眄庭柯以怡颜⑧，倚南窗以寄傲，审容膝之易安⑨。园日涉以成趣，门虽设而常关,策扶老以流憩⑩,时矫首而遐观⑪。云无心以出岫⑫,鸟倦飞而知还,景翳翳以将入⑬,抚孤松而盘桓。

归去来兮!请息交以绝游。世与我而相遗,复驾言兮焉求⑭?悦亲戚之情话⑮,乐琴书以消忧。农人告余以春及,将有事于西畴⑯。或命巾车⑰,或棹孤舟,既窈窕以寻壑⑱,亦崎岖而经邱⑲。木欣欣以向荣,泉涓涓而始流,羡万物之得时,感吾生之行休。

已矣乎!寓形宇内复几时,曷不委心任去留⑳?胡为遑遑欲何之?富贵非吾愿,帝乡不可期㉑。怀良辰以孤往,或植杖而耘耔㉒,登东皋以舒啸㉓,临清流而赋诗。聊乘化以归尽㉔,乐夫天命复奚疑!

注释

①心为形役:精神被肉体所奴役。 ②谏:劝止,这里指挽救。 ③熹微:光线微弱。 ④衡宇:简陋的住房。 ⑤三径:汉代蒋诩隐居,在屋前竹林中开三条小路,只与隐士求仲、由仲往来。后来以三径指隐士居处。 ⑥樽:一种酒器。 ⑦觞:酒器。酌:斟酒。 ⑧眄(miǎn):斜视。柯:树枝,这里指树木。 ⑨容膝:只能容纳双膝的居室,形容住房狭小。 ⑩流憩:悠闲休息。 ⑪矫首:抬头。 ⑫岫(xiù):山洞。 ⑬景:同"影",日影。翳翳(yìyì):阴暗的样子。 ⑭驾:驾车,指出游。言:助词,无实义。 ⑮情话:真情实话。 ⑯西畴(chóu):西边的田地,这里泛指田地。 ⑰命:使用。巾车,有布篷的小车。 ⑱窈窕(yǎotiǎo):深远的样子,这里指曲折婉转的小道。 ⑲邱:同"丘"。 ⑳委心:放弃(世俗的名利)之心。 ㉑帝乡:天帝所居之处。 ㉒耘:除草。耔(zǐ):培土。 ㉓东皋(gāo):东面水边的高地。 ㉔乘化:顺应变化。

译文

回去吧,田园即将荒芜,为什么还不回家?既然自己意识到精神被肉体奴役,为什么还要惆怅而独自悲伤?领悟到往事不可挽救,但知道未来还可以补偿。实在是陷入迷途还不远,觉察到了今日弃官的正确,往日做官的谬误。船轻轻摇摇地缓行,风飘飘而撩动衣裳。向行人打听前方的道路,怨恨晨光暗弱,仍看不清家乡。

才看清自己的陋屋,就一边感到欣喜一边快步奔往。童仆欢快地迎接，孩子们等候在门旁。院中的小径几乎荒芜，松树菊花还是那样。牵着小孩进入室内，有酒樽盛满酒浆。拿过酒壶杯子，自斟自酌，斜望庭院中的树木，让欢悦洋溢在脸庞。倚靠着朝南的窗户寄寓傲世的情怀，深知这狭窄的小屋平平安安。每日在园中散步，却总有新的情趣，虽然设置门户，却时常关闭。拄着拐杖漫游休息，不时抬头眺望远方，云朵自然从山峰升起，鸟儿飞得疲倦时，知道返回。日光昏黄，夕阳即将落山，抚摸孤傲的青松而流连忘返。

回去吧，请让我中止往来而断绝交游。世人和我意愿相背，还驾车出去寻求什么？喜欢亲人的真情话语，快乐地弹琴读书以排遣忧愁。农夫把春天来临的消息告诉我，即将到田野去耕作。或用有篷的小车，或划着孤独的小船，既到深邃曲折处去探寻幽壑，又往高低不平处历经山丘。树木欣欣向荣，泉水涓涓流动。羡慕万物得到复苏的时节，感慨自己年华行将结束。

算了吧，寄形天地还有多少时光，何不抛弃追名逐利的心思，听凭人生去留？为什么要忙忙碌碌地又奔往何方？富贵荣华不是我的本意，飞升天庭也不可期望。迷恋美好的时辰而独来独往，或将拐杖插在田中除草培苗。登上东面的山岗尽情地长啸，面临清清的流水吟诵诗章。姑且顺应自然的变化直至终了，为上天安排的命运感到快乐，又有什么迷惘的。

赏析

本篇赋是陶渊明辞去彭泽县令后初归家时所作，是作者辞官归田后的宣言书。

文章描写了自己归家时的欢欣和归隐田园后的乐趣，表达了作者不愿同流合污而与仕宦生活彻底决裂的志向和躬耕陇亩、闲适淡泊的人格情性。

赋以感叹开篇，写出对家乡的向往怀念，道出"心为形役"的苦闷、压抑和悔恨，衬托出辞官归田的不易和愉快。然后，以欢快而细腻的笔触，描写归家的喜悦，骨肉团聚的亲情，以及饮酒吟诗、望庭树、倚南窗、遨游、遐观、躬耕等田园生活的乐趣。最后，抒发了不慕富贵、不羡神仙、不随流俗、顺应自然的高洁品格和淡泊情怀，寄寓了对现实的不满和愤慨。

本篇赋，叙事、写景、议论、抒情熔于一炉，感情真挚，情景相生。语言平淡而清新优美，句式整齐而富于变化，充满诗意，音韵谐畅，是一篇文情俱茂的佳作。

值得特别提出的是，陶渊明这篇文章，把他求官弃官的始末和动机赤裸裸地写出来，把他投身自然所体验到的人生乐趣描绘出来，把他感悟到的人生哲理"聊乘化以归尽，乐夫天命复奚疑"抒发出来，这正是陶渊明真实人格的最忠实的表现。虽然这种人生态度难免染上消极的色彩，但就全篇而言，诗人对社会黑暗的不满和抗议，对故乡田园的向往和热爱，对自然、对自由的赞美和皈依，以及耿介不阿、光明磊落的人格气骨，构成了作品思想的主流，给后人以积极的影响。

桃花源记

陶渊明

晋太原中①，武陵人捕鱼为业②，缘溪行，忘路之远近。忽逢桃花林，夹岸数百步，中无杂树，芳草鲜美，落英缤纷③。渔人甚异之。复前行，欲穷其林。

林尽水源，便得一山。山有小口，仿佛若有光。便舍船，从口入。初极狭，才通人。复行数十步，豁然开朗。土地平旷，屋舍俨然④，有良田、美池、桑竹之属。阡陌交通⑤，鸡犬相闻。其中往来种作，男女衣著，悉如外人。黄发垂髫⑥，并怡然自乐。

见渔人，乃大惊，问所从来。具答之⑦。便要还家⑧，设酒杀鸡作食。村中闻有此人，咸来问讯。自云先世避秦时乱，率妻子邑人来此绝境⑨，不复出焉，遂与外人间隔。问今是何世，乃不知有汉，无论魏晋。此人一一为具言所闻，皆叹惋。余人各复延

卷之七 六朝唐文

至其家⑩,皆出酒食。停数日,辞去。此中人语云:"不足为外人道也。"

既出,得其船,便扶向路⑪,处处志之。及郡下,诣太守说如此。太守即遣人随其往,寻向所志⑫,遂迷,不复得路。南阳刘子骥⑬,高尚士也,闻之,欣然亲往,未果,寻病终⑭。后遂无问津者⑮。

注释

①太原:应作"太元"。东晋孝武帝司马曜的年号。 ②武陵:郡名。郡治在今湖南常德。 ③落英:即落花。 ④俨然:整齐的样子。 ⑤阡陌:田间小路。南北向为阡,东西向为陌。 ⑥黄发:指老年人。垂髫(tiáo):指儿童。髫,小儿垂发。 ⑦具:备,全部。 ⑧要:同"邀",约请。 ⑨绝境:和外界隔绝的地方。 ⑩延:延请。 ⑪扶:循,沿。向路:向时走的路,即归路。 ⑫寻向所志:寻找前时所作的标志。 ⑬南阳:郡名,郡治在今河南南阳。刘子骥:刘骥之,字子骥,东晋末隐士。好游山泽,曾到衡山采药,深入忘归。 ⑭寻:不久。 ⑮问津:问路,这里指寻访。津,渡口。

译文

东晋太元年间,有位武陵人,以捕鱼为业。一天他沿着溪水泛舟而行,忘记了路程远近。忽然遇到一片桃花林,夹在溪流两岸有几百步,林中没有杂草,芳草鲜美,落花满地皆是。渔人非常惊异。又往前行,想走完这片桃林。

桃林尽处正是溪水的源头,便有一座山。山有一个洞口,仿佛有光亮,渔人便离船登岸从洞口进去。刚进去时洞口非常狭窄,只能通过一个人。再向前行几十步,豁然开朗。又见土地平坦开阔,房屋排列整齐,有良田美池桑竹之类的东西,田间小道南北交通,互相能够听见鸡鸣狗吠之声。这里的人们往来耕作,男女的服饰,都与外界的人一样,老人孩子,愉快欢乐。

他们看到渔人,大为吃惊,便问渔人从哪里来,渔人一一回答了他们。人们便邀请渔人到家里作客,摆上酒杀了鸡做了饭来款待渔人。村子里的人听说有这样一个人到来,都来探问外界的

365

消息。他们自己说是祖先逃避秦朝的祸乱,带着妻子儿女和乡人来到这个与外界隔绝的地方,不再出去,于是与世人隔绝了。他们问当今是什么朝代,竟然不知道有个汉朝,更不必说魏、晋了。渔人把自己所知道的世间情形一一说给他们听,他们都惊叹惋惜,其余的人又各自邀请渔人到他们的家里作客,全都拿出酒食来款待。渔人停留几天之后,告辞离去。那里的人嘱告他说:"不要把这里的情形告诉外面的人。"

渔人走出桃源,找到了他的船,便沿着来时的路回返,处处留下标记。回到了武陵郡,去拜见太守,说了这件事情。太守立即派人随渔人前往,他们寻找留下的标记,竟迷了路,没有再找到去时的路径。南阳刘子骥,是个高尚的隐士,听说这件事,便欣然地亲身前往,但没有找到,不久便因病去世。此后就没有再去寻找的人了。

赏析

本文作于陶渊明的晚年,是他的五言古诗《桃花源诗》前边的一篇序言。作者在《桃花源诗》中描绘了桃花源历史、风俗和恬静的生活,抒发了对淳朴自由的理想社会的爱慕之情。这篇序以虚构的情节塑造了一个幽美的世外桃源,寄托了作者不满现实和追求理想社会的政治理想。

文章首先以渔人为引导,巧妙地展现出桃花源奇异幽美的境界。接着,具体叙写这奇迹般的世外桃源:土地开阔、房舍整齐、田沃水美、桑竹丛生、道路纵横、鸡鸣犬吠……一派欣欣向荣、和平友爱的景象。然后,以问答引叙出桃源人的由来,突出了桃源世风人情的淳朴友爱,表现出一种和平、安定、平等、融洽、幽美的生活情景。最后,文章以渔人的再访和迷路,以及刘子骥的寻访未果,暗示出桃花源并不存在,照应篇首,戛然作结。

全文的核心,在于描绘出世外桃源这一理想社会的美好、淳朴、安定和融洽,来反抗现实社会的污浊、黑暗、压迫和争斗,从而形象具体地展示出陶渊明梦寐以求的理想社会的蓝图。这在战争频繁、政治腐败、生产凋敝、生灵涂炭的东晋时代,无疑有着一定的进步意义。

本文已经具有明显的虚构成分和一定的人物、情节,实际可算作是一篇精彩的小说。文中的人名、地名和故事,自属虚拟,但描写却十分逼真,似虚似实,若有若无,亦真亦假,耐人回味。"不知有汉,无论魏晋",也是寓意很深、发人深思的隽语。

五柳先生传

陶渊明

先生不知何许人也①,亦不详其姓字②,宅边有五柳树,因以为号焉。闲静少言,不慕荣利。好读书,不求甚解,每有会意,便欣然忘食。性嗜酒,家贫不能常得,亲旧知其如此,或置酒而招之。造饮辄尽③,期在必醉,既醉而退,曾不吝情去留④。环堵萧然⑤,不蔽风日,短褐穿结⑥,箪瓢屡空⑦,晏如也⑧。常著文章自娱,颇示己志。忘怀得失,以此自终。

赞曰⑨:黔娄有言⑩:"不戚戚于贫贱,不汲汲于富贵⑪。"其言,兹若人之俦乎⑫?衔觞赋诗,以乐其志。无怀氏之民欤⑬?葛天氏之民欤?

注释

①何许:何所,何处。　②姓字:姓名。　③造:到,去。辄(zhé):就。尽:指喝完。　④曾不:一点也不。吝情:挂心,在意。　⑤环堵:四壁,这里指住屋。萧然:冷落、空洞的样子。　⑥短褐:古时下层人民所穿的粗毛短衣。穿:破洞。结:连缀,缝补。　⑦箪(dān):盛饭的圆形竹器。瓢:舀水的器具。　⑧晏如:安然自在的样子。　⑨赞:史传后面有时附有赞语,用作对于人物事件的总结和评述。　⑩黔娄:春秋时人,清贫自守,不愿出仕。《陶渊明集》"黔娄"后有"之妻"二字,下文"其言"前有"极"字。　⑪汲汲:急于追求的样子。　⑫俦(chóu):同类。　⑬无怀氏:无怀氏和下文的葛天氏都是传说中的上古太平盛世帝王。末两句说五柳先生就像

生活在古朴淳厚的上古社会的人。

译文

先生不知道是什么地方的人，也不知道他的姓名，他的住宅旁边有五棵柳树，因此就以"五柳"为号。五柳先生安闲文静，寡言少语，不羡慕荣华利禄。他喜欢读书，不死抠字眼，每当有心得体会的时候，便高兴得忘记了吃饭。他生性特别喜爱喝酒，因家里贫穷不能常常得到酒喝。亲戚朋友知道这种情况，有时便备了酒请他去喝。他去喝酒，总是把酒喝光，就希望一定要喝醉，醉了之后就回去，一点也不在意去留。他家里四壁冷落，遮不住风雨和太阳，粗布短衣穿洞缀补，盛饭饮水的器具常常空着，他却安乐自在。常常写文章来自乐，颇能表达自己的志趣。他能忘掉生活中的得失，以这样的原则度过自己的一生。

赞语说：黔娄有句话："不为贫贱忧愁，不为富贵奔走。"这句话说的就是这一类人吧？饮酒写诗，为自己的志趣而欢乐。他是古朴淳厚的无怀氏时的人呢？还是古朴淳厚的葛天氏时的人呢？

赏析

这是陶渊明仿照史传体，以第三人称创作的一篇人物传记。其中心是为五柳先生立传，并加以介绍评说，从而抒发了作者的思想情志。

文章分为两段。

第一段，首先以虚幻之笔，介绍出五柳先生，突出其隐姓埋名的真隐士形象。然后以赞美之笔，叙写出五柳先生的秉性、情趣，突出其不慕名利、淡泊闲静的节操。

第二段，假借"赞"语，对五柳先生的人品、德操和生活意趣，作了高度的评价。

实际上，这位五柳先生正是作者自我形象的艺术写照。无论是隐姓埋名归隐田园，还是不慕名利、崇尚淡泊、性格闲静、喜好读书、忘怀得失、清贫自守，都跳跃着陶渊明的身影，体现出陶渊明的志向。因此，这篇传记无疑是作者的自绘像和宣言书，借虚构的艺术形象，公开表示与统治阶级的决裂、对当时混浊社会的鄙弃。《晋书·陶渊明传》说陶渊明"尝著《五柳先生》以自况"，"时人谓之实录"，确实是颇具眼光的评价。

文章一反晋代以来的谈玄佞佛和繁缛骈丽，归于真淳和平淡。无论是语言还是描写，都自然之至、平淡之至，没有丝毫的慷慨激昂，也没有任何的雕琢修饰，但境界深远，寄意幽渺，于浑身静穆中透露出悲慨忧愤之情，是陶渊明散文的代表作品。

北山移文

孔稚珪

钟山之英①，草堂之灵，驰烟驿路②，勒移山庭③。

夫以耿介拔俗之标④，潇洒出尘之想，度白雪以方洁⑤，干青云而直上，吾方知之矣。若其亭亭物表，皎皎霞外，芥千金而不盼⑥，屣万乘其如脱⑦，闻凤吹于洛浦⑧，值薪歌于延濑⑨，固亦有焉。岂期终始参差，苍黄反覆⑩，泪翟子之悲⑪，恸朱公之哭⑫，乍回迹以心染⑬，或先贞而后黩⑭，何其谬哉！呜呼！尚生不存⑮，仲氏既往⑯，山阿寂寥，千载谁赏？

世有周子⑰，俊俗之士⑱，既文既博，亦玄亦史。然而学遁东鲁⑲，习隐南郭⑳，窃吹草堂㉑，滥巾北岳㉒，诱我松桂，欺我云壑，虽假容于江皋，乃缨情于好爵㉓。

其始至也，将欲排巢父，拉许由㉔，傲百氏㉕，蔑王侯，风情张日，霜气横秋。或叹幽人长往㉖，或怨王孙不游㉗。谈空空于释部㉘，核玄玄于道流。务光何足比㉙，涓子不能俦㉚。

及其鸣驺入谷㉛，鹤书赴陇㉜，形驰魄散，志变神动。尔乃眉轩席次，袂耸筵上，焚芰制而裂荷衣，抗尘容而走俗状㉝。风云凄其带愤，石泉咽而下怆，望林峦而有失，顾草木而如丧。

369

至其纽金章㉞，绾墨绶，跨属城之雄，冠百里之首，张英风于海甸㉟，驰妙誉于浙右。道帙长摈㊱，法筵久埋㊲，敲扑喧嚣犯其虑，牒诉倥偬装其怀㊳。琴歌既断，酒赋无续。常绸缪于结课，每纷纶于折狱。笼张赵于往图㊴，架卓鲁于前录㊵。希踪三辅豪㊶，驰声九州牧。使其高霞孤映，明月独举，青松落荫，白云谁侣？涧户摧绝无与归，石径荒凉徒延伫。至于还飙入幕㊷，写雾出楹㊸，蕙帐空兮夜鹤怨，山人去兮晓猿惊。昔闻投簪逸海岸㊹，今见解兰缚尘缨㊺。

于是南岳献嘲，北陇腾笑，列壑争讥，攒峰竦诮。慨游子之我欺，悲无人以赴吊。故其林惭无尽，涧愧不歇，秋桂遣风，春萝摆月。骋西山之逸议㊻，驰东皋之素谒㊼。

今又促装下邑，浪栧上京㊽。虽情投于魏阙㊾，或假步于山扃㊿。岂可使芳杜厚颜，薜荔蒙耻，碧岭再辱，丹崖重滓，尘游踯于蕙路㉛，污渌池以洗耳？宜扃岫幌㉝，掩云关，敛轻雾，藏鸣湍，截来辕于谷口，杜妄辔于郊端㊌。于是丛条瞋胆，叠颖怒魄㉞，或飞柯以折轮，乍低枝而扫迹。请回俗士驾，为君谢逋客㊍！

注释

①钟山：即标题中的北山，今名紫金山，在南京东北。 ②驿路：为传递公文而开辟的大道。 ③勒：铭，刻。山庭：山居的庭院，此指山的空旷处。 ④耿介：正直有志节。标：仪表气度。 ⑤度：忖度。方：比。 ⑥盼：顾，看。 ⑦屣（xǐ）：草鞋，作动词。万乘：指帝位。 ⑧"闻凤吹"句：意思是这种人常能和神仙相遇。洛浦，洛水边。相传周灵王的太子晋，好吹笙作凤鸣，游于伊洛之间，后成仙而去。 ⑨"值薪歌"句：意思是这种人常与高士往来。值，碰上。薪歌，打柴人唱的歌。濑，水流沙石之上。 ⑩苍黄：指变化。《墨子·所染》："染于苍则苍，染于黄则黄。" ⑪"泪翟子"句：说墨子感于白色的丝可以染黄，可以染黑而哭泣。 ⑫"恸朱公"句：杨朱曾因岔道可以往南，可以往北而哭泣。 ⑬回迹：躲避形迹，指隐居。心染：内心染于功名。 ⑭黩：污浊。 ⑮尚生：指尚长，也称向长，字子平。东汉初年隐士。 ⑯仲氏：指仲长统。据称仲长统性情疏狂，州郡征召时，常称病不去。 ⑰周子：指周颙，汝南人。 ⑱俊俗：高出一般人。 ⑲东鲁：指鲁国的颜阖。相传颜阖为得道高士。 ⑳南郭：指南郭子綦。

相传他能做到精神脱离躯体。 ㉑窃吹：即像南郭先生一样滥竽充数。 ㉒滥：失实。巾：隐士的头巾。北岳：即北山。 ㉓缨：系。 ㉔巢父、许由：相传都是唐尧时人。尧曾想把天下让给他们，都隐居不受。 ㉕百氏：指诸子百家。 ㉖幽人：指隐者。 ㉗王孙：指隐士。《楚辞·招隐士》："王孙游兮不归，春草生兮萋萋。" ㉘释部：佛典。 ㉙务光：夏朝人。商汤伐桀，得天下让给务光，务光不受，背负大石沉水。 ㉚涓子：齐人。隐于宕山。 ㉛鸣：指喝道声。驺（zōu）：帝王的骑侍。 ㉜鹤书：即鹤头书，书体名。古代写诏书常用鹤头字体，所以也称诏书为鹤书。 ㉝抗、走：这里都是显露的意思。 ㉞金章：铜印。 ㉟海甸：海边。 ㊱道帙：指道家书籍。帙，书套。 ㊲法筵：佛家的讲席。 ㊳牒：文牒。诉：诉状。倥偬（kǒngzǒng）：繁忙。 ㊴张赵：指张敞、赵广汉，两人都做过京兆尹，是西汉名臣。 ㊵卓鲁：卓指卓茂，东汉人，做过密县县令，很受爱戴。鲁指鲁恭，也是东汉人，做过中牟县令，以德化民，不用刑罚。 ㊶三辅：汉代将京城附近分成京兆、左冯翊、右扶风，以辅卫京城，称三辅。 ㊷还飙：旋风。 ㊸写雾：吐雾，流动的雾。写，同"泻"。楹：堂前柱。 ㊹投簪：抛弃冠簪，这里指弃官。簪，连接官帽和头发的用具。逸：隐遁。指西汉人疏广弃官回老家东海南陵。 ㊺兰：香草，隐者所佩。尘缨：世俗的冠带。 ㊻西山：指首阳山，伯夷、叔齐隐居的地方。 ㊼东皋：东面水边的高地，指隐士所居住的地方。 ㊽枻（yì）：桨。 ㊾魏阙：这里指朝廷。魏，同"巍"。阙，官门两边的门楼。 ㊿扃（jiōng）：门。 51游躅（zhuó）：游踪，指隐者的足迹。 52渌池：清水池。洗耳：尧想召许由为九州长，许由不愿听，到颍水之滨洗耳。 53扃：关闭的意思。 54杜：拒绝。妄辔：肆意乱闯的车马，这时指周颙的车马。 55叠颖：重叠的花草。怒魄：使魂魄发怒。 56君：指山灵。谢：辞绝。遣：逃。遣客，和上文俗士都指周颙。

译文

钟山的英灵，草堂的神明，一路扬尘，飞驰驿道，在山前刻下移文。

正直独立，超凡脱俗的仪表，潇潇洒洒，豁达出世的情怀，若以白雪相比，正如同其纯洁，如与碧云相较，更远上重霄，这样的隐士我是早有所知的。卓然挺立于物外，皎洁灿烂胜云霞。把千金看如小草籽，不屑一顾；将帝位视为破草鞋，渺不足道。在洛水岸边听到仙人吹奏凤鸣之乐，在延濑之畔碰到高人采薪作歌。这种人确实是有的。谁知世上还有另一种人物，前后矛盾，变化无常，既令人如墨子痛惜生丝蒙染一样悲而下泪，又让人如杨朱伤悼岔路杂乱一样痛而哀哭。这种人有的暂时隐迹山林而心寄红尘；有的开始纯洁而后头污秽。这些人是多么荒唐啊！唉，品性高洁的尚先生今已不在人世，仲先生已成为故人。深山幽谷寂寞冷落，千百年来，还有谁能够欣赏呢？

眼下有位周先生，在世俗众生中也算得一个俊杰。既能文，又博学；既读老庄，也通史学。可是此君却要仿效东鲁颜阖遁世，学习南郭子綦隐居。在草堂滥竽充数，在北山冒充隐士。引诱本山的青松丹桂，欺骗本山的云霞丘壑。虽然此君在江岸的高山装模作样，其实一门心思想着高官厚禄。

他刚来的时候，似乎将要超出巢父，胜过许由，傲视诸子百家，轻蔑将相王侯。高谈阔论时有如太阳一般辉煌，故作严肃时好比秋霜似地凛冽。时而感叹幽人不返，时而怨恨王孙不游。一会儿大谈"空即是空"的佛门道理，一会儿又深求"玄之又玄"的老庄之流。务光怎能与他相比，涓子更是自愧不如。

不料皇帝派人前呼后拥闯入深谷，征召隐士的诏书送达山中。此人受宠若惊，神魂颠倒，改变志向，怦然心动。以至在酒席上眉飞色舞，扬手挥袖，焚毁撕破隐士衣着，露出一幅庸俗尊容。山头风云，凄切含愤；石崖山泉，幽咽悲怆。举目望去，树林山峦若有所失；四下环顾，花草树木黯然神伤。

待到此人腰系省员铜印，身系黑色绶带，管辖郡中最重要的一县，位居各县县令之首，一时间名闻东海，誉满浙东，于是道家书籍长期被抛置一旁，讲论佛法的席位已尘封埋没。鞭打刑讯，吵吵嚷嚷，干扰他的思虑；文牍案卷急迫繁冗，塞满他的胸怀。抚琴唱歌早已放弃，把酒赋诗也已断绝。时时纠缠于考核稽查，天天忙碌于审判案件。一心只想获取笼盖张敞、赵广汉的名气，一意只盼建立超过卓茂、鲁恭的功勋。希望追随三辅干练的官吏，声名远扬，传遍天下。隐士出山，使得天上的云霞空自映照，皎洁的明月孤独地升起。青松浓荫落寞，白云何人可倚？山涧门户崩塌败坏，没有隐士归来；石径荒芜凄凉，徒然长久伫立。以至回旋的风卷进帷幕，屋柱之间泻出云雾。蕙帐空空啊，夜里声声仙鹤怨；隐士离去啊，破晓阵阵猿心惊。从前曾听说疏广投簪弃官逃到海滨，如今却看到有人解下隐士的兰佩，戴上世俗的冠缨。

于是南山表示嘲讽，北岭发出哄笑，众多的沟壑争相讥刺，聚集的山峰耸动讥诮。慨叹那周颙欺我北山，悲愤无人前来抚慰。因而我北山的树林羞惭无边，溪涧也愧悔不已。秋天的桂树不要清风飘香，春天的女萝不要明月增色。只有西山、东皋传扬着隐者的清议和安于贫贱的言论。

今天的周君，又在县里急急忙忙打点行装，准备乘船前来京城。虽然他一心向往朝中富贵，但是或许会借道于北山之门。难道还能让芬芳的杜若再蒙羞愧，让薛荔遭受耻辱，让碧绿的山岭再受侮辱，让红色的山崖重被玷污，让他那俗人的脚步弄脏了兰蕙之路，任他洗耳的举动污染清澈的池水？应当关闭北山的窗帷，掩上云中的门户，收敛轻拂的云雾，藏匿潺潺的清流。在山谷中拦截他的车驾，在山脚下挡住他乱窜的马匹。于是丛生的枝条瞋目而视，繁茂的野草也怒火中烧。有的飞动枝条打断他的车轮，有的突然垂下树枝去扫除他的行迹，请掉转你这俗人的车驾吧，我们为北山之神拒绝你这个逃跑了的人。

赏析

"移文"本为官府文书的一种，是旨在宣述自身意图以晓谕对方的公文告示。本文是假"移文"之名而写的一篇隐喻世俗、针砭时风的讽刺文章，是六朝时期著名的骈文之一。

文章以拟人化的手法和讽刺的笔调，借山灵的口吻，尖锐地揭露和抨击了假隐士周颙的虚伪嘴脸和丑恶行径。

内容上，可分三大段。第一段，议论各类隐士的行径，指出隐士有真有假，并感叹世上已不再有人品高洁的真隐士了。第二段，描写周颙初至北山，俨然隐士的道貌岸然，和得到诏命后志变神动的庸俗姿态，揭露其虚伪丑恶的灵魂。第三段，写周颙出仕后追逐名利的种种丑态，以及山灵群情激愤，拒绝周颙路过北山，表现出对假隐士的鄙弃之情。全文嬉怒笑骂，愤世嫉俗，是一篇有认识意义的作品。

艺术上，本文善于运用对比手法刻画人物，如描写周颙隐迹钟山，道貌岸然，假装清高；一旦得到朝廷征召，就志动神摇，趋名逐利，庸俗不堪。前后对比，把一个假隐士的虚伪面目和丑恶灵魂暴露无遗。本文还善于运用拟人手法，抒情写志，渲染气氛，刻画人物，无不惟妙惟肖。此外，文章还属对精工，词采华美，音律和谐，生动流畅，颇具艺术感染力量。

谏太宗十思疏

魏　徵

臣闻求木之长者，必固其根本；欲流之远者，必浚其泉源①；思国之安者，必积其德义。源不深而望流之远，根不固而求木之长，德不厚而思国之安，臣虽下愚，知其不可，而况于明哲乎？人君当神器之重②，居域中之大③，不念居安思危，戒奢以俭，斯亦伐根以求木茂，塞源而欲流长也。

凡昔元首④，承天景命⑤，善始者实繁，克终者盖寡。岂取之易守之难乎？盖在殷忧⑥，必竭诚以待下；既得志，则纵情以傲物。竭诚则吴越为一体⑦，傲物则骨肉为行路。虽董之以严刑⑧，振之以威怒，终苟免而不怀仁，貌恭而不心服。怨不在大，可畏惟人。载舟覆舟，所宜深慎。

诚能见可欲则思知足以自戒，将有作则思知止以安人，念高危则思谦冲而自牧⑨，惧满盈则思江海下百川，乐盘游则思三驱以为度⑩，忧懈怠则思慎始而敬终，虑壅蔽则思虚心以纳下，惧谗邪则思正身以黜恶，恩所加则思无因喜以谬赏，罚所及则思无因怒而滥刑。总此十思，宏兹九得⑪，简能而任之，择善而从之，则智者尽其谋，勇者竭其力，仁者播其惠，信者效其忠。文武并用，垂拱而治⑫。何必劳神苦思，代百司之职役哉⑬！

注释

①浚：疏通。 ②神器：指帝位。 ③域中之大：《老子》称："道大，天大，地大，王亦大。域中有四大，王居其一。" ④元首：指帝王。 ⑤景：大。 ⑥殷：深。 ⑦吴越：春秋时的吴国、越国，两国有世仇。或作"胡越"。 ⑧董：督责。 ⑨谦冲：谦虚。自牧：自己修养品德。牧，养。 ⑩盘游：游乐忘返，指打猎。三驱：一年打猎三次。 ⑪九得：九种美德，即所谓"宽而栗（严肃），柔而立（果断），愿（谨慎）而恭，乱（治理）而敬，扰（和顺）而毅，直而温，简而廉，刚而塞（充实），强而义"。见《尚书·皋陶（yáo）谟》。得，同"德"。 ⑫垂拱：垂衣拱手。 ⑬百司：百官。

译文

我听说要想树木长得高，一定要加固它的根本；希望江河流得远，一定要疏通它的源头；想要国家安定，就一定要聚集道德和仁义。源头不深却想要水流得远，根本不牢却要求树长得高，积德不厚却想要国家太平，我虽然非常愚笨，也知道这是不可能的，何况是对于聪明睿智的人呢？君主掌握天下重权，在天地间的道、天、地、王四大中居其中之一。如果不考虑居安思危，戒除浪费，厉行节约，那就是砍断树根而希望树长得很茂盛，堵塞源头而希望水流长远。

过去所有的帝王，承受上天的大命，有好开端的多，能够坚持到底的大概很少。难道是取天下易而守天下难吗？原因是在忧患很深时，必定会竭尽诚心对待臣下，已经达到目的得到天下，就放纵自己，傲气凌人。竭尽诚意，那么，有深仇大恨的吴、越也能结成一体，傲气凌人，就是骨肉之亲也会如同路人。即使用严酷的刑罚督责他们，用威严的愤怒恫吓他们，也终究只是苟且免于罪罚，并不感念皇帝的恩德，表面恭顺而内心不服。怨恨不在大小，可怕的是百姓。他们像水，能够浮起船，也能倾覆船。这是应该特别警惕的。

真正能够看见引起欲望的东西，就想到应该知足，从而警戒自己；将要大兴土木，就想到应该知道适可而止，从而安定人民；想到君位崇高，就要想到以谦虚来修养自己的品德；害怕自己会骄傲自大，就想到长江大海都处在百川之下；喜欢打猎游乐，就想到以每年三次田猎这一古礼为尺度；担心自己懈怠，就要想到应谨慎从事，善始善终；担心自己被蒙蔽，就要想到虚心听取臣下的意见；惧怕谗言奸邪，就要想到端正自己，摒弃恶人；施恩典于人时，就要想到不要因自己一时高兴而乱赏；处罚别人时，就要想到不要因自己一时发怒而滥施刑罚。总括这"十个想到"，再扩大九德的修养，选拔有才能的人任用他们，选择正确的意见照着办，那么，聪明的人就会竭尽其智谋，勇敢的人就会竭尽其勇力，仁爱的人就会散布他们的恩惠，忠诚的人就会贡献他们的忠心。文武人才都为您所用，皇上您只要垂衣拱手，就能治理好天下，何必劳神苦思，代替百官的职事呢！

赏析

　　唐太宗贞观年间，社会安定，经济繁荣，国力鼎盛，天下大治。当时，唐太宗志得意满，生活上也逐渐奢侈起来。魏徵深为忧虑，写了许多奏章直言劝谏，本文即是其中有代表性的一篇，作于贞观十二年（638）。

　　文章分为三段。首先，指出国君必须居安思危，戒奢以俭。其次，以历代帝王的兴衰荣辱为例，说明守成难于创业，不可傲物结怨，必须重视民心。最后，提出"十思"的规谏，告诫唐太宗要戒骄戒躁戒奢；政治上要慎始善终，虚心听取意见，赏罚分明；用人要知人善任，选贤授能；生活上要俭朴节约，爱惜民力。这些主张，虽属封建帝王的统治术，其目的是为了巩固李唐政权，但篇中的指导思想"居安思危，戒奢以俭""载舟覆舟，所宜深慎"等，不仅在当时历史条件下是可取的，时至今日仍然有着借鉴的意义。

　　文章善用比喻和对比，说理深刻而形象。"十思"用相同的句式排比而下，节奏匀称，既加强了文章的气势，也增强了文章的说服力量。

为徐敬业讨武曌檄

骆宾王

伪临朝武氏者①,性非和顺,地实寒微。昔充太宗下陈②,曾以更衣入侍③。洎乎晚节④,秽乱春宫⑤。潜隐先帝之私⑥,阴图后房之嬖⑦。入门见嫉,蛾眉不肯让人;掩袖工谗⑧,狐媚偏能惑主。践元后于翚翟⑨,陷吾君于聚麀。加以虺蜴为心⑩,豺狼成性,近狎邪僻⑪,残害忠良,杀姊屠兄⑫,弑君鸩母⑬,人神之所同嫉,天地之所不容。犹复包藏祸心,窥窃神器⑭。君之爱子⑮,幽之于别宫;贼之宗盟,委之以重任。呜呼!霍子孟之不作⑯,朱虚侯之已亡⑰。燕啄皇孙⑱,知汉祚之将尽;龙漦帝后⑲,识夏庭之遽衰。

敬业皇唐旧臣,公侯冢子⑳。奉先君之成业,荷本朝之厚恩。宋微子之兴悲㉑,良有以也;袁君山之流涕㉒,岂徒然哉!是用气愤风云,志安社稷。因天下之失望,顺宇内之推心,爰举义旗,以清妖孽。南连百越㉓,北尽山河,铁骑成群,玉轴相接。海陵红粟㉔,仓储之积靡穷;江浦黄旗㉕,匡复之功何远?班声动而北风起㉖,剑气冲而南斗平㉗。喑呜则山岳崩颓,叱咤则风云变色。以此制敌,何敌不摧?以此图功,何功不克?

公等或居汉地,或叶周亲㉘,或膺重寄于话言,或受顾命于宣室㉙。言犹在耳,忠岂忘心?一抔之土未干㉚,六尺之孤何托㉛!倘能转祸为福,送往事居㉜,共立勤王之勋㉝,无废大君之命,凡诸爵赏,同指山河。若其眷恋穷城,徘徊歧路,坐昧先几之兆㉞,必贻后至之诛。请看今日之域中,竟是谁家之天下!

注释

①伪:指武则天僭位,其政权非法。临朝:当政。武氏:武则天,名曌

377

(zhào)。武则天十四岁入宫为唐太宗的才人。高宗时，又被召入宫，后被立为皇后。高宗病重时，使武后参与政事，后来大权全归武后。公元683年，高宗死，其子李显（中宗）即位。次年，武则天废中宗，立李旦（睿宗）为帝，她临朝称制，引起徐敬业等人的反对。公元690年，武则天废睿宗，自己称帝，称"圣神皇帝"。公元705年，她患重病，大臣张柬之等逼她传位于李显，复国号"唐"，同年病死。 ②太宗：李世民。下陈：古代统治者堂下陈放礼品、站立婢妾的地方，这里指武则天入宫的才人身份。 ③更衣：指服侍皇帝。 ④洎（jì）：到，及。晚节：晚年，这里指当太宗才人的后期。 ⑤春宫：东宫，太子所居之宫。这句指武氏和太子（即后来的高宗）发生了暧昧关系。 ⑥潜隐先帝之私：指武氏在太宗死后削发为尼，掩饰她充当太宗才人的私情。 ⑦后房：指高宗后宫。嬖（bì）：受宠爱的人。 ⑧掩袖：战国时期，魏王送一美人给楚王，楚王很喜欢，郑袖告诉美人，楚王不喜欢她的鼻子，于是她见了楚王总以袖掩鼻，楚王问郑袖是何原因，郑袖说大概厌恶君王的气味，楚王怒而割了美人鼻子。 ⑨元后：指正宫皇后。翚翟（huīdí）：皇后的车服。翚，五色皆备的雉鸡。翟，长尾山鸡。皇后的车子和服装上都画有翚、翟的图形，象征妇女美好的德行。 ⑩虺（huǐ）：一种毒蛇。蜴（yì）：蜥蜴。 ⑪近狎：亲近而态度不庄重。 ⑫杀姊屠兄：泛指杀害亲属。武则天立为皇后以后，兄武元庆、武元爽被流配边远州郡而死。她的侄儿惟良、怀运和姐姐的女儿贺兰氏都被她杀死。 ⑬鸩（zhèn）：鸟名，其羽毛有毒，用来浸酒，饮之即死。史书上没有武则天弑君鸩母的记载。 ⑭神器：帝位。 ⑮君之爱子：指中宗李显。高宗死后，李显继位，被武则天废为庐陵王，幽禁在房州，而另立李旦为帝。李旦虽立，其实也被囚禁。 ⑯霍子孟：霍光，字子孟。汉昭帝时大司马、大将军。昭帝死后，为安定汉朝王业立下大功。作：兴起。 ⑰朱虚侯：刘章，汉高祖刘邦的孙子，封朱虚侯。高祖死后，刘章和丞相陈平、太尉周勃等合谋，诛杀图谋篡权的诸吕。 ⑱燕啄皇孙：汉成帝时有童谣说："燕飞来，啄皇孙。"燕，指赵飞燕，成帝的皇后。她性情狠毒，因为自己没有儿子，便暗中杀死许多皇子。这里以赵飞燕比武则天。武则天立为皇后之后，先后废掉和杀死太子李忠、李弘、李贤等。 ⑲漦（chí）：涎沫。传说夏代衰亡时，有二龙降临宫廷，吐下涎沫。夏帝将这些龙的涎沫用木盒装起封闭。传到周厉王末朝，打开木盒，龙漦流出，化为大鳖，进入后宫，一个未成年的宫妇感而怀孕，生一女，即褒姒。褒姒后来成为周幽王之后，受到宠幸，招致西周的灭亡。古人以为周朝的衰亡，于夏朝就已埋下伏根。 ⑳冢（zhǒng）子：长子。 ㉑宋微子：名启，封于宋，故称宋微子。他是纣王的庶兄。殷朝灭亡以后，微子朝周，路过殷都的废墟，引起内心的悲伤，作《麦秀歌》表示哀悼。 ㉒袁君山：即东汉袁安，仕于明帝、章帝、和帝三朝。他不避权贵，敢于面折廷争。其时，天子幼弱，外戚擅权，袁安每朝会进见，同公卿言国家事，未尝不喑呜流涕。　㉓百越：古代泛指南方的少数民族。　㉔海陵：今江苏泰州姜堰，唐时属扬州。红粟：陈年的米，因发酵而变红。　㉕江浦：地名。黄旗：黄色云气，表示王气所在的祥瑞。　㉖班声：这里指战马。　㉗南斗：星宿名，是吴地星空的分野。　㉘叶：同"协"，共，同。周亲：至亲。　㉙宣室：汉未央宫正殿室名，这里借指朝廷。　㉚一抔（póu）之土：此处指皇帝的陵墓。　㉛六尺之孤：指中宗李显。李显嗣位不久，就被武则天废为庐陵王，被软禁。㉜往：死者，指高宗。居：生者，指中宗。　㉝勤王：君主有难，臣下起兵救援，叫勤王。　㉞昧：不明。先几之兆：事前的预兆。

译文

非法临朝当政的武氏，本性不良，出身寒微。从前充当太宗的才人，曾经利用皇帝更衣的机会得到宠幸。到了后来，又与太子在宫中秽乱。她削发为尼，掩盖和太宗的私情，暗中图谋能得到高宗宠幸。入宫的妃嫔都遭她嫉妒，以美色争宠，不肯让人；善以掩袖之计，巧施谗言，以狐媚之态，迷惑主上。登上皇后之位后，陷君王于乱伦。加之心肠如蛇蝎，本性似豺狼，亲近奸邪的小人，残害忠诚善良之人，杀害姐姐，屠戮兄弟，谋害君主，毒死母亲，这使人神痛恨，天地不容。又包藏着祸心，觊觎帝位。君王的爱子，被幽禁别宫；武氏的宗族，却委以重任。唉！安定汉室的霍子孟不再兴起，诛杀诸吕的朱虚侯已经亡故。赵飞燕杀死皇孙，便知道汉朝的天下将要完结；神龙吐出涎沫，便知道夏朝的王业很快要衰败。

敬业是大唐旧臣，公侯长子。遵奉先帝的功业，蒙受本朝厚恩。宋微子过殷墟而引发悲叹，确实有道理呀；袁君山视天子幼弱而痛哭流涕，难道是无缘无故吗？因此，义愤之气可以激励风云，壮志能够安定国家。乘着天下之心的失望，顺着国内百姓的心意，举起义旗，清除妖孽。南连百越，北达山河尽头，铁骑成群，战车相接。海陵的陈米多得变质发红，仓库里积蓄无穷；江浦的黄云，显示吉兆，匡复之功怎么会远？战马鸣动而使北风起，剑气冲臂而使南斗平。胸怀怒气使山岳崩倒，一声怒吼使风云变色。用这样的力量制服敌人，什么敌人不被摧败？用这样的气概谋图功勋，什么功劳不能建成？

诸公或是异姓功臣，或是王室至亲，或接受重托于一方，或接受遗命于朝廷。先帝的遗言还在耳边，忠诚的誓言难道就忘记了？一抔黄土还没有干，嗣位的幼君何所依托！倘若能够转祸乱为祥福，送别先帝侍奉嗣君，共同建立挽救王业的功勋，不弃先帝遗命，所有封爵赏赐，可以共指山河立誓。如果留恋穷城，徘徊在歧路上，不看清发生变化的征兆，必将遭到失期的惩罚。请看今日国内，究竟是谁家之天下！

赏析

檄文，是用于征召、晓谕或声讨的一种文体。它的特点是：观点鲜明，感情充沛，事理昭然，辞语果断，富于感召力量。

唐中宗继位，武则天以太后身份临朝听政。中宗嗣圣元年（684），徐敬业在扬州聚兵十万，反对武后。当时，骆宾王在徐敬业手下掌文书职，代徐敬业写下了这篇著名的征讨檄文。

文章一改前人用散文写书檄的惯例，采用骈体写成。内容分为三段。

第一段，历数武氏罪状。文章抓住武则天不得人心的一面，揭露其秽乱春宫、残害忠良、杀姊屠兄、弑君鸩母的种种丑行和包藏祸心、窥视皇权的阴谋，逐层剥剖，痛加鞭挞，事理凿凿，大义凛然。

第二段，宣明起兵讨孽是大义所在。文章以夸张之笔，对比手法，铺叙和渲染了起义军的声威、力量和气势，以期号召天下，鼓舞人心。

第三段，晓谕利害，号召各地速起响应，同讨武贼，匡复大唐天下。文章向唐皇室的公侯发出悲愤的诘问，从感情上激发人们的君臣大义，引起对李唐王朝的怀念，鼓动人们群起而声讨之。结尾处更以"试看今日之域中，竟是谁家之天下"相激励，洋溢着非凡的气概和必胜的信心。

全篇文章，晓之以义，谕之以理，动之以情，震之以威，言辞果敢，气势凌厉，具有震撼人心、鼓动士气的号召力量。它与王勃《滕王阁序》被人称为唐文的“双璧”，绝非偶然。

滕王阁序

王勃

南昌故郡①，洪都新府②；星分翼轸③，地接衡庐④；襟三江而带五湖⑤，控蛮荆而引瓯越⑥。物华天宝，龙光射牛斗之墟⑦；人杰地灵，徐孺下陈蕃之榻⑧。雄州雾列⑨，俊彩星驰。台隍枕夷夏之交⑩，宾主尽东南之美。都督阎公之雅望⑪，棨戟遥临⑫；宇文新州之懿范⑬，襜帷暂驻⑭。十旬休暇⑮；胜友如云；千里逢迎，高朋满座。腾蛟起凤，孟学士之词宗⑯；紫电、清霜⑰，王将军之武库⑱。家君作宰⑲，路出名区；童子何知⑳，躬逢胜饯。

时维九月㉑，序属三秋㉒。潦水尽而寒潭清㉓，烟光凝而暮山紫。俨骖騑于上路㉔，访风景于崇阿㉕；临帝子之长洲㉖，得仙人之旧馆。层峦耸翠，上出重霄；飞阁流丹，下临无地。鹤汀凫渚㉗，穷岛屿之萦回；桂殿兰宫，列冈峦之体势。披绣闼㉘，俯雕甍㉙，山原旷其盈视，川泽盱其骇瞩㉚。闾阎扑地㉛，钟鸣鼎食之家㉜；舸舰迷津㉝，青雀黄龙之轴㉞。虹销雨霁，彩彻云衢㉟。落霞与孤鹜齐飞㊱，秋水共长天一色。渔舟唱晚，响穷彭蠡之滨㊲；雁阵惊寒，声断衡阳之浦㊳。

遥吟俯畅㊴，逸兴遄飞㊵。爽籁发而清风生㊶，纤歌凝而白云遏。睢园绿竹㊷，气凌彭泽之樽㊸；邺水朱华㊹，光照临川之笔㊺。四美具㊻，二难并㊼。穷睇眄于中天㊽，极娱游于暇日。天高地迥㊾，觉宇宙之无穷；兴尽悲来，识盈虚之有数㊿。望长安于日下(51)，指吴会于云间(52)。地势极而南溟深(53)，天柱高而北辰远(54)。关山难越，谁悲失路之人？萍水相逢，尽是他乡之客。怀帝阍而不见(55)，奉宣室以何年(56)？

呜呼！时运不齐，命途多舛(57)，冯唐易老(58)，李广难封(59)。屈贾谊于长沙(60)，非无圣主；窜梁鸿于海曲(61)，岂乏明时？所赖君子安贫，达人知命。老当益壮，宁知白首之心？穷且益坚，不坠青云之志。酌贪泉而觉爽(63)，处涸辙以犹欢(64)。北海虽赊(65)，扶摇可接(66)；东隅已逝(67)，桑榆非晚(68)。孟尝高洁(69)，空怀报国之心；阮籍猖狂(70)，岂效穷途之哭？

勃，三尺微命(71)，一介书生(72)。无路请缨，等终军之弱冠(73)；有怀投笔(74)，慕宗悫之长风(75)。舍簪笏于百龄(76)，奉晨昏于万里(77)；非谢家之宝树(78)，接孟氏之芳邻(79)。他日趋庭(80)，叨陪鲤对(81)；今晨捧袂(82)，喜托龙门(83)。杨意不逢(84)，抚凌云而自惜(85)；钟期既遇(86)，奏流水以何惭？

呜呼！胜地不常，盛筵难再；兰亭已矣，梓泽丘墟(87)。临别赠言，幸承恩于伟饯；登高作赋，是所望于群公。敢竭鄙诚，恭疏短引(88)；一言均赋(89)，四韵俱成(90)。

滕王高阁临江渚，佩玉鸣鸾罢歌舞(91)。
画栋朝飞南浦云，朱帘暮卷西山雨。
闲云潭影日悠悠，物换星移几度秋？
阁中帝子今何在？槛外长江空自流。

注释

①南昌：或作“豫章”，豫章为汉代郡名，因而称故郡。治所在今江西南昌。　②洪都：唐代改豫章郡为洪州，所以称新府。　③翼、轸（zhěn）：星宿名。古代天文学家把星空分为二十八区，称二十八宿，又以星宿与地面区域对应，叫做分野。豫章郡当翼、轸二星的分野。　④衡庐：衡山和庐山。　⑤三江：泛指长江中下游。古时大江流过鄱阳湖后，分三道入海，故称三江。五湖：泛指南方太湖、鄱阳湖、青草湖、丹阳湖、洞庭湖。　⑥蛮荆：古代称楚国为蛮荆，这里指湖北、湖南一带，古为楚地，原为南蛮所居。瓯（ōu）越：指浙江地区。　⑦龙光：宝剑的光芒。牛斗：二十八宿中的两个星宿名。相传晋朝初年，牛、斗之间常有紫气照射，结果在丰城（古属豫章郡）牢狱的地下掘得宝剑二把，一名龙泉，一名太阿。后来宝剑没入水中，化作双龙。　⑧徐孺：徐稚，字孺子，东汉豫章名士。陈蕃：东汉汝南人。志操高洁，曾任豫章太守。陈蕃不喜欢接待宾客，但特设一榻接待徐孺子。　⑨雄州：指洪州。雄，大。　⑩台隍：借指洪州城。台，指城楼。隍，没有水

的护城河。夷：蛮夷，这里指荆楚地区。夏：古指中原地区，这里指扬州一带。 ⑪阎公：洪州都督，宴会主人，其名不详。 ⑫棨（qǐ）戟：有丝绸作套或经过油漆的木戟，是大官出行时所用的一种仪仗。 ⑬宇文：复姓，名不详。因当时任新州刺史，所以用居官之地的地名称呼他。 ⑭襜（chān）帷：车上的帷幕，借指刺史乘的车。 ⑮旬：十日为一旬。唐时的官员每逢旬日休假。 ⑯孟学士：座中的宾客之一。或认为是泛指座中文人。词宗：辞章的宗师。 ⑰紫电、清霜：宝剑名。 ⑱王将军：宾客之一。武库：本指兵器库，这里借指王将军精通武略。 ⑲家君：家父。宰：县令。 ⑳童子：作者自指。㉑九月：或认为是九日之误。㉒三秋：指农历九月。㉓潦水：雨后积水。 ㉔俨：同"严"，整治。骖𬴊（cānfēi）：驾在车前两侧的马。上路：大路。 ㉕崇：高。阿：丘陵。 ㉖帝子：指滕王李元婴，为唐高祖李渊之子。 ㉗汀（tīng）：水边平地。凫（fú）：野鸭。渚（zhǔ）：水中的小洲。 ㉘披：推开。绣闼（tà）：绘锦华美的门。 ㉙甍（méng）：屋脊。 ㉚盱（xū）：广大。骇瞩（zhǔ）：看了惊异。㉛闾阎：里巷的门，借指房屋住宅。扑地：遍地。 ㉜钟鸣鼎食：古代贵族鸣钟列鼎而食。钟，青铜制的乐器。鼎，青铜制的食器。 ㉝舸（gě）舰：大船。 ㉞轴（zhú）：同"舳"，船后持舵的地方，这里借指船。 ㉟云衢（qú）：天空。 ㊱鹜（wù）：鸭子，这里指野鸭。 ㊲彭蠡（lǐ）：即鄱阳湖。㊳衡阳：今湖南衡阳市。浦：水边。 ㊴遥襟：旷远的胸怀。俯：或作"甫"，刚。 ㊵遄（chuán）：迅速。 ㊶爽籁（lài）：古代的一种排箫，用十余管或二十余管编成，各管长短不一。爽，参差。 ㊷睢（suī）园：西汉梁孝王刘武的睢阳菟园，刘武常与宾客在睢园宴饮。 ㊸彭泽：县名，在今江西，这里借指陶渊明，他曾为彭泽县令。 ㊹邺：地名，在今河北临漳西。曹魏兴起的地方，曹操父子曾在邺下集中了许多著名文人。朱华：荷花。 ㊺临川：郡名，在今江西抚州临川区，这里借指南朝的诗人谢灵运，他曾任临川内史。 ㊻四美：谢灵运文有"天下良辰、美景、赏心、乐事，四美难并"。 ㊼二难：指主贤、客嘉，难以并得。 ㊽穷：极，尽。睇眄（dìmiǎn）：本指斜视，这里指观览。 ㊾迥（jiǒng）：远。 ㊿盈虚：月圆月缺，指事业成败、人生贵贱、仕途顺逆等。数：定数。 ㉛长安：唐朝的国都。晋明帝小时有"举目见日，不见长安"之语，认为长安比太阳还远。这里有远离朝廷之情。 ㉜吴会（kuài）：吴郡，郡治在今江苏苏州。 ㉝南溟：南海。 ㉞天柱：传说昆仑山上有一根铜柱，其高入天，叫天柱。北辰：北极星。"天柱"和"北辰"，暗指朝廷。 ㉟帝阍（hūn）：天帝的守门人。比喻宫门。 ㊱宣室：汉朝未央宫的前殿正室。汉文帝时，贾谊贬谪长沙，四年后文帝将他召回，在宣室接见他。 ㊲舛（chuǎn）：不顺。 ㊳冯唐：西汉人。武帝求贤，有人推荐他，但时年已九十多岁，不能再为官任事。 (59)李广：汉武帝时的名将。战功卓著，但终身未得到封侯。 (60)贾谊：西汉人。很有才华，文帝本欲重用，但听信谗言将其贬为长沙王太傅。 (61)梁鸿：东汉人。路过京都时作《五噫歌》，受汉章帝猜忌而派人捉他，于是他改名换姓逃到齐、鲁之间的吴地。海曲：泛指滨海地区。 (62)贪泉：在广州城外的石门，传说人饮其水必起贪心。晋朝吴隐之任广州刺史，上任时经贪泉，饮此水而赋诗明志，以后一直保持廉洁。 (63)涸辙（hézhé）：干涸了的车辙。这里以小鱼处在涸辙之中，比喻困境。 (64)赊（shē）：远。 (65)扶摇：旋风。 (66)东隅：日出处，这里指早晨。 (67)桑榆：日落处，指黄昏，喻暮年。 (68)孟尝：东汉人。曾任合浦太守，以廉洁著称，后来退隐，不为世用。 (69)阮籍：魏晋人。狂放好饮而不拘礼法，常驾车出游，没有路可走时，就痛哭而回。 (70)三尺：原指士人的服饰，绅长三尺。微命：指卑贱的官职。 (71)一介：一个，表微小的谦词。 (72)终军：字子云，西汉人。武帝时为谏大夫，曾请求武帝赐给长缨（绳索），把南越王缚到皇宫前。终军死时，二十余岁，与作者当时年龄相当。弱冠：古代男子二十岁为弱冠。 (73)投笔：班超早年为官府抄写文书，后来投笔从军，出使西域，封定远侯。 (74)宗悫（què）：南朝南阳人。年少时，叔父问他有何志向，他说："愿乘长风破万里浪。"后来官至将军。 (75)簪笏（zānhù）：冠簪和手版，士大夫所用，借指官位。百龄：百年，指一生。 (76)奉晨昏：指侍奉父母。古时儿女早晚要向父母问安。 (77)谢家：东晋谢安家。宝树：谢安问他的子侄，为什么人们都希望自己的子弟好？其侄谢玄回答说："譬如芝兰玉树，欲使其生于阶庭耳。"玉树即宝树，比喻好的子弟。 (78)孟氏之芳邻：据说孟轲的母亲为了培养儿子的好品德，曾经多次迁居，选择好的邻人。 (79)他日：指到交趾后。趋庭：在庭中快步走过。古代臣过君前，子过父前，都应徐趋，表示恭敬。 (80)叨：惭愧地承受，自谦之词。陪：同。鲤对：指孔子教诲儿子孔鲤学《诗》、学《礼》的对答。 (81)捧袂（mèi）：举起双袖，古人作揖的动作，这里指拜见阎公。 (82)龙门：在今山西稷山，是黄河的津口，地势险峻，鱼游不过去。传说鱼能跳过龙门，就可化为龙。因此龙门比喻高名硕望。东汉的李膺，名望很高，士人被他接见的，就叫登龙门。 (83)杨意：杨得意，西汉人。为武帝掌管猎狗的官，向武帝推荐司马相如。 (84)凌云：本指司马相如《大人赋》，武帝读《大人赋》，觉得"飘飘有凌云之气"，作者借指自己的文章。 (85)钟期：钟子期，春秋时人。伯牙善于弹琴，子期最能领会伯牙的琴声所表达的思想感情。这里以阎公比钟子期，以写作《滕王阁序》比"奏流水"。 (86)梓泽：西晋石崇的金谷园的别名，故址在今河南洛阳市西北。 (87)疏：陈述，写。引：序。 (88)一言：指诗一首。均赋：指每人都赋诗一首。 (89)四韵：诗一般是两句一韵，四韵共八句。 ⑨鸣銮（luán）：安在车上的铃，形状像銮，车行时发出响声。

译文

　　滕王阁在旧时的豫章郡，新设的洪都府；属于翼、轸二星的分野，州郡与衡山、庐山相接；以三江为襟而以五湖为带，控扼楚地而牵制瓯越。物类有光华，天上有宝气，古剑的光芒直射牛、斗之区；人才俊杰，地有灵秀，徐孺子能博得陈蕃设榻的礼遇。雄伟的州城云雾般布列，英俊的人才流星般奔驰。洪州城地跨荆楚和扬州，宴会宾主全是东南杰出人物。都督阎公声名儒雅，跟随仪仗远道而来。宇文刺史风范美好，车驾到此暂时停留。适逢十天一次公休日，才德出众的朋友像云一样多；真是千里相逢，高朋满座。文采如蛟龙翻腾，凤凰起舞，孟学士是文章大师；身佩宝剑，刃若青霜，王将军有雄才韬略。家父在交趾做县令，我因探亲路过贵地；后生晚辈懂得什么，却亲自遇上这样盛大的饯别宴会。

　　时间正是九月，时序当属晚秋。雨季的积水已经干涸，寒冽的潭水十分清澈，落日下云烟聚集，暮色中山色青紫。整治好马车奔驰于大道，寻访风景登上高大的山丘。到达滕王建阁的长洲，登上贵人驻足的楼阁。苍翠的楼台高高耸起，上插云霄；凌云的楼阁丹绘飞流，下临深渊。白鹤、野鸭栖息在水岸沙洲，萦回曲折没有尽头；桂树木兰建造的宫殿，随着冈峦起伏。推开锦绣装饰的阁门，俯视雕饰华丽的屋脊，山岭平原空旷辽远，尽收眼底，河流水泽，迂回曲折，令人心惊。房屋处处都是，不少钟鸣鼎食的富贵人家；船只拥塞渡口，船头如青雀和黄龙。彩虹消散，雨后初晴，灿烂的阳光照彻云天。天边的落霞和孤独的野鸭一齐飞翔，碧绿的秋水同辽远的天空连成一色。渔船在暮色中发出歌声，一直传到鄱阳湖畔；群雁因天寒而惊叫，声音直到衡山南面的水滨。

　　远望高歌，登高俯视都感到舒畅，超逸的兴致又勃然而生。箫管声起，引来徐徐清风，悠扬的歌声使白云停飞。如同当年睢园宴饮，个个豪气酒量胜过陶渊明；又像邺下曹氏父子的文士，光彩映照谢临川的文笔。良辰、美景、赏心、乐事四样美好的事物都具备了。贤主、嘉宾两种难得的人欢聚在一起。极目观赏天地间的美景，尽情游乐于闲暇之时。天高地远，使人感到宇宙无穷；兴尽悲来，早知人生成败有命。遥望长安于太阳之下，指点吴会在云彩之中。地势到达尽头而南海最深，天柱伸到高处而北极星最远。关山难以飞越，有谁同情失意之人？萍水偶然相逢，尽是异乡之客。怀念朝廷而不得召见，像贾谊那样在宣室侍奉君王，不知在何年？

唉！时机命运各不相同，人生旅途诸多不顺。冯唐容易老去，李广不得封侯。委屈贾谊去到长沙，不是没有圣明的君主；驱逐梁鸿逃隐海滨，难道不是政治清明的时代？所依赖的是君子安于贫贱，通达事理的人知道命运。年老应更有壮怀，岂能在白头之时改变志节？境遇不好，应更加坚强，不能丧失自己高远的志向。喝了贪泉仍觉神志清爽，处于困境仍然心情欢畅。北海虽远，乘着大风可到；美好的时光已经过去，珍惜迟暮之年也还为时未晚。孟尝品行高洁，空怀报国热情；阮籍狂放不羁，岂能效法他无路可走时就痛哭而归？

我地位低微，不过一个书生。没有请缨报国的机会，而年龄已经二十多岁，和终军请缨报国时相等；有心投笔从戎，仰慕宗悫乘长风破万里浪的志气。如今舍弃一生做官的前程，去万里之外早晚侍奉父亲；我不是谢玄那样的好子弟，但荣幸地能和许多嘉宾接近。来日去接受父亲的教诲，仿效孔鲤趋庭时的应对；今天能揖见都督阎公，高兴得好像登龙门。没有碰上杨得意那样的举荐之人，只能诵凌云之赋而自己惋惜；既然与钟子期那样的知音相逢，奏一曲高山流水又有什么羞愧？

唉！名胜之地不能常游，盛大的宴会难以再遇；兰亭聚会已成过去，金谷名园已成废墟。临别之时，写下赠别的话，有幸在这盛大的宴会上承受了主人的盛恩；登上高阁吟诗作赋，则寄希望于参与盛会的诸公。我冒昧地进献鄙陋的诚意，恭恭敬敬地写出这篇短短的序文。各位都要赋诗一首，写成四韵八句。

滕王高阁俯临江中绿洲，

卷之七　六朝唐文

佩玉响铃歌舞方才罢休。
彩绘栋梁飞起南浦朝霞，
红色垂帘卷来西山暮雨。
闲云深潭岁月如此悠悠，
物换星移又是几番春秋。
阁中王子如今竟在何处？
栏外江水空自向着东流。

赏析

本文是王勃往海南省亲途经洪州（江西南昌）滕王阁时所作。据载，洪州郡都督阎公重修滕王阁后，于唐高宗上元三年（676）九月九日在阁中宴会宾客。阎公原打算让其女婿孟学士在宴会中显示才能，让他预先构思了一篇描写滕王阁的文章。此时，王勃路经洪州，参加了这次宴会，临场撰作此文，使阎公和满座宾客大为叹服。（王定保《唐摭言》卷五）

这是一篇赠序性质的骈文。文章通过描绘滕王阁景象和宴会盛况，抒发了怀才不遇的感慨，也表现了身处逆境而保持积极进取的精神。主题思想还是比较昂扬、积极的。

全文首先叙事，历叙洪州地理形胜、物产丰饶、人才荟萃，再落实到滕王阁盛宴、众多宾客以及自己的躬逢胜饯。紧扣"洪都新府"，层层铺写。接着写景，点明时间、地点，描绘滕王阁的高峻壮丽及登楼所见景物。紧扣秋日、登阁，由近而远，由内向外地进行延伸描叙，境界壮美，写景如画。然后抒情，为全文的中心。紧扣"饯"字，点出宴会之盛，引发人生感慨，借历代人才的遭遇来委婉含蓄地表达了内心的不平。最后叙事，是全文尾声。申说作序缘由，倾诉羁旅之愁，再次抒发了怀才不遇的感慨，而紧扣"别""序"二字。

综观全文，始终围绕滕王阁宴会这一中心事件，展开叙事、写景和抒情，构思极为细密。同时，文章感情真挚，景物鲜明，辞藻华丽，对仗工整，用典贴切，音韵谐美，是一篇典范的骈文。它既是王勃骈文的代表作品，也是唐代骈文中的名篇。其中有不少佳句，如"物华天宝，人杰地灵""落霞与孤鹜齐飞，秋水共长天一色""老当益壮，穷且益坚"等，脍炙人口，千古流传。

与韩荆州书

李白

白闻天下谈士相聚而言曰^①："生不用封万户侯，但愿一识韩荆州^②。"何令人之景慕一至于此？岂不以有周公之风^③，躬吐握之事^④，使海内豪俊奔走而归之，一登龙门则声价十倍^⑤？所以龙蟠凤逸之士^⑥，皆欲收名定价于君侯。君侯不以富贵而骄之，寒贱而忽之，则三千之中有毛遂^⑦，使白得颖脱而出，即其人焉。

白，陇西布衣，流落楚汉^⑧。十五好剑术，遍干诸侯^⑨；三十成文章，历抵卿相^⑩。虽长不满七尺，而心雄万夫。皆王公大人，许与气义。此畴曩心迹，安敢不尽于君侯哉！

君侯制作侔神明^⑪，德行动天地，笔参造化，学究天人。幸愿开张心颜，不以长揖见拒^⑫。必若接之以高宴，纵之以清谈，请日试万言，倚马可待^⑬。今天下以君侯为文章之司命^⑭，人物之权衡，一经品题，便作佳士；而今君侯何惜阶前盈尺之地，不使白扬眉吐气，激昂青云耶？

昔王子师为豫州^⑮，未下车，即辟荀慈明^⑯；既下车，又辟孔文举^⑰。山涛作冀州^⑱，甄拔三十余人，或为侍中、尚书^⑲，先代所美。而君侯亦一荐严协律^⑳，入为秘书郎^㉑；中间崔宗之、房习祖、黎昕、许莹之徒^㉒，或以才名见知，或以清白见赏。白每观其衔恩抚躬^㉓，忠义奋发，白以此感激，知君侯推赤心于诸贤之腹中，所以不归他人，而愿委身国士^㉔。倘急难有用，敢效微躯。

且人非尧舜，谁能尽善？白谟猷筹画^㉕，安能自矜？至于制作^㉖，积成卷轴，则欲尘秽视听，恐雕虫小技^㉗，不合大人。若赐观刍荛㉘，请给纸笔，兼之书人。然后退扫闲轩，缮写呈上。庶青萍、结绿㉙，长价于薛、卞之门㉚。幸推下流，大开奖饰，唯君侯图之。

注释

①白：李白（701—762），字太白，号青莲居士，祖籍陇西成纪（今甘肃秦安），我国文学史上伟大的浪漫主义诗人。　②韩荆州：名朝宗，唐玄宗开元年间为荆州大都督府长史，常奖掖后进，受到士人仰慕。　③周公：名旦，文王的儿子，曾助武王灭商。　④躬吐握之事：意思是韩荆州像周公一样，为了接待贤士，常常中断吃饭和梳洗。躬，亲自实践。吐，吐哺（口中的食物）。握，握发。　⑤龙门：见《滕王阁序》注㉜。　⑥龙蟠凤逸：比喻豪杰隐居待时。　⑦三千：指战国时赵国平原君的食客。毛遂：平原君门客。公元前258年，秦侵赵，平原君奉使去楚救赵，选门下食客文武兼备的二十人同行，毛遂自荐愿意同行，于是随行，果然立功。　⑧楚汉：楚，指古代楚国地区。汉，指汉水流域。这里指荆州。　⑨干：干谒，谒见。　⑩历抵：一一拜访。　⑪制作：当为"制礼作乐"的省略语，这里用以指政绩。　⑫长揖：深深地拱手。　⑬倚马：晋代桓温北伐时，命袁虎作军用公文，袁倚马起草，很快写下七张纸，又快又好。　⑭司命：文昌第四星。又可能指文昌星，神话中主宰功名、禄位的神。　⑮王子师：名允，东汉时人。为豫州：做豫州的刺史。　⑯辟：征辟，聘请。荀慈明：名爽，东汉人，以好学贤能著称。　⑰孔文举：名融，东汉末的名士，曾任北海相。　⑱山涛：字巨源，西晋时人。　⑲侍中：官名，负责传达皇帝命令。尚书：官名，协助皇帝处理政务。　⑳协律：官名，管乐律。严协律，即姓严的协律，名字不详。　㉑秘书郎：官名，负责图书收藏及抄写事务。　㉒崔宗之：崔日用之子，曾任侍御史。房习祖、黎昕、许莹三人事迹未详。　㉓抚躬：手按自己身躯，有"扪心自问"之意。　㉔国士：全国中最贤之士。指韩荆州。　㉕谋猷：谋略。　㉖制作：指诗文。　㉗雕虫小技：比喻微不足道的技能。虫，指虫书，笔画如虫形的一种字体，秦代八种字体之一，西汉学童必习。　㉘刍荛：除草打柴的人。这里是李白谦指自己的文章。　㉙青萍：宝剑名。结绿：宝玉名。作者用青萍、结绿比喻自己的文章。　㉚薛：薛烛，春秋时人，善于审定宝剑。卞：卞和，春秋时人，善于辨识宝玉。作者以薛烛、卞和比喻韩朝宗。

译文

我听天下谈论世事的读书人相聚在一起时说："活在世上不

必定要封为万户侯，只希望能见一次韩荆州。"为什么令人景仰倾慕竟然达到这个地步呢？难道不是因为您有周公之风，亲身去做那些一饭三吐哺、一沐三握发的事，使天下的豪杰英才都奔走归附于您，一受到您的推荐，便身价百倍吗？所以，那些像龙一样、像凤一样待飞的隐居待时之人，都想从您这里得到应有的名誉、正确的评价。您不因为自己富贵而对他们骄傲，也不因为他们的贫贱而轻视他们，那么三千门客中必定有毛遂那样的人才，假使我李白能有机会脱颖而出，我就是毛遂那样的人了。

我是陇西的平民，流落在楚汉之间。十五岁就喜好舞剑，到处结交地方长官；三十岁时写得一手好文章，屡屡拜访朝廷显贵。虽然我身高不到七尺，可是雄心却超过万人。王公大人称许我有气概和道义。这是我一向的心事行迹，怎么敢不完全告诉您呢？

您的功业可比神明，您的德行感动天地，文章论及自然规律，学问探究天道人事。希望您敞开胸襟，舒展容颜，不因为我只是拱手长揖就拒不接见。如果用盛大的宴会来招待我，听凭我纵情谈论，请您让我一天写上万字的长文，我就在靠着马背的短短时间内就可以写成。如今天下的人都把您看作评定文章优劣的文曲星、衡量人物高下的权威，一经您的赞誉，便被认为是品学兼优的人。您何必吝惜阶前一尺的地方，不让我李白扬眉吐气，青云直上呢？

从前王子师做豫州刺史，还没到任，就聘用荀爽；到任之后，又聘用孔融。山涛做冀州刺史，考察选拔三十多个人，有的竟做了侍中、尚书。这是为前代所称道的。而您又曾推荐过严协律，进朝做了秘书郎。其间，还有崔宗之、房习祖、黎昕、许莹等一批人，有的因为有才华而被您知道，有的因为廉洁清高而被您赏识。我常常看见他们感恩深思，忠义奋发，因此十分感动，知道您能推心置腹地对待有才能的人，所以，我不肯依附别人，而愿意把自己托付给国内杰出的人物。倘若有急难用得着我，我愿意献出自己微不足道的生命。

再说，人不是尧、舜，谁能一切都好？谋略和策划，我岂敢自己夸耀？至于诗文创作，已经积成许多卷，想拿来玷污您的耳目，恐怕这种雕虫小技，不合大人心意。若您肯赏光看看我鄙陋的诗文，就请给我纸笔，并且请派抄写的人。然后退下去打扫一间闲静的屋子，抄录好了之后呈献给您。或许青萍剑、结绿玉，能在薛烛和卞和的赏识下提高价值。希望您推荐我这地位低下的人，大大给以鼓励和赞扬，这件事有劳君侯操心。

赏析

本文选自《李太白集》，是李白写给荆州刺史韩朝宗的一封信。

文章的主旨，是想求见韩朝宗，希望得到他的推荐，实现济苍生、治天下的远大抱负。文章紧紧围绕这个中心，抓住韩朝宗与自己各有的优势展开阐述。

信的开头，对韩作出高度评价："生不用封万户侯，但愿一识韩荆州。"形象生动而又简明洗练地表明了拜见结识韩朝宗的心理，投其所好，为文章预作铺垫。紧接着，指出韩公注重人才、提携后进的特点，公开表白自己求见的目的是"一登龙门则身价十倍"，并以毛遂自喻，显示出坦荡、自信的性格特征。

接着自我介绍。强调了自己的宏伟抱负和效忠朝廷的决心，恭维了韩朝宗的学问、才情，并自信地提出要求：最好是设宴以试，当场作文，给予评点，自己必定会"扬眉吐气，激昂青云"。

然后，列举汉朝王子师和山涛推举贤才的故事，与韩朝宗举荐崔宗之、房习祖等人的事迹相印证，说明韩善于识人而人才也不辜负韩的提携，表明自己愿意以之为榜样，"委身国士""敢效微躯"的志向。

最后，请韩荆州阅读自己的作品，谦恭而自信地表示，自己如同青萍之剑、结绿之玉一样，能够得到韩的赏识。

全文虽为干谒之作，但并不卑下屈辱，而是切合实际，情辞恳切，仪态轩昂，豪气逼人。即或是时露恭维之词、谦卑之语，也主要是为了抓住韩的心理，获得韩的好感和信任，达到自己预期的目的，合情合理，不宜苛责。

春夜宴桃李园序

李白

　　夫天地者，万物之逆旅^①；光阴者，百代之过客。而浮生若梦，为欢几何？古人秉烛夜游，良有以也^②！

　　况阳春召我以烟景^③，大块假我以文章^④。会桃李之芳园，序天伦之乐事。群季俊秀^⑤，皆为惠连^⑥；吾人咏歌，独惭康乐^⑦。幽赏未已，高谈转清。开琼筵以坐花^⑧，飞羽觞而醉月^⑨。不有佳作，何伸雅怀？如诗不成，罚依金谷酒数^⑩。

注释

①逆旅：旅舍。　②良：确实。以：原因。　③烟景：春天的迷离美景。　④大块：天地。假：借，给予。文章：错综绚丽的色彩。　⑤季：弟弟。　⑥惠连：谢惠连，南朝的诗人。　⑦康乐：谢灵运，南朝的诗人，东晋名将谢玄的孙子，袭封康乐公，世称"谢康乐"。　⑧坐花：坐在花间。　⑨飞：形容频频举杯。羽觞：椭圆形两边有耳的饮酒器具。　⑩金谷：即金谷园，晋朝石崇家的花园。石崇经常宴客于园中，即席赋诗，赋诗不成者，罚酒三杯。

译文

　　天地是万物的旅舍，光阴是百代的过客。人生虚浮，好比做梦，寻欢作乐又能有几时？古人拿着烛光夜里游玩，实在有道理啊！

　　况且和暖的春天用迷离的风光召唤我们，大自然赋予我们绚烂多彩的景色。我们相聚在桃李芬芳的园中，畅叙兄弟情谊。各位弟弟人才俊秀，都是当今的谢惠连；我们吟诗，连谢康乐也自愧不如。幽雅的赏玩还没有完结，又从高谈阔论转为清谈。摆出华美的筵席，坐在花丛中间，频频举杯，酣醉在月光之下。没有好的作品，怎能抒发高雅的情怀？如果作诗不成，就依照金谷的成例罚酒三杯。

赏析

本篇选自《李太白集》。有的本子或题作《春夜宴诸从弟桃李园序》。

文章记叙了李白与他的弟兄们春夜聚会于桃李芬芳的名园，饮酒赋诗、畅叙天伦之乐的情景，抒发了李白人生短促、及时奋取的感慨。

文章分为两层。首先，以天地之大的慨叹开篇，起笔有浩渺恢宏的气象。纵观时光飞逝，人寿短暂，在宇宙和历史之间，人显得多么的渺小和微不足道！抚今追昔，自然有"浮生若梦""为欢几何"的喟叹。这是诗人真实的感受，也是置身良辰美景的欢乐氛围，自然生发出抓紧时光、莫负良辰的期望。接下来，文章具体勾勒了春夜宴饮的欢乐场面：桃李芬芳争艳，兄弟聚会一堂，月亮皎洁，群情欢腾，一边饮酒，一边赋诗，猜拳行令，谈古论今……描绘出一幅欢畅、热烈、和谐的兄弟夜宴图，谱写下一首欢乐、浪漫、优美的抒情散文诗。其中，"阳春召我以烟景，大块假我以文章"两句，既状写出大自然赋予的锦绣春色，又抒发了李白及诸兄弟才情焕发、文思泉涌的激情素志，更咏唱出李白胸怀浩荡、气吞宇宙的豪情和气魄，透溢出勃郁豪爽的俊逸之气，是李白胸襟、才情的绝好写照。

全篇文章，清新俊逸，文如其人，文如其诗。文章以天地宇宙为广阔背景，在展示博大胸襟、盖世才华之中，慨叹人生短暂，激励人们珍惜时光，努力奋取，其基调是积极、健康的，有一种引人向上、进取不息的感染力量。

吊古战场文

李华

浩浩乎平沙无垠①，夐不见人②。河水萦带，群山纠纷。黯兮惨悴，风悲日曛③。蓬断草枯，凛若霜晨。鸟飞不下，兽铤亡群④。亭长告余曰⑤："此古战场也，常覆三军。往往鬼哭，天阴则闻。"伤心哉！秦欤？汉欤？将近代欤？

吾闻夫齐魏徭戍⑥，荆韩召募。万里奔走，连年暴露。沙草晨牧，河冰夜渡。地阔天长，不知归路。寄身锋刃，腷臆谁诉⑦？秦汉而还，多事四夷⑧。中州耗斁⑨，无世无之。古称戎夏⑩，不抗王师。文教失宣，武臣用奇。奇兵有异于仁义，王道迂阔而莫为。呜呼噫嘻！

吾想夫北风振漠，胡兵伺便。主将骄敌，期门受战⑪。野竖旄旗，川回组练⑫。法重心骇，威尊命贱。利镞穿骨，惊沙入面。主客相搏，山川震眩。声析江河，势崩雷电。至若穷阴凝闭，凛冽海隅⑬，积雪没胫，坚冰在须，鸷鸟休巢，征马踟蹰，缯纩无温⑭，堕指裂肤。当此苦寒，天假强胡，凭陵杀气⑮，以相剪屠。径截辎重，横攻士卒。都尉新降⑯，将军覆没。尸填巨港之岸，血满长城之窟。无贵无贱，同为枯骨。可胜言哉？鼓衰兮力尽，矢竭兮弦绝，白刃交兮宝刀折，两军蹙兮生死决⑰。降矣哉，终身夷狄。战矣哉，骨暴沙砾。鸟无声兮山寂寂，夜正长兮风浙浙⑱。魂魄结兮天沉沉，鬼神聚兮云幂幂⑲。日光寒兮草短，月色苦兮霜白。伤心惨目，有如是耶？

吾闻之：牧用赵卒⑳，大破林胡㉑，开地千里，遁逃匈奴。汉倾天下，财殚力痡㉒。任人而已，其在多乎？周逐猃狁㉓，北至太原，既城朔方㉔，全师而还。饮至策勋㉕，和乐且闲，穆穆棣棣㉗，君臣之间。秦起长城，竟海为关，荼毒生灵，万里朱殷㉘。汉击匈奴，虽得阴山㉙，枕骸遍野，功不补患。

苍苍蒸民㉚，谁无父母？提携捧负，畏其不寿。谁无兄弟？如足如手。谁无夫妇？如宾如友。生也何恩？杀之何咎？其存其没，家莫闻知。人或有言，将信将疑。悁悁心目㉛，寝寐见之。布奠倾觞，哭望天涯。天地为愁，草木凄悲。吊祭不至，精魂何依？必有凶年㉜，人其流离。呜呼！噫嘻！时耶？命耶？从古如斯。为之奈何？守在四夷㉝。

注释

①无垠（yín）：没有边际。 ②敻（xiòng）：远，辽阔。 ③曛（xūn）：昏暗无光。 ④铤（tǐng）：快跑。 ⑤亭长：地方上的小官吏。 ⑥齐魏：与下文"荆韩"指战国时期齐国、魏国、楚国、韩国。 ⑦腷（bì）臆：忧郁愤懑。 ⑧四夷：指四方边境上的外族。 ⑨斁（dù）：破坏。 ⑩戎：指外族。夏：华夏，指中国。 ⑪期门：这里指守卫军营之门。 ⑫组练：战士穿的甲衣，这里指战士。 ⑬海隅：海边，这里指边塞。 ⑭缯（zēng）：丝织品的总称。纩（kuàng）：丝棉。 ⑮杀气：严寒肃杀之气。 ⑯都尉：武官名，即副将、侍卫官之类。 ⑰蹙（cù）：迫近。 ⑱浙浙：风声萧瑟。 ⑲幂幂：昏黑阴沉。 ⑳牧：李牧，战国时赵国名将。多次打败匈奴。 ㉑林胡：匈奴的一支。 ㉒痡（pū）：病，引申为疲困。 ㉓猃狁（xiǎnyǔn）：古代北方的少数民族。周朝时，猃狁入侵，周朝派兵逐至太原。 ㉔朔方：地名，在今内蒙古自治区。 ㉕饮至：军队回到宗庙，饮酒庆贺归来。策勋：把功劳记载在简策上。 ㉖棣棣（dìdì）：娴雅的样子。 ㉗朱殷：指血。 ㉙阴山：山名，在今内蒙古自治区。 ㉚蒸民：众多的百姓。 ㉛悁悁（yuānyuān）：忧愁的样子。 ㉜凶年：荒年。 ㉝守在四夷：指施行仁德，使四夷归附，天子守土。

译文

浩瀚辽阔啊，平旷的沙漠没有边际，荒凉辽远，杳无人迹。河水像萦绕的带子，群山交错耸立。天色阴沉愁惨，风声悲号，日光昏暗。飞蓬折断，野草枯黄，寒气凛冽，犹若霜晨。鸟儿惊飞而不落，野兽狂奔而离群。亭长告诉我说："这是古代的战场啊，这里常常覆没三军。往往有鬼魂哭泣，就在天阴雨湿的时分。"伤心啊！这是秦时的战场呢？汉时的战场呢？还是近代的战场啊？

我听说，从前齐国、魏国征发百姓戍边，楚国、韩国招募兵员去打仗。奔走跋涉万里，连年野外暴露。清晨在沙草上牧马，夜晚从冰河中渡过。地茫茫，天苍苍，不知道何处是归路。性命托付给刀刃，苦闷心怀向谁倾诉？秦汉以来，边庭多事。中原地区财乏民疲，世世代代，尽皆如此。古人称道外族和中原，都不对抗王师。后世礼乐教化弃而不用，武将施用奇谋诡计。诡计暴力有悖于仁义，王道被认为迂阔而不实行。唉！可叹呀！

我想象，北风搅动沙漠，胡兵窥伺战机。王师主将骄傲轻敌，敌人逼进营门才仓皇应战。原野上竖起了战旗，平川上奔驰着士兵。军法严酷，心中害怕，主将威严，士兵命贱。锋利的箭头射入骨中，惊飞的沙石扑打脸面。敌我双方厮杀搏斗，山川震动，天昏地暗。杀声连天，足以撕裂江河，声势猛烈，如同雷霆闪电。至于严冬季节，阴云凝聚密闭，边塞寒气凛冽，积雪深没小腿，坚冰冻结胡须，鹰隼躲在巢中，战马徘徊踟蹰，棉衣没有暖气，指头僵断，皮肤冻裂。这严寒的天气，是天助强横的胡人，凭着肃杀之气，前来大肆杀戮，恣意截击粮车，蛮横攻杀士卒。都尉刚刚投降，将军全军覆没。死尸堵塞大河岸边，鲜血流满长城穴窟。无论贵贱，化作枯骨。悲惨情状，难以尽诉。鼓声低沉啊力已完，箭已射尽啊弓弦断，白刃交加啊宝刀折，两军相迫啊生死判。投降吧，从此身陷夷、狄。战斗吧，尸骨暴露荒野。鸟无声啊山林寂寂，夜漫长啊风声凄凄。魂魄不散啊天昏沉，鬼神聚集啊云阴森。日光寒凉啊草木折，月色凄苦啊霜露白。伤心惨目的事情，有像这样的吗？

我听说，李牧只用赵国士卒，就大破北方林胡。拓地千里，赶走匈奴。汉朝倾其所有，结果财尽力枯。只要用人得当，又岂在人数多少？周朝驱逐猃狁，北面打到太原，在朔方筑城守卫，保全军队凯旋。祷告太庙，记载功勋，君臣之间，和乐安闲，融洽无间。秦朝修筑长城，关隘直到海边，残害无数生灵，血染万里关山。汉朝攻击匈奴，虽然得到阴山，尸骸堆满山野，功劳难补祸患。

天生众民，谁无父母？尽心赡养，唯恐不得长寿。谁无兄弟？亲如手足。谁无夫妇？相敬如宾。活着时受到了什么恩惠？遭杀害又犯了什么罪过？存亡死活，家人不知，有人传言，半信半疑。心中愁忧，梦中相聚。洒酒祭奠，哭望天际。天地为之忧愁，草木为之悲泣。吊祭不到，魂灵何处归依？征战之后必有荒年，百姓又将漂泊流离。唉！可叹呀！是天时不顺？还是命运不济呢？从古以来都是如此。怎么办呢？只有实行仁义，归化四夷，让他们为天子守卫疆域。

赏析

这是一篇有名的散体骈文。通过对古战场的凭吊，揭露战争的残酷，同情人民的苦难，表达了厌恶战争、向往和平、主张实行仁义王道的思想感情。

文章首先描绘出一幅古战场白骨累累、阴风怒号、禽兽飞窜、鬼哭狼嚎的悲惨景象。接着，触景生情，凭吊古战场，从春秋争霸到秦汉厮杀，从中原百战到边疆纷争，以战争的酷烈，讲述了古战场遗迹正是废弃王道、寻求霸业的具体写照。然后，文章调动丰富的想象，构想出当日古战场血雨腥风的厮杀情景，渲染了战斗的凄惨、悲凉，突出了将士们的忠勇和质朴。最后，抒发感想和议论。纵然像李牧等人在战场上取得了辉煌的战果，记功受勋，官兵皆喜；可是，那些绝大多数阵亡者却默默无闻，其亲人朋友更是哀伤欲绝，无有终极。并明确地提出，只有实行王道仁义，才能使异族归附，才能免遭战争的劫难，画龙点睛，结束全篇。

文章特别强调了战争是统治者拓展疆域寻求霸业的手段，而给人民带来的却是无止境的灾难和痛苦，因此，本文厌恶战争、向往和平、主张施行王道仁政的主题，具有较强的人民性。作者的批判锋芒，是直指唐王朝穷兵黩武的政策的。

本文感情充沛，以情议理，以情运事，情理俱切，启人深思。文章还善于利用骈文的协畅音律和工整对仗的特点，铿锵有力,起伏跌宕,一气呵成,慷慨悲凉。

陋室铭

刘禹锡

　　山不在高,有仙则名。水不在深,有龙则灵。斯是陋室,惟吾德馨①。苔痕上阶绿,草色入帘青。谈笑有鸿儒②,往来无白丁③。可以调素琴④,阅金经⑤。无丝竹之乱耳,无案牍之劳形⑥。南阳诸葛庐⑦,西蜀子云亭⑧。孔子云:"何陋之有⑨?"

注释

　　①馨(xīn):散布很远的香气。　②鸿儒:大儒,渊博的学者。　③白丁:平民,这里指没有学问的人。　④素琴:不加装饰的琴。　⑤金经:用泥金书写的佛经。　⑥案牍(dú):官府公文。　⑦诸葛庐:诸葛亮隐居于南阳时住的草庐。　⑧子云:扬雄,字子云,蜀郡成都人。他在简陋的房屋中写成《太玄经》,后人称其旧宅为玄亭。　⑨何陋之有:语出《论语·子罕》:"君子居之,何陋之有?"意思是说,君子住在那里,有什么鄙陋呢?

译文

　　山不在于高,有神仙就会有名气。水不在于深,有蛟龙就会有灵气。这是简陋的房屋,只因我的美德才芳香远闻。苔藓蔓延上台阶,台阶一片碧绿,草色映入窗帘,室内变得青翠。谈笑时有学问渊博的学者,来往的没有不懂学问的俗人。可以在这里弹奏雅致的琴,诵读佛经。没有嘈杂的音乐扰乱听觉,没有官府公文来劳顿身形。好比南阳诸葛亮的草庐,西蜀扬子云的玄亭。孔子说:"君子居住在这里,有什么鄙陋呢?"

赏析

　　铭,是古代文体的一种,属于箴铭类,多刻在器物或碑石上，用来规诫世人或劝勉自己。

本文通过对自己简陋居室的描写，表现了洁身自好、孤芳自赏，不与权贵、世俗同流合污的思想情趣。

文章内容分为三层。前六句为第一层，先以山水起兴，在对应的关系中巧妙地引出一篇主旨："斯是陋室，惟吾德馨。""惟吾德馨"四字为一篇根本，四字包含有两层意思：其一，人以美德为立身根本，道德高尚优美自可忘掉居室简陋之窘；其二，一语道尽陋室不陋的原因，为自己高尚的品德替简陋狭隘的居室增光添彩而深感欣慰和自豪。

以下十句为第二层，具体申说吾德能使陋室馨香的表现。文章从室外环境、来往人物、室内陈设、情趣追求等不同角度入笔，阐扬了身居陋室的乐趣，并以诸葛故居、扬雄旧宅自况自喻，总写出陋室不陋的缘由，流露出无限的自豪。

最后，引孔子《论语》为结，是第三层。简洁而有远趣，既避免了炫耀之痕，又隐含了君子居其中、美德不可估量、室虽陋而实则不陋的深厚底蕴，一箭双雕，利落干脆。

曹丕《典论·论文》说："奏议宜雅，书论宜理，铭诔尚实，诗赋欲丽。"本篇虽属铭诔之文，却兼有奏议、书论、诗赋的表达特点，格调典雅，含蕴丰厚，文字洁丽，志趣高远，短小精练，意志潇洒，是作者思想感情、人品情操的集中体现。

阿房宫赋

杜 牧

六王毕^①，四海一；蜀山兀^②，阿房出。覆压三百余里，隔离天日。骊山北构而西折^③，直走咸阳。二川溶溶^④，流入宫墙。五步一楼，十步一阁；廊腰缦回，檐牙高啄^⑤；各抱地势，钩心斗角^⑥。盘盘焉，囷囷焉^⑦，蜂房水涡，矗不知其几千万落^⑧。长桥卧波，未云何龙？复道行空，不霁何虹？高低冥迷，不知西东。歌台暖响，春光融融；舞殿冷袖，风雨凄凄。一日之内，一宫之间，而气候不齐。

妃嫔媵嫱⑨，王子皇孙⑩，辞楼下殿，辇来于秦⑪，朝歌夜弦，为秦宫人。明星荧荧，开妆镜也；绿云扰扰，梳晓鬟也；渭流涨腻，弃脂水也；烟斜雾横，焚椒兰也⑫。雷霆乍惊，宫车过也；辘辘远听⑬，杳不知其所之也。一肌一容，尽态极妍；缦立远视，而望幸焉⑭。有不得见者，三十六年⑮。

燕、赵之收藏，韩、魏之经营，齐、楚之精英，几世几年，取掠其人，倚叠如山。一旦不能有，输来其间。鼎铛玉石⑯，金块珠砾，弃掷逦迤⑰，秦人视之，亦不甚惜。

嗟乎！一人之心，千万人之心也。秦爱纷奢，人亦念其家。奈何取之尽锱铢⑱，用之如泥沙？使负栋之柱，多于南亩之农夫；架梁之椽，多于机上之工女；钉头磷磷⑲，多于在庾之粟粒⑳；瓦缝参差，多于周身之帛缕；直栏横槛，多于九土之城郭㉑；管弦呕哑㉒，多于市人之言语。使天下之人，不敢言而敢怒。独夫之心㉓，日益骄固。戍卒叫㉔，函谷举㉕；楚人一炬㉖，可怜焦土。

呜呼！灭六国者六国也，非秦也。族秦者秦也㉗，非天下也。嗟夫！使六国各爱其人，则足以拒秦。秦复爱六国之人，则递三世可至万世而为君㉘，谁得而族灭也？秦人不暇自哀，而后人哀之；后人哀之而不鉴之，亦使后人而复哀后人也。

注释

①六王：指燕、赵、韩、魏、齐、楚六国的国君。　②兀（wù）：原意为高而上平，指山被砍光了。　③骊（lí）山：山名，在今陕西西安市临潼区东南。构：构造，建筑。折：转弯。　④二川：指渭水和樊川。　⑤檐牙：屋檐突出的部分。　⑥钩心斗角：指廊腰勾连，檐牙相对。　⑦囷囷（qūnqūn）：曲折的样子。　⑧落：座。　⑨妃嫔（pín）媵（yìng）嫱（qiáng）：古代帝王妻妾的通称。其中妃为帝王配偶，位次于后，嫔、嫱是宫中女官名，媵是陪嫁的女子。这里泛指六国王侯的宫妃。　⑩王子皇孙：指六国王侯的后代。　⑪辇（niǎn）：帝王或王后坐的车。　⑫椒兰：两种香料。　⑬辘辘（lùlù）：行车的声音。　⑭幸：皇帝的光顾和宠爱。　⑮三十

六年：秦始皇在位共计三十六年。　⑯铛（chēng）：铁锅。　⑰逦迤（lǐyǐ）：连绵不断的样子。　⑱锱铢（zīzhū）：古代重量单位，一铢约合旧市制单位的二十四分之一两。　⑲磷磷：同"粼粼"，明净的样子。　⑳庾（yǔ）：露天谷仓。　㉑九土：即九州，古时中国分为九州。　㉒呕哑：嘈杂的乐器声。　㉓独夫：众叛亲离的暴君，指秦始皇。　㉔戍卒：戍边的士兵，指陈胜、吴广。陈胜、吴广被征调去渔阳戍边，遇雨不能按期到达，按秦朝法律要斩首，他们于是起义。　㉕函谷：即函谷关，在河南省。举：攻下，指刘邦攻下函谷关。　㉖楚人：指楚霸王项羽。　㉗族：灭族。　㉘递：传。秦始皇曾说："朕为始皇帝，后世以计数，二世三世至于万世，传之无穷。"

译文

六国灭亡，四海统一；蜀中山林砍得精光，阿房宫才建造起来。覆盖三百多里，遮天蔽日。从骊山北面建起，曲折地向西延伸，一直通向咸阳。渭水、樊川缓缓流入宫墙。五步一楼台，十步一亭阁；走廊绵延，回环曲折，檐角突起，如鸟向空中高啄；楼阁各依地势起伏，长廊勾连，飞檐相对。回回环环，曲曲折折，多得像蜂房，曲折如漩涡，高高地耸立，不知有几千万座。长长的桥梁横卧水波，没有云彩，何来长龙？高高的复道跨过长空，不是雨后，何来彩虹？高高低低，迷迷蒙蒙，分不清南北西东。歌台上乐声柔和，仿佛春光暖融融；舞殿中长袖清俊，拂动凄凄雨和风。一天之内，一宫之中，而气候竟然如此不同。

六国的妃嫔媵嫱，王子王孙，辞别故国宫殿，一车一车被送到秦国，清晨日暮，唱歌弹琴，成了秦国宫人。明亮的星光闪烁，是她们打开了妆台的明镜；浓黑的云朵缭绕，是她们清晨梳理发髻；渭河中涨起一层油腻，是她们丢弃的胭脂水粉；空中烟雾弥漫，是她们在焚烧椒兰。一阵雷霆突然震响，是宫中车辆驶过；听那辘辘车响，渐渐远去，直到杳无踪影，不知它驶往何方。宫人的肌肤容颜，个个极尽妩媚娇妍，久久伫立，望眼欲穿，希望皇帝宠幸。有些宫女，三十六年竟然没有见过皇帝一面。

燕国、赵国收藏的珍宝，韩国、魏国聚敛的珍奇，齐国、楚国搜集的精品，不知经过多少年代，从老百姓那里掠夺得来，堆积得像山一样。一旦亡国，不能保有，就都运送到秦国阿房宫。宫中把宝鼎当作铁锅，把美玉看作石头，把黄金视为土块，把珍珠当作砂砾，到处丢弃，秦国人看见了，也不觉得可惜。

　　唉！一个人的心，和千万人的心是一样的呀。秦始皇爱豪华奢侈，百姓也顾念自己的家庭。为什么向他们索取，要搜尽一点一滴，使用起来又像泥沙一样毫不顾惜？阿房宫中架梁的柱子，比田野里的农夫还多；架梁的椽木，比织布机上的女工还多；钉头闪闪发光，比仓库里的谷粒还多；瓦缝参差错落，比衣服上的丝缕还多；栏槛纵横交错，比九州的城郭还多；管弦的嘈杂之声，比闹市上说话的声音还多。使得天下的人，口中不敢发出怨言，心中怀着极大的愤怒。众叛亲离的暴君的心，越来越骄横顽固。戍守边疆的士兵一声呐喊，函谷关就被攻破，楚国人一把烈火，可怜那阿房宫化作一片焦土。

　　唉！灭六国的是六国自己，不是秦国。灭秦朝的是秦朝自己，不是天下的百姓。唉！假使六国国君能各自爱护他们的百姓，就足以抵抗秦国。假使秦始皇也能爱护六国百姓，那么秦朝的帝位可以传三世，甚至传到万世而做皇帝，谁能够灭绝它呢？秦人来不及哀叹自己的灭亡，而后人为之哀叹；后人为秦朝的灭亡哀叹而不引以为戒，又要使后来的人为他们而哀叹了。

赏析

　　本文是一篇著名的文赋。通过叙写阿房宫的兴废，揭露了秦始皇的荒淫失德，说明了兴亡之理。其目的是讽谏当世，要唐统治者引以为戒。杜牧在《上知己文章启》中说："宝历（唐敬宗年号）大起宫室，广声色，故作《阿房宫赋》。"

　　文章可分两大部分。前部分，以描写为主，铺叙出阿房宫的宏伟壮丽和宫女、珍宝的无数。后部分，以议论为主，叙写秦王朝骄奢淫逸、横征暴敛和迅速灭亡的经过，并在结尾处点出主旨，把爱民问题提到事关国家存亡的高度来警醒世人，意义尤深。整篇赋主题鲜明，层次井然，有铺叙，有描写，有感想，有议论，波澜起伏，气势奔放。

文章善于运用比喻、夸张，构思新奇，形象鲜明，富于艺术表现力量。例如，写宫人之盛，连用"明星荧荧""绿云扰扰""渭流涨腻""烟斜雾横""雷霆乍惊"等，比喻与夸张兼行，形象饱满，极为生动。又如，写秦人的侈靡，则连用六个"多于"的排比句，文采富丽，极度夸张，表达出作者对人民的深切同情和对秦统治的强烈愤慨，很有表现力量。

文章以散句为主，兼行骈偶，错落有致。从整体上看，前部分以骈偶为主，后部分以散文为主，整齐而富于变化。此外，铺叙与渲染结合，源于史实又不拘于史实；语言简练准确，选材精练，也增强了本文的艺术效果。

原道

韩愈

博爱之谓仁，行而宜之之谓义，由是而之焉之谓道①，足乎己无待于外之谓德。仁与义为定名②，道与德为虚位③，故道有君子小人，而德有凶有吉。老子之小仁义④，非毁之也，其见者小也。坐井而观天，曰天小者，非天小也。彼以煦煦为仁⑤，孑孑为义⑥，其小之也则宜。其所谓道，道其所道，非吾所谓道也。其所谓德，德其所德，非吾所谓德也。凡吾所谓道德云者，合仁与义言之也，天下之公言也。老子之所谓道德云者，去仁与义言之也，一人之私言也。

周道衰，孔子没，火于秦，黄、老于汉⑦，佛于晋、魏、梁、隋之间。其言道德仁义者，不入于杨⑧，则入于墨⑨；不入于老，则入于佛。入于彼，必出于此。入者主之，出者奴之；入者附之，出者污之。噫！后之人其欲闻仁义道德之说，孰从而听之？老者曰："孔子，吾师之弟子也。"佛者曰："孔子，吾师之弟子也。"为孔子者，习闻其说，乐其诞而自小也⑩，亦曰："吾师亦尝师之云尔。"不惟举之于其口，而又笔之于其书。噫！后之人虽欲闻仁义道德之说，其孰从而求之？甚矣，人之好怪也！不求其端，不讯其末，惟怪之欲闻。

古之为民者四[11]，今之为民者六[12]；古之教者处其一[13]，今之教者处其三[14]。农之家一，而食粟之家六；工之家一，而用器之家六；贾之家一，而资焉之家六。奈之何民不穷且盗也！

古之时，人之害多矣。有圣人者立，然后教之以相生相养之道，为之君，为之师，驱其虫、蛇、禽兽而处之中土[15]。寒然后为之衣，饥然后为之食。木处而颠[16]，土处而病也[17]，然后为之宫室。为之工以赡其器用[18]，为之贾以通其有无，为之医药以济其夭死，为之葬埋祭祀以长其恩爱，为之礼以次其先后，为之乐以宣其湮郁[19]，为之政以率其怠倦，为之刑以锄其强梗。相欺也，为之符玺、斗斛、权衡以信之[20]；相夺也，为之城郭、甲兵以守之。害至而为之备，患生而为之防。今其言曰[21]："圣人不死，大盗不止。剖斗折衡，而民不争。"呜呼！其亦不思而已矣！如古之无圣人，人之类灭久矣。何也？无羽毛、鳞介以居寒热也，无爪牙以争食也。是故君者，出令者也；臣者，行君之令而致之民者也；民者，出粟米麻丝、作器皿、通货财以事其上者也。君不出令，则失其所以为君；臣不行君之令而致之民，则失其所以为臣；民不出粟米麻丝、作器皿、通货财以事其上，则诛[22]。今其法曰[23]："必弃而君臣[24]，去而父子，禁而相生相养之道。"以求其所谓清净、寂灭者[25]。呜呼！其亦幸而出于三代之后，不见黜于禹、汤、文、武、周公、孔子也。其亦不幸而不出于三代之前，不见正于禹、汤、文、武、周公、孔子也。

帝之与王，其号虽殊，其所以为圣一也。夏葛而冬裘，渴饮而饥食，其事虽殊，其所以为智一也。今其言曰："曷不为太古之无事？"是亦责冬之裘者曰："曷不为葛之之易也？"责饥之食者曰："曷不为饮之之易也？"传曰[26]："古之欲明明德于天下者，先治其国；欲治其国者，先齐其家；欲齐其家者，先修其身；欲修其身者，先正其心；欲正其心者，先诚其意。"然则古之所谓正心而诚意者，将以有为也。今也欲治其心，而外天下国家，灭其天常。子焉而不父其父，臣焉而不君其君，民焉而不事其事。孔子之作《春秋》也，诸侯用夷礼则夷之，进于中国则中国之。经曰㉗："夷狄之有君㉘，不如诸夏之亡㉙。"诗曰："戎狄是膺㉚，荆舒是惩㉛。"今也举夷狄之法，而加之先王之教之上，几何其不胥而为夷也㉜？

夫所谓先王之教者，何也？博爱之谓仁，行而宜之之谓义，由是而之焉之谓道，足乎己无待于外之谓德。其文《诗》《书》《易》《春秋》，其法礼、乐、刑、政，其民士、农、工、贾，其位君臣、父子、师友、宾主、昆弟、夫妇，其服麻丝，其居宫室，其食粟、米、果、蔬、鱼、肉。其为道易明，而其为教易行也。是故以之为己，则顺而祥；以之为人，则爱而公；以之为心，则和而平；以之为天下国家，无所处而不当。是故生则得其情，死则尽其常；郊焉而天神假㉝，庙焉而人鬼飨㉞。曰："斯道也，何道也？"曰："斯吾所谓道也，非向所谓老与佛之道也。"尧以是传之舜，舜以是传之禹，禹以是传之汤，汤以是传之文、武、周公，文、武、周公传之孔子，孔子传之孟轲，轲之死，不得其传焉。荀与扬也㉟，择焉而不精，语焉而不详。由周公而上，上而为君，故其事行；由周公而下，下而为臣，故其说长。

然则如之何而可也？曰：不塞不流，不止不行。人其人㊱，火其书，庐其居，明先王之道以道之。鳏、寡、孤、独、废、疾者有养也。其亦庶乎其可也！

注释

①是：指仁义。之：往。　②定名：有固定内容的名称。　③虚位：无固定内容的概念。　④老子：即老聃，姓李，名耳，春秋时的思想家，道家的创始人。他主张绝圣弃智，清静无为。小：小看。　⑤煦煦：和悦的样子，指施小惠时的表现。　⑥孑孑（jiéjié）：细小的样子，指做小事。　⑦黄：黄帝。老：老子。汉代称道家之学为黄、老之学。　⑧杨：杨朱，战国时的思想家，主张"为我"。　⑨墨：墨翟，战国时的思想家，墨家的创始人。主张"兼爱""非攻"等。　⑩诞：荒诞。自小：贬低自己，自卑。　⑪四：指士、农、工、商。　⑫六：指士、农、工、商、僧、道。　⑬古之教者：指士。　⑭今之教者：指士、僧、道。　⑮中土：指中原地区。　⑯木处：树上架

巢居住。颠：跌落。 ⑰土处：穴居。 ⑱赡：供给。 ⑲宣：抒发。湮郁：抑郁、闭塞的情绪。 ⑳符：交往的凭证，双方各执一半。玺（xǐ）：印。斗斛（hú）：古代的两种量具。权：秤锤。衡：秤杆。 ㉑言曰：以下四句语出《庄子·胠箧》。 ㉒诛：惩罚。 ㉓其法：指佛法。 ㉔而：你。下二句的"而"字同。 ㉕清净、寂灭：佛教的教义。清净，指离开一切恶行、烦恼、污垢。寂灭，指超出世间。 ㉖传：解释经义、传示后人的书。这里指《礼记》。 ㉗经：儒家经典，这里指《论语》。以下两句话语出《论语·八佾》。 ㉘夷狄：指外族。 ㉙诸夏：中国，汉族地区。亡：无。 ㉚戎狄：戎和狄都是古代居于西北的少数民族。膺：攻打，讨伐。 ㉛荆：指楚国。舒：周朝时楚国东部的一个小国。 ㉜胥：都。 ㉝郊：郊礼，祭天。假：降临。 ㉞庙：宗庙祭祀。飨：享用祭品。 ㉟荀：荀况，即荀子，战国末期著名思想家。扬：扬雄，西汉末期著名哲学家、文学家。 ㊱人其人：第一个人当为"民"字，为避李世民讳，改作"人"。意思是使僧、道还俗为民。

译文

博爱叫做仁，行事适宜叫做义，从仁义出发去做叫道，自己心中充满仁义而不求之于外叫做德。仁和义都是有具体内容的概念，道和德是不大具体的名称。所以道有君子之道和小人之道，德有恶德和美德的不同。老子轻视仁义，但是不毁谤仁义，那是因为他所见狭小。坐在井中观天，说天很小，其实并不是天很小。他把和悦当作仁，把微小的事当作义。所以他轻视仁义是很自然的。他所说的道，是把他所说的道当作道，不是我所说的道；他所说的德，是把他所说的德当作德，不是我所说的德。凡是我所说的道德，是结合了仁和义而说的，这是天下的公论。老子所说的道德，是离开了仁义而说的，这是他一个人的说法。

周道衰微，孔子去世，秦朝焚书，黄、老之学盛行于汉朝，佛教盛行于晋、魏、梁、隋之间。那时谈论仁义道德的人，不是归附于杨朱的学说，就是归附于墨翟的学说；不是归于道家，就是归于佛教。归于那家，就必定排斥这家。归入那家，就奉其为主；排斥这家，就贬之为奴。归附那家就夸大它，排斥这家就诋毁它。唉！后世的人想要懂得仁义道德的学说，到底听谁的呢？推崇老子学说的人说："孔子是我们祖师的弟子。"推崇佛教的人说："孔子是我们祖师的弟子。"信奉孔子学说的人，听惯了他们的说法，也喜欢佛道学说的荒诞而自卑，也说："我们的祖师也曾经向老子、佛教学习呢。"不但挂在口中，而且写在书上。唉！后世的人虽然想知道仁义道德的学说，他们从哪里去探求呢？人们喜好怪诞之说，也太厉害了！不探究事物本原，不考察它的结果，只想听那些怪诞之说。

古时候称为民的有士、农、工、商四种人，现在加上僧、道有六种；古时候教民者只有儒家，现在的教民者有儒、释、道三家。种田的一家，而吃粮食的有六家；做工的一家，而使用器具的有六家；经商的有一家，而靠他们供应物资的有六家。像这样，怎么使百姓不穷困不去偷盗啊！

古时候，人类的灾害很多。有圣人出现，然后教给他们互相提供生活资料和生产条件的办法，做他们的君主，做他们的老师，替他们驱走虫、蛇、禽兽，让他们在中原定居。冷了，教他们做衣服；饿了，教他们种庄稼。住在树上容易掉下来，住在穴里容易生病，于是又教他们建造房屋。为他们设置工匠，以供给器具；为他们设置商贾，以互通有无；为他们寻找医药，以挽救夭亡；为他们制定埋葬、祭祀的制度，以增长恩爱；为他们制定礼仪，使他们尊卑长幼有序；为他们创作音乐，来宣泄胸中的抑郁苦闷；为他们制定政令，以督促怠惰的人；为他们设立刑法以诛戮强横的人。因为有互相欺骗的事，就给他们做符玺、斗斛、权衡作为凭信；因为有互相侵夺的事，就给他们筑城墙、制武器来防守。灾害到来，教人们先作防备，祸患发生，教人们事前预防。现在老子一派的人却说："圣人不死，大盗就不会终止。打碎斗斛，折断秤杆，百姓就不会争夺。"唉！他们也是不假思索罢了！如果古时候没有圣人，人类早已灭绝了。为什么呢？因为人类没有羽毛、鳞甲可以抵御寒暑，没有强爪利牙以争夺食物。所以，君王是发布政令的，臣子是执行君王命令而贯彻到百姓中去的，百姓是生产粟米麻丝、制作器皿、沟通货物钱财来供给在上的人的。君王不发布政令，就失去了做君王的职责；臣子不推行君王命令而将它们实施于民，就失去了做臣子的资格；百姓不生产粟米麻线、制作器皿、沟通货物钱财来供给上面的人，就要被惩罚。现在的佛法说："一定要抛弃你的君臣之义，丢开你的父子之亲，禁绝你们相生相养的道理。"以此来求得他们所谓的"清净""寂灭"的境界。唉！这些怪诞之说侥幸出现在夏、商、周三代之后，没有被夏禹、商汤、文王、武王、周公、孔子废黜掉；又不幸而没有出现在夏、商、周三代之前，没有得到夏禹、商汤、文王、武王、周公、孔子的纠正。

五帝和三王，他们的名号虽然不同，但是他们之所以成为圣人，其原因是一样的。夏天穿麻布，冬天穿皮袄，渴了饮水，饿了吃饭，这些事情虽然不同，但是这样做之所以聪明，其原因是一样的。如今信奉老子的人说："为什么不实行远古时代的无为而治呢？"这就好比是指责冬天穿皮袄的人说："为什么不穿麻布衣服，那样多么简单容易呢？"好比指责肚子饿了而吃饭的人说："为什么不饮水，那样多么简单呢？"《礼记》说："古时候想显扬圣明品德于天下的人，要先治理他的国家；想管理他的国家的人，要先整治他的家；想整治他的家的人，要先修养他自身；想修养他自身的人，要先端正他的思想；想端正他的思想的人，要先使他的意念诚实。"既然如此，古时候所谓端正思想，使意念诚实，是要借此有所作为的。如今崇奉佛教、老子学说的人想要修养他们的心性，却抛弃天下国家，灭绝他们的天然伦常。儿子不把父亲当父亲，臣子不把国君当国君，百姓不从事他们应当从事的事情。孔子作《春秋》的时候，诸侯使用夷人礼节的，就把他们视为夷人，夷人使用中原礼节的，就把他们看作中原人。《论语》说："夷狄即使有国君，也不如华夏没有国君。"《诗经》说："征伐夷狄，惩罚荆舒。"现在却称道夷狄的法度，把它置于先王的遗教之上，那么，即使大家没有都成为夷狄，其间又相去几何呢？

所谓先王的遗教是什么呢？就是博爱叫做仁，行事适宜叫做义，从仁义出发去做叫做道，自己心中充满仁义而不求之于外叫做德。它的典籍是《诗》《书》《易》《春秋》，它的法度是礼、乐、刑、政，它的百姓是士、农、工、商，它的序位是君臣、父子、师友、宾主、兄弟、夫妇，它的衣着是麻布和丝绸，它的居处是宫室，它的食物是小米、大米、瓜果、蔬菜、鱼肉。先王的遗教作为道容易明白，作为教化容易实行。因此，用来修养自身，就和顺而吉祥；用来对待他人，就仁爱而公正；用来修养心性，就和平而舒畅；用来治理天下国家，就没有什么事情处理不恰当。因此，活着能够顺于人情，死时也尽了君臣、父子、夫妇的伦常，祭天，天神降临，祭祖，祖宗享受。有人问："这种道，是什么道啊？"我说："这就是我所说的道，不是前面说的老子和佛教的道。"尧以此道传给舜，舜以此道传给禹，禹以此道传给汤，汤以此道传给文王、武王、周公，文王、武王、周公传给孔子，孔子传给孟轲，孟轲死，此道就没有传下来了。荀卿和扬雄，选择不精，论说不详。从周公以上的圣人，在上为君，所以他们的道得以推行；从周公以下的圣人，在下为臣，所以他们的学说能长远流传。

那么，怎样做才可以呢？我说：不堵塞佛老之道，圣人之道不能流传；不禁止佛老之道，圣人之道不能推行。使僧道还俗，焚烧他们的书，把寺观改作民房，阐明先王之道来教导他们。鳏夫、寡妇、孤儿、年老无依靠者、残疾和患病之人都有生活保障。这样做就差不多可以了！

赏析

本文是韩愈的一篇著名哲学论文。

所谓原道，就是探求儒家学说的本源。唐代宗教极为兴盛，奉道教为国教，对佛教的提倡也不遗余力。到了中唐，脱离生产的宗教徒大量增加，并享有免租、免役等特权，占有大量土地，成为社会剥削阶级的一部分。韩愈针对时弊，痛斥佛教、道家学说的虚妄，推崇儒家的仁义道德之治，尤其是极力抨击了当时佛老宗教活动严重影响国计民生，具有一定的现实意义和进步作用。

文章分为六段。首段，考究儒家仁义道德的本源，斥道家学说为一人之私言，为全文立论的根本。次段，推论儒教衰落、佛老兴盛的历史原因，指斥佛老谬说蛊惑人心。第三段包括三、四两个自然段，阐明儒家以礼治国，君臣上下不逾的政治理想，痛斥佛老破坏国计民生的行径。第四段论述儒家修身齐家治国平天下的道理。第五段论证儒家仁义道德之治的显著成效，推尊儒教为正统，是诸说中的精粹，与佛老划清界限。第六段议论，公开要求禁止佛老流播，主张勒令僧道还俗成为从事生产的人，把寺观改为民用的房屋庐舍。

全篇文章，立足于儒家的仁义道德，较为系统地阐述了儒家的政治思想，批驳了佛老学说的谬误，富于战斗性。其思想渊源，秉承了孟子，但忽略了孟子的民本思想，有一定的局限性。文章结构谨严，气势磅礴，体现了韩文"壮大""雄健"的特色。

原毁

韩愈

古之君子，其责己也重以周①，其待人也轻以约。重以周，故不怠；轻以约，故人乐为善。闻古之人有舜者，其为人也，仁义人也。求其所以为舜者，责于己曰："彼，人也；予，人也。彼能是，而我乃不能是！"早夜以思，去其不如舜者，就其如舜者②。闻古之人有周公者，其为人也，多才与艺人也③。求其所以为周公者，责于己曰："彼，人也；予，人也。彼能是，而我乃不能是！"早夜以思，去其不如周公者，就其如周公者。舜，大圣人也，后世无及焉；周公，大圣人也，后世无及焉。是人也④，乃曰："不如舜，不如周公，吾之病也⑤。"是不亦责于身者重以周乎！其于人也，曰："彼人也，能有是，是足为良人矣；能善是，是足为艺人矣。"取其一，不责其二；即其新，不究其旧。恐恐然惟惧其人之不得为善之利。一善易修也，一艺易能也。其于人也，乃曰："能有是，是亦足矣。"曰："能善是，是亦足矣。"不亦待于人者轻以约乎？

今之君子则不然，其责人也详⑥，其待己也廉⑦。详，故人难于为善；廉，故自取也少。己未有善，曰："我善是，是亦足矣。"己未有能，曰："我能是，是亦足矣。"外以欺于人，内以欺于心，未少有得而止矣。不亦待其身者已廉乎？其于人也，曰："彼虽能是，其人不足称也；彼虽善是，其用不足称也。"举其一，不计其十；究其旧，不图其新。恐恐然惟惧其人之有闻也。是不亦责于人者已详乎！夫是之谓不以众人待其身，而以圣人望于人，吾未见其尊己也。

虽然，为是者有本有原，怠与忌之谓也。怠者不能修，而忌者畏人修。吾尝试之矣，尝试语于众曰："某良士，某良士。"其应者，必其人之与⑧；不然，则其所疏远、不与同其利者也；不然，则其畏也。不若是，强者必怒于言，懦者必怒于色矣。又尝语于众曰："某非良士，某非良士。"其不应者，必其人之与也；不然，则其所疏远、不与同其利者也；不然，则其畏也。不若是，强者必说于言⑨，懦者必说于色矣。是故事修而谤兴，德高而毁来。呜呼！士之处此世，而望名誉之光，道德之行，难已！

将有作于上者，得吾说而存之⑩，其国家可几而理欤⑪！

注释

①责：要求。 ②就：接近，引申为追求。 ③艺：技能。 ④是人：这些人，指古代君子。 ⑤病：毛病，缺点。 ⑥详：详尽，全面。 ⑦廉：少。 ⑧与：朋友。 ⑨说：同"悦"。 ⑩存之：牢记它。 ⑪几：庶几，差不多。理：治，唐人避高宗李治讳，称"治"为"理"。

译文

古代君子，要求自己严格而全面，对待他人宽厚而简约。对自己严格而全面，所以不松懈怠惰；对他人宽厚而简约，所以别人乐于做好事。听说古代有个叫舜的人，他的为人，是一位实行仁义的人。于是古代的君子探求舜所以成为舜的原因，要求自己说："他是一个人，我也是一个人。他能够这样，而我竟不能这样！"于是从早到晚思考，改掉那些不如舜的地方，发扬那些和舜相同的地方。听说古代有个叫周公的人，周公的为人，是一位多才多艺的人。于是他探求周公所以成为周公的原因，要求自己说："他是一个人，我也是一个人。他能够这样，而我竟不能这样！"于是从早到晚思考，改掉那些不如周公的地方，发扬那些和周公相同的地方。舜是一位大圣人，后代没有人比得上；周公是一位大圣人，后代没有人比得上。那古代的君子却说："不如舜，不如周公，是我的欠缺。"那不是要求自己严格而全面吗？对于别人，他说："那个人呀，能够有这些优点，就足够算作好人了；能擅长做这些事情，就足够算作有才能的人了。"取他的一点长处，不再苛求其他方面；只看他的现在，不追究他的过去。惶惶不安地唯恐那个人得不到做好事的利益。一种优点是容易养成的，一种技艺是容易学会的，但对于别人，他竟说："能够有这种优点，也就足够了。"这不是对待别人宽厚而简约吗？

现在的君子就不是这样了，他要求别人很全面，对待自己却要求很低。要求全面，所以别人难于做成好事；要求自己很低，所以自己的进步很小。自己没有行善，却说："我做好了那个，也就足够了。"自己没有优点，却说："我有这种优点，也就足够了。"对外欺骗了别人，在内心欺骗了自己，没有一点收获就停止不前了。这不是对自己的要求太低了吗？对于别人，他们却说："他虽然能做这种事情，但这个人的人品不值得称赞；他虽然擅长这种事情，但这种事情的价值用途不值得称道。"举出别人的一个缺点，不考虑别人其他的优点；追究别人以往的缺点，不考虑别人的现在。惶惶不安地唯恐别人享有盛誉。这不是要求别人太全面了吗？这就叫做不以一般人的标准来要求自己，却以圣人的标准来要求别人，我看不出他们是尊重自己呢。

然而，这样做的人是有根源的，根源就是懒惰和妒忌。懒惰的人自己不求上进，妒忌的人害怕别人上进。我曾经试验过，曾试着对大家说："某某是好人，某某是好人。"那些附和的人，必定是那个人的朋友；不然就是跟他很疏远、跟他没有利害关系的人；再不然，就是害怕他的人。如果不属上述情况，强硬的人必定要在言语中表示愤怒，懦弱的人也必定要怒形于色了。我又曾经对大家说：“某某不是好人，某某不是好人。”那些不附和的人，必定是那个人的朋友；不然，就是和他很疏远、跟他没有利害关系的人；再不然，就是害怕他的人。如果不属上述情况，强硬的人必定要在言语中表示高兴，懦弱的人必定也要喜形于色。所以事业成功了，毁谤就随之而起，道德高尚了，诋毁就随之而来。唉！士人处在这种世道，而希望名誉光大，道德推行，难啊！

居上位而准备有所作为的人，听到我的这番议论而牢记于心，那么，国家大概就可以治理好了吧！

赏析

中唐时期，社会矛盾日趋尖锐，社会风气日渐衰败。士大夫之间党同伐异，互相毁谤，形成了一种很坏的风气。

韩愈性情耿介，政治上又屡遭贬斥，对士大夫中"责人也详""待己也廉"的毁谤恶习深有体会，极为痛恨。于是，写下这篇文章，揭露士大夫中存在的恶习，宣泄了心中的愤慨和不平。

本文主旨，在于推论士大夫阶层中存在的热衷毁谤他人的缘由，并提出救治的主张。文章分为三部分。

首先，一正一反进行对比论述。以"古之君子"严于责己、宽以待人的良好表现，批评"今之君子"宽以待己、严以责人的恶习颓风，表达出鲜明的爱憎之情。

其次，具体分析这种坏风气产生的根源和危害。明确指出懈怠和忌妒是毁谤产生的思想根源。越是事业成功的人，越是道德高尚的人，就越容易招致毁谤。在这样的败坏世风下，一个正直高尚而有才能的人，是很难有所作为的。

最后，寄希望于执政者扭转颓风，安定治理天下。

全文层次分明，步步深入，逻辑性强。段与段的过渡，紧凑自然。大量使用对比、排比的手法，富于气势和变化。文章所提出的严于责己、宽以待人的观点，给人以有益的启示。

获麟解

韩愈

麟之为灵昭昭也①,咏于《诗》②,书于《春秋》③,杂出于传记、百家之书。虽妇人小子,皆知其为祥也。

然麟之为物,不畜于家,不恒有于天下,其为形也不类,非若马、牛、犬、豕、豺狼、麋鹿然。然则虽有麟,不可知其为麟也。角者吾知其为牛,鬣者吾知其为马④,犬、豕、豺狼、麋鹿,吾知其为犬、豕、豺狼、麋鹿。惟麟也不可知。不可知,则其谓之不祥也亦宜。

虽然,麟之出,必有圣人在乎位,麟为圣人出也。圣人者,必知麟。麟之果不为不祥也。

又曰:麟之所以为麟者,以德不以形。若麟之出不待圣人,则谓之不祥也亦宜。

注释

①麟:麒麟,古代传说中的一种动物,牛尾、马蹄、一角,形状像鹿,全身有鳞甲,有尾。 ②咏于《诗》:《诗经·周南》有《麟之趾》篇。 ③书于《春秋》:《春秋》鲁哀公十四年有"西狩获麟"的记载。 ④鬣(liè):马、狮子等兽类颈上的长毛。

译文

麒麟是一种神灵的动物,这是非常明白的。《诗经》有吟咏,《春秋》有记载,还散见于历史传记和诸子百家的书中。即使妇女和儿童,都知道麒麟是一种祥瑞的动物。

但是麒麟这种动物,不饲养在家中,天下也不常有,它的形状什么也不像,不像马、牛、狗、猪、豺狼、麋鹿。那么即使有麒麟，也不知道它是麒麟。有角的，我知道它是牛；有鬣毛的，我知道它是马；狗、猪、豺狼、麋鹿，我知道它们是狗、猪、豺狼、麋鹿。只有麒麟是不可知的。既然不可知，那么说它不祥也是可以的。

虽然如此，麒麟出现，一定有圣人在君位，麒麟是为圣人而出现的。圣明的人，一定知道麒麟。麒麟毕竟不是不祥的动物啊。

又说：麒麟之所以成为麒麟这样祥瑞的动物，在于它的德行而不是在于它的形状。所以麒麟假使不等到圣人即位就出现，那么，说它是不祥也是可以的。

赏析

解，是一种辨析文体。本文是对麒麟的出现是祥还是灾的问题所作的辨析。

文章认为，麒麟为物，本无所谓灾祥。它被看作是仁兽还是不祥之物，主要决定于圣人是否在位。文分四层进行：首论麟为祥瑞之物；次论麟之为物，少而奇特，人多不识，说它是不祥之物，也无可厚非；再论麟的出现取决于圣人在位；终论麟之所以为祥瑞，在德不在形，若圣人不在位，说麟为不祥之物，也很合适。全文层层辨析，反复腾挪，正说反说，一派神行，从而抒发了作者生不逢时、怀才不遇的悲慨。

文章巧设譬喻，富于变化，借麒麟的遭遇，表达自己的情怀，寓意委曲深致，耐人寻味。同时，文章语言简洁洗练，有叙有议，有感有论，虽短小，却精悍有力。

杂说一

韩愈

龙嘘气成云，云固弗灵于龙也。然龙乘是气，茫洋穷乎玄

415

间①,薄日月②,伏光景③,感震电,神变化,水下土④,汩陵谷⑤,云亦灵怪矣哉!云,龙之所能使为灵也。若龙之灵,则非云之所能使为灵也。

然龙弗得云,无以神其灵矣。失其所凭依,信不可欤。异哉!其所凭依,乃其所自为也。《易》曰:"云从龙。"既曰龙,云从之矣。

注释

①茫洋:云雾腾腾、浩渺无际的样子。穷:尽。玄间:天空。 ②薄:迫近。 ③伏:掩蔽。景:同"影"。 ④水:降雨。下土:大地。 ⑤汩(gǔ):水奔流的样子。

译文

龙吐出气来成为云,云当然不会比龙更灵异。然而龙乘着这云气,腾云驾雾地穷极天宇,逼近太阳月亮,遮蔽日月光辉,撼动雷电,变化风雨,降雨滋润大地,让山谷流水奔腾,云也是很灵异的啊!云是龙使它变得灵异的。至于龙的灵异,就不是云能够使它变得灵异的了。

但是龙没有得到云,就无法让它的灵异变化入神。失掉它所依靠的东西,确实还不行哩。奇怪啊!它所依靠的东西,竟是它自己所产生出来的。《易经》说:"云跟从龙。"既然叫做龙,云就会跟从它了。

赏析

《杂说》是韩愈写的一组托物寓意的短篇杂文,共四篇。本文是第一篇。

文章以龙和云的相互关系作比喻,说明臣僚要得到君主的任用才能表现出才能,而君主则需要臣僚的拥戴和辅佐,才能体现他的圣明。

文章紧扣"龙""云"二字,夹叙夹议,反复辩说,寓意深远,耐人咀嚼。语言简洁,句式长短变化,汪洋恣肆,挥洒如意。描写龙、云形态,形象生动,神奇灵异,颇具文学艺术意味。

也有人认为，本文以"龙"喻人才，以"云"喻际遇，借以表达了韩愈怀才不遇的感慨。可供参考。

杂说四

韩愈

世有伯乐①，然后有千里马。千里马常有，而伯乐不常有。故虽有名马，只辱于奴隶人之手②，骈死于槽枥之间③，不以千里称也。

马之千里者，一食或尽粟一石，食马者不知其能千里而食也④。是马也，虽有千里之能，食不饱，力不足，才美不外见，且欲与常马等不可得，安求其能千里也？

策之不以其道⑤，食之不能尽其材⑥，鸣之而不能通其意⑦，执策而临之⑧，曰："天下无马！"呜呼！其真无马邪？其真不知马也！

注释

①伯乐（lè）：本指传说中的天上掌马星。古代善于相马的人，人们称之为伯乐，如春秋穆公时有善于相马的孙阳伯乐（姓孙，名阳）。 ②奴隶人：地位低下的仆役、马夫。 ③骈（pián）：并列。槽枥：养马的地方。槽，马槽，盛饲料的器具。枥，马棚。 ④食（sì）：同"饲"。 ⑤策：本指马鞭，这里指鞭打驱赶。 ⑥材：这里指千里马的食量。 ⑦鸣：吆喝。 ⑧临：面对。

译文

世上有了伯乐，然后才能发现千里马。千里马常常有，但是伯乐不常有。所以即使有名马，也只是辱没在马夫手里，和普通的马同死在槽边、马棚，不会以千里马著称。

能日行千里的马，一顿有时要吃完小米一石，饲马的人不知道它能日行千里，不按千里马的食量喂养它，这样的马啊，虽然有日行千里的才能，但是没有吃饱，力气不足，才能和优点显露不出来，甚至想和普通的马一样也办不到，又怎么能够要求它日行千里呢？

驾驭它不按驱使千里马的方法，饲养它不能满足它的食量，吆喝它不能理解它的意思，拿着马鞭对着它说："天下没有好马！"唉！难道真的没有好马吗？是真的不能识别好马啊！

赏析

本文是一篇寓言性质的论说文，亦称《马说》或《说马》。

文章分为三段。第一段，写千里马被埋没的原因，是没有识马的人。第二段，具体记叙千里马悲惨的境遇。第三段，抒发作者的感慨，照应"千里马常有，而伯乐不常有"的论旨。

文章以马为喻，把有才能的人比作千里马，把统治者（尤其是最高统治者）比作伯乐。通过千里马的悲惨遭遇，控诉和鞭挞了统治阶级不能识别人才，使许多有志之士怀才不遇、有志难伸的社会弊端，表达了韩愈的不平和愤慨。

本文的主题，显然包含了作者中年时期坎坷遭遇的切身经历和体会，是切肤之言；但是文章的思想意义又绝不仅仅是韩愈一己的牢骚和不平。在封建社会里，压抑人才、埋没志士的现象，历代都有，比比皆是。因此，本文就具有了为封建时代所有怀才不遇的志士仁人表达愤懑和不平的客观意义，是对整个封建社会"伯乐不常有"的社会弊端的揭露和批判，是对整个封建统治阶级昏庸无知的嘲讽和鞭挞。

文章托物喻理，比喻贴切而又含蓄委婉，说理透彻而又生动形象，讽刺辛辣而又不露锋芒，有较强的战斗性。同时，感情充沛，短小精悍，形象鲜明，语言简练，给人以艺术的享受。

卷之八 唐文

师说

韩愈

古之学者必有师。师者,所以传道、受业、解惑也。人非生而知之者,孰能无惑?惑而不从师,其为惑也,终不解矣。生乎吾前,其闻道也,固先乎吾,吾从而师之。生乎吾后,其闻道也,亦先乎吾,吾从而师之。吾师道也,夫庸知其年之先后生于吾乎①?是故无贵无贱,无长无少,道之所存,师之所存也。

嗟乎!师道之不传也久矣②,欲人之无惑也难矣。古之圣人,其出人也远矣,犹且从师而问焉;今之众人,其下圣人也亦远矣,而耻学于师。是故圣益圣,愚益愚。圣人之所以为圣,愚人之所以为愚,其皆出于此乎?爱其子,择师而教之,于其身也,则耻师焉,惑矣!彼童子之师,授之书而习其句读者也③,非吾所谓传其道、解其惑者也。句读之不知,惑之不解,或师焉,或不焉④,小学而大遗⑤,吾未见其明也。巫医、乐师、百工之人⑥,不耻相师;士大夫之族,曰师曰弟子云者,则群聚而笑之。问之,则曰:"彼与彼年相若也,道相似也,位卑则足羞,官盛则近谀。"呜呼!师道之不复,可知矣!巫医、乐师、百工之人,君子不齿⑦,今其智乃反不能及,其可怪也欤!

圣人无常师,孔子师郯子、苌弘、师襄、老聃⑧。郯子之徒,其贤不及孔子。孔子曰:"三人行,则必有我师⑨。"是故弟子不必不如师,师不必贤于弟子。闻道有先后,术业有专攻,如是而已。

李氏子蟠⑩,年十七,好古文,六艺经传皆通习之⑪,不拘于时,学于余。余嘉其能行古道,作《师说》以贻之⑫。

注释

①庸：哪里，难道。 ②师道：从师学习的道理。 ③句读（dòu）：古人将一句话中语意尽处叫作"句"，句中停顿处叫作"读"。 ④不：同"否"。 ⑤小：指句读。大：指解除疑惑。 ⑥巫医：巫，古代从事降神召鬼、替人祈祷等迷信活动的人，也替人看病，所以巫医并称。 ⑦不齿：不屑提起。 ⑧郯（tán）子：春秋时郯国（在今山东郯城）的国君，孔子曾向他请教古代的官制。苌（cháng）弘：周敬王时候的大夫，孔子曾向他请教音乐方面的问题。师襄：春秋时鲁国的乐官，孔子曾向他学习弹琴。老聃（dān）：即老子，姓李，名耳，孔子曾向他请教周礼。 ⑨语出《论语·述而》。 ⑩李氏之蟠（pán）：李蟠，韩愈的学生，唐德宗贞元十九年（803）考中进士。 ⑪六艺：六经，指《易》《礼》《乐》《诗》《书》《春秋》。经：六经的正文。传：解释经的著作。 ⑫贻：赠送。

译文

古代求学的人一定有老师。老师，就是传授道理、讲授学业、解答困惑的人。人不是一生下来就什么都懂得的，谁能够没有困惑呢？有困惑而不从师学习，困惑就始终不能解除。出生在我前面的，他懂得道理自然比我早，我跟从他学习；出生在我后面的，他懂得道理如果比我早，我也跟从他学习。我是学习道理，哪里管他出生在我之前还是我之后呢？因此，无论高贵还是低贱，无论年长还是年少，道理在哪里，老师就在哪里。

唉！从师求学的风尚，未能流传已经很久了，想要人们没有困惑就难了。古代的圣人，他们超出一般人很远了，尚且要向老师请教；现在的普通人，他们低于圣人也很远了，却耻于向老师学习。因此，圣人更加圣明，愚人更加愚昧。圣人之所以成为圣人，愚人之所以成为愚人，大概都是由于这个缘故吧？人们爱自己的孩子，就选择老师来教他，而对于自己，却把向老师学习看作耻辱，真是太糊涂了！那孩子的老师，只是教孩子读书断句的人，还不是我所说的那种传授道理、解除困惑的人。不懂得断句，还向老师学习，心里有疑惑不能解开，却不向老师学习，小事学习而大事遗弃，我看不出这种人的明智。巫医、乐师和各种工匠，不把互相学习看作耻辱；士大夫这类人，说到"老师""弟子"这些话的时候，就许多人凑在一起嘲笑。问他们为什么嘲笑，就说："某人和某人年纪接近，学问也差不多，称地位低的人为老师实在羞人，称官职高的人为老师则近于谄谀。"唉！从师求学的风尚不能得到恢复，由此可知了！巫医、乐师和各种工匠，是君子所不屑提起的，而如今君子的见识反而不如他们，这可真是怪事啊！

圣人没有固定的老师。孔子曾经向郯子、苌弘、师襄、老聃请教。郯子这些人，他们的贤能比不上孔子。孔子说："多人一起走，其中一定有可以做我的老师的人。"因此，弟子不一定不如老师，老师不一定比弟子高明。懂得道理有先有后，学术、技能各有专门研究，如此罢了。

李家有个孩子名叫蟠的，十七岁，爱好古文，六部经书的经文和传文都广泛地学习，不受时俗风气的束缚，向我求学。我赞许他能实行古人的从师求学之道，所以写了这篇《师说》赠给他。

赏析

这是韩愈送给他的学生李蟠的一篇文章，是韩愈针对当时耻于从师的不良社会风气和儒学道理无从讲明的教育状况，有为而作的一篇议论文章。

文章内容分为四段。

第一段是立论，首先阐明了从师的必要性、老师的作用、从师的意义和标准。

第二段是论证，以古之圣人与今之众人、童子与成人、巫医百工之人与士大夫阶层三种对比，回应立论，批判了耻于从师的现实风气，并引入尊师重道的正面结论。

第三段是结论，阐明求师的方法是学无常师，以孔子事迹为证例，引出"弟子不必不如师，师不必贤于弟子""闻道有先后，术业有专攻"等命题。

第四段是尾声，叙述全文写作缘由。

全篇文章，阐明了师的作用、从师的必要性、择师的标准和方法，批判了耻于从师、废弃尊师重道传统、看不起百工技人的不良社会风气，并且提出了一系列精辟的带有民主精华的教育思想。这不仅在当时具有扭转世风的积极意义，时至今日仍然有着借鉴价值。因此，本文实际上是中唐儒学运动的重要文献之一，也是中国古代教育史上的重要文献之一。

全文感情充沛，气势雄壮，或正面立论，或反面驳论，或采用对比，或虚实相生，总之是有破有立，有论有据，推理严密，层层深入，有很强的感染力和说服力。

进学解

韩愈

国子先生晨入太学[1]，招诸生立馆下，诲之曰："业精于勤，荒于嬉；行成于思，毁于随。方今圣贤相逢，治具毕张[2]，拔去凶邪，登崇俊良[3]。占小善者率以录[4]，名一艺者无不庸[5]。爬罗剔抉[6]，刮垢磨光[7]。盖有幸而获选，孰云多而不扬。诸生业患不能精，无患有司之不明；行患不能成，无患有司之不公。"

言未既，有笑于列者曰："先生欺余哉！弟子事先生，于兹有年矣。先生口不绝吟于六艺之文[8]，手不停披于百家之编[9]；纪事者必提其要，纂言者必钩其玄；贪多务得，细大不捐；焚膏油以继晷[10]，恒兀兀以穷年[11]。先生之业，可谓勤矣。觝排异端，攘斥佛老，补苴罅漏[12]，张皇幽眇[13]；寻坠绪之茫茫[14]，独旁搜而远绍[15]；障百川而东之，回狂澜于既倒。先生之于儒，可谓劳矣。沈浸醲郁[16]，含英咀华，作为文章，其书满家。上规姚姒[17]，浑浑无涯；周《诰》殷《盘》[18]，佶屈聱牙[19]；《春秋》谨严，《左氏》浮夸；《易》奇而法，《诗》正而葩。下逮《庄》《骚》，太史所录[20]，子云相如[21]，同工异曲。先生之于文，可谓闳其中而肆其外矣[22]。少始知学，勇于敢为；长通于方，左右具宜。先生之于为人，可谓成矣。然而公不见信于人，私不见助于友。跋前疐后㉓，动辄得咎。暂为御史，遂窜南夷㉔。三年博士，冗不见治㉕。命与仇谋，取败几时。冬暖而儿号寒，年丰而妻啼饥。头童齿豁㉖，竟死何裨？不知虑此，而反教人为？"

先生曰："吁！子来前！夫大木为杗㉗，细木为桷㉘，欂栌侏儒㉙，椳阓扂楔㉚，各得其宜，施以成室者，匠氏之工也。玉札丹砂㉛，赤箭青芝㉜，牛溲马勃㉝，败鼓之皮㉞，俱收并蓄，待用无遗者，医师之良也。登明选公，杂进巧拙，纡余为妍㉟，卓荦为杰㊱，校短量长，惟器是适者，宰相之方也。昔者孟轲好辩，孔道以明，辙环天下㊲，卒老于行；荀卿守正，大论是宏，逃谗于楚㊳，废死兰陵。是二儒者，吐辞为经，举足为法，绝类离伦，优入圣域，其遇于世何如也？今先生学虽勤而不由其统㊴，言虽多而不要其中，文虽奇而不济于用，行虽修而不显于众。犹且月费俸钱，岁縻廪粟；子不知耕，妇不知织；乘马从徒，安坐而食；踵常途之役役㊵，窥陈编以盗窃㊶。然而圣主不加诛，宰臣不见斥，非其幸欤？动而得谤，名亦随之，投闲置散，乃分之宜。若夫商财贿之有亡㊷，计班资之崇庳㊸，忘己量之所称㊹，指前人之瑕疵，是所谓诘匠氏之不以杙为楹㊺，而訾医师以昌阳引年㊻，欲进其豨苓也㊼。"

注释

①国子：即国子学，隶属国子监，是唐朝主管国家教育政令的机构，也是设在国都的最高学府，韩愈当时担任国子博士。"国子先生"是韩愈自称。太学：此指国子监。 ②治具：法令。 ③俊良：德才兼备的人。 ④率：都。 ⑤庸：同"用"，录用。 ⑥爬罗剔抉：搜罗选拔人才。爬，梳爬；罗，搜罗；剔，区别；抉，选择。 ⑦刮垢磨光：指造就人才。 ⑧六艺：即六经，指《诗》《书》《礼》《乐》《易》《春秋》。 ⑨披：翻阅。 ⑩晷(guǐ)：日影。 ⑪兀兀(wùwù)：劳苦。 ⑫补苴(jū)罅(xià)漏：补充儒家学说的缺漏。苴，本为鞋里的衬垫，引申为填塞。罅，裂缝，漏洞。 ⑬张皇：发扬。张，大。幽眇：幽深细微。 ⑭坠绪：将衰竭而仅存余绪。这里指衰落的儒学。 ⑮旁搜：从各方面探求。远绍：继承远古的道统。绍，继续。 ⑯酞郁：即"浓郁"。 ⑰规：取法。姚：虞舜的姓。姒(sì)：夏

禹的姓。 ⑱周《诰》：指《尚书》中的《大诰》《康诰》《酒诰》《召诰》《洛诰》诸篇。这里代表《周书》。 ⑲佶（jí）屈聱（áo）牙：形容文字艰涩，简古难读，这里指周、商之书。佶屈，曲折转弯。聱牙，读时拗口。 ⑳太史：史官，指西汉司马迁，他曾任太史令。太史所录，指司马迁的《史记》。 ㉑子云：西汉辞赋家扬雄。相如：西汉辞赋家司马相如。这里借指他们的著作。 ㉒闳：大。中：指文章的内容。肆：恣肆，奔放。外：指文章的形式。 ㉓跋（bá）前疐（zhì）后：形容进退两难。跋，踏。疐，遇到障碍而跌倒。 ㉔遂窜南夷：韩愈于唐德宗贞元十九年（803）任监察御史，因上疏请宽民徭，被贬为连州阳山（今广东阳山）令。窜，放逐，贬谪。南夷，南方边远地区。 ㉕冗（rǒng）不见（xiàn）治：职位闲散，不足以显露治理之才。冗，冗员，闲散职位，指国子博士没有多少公事可办。见，同"现"。治，功效，指政治上的成绩。 ㉖头童齿豁（huò）：指韩愈因生活的折磨，以至未老先衰。童，山无草木叫童。头童，即秃顶。豁，落。齿豁，即齿落。 ㉗宎（máng）：房梁。 ㉘桷（jué）：屋椽。 ㉙欂栌（bólú）：斗拱，即柱顶上承托栋梁的方木。侏儒：梁上短柱。 ㉚椳（wēi）：门臼。闑（niè）：门中央所立短木。扂（diàn）：门栓。楔：竖在门左右的木柱。 ㉛玉札：地榆。丹砂：朱砂。 ㉜赤箭：天麻。青芝：龙芝。与上文"玉札、丹砂"都是贵重的中药材。 ㉝牛溲（sōu）：即车前草。马勃：菌类，又名马屁菌，可作止血药。 ㉞败鼓之皮：破鼓的废皮，可入药。与上文"牛溲马勃"都是廉价药材。 ㉟纡（yū）余：委屈周备的样子。 ㊱卓荦（luò）：卓越、超绝的样子。 ㊲辙环天下：周游列国的意思。 ㊳逃谗于楚：因为遭到忌恨，荀子逃到楚国避祸。 ㊴繇：同"由"。 ㊵役役：拘谨的样子。 ㊶窥：看。陈编：陈旧的书籍，指古人的作品。盗窃：照搬，抄袭。 ㊷商：商量，计较。财贿：财货，利禄。亡：同"无"。 ㊸计：计较。班资：班列资格。指官职品级。崇：高。庳：同"卑"，低下。 ㊹量：器量，能力。 ㊺杙（yì）：小木桩。楹（yíng）：柱头。 ㊻訾（zǐ）：诋毁，指责。昌阳：中药名，即菖蒲。传说久服可以延年。引年：延长寿命。 ㊼进：进用，推荐。豨（xī）苓：中药名，又名猪苓，是一种泻药。

译文

国子先生清晨来到太学，召集学生站在学舍下面，教导他们说："学业由于勤勉而精进，由于贪玩而荒废；德行因为自我反省而完善，因为苟且随便而败坏。如今，正逢圣主贤臣相聚，法令都建立起来了。铲除了凶险邪恶的坏人，选拔推崇德才兼备的人。有一点优点的人全部都已经录用,有一技之长的人无不使用。细心搜罗人才,精心加以培养。可能会有无才而侥幸得到选拔的,但谁说还有学问广博而没有被举用的呢?读书人只怕学业不能精深,不用担心主管官员不明察;只怕品行不能完善,不必担心主管官员不公正。"

　　话还没说完,有个学生就在队列里笑着说:"先生在欺骗我们吧!弟子跟您学习,到如今已有好几年了。先生口中不断吟诵六经之文;手中不停地翻阅诸子百家的书。记载史实的书您一定要提出它的要点;对于立论的著作您一定要探索它精妙的深意。对学问永不满足,努力做到必有收获,问题无论大小都不放过。点起灯烛,夜以继日,一年到头总是勤奋不懈地苦读。先生对于学业可以说是很勤勉了。您抨击不合正道的异端邪说,反对佛、道,补充儒学的缺漏,阐发它隐微深奥的道理。寻求茫无头绪失传了的儒学,独自广泛地搜求,以便继承古代的道统。堵住泛滥的大小河流,引导他们向着东流,挽转已经横流的狂波巨浪,使它流入正道。先生对于儒学,可说是有功劳了。沉浸在内容深刻的著作里,仔细体会咀嚼着文章的精华。写作文章,书籍满屋。向上取法《尚书》《虞书》《夏书》,内容广博深远,《周书》和《商书》文字艰涩难读,《春秋》措辞谨严,《左传》文采繁富,《易经》辩理奇妙而有法则,《诗经》内容雅正而辞藻华丽。向下学习《庄子》《离骚》,司马迁记述的《史记》,扬雄和司马相如的辞赋,这些著作异曲而同工。先生对于写文章,可说是内容博大,文辞奔放。少年时刚刚懂得学习,就勇于实践;长大以后通晓礼仪,无论什么事都处理得合适。先生对于为人处世,可说是成熟完美了。但是在朝廷方面,您不被信任;从私交方面,不能得到朋友的帮助。进退两难,动不动就获罪惹祸。刚刚做上监察御史,接着就被贬谪到南方边远地区。做了三年国子博士,职位闲散表现不出政治才能。命运仿佛跟仇人相勾结,使您总是失败。冬天,在还算温暖的日子里,您的女儿也哭哭啼啼地叫冷;年成丰收,您的妻子也因为吃不饱而流泪。您头顶秃了,牙齿落了,像这样一直到死,又有什么用?您自己不知道想想这些,反倒教训别人做什么呢？"

先生说："唉！你到前边来！大木料做屋梁，小木料做椽子。斗拱、梁上短柱、门枢、门中短木、门闩、门两旁长木，分别得到合理使用，用来构成房屋的是木匠高超的技巧。地榆、朱砂、天麻、龙芝、车前、马屁菌、坏了的鼓皮，都收藏起来，等待采用，没有遗漏，这是医师的高明。提拔人才，了解清楚；选拔人才，态度公正。好的和差的一起量才录用。稳重谨慎，被认为美好；豪放旷达，被认为豪杰。比较衡量才能的高低，做到人尽其才，这是宰相用人有方。从前孟轲喜欢辩论，孔子的学说才得以阐明。他的轮迹遍于天下，结果在奔走劳碌中过完一生。荀卿坚持正道，把儒学发扬光大了。为了逃避别人的毁谤跑到楚国，做了兰陵令，最后还是被免官，老死在那里。两位儒学大师言论成为经典，行动成为准则，他们超凡出众，达到圣人的境界。但是在社会上的境遇又怎么样呢？现在我学习虽然勤勉，可是还没能遵从儒家学说的系统；言论虽然很多，可是还没能把握住儒家学说的至理；文章虽然特出，可是还没能有补于世；德行虽然端正，可是还没能在众人中显露。尚且月月耗费俸钱，年年浪费国库的粮食。儿子不懂得种地，妻子不会织布。出门时骑着马，还有随从跟着，安然地坐着吃现成。拘谨地照常规办事，翻开旧书抄抄摘摘而没有创见。虽然这样，圣明的君主却不责罚我，也没有被宰相罢免斥退，这不是我的幸运吗？动辄受到毁谤，名誉也跟着受到损害，被安置在闲散的位置，那是应得的处置。至于计较俸禄的有无，考虑官位的高低，忘记了自己的才能和地位相称，反而指责上级的过失，这是所谓责问木匠为什么不用小木桩做柱子，指责医生不用昌阳使人延年益寿，却想拿自己的泻药豨苓去向人推荐一样。"

赏析

韩愈一生以儒家道统的继承者自居，但才高不被重用，识卓屡遭贬斥，内心非常郁闷，因此作《进学解》以自喻。

进学，即增进学业、品德的修养。解，辨析之意。进学解，就是谈谈学业和品行上的进步。全文内容分三部分。

第一部分是国子监先生对太学生们的召集和训诲。共包括三层意思：一是认为学问和品行的精疏成败，关键在于是"勤"还是"嬉"，是"思"还是"随"；二是指出"业精""行成"就能获选、当官；三是勉励诸生勤奋修炼，不要怨天尤人。

第二部分是太学生对先生观点的反驳。学生评述先生"业精""行成"，在治学、道统、文章、为人四个方面的具体表现，指出先生教诲与自身实际不符，暴露了朝廷不公不明、贤才难用的社会弊端。这部分内容，是文章的重心所在。

第三部分是国子监先生解嘲式的答辩。先生首先用木料短长、药物贵贱作比喻，说明物用各异的道理；再以古人孟轲、荀况作比较，申述自己当前的处境已属万幸。正话反说，自我解嘲，字里行间流溢出一股愤郁不平之气。

整篇文章，模仿西汉东方朔的《答客难》和扬雄的《解嘲》，以设问设答方式，假借国子监先生与太学生的对话，指责了当时执政者的不识贤愚，宣泄了怀才不遇的牢骚。文中提出的"业精于勤，荒于嬉；行成于思，毁于随"的进学见解，强调了主观努力的重要性，是对前人和作者关于治学、为人的经验总结，值得重视。

本文体裁虽属赋体，但以散文句式为主，同时运用排比、对偶句，韵散相间，流畅自如。另外，文章又把古代书面语言与当时的口语相结合，提炼加工，创造出大量活泼生动、富于表现力的语汇，如"同工异曲""动辄得咎""贪多务得""细大不捐"等，至今仍被人们所沿用。

圬者王承福传

韩愈

圬之为技①，贱且劳者也。有业之，其色若自得者。听其言，约而尽②。问之,王其姓,承福其名。世为京兆长安农夫③。天宝之乱④,发人为兵,持弓矢十三年,有官勋,弃之来归。丧其土田,手镘衣食⑤,余三十年。舍于市之主人,而归其屋食之当焉。视时屋食之贵贱,而上下其圬之佣以偿之,有余,则以与道路之废疾饿者焉。

又曰:"粟,稼而生者也;若布与帛,必蚕绩而后成者也;其他所以养生之具,皆待人力而后完也,吾皆赖之。然人不可遍为,宜乎各致其能以相生也。故君者,理我所以生者也;而百官者,承君之化者也⑥。任有大小,惟其所能?若器皿焉。食焉而怠其事,必有天殃,故吾不敢一日舍镘以嬉。夫镘易能,可力焉,又诚有功,取其直⑦,虽劳无愧,吾心安焉。夫力易强而有功也,心难强而有智也。用力者使于人,用心者使人,亦其宜也。吾特择其易为而无愧者取焉。嘻!吾操镘以入富贵之家有年矣。有一至者焉,又往过之,则为墟矣;有再至、三至者焉,而往过之,则为墟矣。问之其邻,或曰:'噫!刑戮也。'或曰:'身既死而其子孙不能有也。'或曰:'死而归之官也。'吾以是观之,非所谓食焉怠其事而得天殃者邪?非强心以智而不足、不择其才之称否而冒之者邪?非多行可愧、知其不可而强为之者邪?将富贵难守、薄功而厚飨之者邪⑧?抑丰悴有时⑨、一去一来而不可常者邪?吾之心悯焉⑩,是故择其力之可能者行焉。乐富贵而悲贫贱,我岂异于人哉?"又曰:"功大者,其所以自奉也博⑪,妻与子,皆养于我者也。吾能薄而功小,不有之可也。又吾所谓劳力者,若立吾家而力不足,则心又劳也。一身而二任焉,虽圣者不可为也。"

愈始闻而惑之,又从而思之,盖贤者也,盖所谓独善其身者也。然吾有讥焉⑫,谓其自为也过多,其为人也过少,其学杨朱之道者邪⑬?杨之道,不肯拔我一毛而利天下,而夫人以有家为劳心⑭,不肯一动其心以畜其妻子,其肯劳其心以为人乎哉?虽然,其贤于世之患不得之而患失之者,以济其生之欲、贪邪而亡道以丧其身者⑮,其亦远矣。又其言有可以警余者,故余为之传,而自鉴焉。

卷之八 唐文

注释

①圬（wū）：粉刷墙壁。 ②约：简要。 ③京兆：汉以来，将京城所在州称为京兆。 ④天宝之乱：指天宝十四年（755）冬十一月，镇守河北地区的范阳、平卢、河东节度使安禄山及其部将史思明发动的叛乱。天宝，唐玄宗李隆基的年号。 ⑤镘（màn）：泥水工涂墙用的工具。衣食：指谋取生活。 ⑥化：教化。 ⑦直：同"值"。 ⑧飨（xiǎng）：享受。 ⑨丰悴（cuì）：盛衰。 ⑩悯：哀怜。 ⑪博：多。 ⑫讥：批评。 ⑬杨朱之道：杨朱的思想。杨朱，战国时期的思想家，卫国人，创"为我"学说。 ⑭夫人：那个人，指王承福。 ⑮亡：无。

译文

泥水匠这种手艺，是卑贱而劳苦的。有一个从事这种行当的人，他的表情好像是自得其乐的样子。听他说话，简要而透彻。问他姓名，知道他姓王名承福。他家世代是京兆长安地方的农夫。天宝之乱的时候，征发老百姓当兵，他就拿弓箭当了十三年兵，立下可以当官的功勋，他却弃官回家。他家的土地田亩已经丧失，于是就拿起泥刀来谋生计，至今已有三十多年了。他租住街市上房东的房屋，而以相当的价值偿付房租、饭钱。根据当时房租和饭钱的贵贱，而增减替人做泥工的工钱，以此偿付房东。若有剩余，就送给路上那些残废、有病、饥饿的人。

王承福又说："粟米，是要种了田才生长出来的；至于布匹和绸缎，一定要养蚕纺织才能做成；其他用来维持生活的器具，都要依靠人力才能完成，这些东西我都要赖以为生。但是，一个人不可能样样都做，应该各自尽自己的能力来互相养活。所以国君是治理我们怎样生活的；各种官吏是秉承君主教化的。责任有大小，只是各尽所能，就像器皿盛物一样。靠一种行当吃饭而懒惰不负责任，一定有天降的祸殃，所以我一天也不敢丢掉泥刀去游玩。那泥工是容易做的，只要用力就可以了，又实在可以做出成绩来，取得工钱，虽然劳累，却无愧于心，我的内心也很安然。体力容易强行发挥并做出成绩，脑子就难以用强力使它聪明了。劳力的人被人役使，劳心的人役使别人，这也是应当的。我特意选择那容易做而无愧于心的事来做。唉！我拿泥刀到富贵人家去做工有好多年了。有到过一次的，以后再经过时，就变为废墟了；有到过两次、三次的，后来经过时，就变为废墟了。问他们的邻居，有人说：'唉！遭到刑罚诛戮了。'有的说：'主人已经死了，他的子孙不能保守产业。'有的说：'主人死后财产归公了。'我由此看来，他们不就是靠着一种行当吃饭而懒惰不负责任，结果遭到上天降下祸殃的人吗？不就是硬要用强力使脑子聪明而达不到，不选择和他的才能是否相称的工作而冒昧去干的人吗？不就是做了许多亏心事，知道不能做而硬要去做的人吗？也可能是富贵难于保守，功劳微薄而享受丰厚的人吧？抑或是兴盛、衰败各有时机，有去有来而不能常有的人吧？我心中哀怜他们，所以选择我力所能及的事情去做。其实，喜爱富贵，哀叹贫贱，我难道和别人不同吗？"王承福又说："功劳大的人，他用来奉养自己的东西就多，妻子和儿女，都由自己来养活。我的能力微薄而功劳小，没有妻子、儿女也可以。再说，我是所谓下劳力的人，如果我成了家而能力不足，就又要劳心了。一个人要负担劳力、劳心双重任务，即使圣明的人也办不到。"

我开初听王承福的话时感到疑惑，接着又琢磨琢磨他的言行，才知道他是一个贤明的人，是人们所说的独善其身的人。但是，我对他还有批评，认为他替自己打算太多，而替别人打算太少，他大概是学习杨朱哲学的人吧？杨朱的哲学，不肯拔自己一根毫毛而有益于天下。而这个人把有家当做劳心，不肯动一动心思来养活妻子、儿女，难道还肯操劳心思来为别人吗？尽管如此，他比起世上那些患得患失的人，比起那些为了满足自己生活的欲望，贪婪邪恶而无道，以致丧失性命的人，还是要贤明得多。而且，他讲的话有可以警戒我的地方，所以我为他写了这篇传记，用来作为自己的鉴戒。

赏析

这是一篇关于泥瓦工人王承福的传记。

文章记叙了王承福量力而行、依靠自己的技艺和劳动为生的事迹,并称赞其为贤者;讽刺了那些不自量力、怠惰其事、薄功厚享、寡廉鲜耻的贪求名利富贵的人。

全文分为三段。首段,简要记叙王承福的生平、经历。次段,借王承福之口,发表对人生的看法和议论。认为每个人都在社会中扮演一定的角色,不论大小高低,都应适合自己的才能,并且做到辛勤劳作,无愧于心;同时,批判了那些富贵难守、薄功厚享、怠惰其事的人。末段,抒发作者的感想,肯定了王承福是"独善其身"的贤者,批驳了杨朱贵生重己的为我主义,同时对王承福的所作所为提出了批评,揭示了本文鉴世、自鉴的写作目的。

韩愈继承了司马迁《史记》为中下层人物立传的优良传统,为一位泥瓦工人作传,这在封建社会里,实属难能可贵。但是,韩愈的目的,更在于批判杨朱为代表的贵生重己的为我主张,阐明儒家兼济天下的仁爱观点。而且,文章借王承福之口宣扬的"用力者使于人,用心者使人"的看法,则是孟子"劳心者治人,劳力者治于人"的儒家观点的翻版,显然不够正确,应该扬弃。

全文夹叙夹议,叙议结合。借人物语言,表达作者的认识和好恶,并连用问句,使文章富于气势和力量。

讳辩

韩愈

愈与李贺书[1],劝贺举进士。贺举进士有名,与贺争名者毁之,曰:"贺父名晋肃,贺不举进士为是,劝之举者为非。"听者不察也,和而倡之,同然一辞。皇甫湜曰[2]:"若不明白,子与贺且得罪。"愈曰:"然。"

古文观止鉴赏

律曰："二名不偏讳③。"释之者曰："谓若言'徵'不称'在'④，言'在'不称'徵'是也。"律曰："不讳嫌名⑤。"释之者曰："谓若'禹'与'雨'、'邱'与'蓲'之类是也⑥。"今贺父名晋肃，贺举进士，为犯二名律乎？为犯嫌名律乎？父名"晋肃"，子不得举进士，若父名"仁"，子不得为人乎？

夫讳始于何时？作法制以教天下者，非周公、孔子欤⑦？周公作诗不讳⑧，孔子不偏讳二名⑨，《春秋》不讥不讳嫌名⑩。康王钊之孙，实为昭王⑪；曾参之父名晳，曾子不讳"昔"⑫；周之时有骐期⑬，汉之时有杜度⑭，此其子宜如何讳？将讳其嫌，遂讳其姓乎？将不讳其嫌者乎？汉讳武帝名"彻"为"通"⑮，不闻又讳"车辙"之"辙"为某字也；讳吕后名"雉"为"野鸡"⑯，不闻又讳"治天下"之"治"为某字也；今上章及诏，不闻讳"浒""势""秉""机"也⑰。惟宦官、宫妾，乃不敢言"谕"及"机"⑱，以为触犯。士君子立言行事，宜何所法守也？今考之于经，质之于律，稽之以国家之典，贺举进士为可邪？为不可邪？

凡事父母得如曾参，可以无讥矣；作人得如周公、孔子，亦可以止矣。今世之士，不务行曾参、周公、孔子之行，而讳亲之名则务胜于曾参、周公、孔子，亦见其惑也！夫周公、孔子、曾参，卒不可胜，胜周公、孔子、曾参，乃比于宦官、宫妾，则是宦官、宫妾之孝于其亲，贤于周公、孔子、曾参者邪？

注释

①李贺：字长吉，唐代杰出诗人。因其父名晋肃，"晋"与"进"同音，被认为犯讳而不得参加进士考试，李贺报恨成疾，二十七岁而终。 ②皇甫湜（shí）：字持正，韩愈弟子，唐宪宗元和年间考中进士，官至工部郎中。

③二名不偏讳：唐代律书规定，君王或尊长的名字，如果是两个字，只讳一个字即可。 ④徵、在：传说孔子的母亲名徵在。 ⑤嫌名：指名字的同音字。 ⑥蓲：音qiū。 ⑦周公：姓姬，名旦，周文王的儿子，武王的弟弟。武王之子成王继位时还年幼，由周公摄政，周朝的礼乐制度都是周公主持制订的。 ⑧周公作诗不讳：周文王名昌，武王名发，而《诗经·周颂》中有"克昌厥后""骏发尔私"的诗句，二诗均作于周公、成王之时，但不讳"昌""发"二字。 ⑨"孔子"句：孔子的母亲名叫徵在，而《论语》中有

卷之八 唐文

"宋不足徵也""某在诗"的话,可见不偏讳二名。 ⑩"《春秋》"句:《春秋》是孔子删订的一部古代史书,其中卫桓公名完,"桓"与"完"古同音,《春秋》并不以为犯讳而加以批评。 ⑪"康王"二句:康王,周武王之孙,名钊,康王的儿子(原文"孙"字有误)为昭王,"钊""昭"同音,不为犯讳。 ⑫"曾参"二句:曾参,孔子的学生,以孝著称。曾晳,曾参的父亲。"晳"与"昔"同音,但曾参不讳"昔",如《论语·泰伯》中,曾子曰:"……昔者于友。" ⑬骐期:春秋时期楚国人。 ⑭杜度:东汉人。 ⑮"汉讳"句:汉武帝姓刘名彻,所以当时把"彻侯"改为"通侯","蒯彻"改为"蒯通"等。 ⑯吕后:名雉,汉高祖刘邦的皇后,曾临朝称制。雉(zhì):俗称野鸡。 ⑰浒、势、秉、机:分别与虎、世、晒、基同音。唐太祖名虎,唐太宗名世民,唐世祖名晒,唐玄宗名隆基。但在奏章和诏谕中不讳"浒""势""秉""机"等字。 ⑱谕:唐代宗名豫。"谕"与"豫"同音。

译文

我给李贺一封信,劝李贺参加进士考试。李贺参加进士考试就会考中,于是同李贺争名的人就毁谤他,说:"李贺的父亲名叫晋肃,李贺不参加进士考试是对的,劝他参加进士考试是不对的。"听到这话的人不仔细分析,也随声附和,于是众口一词。皇甫湜说:"如果不把事情辩明白,您与李贺都要获罪。"我说:"是的。"

律令上说:"两个字的名字不单独讳其中的一个字。"解释说:"这就好比孔子的母亲名徵在,说'徵'就不说'在'字,说'在'字就不说'徵'字那样。"律令上又说:"不避讳和名字同音的字。"解释说:"譬如'禹'和'雨'、'邱'和'蓲'一类字就是这样。"现在李贺的父亲名叫晋肃,李贺考进士,是违犯了避讳中的"二名律"呢?还是违背了"嫌名律"呢?父亲的名字叫"晋肃",儿子就不能考进士,如果父亲名叫"仁",儿子就不能称做人了吗?

避讳是从什么时候开始的?创立礼法来教化天下人,不是周公、孔子吗?周公作诗不避忌讳,孔子不避讳母亲双名中的一个字,《春秋》不讥刺、不避讳声音相近的字。周康王名钊,他的儿子,就是昭王;曾参的父亲名晳,曾子不忌讳"昔"字;周朝的时候有个人叫骐期,汉朝的时候有个人叫杜度,他们的儿子应

433

该怎样避讳呢？是要避讳声音相近的字，于是连姓也要避讳呢？还是不避讳声音相近的字呢？汉朝讳武帝的名字"彻"为"通"，没有听说又讳"车辙"的"辙"为某字；讳吕后的名字"雉"为"野鸡"，没有听说又讳"治天下"的"治"为某字；现在上奏章和下诏谕，没有听说讳"浒""势""秉""机"一类字。只有宦官和宫中侍妾，才不敢说"谕"字和"机"字，认为会触犯名讳。士君子说话做事，应该遵循什么样的礼法呢？现在考证经典，对照法律，考察国家典章，李贺考进士是可以呢？还是不可以呢？

凡是侍奉父母能够像曾参那样，就可以不受讥谤了；做人能像周公、孔子那样，也算是到了顶点了。现在世上的读书人，不努力效法曾参、周公、孔子的品行，而在避讳父母的名讳方面力求胜过曾参、周公、孔子，可见他们太糊涂了！周公、孔子、曾参，毕竟是不能胜过的，胜过周公、孔子、曾参的方面，却与宦官和宫中侍妾等同，那么，岂不是那些宦官、宫中侍妾孝顺他们的父母，还胜过周公、孔子、曾参吗？

赏析

讳，即忌讳。在封建社会，人们在语言或文字中遇到国君或长辈的名字，不能直接说出写出，这就叫"避讳"；不然，就叫"犯讳"，就要受到法律的惩罚和社会舆论的谴责。

李贺是中唐时期颇有才华的一位诗人，聪敏博学，但因父名晋肃，因避讳"晋"（与进士的"进"同音），不能参加进士考试。韩愈写信劝他参考，遭到社会上一部分人的非议。为此，韩愈写下这篇文章进行辩解。

全文可分三部分。第一部分，简叙写作此文的原因；第二部分，考察"讳"的来历及其发展史，论证了劝李贺应进士举的无罪；第三部分，追溯历史，以周公、孔子、曾参等圣贤之人不讳，以及吕后、汉武帝等居上位者不讳的事例，批驳了社会上讲究避讳、嫌名的不良风气。

综观全文，虽然没有直接提出取消避讳的主张，反映出时代、阶级的局限；但是，作者反对避讳的态度，却是鲜明的。结尾处以问句戛然而止，其意自显，耐人寻味。

应当说，韩愈的认识和主张，在当时乃至整个封建社会里，都有着积极的进步意义。

文章观点鲜明，论据充实，辩论有力，气势磅礴，体现出韩愈散文雄放的特点。

争臣论

韩愈

或问谏议大夫阳城于愈①："可以为有道之士乎哉？学广而闻多，不求闻于人也。行古人之道，居于晋之鄙②，晋之鄙人，薰其德而善良者几千人。大臣闻而荐之③，天子以为谏议大夫④。人皆以为华，阳子不色喜。居于位五年矣，视其德如在野，彼岂以富贵移易其心哉？"愈应之曰："是《易》所谓恒其德贞而夫子凶者也⑤，恶得为有道之士乎哉⑥？在《易·蛊》之'上九'云：'不事王侯，高尚其事。'《蹇》之'六二'则曰：'王臣蹇蹇，匪躬之故⑦。'夫亦以所居之时不一，而所蹈之德不同也。若《蛊》之'上九'：居无用之地，而致匪躬之节；以《蹇》之'六二'：在王臣之位，而高不事之心，则冒进之患生⑧，旷官之刺兴，志不可则⑨，而尤不终无也⑩。今阳子在位，不为不久矣，闻天下之得失，不为不熟矣，天子待之，不为不加矣，而未尝一言及于政。视政之得失，若越人视秦人之肥瘠，忽焉不加，喜戚于其心。问其官，则曰谏议也；问其禄，则曰下大夫之秩也；问其政，则曰我不知也。有道之士，固如是乎哉？且吾闻之：'有官守者，不得其职则去；有言责者，不得其言则去。'今阳子以为得其言乎哉？得其言而不言，与不得其言而不去，无一可者也。阳子将为禄仕乎？古之人有云：'仕不为贫，而有时乎为贫。'谓

435

禄仕者也。宜乎辞尊而居卑，辞富而居贫，若抱关击柝者可也。盖孔子尝为委吏矣⑪，尝为乘田矣⑫，亦不敢旷其职。必曰：'会计当而已矣。'必曰：'牛羊遂而已矣。'若阳子之秩禄，不为卑且贫，章章明矣，而如此，其可乎哉？"

或曰："否，非若此也。夫阳子恶讪上者⑬，恶为人臣招其君之过而以为名者⑭，故虽谏且议，使人不得而知焉。《书》曰：'尔有嘉谟嘉猷⑮，则入告尔后于内⑯，尔乃顺之于外，曰斯谟斯猷，惟我后之德。'夫阳子之用心，亦若此者。"愈应之曰："若阳子之用心如此，滋所谓惑者矣！入则谏其君，出不使人知者，大臣宰相者之事，非阳子之所宜行也。夫阳子，本以布衣，隐于蓬蒿之下，主上嘉其行谊，擢在此位，官以谏为名。诚宜有以奉其职，使四方后代，知朝廷有直言骨鲠之臣⑰，天子有不僭赏⑱、从谏如流之美，庶岩穴之士，闻而慕之，束带结发，愿进于阙下而伸其辞说⑲，致吾君于尧舜，熙鸿号于无穷也⑳。若《书》所谓，则大臣宰相之事，非阳子之所宜行也。且阳子之心，将使君人者恶闻其过乎？是启之也。"

或曰："阳子之不求闻而人闻之，不求用而君用之，不得已而起，守其道而不变。何子过之深也？"愈曰："自古圣人贤士，皆非有求于闻用也，闵其时之不平、人之不乂㉑，得其道，不敢独善其身，而必以兼济天下也，孜孜矻矻㉒，死而后已。故禹过家门不入㉓，孔席不暇暖㉔，而墨突不得黔㉕。彼二圣一贤者，岂不知自安佚之为乐哉？诚畏天命而悲人穷也。夫天授人以贤圣才能，岂使自有余而已？诚欲以补其不足者也。耳目之于身也，耳司闻而目司见，听其是非，视其险易，然后身得安焉。圣贤者，时人之耳目也；时人者，圣贤之身也。且阳子之不贤，则将役于贤以奉其上矣；若果贤，则固畏天命而闵人穷也。恶得以自暇逸乎哉？"

或曰："吾闻君子不欲加诸人而恶讦以为直者㉖。若五子之论，直则直矣，无乃伤于德而费于辞乎？好尽言以招人过，国武子之所以见杀于齐也㉗，吾子其亦闻乎？"愈曰："君子居其位，则思死其官；未得位，则思修其辞以明其道。我将以明道也，非以为直而加人也。且国武子不能得善人，而好尽言于乱国，是以见杀。《传》曰㉘：'惟善人能受尽言。'谓其闻而能改之也。子告我曰：'阳子可以为有道之士也。'今虽不能及已，阳子将不得为善人乎哉？"

注释

①阳城：字亢宗，定州北平（今北京）人。唐德宗时考中进士，隐居中条山，后被德宗召为谏议大夫。居官五年，天天饮酒而不言事，所以韩愈写《争臣论》激发他，阳城仍不在意。三年后，奸臣裴延龄诬陷陆贽等人，阳城慷慨上疏，极力指责裴延龄之罪，为陆贽等仗义执言；德宗想任裴延龄为宰相，阳城公开反对，至使德宗改变初衷。后来，阳城因故被贬为道州刺史。阳城很得民心，最后因反对催逼赋税，弃官离去。　②晋：这里指今山西夏县一带。鄙：边境。这句指阳城隐居中条山。　③大臣：指李泌，曾任陕虢观察使，后入相。　④谏议大夫：官名，做皇帝侍从，规劝皇帝过失。　⑤"是《易》所谓"句：《易经·恒卦》有"恒其德贞，妇人吉，夫子凶"。意思是说，以柔顺从人，始终不改变其德操，这是妇人之德，所以吉。但是男子汉大丈夫不能随变顺从，所以凶。　⑥恶：同"何"。　⑦蹇蹇（jiǎnjiǎn）：艰难的样子。匪：同"非"。躬：自身。　⑧冒进：侥幸求进，指在利禄方面钻营。　⑨则：准则，仿效。　⑩尤：过错。　⑪委吏：主管粮仓的小吏。　⑫乘田：春秋时鲁国的苑囿之吏，主管六畜的饲养放牧。　⑬恶：厌恶，不喜欢。讪（shàn）：讥讽。　⑭招：举，检举揭发。　⑮谟、猷（yóu）：都有计划、谋划的意思。　⑯后：指君。　⑰直言骨鲠（gěng）：形容人有话要说就像鱼骨头长在喉咙里不能不吐一样。鲠，鱼骨头。　⑱僭（jiàn）赏：滥赏。　⑲阙下：宫阙下面，指朝廷当中。　⑳熙：明。鸿号：大名声。　㉑闵：同"悯"。乂（yì）：治理，安定。　㉒孜孜：勤勉。矻矻（kūkū）：劳累。　㉓"故禹过"句：传说大禹治水，三次经过家门而不入。　㉔"孔席"句：据说孔子的坐席来不及坐暖和，又忙于到别国去游说。　㉕"而墨突"句：据说墨子的烟囱来不及烧黑，又忙着外出了。突，烟囱。黔，黑。　㉖讦（jié）：斥责别人的短处，或揭发别人的隐私。　㉗国武子：春秋时期齐国卿大夫，单襄公见国武子喜欢把话说尽，曾说：身处淫乱之间而喜欢把话说尽揭人过失，这是造成怨恨的根本。后来，国武子因斥责庆克与齐灵公之母通奸，反被齐灵公所杀。　㉘《传》：书传，这里指《国语》，因《国语》又称《春秋外传》。

译文

有人问我对谏议大夫阳城的看法,说:"阳子可算是有德之士吧?他学识广而见闻多,不求被世人所知。他遵循古人的处世原则,隐居在晋的边境,那儿的人受到他品德的感化而变好的人几乎上千。大臣听说而推荐他出来做官,天子任他为谏议大夫。大家都认为这是很荣耀的事,阳子的脸上却没有显出喜色。他在这个官位上已经五年了,看他的德行就同在野的时候一样,他难道会因为富贵而改变心志吗?"我回答说:"这是《易经》所说的始终保持柔顺的德操,对男子来说是凶不是吉,怎能算是有道之士呢?《易经·蛊卦》'上九'爻辞说:'不侍奉王侯时,要保持高尚的节操。'《蹇卦》'六二'爻辞说:'做君的臣子要勇于赴难,不顾自身。'这是因为所处的时间不一样,而所实行的德操不相同。如果处在《蛊卦》'上九'爻辞所说的没有被任用的地位,却实行奋不顾身的节操;而处在《蹇卦》'六二'爻辞所说的做臣的地位,却以不侍奉君王的心意为高尚,那么前者就会产生盲目进取官位的忧患,后者就会招来玩忽职守的指责,这种志节不足为法,而过失终不可免。现在阳子处在官位上的时间,不能算不久了,听到的天下的得失,不能算不熟悉了,天子对待他,不能算不优厚了,但是他对政事却不置一词。他看待政事的得失,就像越国人看秦国人的肥瘦一样,漠不关心,既没有高兴,也没有忧愁。问他的官职,说是谏议大夫;问他的俸禄,说是下大夫;问他国家的政事如何,说我不知道。有道德之士,竟是这样吗?我还听说:'有官职的人不能尽职就辞职而去,有进言的责任的人,不能提规谏意见就要辞职而归。'如今阳子是有进言责任的人吧?应该提意见而不提出意见,与不提出意见而又不辞职,没有一样是许可的。阳子难道是为了俸禄而出仕的吗?古人说:'出仕不是因为贫穷,而有时也有因为贫穷的。'说的就是为俸禄而出仕的人。这种人应该辞去尊贵的职位而身居卑贱,弃富贵而居贫寒,就像守关、打更的人那样就可以了。据说孔子曾经做过管理粮仓的小吏,曾经做过放牧牲畜的小吏,他都不敢玩忽职守，一定说：'财物算妥当了才行。'一定说：'牛羊长大了才行。'像阳子那样的品级俸禄，不算卑下、微薄，这是十分清楚的，而他却是这样的，难道可以吗？"

有人说："不，不是这样的。阳子厌恶诋毁居上的人，厌恶做臣子的揭露君主的过失而获得名声，所以虽然进行规谏和议论，但是却不让人知道。《尚书》说：'你有好的计划，就到里面去告诉你的君主，于是你到外面宣扬，说这个好的计划，是靠我们君主的德行想出来的。'那阳子的用心，也就像这样的。"我回答说："假使阳子的用心是这样的，那就更让人疑惑了！进去规谏君主，出来不让人知道，这是大臣宰相做的事情，不是阳子所应该做的。阳子本是一个平民，隐居山野，皇上赞赏他的品行道德，提拔到这个位置上，官名为谏议大夫，就确实应该以行动来奉行他的职守，使天下的人和子孙后代，知道朝廷有直言敢谏的臣子，天子有不滥赏、从谏如流的美德，那么，山野的隐士听到后就会很仰慕，于是束好衣带，结好头发，愿意到朝廷发表意见，使我们的君主达到尧、舜那样的圣明，显耀美名于千秋万代。至于《尚书》所说的，那是大臣宰相做的事，不是阳子所应该做的。况且阳子的用心，大概会使君主讨厌听到自己的过失吧？这正是启发君主讨厌听到过失了。"

有人说："阳子不求扬名而人们使他扬名，不求被任用而君主任用他，他是不得已而出来的，他遵守自己的德操不变。为什么你如此严厉地责备他呢？"我说："自古以来的圣人贤士，都不是要求扬名、任用的，只因为哀怜时世的不平、百姓的不安，懂得了圣明的道，不敢仅仅修养保全自身，而一定要普救天下，勤恳劳碌，死而后已。所以大禹三过家门而不入，孔子没有闲暇功夫把坐席坐暖和过，墨子的烟囱也没有烧黑过。这两个圣人一个贤人，难道不知道自己过安逸的日子很快乐吗？他们确实是畏惧天命而又同情百姓的疾苦，上天授给人的贤德圣明的才能，难道只是使自己有余就算了吗？实在是希望他用自己多余的去弥补他人的不足。耳朵、眼睛对于人的身体来说，耳朵管听而眼睛管看，听清是非，看清安危，然后身体才能够得到安全。圣人贤人，是世人的耳朵、眼睛；世人，是圣人贤人的身体。假使阳子不贤，那么他就应该被贤人役使去侍奉君主；假使阳子果真是贤人，那么本来就应该畏惧天命而同情百姓的疾苦。怎么就只顾自己的闲适安逸呢？"

有人说："我听说君子不希望加罪于人，厌恶攻击别人的隐私来表现自己的正直。至于您的议论，直率是直率了，但是大概有些损伤德行、浪费口舌吧？喜欢把话说尽去揭发别人的过失，这正是国武子被齐国杀死的原因啊，您大概也听说过吧？"我说："君子居于他的官位上，就打算以身殉职；君子没有得到官位，就打算修饰文辞来阐明道。我要做的就是阐明道，不是以此显示自己的正直并加罪于人。而且国武子没有遇到好人，却喜欢在纷乱的国家把话说尽而得罪于人，所以被杀。《国语》说：'只有好人才能够接受没有保留的话。'意思是说他听到批评后能够改正。您告诉我说：'阳子可算是一个有道之士。'虽然阳子现在还未能达到有道之士的境界，可是阳子难道不能成为一个好人吗？"

赏析

这是韩愈批评唐德宗时的谏议大夫阳城的一篇议论文章。

"争"，也作"诤"。争臣，即谏官。

本文指责了谏议大夫阳城的失职，论述了应如何做好一个名副其实的谏议大夫。文章首先指出，阳城担任谏议大夫整整五年，深受国君的信任，但"未尝一言及于政"，是一位尸位素餐、不称其职的官吏。其次，文章批驳了阳城"恶讪上者，恶为人臣招其君之过而以为名者"的所谓良苦用心，认为谏议大夫应该不顾个人得失，直言敢谏，入则谏其君，出则使人知，使国君能像尧舜般贤明，使天下得以知晓国君的美德。再次，文章抨击了阳城"守其道而不变"的放任态度，指出真正有德行的人不能只独善其身，还必须兼济天下，勤于政事、职守，死而后已。最后，文章为自己指责阳城的失职而辩解，申明本文主旨在于"明道"而非攻讦，希望阳城"闻而能改之"。

全篇文章，紧扣在其位则谋其事的中心论点展开。条分缕析，层层辩驳，充分论证了阳城的失职，证明了阳城不能称作"有道之士"的结论。

文章有破有立，破字当头，立在其中。语言尖锐直接，议论深刻有力，观点鲜明，笔锋犀利，富于战斗性。同时，全文采用问答方式，层层设问，层层剖析，步步深入，逼出结论，又极富逻辑力量。文章提出的在其位则谋其事的为官主张，强调了官吏的社会责任和担当精神，并触及了历代官僚制度的根本弊端之一，论旨宏大，意义深远，至今仍有现实的借鉴意义。

后十九日复上宰相书

韩愈

二月十六日①，前乡贡进士韩愈②，谨再拜言相公阁下③：

向上书及所著文④，后待命凡十有九日，不得命。恐惧不敢逃遁，不知所为。乃复敢自纳于不测之诛⑤，以求毕其说，而请命于左右⑥。

愈闻之，蹈水火者之求免于人也⑦，不惟其父兄子弟之慈爱，然后呼而望之也；将有介于其侧者⑧，虽其所憎怨、苟不至乎欲其死者，则将大其声疾呼而望其仁之也。彼介于其侧者，闻其声而见其事，不惟其父兄子弟之慈爱，然后往而全之也；虽有所憎怨、苟不至乎欲其死者，则将狂奔尽气、濡手足⑨、焦毛发救之而不辞也。若是者何哉？其势诚急而其情诚可悲也！

愈之强学力行有年矣，愚不惟道之险夷，行且不息，以蹈于穷饿之水火，其既危且亟矣⑩，大其声而疾呼矣，阁下其亦闻而见之矣。其将往而全之欤？抑将安而不救欤？有来言于阁下者曰："有观溺于水而爇于火者⑪，有可救之道而终莫之救也，阁下且以为仁人乎哉？"不然，若愈者，亦君子之所宜动心者也。

或谓愈："子言则然矣，宰相则知子矣，如时不可何？"愈窃谓之不知言者。诚其材能不足当吾贤相之举耳。若所谓时者,固在上位者之为耳,非天子之所为也。前五六年时,宰相荐闻,尚有自布衣蒙抽擢者⑫,与今岂异时哉?且今节度观察使及防御、营田诸小使等⑬,尚得自举判官⑭,无间于已仕未仕者⑮;况在宰相,吾君所尊敬者,而曰不可乎?古之进人者,或取于盗⑯,或举于管库⑰,今布衣虽贱,犹足以方于此。

情隘辞蹙⑱,不知所裁,亦惟少垂怜焉。愈再拜。

注释

①二月十六日:指唐德宗贞元十一年(795)二月十六日,这是韩愈第二次给宰相写信,此前十九天(即正月二十七日)他曾给宰相写了第一封信。 ②乡贡进士:唐代选拔官吏,凡经州县考试及格,推选到尚书省参加进士科考试中了进士的,叫乡贡进士。 ③相公:宰相。 ④向:过去,从前。 ⑤诛:责罚。 ⑥左右:写信时对对方的尊称。 ⑦求免:请求援助,以免于水火之灾。 ⑧介于:处在。 ⑨濡:沾湿。 ⑩亟(jí):急迫。 ⑪爇(ruò):焚烧。 ⑫抽擢:提拔。 ⑬节度:唐朝设立地方军政长官,管辖一道或数州,称节度使。观察使:即经略观察使,执掌州、县长官政绩的考察。 ⑭判官:唐朝凡临时派出处理特殊事务的官都有判官,掌管文书事务。中期以后,节度、观察、防御、团练、营田等使都设有判官,佐理军政。防御:即防御使,唐代设在军事重地的官吏。营田:即营田使,唐代边区执掌屯田的官吏。 ⑮间:这里是"区别"的意思。 ⑯或取于盗:据《礼记》记载,管仲曾将盗贼中有才能的人推荐给桓公为臣。 ⑰举于管库:据《礼记》记载,晋国大夫赵文子从管理仓库的小吏中举拔人才。 ⑱蹙(cù):紧迫。

译文

二月十六日,前乡贡进士韩愈,恭谨地再次拜谒上书宰相阁下:

上次呈上书信和所著的文章,以后等待回音共一十九天,没有得到指示。我心中恐惧,又不敢离去,不知道该怎么办。于是再次冒昧地承受不可预测的责罚,要求说完我的话,请您给个回音。

我听说,遭遇水火灾难的人为免于一死而求救于人,不只限

卷之八 唐文

于他的父兄子弟那样慈爱的人，才呼喊而希望他们拯救；如果有处于他近旁的人，即使是他所憎恶怨恨的人，但只要那人还不至于希望他死掉，他就会大声疾呼而希望他发善心来拯救。那个处于他近旁的人，听见呼救声，看见他的遭遇，不只是像他的父兄子弟一般慈爱的人，然后才肯前去救他；即使有所憎恶怨恨，但只要还不至于是希望他死掉的人，就会上气不接下气地狂奔而去，纵然打湿手足、烧焦毛发也要救他而不推脱。为什么会这样呢？因为那形势实在危急，那情状实在可悲啊！

我勤奋学习，努力实践，已经多年了，愚笨到不考虑道路的艰险和平坦，不断前进，从不停顿，以致陷入了贫困和饥饿的水火之中，处境是极危险和急迫啊，我大声疾呼，阁下大概也听到和看见了。您是前来救我呢？还是安然不救呢？如果有人来告诉阁下："有人看见别人被淹在水中或被烧在火中，他有搭救的办法而终于不去救。阁下认为这个人是仁人吗？"如果阁下认为不是，那么像我这样的人，也是君子应该动怜悯之心的人了。

有人对我说："您的话是对的，宰相也是了解你的，但没有恰当的机会，有什么办法呢？"我私下认为他是不知道情况才这样说的。实在是我的才能不足以让我们的贤相推举罢了。如果说时机，原本不过是居于上位的人所造就的，而不是上天造就的。前五六年的时候，由于宰相推荐奏闻，还有从平民中受到提拔的呢，难道现在的时机跟那时有什么不同吗？况且现在的节度使、观察使及防御、营田等小使，还能够自己荐举判官，而且并不区别他是已经做官还是没有做官的人；何况是宰相，我们的君主所尊重的人，却说不能推荐吗？古时候荐举人才，有的从盗贼中推荐，有的从管理仓库的人员中推荐，如今我这个平民虽然卑贱，还完全能够和他们相比。

我心情积郁而言辞急迫，不知写了些什么，还希望阁下稍加哀怜。韩愈再拜。

赏析

这是韩愈在唐德宗贞元十一年（795）写给当时宰相的一

封信。

韩愈在贞元九年中进士，以后又参加了礼部的博学宏词科考试，但一直不被朝廷任用。贞元十一年，他曾三次给宰相写信，第一封信是正月二十七日；本篇为第二封，距前一封信刚好十九天，故曰"后十九日"。

除开头结尾外，信中内容可分四段。

首段，从前一封信叙起，呈明情况，冒昧再言，是为引文。

第二、三段，以蹈水火者的险境作比喻，表明自己处境的穷饿危急，抒发了渴望得到宰相拯助的悲情。这是全篇的重心所在。

最后一段，紧扣"时"字，驳斥了"时不可"的说法。并且，以历史上管仲在盗贼之中提拔人才、赵文子在管理仓库的下民中提拔人才的典故，援古自况，阐明应不拘一格任用人才，委婉地表达了希望得到宰相举荐的用心。

全篇文章，总以"势""时"为枢纽，或叙述，或设喻，或议论，委婉曲折，表明了自己处境艰难，渴望得到宰相不拘一格的举荐任用，从而实现自己的政治理想。

文章情辞恳切，不卑不亢。感情看似低沉悲戚，为文却梗概多气，宕逸可诵。

后廿九日复上宰相书

韩愈

三月十六日[①]，前乡贡进士韩愈，谨再拜言相公阁下：

愈闻周公之为辅相[②]，其急于见贤也，方一食三吐其哺，方一沐三握其发[③]。当是时，天下之贤才皆已举用，奸邪谗佞欺负之徒皆已除去，四海皆已无虞，九夷八蛮之在荒服之外者皆已宾贡[④]，天灾时变、昆虫草木之妖皆已销息[⑤]，天下之所谓礼乐、刑政、教化之具皆已修理，风俗皆已敦厚，动植之物、风雨霜露之

卷之八 唐文

所沾被者皆已得宜，休征嘉瑞、麟凤龟龙之属皆已备至⑥。而周公以圣人之才，凭叔父之亲，其所辅理承化之功，又尽章章如是⑦。其所求进见之士，岂复有贤于周公者哉？不惟不贤于周公而已，岂复有贤于时百执事者哉？岂复有所计议能补于周公之化者哉？然而周公求之如此其急，惟恐耳目有所不闻见，思虑有所未及，以负成王托周公之意，不得于天下之心。如周公之心，设使其时辅理承化之功未尽章章如是，而非圣人之才，而无叔父之亲，则将不暇食与沐矣，岂特吐哺、握发为勤而止哉！维其如是，故于今颂成王之德，而称周公之功不衰。

今阁下为辅相亦近耳。天下之贤才岂尽举用？奸邪谗佞欺负之徒岂尽除去？四海岂尽无虞？九夷八蛮之在荒服之外者岂尽宾贡？天灾时变、昆虫草木之妖岂尽销息？天下之所谓礼乐、刑政、教化之具岂尽修理？风俗岂尽敦厚？动植之物、风雨霜露之所沾被者岂尽得宜？休征嘉瑞、麟凤龟龙之属岂尽备至？其所求进见之士，虽不足以希望盛德，至比于百执事，岂尽出其下哉？其所称说，岂尽无所补哉？今虽不能如周公吐哺、握发，亦宜引而进之，察其所以而去就之，不宜默默而已也。

愈之待命，四十余日矣⑧。书再上而志不得通，足三及门而阍人辞焉⑨。惟其昏愚，不知逃遁，故复有周公之说焉。阁下其亦察之。

古之士三月不仕则相吊，故出疆必载质⑩。然所以重于自进者，以其于周不可，则去之鲁⑪；于鲁不可，则去之齐；于齐不可，则去之宋，之郑，之秦，之楚也。今天下一君，四海一国，舍乎此则夷狄矣，去父母之邦矣。故士之行道者，不得于朝，则山林而已矣。山林者，士之所独善自养，而不忧天下者之所能安也。如有忧天下之心，则不能矣。故愈每自进而不知愧焉，书亟上⑫，足数及门，而不知止焉。宁独如此而已，惴惴焉惟，不得出大贤之门下是惧⑬，亦惟少垂察焉。

渎冒威尊⑭，惶恐无已。愈再拜。

注释

①三月十六日：指唐德宗贞元十一年（795）三月十六日，这是韩愈第三

445

次上书宰相,与第二次(二月十六日)上书相距二十九日。 ②辅相:宰相。辅和相都是辅佐之意。 ③"方一食"二句:指周公正在吃饭和洗头的时候,多次吐出口中的食物和握着洗湿了的头发忙着出来接见贤人。 ④九夷:古代泛指东方的少数民族。八蛮:古代泛指南方的少数民族。 ⑤销息:即"消息",消失停止。 ⑥休征:好的征兆。嘉瑞:祥瑞。麟凤龟龙:古人称之四灵,认为它们出现就是国家大治,天下太平的好征兆。 ⑦章章:昭著,明显。 ⑧四十余日:韩愈第一次上书为正月二十七日,距第三次上书共四十余日。 ⑨阍(hūn)人:看门的人。 ⑩质:同"贽",初见君王或大臣时所献的礼物。 ⑪去:离开。之:往,到。 ⑫亟:多次。 ⑬惴惴(zhuìzhuì):发愁、害怕的样子。 ⑭渎(dú):轻慢,不敬。

译文

三月十六日,前乡贡进士韩愈,恭谨地再次拜谒上书宰相阁下:

我听说周公做宰相,急于出来接见贤人,以致吃一餐饭,要好几次吐出口中的食物出来见客人,洗一回头,要好几次握着湿头发出来迎宾客。那时候,天下的贤才都已经被举荐任用,奸邪谗佞欺诈的人都被除去,天下都已无须担忧,处在荒远地区的各部族都已经归顺进贡,天时的灾害变化和昆虫草木等妖孽都已消失,天下所谓的礼乐、刑政、教化的制度都已建立,风俗都已淳厚朴实,受风、雨、霜、露滋润的动植物都已经各得其所,麟、凤、龟、龙之类美好吉祥的征兆都已全部出现。周公以其圣人的才能,凭着成王叔父的至亲关系,他辅佐君王治理国家和承行教化的功劳,又都是如此彰明显著。那些请求晋见的士人,难道还有比周公更贤明的吗?不仅不会比周公贤明,难道还有比当时的官吏更贤明的吗?难道还有什么计策建议能够有补于周公教化的不足吗?然而周公求士如此急迫,唯恐耳朵有听不到眼睛有看不见的地方,唯恐思虑有想不到的地方,以致辜负了成王把政事托付给他的心意,不能得到天下的人心。像周公这种心意,假使当时辅助治理和实行教化的功劳还不是如此的彰明显著,又没有圣人的才能,没有作为成王叔叔的至亲关系,那就顾不上吃饭和洗头了,哪里又仅仅止于劳碌地"握发吐哺"呢!正因为如此，所以人们至今还不断地歌颂成王的德行，而且称赞周公的功劳。

如今阁下当宰相也和周公相近了。天下的贤才难道都推举任用了？奸邪谄佞欺诈的人难道都除去了？天下难道都已无须担忧了？处在荒远之地的各少数民族难道都已派人归顺进贡了？天时的灾害变化和昆虫草木的妖孽难道都消失了？天下所谓的礼乐、刑政、教化的制度难道都建立了？风俗难道都淳厚朴实了？受风、雨、霜、露滋润的动物植物难道都各得其所了？麟、凤、龟、龙之类美好吉祥的征兆难道都已出现了？那些请求进见的士人，虽然不敢指望有您那样的德行，至于和您手下各种官吏相比，难道都在他们之下吗？他们所发表的议论难道都于事无补吗？现在即使不能像周公那样吐哺、握发，也应该召见士人，考察他们的情况而决定任用还是不任用，不应该默不作声地了事啊。

我等待回音，已经四十多天了。呈了两次书信而我的心迹仍不能通达，我的脚步多次到您的门口而被守门的人拦住。只因为我昏昧愚笨，不知道逃遁山林，所以这次又有了关于周公的一番议论。希望阁下明察。

古时候的士人三个月不做官就要互相慰问，所以走出本国疆界就必定载着准备进见的礼物。但他们重于自进的缘故，是因为在周王室不能被任用，就离开周王室到鲁国去；在鲁国不能被任用，就离开鲁国到齐国去；在齐国不能被任用，就离开齐国到宋国，或者到郑国去，到秦国去，到楚国去。现在天下一位君主，四海一家，舍弃这里就是夷狄了，就要离开父母之邦了。所以奉行道义的士人，不能被用于朝廷，就只有隐居山林了。山林是修养完善自身而不忧愁天下的士人所安居的地方。如果有忧虑天下之心，就不能隐居山林了。所以我常常进见而不感到羞愧，频频上书，屡次登门，而不知道停止。岂止如此而已，总是惶惶不安，唯恐不能出在您大贤人的门下，还希望阁下稍加体察。

冒犯阁下威严，心里惶恐不止。韩愈再拜。

赏析

　　本文与前一篇,均为韩愈在贞元十一年(795)写给当时宰相的信。这是第三封。

　　信中正文分为三部分。第一部分,叙述周公求贤若渴的历史史实,提出全文重贤的主旨,特别突出了周公待士的热情、真诚,为下文张本。

　　第二部分,以当今宰相的所作所为与周公相比较,抨击了当时宰相对待人才的蔑视和冷漠。

　　第三部分,剖析自己复上书的缘由,为自己的举动回护,申明上书目的在于心忧天下、报效朝廷,显示出作者的劲健气骨。

　　全篇文章,把周公求贤见贤的热忱与当时宰相对待人才的冷漠态度作了鲜明的对照,表达了韩愈对当时不重视人才的社会现实的强烈愤慨,也表达了他为兼济天下而要求得到举荐、任用的迫切心情。

　　全文有感而发,有的放矢,据理直言,放言无忌,情辞十分激烈。排比、反问等手法的运用,更增强了文章的气势。虽涉干谒,但得理得情,气足神旺,骨劲格高,堪称绝唱。

与于襄阳书

韩愈

　　七月三日,将仕郎守国子四门博士韩愈[①],谨奉书尚书阁下[②]:

　　士之能享大名、显当世者,莫不有先达之士、负天下之望者,为之前焉;士之能垂休光、照后世者,亦莫不有后进之士、负天下之望者,为之后焉。莫为之前,虽美而不彰;莫为之后,虽盛而不传。是二人者，未始不相须也③，然而千百载乃一相遇焉。岂上之人无可援，下之人无可推欤？何其相须之殷而相遇之疏也？其故，在下之人负其能不肯诣其上，上之人负其位不肯顾其下。故高材多戚戚之穷，盛位无赫赫之光。是二人者之所为皆过也。未尝干之④，不可谓上无其人；未尝求之，不可谓下无其人。愈之诵此言久矣，未尝敢以闻于人。

侧闻阁下抱不世之才，特立而独行，道方而事实，卷舒不随乎时，文武唯其所用。岂愈所谓其人哉？抑未闻后进之士，有遇知于左右，获礼于门下者。岂求之而未得邪？将志存乎立功，而事专乎报主，虽遇其人，未暇礼邪？何其宜闻而久不闻也？

愈虽不材，其自处不敢后于恒人。阁下将求之而未得欤？古人有言："请自隗始⑤。"愈今者惟朝夕刍米仆赁之资是急⑥，不过费阁下一朝之享而足也。如曰："吾志存乎立功，则事专乎报主，虽遇其人，未暇礼焉。"则非愈之所敢知也。世之龊龊者⑦，既不足以语之，磊落奇伟之人，又不能听焉，则信乎命之穷也。谨献旧所为文一十八首，如赐览观，亦足知其志之所存。愈恐惧再拜。

注释

①将仕郎：官阶，属于从九品。守：担任。国子四门博士：唐代国子监（国家最高学府）设国子、太学、四门、广文、律、书、算七馆，各馆教授称博士，韩愈当时为四门博士。　②尚书：官名，指于頔（dí）。于頔，字允元，唐德宗贞元十四年（798）为山南东道节度使，任所为襄阳。　③相须：相待。　④干：干谒，指求见显达的人。　⑤隗（wěi）：战国时期燕国人。燕昭王想招揽贤才，振兴燕国，去征求郭隗的意见，郭隗给燕昭王讲了一个用五百金买匹死千里马的故事。然后说，君王若要招揽人才，先从郭隗开始，郭隗尚且被任用，何况比郭隗更有才能的人呢？　⑥刍（chú）：喂牲口的草料。　⑦龊龊：平庸狭隘。

译文

七月三日，将仕郎国子四门博士韩愈，恭敬地呈上书信给尚书阁下：

士人之所以能够享有大名，显扬于当世，没有一个不是因为有享誉天下的前辈做他的先导；士人之所以能够美誉流传，照耀后世，没有一个不是因为有享誉天下的后辈做他的后继者。没有人做先导，即使才德美好也不能显扬；没有人做后继者，即使盛大的业绩也不能流传。这两种人，未尝不互相期待，但是却要千百年才有一次这样的知遇出现。难道是身居高位的人无人值得他提携、身居下位的人无人值得他推崇吗？为什么互相期待如此殷切而相互知遇的情况却如此稀少啊？其中的原因，是身居下位的人倚恃才能而不肯逢迎上位的人，身居上位的人倚仗地位而不肯顾念下面的人。因此有才的人多忧愁不得志，身居上位的人没有盛名留于后世。这两种人的作为都有过失。不肯去求进显达的人，不能说上面没有提携后进的人；没有去访求人才，不能说下面没有值得举拔的人。我琢磨这话已经很久了，还没敢把这些话讲给别人听。

我从旁听说阁下怀有卓绝于世的才能，立身行事非同一般，道德方正而讲求实际，行止不随时俗，有文武才能的人都希望为您所用，这难道不是我听说的那种身居上位提携后进的人吗？但是我却没有听说后辈之中有您赏识而在您门下获得礼遇的人。难道是访求而没有得到吗？抑或是您志在建立功业，专注于报答主上，遇到了这种身居下位的人，却无暇以礼相待吗？为什么应该听到您礼遇后进的声誉却长久没有听到呢？

韩愈虽然没有才能，但自己立身处世还不敢落在常人之后。阁下大概访求人才而没有得到吧？古人说："请从郭隗开始。"我现在只急需日常购买草料、口粮和雇佣仆人、租赁房屋的开销，不过花费阁下一顿早餐享受就够了。您如果说："我志在建立功业，专注于报答主上，遇到了这种身居下位的人，却无暇以礼相待。"那就不是我韩愈所敢请求知遇的了。世上那些平庸短见之辈，既然不值得向他们陈说，磊落奇伟的人，又无暇听我诉说，那就确实是命运注定要困顿窘迫了。谨献上我从前所写的文章十八篇，如能赏光看看，也足以知道我的志向所在了。韩愈惶恐，再拜。

赏析

这是韩愈写给于襄阳请求加以引荐的一封信。

首先,信中阐述了有才之士与有位之人的关系,指出有才能的人要实现抱负、显名当世,需要得到有地位的前辈的引荐,而前辈的名声和业绩,也需要后起之秀为之继承和发扬,二者之间是相互依赖、共同衰荣的。因此,自己才向于襄阳提出了请求荐举的要求。

其次,文章盛赞于襄阳才高品正、奖掖后学,既迎合对方的心理,又体现出作者的敬慕心。

最后,自我荐举,表明志向。强调了自己求官入仕的目的,是实现抱负,建立功业,一心报国,把自己的求官行为提高到一个很高的层次,显示出宏阔的胸襟和高俊的气骨。

统览全文,作者阐述的理、抒发的情,都是从个人扬名显世出发的,固属于当时社会风气与读书人的普遍心态,在今天的人们看来,可能立意不高,思想价值有限。但是,文章反复推求、辞气逼人,干谒之作能写得如此冠冕堂皇、振振有词,也并不多见,值得一读。

与陈给事书

韩愈

愈再拜。

愈之获见于阁下有年矣[①],始者亦尝序一言之誉。贫贱也,衣食于奔走,不得朝夕继见。其后,阁下位益尊,伺候于门墙者日益进。夫位益尊,则贱者日隔;伺候于门墙者日益进,则爱博而情不专。愈也道不加修,而文日益有名。夫道不加修,则贤者不与[②];文日益有名,则同进者忌。始之以日隔之疏,加之以不专之望，以不与者之心，而听忌者之说，由是阁下之庭，无愈之迹矣。

去年春，亦尝一进谒于左右矣③。温乎其容，若加其新也；属乎其言④，若闵其穷也。退而喜也，以告于人。其后，如东京取妻子⑤，又不得朝夕继见。及其还也，亦尝一进谒于左右矣。邈乎其容，若不察其愚也；悄乎其言，若不接其情也。退而惧也，不敢复进。

今则释然悟，翻然悔，曰："其邈也，乃所以怒其来之不继也；其悄也，乃所以示其意也。"不敏之诛⑥，无所逃避。不敢遂进，辄自疏其所以，并献近所为《复志赋》以下十首为一卷⑦，卷有标轴。《送孟郊序》一首，生纸写⑧，不加装饰，皆有揩字注字处，急于自解而谢，不能俟更写⑨。阁下取其意，而略其礼可也。

愈恐惧再拜。

注释

①阁下：指陈京。陈京，字庆复，唐代宗大历元年（766）中进士，唐德宗贞元十九年（803），韩愈被贬为阳山县令，而陈京新迁给事中（唐代中央机构门下省的要职）。　②与：赞赏。　③进谒：进见拜谒。左右：这里指陈给事。　④属：连续。　⑤如：到。东京：指洛阳。　⑥诛：责备。　⑦《复志赋》：韩愈所作的一篇赋，内容是抒写怀才不遇的幽愤。　⑧生纸：唐代用的纸有生纸、熟纸之分，生纸用于草稿、丧事等。　⑨俟（sì）：等待。

译文

韩愈再拜。

我获得进见阁下的机会已经多年了，开初也曾蒙阁下给予一点赞誉。只因贫贱，为衣食而奔走，不能够继续经常拜见。后来，阁下的地位更为尊贵，依附于门下的人越来越多。地位更为尊贵，就跟卑贱的人一天比一天隔膜；依附于门下的人越来越多，就使阁下更广泛地施予仁爱而不能将感情专注于某些人。我的德行没有进一步修养，而文章却一天比一天有名。德行没有进一步修养，就使得贤明的人不赞赏；文章一天比一天有名，就使得同辈的人妒忌。开始的时候，因为一天比一天隔膜，接着加上您并不专门希望我来拜见，又怀着不赞赏的心情，听信那些妒忌之人的话，因为这些缘故，阁下的门庭，便没有我韩愈的足迹了。

去年春天，我也曾经有一次拜见过您。您的容颜多么温和啊，犹如欢迎新结识的朋友；您说话滔滔不绝，仿佛是很同情我处境困窘。我离开之后心中十分欢喜，把当时的情形告诉别人。后来，我到东京接妻小，又不能继续经常拜见。等到回来时，我也曾有一次拜见您。您的神情冷漠，好像是不能体察我的愚衷；您沉默寡言，好像不能领会我的心情。我离开之后心中惶恐不安，于是不敢再来进见。

如今我才突然明白，幡然懊悔，心中思忖："您的神情冷漠，是对我没有继续来您家里生气；您沉默寡言，正是向我表示您心中的这种意思。"我因迟钝而该受到责备，是不能逃避的。我不敢即刻来拜见，特地写书信陈说缘由，并献上近年所作的《复志赋》等文章十篇，制为一卷，在卷轴上标了字。《送孟郊序》一篇，是用生纸写的，没加装饰，涂抹和添字的地方各篇都有，因为急于给自己解释并谢罪，不能等到重新抄写。阁下领会我的心意，谅解我礼节不周的地方吧。

韩愈惶恐，再拜。

赏析

陈给事，名京，曾在门下省任给事中，故称陈给事。他曾经与韩愈有交往，关系不错，后来疏远了。

本文是韩愈写给他的一封信。全信主旨，在于强调自己与陈京过去交往的欢乐融洽，希望能互相谅解，恢复友情。

书信的具体内容，可分三段。

第一段，以满怀感情的笔触，回顾了自己与陈京交往的情形，并叙述了两人疏远的原因。此段分四层意思：首先，谈自己与陈京交往多年，也曾受到陈的夸奖，但因为自己身处贫贱，终日为生活奔劳，不能常去陈家拜访走动，所以二人关系逐渐疏远。其次,叙述陈京地位越来越高,依附逢迎的人也越来越多,因此二人的感情日渐疏淡。然后,叙述自己道德、修养多年并无太大提高,而文名却越来越大,因此,陈京也就不愿与自己交往了。最后,归结三层意思,得出"由是阁下之庭,无愈之迹矣"。本段文意细密,层次众多而转折自然,无论是批评陈京,还是检讨自己,都含蓄委婉,颇有分寸。

第二段,具体地回顾自己与陈京两次会面的情况,比较详细地补叙出二人交疏的过程,突出了陈京的冷淡和自己的自尊。

第三段,表达与陈京重修旧好的愿望。文章承接两次不愉快的见面,没有过多指责陈京,而是严为自责,强调了二人的疏远是由于自己的误解,屈作检讨。同时,又献上自己新创作的作品,请陈京批评指教,充分表现出希望与陈京恢复友谊的诚意和迫切心情。

信中言人言己,双管齐下;含蓄委婉,曲折有致;情理俱切,颇为动人。

应科目时与人书

韩愈

月日①,愈再拜。

天池之滨②,大江之濆③,曰有怪物焉,盖非常鳞凡介之品汇匹俦也④。其得水,变化风雨,上下于天不难也。其不及水,盖寻常尺寸之间耳⑤,无高山、大陵、旷途、绝险为之关隔也,然其穷涸,不能自致乎水,为獱獭之笑者盖十八九矣⑥。

如有力者,哀其穷而运转之,盖一举手一投足之劳也。然是物也,负其异于众也,且曰:"烂死于沙泥,吾宁乐之。若俯首帖耳、摇尾而乞怜者,非我之志也。"是以有力者遇之,熟视之若无睹也。其死其生,固不可知也。

卷之八 唐文

今又有有力者当其前矣,聊试仰首一鸣号焉,庸讵知有力者不哀其穷⑦,而忘一举手一投足之劳,而转之清波乎?其哀之,命也;其不哀之,命也;知其在命而且鸣号之者,亦命也。

愈今者,实有类于是。是以忘其疏愚之罪,而有是说焉。阁下其亦怜察之。

注释

①月日:本文是唐德宗贞元九年(793),韩愈以进士身份参加博学宏词科时所写的。 ②天池:《庄子》寓言中的南海。 ③濆(fén):水边。 ④介:甲。汇:类。匹俦(chóu):相比。 ⑤寻常:指很近的距离。按古代长度单位,八尺为一寻,二寻为一常。 ⑥獱獭(biāntǎ):獱,小水獭。獭,水中的动物,食鱼为主,又称水獭。 ⑦庸讵(jù):相当于"岂"。

译文

某月某日,韩愈再拜。

天池水边,大江滩头,说是有种奇怪的动物,不是一般的鳞甲动物可比的。它得到水,变化风雨,上天下地都不难。一旦它离开了水,活动范围就只有一丈左右而已,虽然没有高山大岭、旷远的道路、险峻的地势阻隔它,但是它被困在干涸的地方,不能自己到达水中,因此常常受大大小小的水獭嘲笑。

假使有一个有力量的人,同情它的困境而把它转运到水里去,只需举一举手、动一动脚就行了。但是,这怪物却因它与众不同而自负,还说:"就是烂死在泥沙之中,我也乐意这样,做那些俯首帖耳、摇尾乞怜之类,不是我的意愿。"所以,有力的人遇到它,竟熟视无睹。它是死是生,实在还不可预料。

现在又有一个有力的人处在它的面前,它姑且尝试着抬起头来吼叫一声,哪里知道有力的人会不会同情它的困境,而不计较举手动脚之劳,把它转运到清水中去呢?同情它,是命中注定的;不同情它,也是命中注定的;知道这都是命中注定的还要向他吼叫,也是命中注定的。

我如今的境况,实在和这怪物相似。因此忘记了自己粗疏愚笨的罪责,发表了这样的议论。还望阁下同情体察。

赏析

本文是韩愈在唐德宗贞元九年（793）参加礼部博学宏词科考试时，写给韦舍人希望得到引荐的一封书信。

应科目，即参加科举考试。唐代设科取士，有秀才、明经、进士、明法、明字、明算等科，名目繁多，故称"科目"。本文内容，可分两部分。

第一部分，辟空直起，悠渺其辞，讲述了一个困在浅滩的蛟龙的故事，描绘了身困浅水的蛟龙的无奈，以及被獱獭嘲笑戏弄的可悲。

第二部分，紧扣蛟龙的处境，正反用笔，既表现了蛟龙渴望"有力者"拯救的心态，又显示出宁可烂死于泥沙而不愿俯首帖耳、摇尾乞怜的骨气。最后，点明题旨：自己正像这困厄的蛟龙，希望韦舍人能哀其困穷，加以引荐。

全篇本为干谒之作，但文笔曲折含蓄，比喻生动贴切，命与非命，哀与不哀，反复腾挪言说，给人以不卑不亢、酣畅纵恣之感。总体而论，本文一洗寻常干谒之作的卑弱格调，感慨遥深，才情横溢，不失为一篇明志言情的上乘之作。

送孟东野序

韩愈

大凡物不得其平则鸣。草木之无声，风挠之鸣。水之无声，风荡之鸣。其跃也，或激之；其趋也，或梗之；其沸也，或炙之。金石之无声，或击之鸣。人之于言也亦然，有不得已者而后言。其歌也有思，其哭也有怀。凡出乎口而为声者，其皆有弗平者乎！

乐也者，郁于中而泄于外者也，择其善鸣者而假之鸣。金、石、丝、竹、匏、土、革、木八者①，物之善鸣者也。维天之于时也亦然，择其善鸣者而假之鸣。是故以鸟鸣春，以雷鸣夏，以虫鸣秋，以风鸣冬。四时之相推敚②，其必有不得其平者乎！

其于人也亦然，人声之精者为言，文辞之于言，又其精也，尤择其善鸣者而假之鸣。其在唐、虞，咎陶、禹③，其善鸣者也，而假以鸣。夔弗能以文辞鸣④，又自假于韶以鸣⑤。夏之时，五子以其歌鸣⑥。伊尹鸣殷⑦。周以鸣周⑧。凡载于《诗》《书》六艺⑨，皆鸣之善者也。周之衰，孔子之徒鸣之，其声大而远。传曰："天将以夫子为木铎⑩。"其弗信矣乎？其末也，庄周以其荒唐之辞鸣⑪。楚，大国也，其亡也，以屈原鸣。臧孙辰、孟轲、荀卿，以道鸣者也⑫。杨朱、墨翟、管夷吾、晏婴、老聃、申不害、韩非、慎到、田骈、邹衍、尸佼、孙武、张仪、苏秦之属⑬，皆以其术鸣。秦之兴，李斯鸣之。汉之时，司马迁、相如、扬雄，最其善鸣者也。其下魏晋氏，鸣者不及于古，然亦未尝绝也。就其善者，其声清以浮，其节数以急⑭，其辞淫以哀，其志驰以肆，其为言也乱杂而无章。将天丑其德莫之顾邪？何为乎不鸣其善鸣者也？

唐之有天下，陈子昂、苏源明、元结、李白、杜甫、李观⑮，皆以其所能鸣。其存而在下者，孟郊东野始以其诗鸣⑯，其高出魏晋，不懈而及于古，其他浸淫乎汉氏矣。从吾游者，李翱、张籍其尤也⑰。三子者之鸣信善矣。抑不知天将和其声而使鸣国家之盛邪？抑将穷饿其身、思愁其心肠而使自鸣其不幸邪？三子者之命，则悬乎天矣。其在上也奚以喜？其在下也奚以悲？东野之役于江南也，有若不释然者⑱，故吾道其命于天者以解之。

注释

①金、石、丝、竹、匏、土、革、木：传统乐器的制作材料，用来代指各类乐器。　②推敚：推移变化。敚，同"夺"。　③咎陶（gāoyáo）：一作"皋陶"，又作"咎繇"。相传为虞舜的臣，为舜掌司法造律立狱。　④夔（kuí）：虞舜时的乐官。　⑤韶：夔所作的乐曲名。　⑥五子：夏朝国君太康的五个弟弟。太康沉于游乐，他的弟弟作《五子之歌》告诫他。　⑦伊尹：商代贤相。　⑧周公：姓姬，名旦，制作礼乐，创立了一套统治国家的礼乐

制度。　⑨六艺：指《诗》《书》《易》《礼》《乐》《春秋》六经。　⑩木铎：木舌的铃。　⑪庄周：战国时期著名思想家，道家代表人物。荒唐：广大无边的样子。　⑫臧孙辰：臧孙，复姓，名辰，春秋时期鲁国大夫臧文仲。荀卿：名况，战国时期赵国人，为战国后期儒家大师。　⑬杨朱：战国时卫人，主张"为我"，其言论散见于《列子》《孟子》诸书。管夷吾：即管仲。晏婴：春秋时齐国贤相，后人采其行事及谏议之言，辑为《晏子春秋》一书。申不害：战国时韩国人，荀子的学生，著名的法家代表人物，为李斯所杀。慎到：战国时赵人，学黄老道德之术。田骈：道家人物，战国时齐人，齐宣王时为上大夫。邹衍：阴阳家，战国时齐人。尸佼：杂家，战国时鲁人，曾做商鞅门客。孙武：春秋时齐人，著名军事家。　⑭数（shuò）：频繁，密。　⑮陈子昂：字伯玉，梓州射洪（今四川射洪）人，初唐著名诗人。苏源明：字弱夫，京兆武功（今陕西武功）人，唐代文学家。元结：字次山，河南人，唐代诗人。李观：字元宾，赵州赞皇（今河北临城北）人，唐代文学家。　⑯孟郊东野：孟郊，字东野。唐朝湖州武康（今浙江武康）人，唐朝著名诗人，一生很不得志。　⑰李翱：字习之，韩愈的弟子。张籍：字文昌，苏州人，韩愈的学生，擅长乐府。　⑱不释：指心放不开，即郁郁不乐的意思。

译文

大凡东西不平衡时，就要发出响声。草木本无声音，风吹动它们发出声音。水本无声音，风振荡它发出声音。水流腾起波浪，是因为受到激扬；水流得迅疾，是因为水道狭窄形成阻塞；水沸腾，是因为火烧。金属、石头本无声音，是因为敲打它们发出声音。人们发表言论也是这样，是因为心中有不得已的感情激发而发表言论。他们的歌咏是因为有所思虑，他们的哭泣是因为有所感怀。凡是从口中发出而成为声音，大概都是有所不平吧！

音乐是郁结于心的感情抒发出来的，选择那些善于发声的东西而借助它们来发出声音。金、石、丝、竹、匏、土、革、木八种乐器，是器物中最善于发声的。自然界对于四时也是如此，选择善于发声的东西而借助它们发出声音。所以，用鸟在春天发出声音，用雷在夏天发出声音，用虫在秋天发出声音，用风在冬天发出声音。四时的推移变化，大概也必定有不平之处吧！

对于人来说也是如此，人声音的精华是语言，对语言来说，文辞又是精华，更要选择善于表达的人而借助于他们来发表议论。在唐尧、虞舜的时代，咎陶和大禹是善鸣的人，就借助他们来发表议论。夔不能用文辞来发表议论，自己就借韶乐来抒发感情。夏朝的时候，太康的五个弟弟作《五子之歌》而鸣。伊尹鸣于商代。周公鸣于周朝。凡是记载在《诗经》《尚书》等六部经书中的文辞，都是言论中的优秀者。周朝衰微，孔子那样的人发表议论，他们的言论声音宏大，流传久远。《论语》说："上天要把夫子作为木铎啊。"难道不正是这样的吗？周朝末年，庄周以他汪洋恣肆的文辞而鸣。楚国是一个大国，在它灭亡之际，以屈原而鸣。臧孙辰、孟轲、荀卿，以他们的学说而鸣。杨朱、墨翟、管夷吾、晏婴、老聃、申不害、韩非、慎到、田骈、邹衍、尸佼、孙武、张仪、苏秦一班人，都以他们的策略主张而鸣。秦的兴起，李斯为它而鸣。汉朝的时候，司马迁、司马相如、扬雄，是最善于以文辞而鸣的人。以后魏晋时，发表议论的人比不上古代，但还未曾断绝。就其中的优秀者而论，他们的声音清丽而浮夸，节奏繁密而急促，词句淫靡而哀伤，感情松弛而放荡，著作杂乱而无章。大概是上天认为那个时代德行丑恶而不加以眷顾吧？不然，为什么不让那些善鸣的人来鸣一下呢？

　　唐朝得到天下以后，陈子昂、苏源明、元结、李白、杜甫、李观，都以他们各自的才能而鸣。那些活着而处于下位的人中，孟东野开始以诗歌而鸣，他的诗歌超出魏晋时代，有些经过不懈的努力，可以达到古代的水平，其余的也接近汉代诗歌的水平了。跟从我学习的人中，李翱、张籍是最杰出的。孟东野、李翱、张籍三人的诗文确实优秀啊。不知道是上天将使他们的声音和谐，让他们为国家的兴盛而鸣呢？还是将使他们受穷挨饿、心情愁苦，而让他们为自己的不幸而鸣呢？这三个人的命运，就取决于上天了。那么他们处在高位有什么可欢喜的呢？沉沦于下位又有什么可悲愁的呢？东野就职于江南，仿佛有些失意的样子，所以我说命运取决于上天，以此来宽解他。

赏析

　　这是韩愈为孟郊去江南就任溧阳县尉而作的一篇赠序。

文章内容，共分四段。

第一段，论述"物不得其平则鸣"的道理。从草木、水受外力的激动而发出声音，论及人的言论、歌、哭，都是因为有所不平的缘故。

第二段，列举多种自然现象论证不平则鸣的观点。例如：金、石、丝、竹、匏、土、革、木八种乐器，就是最善于发出声音的东西；而上天则用鸟鸣、雷鸣、虫鸣、风声来告诉人一年四季的推移。这就为下文阐述"人也亦然"打下论证的基础。

第三段，论证人也如此，不平则鸣。文章承接上文，从自然界论及人类社会，从唐、虞、夏、商、周、春秋、战国、秦、汉一直谈到魏晋，列举了众多的历史人物的事迹，论证了"物不得其平则鸣"的论点。

第四段，从唐朝的陈子昂、苏源明、元结、李白、杜甫、李观一直说到孟郊、李翱、张籍，认为他们都是善于用诗文来抒发情怀的人。而孟、李、张三人的优秀诗文，不知是上天要使他们的声音和谐来歌颂国家的兴盛呢？还是要使他们穷困饥饿、心情忧愁，而为自己的不幸悲歌呢？最终点明题旨："东野之役于江南也，有若不释然者，故吾道其命于天者以解之。"借以抒发了孟郊怀才不遇的不平之感，对孟郊一生贫困不得志、五十岁才任县尉的遭际，表示了深切的同情。

全文论证的结果，似乎归结于天命。其实，这只是一种委婉其辞的含蓄表达而已。针对孟郊"善鸣"而终生困顿的遭遇，作者表面上说是天意所决定的，实则是指斥当时的社会和统治者不重用人才，切莫误认为韩愈是在宣扬迷信。

文章屡用排比句式，抑扬顿挫，波澜层叠，气势奔放；立论卓异不凡，寓意深刻，不愧是论说文中的佳制。而不平则鸣的著名论断，不仅仅是对社会不公、人才埋没的深刻批判，后来亦成为一个有价值的文学批评观点，影响巨大而深远。

送李愿归盘谷序

韩愈

太行之阳有盘谷。盘谷之间，泉甘而土肥，草木丛茂，居民鲜少。或曰："谓其环两山之间，故曰盘。"或曰："是谷也，宅幽而势阻①，隐者之所盘旋②。"友人李愿居之③。

愿之言曰："人之称大丈夫者，我知之矣。利泽施于人，名声昭于时。坐于庙朝，进退百官，而佐天子出令。其在外，则树旗旄④，罗弓矢，武夫前呵，从者塞途，供给之人，各执其物，夹道而疾驰。喜有赏，怒有刑。才畯满前⑤，道古今而誉盛德，入耳而不烦。曲眉丰颊，清声而便体⑥，秀外而惠中⑦，飘轻裾⑧，翳长袖⑨，粉白黛绿者⑩，列屋而闲居，妒宠而负恃，争妍而取怜。大丈夫之遇知于天子、用力于当世者之所为也。吾非恶此而逃之，是有命焉，不可幸而致也。穷居而野处，升高而望远，坐茂树以终日，濯清泉以自洁⑪。采于山，美可茹⑫；钓于水，鲜可食。起居无时，惟适之安。与其有誉于前，孰若无毁于其后；与其有乐于身，孰若无忧于其心。车服不维⑬，刀锯不加，理乱不知⑭，黜陟不闻⑮。大丈夫不遇于时者之所为也，我则行之。伺候于公卿之门，奔走于形势之途，足将进而趑趄⑯，口将言而嗫嚅⑰，处污秽而不羞，触刑辟而诛戮，侥幸于万一，老死而后止者，其于为人贤不肖何如也？"

昌黎韩愈闻其言而壮之，与之酒，而为之歌曰："盘之中，维子之宫；盘之土，可以稼；盘之泉，可濯可沿；盘之阻，谁争子所？窈而深，廓其有容；缭而曲，如往而复⑱。嗟盘之乐兮，乐且无央⑲！虎豹远迹兮，蛟龙遁藏；鬼神守护兮，呵禁不祥。饮且食兮寿而康，无不足兮奚所望⑳？膏吾车兮秣吾马㉑，从子于盘兮，终吾生以徜徉。"

注释

①宅幽：地方很幽静。宅，位置，环境。势阻：形势很险要。 ②盘旋：逗留往来。 ③李愿：住在盘谷的一位隐士，称为盘谷子，生平不详。 ④树：立。旗旄（máo）：旗帜。旄，旗的一种，旗杆上附有牦牛尾或鸟的羽毛。 ⑤才畯：才能出众的人。畯，同"俊"。 ⑥便（pián）体：美好的体态。 ⑦惠：同"慧"，聪敏。 ⑧裾（jū）：衣襟。 ⑨曳（yè）：同"曳"，拖着。 ⑩粉白黛绿：形容女子打扮得娇艳妩媚。黛，画眉的青黑色颜料。 ⑪濯（zhuó）：洗。 ⑫茹（rú）：吃。 ⑬车服：官员坐的车子和穿的衣服。 ⑭理乱：治乱。因为避唐高宗李治的名讳，所以说"理乱"。 ⑮黜（chù）：降。陟（zhì）：升。 ⑯趑趄（zījū）：进退迟疑不决。 ⑰嗫嚅（nièrú）：想说话又说不出口的样子。 ⑱如往而复：好像走过去了，又绕了回来。 ⑲央：穷尽。 ⑳奚所望：盼望什么。 ㉑膏：油脂，这里指用油脂涂。秣（mò）：喂牲口。

译文

太行山的南面有一个盘谷。盘谷中间，泉水甘美，土地肥沃，草木茂盛，居民稀少。有人说："因为它环绕在两山之间，所以叫盘谷。"有人说："这个山谷，地方幽静而形势险要，是隐士盘桓的地方。"我的朋友李愿就住在那里。

李愿说："被人们称为大丈夫的人，我是知道的。利益恩泽施予他人，名望声誉显扬于当世。坐在朝廷上参与政事，决定百官的进退升降，辅佐天子发号施令。他们出巡在外，便树立旗帜，罗列弓箭，武士在前面吆喝开道，随从塞满道路，供给物品的仆役，各自拿着供奉的物件，在道路的两旁骑着马快跑。高兴时有奖赏，发怒时有刑罚。才华出众的人站满面前，讲古论地颂扬他的盛德，听到耳朵里而也不感到厌烦。姬妾美人，弯弯的眉毛，丰满的面颊，声音清亮，体态美好，外貌秀丽，资质聪明，飘拂着轻盈的衣襟，拖着长长的衣袖，脸上的脂粉搽得雪白，眉毛画得黑里透青，安排下一间间的房屋，闲居于此，妒忌得宠的人而以自己的美貌自负，争比娇美而求得怜爱。这些都是受到皇上的知遇、在当今世上施展才干的大丈夫的所作所为。我并不是厌恶这些而逃避,这是命运注定的,不能侥幸得到。住在穷乡僻野,登上高处眺望远方,坐在茂盛的树下度过一天,用清泉把自己洗得很洁净。山上采摘的,味美可吃;水中垂钓的,味鲜可食。起居没有一定的时间,只求适意安闲。与其当面受人赞誉,不如背后无人诋毁;与其身体享受快乐,不如心中无忧无虑。不受车马和衣服的束缚,刑戮不加于身,天下的治乱不知,官吏的升降不闻。这些是生不逢时的大丈夫的所作所为,我就是这样做的。伺候于公卿门前,奔走于权势路上,想要迈步而踌躇不前,想要开口又吞吞吐吐,处在污浊的地位而不觉得羞耻,触犯了刑法就要受到诛戮,在极少的机会里去寻求偶然的幸运,一直到死才罢休,这种人的为人到底好还是不好呢?"

昌黎人韩愈听到李愿的话,认为很有气魄,给他斟上酒,并且为他歌唱道:"盘谷中间,是你的宫室;盘谷的土地,可以耕种;盘谷的泉水,可以洗浴,可以盘桓;盘谷的地势险阻,谁来争夺你的处所?盘谷幽静深远,空阔而可以容身;盘谷回环曲折,好像是在向前走,不觉又绕转而回头。嗟叹盘谷的快乐啊,乐而无穷!虎豹远离啊,蛟龙躲藏;鬼神守护啊,严禁闯入不祥。饮食其间啊,长寿而健康,没有什么不满足啊,还有什么更多的欲望?用油脂润滑我的车轮啊,喂饱我的马,跟着你去盘谷啊,让我终身自由自在地漫游徜徉。"

赏析

这是韩愈写给友人李愿因求仕不得而归隐盘谷的一篇赠序。全文内容分为三段。

第一段,以简洁的笔墨,叙述盘谷环境的幽美以及其得名的由来。

第二段,借李愿之口,抑扬相间地描写了三种人:声势煊赫的权贵、高洁不污的隐士、卑鄙庸俗的官迷。并于描摹中指陈利害,表达了作者对这三种人厌恶、赞美和鄙视的不同态度。

第三段,独具机杼,以一首送别歌辞结束全篇,感情浓烈,余韵悠长。

古文观止鉴赏

整篇文章，通过对得志士大夫的骄奢和奔走于权贵之门的庸俗之辈的形象描绘，与正直高雅之士的穷居山野相对比，抒发了韩愈政治不得意、仕途坎坷的抑郁心情和满腹牢骚，表达了他对官场丑恶的憎恨和对隐居生活的向往。

艺术上，本文有三个特点。其一，结构变化多端，委婉曲折，有一唱三叹之妙。其二，以散文笔法为主，任情挥洒，不拘一格，又吸取了赋的表现特点，讲对偶，重排比，骈散兼行，长短错落，富于节奏美感。其三，语言独造，形象生动，如"足将进而趑趄，口将言而嗫嚅"，寥寥二句，就将名利之徒的卑屑猥琐之状，刻画得神情毕现，跃然纸上。苏东坡曾经说："欧阳公言晋无文章，惟陶渊明《归去来》一篇而已。余谓唐无文章，惟韩退之《送李愿归盘谷序》而已。"虽不免偏颇，但评价十分崇高，足证此篇在文学史上确实占有重要的地位。

送董邵南序

韩愈

燕赵古称多感慨悲歌之士①。董生举进士②，连不得志于有司③，怀抱利器④，郁郁适兹土⑤。吾知其必有合也⑥。董生勉乎哉！

夫以子之不遇时，苟慕义强仁者⑦，皆爱惜焉，矧燕赵之士出乎其性者哉⑧！然吾尝闻风俗与化移易，吾恶知其今不异于古所云邪⑨？聊以吾子之行卜之也⑩。董生勉乎哉！

吾因之有所感矣。为我吊望诸君之墓⑪，而观于其市，复有昔时屠狗者乎⑫？为我谢曰："明天子在上，可以出而仕矣。"

注释

①燕赵：古代诸侯国。燕国封于西周，在现在河北、辽宁一带。赵国是战国时晋国瓦解后建立的，在现在的河北南部和山西北部。这里用燕赵泛指

河北一带地方。　②董生：董邵南，寿州安丰（今安徽寿县）人，韩愈的朋友。举进士：经州县考核及格，举荐参加进士考试。　③有司：主管部门的官员，指主考官。　④利器：锐利的器具，比喻杰出的才能。　⑤适：去到。兹土：那个地方，指河北一带。　⑥合：遇合，顺心的遭遇。　⑦强仁：努力实行仁义。　⑧矧（shěn）：况且。　⑨恶（wū）：哪里，怎么。　⑩卜：本指占卜，引申为验证。　⑪望诸君：乐毅。事迹详见本书《乐毅报燕王书》。　⑫屠狗者：指高渐离，战国时人。以屠狗为业并善于击筑，荆轲与高渐离交朋友，天天喝酒唱歌，旁若无人。后来高渐离也因刺秦王而被杀。

译文

燕赵一带地方，自古以来被称为多有慷慨悲歌的豪侠人物。董生考进士，接连几次没有被主考官录取，怀抱杰出的才能，闷闷不乐地到燕赵那个地方去。我知道您一定会受到赏识。董生，努力吧！

凭您的才能而不逢时，只要是仰慕正义、努力行仁义的人都会爱护同情，何况燕赵的人士仰慕正义、努力行仁义是出于本性呢！但是我曾经听说风俗是随着教化改变的，我怎么知道那里现在的风俗和古代所说的没有不同呢？姑且以您这次前去验证吧。董生，努力吧！

我因为您这次燕赵之行而有些感想。请为我凭吊一下望诸君的坟墓，并到街市上看看，还有从前那种卖狗肉的民间豪侠吗？请替我告诉他们说："圣明的天子在上，可以出来做官了。"

赏析

本文是韩愈写给友人董邵南的一篇临别赠言。

董邵南当时因几次考进士不中，正要离开京城，去投奔河北的藩镇，以谋出路。韩愈对董的境况，一方面深表同情，希望他能遇到知己，施展才能；一方面又暗寓劝告，希望董不要去投靠、依附那些割据一方、专横跋扈的藩镇势力。这种矛盾的心情，不便直说，只好在文章中委婉曲折地表现出来。

文章分为三段。第一段，勉励朋友出游要好好努力，安慰朋友此行必然会适意投合；第二段，文意一转折，阐明风俗随时代变迁，教化古今亦有所不同，董生此去不一定会适意投合，暗示董生不应该到河北去；第三段抒写自己送别的感想，请董生吊望诸君之墓，请荆轲那样的侠义人士出来做官，报效朝廷，申明劝阻之意，劝董生三思而后行。

全文意思层层深入，一转再转，古今贯穿，正说反说，委婉曲折，波澜起伏，把自己送别董邵南的复杂心情表现出来，显示出韩愈反对藩镇割据、维护国家统一的政治态度。

整篇文章一百余字，篇幅短小而含蕴丰厚；感情真挚，自然流畅，层澜迭波，曲尽变化；充分体现出韩愈散文的高度艺术技巧。清人刘大櫆说："退之以雄奇胜，独此篇……深微屈曲，读之觉高清远韵，可望不可及。"清人张裕钊说："寄兴无端，此乃可谓之妙远不测。"评价颇高。证以全文，不为谬许。

送杨少尹序

韩愈

昔疏广、受二子①，以年老，一朝辞位而去。于时公卿设供张②，祖道都门外③，车数百两，道路观者多叹息泣下，共言其贤。汉史既传其事，而后世工画者又图其迹，至今照人耳目，赫赫若前日事。国子司业杨君巨源④，方以能诗训后进，一旦以年满七十，亦白丞相去归其乡。世常说古今人不相及，今杨与二疏，其意岂异也？

予忝在公卿后⑤，遇病不能出，不知杨侯去时，城门外送者几人，车几两，马几匹，道边观者亦有叹息知其为贤与否？而太史氏又能张大其事⑥，为传继二疏踪迹否？不落莫否？见今世无工画者⑦，而画与不画，固不论也。然吾闻杨侯之去，丞相有爱而惜之者，白以为其都少尹⑧，不绝其禄，又为歌诗以劝之，京师之长于诗者，亦属而和之⑨。又不知当时二疏之去，有是事否？

古今人同不同未可知也。

中世士大夫以官为家，罢则无所于归。杨侯始冠⑩，举于其乡，歌《鹿鸣》而来也⑪。今之归，指其树曰："某树吾先人之所种也。某水某丘，吾童子时所钓游也。"乡人莫不加敬，诫子孙以杨侯不去其乡为法。古之所谓乡先生，没而可祭于社者⑫，其在斯人欤？其在斯人欤？

注释

①疏广、受：人名，疏广和疏受，西汉人，为叔侄。汉宣帝时疏广任太子太傅，其侄疏受做太子少傅，两人同时辞官而归，被誉为贤人，传为美谈。　②公卿：三公九卿，泛指高官。设供张：陈设帷帐置酒席以饯行。供张，即供帐。　③祖道：饯行。　④国子司业：官名，为国子监（当时的最高学府）的副长官。杨君巨源：杨巨源，字景山，河中（今山西永济）人。任国子司业，辞归乡里后，任河中少尹，所以又称杨少尹。　⑤忝：谦词，表示辱没他人，自己有愧。　⑥太史氏：史官。　⑦见今：现今。　⑧白：告白，指奏明朝廷。或无此字。其都：指杨巨源的家乡河中府。　⑨属：跟从，跟随。　⑩冠：行冠礼，古时男人二十岁行冠礼，以示成年，这里借指年岁。　⑪《鹿鸣》：《诗经·小雅》的篇名，是宴宾客时所用的乐歌。唐代州、县考试完毕，地方长官出面主持酒礼，歌《鹿鸣》。　⑫社：古代祭祀土地神的地方，这里指乡贤祠一类的祠庙。

译文

从前疏广、疏受两位先生，因为年老，同时辞官回去。当时，公卿摆设了供帐酒具，在都城的城门外替他们饯行，车子有几百辆，站在路旁观看的人大都赞叹以致流泪，都说他们很贤明。《汉书》已经记述了他们的事迹，后代擅长绘画的人又描画了这个场面，至今还呈现眼前，回响耳边，清清楚楚，仿佛昨天的事情。国子司业杨巨源君，正以他擅长于诗教导后辈，一旦因为年满七十岁，也告诉丞相说要辞去官职回故乡去。世人常说今人和古人不能相比，如今杨君和二疏，他们的心志和意趣难道有什么不同吗？

我惭愧地列于公卿之后在朝廷任职，因为生病不能出门，不知道杨侯离去的时候，城门外送行的有多少人，车子有多少辆，马有多少匹,在路旁观看的人是不是也有赞叹、知道他是贤人的呢?而史官是不是又能够宣扬他的事迹,继二疏的事迹为他作传呢?他是不是冷落寂寞呢?现在世上没有擅长绘画的人,而画与不画本来可以不论。但我听说杨侯离去,丞相对他有爱护和惋惜的意思,启奏朝廷封他为他家乡的少尹,不停供他的俸禄,还写了诗歌勉劝他,京城中善于写诗的人,也跟着写诗唱和。我也不知道当时二疏离去的时候,是不是有这样的事?古人和今人到底是相同还是不同,就不得而知了。

中世的士大夫以官府为家,辞官之后就没有可归去的地方。杨侯年轻的时候,被他家乡举荐,参加演唱《鹿鸣》的酒礼之后而来。如今回到故乡,指着那些树说:"某树是我先人种的。某条河某座山,是我小时候钓鱼游玩的地方。"家乡的人无不对他更加尊敬,并告诫子孙要以杨侯不离开故乡为榜样。古代所说的乡先生,死了以后可以进乡贤祠受祭祀,大概就是杨侯这样的人吧?大概就是杨侯这样的人吧?

赏析

本文是韩愈送杨巨源辞官归乡的一篇赠序。

杨巨源,字景山,河中(今山西永济)人,唐德宗贞元五年(789)中进士,以诗擅名,任国子司业,年老辞官归乡,任河东少尹,故称"杨少尹"。少尹,官名,唐开元以后各郡置尹一人,少尹二人。少尹为尹的辅佐官。

文章内容分为三部分。

首先,遥叙汉代疏广、疏受两兄弟辞官归乡的情形,极写送别场面的热闹,突出疏氏兄弟的贤德;同时,概述杨巨源生平进退,将杨巨源的辞官归乡与疏氏兄弟相提并论。起笔高古,确立全篇中心。

其次,具体将杨巨源与疏氏兄弟作比较,推论二疏所有的盛大送别场景,正是杨巨源的所无,而二疏所无的丞相爱而惜之、诗者属而和之,正是杨巨源的所有。因此,杨巨源的美德亦不可掩。

最后，抒发作者的慨世之论，标举杨巨源热爱故乡、回归故乡的可敬可羡。笔触细致，情景宛然，一唱三叹，有不尽的韵味。

整篇文章，把杨少尹辞官归乡的行为与汉朝疏广、疏受兄弟相提并论，赞扬了杨少尹功成身退、眷恋故乡的美德。

全文融赞叹之情于叙事之中，感情真挚浓烈，叙述生动流畅，有浓厚的抒情意味。

送石处士序

韩愈

河阳军节度御史大夫乌公①，为节度之三月②，求士于从事之贤者③，有荐石先生者④。公曰："先生何如？"曰："先生居嵩邙、瀍谷之间⑤，冬一裘，夏一葛⑥，食朝夕，饭一盂，蔬一盘。人与之钱，则辞；请与出游，未尝以事免；劝之仕，不应。坐一室，左右图书。与之语道理，辨古今事当否，论人高下，事后当成败，若河决下流而东注，若驷马驾轻车就熟路，而王良、造父为之先后也⑦，若烛照、数计而龟卜也⑧。"大夫曰："先生有以自老，无求于人，其肯为某来邪？"从事曰："大夫文武忠孝，求士为国，不私于家。方今寇聚于恒⑨，师环其疆，农不耕收，财粟殚亡⑩。吾所处地，归输之途。治法征谋，宜有所出。先生仁且勇，若以义请而强委重焉，其何说之辞？"于是撰书词，具马币⑪，卜日以受使者，求先生之庐而请焉。

先生不告于妻子，不谋于朋友，冠带出见客，拜受书礼于门内。宵则沐浴，戒行李，载书册，问道所由，告行于常所来往。晨则毕至，张上东门外⑫。

酒三行，且起，有执爵而言者曰⑬："大夫真能以义取人，先生真能以道自任，决去就，为先生别。"又酌而祝曰："凡去就出处何常？惟义之归。遂以为先生寿⑭。"又酌而祝曰："使大夫恒无变其初，无务富其家而饥其师，无甘受佞人而外敬正士，无昧于谄言，惟先生是听，以能有成功，保天子之宠命。"又祝曰："使先生无图利于大夫，而私便其身图。"先生起拜祝辞，曰："敢不敬蚤夜以求从祝规⑮！"

于是东都之人士⑯，咸知大夫与先生果能相与以有成也。遂各为歌诗六韵，遣愈为之序云。

注释

①河阳：治所在今河南孟州。节度：节度使，唐代官名，主持一个地区军政的最高长官，下辖二三州至十余州不等。御史大夫：掌握监察执法的官。乌公：姓乌，名重胤，公为尊称。 ②为节之三月：乌重胤任河阳军节度使御史大夫的时间是唐宪宗元和五年（810）四月，为节度之三月，即这年的六、七月间。 ③从事：佐吏。州郡长官自己聘用的属官。 ④石先生：姓石，名洪，字濬川，洛阳人。曾任黄州录事参军，罢职后退居洛阳，十年不仕，所以又称石处士（处士指没有做官的士人）。 ⑤嵩邙（sōng máng）：嵩山、邙山，都在今河南境内。瀍（chán）谷：瀍河和谷河。都在洛阳附近汇入洛河。 ⑥葛：麻布。 ⑦王良、造父：相传都是古代善于驾车的人。 ⑧烛照：烛火照明，比喻明察。数计：用蓍草算卦，比喻料事准确。龟卜：用龟甲预卜吉凶，比喻善于推断。 ⑨寇聚于恒：贼寇聚集在恒州。唐宪宗元和四年，成德军节度使王士贞死，其子在恒州叛乱。 ⑩殚（dān）：尽。亡：无。 ⑪币：礼物。 ⑫张：供张，摆设帷帐酒席。 ⑬爵：古代盛酒的三足酒器。 ⑭寿：祝酒。 ⑮蚤：同"早"。祝规：祝愿和规劝。 ⑯东都：指洛阳。

译文

河阳军节度使御史大夫乌公，担任节度使的第三个月，向贤能的幕僚访求人才，有向他推荐石先生的。乌公问："石先生为人如何？"那幕僚说："石先生住在嵩山、邙山和瀍河、谷河之间，冬天一件皮衣，夏天一件麻衣，每天早晚两餐饭，米饭一碗，蔬菜一盘。人家送给他钱，他推辞不受；请他一起出去游玩，没有借故推辞过；劝他做官，他不答应。他坐在一间房间里，左右都是图书。同他谈论道理，辨析古今之事是否恰当，评论人物高低，推断事情日后成功还是失败，他的话就像黄河决堤奔流而下，向东涌注，就像四匹马驾着轻车在熟悉的道路上奔驰，而且是王良、造父在车子前后驾驭，犹如烛光照明暗处，像算卦、占卜一样有预见。"乌大夫说："石先生有志于隐居到老，没有什么事情可求人，他肯为我而来吗？"那幕僚说："乌大夫文武双全、忠孝具备，访求士人是为了国家，不是为自家的私利。目前寇贼聚在恒州，军队包围了那儿的四方，农民不能耕田收获，财物粮食已经用光吃光。我们所处的地方，是物资运输的要道。治理的办法，讨贼的计谋，应该有人来出。石先生仁义而且勇敢，如果以大义请他并委以重任，他有什么理由推辞呢？"于是写了聘书，备办马匹、聘礼，选好日子交给使者，寻石先生的住所请他。

石先生没有告诉妻子，没有和朋友商量，穿戴好衣帽出来会见客人，在家门之内拜受聘书聘礼。晚上沐浴一番，整理了行装，把书籍装在车上，讯问清楚前往的道路，并把动身的消息告诉了和他经常来往的朋友。第二天早晨，这些朋友都到齐了，在东门外为他设宴饯行。

酒过三巡，就要起身告别了，有人拿着酒杯说："乌大夫真能以义选取人才，石先生真能以道为己任，来决定进退，为先生告别干了这杯。"又斟了酒祝贺说："凡是一个人的去就取舍，用什么来做准则呢？只有归于义。因此为了义再敬先生一杯。"又斟了酒祝贺说："希望乌大夫永远不变初衷，不要只顾自家的富足而让士兵挨饿，不要高兴地听信花言巧语之人而仅仅表面上尊敬正直之士，不要被谄谀的话蒙蔽，希望他只听先生您的话，从而能够获得成功，保全天子的宠命。"又祝贺说："希望先生不要从乌大夫那里谋取私利，利用方便谋取个人好处。"石先生起身拜谢祝酒词，说："我怎敢不恭敬地早晚遵守这种祝愿和规劝！"

由此，东都的人士，都知道乌大夫和石先生一定能够相互合作并得到成功。于是各人写了一首六韵的诗歌，叫我为诗歌写了这篇序。

赏析

本文是韩愈送洛阳处士石洪出仕的一篇赠序。

处士,指没有做官的读书人。石洪隐居洛阳,十年不仕,故称"石处士"。后来,应河阳军节度使、御史大夫乌重胤的邀请,到乌府任幕僚,韩愈特作此文以送之。

全文可分两部分。

第一部分,记叙乌公和幕僚的对话,通过几问几答,表现石处士的品德才学。既赞处士之贤,同时也赞乌公之能知贤,求贤。双方共同点在一个"义"字上,并以此"义"解众人对处士出仕之疑。

第二部分写石处士的应聘和饯别宴席上东都士人的祝辞,以及石处士的答辞。规劝处士与乌公的话,通过送行者口中道出,委婉而得体。

本文以记叙的形式,通过人物的行为、对话,来表达作者对人物的评价和期待,常常以议论代叙事,这是对序的传统写法的一个突破。文章构思细密,曲折多变,层层深入,愈转愈佳,令人百读不厌。

送温处士赴河阳军序

韩愈

伯乐一过冀北之野[1],而马群遂空。夫冀北马多天下,伯乐虽善知马,安能空其群邪?解之者曰:"吾所谓空,非无马也,无良马也。伯乐知马,遇其良,辄取之,群无留良焉。苟无良,虽谓无马,不为虚语矣。"

东都[2],固士大夫之冀北也。恃才能深藏而不市者,洛之北涯,曰石生[3],其南涯,曰温生[4]。大夫乌公[5],以铁钺镇河阳之

卷之八 唐文

三月⑥，以石生为才，以礼为罗⑦，罗而致之幕下⑧。未数月也，以温生为才，于是以石生为媒，以礼为罗，又罗而致之幕下。东都虽信多才士，朝取一人焉，拔其尤⑨，暮取一人焉，拔其尤，自居守、河南尹⑩，以及百司之执事⑪，与吾辈二县之大夫⑫，政有所不通，事有所可疑，奚所咨而处焉？士大夫之去位而巷处者，谁与嬉游？小子后生，于何考德而问业焉？缙绅之东西行过是都者⑬，无所礼于其庐。若是而称曰："大夫乌公一镇河阳，而东都处士之庐无人焉！"岂不可也？

夫南面而听天下⑭，其所托重而恃力者，惟相与将耳。相为天子得人于朝廷，将为天子得文武士于幕下，求内外无治，不可得也。愈縻于兹⑮，不能自引去，资二生以待老⑯。今皆为有力者夺之，其何能无介然于怀邪⑰？生既至，拜公于军门，其为吾以前所称⑱，为天下贺，以后所称⑲，为吾致私怨于尽取也。

留守相公首为四韵诗歌其事⑳，愈因推其意而序之。

注释

①伯乐：指春秋秦穆公时善于相马的孙阳。孙阳，字伯乐，用以比喻善于发现人才者。冀北：冀州的北部，冀州在今河南、河北一带。　②东都：指洛阳。　③石生：名洪，字濬川，洛阳人，即《送石处士序》中的石处士。　④温生：即温造，字简舆，曾隐居王屋山及洛阳，后官至礼部尚书。　⑤大夫乌公：即河阳军节度使、御史大夫乌重胤。　⑥铁（fū）钺（yuè）：用以象征军权。铁，铡刀。钺，大斧。　⑦罗：捕鸟的网。　⑧幕：指帷幕，旁边的叫帷，上面的叫幕。军营没有固定的住所，所以称将帅官署叫幕府。　⑨尤：优秀的。　⑩居守：东都洛阳留守，当时任东都留守的是郑余庆。河南尹：河南府的最高行政长官房式。　⑪百司之执事：婉指百官。　⑫二县：指东都城下的洛阳县、河南县，当时韩愈任河南县令，所以称"吾辈二县之大夫"。　⑬缙绅：本指官员的衣饰，借指仕宦。　⑭南面：指君主。古代以北为尊，帝王坐北向南。　⑮縻（mí）：系住，这里指束缚，羁留。　⑯二生：指上文的石生（石洪）、温生（温造）。　⑰介然：埋怨的心情。　⑱前所称：指上文中将相为天子选拔人才。　⑲后所称：指石生、温生被选走，使河南人才空虚。　⑳留守相公：指东都留守郑余庆。

译文

伯乐一走过冀北的郊野，马群就空了。那冀北的马在天下是最多的,伯乐虽然善于识马,又怎么能够使马群为之一空呢?解释的人说:"我所说的空,不是没有马,是没有好马。伯乐识马,遇到好马就取了去,马群中没有留下好马了。假如没有好马了,即使说没有马,也不是虚夸的话。"

东都洛阳,本来是士大夫的冀北。怀有才能,深深隐居而不愿为官换取俸禄的人,洛水北岸的叫石生,洛水南岸的叫温生。大夫乌公,凭着天子赐给的斧钺镇守河阳的第三个月,认为石生是人才,以礼为工具,将他罗致到幕府之下。没有几个月的工夫,又认为温生是人才,于是让石生做介绍人,以礼为工具,又将温生罗致到幕府之下。纵然东都确实有很多才能出众的人,早晨取一人,选拔其中最优秀的,晚上取一人,选拔其中最优秀的,那么从东都留守、河南府尹,到各部门的主管官员,以及我们两县的大夫,政事有不顺利之处,事情有疑惑不解之处,又到哪里去咨询从而妥善处理呢?士大夫辞去官位而闲居里巷的人,同谁去交游呢?年轻的后生小子,到哪里去考察道德、询问学业呢?东西往来,经过东都的官员,也不能在他们的居处以礼仪拜访他们了。人们以这样的情况而称赞说:"大夫乌公一镇守河阳,东部处士的茅庐中竟没有人了!"难道不可以吗?

天子治理天下,他所托重和依靠的人,只是宰相和将军罢了。宰相在朝廷为天子求得贤人,将军在幕府为天子求得谋士和武将,这样,设想内外得不到治理,是不可能的了。我羁留此地,不能自己退而离去,想靠石生、温生的帮助直到告老归去。现在他们都被有权力的人夺去了,我怎么能不耿耿于怀呢?温生到了那里之后,在军门拜见乌公时,请以我前面说的关于宰相将军选拔人才的话,替天下道贺,请把我后面说的关于我对他选尽东都贤人的私怨告诉他。

留守相公第一个做了一首四韵八句的诗来歌颂这事,我便趁势发挥他的意思写了这篇序。

赏析

温处士,名造,字简舆,与韩愈友善。曾隐居在洛阳附近,不仕，故称"处士"。后来，应河阳节度使乌重胤的邀请，到河阳节度使幕府任职。

本文即韩愈送别温造赴河阳时所写的一篇赠序。

全文分为四段。第一段，开篇悠渺，不谈送别，却大谈伯乐与马的关系。既为全文引子，预作铺垫，又使文章不落窠臼，生动活泼而富于理趣。

第二段，抒发对乌、温二人的称赞。下分三层展开：首先，指明乌重胤善于发现人才，是一位伯乐，温造有才有德，是一匹千里马。然后，以石洪为例，赞扬了乌重胤的知人善任，并且肯定了石洪、温造二人以国家利益为重、不计个人名誉的出仕行为。妙在不正面落笔，也不一本正经地板着脸孔说教，而是巧用一连串设问，把对温造的尊敬、赞扬表达出来。最后，再接以对乌重胤的推许，用伯乐识千里马赞喻乌大夫，结束本段。这样，就使文章意气一贯，使看似游离的一段比喻落到了实处。

第三段，从国家的安定、个人的得失、自己的高兴和惆怅等不同方面着笔，评价了温出仕的意义，以及对自己的影响。把一腔既兴奋又惆怅、既庆贺又留恋的复杂感情表现得十分鲜明和强烈。

最后一段，倒点出作序的原委，并以八句诗歌作结。感情浓烈，余韵悠长。

整篇文章，有内容，有感情，有叙述，有议论，层次清晰，结构完整，波澜起伏，毫无苍白、呆滞之弊。

祭十二郎文

韩 愈

年月日[①]，季父愈闻汝丧之七日[②]，乃能衔哀致诚，使建中远具时羞之奠[③]，告汝十二郎之灵[④]：

呜呼！吾少孤，及长，不省所怙⑤，惟兄嫂是依⑥。中年兄殁南方⑦，吾与汝俱幼，从嫂归葬河阳⑧。既又与汝就食江南⑨，零丁孤苦，未尝一日相离也。吾上有三兄⑩，皆不幸早世，承先人后者，在孙惟汝，在子惟吾，两世一身，形单影只。嫂尝抚汝指吾而言曰："韩氏两世，惟此而已！"汝时尤小，当不复记忆，吾时虽能记忆，亦未知其言之悲也。

吾年十九，始来京城。其后四年，而归视汝。又四年，吾往河阳省坟墓，遇汝从嫂丧来葬。又二年，吾佐董丞相于汴州⑪，汝来省吾，止一岁，请归取其孥⑫。明年，丞相薨⑬，吾去汴州，汝不果来。是年，吾佐戎徐州⑭，使取汝者始行，吾又罢去⑮，汝又不果来。吾念汝从于东⑯，东亦客也，不可以久，图久远者，莫如西归⑰，将成家而致汝⑱。呜呼！孰谓汝遽去吾而殁乎⑲！吾与汝俱少年，以为虽暂相别，终当久相与处，故舍汝而旅食京师，以求斗斛之禄⑳。诚知其如此，虽万乘之公相，吾不以一日辍汝而就也！

去年，孟东野往㉑，吾书与汝曰："吾年未四十，而视茫茫，而发苍苍，而齿牙动摇。念诸父与诸兄㉒，皆康强而早世，如吾之衰者，其能久存乎？吾不可去，汝不肯来，恐旦暮死，而汝抱无涯之戚也。"孰谓少者殁而长者存，强者夭而病者全乎？呜呼！其信然邪？其梦邪？其传之非其真邪？信也，吾兄之盛德而夭其嗣乎？汝之纯明而不克蒙其泽乎㉓？少者强者而夭殁，长者衰者而存全乎？未可以为信也。梦也，传之非其真也，东野之书，耿兰之报，何为而在吾侧也？呜呼！其信然矣！吾兄之盛德而夭其嗣矣！汝之纯明宜业其家者，不克蒙其泽矣！所谓天者诚难测，而神者诚难明矣！所谓理者不可推，而寿者不可知矣！虽然，吾自今年来，苍苍者或化而为白矣，动摇者或脱而落矣。毛血日益衰，志气日益微㉔，几何不从汝而死也。死而有知，其几何离；其无知，悲不几时，而不悲者无穷期矣！汝之子始十岁，吾之子始五岁，少而强者不可保，如此孩提者，又可冀其成立邪？呜呼哀哉！呜呼哀哉！

汝去年书云："比得软脚病㉕，往往而剧。"吾曰："是疾也，

卷之八 唐文

江南之人，常常有之。"未始以为忧也。呜呼！其竟以此而殒其生乎？抑别有疾而致斯乎？汝之书，六月十七日也；东野云，汝殁以六月二日；耿兰之报无月日。盖东野之使者，不知问家人以月日；如耿兰之报，不知当言月日。东野与吾书，乃问使者，使者妄称以应之耳。其然乎？其不然乎？

今吾使建中祭汝，吊汝之孤与汝之乳母。彼有食可守以待终丧，则待终丧而取以来；如不能守以终丧，则遂取以来。其余奴婢，并令守汝丧。吾力能改葬，终葬汝于先人之兆㉖，然后惟其所愿。

呜呼！汝病吾不知时，汝殁吾不知日，生不能相养以共居，殁不能抚汝以尽哀，敛不凭其棺㉗，窆不临其穴㉘。吾行负神明而使汝夭，不孝不慈，而不得与汝相养以生，相守以死，一在天之涯，一在地之角，生而影不与吾形相依，死而魂不与吾梦相接，吾实为之，其又何尤㉙？彼苍者天，曷其有极㉚？自今以往，吾其无意于人世矣㉛，当求数顷之田于伊、颍之上㉜，以待余年。教吾子与汝子，幸其成；长吾女与汝女，待其嫁。如此而已。呜呼！言有穷而情不可终，汝其知也邪？其不知也邪？呜呼哀哉！尚飨㉝。

注释

①年月日：旧说指贞元十九年（803）五月二十六日，按祭文内容当是六月二十六日。　②季父：小叔父。兄弟排行，有时用伯、仲、叔、季做次序。　③建中：人名。与下文的"耿兰"可能都是韩愈家中的仆人。时羞：应时的新鲜菜肴。奠：以酒食祭死者，这里指祭品。　④十二郎：名老成，韩愈的侄子。在族中排行十二，所以称十二郎。韩愈的大哥无子，所以过继十二郎为子，韩愈二岁丧父，由大哥大嫂抚养，因此从小和十二郎生活在一起。　⑤怙（hù）：恃，依靠。　⑥兄嫂：指韩愈的大哥韩会及大嫂郑氏。　⑦兄殁（mò）南方：大历十三年（777），韩愈的大哥由起居舍人贬韶州（治所在今广东韶关西）刺史，后死于任所，时年四十二岁。　⑧河阳：在今河南孟州西。韩氏祖宗坟墓所在地。　⑨江南：指宣州（今安徽宣城），韩氏有别墅在此。德宗建中二年（781），以中原兵难不息，韩愈随嫂移家宣州。　⑩三兄：韩愈只有韩会、韩介两个胞兄，"三"疑有误传。　⑪董丞相：董晋。贞元十二年（796）七月，董晋任宣武军节度使，汴、宗、亳、颍等州观察使，

477

古文观止鉴赏

韩愈在他手下任推官。汴州：治所在今河南开封。 ⑫孥（nú）：统称妻子儿女。 ⑬薨（hōng）：古代称诸侯或高级官员的死亡叫薨。 ⑭佐戎徐州：在徐州参助军事。 ⑮罢去：贞元十六年（800）五月，张建封卒，韩愈西归洛阳。罢，解除官职。 ⑯东：指汴州、徐州。它们在韩愈故乡河阳的东边。 ⑰西归：指回故乡河阳。 ⑱成家：安好家。 ⑲遽（jù）去吾：突然离开我。 ⑳斗斛（hú）：古代量器，十斗为一斛，这里指微少。 ㉑孟东野：孟郊，唐代著名诗人，韩愈的好朋友。当时孟郊去江南任溧阳（今属江苏省）尉，溧阳去宣州不远，所以韩愈托他带信。 ㉒诸父：伯、叔父的统称。 ㉓克：能够。蒙：承受。 ㉔志气：指精神。 ㉕比：近来。软脚病：即脚气病，一种双脚萎弱、不能行走的病。 ㉖兆：坟地。 ㉗敛：同"殓"，给死者更衣入棺。 ㉘窆（biǎn）：下葬。穴：墓穴。 ㉙何尤：怨恨什么。 ㉚曷（hé）：何，什么。 ㉛人世：人世间事，这里指出仕做官。 ㉜顷：相当于一百亩。伊、颍（yǐng）：二水名，都在今河南省境内。这里指韩愈的故乡。 ㉝尚飨：希望死者的灵魂来享受祭品。旧时祭文常用此语结尾。

译文

年月日，叔父韩愈听到你去世消息的第七天，才能够含着悲痛向你表达心意，派建中从远地备办应时的鲜美的菜肴祭品，祭告你十二郎的魂灵：

唉！我幼年就死了父亲，到长大成人，不记得父亲的容貌，只有依靠哥哥嫂嫂。哥哥中年死在南方，我和你年纪都小，跟随嫂嫂把灵柩送回河阳安葬。接着又同你到江南度日，虽然孤苦伶仃，但一天也不曾离开过。我上边有三个哥哥，都不幸早死，继承祖先的后代，在孙辈只有你，在子辈只有我。子孙两代都只剩下一个人，真是形影孤单。大嫂曾经抚摸着你，指着我说："韩家两辈，只有你们叔侄两个罢了！"你那时更小，一定不会再记得了，我当时虽然能记事，但也还不能体会嫂嫂这句话中的悲痛啊！

我十九岁，初次来到京城。四年以后，才回去看你。又过了四年，我去河阳祭扫祖坟。碰到你护送嫂嫂的灵柩回来安葬。又过了两年，我在汴州辅助董丞相，你来探望我，住了一年，你请求回去接妻子儿女。第二年，董丞相去世，我离开汴州，你结果没有能来。这一年，我在徐州参助军事，派去接你的人刚动身，我又罢职而离开徐州,结果你又没来成。我想你跟随我东来徐州,也是异乡客地,不能久住,从长远打算,不如西归,把家安置好再来接你。唉!谁能料到你突然离开我而死去啊!我和你都还年轻,认为虽然暂时离别,终究会长久住在一起的,所以我丢下你到长安谋生,以求得微薄的俸禄。假使早知道会是这样,即使做车马万乘的公卿宰相,我也不会离开你一天而去赴任。

去年,孟东野到江南,我写信给你说:"我年纪还不到四十,却已视力模糊,头发花白,牙齿动摇。想到伯叔与兄长,都身体强壮而过早去世,像我这样衰弱的人,还能够活得长久吗?我不能离去,你不愿前来,担心早晚死去,而使你抱无穷无尽的悲伤啊。"谁能料到年轻的死去了,年长的却活着,健康的人早死,有病的人却能保全呢?唉!是真的如此呢?还是一场梦呢?还是传来的消息不真实呢?真的如此,我的哥哥具有美好的德行,他的儿子会早死吗?你那样纯正贤明竟不能承受他的福泽吗?年轻强壮的反而早死,年长体弱的却能保全活着吗?实在不能相信啊!是一场梦,是传来的消息不真实,为什么孟东野的书信,耿兰送来的讣告,却在我的身旁呢?唉!这是确实的了。我哥哥具有美好的德行,他的子孙竟早死。你如此纯正贤明,应该继承家业,却不能承受你父亲的福泽啊。这实在是苍天难以猜测,神灵实在难以明白啊!这实在是天理不可推究,寿命不可预卜啊!虽然如此,我从今年以来,花白的头发有的变为雪白了,动摇的牙齿有的脱落了,体质一天天衰弱,精神一天天衰退,没有多久就会跟着你死去了。死后如果有知,那我们就不会离开多久了;如果死后无知,这悲伤的时间就不会太长,而不悲伤的日子倒是无穷无尽的了。你的儿子刚十岁,我的儿子才五岁。年轻强健的尚且不能保全,这样的幼儿,又怎能希望他们成长自立呢?唉,悲伤哀痛啊!唉,悲伤哀痛啊!

你去年的信中说:"近来患了软脚病,时常发作得很厉害。"我回信说:"这种疾病,江南的人经常有的。"当初没有把它看作一种忧患。唉,难道竟然因为这种病就让你丧生了吗?还有别的疾病才到这个地步呢?你的来信写于六月十七日,东野说你死于六月二日，耿兰报丧，不知道应该写明月日。大概东野派来的人不知道向家里人问明你的死期，正如耿兰报丧不知道应当讲明你的忌日。东野给我写信时，才问差遣的人，这人随便说一个日子来回答罢了。是这样呢？不是这样呢？

现在我派建中前来祭奠你，慰问你的孤儿，同你的乳母。他们若有吃的，就可以守丧到丧期终了，待结束了丧期再把他们接来。如果他们不能守到丧期终了，那就立刻把他们接来。其余的奴婢，叫他们一起为你守丧。如果我有能力改葬，最后一定把你安葬在祖先的墓地，这样才能了却我的心愿。

唉！你生病我不知道时间，你去世我不知道日子。活着的时候我没有抚养你，同你在一起生活，你死后我没有亲自抚摸你的遗体，表达我哀伤之情，你入殓时我没有靠在你的棺木旁，下葬时我没有亲临你的墓穴。我的行为辜负了神灵而使你早早死去。我不孝顺不慈爱，因而不能和你相养而生，相守而死。一个在天涯，一个在地角。你生时，影子不同我的形体相依，你死后，魂魄不在我的梦中相遇，这实在是我造成的，能够怨谁？那苍天啊，这悲伤哪有尽头？从今以后，我将无意在人世上奔忙了，还是置办几顷田地在伊、颍的故土上，来度过余下的岁月。教育我的儿子和你的儿子，希望他们成长；养育我的女儿和你的女儿，等到她们出嫁。就这样罢了。唉，话有说完的时候，可是哀痛之情却不可终止。你是知道呢？还是不知道呢？唉，悲伤哀痛啊！你来享用祭品吧。

赏析

本文是韩愈哀悼亡侄十二郎（名老成）的一篇祭文。

文章通过对家庭、身世以及生活往事的回忆，倾诉了对亡侄的无限哀痛之情，同时也抒发了作者对于家境零落、宦海浮沉、人事无常的深沉慨叹。

祭文内容，紧紧扣合叔侄二人生离死别这一中心展开，可分为四层。

第二自然段为第一层，追忆早年叔侄二人伶仃孤苦、饱经忧患的艰辛，突出了叔侄相守相依的亲密感情。

第三自然段为第二层，哀叹自己为"斗斛之禄"而奔波劳累，未能与侄儿相养共居的遗憾。

第四、五两自然段为第三层，叙写十二郎的疾病、死期，以及围绕此事的书信往来。字里行间，流溢着深深的内疚、自责之情。

最后两个自然段为第四层，叙写自己得到噩耗后复杂剧烈的思想活动，情感上的痛苦折磨，以及对善后处理的打算。由信到疑，由疑到信，反复抒写悲哀之情，一片诚挚。

全篇文章，忆亲情，哀往事，哭亡侄，悼自己，一切发自内心。深厚真挚的骨肉之情，无尽的沉痛哀思，都得到了淋漓尽致的表现。

本文在内容上突破了以称颂死者为主的陈旧观念，在形式上摈弃了传统祭文四言韵文的固定模式，而采用明白如话的散体文，像面对死者叙述家常一样，语言朴实，绝去粉饰，采用重叠的词语和回环往复的笔调，叙事具体详备，抒情起伏激荡，事因情生，情随事发，一字一泪，肝肠寸断，形成了震撼人心的艺术力量。前人评价此文是"祭文中千年绝调"，实事求是，堪称确评。

祭鳄鱼文

韩愈

维年月日，潮州刺史韩愈使军事衙推秦济①，以羊一、猪一，投恶溪之潭水②，以与鳄鱼食，而告之曰：

昔先王既有天下③，列山泽④，罔绳擉刃⑤，以除虫蛇恶物为民害者，驱而出之四海之外。及后王德薄，不能远有，则江汉之间，尚皆弃之以与蛮、夷、楚、越⑥，况潮，岭海之间⑦，去京师万里哉！鳄鱼之涵淹卵育于此⑧，亦固其所。今天子嗣唐位⑨，神圣慈武，四海之外，六合之内⑩，皆抚而有之，况禹迹所掩，扬州之近地⑪，刺史、县令之所治，出贡赋以供天地宗庙百神之祀之壤者哉！鳄鱼其不可与刺史杂处此土也。

刺史受天子命，守此土，治此民，而鳄鱼睅然不安溪潭⑫，据处食民畜、熊、豕、鹿、獐，以肥其身，以种其子孙，与刺史亢拒⑬，争为长雄。刺史虽驽弱，亦安肯为鳄鱼低首下心，伈伈睍睍⑭，为民吏羞，以偷活于此邪！且承天子命以来为吏，固其势不得不与鳄鱼辨。

鳄鱼有知，其听刺史言：潮之州，大海在其南，鲸、鹏之大，虾、蟹之细，无不归容，以生以食，鳄鱼朝发而夕至也。今与鳄鱼约：尽三日，其率丑类南徙于海⑮，以避天子之命吏；三日不能，至五日；五日不能，至七日；七日不能，最终不肯徙也。是不有刺史、听从其言也。不然，则是鳄鱼冥顽不灵，刺史虽有言，不闻不知也。夫傲天子之命吏，不听其言，不徙以避之，与冥顽不灵而为民物害者，皆可杀。刺史则选材技吏民，操强弓毒矢，以与鳄鱼从事，必尽杀乃止。其无悔！

注释

①潮州：唐朝一个州名，州治在今广东潮州潮安。刺史：州的行政长官。韩愈因谏迎佛骨，于宪宗元和十四年（819）被贬潮州任刺史。军事衙推：刺史的属官。 ②恶溪：即潮安县内的韩江。 ③先王：指上古五帝三王。 ④列：同"烈"。 ⑤罔：同"网"。擉（chuò）：刺。 ⑥蛮、夷：古代称边远地区的少数民族。 ⑦岭：五岭，即越城、都庞、萌渚、骑田、大庾。 ⑧涵淹：潜藏。 ⑨今天子：指唐宪宗李纯。 ⑩六合：指天、地、四方。 ⑪扬州：传说禹分天下为九州，扬州为其一，潮州古属扬州地域。 ⑫睅（hàn）：睁大眼睛，无所畏惧的样子。 ⑬亢拒：即"抗拒"。 ⑭伈伈（xǐnxǐn）：恐惧的样子。睍睍（xiànxiàn）：眯着眼睛看东西，害怕而不敢正视的样子。 ⑮丑类：众类，指大小鳄鱼。

译文

某年某月某日，潮州刺史韩愈派遣军事衙推秦济把一头羊、一头猪，抛到恶溪的深潭里，给鳄鱼吃，并告诉它说：

卷之八 唐文

　　从前五帝三王统治天下之后，焚烧山野河泽的草木，用绳结网捕捉，用锋利的刀枪刺杀，消灭为害民间的虫蛇恶物，把它们驱赶到四海之外去。到了后代，帝王仁德浅薄，不能统治远方，连长江、汉水之间的地方都丢弃给了蛮、夷、荆、越，何况潮州处在五岭和南海之间，距离京城有万里之遥呢！鳄鱼在这里潜伏、繁殖，原本是他们最适当的地方。当今天子继承我大唐的皇位，神圣仁慈又英武，四海之外，宇宙之内，都被镇抚而统辖。何况潮州是大禹足迹到过的地方，与古代扬州邻近，是刺史、县令所治理的区域，是进献贡品、上交赋税，供应皇上祭祀天地、宗庙以及各种神明的地方呢！鳄鱼是不可以和刺史同住在这块地面上的。

　　刺史奉天子的命令，镇守这个地方，管理这里的人民，而鳄鱼竟敢不老老实实地潜伏在溪底，却占据地方，吃掉老百姓的牲口及熊、猪、鹿、獐，来养肥自身，繁殖自己的子孙，和刺史抗拒，争个高低。刺史虽然无能懦弱，又怎么肯向鳄鱼低头屈服，心怀恐惧，不敢正视，给百姓、官吏丢脸，在这里苟且偷生呢！而且我奉天子命令来这里做官，在这种情势之下，固然不能不和鳄鱼辨明是非。

　　若鳄鱼有知，就听我刺史说：潮州这地方，大海在它的南边，大到鲸鱼、鹏鸟，小到虾子、螃蟹，无不被容纳而有所归依，凭借大海生存饮食，鳄鱼早上动身晚上就可以到达。现在，我和鳄鱼约定：三天之内，带领着你那一伙同类向南边迁移到大海去，以躲避天子任命的官吏。三天不行，就五天；五天不行，就七天；如果七天还不行，那是你始终不肯迁移了。是不把刺史放在眼里，不听从刺史的话。要不然，就是鳄鱼愚蠢顽劣，不可理喻，虽然刺史说了这一番话，却不闻不知。藐视天子派遣的官吏，不听他的话，不迁移躲避开，愚蠢顽劣，不可理喻，害民害物的，都可以杀掉。那么，我刺史就要挑选有才干技艺的官吏、百姓，拿着强弓毒箭，和鳄鱼进行战斗，定要杀尽才肯罢休。到时别后悔！

赏析

　　韩愈因为谏迎佛骨，被贬到潮州（今广东）做刺史。到任不久,他了解到当地恶溪中鳄鱼危害很大,便命令下属官吏祭祀鳄鱼,并写下了这篇名为祭文、实为讨伐檄文的文章。

全文内容可分三层。

首层,先介绍祭祀鳄鱼的时间和人员,紧接着以先王的功德和唐天子的"神圣慈武",对鳄鱼进行威慑,并且严正申明:古扬州是大唐的国土,由唐朝的刺史、县令治理,决不容许鳄鱼丑类肆意横行!

次层,历数鳄鱼罪状,揭露其危害,表明决心:刺史与鳄鱼不两立,试与鳄鱼比试高低。

最后,向鳄鱼发出"最后通牒":限令鳄鱼率其丑类南徙于大海,若冥顽不化,超过七日之期,刺史就将选拔有才能和技艺的官吏、百姓,"操强弓毒矢,以与鳄鱼从事,必尽杀乃止"。

全篇文章,在对鳄鱼义正词严的声讨中,流露出作者对人间邪恶势力的痛恨之情。结合当时现实和韩愈的政治思想来看,它实际上是一篇寓言性的政治议论文。借祭祀鳄鱼,实则斥责了那些如同鳄鱼称霸一方、纵其子孙危害人民、不受朝廷管辖的封建割据势力,反映了韩愈维护中央集权、主张平定藩镇割据势力的政治见解。

本文构思新颖巧妙,语言刚劲有力,主旨庄重堂正,感情充沛凛然,不失为一篇幽默劲健的作品。

柳子厚墓志铭

韩愈

子厚讳宗元①。七世祖庆,为拓跋魏侍中②,封济阴公③。曾伯祖奭④,为唐宰相,与褚遂良、韩瑗俱得罪武后⑤,死高宗朝⑥。皇考讳镇⑦,以事母弃太常博士⑧,求为县令江南。其后以不能媚权贵⑨,失御史;权贵人死,乃复拜侍御史⑩。号为刚直,所与游皆当世名人。

子厚少精敏，无不通达。逮其父时①，虽少年，已自成人，能取进士第②，崭然见头角。众谓柳氏有子矣。其后以博学宏词授集贤殿正字③，俊杰廉悍，议论证据今古，出入经史百子，踔厉风发④，率常屈其座人⑮。名声大振，一时皆慕与之交。诸公要人争欲令出我门下，交口荐誉之。

贞元十九年，由蓝田尉拜监察御史⑯。顺宗即位，拜礼部员外郎⑰。遇用事者得罪⑱，例出为刺史⑲。未至，又例贬州司马⑳。居闲，益自刻苦，务记览。为词章泛滥停蓄，为深博无涯涘㉑，而自肆于山水间。

元和中，尝例召至京师，又偕出为刺史，而子厚得柳州。既至，叹曰："是岂不足为政邪？"因其土俗，为设教禁，州人顺赖。其俗以男女质钱㉒，约不时赎，子本相侔㉓，则没为奴婢。子厚与设方计，悉令赎归。其尤贫力不能者，令书其佣，足相当，则使归其质，观察使下其法于他州㉔，比一岁，免而归者且千人。衡、湘以南为进士者㉕，皆以子厚为师。其经承子厚口讲指画为文词者，悉有法度可观。

其召至京师而复为刺史也，中山刘梦得禹锡亦在遣中㉖，当诣播州㉗。子厚泣曰："播州非人所居，而梦得亲在堂。吾不忍梦得之穷，无辞以白其大人，且万无母子俱往理。"请于朝，将拜疏㉘，愿以柳易播，虽重得罪，死不恨。遇有以梦得事白上者㉙，梦得于是改刺连州㉚。呜呼！士穷乃见节义。今夫平居里巷相慕悦，酒食游戏相征逐㉛，诩诩强笑语以相取下㉜，握手出肺肝相示，指天日涕泣，誓生死不相背负，真若可信。一旦临小利害，仅如毛发比，反眼若不相识；落陷阱，不一引手救，反挤之，又下石焉者，皆是也。此宜禽兽夷狄所不忍为㉝而其人自视以为得计。闻子厚之风，亦可以少愧矣！

子厚前时少年，勇于为人，不自贵重顾藉㉞，谓功业可立就，故坐废退㉟。既退，又无相知有气力得位者推挽，故卒死于穷裔㊱，材不为世用，道不行于时也。使子厚在台省时㊲，自持其身，已能如司马、刺史时，亦自不斥；斥时，有人力能举之，且必复用,不穷。然子厚斥不久,穷不极,虽有出于人,其文学辞章,必不能自力以致必传于后如今,无疑也。虽使子厚得所愿,为将相于一时,以彼易此,孰得孰失,必有能辨之者。

子厚以元和十四年十一月八日卒,年四十七。以十五年七月十日归葬万年先人墓侧㊴。子厚有子男二人,长曰周六,始四岁;季曰周七,子厚卒乃生。女子二人,皆幼。其得归葬也,费皆出观察使河东裴君行立㊵。行立有节概,重然诺,与子厚结交,子厚亦为之尽,竟赖其力。葬子厚于万年之墓者,舅弟卢遵㊶。遵,涿人㊷,性谨慎,学问不厌。自子厚之斥,遵从而家焉,逮其死不去。既往葬子厚,又将经纪其家,庶几有始终者㊸。

铭曰:是惟子厚之室㊹,既固既安,以利其嗣人!

注释

①讳(huì):避讳。对死者不直呼其名,名前加一"讳"字,表示尊敬。 ②拓跋魏:南北朝时鲜卑族拓跋氏在北方建立北魏王朝,也叫后魏。侍中:官名。掌管传达皇帝的命令的官。 ③济阴:郡名,今山东菏泽定陶。封济阴公,是柳宗元六世祖,柳庆的儿子柳旦,本文有误。 ④曾伯祖奭(shì):柳奭,字子燕,唐高宗李治时任中书令,相当于宰相的地位,是柳宗元的高伯祖,韩愈误记为曾伯祖。 ⑤褚遂良:字登善,钱塘县(今浙江杭州)人,书法家。唐太宗贞观时,做谏议大夫,高宗继位后,任尚书右仆射,因反对立武则天为后,被贬官,忧愤而死。韩瑗(yuàn):字伯玉,京兆三原(县名,今属陕西)人。高宗时任侍中,褚遂良获罪被贬,他竭力营救,也因此遭贬斥而死。武后:武曌(zhào)。高宗李治废王皇后,立她为皇后。后来称帝。唐中宗复位,上尊号为则天大圣皇帝,所以又称武则天。 ⑥高宗:唐太宗的第九个儿子,名治。 ⑦皇考:对死去的父亲的尊称。 ⑧太常博士:掌宗庙仪礼的官。柳镇任太常博士是在母丧之后,辞职原因是"老弱在吴"。韩愈所记不确。 ⑨权贵:居高位而有权有势的人,这里指的是窦参。窦参任中书侍郎同平章事(相当于宰相职位),柳镇升任殿中侍御史后,因平反冤狱,得罪窦参,由御史贬为夔州司马。 ⑩侍御史:御史台的属官,职掌司法、监察。 ⑪逮(dài):到。 ⑫能取进士第:贞元九年(793)柳宗元考中进士。 ⑬博学宏词:唐代科举制度中的一种,专为考拔博学能文之士而设,不常举行。集贤殿正字:掌管编校图书的官。 ⑭踔(zhuō)厉:精神振奋,议论纵横。 ⑮率:每每。 ⑯蓝田:蓝田县,今属陕西。尉:县里

486

管理治安、缉捕盗贼的官吏。监察御史：掌管监察百官和巡按州县狱讼的官。　⑰礼部：唐朝尚书省下分为六部，礼部是其一。员外郎：礼部里的属官。　⑱用事者：执掌政权的人，指王叔文。顺宗时，王叔文等深得信任，并锐意改革，但因遭反对而失败。顺宗被逼退位，宪宗即位，王叔文被贬，后又赐死。　⑲出为刺史：宪宗即位，柳宗元与刘禹锡等都被贬，柳宗元被贬为邵州（今湖南邵阳）刺史。　⑳司马：刺史下面的属官。　㉑涯涘（sì）：水的边际。　㉒质：抵押。　㉓子本：利息和本金。　㉔观察使：唐分全国为若干道，道设按察、采访处置使，后改称观察处置使，简称观察使，掌观察各地吏治好坏。　㉕衡、湘：衡山和湘水，都在湖南。　㉖中山刘梦得禹锡：刘禹锡，字梦得，中山为郡望，其祖先汉景帝之子刘胜曾封中山王。刘禹锡是唐代文学家、哲学家。他也是永贞王叔文革新派重要人物之一，和柳宗元同时遭贬，去做朗州（今湖南常德）司马。　㉗播州：治所在今贵州遵义。　㉘拜疏：上奏章。　㉙以梦得事白上者：指当时的御史中丞裴度。　㉚改刺连州：改任连州（今广东连州）刺史。　㉛征逐：意思是往来频繁。征，招呼。逐，追。　㉜强（qiǎng）：勉强。　㉝夷狄：古人称汉族以外的少数民族。　㉞顾藉：顾惜。　㉟坐废退：受牵连被弃置不被重用。坐，受牵连而获罪。　㊱穷裔（yì）：穷困的边远地方。　㊲台省：指御史台、尚书省。柳宗元曾任监察御史和礼部员外郎。　㊳万年：万年县。今在陕西西安长安区境内。　㊴河东：今山西永济。裴君行立：绛州稷山（今山西稷山）人，当时任桂管观察使，是柳宗元的上司。　㊵舅弟：表弟，柳宗元舅父的儿子。　㊶涿：州名，今河北涿州。　㊷庶几：差不多，大概。　㊸室：墓穴。

译文

子厚，名叫宗元。他的七世祖柳庆，做过北魏王朝的侍中，封为济阴公。曾伯祖柳奭，做过唐朝的宰相，跟褚遂良、韩瑗一道得罪了武则天皇后，在高宗皇帝时被杀。父亲名叫镇，为了奉养母亲，辞去了太常博士的官职，请求在江南当县令。后来，又因为不能够讨好当权大臣，丢掉了御史官职，当权大臣死去，才又被任命做侍御史。人们称赞他刚毅正直，跟他交往的，都是当时的知名人士。

子厚小时候就精明敏捷，没有不明白通晓的事。他父亲在世时，他虽还年轻，但已经成才，能够考取进士，突出地显示了自己的才华。大家都说柳家有个好儿子。后来，又通过博学宏词科的考试，被任命做集贤殿正字。他才智出众，行为端正，讨论问题，引证古今事例，融会贯通经史及诸子百家，言辞锋利，意气风发，经常折服在座的人。他名声远扬，一时之间人们都钦慕他，和他往来交朋友，权贵大人们争着想要他成为自己的门生，众口一词地推荐他，称赞他。

贞元十九年，子厚由蓝田县尉提升为监察御史。顺宗即位后，任命他为礼部员外郎。遇到当权的人获罪，他也被循例贬出京城做刺史，还没到任，又按规定被再降职做永州司马。闲居在永州，他更加刻苦用功，专心阅读和写作。他的诗文汪洋恣肆，深厚凝练，达到深厚广博、无边无际的境界。同时，他还恣意尽情地游山玩水。

元和年间，他曾与一起被贬官的人奉召回到京城，又一道派出去做刺史。子厚被派往柳州。到任后，他感叹地说："这里难道就不能做出政绩吗？"他根据当地的风俗，替他们设立教化、禁令，州民都顺从信服。当地有种习惯：拿儿女作抵押来借钱，约定如果不按期赎回，等利钱累积到与本钱一样多时，就把抵押的子女收做奴仆丫环。子厚为他们想方设法，让他们都把子女赎回家去。其中特别贫穷而无力赎回的，就叫记下他们的劳动报酬，等到数目和借款相等，就责令放回那些作抵押的子女。观察使把这种办法推广到别的州。到了一年，免除奴婢身份而回家的将近一千人。衡山、湘江以南考中进士的人，都把子厚当老师。那些受过子厚指点讲解而写文章的人，他们的文章都有章法，值得欣赏。

他被召回京城而又被派出去做刺史的时候，中山人刘梦得也在被派遣之列，应当到播州去。子厚流着眼泪说："播州不是一般人能居住的地方，而且梦得家还有母亲。我不忍心看到梦得的困苦，他无法把这种情况禀告给母亲，而且也绝没有母子都去播州的道理。"他决定向朝廷请求，准备呈递奏章，情愿拿柳州换播州，即使再次获罪，死也无憾。恰巧有人把梦得的情况上奏皇上，梦得于是被改派去连州任刺史。唉，士人在困境中就显得出操守和道义。如今那些平日居住在里巷中的人，彼此倾慕相好，吃喝游乐相互应酬，恭维讨好，强装笑语以示谦虚，手拉着手简直像要掏心挖肺给对方看，指着青天白日流泪发誓，不论死活谁也不做对不起谁的事，简直像真的一样可信。可是一旦遇到细小的利害冲突，只不过像汗毛头发那样的小事，就翻了脸好像从不认识；对方掉进陷阱，不伸一下手相救，反倒把他向下推，还投下石头。这样的人，到处都是呀。这是野蛮人甚至禽兽都不忍心做的事，可是那些人却自以为得计。他们听到子厚的风范，也应该感到一点羞愧吧！

子厚年轻的时候，勇于帮助别人，不看重、顾惜自己，以为建功立业可以立刻成功，因此受牵连被贬斥。既被贬谪，又没有了解他、有权力、职位高的人推荐引进，所以最终死在荒僻辽远的地方。才能未被当世所用，政治主张不能在当时推行。假使子厚在御使台、尚书省时，自己谨慎保重，能像在当司马、刺史时一样，也就不会被贬斥；被贬斥后若有人极力保举他，一定会被重新起用，不再处于困境。可是如果子厚被贬斥的时间不长，困厄不达于极点，虽然功业上出人头地，可是，他的文学辞章，一定不会下苦功夫，达到像今天这样必能流传后代的水平。这是毫无疑问的。即使让子厚遂了心愿，在一个时期内出将入相，拿功名事业来换传世的文章，得失如何，一定有人能够明辨的。

子厚在元和十四年十一月初八去世，终年四十七岁。十五年七月初十，运回安葬在万年县祖坟旁。子厚有两个儿子，大的叫周六，只有四岁，小的叫周七，子厚去世之后才出生的。两个女儿都还幼小。子厚的遗体能够回乡安葬，费用全是观察使河东人裴行立先生出的。行立先生有操守，有信用，和子厚是朋友。子厚对他也很尽心，到底倚仗了他的力量得以归葬。把子厚葬到万年县祖坟上去的，是他的表弟卢遵。卢遵是涿州人，性恭谨，对学问从不满足。自从子厚被贬谪以来，卢遵就跟随他和他一起住，一直到他去世都没有离开。在把子厚安葬好之后，又准备安排子厚家属往后的生活，可以说是一位有始有终的人。

铭文是：这里是子厚的安息处，又稳固，又安静，有利于他的后代子孙！

赏析

墓志铭，是记载死者世系、爵里、生平，刻凿于石，埋入坟墓，以资纪念的一种应用文体。

柳宗元于元和十四年（819）逝世。当年，韩愈写《祭柳子厚文》赞其文才，悯其遭遇。次年，又写下了这篇墓志铭。

全文共分八段。

第一段叙述柳宗元家世，突出其先人德行，用以衬托柳的为人。

第二段描写柳宗元青年时代的才气、文名，高度评价其才学的卓异。

第三、四段记叙柳宗元被贬和被贬之后的情况，通过其治理柳州的政绩、指点学子的文章，盛赞其政治才干和文学才干。

第五段重点记叙柳宗元"以柳易播"的感人事迹，表现柳宗元在患难之中勇于助人的高尚品行。

第六段总括柳宗元一生，分析、评价其政治、文学才能与得失。

第七、八段介绍柳宗元的后代及其安葬情况，结束全文。

韩愈此文，记叙了柳宗元的生平事迹，对柳宗元进行了比较全面的评价，高度肯定了柳宗元的才学，赞美了他在柳州的政绩，表彰了他笃于友情的崇高人品，对其遭遇深表同情和惋惜，这些评价都是比较准确而公正的。但是，文章论及"永贞革新"，否定柳宗元年轻时的勇于为人，不赞成柳宗元在台省时敢于讽谏的作为，认为是"不自贵重顾藉"，这些看法虽反映了韩愈秉笔直书、不为贤者讳的求实态度，但也暴露出了作者的政治偏见，评价有失公允。

本文在写作上最突出的特点是：夹叙夹议，笔带感情。叙事善于选材，集中表现柳宗元的立身、行事；议论以叙事为基础，立言得当，饱含感情。既评价了死者，寄托了哀思，又发挥开拓，表达了作者对社会、人生、文学创作的认识和理解，内容丰厚，令人深省。

卷之九　唐宋文

驳复仇议

柳宗元

臣伏见天后时①，有同州下邽人徐元庆者②，父爽为县尉赵师韫所杀③，卒能手刃父仇，束身归罪④。当时谏臣陈子昂建议诛之而旌其闾⑤，且请编之于令，永为国典。臣窃独过之⑥。

臣闻礼之大本，以防乱也。若曰无为贼虐，凡为子者杀无赦。刑之大本，亦以防乱也。若曰无为贼虐⑦，凡为治者杀无赦。其本则合，其用则异，旌与诛莫得而并焉。诛其可旌，兹谓滥，黩刑甚矣⑧。旌其可诛，兹谓僭⑨，坏礼甚矣。果以是示于天下，传于后代，趋义者不知所向，违害者不知所立，以是为典可乎？盖圣人之制，穷理以定赏罚，本情以正褒贬，统于一而已矣。

向使刺谳其诚伪⑩，考正其曲直，原始而求其端⑪，则刑礼之用，判然离矣。何者？若元庆之父不陷于公罪，师韫之诛独以其私怨，奋其吏气，虐于非辜，州牧不知罪，刑官不知问，上下蒙冒，吁号不闻，而元庆能以戴天为大耻⑫，枕戈为得礼⑬，处心积虑，以冲仇人之胸，介然自克⑭，即死无憾，是守礼而行义也。执事者宜有惭色，将谢之不暇，而又何诛焉？

其或元庆之父不免于罪，师韫之诛不愆于法⑮，是非死于吏也，是死于法也。法其可仇乎？仇天子之法而戕奉法之吏⑯，是悖骜而陵上也⑰。执而诛之，所以正邦典，而又何旌焉？

且其议曰："人必有子，子必有亲，亲亲相仇？其乱谁救？"是惑于礼也甚矣。礼之所谓仇者，盖其冤抑沉痛而号无告也，非谓抵罪触法，陷于大戮。而曰："彼杀之，我乃杀之。"不议曲直，暴寡胁弱而已。其非经背圣，不亦甚哉？

491

古文观止鉴赏

《周礼》[18]:"调人,掌司万人之仇[19]。""凡杀人而义者,令勿仇,仇之则死。""有反杀者,邦国交仇之。"又安得亲亲相仇也?《春秋公羊传》曰:"父不受诛,子复仇可也。父受诛,子复仇,此推刃之道[20],复仇不除害。"今若取此以断两下相杀,则合于礼矣。且夫不忘仇,孝也;不爱死,义也。元庆能不越于礼,服孝死义,是必达理而闻道者也。夫达理闻道之人,岂其以王法为敌仇者哉?议者反以为戮,黩刑坏礼,其不可以为典,明矣。

请下臣议,附于令。有断斯狱者,不宜以前议从事。

谨议。

注释

①伏:跪着俯伏,表示敬畏。天后:指武则天。 ②同州:唐代州名,包括今陕西渭水以北、洛水以东、黄梁以南的地方。下邽(guī):今陕西渭南市东北。 ③赵师韫(yùn):当时做下邽县尉,枉法杀死徐元庆之父徐爽。 ④"卒能"二句:指赵师韫后来升任御史,徐元庆改变姓名,到驿站附近做佣工,在驿舍里,徐元庆用刀刺死他,自己投案自首。 ⑤陈子昂:字伯玉,唐初著名诗人。武则天时,任右拾遗,为谏官。徐元庆案件上报朝廷后,陈子昂认为国法规定擅自杀人者处死刑,因而徐元庆应处以死刑;但又应加以表扬,因为他孝父。当时大家都同意他的建议。旌(jīng):表彰。闾(lǘ):里巷的大门。 ⑥过:认为不对。 ⑦贼虐:行凶杀人。 ⑧黩(dú):滥用。 ⑨僭(jiàn):越礼。 ⑩刺:侦察,调查。谳(yàn):审讯定罪。 ⑪原:推究。 ⑫戴天:同处在一个天底下。 ⑬枕戈:枕着武器睡觉。 ⑭介然:坚强的。自克:控制自己。 ⑮愆(qiān):违背。 ⑯戕(qiāng):杀害。 ⑰悖骜(bèi'ào):逆乱,傲慢。 ⑱《周礼》:儒家经典之一,记载周朝的典章制度。 ⑲调人:司法官。 ⑳推刃:这里指没完没了地互相残杀。

译文

臣听说,则天皇后时,有一个同州下邽人名叫徐元庆的,他的父亲徐爽被县尉赵师韫杀死,结果他能够亲手杀掉父亲的仇人,自己捆绑了投案认罪。当时的谏官陈子昂建议杀掉徐元庆,同时在他的家乡表彰他,并且要求把这案件的处理办法编入法令,永远作为国家的法律条例。我个人认为这是错误的。

臣听说礼的根本作用是用来防止作乱的,譬如说,不许杀人行凶,那么凡是受害者的儿子,对父母的仇人当杀而不赦。刑的根本目的也是用来防止作乱的,譬如说,不能杀人行凶,那么凡是治理刑狱的人,对于杀人者当杀而不赦。礼和刑的根本目的是一致的,但是它们的运用却不相同,表彰和诛杀不能并用。诛杀应该表彰的人,这叫做滥杀,滥用刑法太过分了。表彰那种应该诛杀的人,这叫做越礼,破坏礼义太严重了。如若果真把陈子昂的办法昭示给天下,传给后代,那么将使追求正义的人不知道朝什么方向努力,使想避免祸患的人不知道怎样立身行事。把这作为国家的法律条例行吗?圣人制订礼法,是彻底探求道理,从而决定赏罚,根据实际情况来确定奖惩,无非把礼和刑统一在防止作乱这个目标上罢了。

假使当时能调查判明事情的真伪,考察确定案件的是非,推究案件的本源,找到它的根由,那么,刑和礼的运用就明显地区别开来了。为什么呢?如果元庆的父亲并未违犯国法,赵师韫杀他,只是因为他的私仇,于是施展他当官的威风,杀害无辜的人,州郡长官不予治罪,司法官吏不予查问,上下包庇掩盖,百姓鸣冤呼号却充耳不闻。而元庆却能以与杀父母的仇人同活在一个世上为大耻,把睡觉也要头枕武器视为合乎义,想尽办法,要用武器刺进仇人的胸膛,然后坚强地绑缚自己,蹈义就死而无憾。这是守礼行义啊。执政的官吏应该感到惭愧,向他谢罪都来不及,还杀他做什么呢?

如果元庆父亲是犯了罪,赵师韫杀他并不违法,那么元庆的父亲不是死于官吏,而是死于法律。法律难道是可以仇视的吗?仇视天子的法律,杀害执行法律的官吏,这是蔑视法律,犯上作乱。抓起来杀死他,正是用来显示国法的严肃,还表扬他做什么呢?

并且陈子昂的奏议还说:"人们都有儿子,儿子也必定有父母,为了爱自己的亲人就互相报仇,这种混乱状况谁来制止?"这种对礼的看法太糊涂了。礼所说的仇,是指含冤受压,沉痛而无处申诉,并不是指犯了罪,触犯法律,应该被处死的情况。而所谓:"他杀了人,我才杀他的。"不问是非曲直,只是欺压孤寡,逼迫弱小罢了。他违反经典、背离圣人,不是太严重了吗?

按照《周礼》的规定:"调人这种官,是负责处理众人仇怨的。""凡是杀人而合乎礼义的,就命令对方不准报仇;报仇的,要处死刑。""杀死当杀的人而反过来报仇杀戮,全国的人都把他看作仇敌。"这样,又怎么会因为爱亲人而互相仇杀呢?《春秋公羊传》说:"父亲无辜被杀,儿子报仇是可以的。父亲应该被杀,儿子还要报仇,这是你来我往相互仇杀的做法,这样报仇不能根除祸害。"现在如果拿这个做根据来判断赵、徐双方的互相杀害,就符合礼了。再说,不忘记替父报仇,这是孝;不惜身死,这是义。元庆能够不超越礼,尽孝行义,这一定是明于礼、懂得道的人。这样一个明于礼、懂得道的人,难道他会以王法为仇敌吗?当时判决的官吏反而以他为杀戮的对象,这是滥用法律,破坏礼制,这种意见不能用来作为法律条例,这是很明显的。

请求朝廷颁发臣下之议,附在有关法令的后面。有审理这类案件的,不应该再按照从前的意见来处理。

谨提出我的意见。

赏析

本文是柳宗元针对初唐陈子昂的《复仇议》所写的一篇奏议。

对徐元庆为报父仇而杀死县尉一事,陈子昂主张对徐元庆既判处死刑,又给予表彰。柳宗元针锋相对,提出了不同意见:他强调要赏罚分明,不能模棱两可。而赏罚的基础是道理的曲直,立足点是封建道德的"孝"和"义"。如果官吏滥用职权、杀戮无辜,那么,受害者的亲属就可以复仇。

全文内容,可分三部分。

第一部分,概述徐元庆报父仇、杀县尉的事迹,以及陈子昂的建议。用"臣窃独过之"总驳一句,亮出观点。

第二部分,论证说理。首先,从"礼""刑"的本义上,论证了杀人报仇者死、官吏不当杀而杀人者亦死的道理,论断

"诛""旌"莫并,驳斥了陈氏首鼠两端之说的谬误。其次,又引《左传》为据,论证善于治理国家的人,赏不僭越,刑不滥用,才能昭示天下,立为法典。而要做到赏刑适当,根本在于穷理本情。最后,扣合论旨,抒发议论,分两层展开:其一,从"孝"出发,论述父仇不共戴天,必枕戈待旦、报仇雪恨。这样做,正是"守礼而行义",当"旌"不宜"诛"。其二,或推论徐父有罪,死于法而非死于吏,那徐元庆的复仇就是违背国家法令、杀害奉法官吏,必定执而诛之,何"旌"之有?一正一反,再驳陈氏之谬。

最后一部分,引经据典,铸成铁案。文章从"仇"字本义分析,屡引《周礼》等先秦典籍,考究了官吏滥杀无辜、徐元庆仇杀官吏、不应该受到惩罚的事实,称赞了徐元庆的"孝"和"义",痛斥了主张诛杀者,为全篇结案。

综观全文,论点鲜明,层次清晰,辩说有力,有较强的逻辑力量,对于初唐以来陈子昂对徐元庆一案的倾向性论断进行了有力的驳斥,充分表现出柳宗元的卓识和胆魄。但说千道万,归根结底,杀人者必须抵命。即使是官吏滥用职权,杀戮无辜,也应按照国家的法律严加惩处,不宜提倡个人的复仇行为;否则,法律安在?国将不国!

桐叶封弟辨

柳宗元

古之传者有言[1]:成王以桐叶与小弱弟[2],戏曰:"以封汝。"周公入贺[3]。王曰:"戏也。"周公曰:"天子不可戏。"乃封小弱弟于唐[4]。

吾意不然。王之弟当封邪?周公宜以时言于王[5],不待其戏而贺以成之也。不当封邪?周公乃成其不中之戏[6],以地以人,与小弱弟者为之主，其得为圣乎？且周公以王之言，不可苟焉而已，必从而成之邪？设有不幸，王以桐叶戏妇寺⁷，亦将举而从之乎？

凡王者之德，在行之何若。设未得其当，虽十易之不为病⁸，要于其当不可使易也，而况以其戏乎！若戏而必行之，是周公教王遂过也⁹。

吾意周公辅成王，宜以道，从容优乐，要归之大中而已⑩，必不逢其失而为之辞；又不当束缚之，驰骤之，使若牛马然，急则败矣。且家人父子尚不能以此自克⑪，况号为君臣者邪！是直小丈夫㛃㛃者之事⑫，非周公所宜用，故不可信。

或曰："封唐叔，史佚成之⑬。"

注释

①传者：编写史书的人。这里指《吕氏春秋》的编者吕不韦和《说苑》的作者刘向。两书中均载有周公促成桐叶封弟的故事。 ②成王：周武王的儿子，姓姬，名诵，十三岁继位。以桐叶：拿桐叶作圭（古代帝王用作凭证的玉制礼器）。小弱弟：指成王年幼的弟弟叔虞。 ③周公：名旦，周文王之子，周武王之弟。武王死，成王年幼即位，周公辅佐成王治理国家。 ④唐：西周国名，故地在今山西翼城西。 ⑤以时：适时，及时。 ⑥中（zhòng）：合适，恰当。 ⑦妇寺：指君主身边的妻妾和宦官。 ⑧不为病：不算过错。 ⑨遂过：顺成过错，将错就错。 ⑩大中：大中之道，即中庸之道。 ⑪克：克制，约束。 ⑫㛃（quē）㛃者：耍小聪明的人。 ⑬史佚（yì）：周武王时的太史（官名）尹佚。

译文

古时编写史书的人有这样一种说法：成王拿桐叶给年幼的弟弟开玩笑说："我拿这个做凭证来封你。"周公进去祝贺。成王说："我是开玩笑的。"周公说："天子不能开玩笑。"于是，成王把唐地封给了年幼的弟弟。

我认为事情不应该这样。成王的弟弟如果应当受封，周公则应及时地向成王进言，不能等到成王开了这种玩笑时才进行祝贺，促成这件事。如果不应当受封，周公竟成就了成王的不恰当

卷之九　唐宋文

的玩笑，把土地和人民封给了年幼的弟弟，使幼弱的孩子成为一国的君主。周公这样能称为圣人吗？大概周公只是认为君王说的话不能随便了事罢了，难道一定要顺从而促成它吗？假如不幸，君主用桐叶作圭给嫔妃和太监开玩笑，也打算完全照办吗？

凡君主的德行，在于他施行政事怎样。倘若做得不当，即使十次改变也不为过。关键在于要恰当，直到不能随意更改，何况是拿来开玩笑的事情呢？如果开玩笑也一定要实行，那就是周公教成王铸成过错。

我认为周公辅佐成王，应该用正道，从容缓和，总之要引导他归于中道，一定不可迎合他的错误，并为他掩饰，又不应该束缚他，驱赶他，驱使他像驱使牛马一样，催逼得太紧就要坏事。再说，即使家庭父子之间尚且不能用这种办法来自相约束，何况还要谨守君臣的名分呢？这只不过是庸人耍小聪明所做的事，不是周公所应该采用的做法，因此不可相信。

有人说："封唐叔的事情，是太史尹佚促成的。"

赏析

这是一篇充满理性光辉的论辩文。其中心思想是辨析桐叶封弟这个古老传说的荒谬不可信。

全文内容，分为五部分。

开篇，即以简洁的笔法，叙述了桐叶封弟这个古老的传说故事，以"传者"言其不可信，为后文的辩驳预作伏笔。

紧接着，以"吾意不然"正面提出观点，鲜明、醒目。此四字，力拨千斤，既承上启下，又轻轻将古老传说否定，还自然引出具体的论析，一石数鸟，堪称绝妙。

然后，展开具体辩驳，分两步进行：第一，以"当封"与"不当封"为根据，从两方面论析桐叶封弟的荒谬，为周公开脱罪过；第二，提出反问，将论辩的对象导向荒谬，进一步推论了桐叶封弟的不可信。

再然后，承继反驳，作者提出了自己的政治主张。以"行"字作为君王的道德标准，既论证了周公是圣人，决不会干那样的蠢事，又提出大臣应该从容不迫地辅佐年幼的君王，使其树立中正不偏的德行，既不能一味讨好逢迎，又不可管束太严招致祸乱。所有的这些论辩，都围绕着周公不可能让周成王做出桐叶封弟的事情这一基本观点、一环紧扣一环地进行。

最后，以作者的评价为结束，为周公开脱，归罪于史佚。这种看法虽然不足取，但从文章的结构上看，却前后呼应，不可或缺，可看作是常山蛇阵、首尾圆合的妙笔。

全篇文章，观点鲜明、层层剖析、论证充分，结构谨严，颇具说服力量。

箕子碑

柳宗元

凡大人之道有三：一曰正蒙难，二曰法授圣，三曰化及民。殷有仁人曰箕子①，实具兹道，以立于世。故孔子述六经之旨②，尤殷勤焉③。

当纣之时④，大道悖乱，天威之动不能戒，圣人之言无所用。进死以并命⑤，诚仁矣，无益吾祀⑥，故不为。委身以存祀⑥，诚仁矣，与亡吾国⑦，故不忍。具是二道有行之者矣。是用保其明哲，与之俯仰，晦是谟范⑧，辱于囚奴。昏而无邪，隤而不息⑨。故在《易》曰："箕子之明夷⑩。"正蒙难也。及天命既改，生人以正⑪，乃出大法⑫，用为圣师。周人得以序彝伦⑬，而立大典。故在《书》曰："以箕子归，作《洪范》⑭。"法授圣也。及封朝鲜⑮，推道训俗，惟德无陋，惟人无远。用广殷祀，俾夷为华⑯，化及民也。率是大道，藂于厥躬⑰，天地变化，我得其正，其大人欤！

於虖⑱！当其周时未至，殷祀未殄⑲，比干已死，微子已去，向使纣恶未稔而自毙⑳，武庚念乱以图存㉑，国无其人，谁与兴理㉒？是固人事之或然者也。然则先生隐忍而为此，其有志于斯乎？

唐某年，作庙汲郡②，岁时致祀。嘉先生独列于《易》象，作是颂云。

注释

①箕子：商朝末年贵族，纣王的叔父，为太师。因为劝谏纣王被囚禁。周武王灭殷后释放，后被封到朝鲜。　②六经之旨：六经的要义。六经指《诗》《书》《易》《礼》《乐》《春秋》。　③殷勤：恳切。《诗》《书》《易》都有关于箕子的记载。　④纣：商王朝末代君主。　⑤进死以并命：指比干的事迹。比干是纣王的叔父，多次规谏纣王，被剖心而死。　⑥委身以存祀：指微子的事迹。微子名启，纣王的庶兄，因预见到商朝的灭亡而逃走，商灭降周，封于宋，承继商朝的祭祀。　⑦与（yù）：参加。　⑧谟范：正确的主张。　⑨隤（tuí）：溃败，堕落。　⑩明夷：《易经》中的卦名。象征暗主在上，明臣在下，不敢显其明智。时世虽然极为昏暗，也不可随时世倾邪，应艰难坚守正直的德操。箕子正是这种情形。　⑪生人：即"生民"，指百姓。唐代避太宗李世民讳，所以把"民"改作"人"。　⑫大法：见后《洪范》注。　⑬彝伦：天地人的常理。　⑭《洪范》：《尚书》篇名，传说是箕子向武王陈述的治国大法。洪，大。范，指法规准则。　⑮朝鲜：古国名，包括今朝鲜半岛及吉林、辽宁东部。　⑯俾：使。　⑰丛：同"丛"，聚集。　⑱于虖：同"呜呼"。　⑲殄（tiǎn）：灭绝。　⑳稔（rěn）：本指庄稼成熟。句中"未稔"指纣王罪恶尚未达到丧失天下的程度。　㉑武庚：纣王之子，武王灭纣，封武庚，奉商王祭祀。成王即位，武庚叛乱被诛。　㉒理：本作"治"，因避唐高宗李治讳，所以作"理"。　㉓汲郡：唐代郡名，治所在今河南卫辉，为商代故都。唐玄宗天宝年间改为汲郡。

译文

凡是伟大人物所奉行的道有三种：一是为了坚持正义，宁愿蒙受苦难；二是把大法传授给圣明的君王；三是施行教化于百姓。商代有一位仁人叫箕子，他确实具有这些德操，以此立身于世。所以孔子阐明六经的宗旨时，对他特别情意恳切。

在纣王的时代，正道颠倒混乱。天威的震动不能使他警戒，圣明之人的言论不被采用。那么，像比干那样，冒死进谏，以致牺牲生命，这确实算得上仁了，但是这对保存商代王室的宗祀没有益处，所以箕子不这样做。像微子那样，托身周朝，从而保存商汤的宗庙祭祀，确实算得上仁了，但是这等于参与了灭亡自己王朝的行动，所以箕子不忍心这样做。这两种办法，都有人这样做了。因此，箕子明哲保身，与世俗沉浮，隐藏自己的主张，忍受耻辱于被监禁的奴隶之间。时世黑暗却没有邪僻的行为，国家崩溃却自强不息。所以《易经》上说："箕子明夷。"这是为了坚持正义宁愿蒙受苦难。等到天命已经改变，百姓回到了正轨。于是箕子拿出治国的大法，因而成为圣明君王的老师。周的贵族因而能够依循天地人伦的道德准则，建立国家的重大典章。所以《尚书》上说："武王带箕子归来，而写出《洪范》。"这是把大法传授给圣明的君王。等到箕子被封在朝鲜后，他推行道义来教育人民，由于他道德高尚，没有什么偏僻遥远的人不能被教育，因而延续了商朝的祭祀，使荒远的外族人也奉行中原文化。这是施行教化于百姓。所有这些伟大的道德都集中于他身上，在天地变化之际，自己却能坚守正道，这应该算是伟大的人物了吧！

唉！当周王朝还没建立，商王朝还没灭绝，比干已死，微子已离去之时，假使纣王的罪恶还没达到被灭国的时候就死了，他的儿子武庚能够考虑国家的祸乱而设法保有天下，但国家没有仁人君子了，谁来帮助他复兴治理？这本是人事中可能出现的情况啊。那么，箕子独自忍受痛苦而这样做，大概正是有志于此吧？

唐朝某年，在汲郡建了一座箕子庙，每年重大节日进行祭祀。我很钦佩箕子单独被排列在《易经》的卦象上，因此作这篇颂词。

赏析

这是柳宗元为唐代箕子庙撰写的一篇碑文。原文后面有一段颂文，未录。

箕子，名胥余，是商纣王的叔父，为殷商太师。因封于箕地，故称箕子。殷商末年，商纣王荒淫无道，箕子屡谏不从，便假装癫狂，被囚为奴。周灭商后，箕子向周武王陈献《洪范》大法，对周的统治贡献很大。

本文赞颂了箕子含垢忍辱坚持正道、辅助圣王建立大法、广施教化治理天下的丰功伟绩。同时，借箕子的事迹，勉励自己和一切有志于改革的人，坚持理想、敢于斗争。

文章首先提出道德高尚者的三条标准，认为箕子就是其中的代表。

然后，详细论述箕子坚持正义、忍辱负重，注重法治、广施教化的业绩，肯定了箕子是道德高尚的贤人。这是全文的中心段落。

最后，抒发感慨。以商周替代的历史演变，阐明商纣王荒淫亡国，是自食恶果；论证了国家兴衰，在于人事的道理；并再次歌颂了箕子的品格、志向和功绩，借古人行事浇胸中块垒，对自己和一切立志改革的人进行勉励。

全文篇幅短小，论旨明确，层次清晰，论证有力。文章将箕子视作奉行"智"与"忠"的典范，紧扣箕子生平行事和历史兴衰史实，议论抒情，深刻警醒，启人深思。

捕蛇者说

柳宗元

永州之野产异蛇①，黑质而白章②，触草木，尽死，以啮人③，无御之者。然得而腊之以为饵④，可以已大风、挛踠、瘘疠⑤，去死肌，杀三虫⑥。其始太医以王命聚之⑦，岁赋其二，募有能捕之者，当其租入。永之人争奔走焉。

有蒋氏者，专其利三世矣。问之，则曰："吾祖死于是，吾父死于是，今吾嗣为之十二年，几死者数矣⑧。"言之貌若甚戚者。余悲之，且曰："若毒之乎⑨？余将告于莅事者⑩，更若役，复若赋，则何如？"

蒋氏大戚，汪然出涕曰："君将哀而生之乎？则吾斯役之不幸，未若复吾赋不幸之甚也！向吾不为斯役，则久已病矣。自吾氏三世居是乡，积于今，六十岁矣，而乡邻之生日蹙⑪，殚其地之出⑫，竭其庐之入，号呼而转徙，饥渴而顿踣⑬，触风雨，犯寒暑，呼嘘毒疠⑭，往往而死者相藉也⑮。曩与吾祖居者⑯，今其室十无一焉；与吾父居者，今其室十无二三焉；与吾居十二年者，今其室十无四五焉。非死则徙尔。而吾以捕蛇独存。悍吏之来吾乡，叫嚣乎东西，隳突乎南北⑰，哗然而骇者，虽鸡狗不得宁焉！吾恂恂而起⑱，视其缶⑲，而吾蛇尚存，则弛然而卧⑳。谨食之㉑，时而献焉。退而甘食其土之有，以尽吾齿。盖一岁之犯，死者二焉，其余则熙熙而乐㉒。岂若吾乡邻之旦旦有是哉㉓？今虽死乎此，比吾乡邻之死，则已后矣，又安敢毒邪？"

余闻而愈悲。孔子曰："苛政猛于虎也！"吾尝疑乎是。今以蒋氏观之，犹信。呜呼！孰知赋敛之毒，有甚是蛇者乎！故为之说，以俟夫观人风者得焉㉔。

注释

①永州：唐州名。州治在今湖南永州零陵。 ②质：底色。章：花纹。 ③啮（niè）：咬。 ④腊（xī）：干肉。这里是"风干"的意思。 ⑤已：止。大风：麻风病。挛（luán）踠（wǎn）：手足卷曲的痉挛症。瘘（lòu）：脖子肿。疠（lì）：恶疮。 ⑥三虫：三尸虫。道家将人的脑、胸、腹称为三尸，三尸有虫，人就要生病。 ⑦太医：唐代设太医署，掌医药方面的政令，并为皇室治病。 ⑧几（jī）：几乎，差点儿。 ⑨若：你。毒：痛恨，怨恨。 ⑩莅（lì）事者：视事者，即管理地方事务的官员。莅，到临，视。 ⑪日蹙（cù）：一天比一天困苦。 ⑫殚（dān）：尽。 ⑬踣（bó）：仆倒，这里指倒毙。 ⑭疠：指瘴疠之气。 ⑮相藉（jiè）：一个压一个地倒在一起。 ⑯曩（nǎng）：从前，过去。 ⑰隳（huī）突：破坏骚扰。 ⑱恂恂（xúnxún）：小心谨慎的样子。 ⑲缶（fǒu）：大肚小口的瓦罐。 ⑳弛然：放心的样子。 ㉑食（sì）：喂养。 ㉒熙熙（xīxī）：快乐的样子。 ㉓旦旦：天天，每天。 ㉔俟（sì）：等待。观人风：视察民情的官吏。唐人避唐太宗李世民讳，改"民"为"人"。

译文

永州的野外出产一种奇异的蛇，黑底子，白花纹。它碰触到草木，草木就会枯死；如果咬着人，没有救治的方法。但是得到它风干后做成药，可以治疗麻风、手足僵曲、脖肿和恶疮，去除坏死的肌肉，杀死人体内的寄生虫。当初。太医以皇帝的命令来征集这种毒蛇，每年征收两次。招募能捕捉这种蛇的人，拿捉到的蛇抵他的赋税。永州人都争着干这差事。

有家姓蒋的，专门享有捕蛇抵税的好处已经有三代了。我问他，便说："我的祖父死在这件事上面；我的父亲死在这件事上面；现在我接着做这事十二年，有好几次几乎死掉了。"讲到这些，神情似乎很悲伤。我可怜他，于是说："你怨恨这件事吗？我打算告诉管这件事的官吏，更换你的差役，恢复你的赋税，怎么样？"

姓蒋的人一听，非常悲伤，眼泪汪汪地说："先生您是可怜我，想让我活下去吗？那么，我在这差事上遭到的不幸，还远远不及重新让我交税那样不幸呀。如果我不干这差事，那么早已经困苦不堪了。自从我家三代住在这村里，累计到现在共六十年了，而乡邻们的生活一天比一天窘迫。拿出地里的全部出产，交出屋里的全部收入，哭着喊着辗转流亡，又饥又渴而倒毙。遭受风雨，冒着寒暑，呼吸着有毒的疫气，经常是死去的人成堆。从前和我祖父住在一起的，现在十家中难有一家了；和我父亲同时的，现在十家已难有两三家了；和我同辈一起度过这十二年的，现在十家难得有四五家了。不是死去，就是搬走。但是唯独我因为捕蛇而活下来了。凶横的官差一到我们村里，到处大吼大叫，破坏骚扰，人们吓得乱哭乱喊，连鸡狗也得不到安宁啊！我提心吊胆地爬起来，看看那瓦缸子，而我的蛇还在，才放心地睡下。我小心地喂养它，到时候就交上去，回来就可以甘美地吃着土地上收获的东西，来度过我的一生。一年中我冒生命危险不过两次，其他的时间却是轻快的。哪里像乡邻那样天天受到死的威胁呢？现在就算死在捕蛇上，比起乡邻的死，已经在后面了，又怎么敢怨恨呢？"

我听了之后，更加悲痛。孔子说："苛酷的赋税比老虎还凶猛！"对这个说法，我曾经怀疑过。现在以蒋家的情况看，是可信的。唉，谁知道严酷的赋税会比这种毒蛇还厉害呢！所以我写了这篇短文，用来给考察民情的人提供参考。

赏析

本文通过记叙蒋氏三代冒险捕蛇以抵偿赋税的故事,揭露了中唐时期官吏的横征暴敛,造成农村破产、十室九空、非死即徙的悲惨现实,说明了赋敛之毒甚于毒蛇猛虎,表现了作者对劳动人民的深切同情。

文章内容,分为三部分。

首部分,扼要交代捕蛇的情况:蛇的剧毒和用途,当地人捕蛇的由来和捕蛇的好处。

次部分,记叙捕蛇者蒋氏的具体诉说:捕蛇的危险,捕蛇和受官府搜刮两者的利害比较。从而揭示出全文题旨:苛捐杂税比毒蛇还毒,贪官污吏比毒蛇还凶。

末部分,抒发议论,推出"苛政猛于虎"的结论,希望引起统治者的注意。

本文借助于捕蛇者蒋氏的形象,借助于这个形象的亲口诉说,用活生生的事实有力地揭露了时政的弊端和贪官污吏的罪恶,从而揭示出封建社会残酷的阶级剥削、阶级压迫这一根本问题,具有深刻的认识价值和进步意义。

与韩愈的文章相比,柳文更具有广泛的社会现实内容,更为深刻地触及到了封建社会许多重大的问题,见解卓越精密。

艺术上,本文选材精良,结构严谨,广泛运用对比和反衬的手法,文笔简洁生动,是一篇短小精练、内容丰富的佳作,历来传诵、广受推赞。

种树郭橐驼传

柳宗元

郭橐驼①,不知始何名。病偻②,隆然伏行,有类橐驼者,故乡人号之"驼"。驼闻之曰："甚善，名我固当。"因舍其名，亦自谓"橐驼"云。其乡曰丰乐乡，在长安西③。驼业种树，凡长安豪家富人为观游及卖果者④，皆争迎取养。视驼所种树，或移徙，无不活，且硕茂蚤实以蕃⑤。他植者虽窥伺效慕，莫能如也。

有问之，对曰："橐驼非能使木寿且孳也⑥，能顺木之天以致其性焉尔⑦。凡植木之性，其本欲舒，其培欲平，其土欲故，其筑欲密⑧。既然已，勿动勿虑，去不复顾。其莳也若子⑨，其置也若弃，则其天者全，而其性得矣。故吾不害其长而已，非有能硕茂之也；不抑耗其实而已，非有能蚤而蕃之也。他植者则不然，根拳而土易⑩。其培之也，若不过焉则不及。苟有能反是者，则又爱之太殷，忧之太勤，旦视而暮抚，已去而复顾。甚者，爪其肤以验其生枯，摇其本以观其疏密，而木之性日以离矣。虽曰爱之，其实害之；虽曰忧之，其实仇之。故不我若也。吾又何能为哉？"

问者曰："以子之道，移之官理⑪，可乎？"驼曰："我知种树而已，官理，非吾业也。然吾居乡，见长人者⑫好烦其令，若甚怜焉，而卒以祸。旦暮，吏来而呼曰：'官命促尔耕，勖尔植⑬，督尔获，蚤缫而绪⑭，蚤织而缕，字而幼孩⑮，遂而鸡豚。'鸣鼓而聚之，击木而召之。吾小人辍飧饔以劳吏者⑯，且不得暇，又何以蕃吾生而安吾性耶？故病且怠。若是，则与吾业者其亦有类乎？"

问者嘻曰："不亦善夫！吾问养树，得养人术。"传其事以为官戒也。

注释

①橐（tuó）驼：骆驼。此指驼背，是种树人郭某的外号。　②偻（lóu）：背脊弯曲。　③长安：唐代京城，在今陕西西安东北。　④为观游：修建玩赏游玩的园地。　⑤蚤：同"早"。蕃：多，繁盛。　⑥孳（zī）：繁育。　⑦天：天性。　⑧筑：筑土，指在树根处填土。　⑨莳（shì）：移栽植物。　⑩拳：卷曲。　⑪官理：做官治民。唐人避高宗李治讳，把"治"写作"理"。　⑫长（zhǎng）人者：当官的人。　⑬勖（xù）：勉励。　⑭缫（sāo）：煮茧抽丝。而：你们的。绪：丝头。　⑮字：养育，抚养。　⑯飧

(sūn)：晚饭。饔（yōng)：早饭。劳：侍奉，接待。

译文

　　郭橐驼，不知道原来叫什么名字。他患了佝偻病，背脊突起，弓着腰走路，有点像骆驼的样子，因此，同乡的人叫他"驼"。郭驼听了说："很好，叫我这个名字确实恰当。"因而，放弃了原来的名字，自己也称起"橐驼"来了。他居住的那个乡叫丰乐乡，在长安的西边。郭橐驼以种树为业，凡是长安豪富人家要种植花木观赏游览，以及卖果为业的，都争着接他去家里养着。看郭橐驼所种植或所移栽的树，没有不成活的，而且这些树高大茂盛，果实结得又早又多。其他种树的即使偷看模仿，也没有谁能比得上他。

　　有人问他，他回答说："我郭橐驼并不能使树木活得长久、繁殖得多，只是能顺应树木生长发育的天性，让它顺着本性发展罢了。大凡种植树木的规律是：树根要舒展，培土要平整，要用原土，要把土筑紧，这样种完之后，不要动它，也不要担心，离开它不要再去管它。栽的时候，要像抚育孩子一样精心，栽好以后，就要像抛弃了它一样，这样它的天性可以保全，它的本性能得到自然的发展。因此，我只是不妨害它的生长而已，而没有什么能耐使它长得高大而繁茂；只是不抑制损耗它的果实而已，而没有什么能耐使它结果实又早又多。其他种树的人不是这样，树根卷曲并且换用新土。培土不是过多，就是不足。假使有人不是这样，却又对树过分地爱抚，过多地担忧。早晨看看，晚上摸摸，已经离开了，又还要回头来看看，甚至还用指甲抓破它的皮来验看它是活着还是枯死了，摇动它的树株来看是栽得松还是紧，这样就一天天地背离了树木自然生长的本性了。虽说是爱护它，其实是害它；虽说是担忧它，其实是恨它。因此他们种树都不如我。其实我又有什么本事呢？"

　　问的人说："把你栽树的道理，转用到做官治民上去，可以吗？"郭橐驼说："我只知道种树罢了，当官治民，不是我的职业。然而我住在乡里，看见那些做官的人喜欢经常发布繁琐的命令，好像很怜惜同情人民，结果却给人民带来灾难。那些官吏早晚跑来叫：'长官命令，催促你们快耕田，鼓励你们快种植，督促你们快收割。快抽你们的丝，快织完你们的纱，抚养你们的孩子，繁殖你们的牲畜。'一会儿又打鼓叫人们集合，一会儿敲梆把大家召来。我们这些小百姓放下碗筷去应酬官差都忙不过来，又怎么能让我们的生计兴旺，使我们生活安定呢？所以我们既困苦又疲乏。像这种情形，与我所从事的职业大概也有相类似的地方吧？"

问话的人赞叹地说："不是太好了吗！我问栽树的方法，却得到了治理民众的道理。"我把这件事记载下来，官员们鉴戒于此。

赏析

本文是一篇带有寓言性的人物传记，实际上是一篇议论性的文章。

文章以老庄学说的无为而治、顺应自然的思想为基础，借郭橐驼之口阐述种树的经验，揭露出时政的弊端，论述了为官治民的道理。

全文内容，可分三部分。

第一部分，介绍主人公的姓名、形象特征，以及籍贯、职业和技术特长，塑造出一个既有残疾又精于植树之道的郭橐驼形象。

第二部分，郭橐驼自我介绍种树的经验。通过正确与错误两种植树方法的对比，阐明了"顺木之天以致其性"的道理。也就是说，种树的根本方法是要根据树木的本性任其生长，既不能草率从事，也不必过分操心，不然，就会造成"虽曰爱之，其实害之；虽曰忧之，其实仇之"的不良后果。

第三部分，通过对话，以"养树"与"养人"相映照；把种树之道引申到治民之道上去，批评了某些官吏喜欢瞎指挥，把老百姓搞得忙碌疲惫，无法进行正常的、合理的生产的不善行径；并且，正面提出"养人术"的主张，强调治民必须养民，使百姓得到休养生息，才能使天下长治久安。

统览全文，巧借种树之道，揭示了中唐时期政令烦苛的社会弊端和给广大农民带来的痛苦，有很强的现实针对性。至今读来，也给人以有益的启示：无论种树或治民，都应顺天致性，不能违背这个根本的道理；而要顺天致性，就必须摸清事物发展的规律，掌握树木或人民究竟怎样才能繁衍硕茂，动机与效果必须统一，不能好心办坏事，或只把好心停留在表面上和口头上。所有这些，都常读常新，发人深思。

  本文在写作上也很有特色。一是用传记的方式进行说理，借一个普通劳动者之口来阐述治国治民的大道理，非常亲切。二是通过种树与治民的类比，加强文章的形象性，使抽象的道理变得十分具体。三是采用对比方式，显示正确与错误、过与不及的区别，说理透彻。四是以问答形式结构全文，层层推进，逼出主旨，自然而巧妙。此外，语言的平易，议论的深刻，也为文章增色不少。

梓人传

柳宗元

  裴封叔之第①，在光德里②。有梓人款其门③，愿佣隟宇而处焉④。所职寻引规矩绳墨⑤，家不居砻斫之器⑥。问其能，曰："吾善度材。视栋宇之制，高深圆方短长之宜，吾指使而群工役焉。舍我，众莫能就一字。故食于官府，吾受禄三倍；作于私家，吾收其直大半焉⑦。"他日入其室，其床阙足而不能理⑧，曰："将求他工。"余甚笑之，谓其无能而贪禄嗜货者⑨。

  其后京兆尹将饰官署⑩。余往过焉。委群材，会众工，或执斧斤⑪，或扑刀锯，皆环立向之。梓人左持引，右执杖，而中处焉，量栋宇之任，视木之能举，挥其杖曰："斧！"彼执斧者奔而右。顾而指曰："锯！"彼执锯者趋而左。俄而斤者斫⑫，刀者削，皆视其色,俟其言,莫敢自断者。其不胜任者,怒而退之,亦莫敢愠焉。画宫于堵⑬,盈尺而曲尽其制。计其毫厘而构大厦,无进退焉。既成,书于上栋曰:某月某年某日某建。则其姓字也。凡执用之工不在列。余圜视大骇⑭,然后知其术之工大矣。

继而叹曰:彼将舍其手艺,专其心智,而能知体要者欤?吾闻劳心者役人,劳力者役于人,彼其劳心者欤?能者用而智者谋,彼其智者欤?是足为佐天子、相天下法矣,物莫近乎此也。

彼为天下者,本于人。其执役者,为徒隶⑮,为乡师里胥⑯,其上为下士,又其上为中士,为上士,又其上为大夫,为卿,为公。离而为六职⑰,判而为百役。外薄四海⑱,有方伯连率⑲。郡有守,邑有宰,皆有佐政。其下有胥吏,又其下皆有啬夫版尹⑳,以就役焉,犹众工之各有执技以食力也。彼佐天子相天下者,举而加焉,指而使焉,条其纲纪而盈缩焉,齐其法制而整顿焉,犹梓人之有规矩绳墨以定制也。择天下之士,使称其职;居天下之人,使安其业。视都知野,视野知国,视国知天下。其远迩细大㉑,可手据其图而究焉,犹梓人画宫于堵而绩于成也。能者进而由之,使无所德;不能者退而休之,亦莫敢愠。不衒能,不矜名㉒,不亲小劳,不侵众官,日与天下之英才讨论其大经,犹梓人之善运众工而不伐艺也。夫然后相道得而万国理矣㉓。相道既得,万国既理,天下举首而望曰:"吾相之功也!"后之人循迹而慕曰:"彼相之才也。"士或谈殷、周之理者,曰伊、傅、周、召㉔,其百执事之勤劳㉕,而不得纪焉,犹梓人自名其功,而执用者不列也。大哉相乎!通是道者,所谓相而已矣。

其不知体要者反此,以恪勤为公㉖,以簿书为尊㉗,衒能矜名,亲小劳,侵众官,窃取六职百役之事,听听于府庭㉘,而遗其大者远者焉,所谓不通是道者也。犹梓人而不知绳墨之曲直,规矩之方圆,寻引之短长,姑夺众工之斧斤刀锯,以佐其艺,又不能备其工,以至败绩用而无所成也㉙。不亦谬欤!

或曰:"彼主为室者,傥或发其私智,牵制梓人之虑,夺其世守,而道谋是用㉚,虽不能成功,岂其罪邪?亦在任之而已。"余曰:"不然。夫绳墨诚陈,规矩诚设,高者不可抑而下也,狭者不可张而广也,由我则固,不由我则圮㉛。彼将乐去固而就圮也,则卷其术,默其智,悠尔而去,不屈吾道。是诚良梓人耳!其或嗜其货利;忍而不能舍也,丧其制量屈而不能守也,栋桡屋坏㉜,则曰:'非我罪也。'可乎哉,可乎哉?"

余谓梓人之道类于相,故书而藏之。梓人盖古之"审曲面势者㉝",今谓之"都料匠"云㉞。余所遇者杨氏,潜其名。

注释

①裴封叔:人名,柳宗元的妹夫。 ②光德里:长安城内地名。 ③梓人:原指木匠,后用以称建筑师。 ④佣:租赁。隟宇:空房。隟,同"隙"。 ⑤寻引:量长短的工具。 ⑥礲(lóng):磨砺。斫(zhuó):砍削。 ⑦直:同"值",工钱。 ⑧理:即"治",唐人避唐高宗李治讳,以"理"代"治"。 ⑨货:钱财。 ⑩京兆尹:长安城的地方最高长官。 ⑪斤:斧头。 ⑫俄而:一会儿。 ⑬堵:墙壁。 ⑭圜视:瞪大了眼睛看,表示惊讶。 ⑮徒隶:服劳役的人。 ⑯乡师里胥:管理乡、里的小吏。 ⑰六职:《礼记·曲礼下》称司土、司木、司水、司革、司器、司货为六职。 ⑱薄(bó):逼近。 ⑲方伯:古代一方诸侯的领袖。 ⑳啬(sè)夫:乡官,掌管诉讼和赋税。 ㉑迩(ěr):近。 ㉒矜:夸耀。 ㉓理:治理。 ㉔伊:伊尹,商汤时的贤相。傅:傅说(yuè),商代武丁时的贤相。周:周公姬旦。召(shào):召公姬奭。周公、召公都是周朝开国功臣,武王死后,共同辅佐成王。 ㉕百执事:负责各种具体事务的官吏。 ㉖恪(kè):谨慎。 ㉗簿书:官府文书。 ㉘听听(yínyín):争辩的样子。 ㉙用而:因而。 ㉚道谋是用:即"用道谋",采用过路人七嘴八舌的意见。 ㉛圮(pǐ):坍塌。 ㉜桡(náo):折断。 ㉝审曲面势:审察各种材料的曲直、性能。 ㉞都料匠:大木匠,管理木工并计划工程材料的人。

译文

裴封叔的住宅在光德里。有一个建筑师来敲他的门,希望租一间空房来住。这建筑师携带的只是量尺、圆规、曲尺、墨斗,家中不放磨砺、砍削一类工具。我问他擅长的技能,他说:"我善于计算木料。看一幢房屋的规模,算出高、深、圆、方、短、长的正确尺码,然后我指挥着木工照我的吩咐去做。没有我,他们没有一个能造出一幢房子。所以,在官府受雇,我的工资是一般木工的三倍；在私人家里干活，我要得全部工钱的一大半。"有一天，我走进他的屋子，看见他的床少了一条腿，自己却不会修理，说："准备请别的木工。"我觉得他很可笑，认为他是没有本领而贪得钱财的家伙。

后来，京兆尹要整修衙门。我去那里探望。那里堆积了许多木料，聚集了许多木工，有的拿着斧头，有的拿着刀和锯子，都站成圆圈向着那建筑师。建筑师就左手拿着量尺，右手拿着指挥棒，站在圆圈中间，估量房屋应有的压力，再选择木料里面能负荷的，挥动那根棒指着那木头说："用斧头劈！"拿斧头的木工连忙跑到右边去。那建筑师回过头来用那棒指着另一根木头说："用锯子锯！"拿锯子的木工连忙奔到左边去。一会儿，拿斧头的劈着，拿刀的削着，都看他的脸色，等他的吩咐，没有一个敢自作主张的。对那些不能做好工作的，那建筑师生气地辞退他们，也没有谁敢埋怨。那建筑师把房屋蓝图画在墙上，图一尺见方，可是却详尽地表示出了整个建筑的结构。计算清楚一毫一厘的长短去造大房子，竟没有一点出入。房子建成之后，在大梁上写：某年某月某日某人造。写的就是他自己的姓名，所有具体干活的木工都没有写上去。我不禁瞪大眼睛十分惊讶，这才知道他的本领有很大的作用。

接着，我叹息说：他大概是放弃了手艺，专注于才智，而能够懂得事物根本的人吧？我听说，用脑的人役使别人，用体力的人受人役使，他大概属于用脑的吧？有技能的人被任用，有智慧的人出主意，他大概是有智慧的人吧？这完全可以作为辅佐天子治理天下的准则，再没有别的事情比这建筑师的行动更能说明这道理的了。

治理天下要以人为根本。那些干活奔走的，是仆役，是乡、里的小吏，他们上面是下士，再上面是中士，是上士，再上面是大夫，是卿，是公。分工而成为六部，再分工就成为各种各样的差事。国土外接四海，有方伯和连率。各郡有郡守，各县有县官，他们都有辅助政事的人员。往下有差役，又下面都有掌诉讼赋税的啬夫和掌户籍的版尹。他们做着各自的差使，犹如诸多的工匠各有手艺靠自己的劳动吃饭。那辅佐天子治理天下的宰相，选拔人才安排他们的职责，指示分派他们工作，订立治国的纲纪而按情况增减，统一法律来整顿各项工作，就像那建筑师有圆规、曲尺、墨斗来确定房屋结构一样。宰相选拔天下有才能的人，使他们的能力与职务相称，让天下的百姓安居，使他们乐于从事自己的职业。看到国都就了解郊野，看到郊野就了解整个国家，看到国家就了解天下的情况。不论远近大小，都可以根据手上掌握图纸来推究了解，就像那建筑师把房屋的蓝图画在墙上就可以成功一样。有才能的选拔上来任用，他也没有什么可感恩戴德的；不能胜任的免掉他的职务叫他回去，也没有谁敢埋怨。做宰相的不炫耀自己的才能，不夸耀自己的名声，不亲自做琐碎的事情，不侵犯各种官员的职权，每日和天下的优秀人才讨论治国的根本方针，犹如那建筑师善于调派木工，自己却不卖弄技艺一样。这样一来，宰相的辅佐之道已经成功，天下已经得到了治理，于是天下百姓抬头仰望说："这是我们宰相的功劳呀！"后代的人根据他的业绩也仰慕说："是那位宰相的才能呀！"读书人有时谈到商、周的太平，都说这是伊尹、傅说、周公、召公的功劳，那些所有做具体工作的，他们的辛勤劳动是不记载于史书的，也就像建筑师记下自己的功劳，其他干具体活的人都不在记功之列。真是重大呀，宰相的责任！懂得这个道理的人，便是人们所说的宰相。

　　那些不知道事情根本的人与此相反，他们把恭谨劳苦看作为公，把办理公文看成头等大事，炫耀自己的才能，夸耀自己的名声，亲自做琐屑的小事，侵犯各级官员的职权，揽过六部和各部属的各种差事，在宰相衙门里争论不休，却把那些重大的事情、长远的打算抛在一边，这是不通晓做宰相方法的人啊。这就好比那建筑师不知道用墨斗来量曲直，用圆规、曲尺来量长短，胡乱抢过其他工匠的斧头、刀和锯子，帮助他们干活，又不能精通所有工种，以致失败，什么也做不成。这不太荒谬了嘛！

　　有人说："那负责建房子的屋主，要是拿出他个人的看法，牵制那建筑师的计划，不用他世代相传的经验，而采用过路人七嘴八舌的意见，那么，即使房子不能造成，难道是建筑师的责任吗？关键还是在于信任那建筑师罢了。"我说："不是这样，墨线真的弹好了，圆规和曲尺真的量好了，高的不能压低，窄的不能扩大，照我的做就坚固，不照我的去做就会倒塌，屋主要是喜欢抛弃坚固的而取法倒塌的，那我就收起我的本领，藏起我的智慧，远远地离去，不放弃我的原则。这就真是好建筑师啊！如果贪图钱财，宁愿忍让也不舍弃那好处，丧失自己正确的设计，屈从而不能坚持，最后梁断屋塌，却说：'这不是我的错误。'可以吗，可以吗？"

我认为这建筑师的方法和宰相类似，所以记下并保存起来，这建筑师大概就是古代的"审曲面势者"，现在叫作"都料匠"的。我所碰到的这位，姓杨，名潜。

赏析

这是一篇具有寓言性质的人物传记。

文章赞扬了一位土木建筑工匠的才能和品德，借以阐明宰相的治国之道。

全文可分两大部分。第一部分，记叙梓人的非凡才能和品德。首先描写梓人的才干，他善于度量木材，指挥众工，把房屋建筑的图样画在墙上，一尺见方，就能完全绘出房屋的结构，再依照图样尺寸大小的比例来建构大厦，没有一点差错。其次，描写梓人在建筑过程中，指挥有方，能者进，不能者退，人无怨言，而自己却"不衒能，不矜名，不亲小劳"，技艺、德行都达到很高的层次。

第二部分，在前部分的基础上论述了自己的政治见解："梓人之道类于相。"作者认为，宰相治理国家，就像梓人指挥众工建筑大厦一样，应该立纲纪，整法度，举贤任能，赏罚分明，总揽全局，狠抓大事，坚持原则，不贪名利。这样，才能治理天下，受人敬仰。与此同时，作者又对那些"以恪勤为公，以簿书为尊。衒能矜名，亲小劳，侵众官"而"遗其大者远者"的庸碌官吏，进行了揭露和批判。

文章善于抓住特点描绘人物，恰当地运用对比手法，以小喻大，说理形象，议论深刻，具有较强的思想性。文中揭示的宰相治国之道，鞭挞的不抓大事、贪求名利、夸夸其谈、文牍主义和碌碌无为等吏治弊端，至今仍有着现实的鉴戒作用。

愚溪诗序

柳宗元

灌水之阳有溪焉[1]，东流入于潇水[2]。或曰："冉氏尝居也，故姓是溪为冉溪。"或曰："可以染也，名之以其能，故谓之染溪。"余以愚触罪[3]，谪潇水上。爱是溪，入二三里，得其尤绝者家焉。古有愚公谷[4]，今余家是溪，而名莫能定，土之居者犹龂龂然[5]，不可以不更也，故更之为愚溪。

愚溪之上，买小丘，为愚丘。自愚丘东北行六十步，得泉焉，又买居之，为愚泉。愚泉凡六穴，皆出山下平地，盖上出也。合流屈曲而南，为愚沟。遂负土累石，塞其隘，为愚池。愚池之东为愚堂。其南为愚亭。池之中为愚岛。嘉木异石错置，皆山水之奇者，以余故，咸以愚辱焉。

夫水，智者乐也[6]，今是溪独见辱于愚，何哉？盖其流甚下，不可以灌溉；又峻急多坻石[7]，大舟不可入也；幽邃浅狭，蛟龙不屑，不能兴云雨。无以利世，而适类于余，然则虽辱而愚之可也。

宁武子邦无道则愚[8]，智而为愚者也。颜子终日不违如愚[9]，睿而为愚者也。皆不得为真愚。今余遭有道而违于理[10]，悖于事，故凡为愚者，莫我若也。夫然，则天下莫能争是溪，余得专而名焉。

溪虽莫利于世，而善鉴万类，清莹秀澈，锵鸣金石[11]，能使愚者喜笑眷慕，乐而不能去也。余虽不合于俗，亦颇以文墨自慰。漱涤万物⑫，牢笼百态而无所避之⑬。以愚辞歌愚溪，则茫然而不违，昏然而同归，超鸿蒙⑭，混希夷⑮，寂寥而莫我知也！于是作八愚诗，记于溪石上。

注释

①灌水：河流名，在今广西境内，经全州汇入湘江。阳：水的北面。②潇水：河流名，在永州（今湖南永州零陵）汇入湘江。　③以愚触罪：指因参加王叔文的政治革新运动，失败后被贬为永州司马。　④愚公谷：在今山东淄博临淄西。　⑤龂龂（yínyín）：争辩的样子　⑥乐（yào）：喜爱。⑦坻（chí）：水中小洲。　⑧宁武子，名俞，春秋时期卫国大夫，武是谥号。　⑨颜子：孔子的学生颜回。　⑩有道：指政治清平之世。　⑪金石：指古代用金属或石头制作的钟、磬一类乐器。　⑫漱涤：洗涤。　⑬牢笼：这里指捕捉。　⑭鸿蒙：自然的元气，这里指宇宙。　⑮希夷：指一种混沌的状态。

译文

灌水的北面有一条溪，向东流入潇水。有人说："有家姓冉的曾经住在这里，所以将这条溪冠以冉姓，称为冉溪。"有人说："这溪水可以染色，以它的功能来给它取名字，所以称它为染溪。"我因为愚笨而犯罪，被贬到潇水边上。我喜欢这条溪，走进两三里，找到那风景特别绝妙的地方居住下来。古代有愚公谷，如今我把家安在这条溪边，但是溪的名字却没有人能确定，当地的人还争论不休，我不能不给它改一个名字，所以把它改叫愚溪。

我在愚溪上游，买了一个小山丘，叫作愚丘。从愚丘向东北走六十步，在那里找到一处泉水，又买下它来为我所有，叫愚泉。愚泉一共有六个泉眼，都露在山下平地上，泉水都是向上涌出的呢。泉水汇在一起弯弯曲曲地向南流，叫作愚沟。于是背来泥土，累起石头，在狭窄的地方堵塞起来，成为愚池。愚池东边是愚堂。它的南边是愚亭。池塘里面是愚岛。秀美的树木、奇异的石头，参差错落地排列着，都是山水中的奇景，因为我的缘故，都用愚字使它们受到了屈辱。

水，是聪明人所喜欢的，现在这条溪却偏偏被愚字所玷辱，为什么呢？大概是它的水位很低，不能用它来灌溉；水流又湍急，有很多小洲和石块，大船不能进来；小溪幽僻，水浅，蛟龙不屑住在那里面，不能靠它兴起云雨。没有什么地方能够给世上带来好处，这一点却恰好和我相似，那么纵然玷辱它，叫它作愚溪，也是可以的。

宁武子在国家政治黑暗时，显得很愚蠢，那是聪明人装成傻子。颜回整天不说一句同老师意见不同的话，好像很愚蠢的样子，这是睿智的人貌似愚蠢。他们都不是真正的愚蠢。现在我遇到政治清明的时代，却违背正理，把事情做坏了，所以凡是要说愚蠢，没有谁比得过我。既然是这样，那么天下没有人能够和我争夺这条小溪了，我能够独自占有它，叫它愚溪。

这条小溪虽然对世上没有什么用，可是它却善于映照万物，清亮、秀美、澄澈，像乐器奏鸣一样，发出铿锵的声音，能够使愚笨的人高兴、欢笑、眷恋、倾慕，快乐得不愿离去。我虽然与世俗不合，不过还颇能以诗文来安慰自己。净化万物，捕捉事物的各种姿态，没有什么可回避的。我用"愚辞"来歌唱愚溪，就渺渺茫茫同愚溪没有什么违拗，昏昏然地和这溪水一同找到归宿，超脱尘世之外，融于虚寂静谧，寂寞空旷，而忘却了自我的存在！于是我写了《八愚诗》，记刻在溪边的石上。

赏析

这是柳宗元为自己的《八愚诗》所写的序。《八愚诗》是柳宗元被贬永州后，为了排遣内心的愤郁不平之气而写下的一组寄情山水的诗歌。现在，其诗已经失佚。

这篇书序，是作者陈述他创作《八愚诗》的主旨和意趣的抒情文字。

文章共分五个自然段。第一、二段，叙写小溪及小溪附近的地点、景物之所以被命名为愚溪、愚丘、愚泉、愚沟、愚池、愚堂、愚亭、愚岛的缘由。第三段，重点写出愚溪命名的理由。第四段，概析"愚"的种类和性质。第五段，描写愚者的乐趣，同时归结全文，交代作《八愚诗》的缘由。

全文的中心，在于一个"愚"字。从"余以愚触罪"到"以愚辞歌愚溪"，充分表达了一位屡遭打击迫害的正直士大夫的愤世嫉俗之情；同时，对中唐时代的社会黑暗、政治腐败，进行了有力的批判和控诉。

本篇文章，长于抒情。以"愚"为主线，将作者自身的"愚"与溪水等奇山异木的"愚"融为一体，使溪、丘、泉、沟、池、堂、亭、岛等自然景物成为作者苦难遭遇的象征，而奇山异水则成为作者耿介性格的艺术外化，物我交融，物我合一，极富艺术感染力。此外，文章语言简洁生动，结构严谨妥帖，清新畅达，颇堪吟诵。

永州韦使君新堂记

柳宗元

将为穿谷、嵁岩、渊池于郊邑之中①，则必辇山石②，沟涧壑③，陵绝险阻④，疲极人力，乃可以有为也。然而求天作地生之状，咸无得焉。逸其人⑤，因其地，全其天，昔之所难，今于是乎在。

永州实惟九疑之麓⑥。其始度土者，环山为城。有石焉，翳于奥草⑦；有泉焉，伏于土涂。蛇虺之所蟠⑧，狸鼠之所游。茂树恶木，嘉葩毒卉，乱杂而争植，号为秽墟⑨。

韦公之来，既逾月，理甚无事⑩。望其地，且异之。始命芟其芜⑪，行其涂。积之丘如，蠲之浏如⑫。既焚既酾⑬，奇势迭出。清浊辨质，美恶异位。视其植，则清秀敷舒；视其蓄，则溶漾纡余⑭。怪石森然，周于四隅。或列或跪，或立或仆，窍穴逶邃，堆阜突怒⑮。乃作栋宇，以为观游。凡其物类，无不合形辅势，效伎于堂庑之下⑯。外之连山高原，林麓之崖，间厕隐显⑰。

迩延野绿⑱，远混天碧，咸会于谯门之内⑲。

已乃延客入观⑳，继以宴娱。或赞且贺曰："见公之作，知公之志。公之因土而得胜，岂不欲因俗以成化？公之择恶而取美，岂不欲除残而佑仁？公之蠲浊而流清，岂不欲废贪而立廉？公之居高以望远，岂不欲家抚而户晓？夫然，则是堂也，岂独草木土石水泉之适欤，山原林麓之观欤？将使继公之理者㉑，视其细知其大也。"宗元请志诸石，措诸壁㉒，编以为二千石楷法㉓。

注释

①嵁（kān）岩：峭壁。嵁，不平的样子。②辇（niǎn）：车，这里指用车搬运。③壑（hè）：山沟。④陵绝：越过。⑤逸：使轻松，安逸。⑥九疑：也作"九嶷"，山名，在今湖南，又称作"苍梧山"。⑦翳（yì）：遮蔽。奥：深。⑧虺（huǐ）：毒蛇。蟠：盘踞。⑨秽：荒芜。⑩理：治，因避唐高宗李治的讳，所以改"治"为"理"。⑪芟（shān）：除草。⑫蠲（juān）：除掉污秽。⑬釃（shī）：疏浚。⑭溶漾：水动荡的样子。纡余：曲折萦回的样子。⑮阜（fù）：土山。突怒：挺立高耸的样子。⑯伎：技巧。庑（wǔ）：堂下周围的屋子。⑰间（jiàn）厕：交错混杂。⑱迩（ěr）：近。⑲谯（qiáo）门：城门上的高楼。⑳延：邀请。㉑理：治。㉒措：放置。㉓二千石：汉朝郡国守相的俸禄为二千石，借指官爵。

译文

如果要在城郊或城内建造出空谷、峭壁和深池，就一定要用车来搬运山石，开挖山涧沟壑，越过险恶的高处，使民力极端疲惫，才可以建成。可是要想求得自然生成的形态，都不可能。要让百姓轻松，利用它的地形，保全它的天然形状，从前很难做到的事情，如今却在这里出现了。

永州确实是在九嶷山脚下。最初测量地势的人，围绕着山建筑城墙。那里有石头，被遮盖在深草里；那里有泉水，隐藏在污泥里。那是毒蛇盘踞的地方，狸鼠游窜的地方。繁茂的树和不成材的树，嘉花和毒草混杂在一块儿争着生长，因此被称为荒芜之地。

518

韦公来到这里已经过了一个多月，政治清平，太平无事。他望着这地方，认为很奇异。于是就下令铲掉荒草，挖掉那泉水里的污泥。荒草堆积如山，除掉污秽后，泉水清澈。烧掉野草，疏浚泉水以后，奇妙的山势就不断显现出来。清浊因质地不同而区别，美的、丑的不再混杂在一起。看那树木，青翠秀丽，枝叶繁茂舒展；看那蓄水，荡漾萦回。奇形怪状的石头森然而立，环绕在四方。有的如列队，有的像跪着，有的站着，有的趴着，山洞曲折而深远，小土山突兀而立。于是韦公在这里建筑房屋，用作游览的地方。所有景物，没有一样不与自然形势配合相辅，在这新建筑的廊下展现它们美好的姿态。城外连绵的山岭和高地，林木覆盖的山崖，互相夹杂，若隐若现。近处伸展着绿色的原野，远处溶入碧色的天边，一切风景都会聚到城门里来了。

于是，韦公邀请客人进来参观，然后又举行宴会娱乐。有客人称赞着祝贺说："看到您这样的建筑，就知道您的志向。您按照山水自然状态而获得了美好的风景，难道不是表示您想顺着民间习俗来完成道德的教化吗？您清除丑恶的，保存美好的，难道不是想要铲除强暴而护佑善良吗？您这样排除污泥而使溪流澄清，难道不是想要撤掉贪污的官吏而支持廉洁的吗？您站在高处眺望远处，难道不是想要挨家挨户地抚慰百姓，向他们晓谕政令吗？如果真是这样的，那么，这座大堂，难道只是草木、土石、水泉值得欣赏？只是山岗、高地、长满树木的山麓值得观看吗？它将使得接替您治理永州的人，看到这眼前的小事而懂得治理地方的大道理呀！"我请求把这意思写成文章记刻在石碑上，把石碑嵌在墙壁上，给刺史们树立榜样。

赏析

本文写于柳宗元被贬永州期间。

韦使君，韦彪，时为永州刺史。使君是汉代对郡守一级官吏的称呼，这里是对刺史的尊称。

文章内容，分为四段。

首段，论述名胜的难得；次段，记叙韦使君未上任时，永州地理环境的荒芜污秽；第三段，详写韦使君到任后，于治理政事的闲暇，修整环境，建造新堂的经过、效果，突出了变化的巨大，歌颂了韦使君的功劳；第四段，抒发议论，点明新堂关系政教，开拓题旨，所见甚大，并点出新堂不朽，可"为二千石楷法"，凛然作结。

全文通过韦使君建造新堂前后的对比描写，阐述了地方官治理一方应像韦使君顺应自然形势整治环境一样，应"因俗以成化""除残而佑仁""废贪而立廉"，达到变秽墟为乐土的目的。

全文宗旨，在于表彰韦使君开辟新堂的功绩。但以小见大，深寓治理天下的道理，境界悠远，耐人寻味。

文章构思巧妙，文字简洁。起笔辟空而入，有高屋建瓴之势；忽作数折，全用虚字衬成，笔法奇幻。继写永州环境荒芜，直写得荒芜不堪，为下文预作铺垫。再写韦公整治环境、修建新堂，由荒秽到整洁，真个是对比鲜明，景中有画。末发议论，开拓题旨，篇末见意，更觉回眸一笑，姿态横生。

钴鉧潭西小丘记

柳宗元

得西山后八日[1]，寻山口西北道二百步[2]，又得钴鉧潭[3]。西二十五步，当湍而浚者为鱼梁[4]，梁之上有丘焉，生竹树。其石之突怒偃蹇[5]，负土而出，争为奇状者，殆不可数。其嵚然相累而下者[6]，若牛马之饮于溪；其冲然角列而上者，若熊罴之登于山[7]。

丘之小不能一亩，可以笼而有之。问其主，曰："唐氏之弃地，货而不售。"问其价，曰："止四百。"余怜而售之。李深源、元克己时同游[8]，皆大喜，出自意外。即更取器用，铲刈秽草⑨，伐去恶木，烈火而焚之。嘉木立，美竹露，奇石显。由其中以望，则山之高，云之浮，溪之流，鸟兽之遨游，举熙熙然回巧献技，以效兹丘之下。枕席而卧，则清泠之状与目谋⑩，潺潺之声与耳谋⑪，悠然而虚者与神谋⑫，渊然而静者与心谋。不匝旬而得异地者二⑬，虽古好事之士，或未能至焉。

噫！以兹丘之胜，致之沣、镐、鄠、杜⑭，则贵游之士争买者，日增千金而愈不可得。今弃是州也，农夫渔父过而陋之。价四百，连岁不能售。而我与深源、克己独喜得之，是其果有遭乎⑮？书于石，所以贺兹丘之遭也。

注释

①西山：在永州城西五里。　②寻：沿着。道：行走，在路上走。　③钴鉧（gǔmǔ）潭：形似熨斗的水潭，在今湖南永州零陵城郊。　④鱼梁：挡水的石堰，中间有缺口，可以捕鱼。　⑤偃蹇（yǎnjiǎn）：高耸的样子。　⑥嵚（qīn）然：高而陡峻的样子。　⑦羆（pí）：熊的一种。　⑧李深源、元克己：柳宗元的朋友，生平不详。　⑨刈（yì）：割。秽草：荒草。　⑩清泠（líng）：明静清凉。　⑪潺潺（yíngyíng）：溪水流动的声音。　⑫悠然而虚者：指开阔空灵的境界。　⑬不匝（zā）旬：不满十天。匝，遍、满。　⑭沣（fēng）、镐（hào）、鄠（hù）、杜：都是地名，都在唐代京城长安附近。　⑮遭：遭遇，指碰到赏识的人。

译文

在发现西山以后的第八天，沿着山口西北面的小路走二百步，又发现了钴鉧潭。距潭的西边二十五步，流急水深的地方，是一道鱼梁。鱼梁上边，有一座小丘，生长着竹子和树木。那些突兀高耸，顶着泥土从地里冒出来，争相呈现奇形怪状的巨石，几乎数不清。那形势陡峻相互挤压着向下倾斜的石头，像牛马在溪边饮水；那昂然突起像兽角那样并列向上的石头，像熊罴在山上登攀。

小丘的面积很小，还不足一亩，可以全部占有它。我问这小丘的主人是谁，有人说："这是唐家不用的一块荒地，想要出卖却没有人买。"问这块地的售价。回答说："只要四百文。"我喜欢而又怜惜这小丘，就把它买了下来。李深源、元克己当时同我一起游玩，都十分高兴，感到出乎意料。我们当即轮番拿起工具，铲除杂草，砍掉不成材的树，放火把它们烧掉。于是美妙的树木挺立出来，秀美的竹子崭露出来，奇异的山石显现出来。从小丘举目望去，高耸的群山，飘动的云彩，奔流的溪水，游邀的飞禽走兽，全都快乐地显示着它们的特技和本领，装点着这个小丘。我们安放枕席，就地躺了下来，眼前看到的是清凉的景色，耳边听到的是潺潺的水声，精神感触到的是悠远而空灵的境界，心灵体验到的是深沉而静谧的气氛。不到十天，就得到两处奇异的地方，就是古代热爱风景的人，或许也未能遇到过这样的事情吧！

唉！凭着这个小丘的胜景，如果把它搬到沣、镐、鄠、杜那些地方，那么爱好游玩山水的人士，争相购买，即使有人每天增价千金也难买到。现在它被弃置在这个州，农夫渔父从这里经过而认为它贱劣，价钱四百文，竟多年卖不出。而我和李深源、元克己偏偏高兴得到了它，这个小丘难道交上了好运？我把这篇短文记写在石上，就用它来祝贺这个小丘的好运吧。

赏析

本文是柳宗元《永州八记》中的一篇，大约作于唐宪宗元和四年（809）。

文章描写钴鉧潭西小丘，围绕着小丘的位置、如何被作者发现和购买、如何焕发出勃勃生机以及作者的感慨，逐一展开。文章的重点，在于描写小丘上嶙峋的怪石和作者登临开辟后的美好风光，以及由此产生的审美感受和人生慨叹。

写丘正为写人。作者在文章中感叹小丘山水之美，却为"唐氏之弃地"，"农夫渔父过而陋之"，"连岁不能售"，语意双关，隐喻自己怀才不遇、被贬边荒的不幸遭际，寄托了个人身世之悲。

文章能静物动写，既肖其貌，又传其神，使形神兼具。如：写小丘上石头的奇形怪状，用人的神情意态、牛马熊罴的动作来加以比拟，把原本静止不动的山石描写得活动起来。又如：写登临小丘所见，高山、浮云、溪流、鸟兽、鱼虫无不充满生机，使人获得目、耳、神、心的无穷乐趣。

文章剪裁巧妙，详略得当；善于融情于景，托物言志；语言简洁，感情真挚。本文是一篇优秀的记事抒情散文。

小石城山记

柳宗元

自西山道口径北①，逾黄茅岭而下②，有二道。其一西出，寻之无所得。其一少北而东，不过四十丈，土断而川分，有积石横当其垠③。其上为睥睨梁欐之形④，其旁出堡坞⑤，有若门焉，窥之正黑，投以小石，洞然有水声，其响之激越，良久乃已。环之可上，望甚远。无土壤而生嘉树美箭⑥，益奇而坚，其疏数偃仰，类智者所施设也。

噫！吾疑造物者之有无久矣，及是愈以为诚有。又怪其不为之于中州⑦，而列是夷狄⑧，更千百年不得一售其伎⑨，是固劳而无用，神者傥不宜如是⑩。则其果无乎？或曰："以慰夫贤而辱于此者。"或曰："其气之灵，不为伟人，而独为是物，故楚之南少人而多石。"是二者，余未信之。

注释

①径北：一直往北。 ②黄茅岭：在今湖南永州零陵西面。 ③垠(yín)：边际，尽头。 ④睥睨(pìnì)：即"埤堄"，城墙上的矮墙。梁欐(lì)：正梁。 ⑤堡坞(wù)：用于守卫的小城堡，碉堡。 ⑥箭：小竹子。 ⑦中州：中原地区。 ⑧夷狄：这里指边远荒凉的地区。 ⑨伎：同"技"，技艺。 ⑩傥：即"倘"，或许。

译文

从西山口一直向北，越过黄茅岭下去，有两条路。一条向西延伸,沿途寻找胜景,没有找到;另一条路稍偏向北而向东延伸,在不到四十丈的地方,山土截断,河水分流,有堆积的石头横挡在山路尽头。它的上面,有的石头像城上矮墙,有的石头像正梁。它的旁边,还耸出一座天然构成的堡垒,有个地方像门一样,朝里看,黑洞洞的,把小石子丢下去,深邃幽远地发出咚咚的水声,响声高昂而嘹亮,很久才消失。绕着积石可以上去,望得很远。上面没有泥土,却生长着美好的树和秀丽的竹,比泥土里长出的更奇特、坚实。它们长得疏密相间,有的横斜,有的挺拔,好像是有智慧的人安排布置的。

啊!我疑心造物者的有无已经很久了。等看到这些,便越发认为上帝确实是有的。但又奇怪为什么不把这样的美景安置在中原地区,却偏把它安放在这偏僻的地方,以致千百年也不能向人们显示出它的技艺,这实在是劳而无功,神明的造物者或许不应该像这样。那么造物者果真是没有的吧?有人说:"这是用来安慰那些贤明而屈辱来到这里的人的。"有人说:"这里天地的灵气,不孕育伟大的人物,却偏偏造就这样的景物,所以楚国南部伟人少,而奇石多。"这两种说法,我都不相信。

赏析

本文是《永州八记》之一。

其内容分为两部分。

前部分,写景为主,描述了小石城山的奇异景物。文章以探寻的方式,以人物的行动为主线进行叙写,把小石城山的地理位置、来龙去脉交代得一清二楚;同时,以白描的手法,用简洁而富于形象的语言,把小石城山的景物尤其是奇异的山岩洞穴等,描绘得美丽而充满奇异的色彩。

后部分,则主要抒发作者的感兴,寄托了怀才不遇、久贬不迁的牢骚不平。文章在写景的基础上,引发作者心中蕴藏已久的疑问:天地间有没有造物主?上天有没有意志?文章以感叹引发议论,欲擒故纵,衬托出天公并不存在的看法,并以此为基点,展开一连串的疑问,逐一否定了天意、天命的存在,借以抒发了心中的愤郁。

整篇文章，虽为山水游记小品，但绝不仅仅是对自然景物的刻意描摹，也不仅仅是为了抒发闲情逸致，而是借奇山奇石，一吐胸中之气。文章巧妙地把探寻山川景物与探寻人生遭遇结合在一起，含蓄而曲折地表达了作者对宇宙、人生的解悟。写山水实以写人，感叹美好事物被漠视被遗弃，正是要倾吐作者被打击被埋没的不平之鸣。

全文精彩的写景，浓厚的思辨色彩，强烈的情感抒发，以及富于哲理意味的思考，都给人们以深刻的印象和隽永的审美享受。

贺进士王参元失火书

柳宗元

得杨八书①，知足下遇火灾②，家无余储。仆始闻而骇③，中而疑，终乃大喜，盖将吊而更以贺也④。道远言略，犹未能究知其状，若果荡焉泯焉，而悉无有，乃吾所以尤贺者也。

足下勤奉养，乐朝夕，惟恬安无事是望也。今乃有焚炀赫烈之虞⑤，以震骇左右⑥，而脂膏滫瀡之具⑦，或以不给，吾是以始而骇也。

凡人之言皆曰："盈虚倚伏⑧，去来之不可常。"或将大有为也，乃始厄困震悸。于是有水火之孽⑨，有群小之愠⑩，劳苦变动，而后能光明。古之人皆然。斯道辽阔诞漫⑪，虽圣人不能以是必信，是故中而疑也。

以足下读古人书，为文章，善小学⑫，其为多能若是，而进不能出群士之上，以取显贵者，盖无他焉。京城人多言足下家有积货。士之好廉名者，皆畏忌不敢道足下之善，独自得之心，蓄之衔忍而不出诸口，以公道之难明，而世之多嫌也。一出口，则嗤嗤者以为得重赂⑬。仆自贞元十五年见足下之文章⑭，蓄之者，盖六、七年未尝言，是仆私一身而负公道久矣，非特负足下也。及为御史尚书郎⑮，自以幸为天子近臣，得奋其舌，思以发明足下之郁塞。然时称道于行列，犹有顾视而窃笑者。仆良恨修己之不亮，素誉之不立，而为世嫌之所加。常与孟几道言而痛之⑯。乃今幸为天火之所涤荡，凡众之疑虑，举为灰埃。黔其庐⑰，赭其垣⑱，以示其无有，而足下之才能，乃可以显白而不污。其实出矣，是祝融、回禄之相吾子也⑲！则仆与几道十年之相知，不若兹火一夕之为足下誉也。宥而彰之⑳，使夫蓄于心者，咸得开其喙㉑；发策决科者㉒，授子而不栗。虽欲如向之蓄缩受侮，其可得乎？于兹吾有望于子，是以终乃大喜也。

　　古者列国有灾，同位者皆相吊。许不吊灾，君子恶之㉓。今吾之所陈若是，有以异乎古，故将吊而更以贺也。颜、曾之养㉔，其为乐也大矣，又何阙焉㉕？

注释

①杨八：姓杨，名敬之，排行第八，生平不详。　②足下：对人的尊称。指柳宗元的朋友进士王参元。　③仆：我。自称为仆，是一种谦称。　④吊：慰问遭丧事、灾祸的人。　⑤炀（yàng）：焚烧。赫烈：（火势）猛烈。　⑥左右：指身边的侍从，这里指王参元，不直称对方，是一种婉曲说法。　⑦脂膏滫（xiǔ）瀡（suǐ）：指调和饮食。　⑧盈：满，指富足、通达等好的方面。虚：指贫穷、失意等不顺的方面。倚伏：依托，隐伏。《老子》有"祸兮福所倚，福兮祸所伏"。　⑨孽（niè）：灾祸。　⑩愠：怨恨。　⑪诞漫：没有边际。　⑫小学：汉代指文字学，后世泛指文字、音韵、训诂之学。　⑬嗤嗤：讥笑声。　⑭贞元：唐德宗年号。　⑮御史尚书郎：都是官名。贞元十九年（803），柳宗元任监察御史里行。贞元二十一年，顺宗继位，柳宗元任礼部员外郎，掌尚书笺表。　⑯孟几道：名简，几道是字，平昌（今四川平昌）人。举进士宏词，入御史台为谏官，出为常州太守。累迁户部侍郎，加御史中丞，为政主张严峭。　⑰黔（qián）：黑色，这里指烧成黑色。　⑱赭（zhě）：红色，这里指烧成红褐色。　⑲祝融：传说为帝喾时代的火官，后人尊为火神。回禄：传说中的火神。　⑳宥（yòu）：宽恕。　㉑喙（huì）：嘴。　㉒发策：考官提出问题叫应试者答复。决科：考取科名。　㉓"许不吊灾"二句：《左传·昭公十八年》载，夏季的五月，宋、卫、陈、郑四国遭

卷之九 唐宋文

火灾，诸侯都去慰问，只有许国不去，而陈国则自己不采取灭火措施。所以有道之人判断说：陈、许两国都会遭到亡国之灾。 ㉔颜：颜回，孔子学生，以德行著称。曾：曾参，孔子学生，以孝著称。 ㉕阙：即"缺"，欠缺。

译文

得到杨八的信，知道足下遭遇火灾，家中没有一点多余的积蓄了。我开始听到时极为惊骇，接着感到怀疑，最后非常高兴。本来我准备慰问您，现在却改变初衷而向您道贺。由于相隔很远，信里的话又简略，我还没能清楚地了解您家的情形，如果真像大水冲过一样，一无所有了，我就更要因此向您道贺了。

您勤谨地侍奉双亲，享受着早晚共处的天伦之乐，只希望平安无事。现在却有一场大火灾使您震动惊骇，同时，调和饮食的东西，或许因此而不能供应。这是我开始听这消息时内心惊骇的原因。

人们都说："盈和虚互相依托隐伏，它们来去交替，不可能始终不变。"或许将要大有作为，开始反而遭受困苦、惊骇。于是有水火的灾害，有众多小人们的怨恨，经历辛劳困苦的变动，然后才能迎来光明。古代的贤人都是这样。"盈虚相互依托隐伏"的道理辽远深阔没有边际，即使圣明的人也无法肯定地相信，所以，我接着就感到怀疑。

像足下这样诵读古人的书，能写文章，擅长"小学"，多才多艺到这样的境地，可是仕进不能超过一般的读书人，从而取得显要富贵的地位，这没有其他缘故。京城的人大都说足下家中有很多钱财。那些爱惜廉洁名声的人都害怕、顾虑，不敢称道您的优点，只是独自心中明白，藏在内心隐忍着，不把它说出口来，因为公道不容易说清，而世上又多嫌疑。称道的话一出口，那班嗤嗤嘲笑的人就认为得到了厚礼。我从贞元十五年起看见足下写的文章，隐藏在心里六、七年，还不曾说过，这是我只顾自身而对不起公道很久了，还不仅仅是对不起足下啊！到我做了御史和尚书郎，自认为有幸做了天子身边的臣子，能够尽情说话，想利用机会说明您被压抑的才能。但是，我有时在同事面前称道您时，仍然有回过头去使眼色，暗暗发笑的。我实在恨自己修养不明，平时没有树立好名誉，而遭受世人的猜忌。我常常和孟几道谈到此事，并为此而痛心。如今却有幸被天火烧光，人们的所有猜疑、顾虑，全都变成了尘埃。房屋烧黑了，墙壁烧成了暗红色，从而显示出一无所有，而足下的才能，才可以清楚地显示出来而不被玷污。您真实的一面显露出来，这是火神帮助了您呀！我和几道与您十年的相知，还比不上这场大火一夜之间为足下造成的好名誉。得到世人的宽恕而您的才能昭彰，使那些把看法藏在内心的人，都能开口说话了，主持科考的人能放心选拔您而不必害怕了。即使想要像过去那样隐忍退缩或被人嘲笑，难道可能吗？在这一点上，我寄希望于您，因此，最后我竟非常高兴啊。

古时候，诸侯国有灾祸，同列的国家要相互慰问。宋、卫、陈、郑发生灾祸，许国不去慰问，所以道德高尚的人都憎恶它。现在，我所陈述的这番话，立意有和古代不同的地方，所以，把对灾祸的慰问改为道贺。颜渊和曾参奉养父母，也是一大乐事，物质上虽有所欠缺，又算得了什么呢？

赏析

这是柳宗元谪贬永州期间，写给友人王参元的一封信。王参元，王栖曜之子，王茂元的三弟。

文章内容，分为两大部分。

第一部分，概述事件起因，着重叙述了自己得知王参元家遭受大火后的心理过程："始而骇，中而疑，终乃大喜"，点出本文总纲。既为下文张本，又立意新奇，耐人咀嚼。

第二部分，是全文的重心所在，紧扣题旨，分三层详加叙写。

首写"始而骇"。言明王参元是一个安分守己、勤俭节约、事父母谨孝的人，却偏偏遭受大火之灾，甚至烧得"家无余储，徒立四壁"，可谓惨烈。这当然使人乍闻噩耗，不胜惊骇。

次写"中而疑"。为何一个安分守己的人会遭此祸殃？为什么《老子》所讲"盈虚倚伏"、祸福转化的道理，又是不现实的，很难使人相信大灾之后必有大福？因此"疑"虑忡忡。

末写"终乃大喜"。大火是值得庆贺的,因为火灾可以杜人之口。原因有三:首先是因为王参元好读书、家富足、人正直,而人们常忌妒他的财货和德行;其次以自己为例,曾以文章、德行做天子近臣,称道于同僚,但也不免有人轻视、窃笑,说明人情无常、世态炎凉;第三,遭受大火,一切化为灰烬,财货的丧失更显示出王参元人品、才干的高洁不凡,使人敢于说几句公道话,而主持科举考试的官员才能给王参元一个公正的判断而无所顾忌。这一切,岂不是坏事变好事、仕途大有希望了吗?因此,"终乃大喜"。

全篇文章,真的是为王参元家遭受大火而可喜可贺吗?当然不是。柳宗元在这里是借题发挥,正话反说,全文不是可喜可贺,而是长歌当哭!

柳宗元在本文中寓庄于谐,以幽默放达的笔触,将讽刺、批判的矛头,指向那些朝廷的大臣、谗佞的小人,甚至于封建最高统治者。这就不仅对王参元遭受火灾表示出最深挚的同情和安慰,也借以抒发了自己"永贞革新"失败后屡遭贬斥的一腔悲愤。

待漏院记

王禹偁

天道不言①,而品物享②,岁功成者③,何谓也?四时之吏④,五行之佐⑤,宣其气矣。至人不言,而百姓亲,万邦宁者,何谓也?三公论道⑥,六卿分职⑦,张其教矣。是知君逸于上,臣劳于下,法乎天也。古之善相天下者,自咎、夔至房、魏可数也⑧。是不独有其德,亦皆务于勤尔。况夙兴夜寐⑨,以事一人,卿大夫犹然,况宰相乎!

朝廷自国初因旧制⑩,设宰相待漏院于丹凤门之右⑪,示勤政也。乃若北阙向曙⑫，东方未明，相君启行⑬，煌煌火城。相君至止，哕哕銮声⑭。金门未辟⑮，玉漏犹滴。撤盖下车，于焉以息。

待漏之际，相君其有思乎？其或兆民未安，思所泰之⑯；四夷未附，思所来之；兵革未息，何以弭之⑰；田畴多芜，何以辟之；贤人在野，我将进之；佞人立朝，我将斥之；六气不和⑱，灾眚荐至⑲，愿避位以禳之⑳；五刑未措㉑，欺诈日生，请修德以厘之㉒。恍心忡忡，待旦而入。九门既启㉓，四聪甚迩㉔。相君言焉，时君纳焉㉕。皇风于是乎清夷，苍生以之而富庶。若然，则总百官，食万钱㉖，非幸也，宜也。

其或私仇未复，思所逐之；旧恩未报，思所荣之；子女玉帛，何以致之；车马玩器，何以取之；奸人附势，我将陟之㉗；直士抗言，我将黜之；三时告灾，上有忧色，构巧词以悦之；群吏弄法，君闻怨言，进谄容以媚之。私心慆慆㉘，假寐而坐㉙。九门既开，重瞳屡回㉚。相君言焉，时君惑焉。政柄于是乎隳哉㉛，帝位以之而危矣！若然，则死下狱，投远方，非不幸也，亦宜也。

是知一国之政，万人之命，悬于宰相，可不慎欤？

复有无毁无誉，旅进旅退㉜，窃位而苟禄，备员而全身者，亦无所取焉。

棘寺小吏王禹偁为文㉝，请志院壁，用规于执政者。

注释

①天道：指大自然。　②品物：即万物。品，是各类的意思。亨：亨通。这里指顺利生长。　③步功：一年农业的收获。　④四时之吏：分掌四时的天神。这里指四时。　⑤五行之佐：分掌金、木、水、火、土的天神。这里指五行。　⑥三公：太师、太傅、太保。这里指主持朝政的高级官吏。　⑦六卿：泛指朝廷各部的长官。　⑧咎：咎繇，又作"皋陶"，是舜时的法官。夔（kuí）：舜时管音乐和教育的大臣。房、魏：指唐太宗时的宰相房玄龄和魏徵。　⑨夙兴夜寐：起早眠迟。　⑩因旧制：沿袭唐朝的旧制。　⑪待漏院：百官在宫门外等候早朝时休息的地方。漏，漏刻，古代用铜壶滴漏计时。宰相百官须待漏尽门启而入朝，所以称待漏。丹凤门：宋朝汴（biàn）京（今河南开封）皇城的正南门。　⑫北阙：古代宫殿北面的望楼，是臣子等候

朝见或上书的地方。　⑬相君：对宰相的尊称。　⑭哕（huì）哕：铃声。銮：铃。　⑮金门：金马门，汉代官门名，因门旁有铜马，所以称金马门。这里借指宋朝官门。　⑯泰：安定。　⑰弭（mǐ）：平息。　⑱六气：指阴、阳（晴）、风、雨、晦（暗）、明六种自然现象。　⑲灾眚（shěng）：灾祸。荐：频繁的意思。　⑳禳（ráng）：以祭祀祈祷消灾。　㉑五刑：墨、劓、剕、宫、大辟五种刑罚。　㉒厘（lí）：治理，改革。　㉓九门：古代宫殿有九门。这里泛指官门。　㉔迩（ěr）：近。　㉕皇风：指朝廷的德化、治绩。清夷：清平，太平。　㉖食万钱：指享受很多的俸禄。　㉗陟（zhì）：提升。　㉘慆慆（tāotāo）：长久。　㉙假寐：闭目养神，作短暂的休息。　㉚重瞳：相传舜的眼睛有两个瞳仁。这里代指皇帝的眼睛。　㉛隳（huī）：毁坏。　㉜旅进旅退：随众人进退，无所建树。旅，众。　㉝棘寺小吏：王禹偁此时兼任大理寺法官，所以谦称棘寺小吏。棘寺，即掌管刑狱的最高机构大理寺。王禹偁（chēng）（954—1001）：字元之，济州巨野（今山东巨野）人，北宋著名文学家。宋太宗太平兴国八年（983）中进士，曾任右拾遗、左司谏等官职，秉性刚烈，敢于直言，多次被贬谪。

译文

上天不说话，可是万物顺利地生长，一年的农业得到收成，原因是什么呢？是因为掌管四季的天官和负责五行的助手，宣泄疏通了大自然之气。君王不需要直接发话，可是百姓亲和、万国安定，原因是什么呢？是因为三公商讨了治国之道，六卿各自分掌了自己的职责，宣扬教化。从这种情况可以知道：君王在上面无为而治，臣子在下面为政治操劳，是取法于自然。古代善于辅佐君王治理天下的人，从皋陶、夔一直到房玄龄、魏徵，可以一一计数。他们不但有高尚的品德，还都专心致志地勤于政事。再说，早起晚睡，侍奉君王，卿大夫都是如此，何况宰相呢！

朝廷从建国初期就沿用唐朝原来的制度，在皇城丹凤门的左边设置宰相待漏院，表示勤于政务。在曙光渐近的宫廷，东方还没有天亮，相君就动身上朝了，待漏院一片明亮，如灯火之城。相君到来，响起叮叮的铃声。宫门还没有打开，玉制的漏壶还在滴水，于是，收拢车篷，相君下车在待漏院休息。

在等待漏壶滴尽的这段时间中，相君大概有所考虑吧？或许看到万民还没有安居乐业，而考虑怎样使他们安定、太平；看到

古文观止鉴赏

四方的少数民族还没有归服，而在考虑怎样去抚慰他们；战争还没有停止，用什么方法去平定它；农田有很多荒芜了，用什么方法去开垦它；贤明的人还在民间，我准备选拔他们；奸邪之臣处于朝廷，我准备斥退他们；天时不和顺，灾祸不断发生，我愿意退让职位祈祷上天消除灾祸；各种刑罚还没有废除，欺诈的事情经常发生，我请求用修德的办法治理它。心中忧虑不安，等到天亮上朝。所以宫门已经打开，四方的情况顺畅地进入天子耳中，相距很近。相君提出想法，君王接受采纳。朝廷的政治风气因此清平，人民因此富足。像这样，统率百官，享受优厚俸禄，便不是侥幸，而是应该的了。

或许有人想到的却是个人的仇恨还没有报，而考虑怎样排挤仇人；以前得到的好处还没报答，而考虑怎样使自己的恩人显荣；美女、宝玉、丝绸，用什么办法弄来；高车、骏马、古玩，用什么方法去取得；奸邪的人巴结我，我准备提拔他；正直的人反对我的意见，我准备贬斥他；春、夏、秋三季报告灾情，皇上发愁，我要编造花言巧语使他高兴；众官吏枉法，君王听到怨恨的话，我就拿一副讨好的模样向他献媚。个人打算没完没了，闭目打瞌睡，在漏院坐着。所有宫门已经打开，皇上的眼睛屡次注视。相君谈出看法，皇上被他迷惑。政权因此毁坏，帝王的宝座也因此而危险！如果像这样，那么，定他死罪，投进监牢，或者放逐到边远地方，这不是不幸，而是应该的。

由此可以知道一国的政事，万民的性命，都系于宰相，能够不慎重吗？

还有一种做宰相的，没有可指责的，也没有可称颂的，跟着众人进退，窃居宰相高位，苟且享受厚禄，顶个名额，保全自身，这种宰相，也没有什么可取的！

大理寺的小官员王禹偁写这篇文章，请求把它刻记在待漏院的墙壁上，拿它来劝诫执政之人。

赏析

本文是王禹偁在宋太宗淳化初年（990），任大理寺判官时所作。

文章的中心思想，是告诫当权的宰相必须勤政，一心一意为国为民，而不要为一己私利而祸国殃民，也不应为保全名利地位而碌碌无为。从而反映了作者要求革新政治的善良愿望。

全文内容，分为三部分。

首先，论证宰相的勤于政事是"法乎天"，是天经地义的，而待漏院的设置，正具有勤政之意，所谓"示勤政也"。

其次，总结了历史上贤相、奸相、庸相的不同情状，并加以形象描绘。义正词严，文笔纵恣，表现出强烈的爱憎感情和对国事的关切。

最后，告诫执政者，慎施权力，恪尽职责，不要窃位苟禄，不要避祸全身，强调了全文的主旨。

艺术上，本文也颇具特色：前后对比，加强了文章的表达效果；排比句式，增强了文章的气势；间用韵语，使文章声调协和而富于音乐节奏感；情辞俱切，使文章具有很强的说服力和感染力。

黄冈竹楼记

王禹偁

黄冈之地多竹①，大者如椽②。竹工破之，刳去其节③，用代陶瓦。比屋皆然④，以其价廉而工省也。

子城西北隅⑤，雉堞圮毁⑥，蓁莽荒秽⑦，因作小楼二间，与月波楼通⑧。远吞山光，平挹江濑⑨，幽阒辽敻⑩，不可具状。夏宜急雨，有瀑布声；冬宜密雪，有碎玉声。宜鼓琴，琴调和畅；宜咏诗，诗韵清绝；宜围棋，子声丁丁然⑪；宜投壶⑫，矢声铮铮然。皆竹楼之所助也。

公退之暇，被鹤氅衣⑬，戴华阳巾⑭，手执《周易》一卷，焚

古文观止鉴赏

香默坐，消遣世虑⑮。江山之外，第见风帆沙鸟、烟云竹树而已。待其酒力醒，茶烟歇，送夕阳，迎素月，亦谪居之胜概也。

彼齐云、落星⑯，高则高矣，井幹、丽谯⑰，华则华矣，止于贮妓女，藏歌舞，非骚人之事，吾所不取。

吾闻竹工云："竹之为瓦，仅十稔⑱，若重覆之，得二十稔。"噫！吾以至道乙未岁⑲，自翰林出滁上⑳，丙申移广陵㉑，丁酉又入西掖㉒，戊戌岁除日㉓，有齐安之命㉔，己亥闰三月到郡。四年之间，奔走不暇，未知明年又在何处，岂惧竹楼之易朽乎！后之人与我同志，嗣而葺之㉕，庶斯楼之不朽也！

注释

①黄冈：今湖北黄冈黄州。　②椽（chuán）：房椽。　③刳（kū）：剖，削。　④比屋：挨家挨户。比，并比，挨着。　⑤子城：大城所附属的小城。　⑥雉堞：城上的女墙，即垛口。圮（pǐ）毁：坍塌。　⑦蓁莽：丛生的草木。　⑧月波楼：黄冈的西北角城楼。　⑨挹（yì）：汲取。江濑：指江波。濑，流经沙石上的急水。　⑩阒（qù）：静无人声。敻（xiòng）：远。　⑪丁丁（zhēngzhēng）：拟声词。　⑫投壶：古人的一种游戏，在宴会间举行，宾主向一个像瓶样的壶中投箭，投中的为胜。　⑬被：同"披"。鹤氅：用鸟羽编成的大氅。　⑭华阳巾：道士戴的头巾。　⑮消遣：消除，排遣。　⑯齐云、落星：都是楼名。齐云楼在吴县（今江苏苏州）治子城上，唐恭王所建。或称五代韩浦所建。落星楼在建邺（今江苏南京）东北，三国孙权所建。⑰井幹、丽谯：都是楼名。井幹（hán）楼在长安，汉武帝所建。丽谯楼为三国时曹操所建。　⑱稔（rěn）：谷子一熟为一稔，引申指一年。　⑲至道乙未：至道元年（995）。至道，宋太宗的年号。　⑳滁：即滁州，今安徽滁州。㉑丙申：至道二年（996）。广陵：今扬州。　㉒丁酉：至道三年（997）。西掖：指中书省，朝廷最高行政机关。　㉓戊戌：宋真宗咸平元年（998）。岁除日：农历腊月末一天。　㉔齐安：黄州，郡治在今湖北黄冈。　㉕葺（qì）：修建。

译文

黄冈这个地方有很多竹子，大的像椽子。竹工破开它，削掉它的节疤，用来代替泥土烧成的瓦。家家户户都是这样，因为它价钱便宜而且省工。

卷之九　唐宋文

在子城的西北角，上面的女墙都毁坏了，丛生的草木荒芜污秽，我就势修了两间小楼，和月波楼相衔接。远望可以尽览山色，平视好像能够汲取江上的流水，幽寂辽远，难以一一描绘。夏天适合在楼上听落得很急的雨，有瀑布的响声。冬天适合在楼上听下得很密集的雪，有玉屑撒落的响声。这里适宜弹琴，琴的音调空灵而流畅；这里适宜咏诗，诗的韵味清雅极了；这里适宜下棋，棋子的声音丁丁作响；这里适宜投壶，箭投进壶里发出铮铮的响声。这些清雅的意趣都是竹楼带来的。

办完公事回来时，我披着鹤氅，戴着华阳巾，手上拿着一本《易经》，焚香静坐，消除世俗的思虑。除了江水山色，只见顺风扬帆的船、沙洲上的鸟、如烟一般的云和竹子树木罢了。等到酒醒了，煮茶的烟火也熄了，于是我送走夕阳，迎来皎洁的月亮，这也是贬官生活中的佳景啊！

那齐云楼、落星楼，高大是高大了，井幹楼、丽谯楼，华丽是华丽了，但只是用来蓄藏乐妓舞女，修这些楼不是风雅之士做的事，是我不赞成的。

我听到竹工说："竹片做的瓦只能用十年。如果盖上两层，可以管二十年。"唉！我在至道元年，从翰林学士被贬到滁州做刺史，至道二年调到扬州，至道三年又到中书省任职，咸平元年除夕，命我做黄州刺史，咸平二年闰三月到达郡城。四年之中，东奔西走没有空闲，不知明年又在哪里，难道还怕这座竹楼容易朽坏吗？如果后来的人和我有相同的志趣，继而修缮竹楼，或许这座竹楼能够不朽坏吧。

赏析

宋真宗咸平元年（998），王禹偁参与编修《太祖实录》，因敢于直言其事，兼之受权相张齐贤、李源的猜忌，于当年除夕被贬知黄州。这是王禹偁仕途上第三次遭受贬逐，故内心颇为愤慨，离京时曾作《出守黄州上史馆相公》，称"未甘便葬江鱼腹，敢向台阶请罪名"。到黄州后，内心苦闷，郁郁寡欢，署理公务之余，常闲暇悠游，建竹楼"无愠斋""睡足轩"以排遣忧愁。

535

本文即作于黄州任上、小竹楼新落成之时。

　　文章内容，可分两部分。第一部分，从"黄冈之地多竹"到"非骚人之事，吾所不取"，以自家竹楼与王侯、贵族的"齐云""落星"等豪华台阁相比较，描述了荒淫奢侈的可鄙可弃，表现出作者高雅峻洁的人生态度。

　　第二部分，从"吾闻竹工云"到篇末。由竹工的话语，引出自己仕途屡遭贬黜的经历和对前途的忧虑，抒发了内心的愤懑和不平。

　　整篇文章，写竹楼实以写人明志。通过描绘小竹楼的清幽环境和富于诗意的特点，有力地表现了作者虽遭贬斥而恬然自适的心境和高洁的人格，激愤的政治感慨暗寓其间。

　　全文叙事、写景、抒情、议论相结合，笔调简洁而颇具情韵。文理自然，文从字顺，显示出平易自然的风神。

书洛阳名园记后

李格非

　　洛阳处天下之中，挟殽、黾之阻[①]，当秦、陇之襟喉[②]，而赵、魏之走集[③]，盖四方必争之地也。天下常无事则已；有事，则洛阳必先受兵。予故尝曰："洛阳之盛衰，天下治乱之候也。"

　　唐贞观、开元之间[④]，公卿贵戚开馆列第于东都者[⑤]，号千有余邸[⑥]。及其乱离，继以五季之酷[⑦]，其池塘竹树，兵车蹂躏，废而为丘墟；高亭大榭[⑧]，烟火焚燎，化而为灰烬，与唐共灭而俱亡，无余处矣。予故尝曰："园囿之兴废[⑨]，洛阳盛衰之候也。"

　　且天下之治乱，候于洛阳之盛衰而知；洛阳之盛衰，候于园囿之兴废而得。则《名园记》之作，予岂徒然哉？

　　呜呼！公卿大夫方进于朝，放乎一己之私，自为之，而忘天下之治忽[⑩]，欲退享此，得乎？唐之末路是已。

注释

①崤：即崤山，主峰在今河南。黾（miǎn）：渑池，古时"九塞"之一，在今河南渑池。　②秦：今陕西一带。陇：今陕西西部和甘肃一带。　③赵、魏：今河南、河北、山西一带。走集：奔走会集，这里指来往必经之地。　④贞观：唐太宗年号。开元：唐玄宗年号。　⑤东都：唐以洛阳为陪都，称东都。　⑥邸（dǐ）：官吏的住宅。　⑦五季：指五代，即后梁、后唐、后晋、后汉、后周。　⑧榭（xiè）：高台上的亭阁。　⑨园囿（yòu）：供游玩的花园。　⑩治忽：治乱。

译文

洛阳处在全国的中央，依靠崤山和渑塞的险要地形，处在通往秦陇的要害之地，又是赵、魏之间的必经之道，真是四方都必定要争夺的地方。天下太平便罢了；一有战乱，那么洛阳一定首先遭到战祸。所以，我曾经说过："洛阳的繁荣和衰落，是天下太平与动乱的标志。"

唐朝贞观、开元年间，朝廷的达官贵人在东都洛阳修建馆舍府第的，号称有一千多家。等到战乱逃亡，接着又是五代残酷的兵祸，那些池塘、竹子、树木，被战车蹂躏践踏，废弃而成为土堆废墟；那些高大的亭榭，被烟火焚烧，化成一片灰烬，和唐朝一同灭亡，没剩下一处。所以，我曾经说过："那些花园的兴旺和荒芜，是洛阳繁荣与衰落的标志。"

既然天下的太平或动乱，从洛阳反映出来的繁荣与衰落就知道；洛阳的繁荣或衰落，从花园的兴旺和荒芜就明白。那么，《名园记》的写作，我岂不是徒劳无益了吗？

唉！公卿大夫正在朝廷做官时，如果放纵自己的私念，只替自己打算，而忘记了天下的太平和动乱，想退出朝廷后享受这些园囿，办得到吗？结果只能踏上唐朝的末路啊！

赏析

李格非是北宋后期著名的学者和散文家，他曾写作《洛阳名园记》，记叙了北宋盛时洛阳十九座花园的情况。本篇是文后的跋语，是一篇附于文后的序。

全篇内容，可分三部分。

首先，描写洛阳的地理形胜，顺引出"洛阳之盛衰，天下治乱之候"的论点，并为下文的具体描述作了铺垫。

然后，记叙洛阳名园的兴废历史，阐明园囿的废兴，正反映洛阳的盛衰，而洛阳的盛衰，又是天下治乱的标志。这是全文的中心。

最后，抒发作者对北宋末年国家命运、前途的忧虑之情。作者对达官贵人们沉溺酒色声乐，官吏中饱私囊、贪鄙成风的局面，深恶痛绝，指出士大夫只图一己私利，不顾国家安危，北宋江山就会像唐王朝一样遭到覆灭的可悲下场。

全文以小见大，援引历史，以唐喻宋，表达了作者写作《洛阳名园记》的政治寓意。

文章语言精练，议论深刻；情中寓理，理中含情；逻辑严密，结构完整；短小精悍，警策动人。文章颇受时人和后世的一致推重。

严先生祠堂记

范仲淹

先生①，光武之故人也②，相尚以道。及帝握赤符③，乘六龙④，得圣人之时⑤，臣妾亿兆，天下孰加焉？惟先生以节高之。既而动星象⑥，归江湖，得圣人之清⑦，泥涂轩冕⑧，天下孰加焉？惟光武以礼下之。在《蛊》之上九⑨，众方有为，而独"不事王侯，高尚其事"，先生以之。在《屯》之初九⑩，阳德方亨，而能"以贵下贱，大得民也"，光武以之。盖先生之心，出乎日月之上；光武之量，包乎天地之外。微先生⑪，不能成光武之大；微光武，岂能遂先生之高哉？而使贪夫廉，懦夫立，是大有功于名教也。

仲淹来守是邦⑫，始构堂而奠焉⑬，乃复为其后者四家⑭，以奉祠事。又从而歌曰："云山苍苍，江水泱泱，先生之风，山高水长！"

注释

①先生：即标题中的严先生，名光，字子陵，东汉余姚（今浙江余姚）人。曾与光武帝刘秀同学。光武即位，严光隐居不仕。后被召去洛阳，光武帝任他做谏议大夫，严光不受而归，隐居富春山。　②光武：即东汉开国皇帝刘秀。　③赤符：一种迷信之物，符上有谶文，预断吉凶。《后汉书·光武帝纪》载：刘秀率军行至鄗（hào），有微贱时长安同舍儒生奉赤符奏上，群臣认为是祥瑞之兆，于是拥戴刘秀即帝位。　④乘六龙：意指做皇帝。　⑤圣人之时：《孟子·万章下》："孔子，圣之时者也。"意思是孔子能适应形势变化。范仲淹此句指光武帝掌握了大好时机。　⑥动星象：《后汉书·严光传》载：严光与光武共卧，严光把脚放到了光武帝的腹上。第二天，太史奏，客星冲犯帝座非常急。光武帝笑着说："我和故人严子陵共卧而已！"　⑦圣人之清：《孟子·万章下》："伯夷，圣之清者也。"意思是伯夷与叔齐不食周粟的清高志节。范仲淹借用此语赞美严光。　⑧泥涂轩冕：把轩冕看得像泥涂。　⑨《蛊(gǔ)》：《易经》卦名。该卦的上九爻辞是"不事王侯，高尚其事。"　⑩《屯》：《易经》卦名。该卦的初九爻辞是"以贵下贱，大得民也。"　⑪微：无。　⑫仲淹：即范仲淹，北宋著名政治家、文学家，字希文，苏州吴县（今江苏苏州）人。宋真宗大中祥符八年（1015）中进士，官至枢密副使、参知政事。他为官清正，政治上多有建树。诗、文也有名篇，有《范文正公集》。　⑬奠：祭奠。　⑭复：免除赋税。

译文

严先生是光武帝的老朋友，彼此以道义相交。等到光武帝依靠赤符，登上帝位，顺应圣人的时势，统治了亿万臣民，天下有谁能超过他呢？只有先生能凭清高的节操高于他之上。后来先生触动星象，归隐江湖，符合圣明之人清高的志节，把荣华富贵看得跟污泥一样，天下有谁能超过他呢？只有光武帝能礼贤下士地接待他。《易·蛊》的"上九"爻辞说，大家都在趋奉，唯独我"不肯侍奉王侯，而保持自己高尚的节操"，先生的行为符合这几句话。《易·屯》的"初九"爻辞说,阳德正顺畅亨通的时候,却能够"以尊贵的身份礼遇低贱的人,所以得民心",光武帝的作为符合这几句话。原来严先生的思想,高出日月之上;光武帝的度量,能包含天地之外。没有先生,不能成就光武帝的伟大;没有光武帝,又怎么能够成就先生的高尚志节呢?他们能够使贪心的人变得廉洁,使懦夫奋发有为,这对于纲常、教化有很大的功劳。

仲淹来到这个地方做官,才开始建造祠堂来祭祀他。于是又免除他的四家后人的赋役,用来作为祭祀祠堂的费用。我又因此而作了一支歌:"云山苍苍,江水浩荡,先生的风范,山高水长。"

赏析

本文是范仲淹为东汉严光修建祠堂后所写的一篇"记"。

文章内容,分为两段。

首段共三层。首先,将严光与汉光武帝并提而起,高度肯定了二人以道义相互推崇的做法,点出一篇主旨:"相尚以道。"其次,赞扬严光不慕名利富贵的高风亮节,歌颂汉光武帝始终以礼待士的宽容大度,紧扣题旨,具体论证了二人的"相尚以道"。其三,高度评价了严光德行的高、汉光武帝气量的大,并将二人对照言之,侧重赞扬了严光耕钓于富春山的意义:"使贪夫廉,懦夫立,是大有功于名教也。"

第二段,简叙构建祠堂的目的,以颂歌四句作结,余韵悠长。

全文充分肯定和高度评价了汉光武帝与严光的以道义相处,一方面赞扬了严光不图名利、不慕富贵、耕钓于富春山中的高风亮节,另一方面歌颂了汉光武帝的礼贤下士和襟怀气量,从而寄寓了对北宋最高统治者的讽谏之意,鞭挞了那些只知追名逐利、贪污腐化的士大夫官吏。

文章本意,在于颂扬严光。但构思奇巧,竟将严光、汉光武帝对照写出，两两映衬，成一篇对偶文字，而最后归结到严光，以虚衬实，方显出虚实并举的真实用心。谋篇布局，颇费匠心。另外，以歌辞作结，既感情浓烈，又生动含蓄，使文章毫无板滞之弊，而"先生之风，山高水长"遂成为赞颂人物思想、道德、节操和气度的名句，流传千古，吟诵不衰。

岳阳楼记

范仲淹

庆历四年春①，滕子京谪守巴陵郡②。越明年，政通人和，百废具兴。乃重修岳阳楼，增其旧制，刻唐贤今人诗赋于其上，属予作文以记之③。

予观夫巴陵胜状，在洞庭一湖。衔远山，吞长江，浩浩汤汤④，横无际涯；朝晖夕阴，气象万千。此则岳阳楼之大观也，前人之述备矣。然则北通巫峡⑤，南极潇湘⑥，迁客骚人⑦，多会于此，览物之情，得无异乎？

若夫霪雨霏霏⑧，连月不开，阴风怒号，浊浪排空，日星隐曜，山岳潜形；商旅不行，樯倾楫摧⑨；薄暮冥冥⑩，虎啸猿啼。登斯楼也，则有去国怀乡，忧谗畏讥，满目萧然，感极而悲者矣。

至若春和景明⑪，波澜不惊，上下天光，一碧万顷；沙鸥翔集，锦鳞游泳⑫，岸芷汀兰⑬，郁郁青青；而或长烟一空，皓月千里，浮光耀金，静影沉璧⑭；渔歌互答，此乐何极！登斯楼也，则有心旷神怡，宠辱皆忘，把酒临风，其喜洋洋者矣。

嗟夫！予尝求古仁人之心，或异二者之为。何哉？不以物喜⑮，不以己悲。居庙堂之高⑯，则忧其民；处江湖之远⑰，则忧其君。是进亦忧，退亦忧。然则何时而乐耶？其必曰"先天下之忧而忧，后天下之乐而乐"欤！噫！微斯人⑱，吾谁与归？

注释

①庆历四年：公元1044年，庆历是宋仁宗（赵祯）的年号。　②滕子京：名宗谅，河南洛阳人，因有人诬告他浪费了公家十六万贯钱，被贬到岳州。　③属：同"嘱"，嘱托。　④汤汤（shāngshāng）：同"荡荡"，水势盛大的样子。　⑤巫峡：长江三峡之一，在重庆巫山东，洞庭湖的西北方。⑥极：尽，直通。潇湘：湖南中部的两条水名，潇水在零陵汇入湘江，往北注入洞庭。　⑦迁客：被贬官的人。迁，左迁，即贬官。骚人：即诗人。⑧霪雨：同"淫雨"，连绵不断的雨。　⑨樯（qiáng）：桅杆。楫（jí）：船桨。　⑩薄：迫近。　⑪景：这里指阳光。　⑫锦鳞：代指鱼。　⑬芷：香草。汀：岸边平坦的地方。　⑭璧：圆形的玉。　⑮物：外物，己身以外的事物。　⑯庙堂：指朝廷。高：指高的官位。　⑰江湖：指草野，相对"朝廷"而言。　⑱微：非，没有。斯人：这样的人，指古之仁人。

译文

庆历四年春天，滕子京被贬职，做巴陵郡太守。到第二年，政事畅通，百姓和乐，一切废弛的事都兴办起来。于是重新修建岳阳楼，扩大原来的规模，把唐代贤士和当代人的诗和赋刻在上面，嘱咐我作一篇文章记述这件事。

我看巴陵的美景，集中在洞庭湖上。它衔接遥远的山，吞下长江的水，浩浩荡荡，宽阔得没有边际；早上阳光激滟，傍晚云雾低沉，景色千变万化。这就是在岳阳楼上看见的壮阔景象，前人的描述已经很详尽了。那么，洞庭湖往北直通巫峡，往南一直到潇水、湘江，降职的官吏和潦倒的诗人，多来这里聚会，观赏景物的感情，难道就没有什么不同吗？

若是阴雨纷飞，接连几个月不放晴，阴风怒号，浑浊的波浪涌向天空，太阳和星星隐没了光辉，山岳也藏起了形迹；行商和旅客不能行驶，因为樯杆倾倒，船桨折断；傍晚天色昏暗，老虎吼叫，猿猴悲鸣。此时登上这座楼，就会产生离开国都，怀念家乡，担心谗言，害怕讥刺的情怀，满目萧条凄凉，感慨到极点而不禁悲从中来。

至于像那春光融融、阳光灿烂的时候，风平浪静，天色与湖水相映，碧绿万顷，无边无际；沙鸥有时飞翔，有时停落，美丽的鱼儿游着泳，岸边的香芷和洲上的兰花，香气馥郁，秀色青青；有时雾霭消散，皎洁的月光照耀千里，浮动在水波上的月光闪耀着金色，静静的月影像沉在水中的玉璧；渔歌此唱彼和，这乐趣哪有穷尽！此时登上这座楼，就会心旷神怡，把恩宠和羞辱全部忘记，端起酒杯迎着和风，真是喜气洋洋啊。

唉！我曾经研究过古代仁人志士的思想感情，或许和上述两种心情不同。为什么呢？他们不因外物美好而喜悦，不因自己失意落魄而悲伤。他们在朝廷做大官，就为老百姓操心；处在僻远的村野，就为君王忧虑。这就是说身处朝廷也忧虑，退居村野也忧虑，那么什么时候才快乐呢？他们一定会说"忧虑在天下的人遭受忧患之先，欢乐在天下的人得到安乐之后"吧！唉！没有这样的人，我还能追随谁呢？

赏析

本文是范仲淹在宋仁宗庆历六年（1046）应岳州知州滕子京的邀嘱，为重修的岳阳楼题写的一篇"记"。

全文分为五段。

首段，简述作"记"缘由，对滕子京镇守岳州的政绩表示了推崇。

次段，概述岳阳楼的风光名胜，并转到迁客骚人登楼观赏时引起的不同感受的描写。承前启后，转折巧妙。

第三段，即景生情，写出因天气恶劣而引起的悲戚、感伤之情。

第四段，即景生情，写出因天气晴好而引起的欣喜、欢乐之情。

末段，从三、四段的一悲一喜，引述出作者更高的胸怀、抱负，提出"先天下之忧而忧，后天下之乐而乐"的著名主张，表达出高尚的志趣和情操。

整篇文章，重点不在于记叙岳阳楼的壮观景致，而是通过描写岳阳楼气象万千、四季变化的景色，通过对迁客骚人两种不同的"览物之情"的否定，抒发了作者"不以物喜，不以己悲"的宏大胸襟，表达了作者"先天下之忧而忧，后天下之乐而乐"的高远志向和情怀。

本文在艺术上善于运用骈散结合的手法，即事写景，即景生情，即情抒议，既有景物的细微描绘，也有真实感情的淋漓抒发，做到了情、景、议的高度融合。同时，文章又讲究对偶、章节、辞藻和韵律，从而使本文成为一篇既有较高思想境界，又具有浓郁文学色彩、审美价值的散文佳制，千古流传，脍炙人口，照亮灵魂，常读常新！

谏院题名记

司马光

古者谏无官，自公卿大夫至于工商，无不得谏者。汉兴以来始置官①。夫以天下之政，四海之众，得失利病②，萃于一官使言之③，其为任亦重矣！居是官者，常志其大，舍其细，先其急，后其缓，专利国家而不为身谋。彼汲汲于名者④，犹汲汲于利也，其间相去何远哉？

天禧初⑤，真宗诏置谏官六员，责其职事。庆历中⑥，钱君始书其名于版⑦。光恐久而漫灭，嘉祐八年刻著于石⑧。后之人将历指其名而议之曰："某也忠，某也诈，某也直，某也曲。"呜呼！可不思哉⑨？

注释

①"汉兴"句：秦朝开始设谏大夫，专职掌管谏论朝政及百官贤否，没有固定官员。汉朝开始设谏议大夫，是属于光禄勋的长官。宋朝设左右谏议大夫，是谏院的长官。　②利病：即"利弊"。　③萃（cuì）：集中。　④汲汲：心情急切，务于追求的样子。　⑤天禧：宋真宗年号。　⑥庆历：宋仁宗年号。　⑦钱君：可能指钱明逸，他庆历四年（1044）为右正言，供职谏

院。　⑧嘉祐：仁宗年号。　⑨愳：同"惧"。

译文

古代进谏没有专职官员，从公卿大夫到工匠、商人，没有不能进谏的。汉朝兴起以后，才开始设置谏官，天下的政事那么繁杂，四海之内的人那么多，得失利弊集中在一个官员身上，叫他去向君主进谏，他所担负的责任也真重大啊！担任这种官职的人，应注意大事，抛开小事。先办理紧急的事，后办理宽缓的事。专门为国家谋利益，而不为自己考虑。那种汲汲追求名声的人，就如同汲汲追求利益的人，他们之间相距会有多远呢？

天禧初年，真宗诏令设置谏官六名，要求他们负责进谏这事。庆历年间，钱君才把谏官的名字书写在版上。我担心时间长了会模糊湮没，于嘉祐八年刻在石上。后代的人将会指着那些名字议论说："某人忠诚，某人奸诈，某人刚直，某人圆滑。"啊！这难道不让人心存戒惧吗？

赏析

司马光，字君实，是北宋时期著名的学者和历史学家。宋仁宗时考中进士，官至尚书左仆射，封温国公。他的思想恪守儒家立场，政治上趋于保守，因反对王安石变法，离开朝廷十五年，专力主编《资治通鉴》。

宋仁宗嘉祐六年（1061），司马光迁任起居舍人、同知谏院。本篇文章，是司马光于嘉祐八年为谏院题名刻石而写作的一篇题记。

全文分为两段。

第一段，首先遥究谏官的由来，突兀而起，笔调高古，警挺有力。着重阐明了谏官的重大责任："天下之政，四海之众，得失利病，萃于一官使言之，其为任亦重矣！"然后，标举谏官应有的品德："志其大，舍其细，先其急，后其缓，专利国家而不为身谋。彼汲汲于名者，犹汲汲于利也，其间相去何远哉？"特别拈出"名""利"二字为戒，极为警醒，极为精细，耐人寻味。

　　第二段，概述刻名于谏院的目的。先记北宋置谏官的历史，再记谏院及题名的由来，再记易版为石的经过，最终点出题名之意：褒善贬恶，可不思哉！言辞凛然，令人耸惕。

　　全文仅百余字，篇幅短小而包孕丰厚，曲折有致，简洁实用。尤妙在篇末以"可不思哉"作结，突破了以题名为荣的传统思路，独以题名为惧，表现出对"谏官"一职的注重和敬畏之心。立论卓异，启人深省。

　　文章语言朴实，不事雕饰，论旨正大，感情充沛，自有一种庄重威严的仪态。

义田记

钱公辅

　　范文正公①，苏人也，平生好施与，择其亲而贫、疏而贤者，咸施之。

　　方贵显时，置负郭常稔之田千亩②，号曰义田，以养济群族之人。日有食，岁有衣，嫁娶凶葬皆有赡③。择族之长而贤者主其计，而时共出纳焉。日食，人一升；岁衣，人一缣④。嫁女者五十千⑤，再嫁者三十千，娶妇者三十千，再娶者十五千，葬者如再嫁之数，葬幼者十千。族之聚者九十口，岁入给稻八百斛⑥。以其所入，给其所聚，沛然有余而无穷⑦。屏而家居俟代者与焉⑧，仕而居官者罢莫给。此其大较也。

　　初，公之未显贵也，尝有志于是矣，而力未逮者二十年⑨。既而为西帅⑩，及参大政⑪，于是始有禄赐之入，而终其志。公既殁，后世子孙修其业，承其志，如公之存也。公虽位充禄厚，而贫终其身，殁之日，身无以为敛⑫，子无以为丧，惟以施贫活族之义遗其子而已。

卷之九　唐宋文

昔晏平仲敝车羸马⑬。桓子曰："是隐君之赐也。"晏子曰："自臣之贵，父之族，无不乘车者；母之族，无不足于衣食者；妻之族，无冻馁者⑭。齐国之士，待臣而举火者三百余人。如此，而为隐君之赐乎，彰君之赐乎？"于是齐侯以晏子之觞而觞桓子⑮。予尝爱晏子好仁，齐侯知贤，而桓子服义也。又爱晏子之仁有等级，而言有次第也。先父族，次母族，次妻族，而后及其疏远之贤。孟子曰："亲亲而仁民，仁民而爱物⑯。"晏子为近之。今观文正公之义田，贤于平仲，其规模远举，又疑过之。

呜呼！世之都三公位⑰，享万钟禄⑱，其邸第之雄，车舆之饰，声色之多，妻孥之富，止乎一己而已，而族之人不得其门者，岂少也哉？况于施贤乎？其下为卿，为大夫，为士，廪稍之充⑲，奉养之厚，止乎一己而已，而族之人操壶瓢为沟中瘠者⑳，又岂少哉？况于他人乎？是皆公之罪人也。

公之忠义满朝廷，事业满边隅，功名满天下，后世必有史官书之者，予可无录也，独高其义，因以遗其世云。

注释

①范文正公：范仲淹，"文正"是他的谥号。　②负郭：距城很近。稔（rěn）：庄稼成熟。　③赡（shàn）：供给。　④缣（jiān）：细绢。　⑤千：指铜钱，宋朝时一千文为一缗（mín）。　⑥斛（hú）：十斗。　⑦沛然：充足的样子。　⑧屏（bǐng）：弃，指丢了官。俟（sì）代：等待缺额。与（yù）：参与，指可以享受义田的供给。　⑨逮：达到。　⑩西帅：宋仁宗庆历三年（1043），范仲淹出任陕西路安抚经略招讨使。　⑪参大政：庆历三年，范仲淹进任参知政事。　⑫敛：通"殓"，给死者穿衣下棺。　⑬晏平仲：即晏婴，春秋时期齐国宰相。　⑭馁（něi）：饥饿。　⑮觞桓子：罚桓子饮酒。　⑯"亲亲"以下两句：语出《孟子·尽心上》。　⑰都：居。　⑱钟：古容量单位。　⑲廪稍：公家给予的粮食。　⑳沟中瘠：指饿死沟中。

译文

范文正公是苏州府人，一生喜欢把钱财施舍给贫困的人，挑选那些有亲戚关系而贫穷的人或没有亲戚关系而贤明的人，都救济他们。

正当他显贵的时候，买了靠近外城经常丰收的田一千亩，称为义田，用来抚养、救济同族的人。每天有口粮，每年有衣服，嫁女、娶媳妇、遭灾、安葬都有供给。选择族中年长而贤德的人掌管这件事，按时办理支出和收入。每天的口粮，每人一升；每年的衣服，每人一匹细绢。嫁女的得钱五十千，再次嫁女的得三十千，娶媳妇的得三十千，再次娶媳妇的得十五千，办理丧葬的比照再嫁的钱数，埋小孩的得十千。全族聚居九十个人，每年收获时，给他们稻子八百斛。用这样收入的稻子，供给那些聚居的族人，充足有余，而没有不够的时候。解除了官职住在家里等待缺额的也享受义田分配，出仕而正在任职的停止供应。这是它的一般情况。

起初，范文正公还没有显贵的时候，就已经有志于办这桩事，但是财力达不到，就搁置了二十年。后来他做了陕西的安抚经略使，接着做了参知政事，于是才有俸禄和恩赏的收入，从而实现了他的愿望。他去世后，后代子孙继续他的事业，继承他的志愿，如同他在世时一样。他虽然职位高、俸禄厚，却清贫地过完了一生，去世的时候，身上没有可以拿来装殓的衣服，儿子们没有钱来办理丧事，他只是把救济穷人、养活家族的道义留给了他的儿子而已。

从前齐国的晏婴坐破车，骑瘦马。陈桓子说："你这是隐藏君主的赏赐。"晏子说："自从我做官以后，父亲的亲族，没有不乘坐车子的；母系的亲族，没有不丰衣足食的；我妻子娘家的亲族，没有受冻挨饿的。齐国的士人，等待我接济才能做饭的有三百多个人。像这样，是隐藏君主的赏赐呢，还是彰明君主的赏赐呢？"于是齐侯把罚晏子的酒罚陈桓子喝。我曾经爱晏子好仁，齐侯知贤，陈桓子服义。又爱晏子的仁爱有等级，说话有次序。他先说父族，再说母族，再次说妻族，最后再说到关系疏远的贤士。孟子说："爱自己的亲人从而对民众仁爱，对民众仁爱从而爱惜万物。"晏子的行为与此接近。现在看文正公的义田，胜过了晏子，他的规模高远，似乎也是超过了晏子的。

唉！世上那些高居三公爵位，享受万钟俸禄的人，他们住宅雄伟，车、轿华丽，声色女乐繁盛，妻子儿女众多，但这一切仅仅是满足自己一个人而已，同族的人却不能进门，这种人难道还少吗？何况是救济没关系的贤人呢？其次是那些做卿的、做大夫的、做士的，公家供给充足，俸禄优厚，但这一切仅仅是满足他一个人而已，同族的人拿着一只葫芦瓢饿死在沟里、难道还少吗？何况对于别的人呢？这些都是文正公的罪人啊！

文正公的忠义遍于朝廷，功业遍于边疆，功名遍于天下，后代一定有史官来撰写，我可以不记述了，只是特别推崇他的义，于是记下来留给后世。

赏析

钱公辅，字君倚，常州武进（今江苏常州武进）人。约生活于宋仁宗至宋神宗时。曾任知州等地方官，后官至天章阁待制。

本文是钱公辅介绍、评价范仲淹设置"义田"的一篇文字。

文章内容，分为三部分。

第一部分，总叙范仲淹的生平和为人，突出其乐善好施的品德，提出全篇主旨。寥寥数句，实为一篇根本。

第二部分，详叙范仲淹设置"义田"的目的和具体做法，以及范公子孙后代继承父志的模范行为，歌颂了范公"贫终其身"、热心"施贫活族"的义举，肯定了范公孜孜以求、穷达如一的崇高精神境界。

第三部分，抒发作者的议论。意分三层：首先，援引古事，以晏婴的乐善好施为对比，赞扬了范仲淹"亲亲而仁民"的品格。然后，慨叹今人，斥责了那些身居显位、只顾自己享乐、不顾亲族死活的达官贵人，怒斥他们是范公的罪人。最后，总收以上两层文意，再次称颂了范仲淹的"义"，结束全篇。

全文推崇、赞美范仲淹置"义田"的义举和思想境界，在一定程度上也反映了作者对贫苦人民的同情。

纵观历史，中国封建社会里的达官贵人，绝大多数都是只顾自己享乐，视亲族为路人，拿庶民当寇仇，而像范仲淹那样的仁爱忠信之士，能有几人？唯其如此，范公的所作所为，尤其值得敬佩和爱戴。

全文运用对比和衬托的手法，使人物形象更加鲜明生动，使作者的情感态度更加显豁强烈。文章中心突出，结构严谨，叙议兼行，谐和朗畅。

袁州州学记

李觏

皇帝二十有三年①，制诏州县立学②。惟时守令，有哲有愚。有屈力殚虑③，祗顺德意④；有假官借师，苟具文书。或连数城，亡诵弦声⑤。倡而不和，教尼不行⑥。

三十有二年，范阳祖君无泽知袁州⑦。始至，进诸生，知学宫阙状⑧，大惧人材放失，儒效阔疏，亡以称上意旨。通判颍川陈君佑⑨，闻而是之，议以克合。相旧夫子庙，狭隘不足改为，乃营治之东。厥土燥刚⑩，厥位面阳，厥材孔良⑪。殿堂门庑⑫，黝垩丹漆⑬，举以法。故生师有舍，庖廪有次，百尔器备，并手偕作。工善吏勤，晨夜展力，越明年成。

舍菜且有日⑭，盱江李觏谂于众曰⑮："惟四代之学⑯，考诸经可见已。秦以山西鏖六国⑰，欲帝万世；刘氏一呼而关门不守⑱，武夫健将，卖降恐后，何耶？《诗》《书》之道废，人惟见利，而不闻义焉耳！孝武乘丰富⑲，世祖出戎行⑳，皆孳孳学术㉑，俗化之厚，延于灵、献㉒。草茅危言者㉓，折首而不悔；功烈震主者，闻命而释兵；群雄相视，不敢去臣位，尚数十年。教道之结人心如此！今代遭圣神，尔袁得圣君，俾尔由庠序㉔践古人之迹。天下治，则谭礼乐以陶吾民㉕；一有不幸，尤当仗大节，为臣死忠，为子死孝，使人有所赖，且有所法。是惟朝家教学之意。若其弄笔墨以徼利达而已㉖，岂徒二三子之羞？抑亦为国者之忧。"

注释

①皇帝：指宋仁宗赵祯。 ②制诏：皇帝的命令、文告。 ③屈力殚(dān)虑：竭尽全部心血和力量。屈和殚都是竭尽的意思。 ④祗(zhī)：恭敬。 ⑤亡：同"无"。 ⑥尼：阻止。 ⑦范阳：古县名，在今河北保定以北、北京以南一带。祖君无泽：上蔡（今河南上蔡）人，姓祖，名无泽。知袁州：做袁州的知州。袁州在今江西宜春。 ⑧阙：这里指破败的样子。 ⑨颍川：郡名，在今河南禹州一带。陈侁(shēn)：字复之，福州长乐（今福建长乐）人，进士。 ⑩厥(jué)：其。 ⑪孔：很。 ⑫庑(wǔ)：堂周的廊屋。 ⑬黝：淡黑色。垩(è)：一种白色的土，这里指白色。 ⑭舍菜：又作"释菜"，古代立学开始要祭祀孔子，进献芹藻一类蔬菜作祭品，叫舍菜。 ⑮盱(xū)江：水名，在今江西东部。李觏(gòu)：北宋思想家、诗人，今江西南城人。谂(shěn)：规劝。 ⑯四代：指虞、夏、商、周。 ⑰山西：崤山以西，秦国所辖之地。六国：指齐、楚、燕、赵、韩、魏。 ⑱刘氏：刘邦，即汉高祖。 ⑲孝武：指汉武帝刘彻。 ⑳世祖：东汉光武帝刘秀的庙号。 ㉑孳孳：勤勉。 ㉒灵、献：东汉末年灵帝、献帝。 ㉓草茅：在野的人。危言：正直的言论。 ㉔庠序：古代的学校。殷代称庠，周代称序。 ㉕谭：同"诞"，发扬光大之意。 ㉖徼(yāo)：同"邀"，谋取。

译文

仁宗皇帝二十三年，诏令全国各州县修建学校。当时的太守和县令，有贤明的，有愚昧的。有的尽心竭力，恭恭敬敬地遵照皇帝旨意办理；有的却只是假借官府和师长名义，随便发一个文告了事。有些地方，接连几个城市，没有读书的声音。上面倡导，下面却不响应，教化阻塞不行。

到三十二年，范阳人祖无泽君做袁州知州。刚一到任，就召见读书人，了解到学校破败的情形，非常害怕人才被耽误，儒学不见成效，拿不出成绩来满足皇上的旨意。做通判的颍川人陈侁，听到他的意见很赞成，意见因而能够一致。他们观察原来的孔庙，很狭窄，没办法改建，于是在治所东边营造。那里土质干燥、结实，方位向阳，木材也非常好。殿堂、门、廊屋，涂成青黑色、白色、红色，全都按照规定。所有学生和教师都有屋舍，

551

厨房、仓库安排有序，各种器具，大家一齐动手制作。工匠手艺高超，官吏勤勉，白天黑夜不停地施工，过了一年便建成了。

将要进行"舍菜"的典礼，盱江的李觏劝勉大家说："虞、夏、商、周的学制，考查经书便可以看见。秦始皇凭借崤山以西的地理条件，和六国激烈地战斗，想要世世代代称帝；但是刘邦一声呼喊，函谷关的城门就守不住了，秦朝的士卒将领，叛变投降，争先恐后，为什么呢？是因为《诗》《书》教化之理废弃了，人们只看见利，而没有听说过义啊！西汉武帝承继富强的国力，东汉光武帝出身于军旅，他们都勤勉地致力于儒家学说，因此，淳厚的风俗、教化一直延续到灵帝和献帝时期。身居草野直言无忌的人，即使掉脑袋也不后悔；功勋大得震动君主的人，一听到皇帝的命令便放下武器；割据一方的群雄彼此虎视眈眈，却不敢超越臣子的身份，这种现状尚且延续了几十年。教化深入人心竟到了这个地步！现在，遭逢神圣的皇帝，你们袁州的读书人得到圣明天子的关怀，使你们通过学校实践效法古人的事迹。天下太平，就弘扬礼乐来陶冶我们的人民；国家一旦有不幸，就更应该坚持大节，作为臣子，为忠义而死，作为儿子，为孝道而死，使人们能有所依循，并有准则。这就是朝廷立教兴学的用意。如果舞文弄墨，只是谋求功名富贵而已，这难道只是你们几个读书人的耻辱吗？这也是治理国家的人担心的事情啊。"

赏析

李觏，字泰伯，南城（今江西南城）人，是宋代具有朴素唯物主义思想的哲学家。家贫好学，一生以教学为主。宋仁宗嘉祐二年（1057）被范仲淹推举为太学助教，后升任直讲。

本文是作者为袁州（今江西宜春）州学新舍写的一篇"记"。

文章首先叙述袁州知州祖无泽未上任时州学的废败状况，为全文予作铺垫。

接着，叙述知州祖无泽、通判陈优重视教化、大力兴学的情况，赞扬了州学学馆建制之佳、构造的有序有理、建馆的速度之快，颂扬和肯定了祖、陈二人的功劳。

最后，援引秦汉史实，正反比较，阐明了教育、教化的重要性，指出教化的目的，并斥责了徒弄笔墨以求利达的庸俗观点。

整篇文章，通过记叙新建袁州州学的经过，称颂了袁州知州祖无泽、通判陈佹积极办学的举动，阐述了兴办学馆、施行教化的目的在于实行儒家"教道"："使人有所赖、且有所法"，"结人心"，"天下治"。

本文突破了传统学记先填入先王教化之类话语的格套，仅以简洁文字将四代之学轻轻点过，而详记新建州学学馆的经过，并列举秦汉衰亡的故事，阐述生发，突出了"教化"的重要地位和"教化"的目的作用。文章论旨正大，简明实用，语言凝练，阐述有力。

朋党论

欧阳修

臣闻朋党之说①，自古有之，惟幸人君辨其君子小人而已②。大凡君子与君子以同道为朋，小人与小人以同利为朋，此自然之理也。

然臣谓小人无朋，惟君子则有之，其故何哉？小人所好者利禄也，所贪者财货也。当其同利之时，暂相党引以为朋者③，伪也；及其见利而争先，或利尽而交疏，则反相贼害④，虽其兄弟亲戚⑤，不能相保。故臣谓小人无朋，其暂为朋者，伪也。君子则不然。所守者道义，所行者忠信，所惜者名节。以之修身，则同道而相益；以之事国，则同心而共济。始终如一，此君子之朋也。故为人君者，但当退小人之伪朋，用君子之真朋，则天下治矣。

尧之时，小人共工、骦兜等四人为一朋⑥，君子八元、八恺十六人为一朋⑦。舜佐尧，退四凶小人之朋，而进元、恺君子之朋，尧之天下大治。及舜自为天子，而皋、夔、稷、契等二十二人并立于朝⑧，更相称美，更相推让，凡二十二人为一朋，而舜皆用之，天下亦大治。

《书》曰："纣有臣亿万，惟亿万心；周有臣三千，惟一心⑨。"纣之时，亿万人各异心，可谓不为朋矣，然纣以亡国。周武王之臣，三千人为一大朋，而周用以兴⑩。

后汉献帝时⑪，尽取天下名士囚禁之，目为党人。及黄巾贼起⑫，汉室大乱，后方悔悟，尽解党人而释之，然已无救矣。唐之晚年，渐起朋党之论⑬。及昭宗时，尽杀朝之名士，或投之黄河⑭，曰："此辈清流，可投浊流⑮。"而唐遂亡矣。

夫前世之主，能使人人异心不为朋，莫如纣；能禁绝善人为朋，莫如汉献帝；能诛戮清流之朋，莫如唐昭宗之世。然皆乱亡其国。更相称美推让而不自疑，莫如舜之二十二臣，舜亦不疑而皆用之。然而后世不诮舜为二十二人朋党所欺⑯，而称舜为聪明之圣者，以能辨君子与小人也。周武之世，举其国之臣三千人共为一朋，自古为朋之多且大，莫如周，然周用此以兴者，善人虽多而不厌也。

嗟呼！治乱兴亡之迹，为人君者可以鉴矣。

注释

①朋党：本指因私利而勾结的人们。这篇文章中泛指为某种目的或因某种因素而结合的集团。　②幸：希望。　③党引：勾结拉拢。　④贼害：伤害，残害。　⑤亲戚：古指父母兄弟。　⑥共（gōng）工、驩兜（huāndōu）：传说共工、驩兜、三苗、鲧（gǔn）为尧时的四个恶人，合为"四凶"。　⑦八元、八恺：相传上古高辛氏有八个有才德的后裔，天下的人称为八元；高阳氏有八个有才德的人，天下的人称为八恺。元，指善良的人。恺，指忠诚的人。　⑧皋、夔、稷、契（xiè）：都是传说中帝舜时的贤臣。　⑨"纣有臣"以下四句：语出《尚书·泰誓》。　⑩用：因。　⑪汉献帝：东汉末代皇帝刘协。后汉党锢之祸是桓帝（刘志）、灵帝（刘宏）时的事，当时宦官专权，将名士视为党人，大量逮捕、流放、处死。文中误认为是献帝时事。　⑫黄巾：东汉末的农民起义军。贼：封建统治阶级对义军的诬称。　⑬"唐之晚年"二句：指中唐以后，以牛僧儒、李德裕为首的"牛李党争"。　⑭"及昭宗时"以下三句：唐哀帝天祐二年（905），权臣朱全忠（朱

温)把被朝廷贬官的宰相裴枢、吏部尚书陆扆(yǐ)、工部尚书王溥等三十余人诱杀于白马驿,被诬为朋党而加害者数百人。 ⑮"此辈"以下二句:裴枢、陆扆等被杀后,朱温的谋士李振发泄几次考进士不中的私愤,对朱温说:"此辈自谓清流,宜投于黄河,永为浊流。"朱全忠含笑听从了他的意见,此事发生在唐宣帝时,文中误记为唐昭宗时事。 ⑯诮(qiào):讥诮,责备。

译文

我听说,"朋党"这种说法,从古代起就有了,只是希望做皇帝的分辨君子和小人罢了。一般地说,君子和君子因道义相同结成朋党,小人和小人因利害相同而结成朋党。这是自然的道理。

但是,我认为小人并没有朋党,只有君子才有。为什么呢?因为小人喜好的是利禄,贪图的是钱财。在他们私利相同时,就暂时相互勾结拉拢而成为朋党,这是虚假的。等到看见私利就争先恐后夺取,或者利益完了,交情淡薄时,就反过来互相残害,即使是他的兄弟亲人,也不能保全。所以我说小人没有朋党,他们暂时结成朋党,是虚假的。君子就不是这样。他们保持的是道义,实行的是忠信,爱惜的是名节。用这些来修养自身,于是因道义相同而互相有所补益;用这些来侍奉国家,就会同心协力,和衷共济。始终如一,这就是君子的朋党。所以做皇帝的,只需驱逐小人的假朋党,任用君子的真朋党,天下就太平了。

唐尧的时候,共工、驩兜等四人成为一个朋党,君子八元、八恺十六个人成为一个朋党。舜辅助尧,斥逐四凶的朋党,任用八元、八恺这个君子的朋党,尧把天下治理得很好。等到舜自己做了皇帝,皋陶、夔、稷、契等二十二人同时在朝廷任职,互相赞美,互相逊让,一共二十二个人成为一个大朋党,而舜全都任用他们,天下也治理得非常好。

《尚书》上说:"纣王有臣民亿万,就有亿万条心;周武王有臣民三千,却结为一条心。"纣王的时候,亿万人各有不同的心思,可以说不是朋党了,然而因此亡国。周武王的臣子,三千人结成一个大朋党,周朝因此而兴盛。

后汉献帝的时候，把天下的士全部逮捕囚禁起来，被视为党人。等到黄巾军起事，汉王朝大乱，后来方才悔悟，全部赦免党人释放了他们，但是局面已经不能挽救了。唐朝的末年，渐渐兴起朋党的议论。到昭宗的时候，全部杀死朝廷的名士，把有些人的尸体抛进黄河，说："这班人自命清流，可以把他们抛进黄河的浊流！"而唐朝接着也就灭亡了。

　　前代的君主当中，能够使每个人心思不同，不成为朋党的，没有谁比得上纣王；能够禁绝好人成为朋党的，没有谁比得上汉献帝；能够杀戮清流朋党的，没有哪一朝比得上唐昭宗的时候。然而都因祸乱而亡国。互相称赞、逊让，丝毫不避嫌疑的，没有谁像舜的二十二个臣子，舜不怀疑，全部任用他们。然而后来人并不指责舜被二十二个人结成的朋党所蒙蔽，反而称颂舜是聪明的圣人，因为他能够分辨君子和小人。周武王的时候，全国的三千臣民共同成为一个朋党，自古以来，结成朋党的人数量之多、范围之大，没有哪个时代比得上周武王时，然而周朝却因此而兴盛，那是好人虽然多却不嫌多啊。

　　啊！这些治乱兴亡的历史陈迹，做民众君王的，可以作为借鉴了。

赏析

　　这是欧阳修最著名的政论文章之一。

　　文章对保守派所强加给改革派的罪名痛加驳斥，其中心思想是论证"朋党"自古有之，物性固然，不足为怪；关键是"朋党"有好有坏，国君要善于分辨"小人之朋"和"君子之朋"。

　　全文内容，可分四部分。

　　首部分，开门见山，直抒胸臆，以"大凡君子与君子以同道为朋，小人与小人以同利为朋，此自然之理也"、"惟幸人君辨其君子小人"，点明主旨，紧扣题目。

　　第二部分，指出小人以利禄财货相引为朋党，他们是虚伪的："及其见利而争先，或利尽而交疏，则反相贼害。"因此，从根本意义上说，小人是没有朋党的。而君子则不同，他们坚持道义，实行忠信，珍惜名节，"以之修身，则同道而相益；以之事国，则同心而相济。始终如一，此君子之朋也"。几句话，抓住本质，把君子、小人的朋党界限，划分得清清楚楚。于是，文章得出结论："朋党"不可一概否定，作为国君，要治理天下，就必须"退小人之伪朋，用君子之真朋"。逻辑严密，无可辩驳，直截了当，明快警人。

第三部分，大量援引史实，继续论证观点。文章以尧舜用君子之朋而天下大治，周武王之臣三千人为一大朋而周朝兴盛，殷纣亿万臣有亿万心终以亡国，汉献帝囚禁名士、杀戮党人而汉室大乱，晚唐以朋党罪名尽杀朝廷名士而唐室衰亡等历史史实，相互比较，深层次地雄辩地证明了论旨。

末部分，综合概括以上内容，对历史史实再加阐扬，使道理更加显豁。结尾处，照应篇首，再点主题，希望国君从"治乱兴亡之迹"中汲取教训，得到借鉴。

全文内容，与当时的政治紧密相关，有积极的现实意义。文章观点鲜明深刻，直至今天仍给人以有益的启示。

文章语言质朴，平易畅达，没有昂扬激愤，不见声色俱厉，却以实实在在的史实，把道理一层一层地阐述得明明白白，显示出以理服人的力量和平易自然的行文特点。

纵囚论

欧阳修

信义行于君子，而刑戮施于小人。刑入于死者，乃罪大恶极，此又小人之尤甚者也。宁以义死，不苟幸生①，而视死如归，此又君子之尤难者也。

方唐太宗之六年，录大辟囚三百余人②，纵使还家③，约其自

557

归以就死。是以君子之难能，期小人之尤者以必能也④。其囚及期，而卒自归无后者。是君子之所难，而小人之所易也。此岂近于人情哉？

或曰：罪大恶极，诚小人矣，及施恩德以临之，可使变而为君子。盖恩德入人之深，而移人之速，有如是者矣。曰：太宗之为此，所以求此名也。然安知夫纵之去也，不意其必来以冀免⑤，所以纵之乎？又安知夫被纵而去也，不意其自归而必获免，所以复来乎？夫意其必来而纵之，是上贼下之情也⑥；意其必免而复来，是下贼上之心也。吾见上下交相贼以成此名也，乌有所谓施恩德与夫知信义者哉？不然，太宗施德于天下，于兹六年矣，不能使小人不为极恶大罪，而一日之恩，能使视死如归而存信义，此又不通之论也。然则何为而可？曰：纵而来归，杀之无赦；而又纵之，而又来，则可知为恩德之致尔。然此必无之事也。

若夫纵而来归而赦之，可偶一为之尔。若屡为之，则杀人者皆不死，是可为天下之常法乎？不可为常者，其圣人之法乎？是以尧舜三王之治，必本于人情，不立异以为高，不逆情以干誉⑦。

注释

①苟幸：苟且侥幸。 ②大辟：死刑。 ③纵：释放。 ④期：希望。 ⑤意：意料，估计。冀：希望。 ⑥贼：揣测。 ⑦干誉：求取名誉。

译文

信用道义实行于君子，刑罚杀戮施行于小人。刑罚判为死罪的人，是罪大恶极，这又是小人当中最坏的。宁可为信义而死，不愿苟且侥幸而生，从而视死如归，这又是君子当中最难能可贵的。

在唐太宗贞观六年时，登录死刑囚犯三百多人，政府把他们释放回家，约定日期让他们自己回来接受死刑。这是以君子难以做到的事情，来希望小人里面最坏的人一定做到。那些死囚到期的时候，结果却自动返回，没有一个误期的。这是君子难以做到的事情，而小人却轻易做到了。这难道近人情吗？

卷之九　唐宋文

　　有人说：罪大恶极，确实是小人啊，等到恩德施加到他们身上时，可以使他们转变而成为君子。因为恩德感化人心很深，改变人很快，所以出现这种情形。我说：唐太宗做这件事，正是以它来求得这种好名声。但是，你怎么知道唐太宗释放他们离去，不是估计到他们一定会如期归来而希图获得赦免，因此才放他们的呢？又怎么知道他们被释放离去，不是估计到自动归来而必定会获得赦免，因此才重新返回的呢？估计他们一定会归来，因而释放他们，这是上面窥测下面的心思；估计一定会被赦免而重新回到监狱，这是下面窥探上面的心理。我只看见上下互相窥测而造成这个好名声，哪里有什么施予恩德和懂得信义的事呢？否则，唐太宗布施恩德于天下，到当时已经六年了，没能使小人不做罪大恶极的事，而一天的恩德，却能使他们视死如归，保持信义，这又是不合逻辑的言论。那么，怎么做才行呢？回答是：释放他们并让他们返回，仍然杀掉而不赦免；然后又释放一批，如果他们仍然按时回来，就可知道真是布施恩德的结果了。但这是一定不可能有的事。

　　像这样释放死囚再让他们返回监狱从而赦免他们，只可以偶尔做一次。如果经常这样做，那么，杀人犯就不会死了，这可以成为天下的固定法律吗？不可作为天下的固定法律，难道是圣人制定的法律吗？因此，尧、舜和夏禹、商汤、文王、武王治理天下，一定根据当时人的实情，不标新立异来显示高尚，不悖逆情理来猎取名誉。

赏析

　　本文是欧阳修针对唐太宗纵放死囚一事的史论文章。
　　全文内容，分为四层。
　　首先，以"信义行于君子，而刑戮施于小人"说起，定下全篇立论根基，标出论旨。开门见山，警拔有力。
　　紧接着，援引唐太宗纵放死囚的史实，以君子、小人相比较，反复论析，指出唐太宗的做法有悖人情、违反法度，只不过是借此邀取名誉的一种手法而已。文章议论横肆，言过诛心，深

559

刻入髓。

然后，再详细论析唐太宗纵死囚，是"上下交相贼以成此名"，而不是什么"施恩德""知信义"。文章设问设解，层层辩驳，明快酣畅。

最后，作者明确指出，唐太宗的做法不能作为"天下之常法"。并且正面提出自己的主张："尧舜三王之治，必本于人情，不立异以为高，不逆情以干誉。"照应篇首，点明题旨，表示了对唐太宗的批评，表达了重视法治、以法治天下的政治观点。

全篇文章，据史立论，层层辨析，极富逻辑性和说服力。文章论点鲜明，论证充分，驳斥有力，结论高远，警醒人心。

唐太宗随心所欲，标新立异，纵放死囚，悖情违理，不足为法，经欧阳修一席堂皇正大、雄辩深刻的论析，可以成为千古定论！

释秘演诗集序

欧阳修

予少以进士游京师①，因得尽交当世之贤豪。然犹以谓国家臣一四海，休兵革②，养息天下以无事者四十年，而智谋雄伟非常之士，无所用其能者，往往伏而不出，山林屠贩，必有老死而世莫见者，欲从而求之不可得。

其后得吾亡友石曼卿③，曼卿为人，廓然有大志。时人不能用其材，曼卿亦不屈以求合。无所放其意，则往往从布衣野老，酣嬉淋漓，颠倒而不厌④。予疑所谓伏而不见者⑤，庶几狎而得之⑥，故尝喜从曼卿游，欲因以阴求天下奇士。

浮屠秘演者⑦，与曼卿交最久，亦能遗外世俗⑧，以气节自高。二人欢然无所间。曼卿隐于酒，秘演隐于浮屠，皆奇男子也，然喜为歌诗以自娱。当其极饮大醉，歌吟笑呼，以适天下之乐，何其壮也！一时贤士，皆愿从其游，予亦时至其室。十年之间，秘演北渡河，东之济郓⑨，无所合，困而归。曼卿已死，秘演亦老病。嗟夫！二人者，予乃见其盛衰，则予亦将老矣。

夫曼卿诗辞清绝，尤称秘演之作，以为雅健，有诗人之意。秘演状貌雄杰，其胸中浩然，既习于佛，无所用，独其诗可行于世，而懒不自惜。已老，胠其橐⑩，尚得三四百篇，皆可喜者。

曼卿死，秘演漠然无所向，闻东南多山水，其巅崖崛崎⑪，江涛汹涌，甚可壮也，遂欲往游焉，足以知其老而志在也。于其将行，为叙其诗，因道其盛时以悲其衰。

注释

①"予少"句：欧阳修于仁宗天圣八年（1030）中进士，当时二十四岁。京师：北宋京都汴京（今河南开封）。　②兵革：指战争。　③石曼卿：北宋诗人，名延年，河南商丘人。一生潦倒，很不得志。　④"酣嬉"二句：用韩愈诗《醉后》"淋漓身上衣，颠倒笔下字"之意。　⑤伏：隐伏。不见（xiàn）：没有显现，指不被人发现。　⑥庶几：或许。狎：亲昵而不庄重。　⑦浮屠：这里指和尚。　⑧遗外：超脱。　⑨济郓：济州、郓州，都在今山东。　⑩胠（qū）：打开。橐（tuó）：袋子。　⑪崛崎（lù）：险峻陡峭。

译文

我年轻时以进士身份游历京城，因而能够和当今所有的贤人、豪杰交往。但是，我仍然认为国家统一，臣服四海，结束了战争，使天下休养生息因而太平无事已经四十年了，而聪明睿智、具有雄才大略的非凡人物，没有机会施展才能，常常隐居不出，山野林下屠夫商贩中间，一定有直到老死，世上却没有人能够发现他们的，想要跟从寻访他们，也无法找到。

后来遇上了现已亡故的我的朋友石曼卿。曼卿的为人，胸襟开阔，有远大志向。当时的人不能任用他的才能，曼卿也不屈节以求苟合。他没有地方排遣胸中意气，于是常常跟着平民百姓、乡野老人尽情饮酒嬉游，衣服上淋淋漓漓地洒满了酒，乘醉题诗，字写得颠颠倒倒，从不感到厌倦。我疑心那种隐伏而不现的非凡人物，也许可以从这种放纵不羁的亲密交往中找到，所以常常乐于同曼卿交往,想借此暗中寻求天下的奇人。

和尚秘演,和曼卿交往很久,也能够超脱世俗,以气节自立。两人亲密融洽,没有隔阂。曼卿隐伏于酒,秘演隐伏于佛门,都是奇伟男子。但是他们喜欢写诗来娱乐自己。当他们尽情饮酒而醉的时候,便歌唱吟咏欢笑喊叫,从而获得天下的乐趣,这是多么的豪壮啊!一时贤明之士,都愿意跟他们交往,我也时常到他们屋中。十年当中,秘演北渡黄河,东到济州、郓州,都没有遇赏识者,困顿潦倒地归来。曼卿已经去世,秘演也年老有病。唉!这两个人,我竟目睹他们由壮年而衰老,那么,我也快要老了。

曼卿的诗文清雅极了,他却特别称赞秘演的诗,认为它高雅而雄健,真正有诗人的意趣。秘演相貌英武,身材伟岸,胸怀开阔坦荡。已经出家念佛了,才能没有什么地方施展,只有他的诗可以流传于世,却又懒散不珍惜。现在老了,打开他的诗囊,还找到三、四百篇,都是可喜的作品。

曼卿死后,秘演很寂寞,没有可去之处,后来听说东南一带多山水,山峰高峻峭拔,江水波涛汹涌,很利于开阔胸怀,于是想去游览,由此可以知道他虽然年老,而壮志依旧。在他即将动身的时候,我给他的诗作序,借此陈述他的盛年而感叹他的衰老。

赏析

本文是欧阳修为北宋秘演和尚的诗集所写的一篇序。

释,佛教创始人释迦牟尼的简称,本文指和尚。秘演,山东人,北宋时僧人,余不详。

本篇序,可分四段。

第一段,记叙太平盛世,必有智谋雄伟非常之士,无所用其能而老死山野草莽。起笔高古雄浑,引人侧目。

第二段,二、三自然段记叙亡友石曼卿"不屈以求合"、放浪山林,隐于酒;石曼卿的朋友秘演和尚"以气节自高"、隐于佛等奇行逸事,对曼卿、秘演二人的情性、人格表示了赞美。

第三段，称许曼卿、秘演二人的诗才，回归本题。

第四段，慨叹曼卿的死、秘演的衰，寄予了深切的同情，表明了作序的原因。

全篇文章，通过对曼卿、秘演二人生平始盛终衰的描述，表达了作者对二人的赞美和敬仰，讽刺了当权者不能识用人才甚至扼杀人才的错误，并寄寓人生无常的慨叹，对曼卿、秘演的穷困潦倒表示了极大的同情。

艺术上，本文突破了传统诗序的格套，双线并进，重点描写秘演和尚一生行事，巧妙插入石曼卿衬映写照，并掺入作者自己与二人的交往，一并叙来，浑涵无垠。其次，文章善于抓住人物性格特征描写人物，三言两语，传神写照，人物形象生动鲜明，栩栩如生。另外，文章笔带感情，爱怜、哀惜一一流注字里行间，具有浓厚的抒情特征，十分感人。

卷之十　宋文

梅圣俞诗集序

欧阳修

予闻世谓诗人少达而多穷①，夫岂然哉？盖世所传诗者，多出于古穷人之辞也。凡士之蕴其所有，而不得施于世者，多喜自放于山巅水涯之外，见虫鱼草木风云鸟兽之状类，往往探其奇怪，内有忧思感愤之郁积，其兴于怨刺②，以道羁臣寡妇之所叹③，而写人情之难言，盖愈穷则愈工。然则非诗之能穷人，殆穷者而后工也。

予友梅圣俞④，少以荫补为吏⑤，累举进士，辄抑于有司⑥，困于州县，凡十余年。年今五十，犹从辟书⑦，为人之佐。郁其所蓄，不得奋见于事业。其家宛陵⑧，幼习于诗，自为童子，出语已惊其长老，既长，学乎六经仁义之说⑨。其为文章，简古纯粹，不求苟说于世⑩，世之人徒知其诗而已。然时无贤愚，语诗者必求之圣俞。圣俞亦自以其不得志者，乐于诗而发之，故其平生所作，于诗尤多。世既知之矣，而未有荐于上者。昔王文康公尝见而叹曰⑪："二百年无此作矣！"虽知之深，亦不果荐也。若使其幸得用于朝廷，作为雅、颂⑫，以歌咏大宋之功德，荐之清庙，而追商、周、鲁颂之作者⑬，岂不伟欤！奈何使其老不得志，而为穷者之诗，乃徒发于虫鱼物类、羁愁感叹之言？世徒喜其工，不知其穷之久而将老也，可不惜哉？

圣俞诗既多，不自收拾。其妻之兄子谢景初，惧其多而易失也，取其自洛阳至于吴兴以来所作⑭，次为十卷⑮。予尝嗜圣俞诗，而患不能尽得之，遽喜谢氏之能类次也⑯，辄序而藏之。

其后十五年，圣俞以疾卒于京师，余既哭而铭之，因索于其家，得其遗稿千余篇，并旧所藏，掇其尤者六百七十七篇⑰，为一十五卷。呜呼！吾于圣俞诗，论之详矣⑱，故不复云。

注释

①穷：潦倒不得志。　②兴于怨刺：用"兴"的手法表示不满和讽刺，也就是由眼前景物而引出要表达的内容。　③羁（jī）臣：宦游异乡或被斥退、放逐在外的官员。　④梅圣俞：北宋杰出的现实主义诗人。姓梅，名尧臣，圣俞是字。今安徽宣城人。　⑤荫：子孙凭前辈功绩得到一定的官职。　⑥有司：指主考官员。　⑦辟书：聘书。　⑧宛陵：今安徽宣城。　⑨六经：指《诗》《书》《礼》《乐》《易》《春秋》等儒家经典。　⑩说：同"悦"，取悦，迎合。　⑪王文康公：指曾任洛阳留守的王曙，"文康"是他的谥号。梅圣俞做过他的下属，并受到他的赏识。　⑫雅、颂：《诗经》分为风、雅、颂三类。雅，分为大小雅。《诗经》中的大雅及颂主要是祭祀的乐歌，或为歌功颂德的作品。　⑬商、周、鲁颂：指《诗经》中的《商颂》、《周颂》和《鲁颂》。　⑭吴兴：在今浙江嘉兴。　⑮次：编排。　⑯遽（jù）喜：惊喜。遽，急。　⑰掇（duō）：拾取。　⑱"吾于"句：欧阳修在《书梅圣俞稿后》等文和《六一诗话》里，曾多次评论梅圣俞的诗歌成就。

译文

我听世上的人说，诗人很少有仕途显达的，大多数都困窘潦倒。难道是这样吗？原来世上流传的诗篇，大都出自古代失意诗人的笔下。大凡胸怀才智而不能施展的士人，多数都喜欢纵情于山水之间，看见虫鱼草木风云鸟兽一类的东西，常常探寻它们的奇异独特之处，内心有忧愤的情绪郁积，于是借物起兴，表示出怨恨和讽刺，借以抒发贬谪外地的臣子和寡妇的哀叹，描绘出难以言传的情怀，因而越是困窘潦倒，诗就越发高超。这样看来，就不是诗能使人失意困顿，大约是失意困顿之后才能写出好诗来。

我的朋友梅圣俞，年轻时因先世的功绩而补缺做个小官吏，多次参加进士考试，总是受到主考官的压抑，困在州县做小官，一共十多年。如今年龄快到五十了，还是接受聘书，做别人的幕僚。才学郁积胸中，不能在事业上展现。他的家乡在宛陵，幼年就学习诗歌，从孩童之时起，写出来的诗就已经使前辈惊讶。长大之后，学习六经的仁义学说。他写文章，简洁古雅，纯正精粹，不求苟且取悦于世，因此世上的人只是知道他的诗罢了。但当时不管是贤明还是愚笨的人，谈诗必定以圣俞的诗来做标准。圣俞自己也欢喜把不得志的感情用诗歌的形式抒发出来，所以，他平生写的作品，诗歌特别多。世上的人已经了解他了，却没有人向朝廷推荐。从前王文康公曾经看了他的诗，并赞叹说："两百年来没有这样的好诗了！"虽然这么深切地了解他，最后还是没推荐。假使他能有幸得到朝廷任用，写出《雅》《颂》一类诗章，来歌颂大宋的功德，奉献到宗庙，能赶上《商颂》《周颂》《鲁颂》的成就，岂不是很伟大啊！怎么使他直到老也不得志，而写潦倒失意的诗篇，只是以虫鱼之类来抒发沦落悲愁的感叹呢？世人只是喜爱这些诗篇的高超，却不知道他长期失意困窘而要老了，能够不惋惜吗？

圣俞的诗很多，自己又不整理，他的内兄的儿子谢景初，担心它们太多，容易散失，便取出他从洛阳到吴兴这段时间所作的诗篇，编成十卷。我一向喜爱圣俞的诗，担心不能全部得到，谢景初能够为他分类编定，使我意外的惊喜。于是写了这篇序，并且把诗篇收藏起来。

十五年后，圣俞因病在京都逝世，我哭吊之后，给他作了一篇墓志铭，趁便向他的家属要圣俞的诗，得到他的遗稿一千多篇，连同原来收藏的，选择其中最好的六百七十七篇，分成十五卷。唉！我对于圣俞的诗，评论得很详细，所以就不再说了。

赏析

本文是欧阳修为北宋初期著名诗人梅尧臣的诗集所写的一篇序言。

文章的中心论点是诗歌创作"穷而后工"。

首先，论述诗歌"穷而后工"。驳倒所谓诗人多穷的说法，正面提出全文宗旨，为下文张本。

然后，转入对梅尧臣生平的记叙，具体论证中心论点。梅尧臣多才艺，工诗善文，反对宋初诗坛的浮艳风气，重视反映社会现实，其诗歌创作对扭转宋代诗风影响很大，深为欧阳修等人所推崇、赞赏。但梅尧臣一生仕途不达，曾多次应进士不第，经历颇为坎坷且清贫终生。其诗作，可算是"穷而后工"的典型。

最后，叙述作序缘由及编收诗稿的情况，收束全文，怅惘不尽。

全篇文章，紧扣诗"穷而后工"这一中心，有议论，有叙述，有描写，有抒情，层次井然，明白晓畅。字里行间，充溢着欧阳修对梅尧臣的推崇、倾慕和同情，纯然是一片怜才之意。

这种"穷而后工"的文艺观点，是欧阳修对韩愈"欢愉之辞难工，而穷苦之辞易好"（《荆潭唱和诗序》）的直接继承和概括，也是欧阳修文艺思想的一种高度凝练、形象的表达。它从一个方面反映了封建社会诗人的生活与创作之间的关系，有一定道理。至于文中作者希望梅尧臣得到他人荐举，能幸用于朝廷，做一个为大宋朝廷歌功颂德的御用文人，则表现出欧阳修思想认识的局限。

文章中心突出，笔带感情，低昂顿挫，一往情深，具有强烈的感染力量。

送杨寘序

欧阳修

予尝有幽忧之疾[①]，退而闲居，不能治也。既而学琴于友人孙道滋[②]，受宫声数引[③]，久而乐之，不知其疾之在体也。

夫琴之为技小矣，及其至也，大者为宫，细者为羽[④]。操弦骤作，忽然变之，急者凄然以促，缓者舒然以和。如崩崖裂石，高山出泉，而风雨夜至也；如怨夫寡妇之叹息，雌雄雍雍之相鸣也。其忧深思远，则舜与文王、孔子之遗音也[⑤]；悲愁感愤，则伯奇孤子、屈原忠臣之所叹也⑥。喜怒哀乐，动人必深；而纯古淡泊，与夫尧舜三代之言语，孔子之文章，《易》之忧患，《诗》之怨刺无以异。其能听之以耳，应之以手。取其和者，道其湮郁⑦，写其幽思⑧，则感人之际，亦有至者焉。

予友杨君⑨，好学有文，累以进士举，不得志。及从荫调⑩，为尉于剑浦⑪，区区在东南数千里外，是其心固有不平者。且少又多疾，而南方少医药，风俗饮食异宜。以多疾之体，有不平之心，居异宜之俗，其能郁郁以久乎？然欲平其心，以养其疾，于琴亦将有得焉。故予作琴说，以赠其行，且邀道滋酌酒进琴以为别。

注释

①幽忧：过度忧劳。 ②孙道滋：作者朋友，生平不详。 ③宫：古代五声音阶的第一音阶，相当于简谱的"1"，这里泛指五声。引：乐曲的数量单位。 ④羽：五声音阶的第五音阶，相当于简谱的"6"。 ⑤舜与文王、孔子之遗音：相传舜、周文王、孔子都善于弹琴。 ⑥伯奇：为周宣王大臣尹吉甫的儿子，因后娘谗害，被尹吉甫驱逐出去，伯奇弹琴作《履霜操》，曲终，投河而死。 ⑦道：同"导"，疏导。湮（yīn）：阻塞。 ⑧写：通"泻"，宣泄。 ⑨杨君：杨寘（zhì），字审贤，合肥（今属安徽）人，仁宗庆历二年（1042）举进士。 ⑩荫：凭借前辈功勋而得官。 ⑪尉：县尉，辅佐县令，掌一县军事。

译文

我曾经得过过度忧劳的病，辞官闲居，仍然不能治好。后来向朋友孙道滋学习弹琴，学会了五声的几个曲谱，时间一长，便喜欢上了弹琴，竟不知道那疾病还在身上。

弹琴，作为一种技艺来说，是渺小的，可是达到极高的境界时，声音最重浊的是宫调，最高亢的是羽调。拨动琴弦，骤然发声，忽然声随情变，调子急的凄凉而短促，调子缓的从容而平和。如同山崖崩塌，岩石开裂，高山涌出泉水，风雨夜晚来临；又像怨夫寡妇的叹息，雌鸟和雄鸟在一块儿欢乐地叫着。那深长的忧愁，悠远的思绪，是舜和文王、孔子的遗音；那悲愁感愤的情怀,是孤子伯奇、忠臣屈原的叹息。那喜怒哀乐的情绪必定深深打动人心;而它的纯厚古雅、淡泊,和尧、舜以及夏、商、周三代的语言,孔子的文章,《周易》的忧患,《诗经》的怨恨和讽刺,没有什么区别。它能够用耳朵欣赏,用手来应合。如果选择那种平和的曲调,来疏导内心的郁闷,排遣心中的幽思,那么,在感动人心之际,也能达到极致。

我的朋友杨寘君,喜欢学习,会写文章,屡次凭进士身份被推荐,却不得志。等到依靠祖上的福荫,才调到剑浦做县尉,一个小小的地方,又远在东南几千里以外,这样他的内心会产生出不平。况且,他年轻时就常常生病,而南方又缺少医药,风俗和饮食不同,他都不能适应。以经常生病的身体,不愉快的心情,而生活在不能适应的风俗当中,怎么能够抑郁不乐地长久支持下去呢?但是要想使心情愉快,把病养好,在弹琴方面将会有收获的。所以我写这篇说琴的文章,用来赠别,并且邀请了道滋,喝一杯酒,弹一回琴,就这样来告别。

赏析

这是欧阳修送别友人杨寘的一篇赠序。

文章满怀对才高命蹇、就职远方的好友的真切担忧,通过对琴艺及琴的治疗作用的叙写,表达了希望好友学会操琴以"道其湮郁,写其幽思"的善良愿望,流露出对杨寘的诚挚友谊和深切同情。

全文内容,分为三段。

第一段,描叙自己曾患幽忧之疾,通过操琴陶冶身心达到治愈的经历。

第二段,记叙琴艺及琴的治疗作用,强调了操琴以宣泄忧愤、抒发哀乐的特殊效能。

第三段,泊入正题。介绍作序目的,是为了赠送友人杨寘:杨寘怀才不遇,潦倒多病,现在将到远方求职,特作琴说"平其心""养其疾"。

整篇文章,本为朋友送别赠序,却一反常调,不言别意别情,却写成一篇洋洋洒洒的论琴文字。前两段,从己叙起,娓娓道来,笔触悠渺而意志闲远,似乎离题万里;后一段,收束全篇,点明主旨,则知通篇说琴,意不在琴,而在乎借琴以释其忧愤罢了。文章立意新,结构巧,起伏跌宕,令人称奇。

全文感情真挚,语言简洁,叙写细致曲折,具有欧阳修散文特有的舒缓纡徐风格,颇堪诵读。其对琴音的描写,生动、形象、精彩、传神,是本文中的得意之笔。

五代史伶官传序

欧阳修

呜呼!盛衰之理,虽曰天命,岂非人事哉?原庄宗之所以得天下①,与其所以失之者,可以知之矣。

世言晋王之将终也②,以三矢赐庄宗而告之曰:"梁,吾仇也③;燕王④,吾所立;契丹与吾约为兄弟⑤,而背晋以归梁⑥。此三者,吾遗恨也。与尔三矢,尔其无忘乃父之志⑦!"庄宗受而藏之于庙。其后用兵,则遣从事以一少牢告庙⑧,请其矢,盛以锦囊,负而前驱,及凯旋而纳之。

方其系燕父子以组⑨,函梁君臣之首⑩,入于太庙,还矢先王,而告以成功,其意气之盛可谓壮哉!及仇雠已灭,天下已定,一夫夜呼,乱者四应⑪,仓皇东出,未见贼而士卒离散,君臣相顾,不知所归,至于誓天断发,泣下沾襟⑫,何其衰也!岂得之难而失之易欤?抑本其成败之迹,而皆自于人欤?

《书》曰:"满招损,谦得益⑬。"忧劳可以兴国,逸豫可以忘身,自然之理也。故方其盛也,举天下之豪杰,莫能与之争;及其衰也,数十伶人困之,而身死国灭⑭,为天下笑。夫祸患常积于忽微,而智勇多困于所溺,岂独伶人也哉!

注释

①原：推究、研究。庄宗：指五代时后唐庄宗李存勖（xù）。 ②晋王：李存勖的父亲李克用。他本是西突厥沙陀人，因出兵帮助唐朝镇压黄巢起义有功，官封晋王。 ③梁：指五代时由朱温所建立的后梁。朱温本是黄巢起义的将领，投降唐朝后成为实力强大的地方军阀，后篡唐称帝。早在唐僖宗时，朱温和李克用就因争权夺利而结下怨仇，以后便一直互相攻战不停。 ④燕王：指唐末卢龙节度使刘仁恭。 ⑤契丹与吾约为兄弟：契丹是我国古代民族，公元十世纪初，耶律阿保机统一北方各族，建立契丹国。唐朝末年，耶律阿保机曾率兵入侵李克用的地盘，李克用与之讲和，结为兄弟。 ⑥而背晋以归梁：指后来契丹又背弃盟约，助梁攻晋。 ⑦乃：你的。 ⑧一少牢：古时祭祀时用一只羊、一头猪做祭品，称"一少牢"。 ⑨组：丝绳。 ⑩函梁君臣之首：用木匣装着梁国国君朱友贞等人的头。公元923年，李存勖灭梁，朱温之子朱友贞为了避免落入仇人之手，命部将皇甫麟杀死他，随后皇甫麟也刎颈自杀。函，本指木匣。 ⑪一夫夜呼，乱者四应：公元926年，后唐驻扎在贝州（今河北清河）的士兵以皇甫晖为首发动暴乱，随后，有赵太等相继叛乱。 ⑫"仓皇东出"以下六句：暴乱发生后，李克用的养子大将军李嗣源乘机起事，争夺帝位。庄宗由洛阳率兵去开封平乱，到了万胜（今河南中牟境内），便听说李嗣源已进入开封，只好回师洛阳，途中士兵逃散了一半，到洛阳近郊时，他哭对着将领们说："你们跟随我多年，患难同当，富贵同享，现在到了这步田地，都没有办法来挽救危局了吗？"将领们面面相觑，哭成一团，纷纷割下头发，对天发誓，要以死报国。 ⑬满招损，谦得益：语出《尚书·大禹谟》，原书作"谦受益"。意思是自满招来损害，谦虚得到好处。 ⑭"数十"以下两句：李存勖喜好音乐歌舞，对伶官特别宠信，甚至让他们参与朝政、掌握兵权。公元926年，任禁卫军头领的伶官郭从谦乘李嗣源兵反之机，率兵攻入皇宫，射杀李存勖，伶人善友把官中乐器收集来，焚化了他的尸体。李嗣源随即登上帝位，为后唐明宗。虽同为后唐，但因李嗣源是养子，所以说"国灭"。伶官，宫廷中的乐官、艺人。

译文

啊！强盛和衰亡的道理，虽说是天意，难道不也是由于人事吗？推究后唐庄宗得到天下和失掉天下的原因，就可以明白了。

世人说晋王临终之际，拿出三枝箭赐给庄宗，并告诉他说："梁是我的仇人；燕王是我举荐扶植起来的；契丹曾经和我订立盟约，结拜为兄弟，却背叛我而归附梁。这三件事，是我死了也抱恨的。给你三枝箭，你一定不能忘了你父亲的遗愿！"庄宗接过了三枝箭，并把它保存在宗庙里。此后每逢作战，就派遣官员用羊和猪各一头去祭告宗庙，恭敬地拿出箭来，装在锦囊里面，背负着箭在前面开路，等获胜归来再把箭放进宗庙里。

当他用丝绳绑住燕王父子，用木盒装着梁王君臣的首级，回到宗庙，把箭送回先王灵前，报告成功的消息时，那旺盛的意气真是豪壮啊！等到仇敌已经消灭，天下已经平定，一个人在夜间振臂一呼，叛乱的人从四方响应，于是张皇失措地向东出兵，还没看见叛贼，士兵四下逃散，君臣面面相觑，不知归向哪里，以至于将领们割下头发，对天发誓，君臣哭泣，泪湿衣襟，这是多么的衰败呀！难道是得到天下难而失去天下易吗？或许推究他的成功和失败的事实，都是由于人的缘故吧？

《尚书》上说："自满招来损害，谦虚使人受益。"忧患劳苦可以使国家强盛，安逸享乐可以使自己灭亡，这是自然的道理。所以，当他正值强盛的时候，普天下的英雄豪杰没有人能够和他抗争；到他衰退的时候，几十个伶人围困他，就弄得丧生灭国，被天下的人耻笑。祸患常常是由一些微小的事积累而成的，聪明勇敢往往被自己沉溺偏爱的人或事所困扰，哪里仅仅是伶人啊！

赏析

本文是欧阳修编撰的《新五代史·伶官传》的序言。

文章主旨在于援古以论今，指陈时弊，以期引起统治者的警悟。

全篇内容，分四段展开。

首先，以深沉的感叹起笔："呜呼！盛衰之理，虽曰天命，岂非人事哉？原庄宗之所以得天下，与其所以失之者，可以知之矣。"顿挫跌宕地点出论题中心，格外引人注目。

紧接着，文章援引史料，以"三矢"为线索，描述了庄宗继承父志、兢兢业业、报仇兴国的史实；以及庄宗得天下后，纵情声色，贪图奢靡生活，宠信伶人，最终亡国亡身的悲惨下场。以鲜明的对比，阐明了兴亡盛衰在于"人事"的道理。

然后，由论事转入说理，顺势引出正面结论："忧劳可以兴国，逸豫可以忘身，自然之理也。"

最后，意犹未尽，再就盛衰两方面加以论述，并补充和深化结论："夫祸患常积于忽微，而智勇多困于所溺，岂独伶人也哉！"

全篇文章，以高度概括的总结性笔调，紧扣世事兴衰在于"人事"而非"天命"这一中心，简要地叙述了庄宗的一生行事，阐述了"忧劳可以兴国，逸豫可以忘身"的历史教训，是一篇抒情色彩浓郁的史论结合的议论性散文，被后人推崇为"《新五代史》中第一篇文字"（清·沈德潜语）。

艺术上，本文观点鲜明，层次井然，叙事与说理紧密结合，充满着一种思辨的哲理气息；文章语言简洁，对比强烈，大量运用感叹句、疑问句和骈偶句式，增强了文章的抒情性和节奏美感；笔触委婉曲折，跌宕多姿，低昂反复，感慨淋漓。从而形成了本文深沉激昂的风格特征，直可追步于司马迁的《史记》，不愧是一篇典范的史论文章。

五代史宦者传论

欧阳修

自古宦者乱人之国①，其源深于女祸。女，色而已。宦者之害，非一端也。盖其用事也近而习②，其为心也专而忍③，能以小善中人之意④，小信固人之心，使人主必信而亲之。待其已信，然后惧以祸福而把持之。虽有忠臣硕士列于朝廷⑤，而人主以为去己疏远，不若起居饮食、前后左右之亲为可恃也。故前后左右者日益亲，则忠臣硕士日益疏，而人主之势日益孤。势孤，则惧祸之心日益切，而把持者日益牢。安危出其喜怒，祸患伏于帷闼⑥。则向之所谓可恃者，乃所以为患也。患已深而觉之，欲与疏远之臣，图左右之亲近⑦，缓之则养祸而益深，急之则挟人主以为质⑧。虽有圣智，不能与谋。谋之而不可为，为之而不可成，至其甚则俱伤而两败。故其大者亡国，其次亡身，而使奸豪得借以为资而起⑨，至抉其种类尽杀以快天下之心而后已⑩。此前史所载宦者之祸常如此者，非一世也。夫为人主者，非欲养祸于内，而疏忠臣硕士于外，盖其渐积而势使之然也。夫女色之惑，不幸而不悟，则祸斯及矣。使其一悟，捽而去之可也⑪。宦者之为祸，虽欲悔悟，而势有不得而去也。唐昭宗之事是已⑫。故曰："深于女祸者。"谓此也，可不戒哉？

注释

①宦者：即后代所谓太监，由阉割后的男子充任，在宫廷内侍奉皇帝及其家属。 ②习：熟悉。 ③忍：隐忍，不露其情。 ④中（zhòng）：合。 ⑤硕士：品德高尚、学问渊博的人。 ⑥帷闼（tà）：借指宫廷内。帷是帐子，闼是宫中小门。 ⑦图：设法对付。 ⑧质：人质。 ⑨资：借口。 ⑩抉：挖出。 ⑪捽（zuó）：揪。 ⑫唐昭宗之事：唐昭宗（李晔）因宦官专权为祸，密谋尽诛宦官，事泄，昭宗被宦官劫持到凤翔，朱温兵围凤翔，尽杀宦官，随后弑昭宗，灭了唐王朝。

译文

自古以来，宦官扰乱国家，它的根源比女色造成的祸患更深。女人不过是色相而已；宦官的祸害，却不止一个方面。因为他执掌的事情，近在皇帝身边，与皇帝亲近狎习，他的心思专一而隐忍，能够用小善迎合皇帝的心意，用小信加强皇帝对自己的信任，使人君必定信任他，亲近他。等到皇帝已经信任自己了，就用祸福恐吓皇帝，从而操纵他。虽然有忠臣贤士列于朝廷，可是人君认为这些人和自己关系疏远，比不上侍奉起居饮食、跟随前后左右的亲信可靠。所以，跟随前后左右的宦官一天比一天亲近人君，忠臣贤士一天比一天疏远人君，而人君的情势一天比一天孤立。情势孤立，害怕祸乱的心情就一天比一天急切，而宦官的操纵控制就一天比一天抓得紧。安危取决于宦官的喜怒，祸患隐伏在宫廷内部。那么，以前认为可以依靠的人，却是制造祸乱的根源。祸患已经大了，这才明白，于是想和一贯疏远的臣子，商量对付跟随身边的宦官。行动迟缓，就会使祸患发展而更加严重；行动太急，他们就挟持人君作为人质。这样一来，即使有圣明聪慧的人，也不能为人君谋划。就是想出了办法也不能实行，就是实行了也不能成功，弄到最尖锐时两败俱伤。所以，严重的就搞得国家灭亡，其次是皇帝自己被杀害，同时使得怀有野心的奸雄能够找到借口，起来作乱，直到挖出宦官的同伙全部杀光，从而使天下人心大快，这才罢休。以前史书上记载的宦官之祸经常是这样的，不是某一代才是这样。作为人君，并不是想要在宫廷内部滋养祸患，而在宫廷外面疏远忠臣贤士，实在是长期积累，情势使他这样。对于女色的迷惑，倘若不幸而执迷不悟，当然会招来灾祸。假使人君一旦觉悟，一把揪住丢开就可以了。宦官制造祸乱，即使皇帝醒悟了，已成的形势却无法铲除他们。唐昭宗的事情就是这样的。所以说："宦官造成的灾祸，比女色更严重。"说的就是这种情况，怎么可以不警惕呢？

赏析

本文是欧阳修编撰的《新五代史·宦者传》的序论。

宦官专权，祸国殃民，是中国历代封建王朝没落时期的普遍现象，由来已久，为害惨烈。到汉、唐两代，宦官之祸已达极点。

本文总结了历史经验，将女色与宦官相提并论，通过对比，论证了宦官之祸的严重性及其产生的根源，告诫当代及后世统治者引以为鉴。

文章内容分为三层。

首层，以女色之祸与宦者之祸作对比，指出宦者之祸甚于女色之祸，防不胜防，并具体分析了之所以如此的原因。

次层，进一步分析、论证宦者之祸的严重性和危害性，并指明其由来已久，"非一世也"。

末层，再将女色与宦者作比较，阐明宦者之祸产生的根源在于国君。并以唐昭宗之事为例，归结出宦者之祸"深于女祸"的结论，照应篇首，点明题旨："可不戒哉？"

本文把封建王朝衰亡的原因归罪于女色之祸与宦者之祸，并作为历史经验教训而希望为国君者引为鉴戒，这本身是一种深刻的历史灼见，有一定现实意义和历史意义。但是，仅仅着眼于此，而未能触及封建制度本身和封建社会的根本矛盾，又不能不说是一种时代的局限和阶级的局限。

通篇运用对比手法，议论层层深入且紧扣历史史实，具有较强的说服力。

相州昼锦堂记

欧阳修

仕宦而至将相，富贵而归故乡，此人情之所荣，而今昔之所同也。盖士方穷时，困厄闾里①，庸人孺子，皆得易而侮之②，若季子不礼于其嫂③，买臣见弃于其妻④。一旦高车驷马⑤，旗旄导前⑥，而骑卒拥后，夹道之人，相与骈肩累迹⑦，瞻望咨嗟；而所谓庸夫愚妇者，奔走骇汗，羞愧俯伏，以自悔罪于车尘马足之间。此一介之士⑧，得志于当时，而意气之盛，昔人比之衣锦之荣者也⑨。

惟大丞相魏国公则不然⑩。公，相人也⑪，世有令德⑫，为时名卿。自公少时，已擢高科⑬，登显士，海内之士，闻下风而望余光者⑭，盖亦有年矣。所谓将相而富贵，皆公所宜素有。非如穷厄之人，侥幸得志于一时，出于庸夫愚妇之不意，以惊骇而夸耀之也。然则高牙大纛⑮，不足为公荣；桓圭衮裳⑯，不足为公贵。惟德被生民，而功施社稷，勒之金石⑰，播之声诗⑱，以耀后世，而垂无穷，此公之志，而士亦以此望于公也。岂止夸一时而荣一乡哉？

576

卷之十 宋文

公在至和中⑲,尝以武康之节⑳,来治于相,乃作"昼锦"之堂于后圃㉑。既又刻诗于石,以遗相人㉒。其言以快恩仇、矜名誉为可薄。盖不以昔人所夸者为荣,而以为戒。于此见公之视富贵为何如,而其志岂易量哉!故能出入将相,勤劳王家,而夷险一节。至于临大事,决大议,垂绅正笏㉓,不动声色,而措天下于泰山之安,可谓社稷之臣矣。其丰功盛烈,所以铭彝鼎而被弦歌者㉔,乃邦家之光,非闾里之荣也。余虽不获登公之堂,幸尝窃诵公之诗,乐公之志有成,而喜为天下道也,于是乎书。

注释

①闾(lú)里:乡里。 ②易:轻视。 ③季子:苏秦字。苏秦,战国时东周洛阳(今河南洛阳东)人。事见本书《苏秦以连横说秦》。 ④买臣:西汉吴县(今江苏苏州)人朱买臣,家贫,妻子要求离婚,之后改嫁一个农民。后朱买臣做了会稽太守,其妻要求复婚而不得,羞愤交加,自缢而死。 ⑤高车驷(sì)马:古代显贵乘的车乘。 ⑥旄(máo):古时杆头用旄牛尾作装饰的旗帜。 ⑦骈(pián):并列。 ⑧一介:含有渺小的意味。 ⑨衣(yì)锦:穿上锦绣之衣。衣,穿。 ⑩大丞相魏国公:韩琦(1048—1075),名琦,字稚圭,北宋著名大臣。在抵抗西夏、契丹的侵略中有卓越贡献,执政十年,辅佐仁宗、英宗、神宗三代皇帝,曾回家乡相州担任知州,修建昼锦堂。 ⑪相(xiàng):相州,治所在今河南安阳南。 ⑫令:美,善。 ⑬擢(zhuó):选拔。 ⑭余光:本指落日的余晖,这里指人们远远瞻仰韩琦的风采。 ⑮纛(dào,又dú):古代仪仗队的大旗。 ⑯桓(huán)圭(guī):古代帝王授给三公的一种玉器。圭,古玉器名,长条形,是朝聘、祭祀、丧葬时用的礼器。衮(gǔn)裳:古代皇帝和三公的衣服。 ⑰勒:刻。 ⑱播:扬。 ⑲至和:宋仁宗年号。 ⑳武康之节:仁宗时,韩琦封武康军(军是宋代行政区划名)节度使。 ㉑"昼锦"之堂:《汉书·项籍传》:"富贵不归故乡,如衣锦夜行。"后以"昼锦"为贵显还乡。韩琦以武康军节度使身份兼相州知州,因相州是故乡,所以将所造之堂,取名"昼锦"。 ㉒遗(wèi):赠送。 ㉓垂绅正笏:指韩琦不动声色的样子。绅,官服上的大带。笏,大臣上朝时所执手版。 ㉔彝鼎:宗庙里的大鼎。

译文

做官做到将相,富贵以后回到故乡,这是人情中认为荣耀的事情，古往今来都是如此。读书人正处在潦倒中时，被困在街巷乡里，平庸的人甚至小孩子，都可以轻视他，侮辱他，就像苏秦不被他的嫂子尊重，朱买臣被他的妻子抛弃一样。有朝一日，他们乘着华贵的大车，彩旗在前面开路，骑马的士卒跟随在后面，站在道路两边的人，互相肩挨着肩，脚跟着脚地仰望着，赞叹着，而所说的那些平庸的男子和愚蠢的妇人，这时急忙奔走，吓得汗流，羞愧地俯伏在地，在车轮扬起的灰尘和马足之间，自己忏悔认罪。这便是一介书生得意于当时，因而意气扬扬，古人把这比喻为衣锦还乡的荣耀。

只有大丞相魏国公不是这样。魏国公是相州人，世代有美善的德行，都是当时有名的公卿。魏国公年轻时，已经考取很高的科第，登上显贵的位置，天下的读书人，仰慕他的名望和风采已经多年了。所谓将相富贵，都是魏国公本来应该拥有的。不像那些困顿潦倒的人，一时侥幸得志，出乎平庸的人和愚蠢无知妇人的意外，从而惊吓他们，向他们夸耀。这样，高大的仪仗旗帜，就不足以成为魏国公的荣耀；三公的桓圭和礼服，不足以使魏国公高贵。只有恩德遍施于百姓，为国家建立功勋，把这些事迹刻在钟鼎和石碑上，传扬于诗歌乐章，从而照耀后代，永远流传，这才是魏国公的志向，也是读书人推崇魏国公的原因。哪里又仅仅是夸耀一时、显荣一乡呢？

魏国公在至和年间，曾经以武康节度使的身份，来做相州的知州，于是在后园建造了一座昼锦堂。后来又刻一首诗在石碑上，赠送给相州人。他的话中把那种以回报恩仇为快事，并炫耀名望声誉的行为视为可鄙。原来他不以古人所夸耀的事情为荣，却反过来把它作为一种警戒。从这里可以看到魏国公是如何看待富贵的，而他的志向又哪里是能够轻易估量的呢？所以，他能出将入相，为国劳苦，无论天下太平或遭逢患难，都保持一样的态度。至于面临重大事情，决定重大意见，他也总是庄重严肃，不动声色，就让天下稳定得像泰山一样，真可说是安邦定国的大臣了。他的丰功伟业用来刻在宗庙的鼎上，被歌唱传扬，是国家的光荣，不仅仅是街巷乡里的荣耀。我虽然没有机会登上魏国公的昼锦堂，却曾经有幸拜读魏国公的诗，对他实现自己的志向而感到高兴，很乐意说给天下的人听，因而写了下来。

赏析

本文是欧阳修为韩琦担任相州（今河南安阳）地方长官时所建的"昼锦堂"写的一篇"记"。

文章主旨，是赞誉韩琦身居显位，不炫耀富贵，反引为鉴戒，志在留清名于后世、显真人格于人间；同时，贬斥了那些追求名利富贵、以衣锦还乡为荣的庸俗之辈。

全文内容，分为三段。

第一段，首先从人情之所荣、古今之所同入笔，极写衣锦还乡的意气之盛。欲抑先扬，为下文预作铺垫。

第二段，夸赞韩琦的所作所为。韩公位极人臣，名重一时，却鄙弃那种炫耀富贵的庸俗作风。他回到故乡修建"昼锦堂"，是反其意而用之。其轻富贵的品格节操，其远大的志向，非一般夸荣显富者可比。

第三段，记叙写作目的，称颂韩琦为"社稷之臣""邦家之光"，表达了由衷的钦佩、赞美之情。

全篇文章，围绕"昼锦"二字，层层发挥，脉络清晰；运用对比手法，抑扬褒贬，态度鲜明，从而增强了表达效果；称颂人物，均以事实为依据，无阿谀逢迎之弊。以欧阳修的文笔词采，写韩琦的道德节操，真可称作是两相伉颉，为天下莫大之文章。

丰乐亭记

欧阳修

修既治滁之明年①，夏始饮滁水而甘。问诸滁人，得于州南百步之近。其上则丰山，耸然而特立②；下则幽谷，窈然而深藏；

中有清泉，瀹然而仰出③。俯仰左右，顾而乐之。于是疏泉凿石，辟地以为亭，而与滁人往游其间。

滁于五代干戈之际④，用武之地也。昔太祖皇帝⑤，尝以周师破李景兵十五万于清流山下⑥，生擒其将皇甫晖、姚凤于滁东门之外⑦，遂以平滁。修尝考其山川，按其图记，升高以望清流之关，欲求晖、凤就擒之所，而故老皆无在者，盖天下之平久矣。

自唐失其政，海内分裂，豪杰并起而争，所在为敌国者，何可胜数。及宋受天命，圣人出而四海一⑧。向之凭恃险阻，划削消磨，百年之间，漠然徒见山高而水清，欲问其事，而遗老尽矣⑨。今滁介江淮之间，舟车商贾、四方宾客之所不至，民生不见外事，而安于畎亩衣食⑩，以乐生送死，而孰知上之功德，休养生息，涵煦于百年之深也⑪！

修之来此，乐其地僻而事简，又爱其俗之安闲。既得斯泉于山谷之间，乃日与滁人仰而望山，俯而听泉。掇幽芳而荫乔木⑫，风霜冰雪，刻露清秀，四时之景，无不可爱。又幸其民乐其岁物之丰成，而喜与予游也。因为本其山川，道其风俗之美，使民知所以安此丰年之乐者，幸生无事之时也。

夫宣上恩德，以与民共乐，刺史之事也⑬，遂书以名其亭焉。

注释

①滁州：州名，治所在今安徽滁州，欧阳修于庆历六年（1046）被贬为滁州知州。　②特立：独立。　③瀹（wěng）然：形容水大。　④五代：唐朝灭亡后，中原地区相继建立梁、唐、晋、汉、周五个王朝，史称"五代"。　⑤太祖皇帝：指宋朝的开国皇帝赵匡胤。　⑥周师：五代时期周的军队，当时赵匡胤是周世宗武臣。李景（应为璟）：五代时期南唐后主。　⑦皇甫晖、姚凤：南唐将领，周世宗征南唐，赵匡胤攻破滁州，活捉二人。　⑧圣人：指宋太祖赵匡胤。　⑨遗老：经历世变的人。　⑩畎亩：指田地。畎是田间小沟。　⑪涵煦（hánxù）：覆育，意思是把皇恩比作天，覆盖着万物生长繁育。　⑫掇（duō）：拾取。　⑬刺史：唐代时州行政长官为刺史，宋代为知州，这里以刺史称知州。

译文

我治理滁州的第二年夏天，才喝到滁州的泉水，感到很甘甜。向滁州人打听泉源，在滁州南边不过百步远的地方找到了。它的上面是丰山，高耸独立；下面是幽深的山谷，悠远深藏；中间有清澈的泉水，泉水很大，向上喷吐。我上下左右地观看，又环顾四周，很喜欢这个地方。于是疏导泉水，凿开山石，开辟出一块地来修建亭子，与滁州人去那里游玩。

滁州在五代战乱时期，是个用兵之地。从前太祖皇帝曾经率领后周的军队在清流山下打败李璟十五万大军，在滁州东门外活捉了他的将领皇甫晖和姚凤，于是平定了滁州。我曾经考察这段历史的山河，按照绘图和记载，登高眺望清流关，想找到皇甫晖、姚凤被捉的地方，但是当时的父老都已不在人世，原来天下太平已经很久了。

自从唐朝丧失政权以后，海内分裂，英雄豪杰同时起来争夺天下，到处都是相互敌对的国家，数都数不清。到宋朝承受天命，圣人出现，天下统一。从前倚仗险阻踞守的国家，都被铲除和消灭。百年之间，只是淡然看见山高水清，想要打听当时的情况，而经历世事变迁的老人都没有了。如今滁州处在长江、淮河之间，是车船商贩及四方宾客不来的地方，百姓的生活中不了解外面的事情，安心于农事，满足于他们的衣食，快乐地生活，一直到死。有谁知道这是皇帝的功德，使百姓休养生息，抚育滋养万物百年之久啊！

我来到这里，喜欢它地势僻静，公务简单，又喜爱这儿的风俗安闲。在山谷里找到那股泉水以后，就每天跟滁州人仰望山岭，俯听泉响。春天，采摘幽香的花草；夏天，在大树的浓荫下乘凉；秋天的风霜，冬天的冰雪，使山水显现出秀美清丽。四季的风景，都非常让人喜爱。还有值得庆幸的，是这里的百姓为年成丰收十分快乐，因而欢喜同我一起游玩。于是，我便借此机会给他们追述这些山川的历史，叙说这儿民风习俗的美好，使百姓知道之所以能够享受这种丰年的快乐，是因为有幸生活在太平无事的时代。

宣扬皇上的恩德，和百姓同乐，这是知州分内之事，于是写了这篇文章，用来给亭子命名。

581

赏析

　　本文与有名的《醉翁亭记》是姊妹篇，同作于宋仁宗庆历六年（1046）。当时，执政大臣杜衍、范仲淹、韩琦、富弼等人相继罢去，他们推行的"新政"因侵害官僚利益，遭到守旧势力的阻挠破坏而告失败，欧阳修因上书诤谏也被贬职，出任滁州太守。

　　本文主旨，在于赞美赵宋王朝的功德和人民生活的安乐，表现了欧阳修对社会安定、人民享受丰乐的由衷喜悦。

　　文章内容，可分四段。

　　第一段，叙述丰乐亭的修建经过。侧重描写了山泉景色之美，突出"乐"情。

　　第二段（包括二、三自然段），记叙滁州在五代时的历史，抒发怀古的幽思。文章由战乱到治平，由唐、五代到宋，感叹宋朝承受天命、统一海内，百年间山高水清，人民安享太平，从而突出了颂扬赵宋王朝统一天下的功德这一文章的主题。

　　第三段，叙述自己安闲游乐于山水，欣赏山泉四时景色的乐趣；同时，也为百姓丰衣足食、与己同游山水而深感高兴。

　　第四段，点明"丰乐亭"的含意："宣上恩德""与民共乐"，再次突出题旨。

　　综观全文，沉醉山水、感今怀古，固然称颂了赵宋王朝的功德，赞美了丰衣足食、民享安乐的太平景象，但细心体味，这种由衷的赞美之中，实则包含了欧阳修的政治理想和追求，也表现了对自己治理滁州政绩的肯定。这就从反面证明了自己遭到贬谪的不当，从而间接地、含蓄地抒发了自己心中的不平和愤郁。

　　文章情景交融，行文跌宕多姿而自然流畅，语言平易，风格简淡，是一篇较为成功的歌颂太平的"欢愉之辞"。

醉翁亭记

欧阳修

　　环滁皆山也①。其西南诸峰，林壑尤美，望之蔚然而深秀者②，琅琊也③。山行六七里，渐闻水声潺潺，而泻出于两峰之间者，酿泉也。峰回路转，有亭翼然临于泉上者，醉翁亭也。作亭者谁？山之僧智仙也。名之者谁？太守自谓也④。太守与客来饮于此，饮少辄醉，而年又最高，故自号曰醉翁也。醉翁之意不在酒，在乎山水之间也。山水之乐，得之心而寓之酒也⑤。

　　若夫日出而林霏开⑥，云归而岩穴暝，晦明变化者，山间之朝暮也。野芳发而幽香，佳木秀而繁阴，风霜高洁，水落而石出者，山间之四时也⑦。朝而往，暮而归，四时之景不同，而乐亦无穷也。

　　至于负者歌于途，行走休于树，前者呼，后者应，伛偻提携⑧，往来而不绝者，滁人游也。临溪而渔，溪深而鱼肥；酿泉为酒，泉香而酒洌⑨；山肴野蔌⑩，杂然而前陈者，太守宴也。宴酣之乐，非丝非竹。射者中⑪，奕者胜，觥筹交错⑫，坐起而喧哗者，众宾欢也。苍颜白发，颓乎其中者，太守醉也。

　　已而，夕阳在山，人影散乱，太守归而宾客从也。树林阴翳⑬，鸣声上下，游人去而禽鸟乐也。然而禽鸟知山林之乐，而不知人之乐；人知从太守游而乐，而不知太守之乐其乐也。醉能同其乐，醒能述以文者，太守也。太守谓谁？庐陵欧阳修也⑭。

注释

　　①滁：滁州。　②蔚然：草木茂盛的样子。　③琅琊：山名，在今安徽滁州西南十里。　④太守：汉代郡的长官之称，这里是作者沿用旧名称知州。自谓：自称。　⑤寓：寄托。　⑥林霏：指林中雾气。霏，雨雪飘飞的样子。

⑦四时：四季。文中"野芳"句指春景，"佳木"句指夏景，"风霜"句指秋景，"水落"句指冬景。　⑧伛偻（yǔlǚ）：弯腰曲背的样子，这里指老人。提携：牵引而行，这里指以手牵着走的小孩子。　⑨泉香而酒洌：或作"泉洌而酒香"。洌（liè），水清。　⑩山肴：指野味。蔌（sù）：菜。　⑪射：这里指投壶。古代酒席间以箭投壶进行比赛的游戏。　⑫觥（gōng）：一种大酒杯。筹：指记饮酒数目的筹码。　⑬翳（yì）：遮蔽。　⑭庐陵：今江西吉安。欧阳修是永丰县人，北宋属庐陵郡。

译文

环绕滁州城的都是山。西南方的那些山峰、树林、山谷尤其美，望过去，林木葱茏深邃秀丽的是琅琊山。在山上行走六七里，渐渐听到水声潺潺，从两座山峰之间奔泻而出的，就是酿泉。山势回环，道路屈曲旋转，有一座亭子四角翘起，像鸟儿展翅一样，飞架泉边，这就是醉翁亭。建亭子的是谁？是山里的和尚智仙。给亭子取名的是谁？是太守用自己的称谓来称呼这亭子。太守和客人们来这里饮酒，稍微喝点酒就醉了，并且年纪又最大，所以自称为醉翁。醉翁的本意不在于酒，而在于山水之间。游山玩水的快乐，领略于内心而寄寓在酒中。

清晨太阳升起，树林中雾气消散；傍晚，烟云凝聚，岩谷又变得阴暗。这种明暗的变化，就是山中的朝暮。野花开放，香味清幽；美好的树木枝叶繁茂，一片浓荫；秋高气爽，霜色洁白；溪水低落，石头显露。这就是山中的四季。清晨前往，黄昏归来，四季景色不同，因而快乐也就无穷。

至于背着东西的人在路上唱着歌，走路的人在树下休息，前面的人呼唤，后面的人应和，驼着背的老人、被牵着手的孩童来来往往，络绎不绝，这是滁州的人在山里游玩。在溪边捕鱼，溪水深，鱼肥美；用泉水酿酒，泉水香，酒清洌；野味、野菜纷陈面前，这便是太守的宴会。宴会酣畅的乐趣，并不是因为有丝竹一类的音乐。投壶的投中了，下棋的下赢了，酒杯和计酒的筹码交相错杂，坐下又站起来，喧哗吵闹，这是众多的宾客在尽情欢乐。苍老的容颜，白了的头发，醉醺醺倒在人们中间的，这是太守醉了。

不久,夕阳落到山头,人影散乱,这是太守回家宾客跟随。树林阴暗蔽翳,鸟儿的叫声,上下一片,这是游人离去,鸟儿尽欢。但是,鸟儿只知道山林的快乐,却不理解游人的快乐;人们知道跟着太守游玩的快乐,却不理解太守是因为他们的快乐而快乐。喝醉时能够和大家一同欢乐,酒醒后能够用文章记下这种欢乐情形的,是太守啊。太守是谁?是庐陵的欧阳修啊!

赏析

本文是欧阳修散文的名篇之一。

文章内容,分为四段。

首段,叙述醉翁亭的位置和命名由来。先由远而近,由大而小,逐层收缩,托出醉翁亭;后由亭推演,说明造亭者、题名者及亭名"醉翁"的含义。写景叙事,极有层次。

次段,描写山中四时、朝暮景色。笔触简练,句式整饬,非常优美。

第三段,记叙游宴之乐。通过滁人游、太守宴、众宾欢、太守醉四个不同场面的描写,既委婉地表达了作者治理滁州的政绩,也抒发了与民同乐的良好愿望。文章写得情景交融,含蓄蕴藉,意在言外,有不尽的情韵。

第四段,描写游人归、禽鸟乐的情景,点明主旨:太守以滁人的乐为快乐,与民同乐。并交代作记之人。

全文通过写景、写人,描绘出一幅太平盛世、官民同乐的社会图画,从而表达了作者的生活理想和社会理想;展示了作者对大自然的热爱,对生活的热爱,以及治理滁州的政绩和才干;也寄托了作者被贬后放情山水,外似超然实则郁愤的不平。

欧阳修的散文,艺术上最大的特点是纡徐委曲,"简而有法"。就本文而言,所谓"简",主要表现在剪裁得当,行文疏朗。作者写山水之美,不以繁花缛草悦目;记游宴之乐,不以豪奢铺排取胜;而是在简淡的笔触中,包涵丰富的意境和情趣。所谓"有法",主要表现为记游写景,层次井然。从全篇看,四段文字分写醉翁亭、四时景色、游宴之乐和人归鸟乐,均紧扣中心论旨,极有层次;从部分看,如写醉翁亭的位置,始于远望诸峰,进而深入琅琊,之后,历数峰,过酿泉,方至醉翁亭,真是层层逼写,一丝不懈。而所谓纡徐委曲,则主要表现为全篇内容,以"乐"为中心,以"醉翁"为主线,回环往复,千回百折,意态潇洒,余韵无穷。

此外,本文多用偶句,或单句相对,或双句相对,每段又以排比句收束,增加了形式的美感。尤其值得称道的是,文章以二十一个"也"字贯穿全篇,不仅有划分层次、整饬句式、调和音律的作用,更造成了一种从容闲适的气度和节奏,赋予全文以阴柔美的独特风格。

秋声赋

欧阳修

欧阳子方夜读书[1],闻有声自西南来者,悚然而听之[2],曰:"异哉!"初淅沥以潇飒,忽奔腾而砰湃[3],如波涛夜惊,风雨骤至。其触于物也,鏦鏦铮铮[4],金铁皆鸣;又如赴敌之兵,衔枚疾走[5],不闻号令,但闻人马之行声。予谓童子:"此何声也?汝出视之。"童子曰:"星月皎洁,明河在天,四无人声,声在树间。"

予曰:"噫嘻悲哉!此秋声也,胡为乎来哉?盖夫秋之为状也,其色惨淡,烟霏云敛[6];其容清明,天高日晶;其气慄冽[7],砭人肌骨[8];其意萧条,山川寂寥。故其为声也,凄凄切切,呼号奋发。丰草绿缛而争茂[9],佳木葱茏而可悦;草拂之而色变,木遭之而叶脱,其所以摧败零落者,乃一气之余烈[10]。夫秋,刑官也[11],于时为阴[12];又兵象也[13],于行为金[14]。是谓天地之义气[15],常以肃杀而心。天之于物,春生秋实。故其在乐也[17],商声主西方之音[18],夷则为七月之律[19]。商,伤也,物既老而悲伤;

夷，戮也，物过盛而当杀。

"嗟夫！草木无情，有时飘零。人为动物，惟物之灵，百忧感其心，万事劳其形。有动乎中，必摇其精。而况思其力之所不及，忧其智之所不能，宜其渥然丹者为槁木⑳，黟然黑者为星星㉑。奈何非金石之质，欲与草木而争荣，念谁为之戕贼㉒？亦何恨乎秋声？"

童子莫对，垂头而睡。但闻四壁虫声唧唧，如助予之叹息。

注释

①欧阳子：作者自指。　②悚（sǒng）然：惊惧的样子。　③砰湃（pēngpài）：同"澎湃"，波涛声。　④鏦鏦（cōngcōng）铮铮：金属相击声。　⑤枚：小木棍儿，状如筷子。古代行军时，令士兵嘴里含枚，以防说话。　⑥烟霏云敛：烟气飘飞，云雾消失。　⑦慄冽：即"凛冽"，寒冷。　⑧砭（biān）：刺。　⑨缛（rù）：稠密。　⑩一气：指秋气。余烈：剩余的威力。　⑪刑官：《周礼》把官职按天、地、春、夏、秋、冬分为六类。职掌刑法、狱讼的刑官属于秋。　⑫于是为阴：古人以阴阳配合四时，把春夏分属于阳，把秋冬分属于阴。　⑬兵象：战争之象。因战争是肃杀之事，所以说秋是兵象。　⑭行：五行，即金、木、水、火、土。秋属于金。　⑮义：五常（仁、义、礼、智、信）之一，与水、火、木、金、土五行之"金"相配，指秋季。又，古人以秋天为决狱讼、征不义、诛暴慢的时节，所以张扬"义"的重要。　⑰乐：音乐。　⑱"商声"句：按我国传统乐理，乐分为宫、商、角、徵（zhǐ）、羽五音。五音中的商声、四方中的西方，都属于五行的"金"。　⑲夷则：古人以十二律来分配一年的十二月，七月为十二律的夷则。　⑳渥然丹者：形容红润的容貌，比喻年青。渥然，润泽的样子。　㉑黟（yī）然黑者：形容乌黑的头发，比喻健壮。星星：形容白发苍苍的样子。　㉒戕（qiāng）贼：摧残。

译文

欧阳子正在夜里读书，听到有声音从西南方传来，惊惧地倾听，说："怪呀！"起初是沥沥的雨声夹杂着飒飒的风声，忽然奔腾澎湃，好似波涛在夜晚猛惊，风雨骤然而来。撞到物体上，鏦鏦铮铮，像金属的东西一起响鸣；又像开赴前线的军队，口中衔枚，急速奔走，听不见号令，只听见人马的行走声。于是对童仆说："这是什么声音啊？你出去看看。"童仆说："星光月色，明亮皎洁，银河横在天上，四周没有人声，这声音出在树林间。"

我说："啊，令人感伤啊！这是秋天的风声，它怎么就来了呢？秋天的情状啊，它的颜色凄惨暗淡，云雾消散收敛；它的形貌清亮，天空高远，阳光灿烂；它的气候寒冷，刺人肌骨；它的意态萧条，山河寂寥。所以，它发出的声音，凄凄切切，呼喊号叫，奋然而发。秋天还没有来到时，丰茂的草，碧绿繁盛，竞相生长，美丽的树木，葱茏青翠，十分可爱；可是，青草被秋风吹拂而变色，树木遇秋风而叶落，使草木衰败零落的，就是这肃杀之气余下的威力。秋天，是刑官行刑的季节，按照时节说属阴；它又是战争象征，在五行中属金。这就叫作天地的肃杀之气，它常把斩杀一切作为意志。上天对于万物，是使它们春天生长，秋天结实。所以，在音乐方面，商声成为秋天的声音，夷则是七月的律名。商，就是伤，物已衰老而悲伤；夷，就是杀，物过盛而该杀。

"唉！草木没有感情，尚有衰败零落之时。人是动物，而且在动物里面最有灵性，各种忧虑撼动于心，万般事情劳损于形。心中受到冲击，必定消耗精神。何况要考虑力量达不到的事情，忧虑才智不能解决的问题，这就自然会使得红润的容颜变得衰老，乌黑的头发变成苍白。怎么可以拿并非金石的肌体，去和草木争枯荣呢？想一想吧，是什么在摧残自己？又何须怨恨这秋声？"

童仆没有应答，低头睡去。只听得四面虫声唧唧，好像在助长我的叹息。

赏析

这是一篇具有散文的笔调、赋的铺陈手法和诗歌的形象、意境、韵律的优秀散文赋。它既是欧阳修散文的名作，又是宋代文赋的代表作之一。

本文的主题，是通过对秋声的描述，抒发了作者对秋的悲感，融入了作者对政治生活的深沉喟叹。

文章内容，分为四段。

首段，描写作者秋夜灯下读书，忽然被一种奇特的声音所搅动。引出秋声，是为全篇的引子。

第二段，首先对秋声作一连串的比喻性描写。妙在不从实处摹写，而从虚处入笔，将原本是秋夜的风声、虫声、落叶声，以及秋风触动各种物体而发出的声响，融合虚化，并借助丰富的想象，形象的比喻，把这无形的"秋声"，由远而近地表现出来：淅沥的细雨，萧瑟的凄风，奔腾澎湃的急风暴雨，铮铮作响的金属声，军队夜行军的飞奔急走……把复杂无形、难以名状的"秋声"描绘得如此生动具体，烘托渲染出秋夜的肃杀凄凉，达到了"状难写之景如在目前"的极高艺术境界。

接着，刻画暮秋山川寂寥、草木零落的萧条景象，并以"所以摧败零落者，乃一气之余烈"一句感叹，奏响了本文"悲秋"的主题。

然后，再从古人对秋的认识中强调了秋的肃杀，为下面的议论作了有力的情感铺垫。

第三段，由感自然而叹人生，表现出对人事忧劳、人生短促和形神日衰的深深悲慨，写得百感交集、黯然神伤。

最后一段，写作者从沉思冥想中清醒过来，面对静夜和眠童，应着秋虫和鸣，心境一片悲凉。

全篇文章，多层次多角度地描写了秋声、秋色、秋气、秋意，抒发了作者浓厚的悲秋之慨和对政治、人生的深沉喟叹，基调是低沉、感伤的，思想情绪的取向也较为消极和沉郁。应该说，这正是作者庆历新政失败以来政治上、思想上极度苦闷的一种反映。同时，也是自宋玉《九辩》以来"悲秋"之慨在宋代的一种继承和延伸，从而构成了中国古代文学题材上的悲秋传统，影响颇为深远。

艺术上，本篇以散文的笔法，运用传统赋作的铺陈手法，讲究声韵形式美感的特点，写景抒情，造成了诗歌一般的形象、境界；并将写景叙事与议论、说理有机结合起来，从而为"赋"打开了新的出路，在中国散文发展史上占有一席重要的地位。

祭石曼卿文

欧阳修

维治平四年七月日①,具官欧阳修②,谨遣尚书都省令史李敫至于太清③,以清酌庶羞之奠④。致祭于亡友曼卿之墓下⑤,而吊之以文曰:

呜呼曼卿!生而为英,死而为灵。其同乎万物生死而复归于无物者,暂聚之形⑥;不与万物共尽而卓然其不朽者,后世之名。此自古圣贤莫不皆然,而著在简册者,昭如日星。

呜呼曼卿!吾不见子久矣,犹能仿佛子之平生。其轩昂磊落,突兀峥嵘⑦,而埋藏于地下者,意其不化为朽壤,而为金玉之精;不然,生长松之千尺,产灵芝而九茎⑧。奈何荒烟野蔓,荆棘纵横,风凄露下,走燐飞萤,但见牧童樵叟歌吟而上下,与夫惊禽骇兽悲鸣踯躅而咿嘤⑨。今固如此,更千秋而万岁兮,安知其不穴藏狐貉与鼯鼪⑩?此自古圣贤亦皆然兮,独不见夫累累乎旷野与荒城⑪!

呜呼曼卿!盛衰之理,吾固知其如此,而感念畴昔⑫,悲凉凄怆,不觉临风而陨涕者,有愧夫太上之忘情⑬。尚飨!

注释

①治平四年:公元1067年。治平,宋英宗年号。 ②具官:唐宋以来公文函牍或其他文字中的套语,常把应写明的官爵省作"具官"。 ③尚书都省:即尚书省,管理全国行政事务的机构。令史:管文书的下级官吏。李敫(yì):人名。太清:地名,石曼卿的故乡,在今河南永城境内。 ④羞:同"馐",指食品。 ⑤曼卿:详见本书《释秘演诗集序》。 ⑥形:指躯体。 ⑦突兀峥嵘:本指山势陡峭高峻,这里形容石曼卿的品格才学杰出不凡。 ⑧灵芝:菌类,珍贵药材,古人视为瑞草,尤以九茎、色红黄的为名贵。 ⑨咿嘤(yīyīng):禽兽悲鸣的声音。 ⑩鼯鼪(wúshēng):鼯是一种飞鼠,鼪是黄鼠狼。 ⑪荒城:这里指荒凉的坟墓。 ⑫畴昔:往昔。 ⑬太上之

卷之十　宋文

忘情：晋朝王衍死了儿子，极为悲痛。山简劝他不要过于哀伤，他回答说：圣人才能忘情，最下等的与情不沾边，只有介乎二者之间的人最为钟情。太上，指圣人。

译文

治平四年七月某日，具官欧阳修谨派尚书省令史李敭来到太清，用清酒和丰盛的食物为祭品，在亡友曼卿墓前祭奠，并用祭文哀吊道：

唉，曼卿！你生是英才，死为英灵。那同万物一样有生有死而又重归于虚无的，是暂时聚结的身形；那不与万物同归于尽、卓然耸立而不朽的，是流传后世的声名。自古以来的圣人贤士，没有一个不是这样的，记载在史册里面，光彩如同太阳和星星。

唉，曼卿！我不见你已经很久了，还能依稀想起你的生平。你气宇轩昂，情怀磊落，品格兀立，才学超群。埋藏于地下的躯体，想来不会变成腐朽的泥土，而应成为金玉的精英；如若不然，也会长出松树千尺，长成灵芝九茎。无奈荒烟漫漫，野藤缭绕，荆棘纵横，风凄露下，燐火飘动，流萤飞行。只见牧童樵夫，歌唱着往来于墓地，受到惊吓的飞禽走兽，悲鸣徘徊，发出嘤嘤的叫声。现已如此，再过千秋万载，又怎么知道墓穴里不藏着狐貉与鼯鼪？这也是自古以来的圣人贤士，都要遭遇的情景，难道看不见那旷野之中层层叠叠的荒坟？

唉！曼卿！兴衰的规律，我固然知道理当如此，然而感慨地回顾往昔，悲凉凄怆，不禁临风落泪，惭愧呀，我不能像圣人那样忘情。希望你来享受祭品！

赏析

本文是欧阳修为悼念亡友石曼卿而写的一篇祭文。

石曼卿，名延年，是北宋著名的诗人。官至秘阁校理、太子中允。他颇有才气，能文工诗，拥有"天下奇才"之誉。但在北宋屈辱苟安的政策下，有才不得施展，年仅48岁就溘然逝世。欧阳修非常推崇石曼卿的才华，十分痛惜他的早逝，曾为他写过深表哀悼的《墓表》，26年以后又写成此文。当时，欧阳修已被罢参知政事，出任亳州知州。

文章对死去二十余年、墓地一片荒凉的亡友石曼卿的非凡气概、高尚品质、盖世才华和不朽名声，都称颂备至，怀念至深。同时，又深沉地表达了作者人生悲凉的感慨。

祭文内容，以三"呜呼"为枢纽，自然分为三层。

首层，以夸张的手法，叙写石曼卿生为人杰、死为鬼雄的盖世才华和不朽英名。推崇、称赞之情，溢于言表。

次层，描写石曼卿墓地的荒芜凄凉。情景交融，对比鲜明，深深寄托了作者的哀挽痛悼之情。

末层，借悼念亡友，抒发自己人生凄怆悲凉的感叹。

全篇文章，以诗歌的笔调和充满浪漫主义的丰富想象，悼念亡友，抒发感慨，具有很强的艺术感染力量。文章音调抑扬，纡徐婉转；一唱三叹，低回跌宕；感怀真挚，情韵绵渺；描写逼真，形象宛然，充分体现出欧阳修散文富于诗情画意和内在韵律美感的艺术特色。本文不愧是欧阳修抒情散文之中的佳作。

泷冈阡表

欧阳修

呜呼！惟我皇考崇公卜吉于泷冈之六十年[①]，其子修始克表于其阡[②]。非敢缓也，盖有待也。

修不幸，生四岁而孤。太夫人守节自誓[③]，居穷，自力于衣食，以长以教，俾至于成人[④]。太夫人告之曰："汝父为吏廉，而好施与，喜宾客。其俸禄虽薄，常不使有余，曰：'毋以是为我累！'故其亡也，无一瓦之覆，一垄之植，以庇而为生。吾何恃而能自守耶？吾于汝父，知其一二，以有待于汝也。自吾为汝家妇，不及事吾姑[⑤]，然知汝父之能养也。汝孤而幼，吾不能知汝之必有立，然知汝父之必将有后也。吾之始归也⑥，汝父免于母丧方逾年⑦。岁时祭祀，则必涕泣曰：'祭而丰，不如养之薄也！'间御酒食⑧，则又涕泣曰：'昔常不足，而今有余，其何及也！'吾始一二见之，以为新免于丧适然耳。既而其后常然，至其终身未尝不然。吾虽不及事姑，而以此知汝父之能养也。汝父为吏，尝夜烛治官书⑨，屡废而叹。吾问之，则曰：'此死狱也，我求其生不得尔。'吾曰：'生可求乎？'曰：'求其生而不得，则死者与我皆无恨也，矧求而有得耶？⑩以其有得，则知不求而死者有恨也。夫常求其生，犹失之死，而世常求其死也？'回顾乳者抱汝而立于旁，因指而叹曰：'术者谓我岁行在戌将死⑪，使其言然，吾不及见儿之立也，后当以我语告之。'其平居教他子弟，常用此语，吾耳熟焉，故能详也。其施于外事，吾不能知；其居于家，无所矜饰，而所为如此，是真发于中者耶！呜呼！其心厚于仁者耶！此吾知汝父之必将有后也。汝其勉之！夫养不必丰，要于孝⑫；利虽不得博于物，要其心之厚于仁。吾不能教汝，此汝父之志也。"修泣而志之，不敢忘。

先公少孤力学，咸平三年⑬，进士及第，为道州判官⑭，泗、绵二州推官⑮，又为泰州判官⑯，享年五十有九，葬沙溪之泷冈⑰。太夫人姓郑氏，考讳德仪，世为江南名族。太夫人恭俭仁爱而有礼，初封福昌县太君⑱，进封乐安、安康、彭城三郡太君⑲。自其家少微时，治其家以俭约，其后常不使过之，曰："吾儿不能苟合于世，俭薄所以居患难也。"其后修贬夷陵⑳，太夫人言笑自若，曰："汝家故贫贱也，吾处之有素矣，汝能安之，吾亦安矣。"

自先公之亡二十年，修始得禄而养。又十有二年，列官于朝，始得赠封其亲。又十年，修为龙图阁直学士㉑、尚书吏部郎中㉒，留守南京㉓。太夫人以疾终于官舍，享年七十有二。又八年，修以非才，入副枢密㉔，遂参政事㉕。又七年而罢。自登二府㉖，天子推恩，褒其三世，盖自嘉祐以来㉗，逢国大庆，必加宠锡。皇曾祖府君累赠金紫光禄大夫、太师、中书令㉘。曾祖妣累封楚国太夫人。皇祖府君累赠金紫光禄大夫、太师、中书令兼尚书令。祖妣累封吴国太夫人。皇考崇公累赠金紫光禄大夫、太师、中书令兼尚书令。皇妣累封越国太夫人。今上初郊㉘，皇考赐爵为崇国公，太夫人进号魏国。

于是小子修泣而言曰："呜呼！为善无不报，而迟速有时，此理之常也。惟我祖考积善成德，宜享其隆，虽不克有于其躬㉚，而赐爵受封，显荣褒大，实有三朝之锡命㉛，是足以表见于后世，而庇赖其子孙矣。"乃列其世谱，具刻于碑。既又载我皇考崇公之遗训，太夫人之所以教而有待于修者，并揭于阡。俾知夫小子修之德薄能鲜，遭时窃位，而幸全大节，不辱其先者，其来有自。熙宁三年岁次庚戌四月辛酉朔十有五日乙亥㉜，男推诚保德崇仁翊戴功臣、观文殿学士、特进、行兵部尚书、知青州军州事、兼管内劝农使、充京东路安抚使、上柱国、乐安郡开国公、食邑四千三百户、食实封一千二百户㉝，修表。

注释

①皇考：亡故的父亲。父死称考，皇是尊称。崇公：欧阳修的父亲欧阳观在神宗继位后追封崇国公。卜吉：通过占卜选择吉祥的墓地。泷（shuāng）冈：地名，在今江西永丰沙溪南凤凰山上。　②阡：指墓道。　③太夫人：指欧阳修的母亲郑氏。古代列侯之妻为夫人，列侯死，其子袭封，称其母为太夫人。　④俾：使。　⑤姑：婆母。　⑥归：古时称女子出嫁为归。　⑦免于母丧：为母亲守丧期满。古时母亲故去，守丧三年。　⑧御：食用。⑨官书：特指刑狱方面的文件。　⑩矧（shěn）：况。　⑪岁行在戌：岁星经过黄道带在戌年。欧阳修之父碰巧死于宋真宗大中祥符三年庚戌。　⑫要：重要。　⑬咸平三年：公元1000年。咸平是宋真宗年号。　⑭道州：治所在今湖南道县。判官：州府长官的属官，掌文书。　⑮泗、绵：泗州和绵州。泗州，治所在今安徽泗县。绵州，治所在今四川绵阳。推官：州府长官的属官，掌司法。　⑯泰州：治所在今江苏泰州市。　⑰沙溪：地名，在今江西永丰南凤凰山旁。　⑱福昌县：约为今河南宜阳。太君：古代官员母亲的一种封号。　⑲乐安、安康、彭城：古代郡名，宋代已不存在，仅作为封赠的称号。　⑳夷陵：在今湖北宜昌。欧阳修因为替范仲淹辩护，被贬为夷陵县令。　㉑龙图阁：宋代管理典籍文献的官署。直学士：龙图阁设学士、直学士等官，但通常只是加给侍从官的一种荣誉头衔。　㉒尚书：即尚书省，管理全国行政事务的机构。吏部：隶属尚书省，掌官员任免、升迁等。郎中：

吏部设郎中四名，分管吏部事务。　㉓留守南京：欧阳修于皇祐二年知应天府兼南京留守司事。留守，宋朝在西京、南京、北京各置留守一人。南京，宋真宗升宋州（今河南商丘）为应天府，建为南京。　㉔副枢密：做枢密院的副使。枢密院是宋代主管军事的最高机构。　㉕参政事：做参知政事，相当于副宰相。　㉖二府：称枢密院和中书省。　㉗嘉祐：宋仁宗年号。　㉘府君：对祖父的敬称。金紫光禄大夫、太师、中书令：都是官职名称，但在宋代，只是散官、赠官，是朝廷为表示恩宠而封赠的名号。下文中楚国太夫人等也是封号。　㉙今上：当今皇上，指宋神宗赵顼。初郊：神宗即位后的第一次郊祀。郊，祭天。　㉚躬：亲身。　㉛三朝：指宋仁宗、英宋、神宗三朝。　㉜熙宁三年：公元1070年，熙宁是宋神宗年号。四月辛酉朔十有五日乙亥：四月初一辛酉日的第十五天，即四月十五。朔，初一，庚戌年四月初一的干支记日是辛酉。在年月后面记下朔日，接着写明朔日后的第几天，再记下干支记日，这是古人记日的一种特定格式。　㉝"推诚保德"以下直至"一千二百户"：是欧阳修的全部封号和官衔。其中只有"知青州军州事、兼管内劝农使、充京东路安抚史"是欧阳修的实际职务，负责青州兵民两政，兼管鼓励农桑，同时掌一路（路是宋代行政区划单位）兵政。其余的官爵、食邑等都是封赠的虚衔、虚名。

译文

唉！我先父崇国公在泷冈选择吉祥之地下葬的第六十年，他的儿子欧阳修才能在这墓道上为他竖建墓表。不是我敢拖延，而是有所等待。

我不幸，出生后四岁父亲就去世了，母亲守节，誓不再嫁，家境贫困，她自己劳作操持衣食，从而抚养我，教育我，使我长大成人。母亲告诉我说："你父亲做官廉洁，喜欢救济穷人，又爱结交朋友。他的薪俸微薄，而不求剩余，说：'不要让钱财使我受累！'所以他去世以后，没有留下一片瓦，一块地，可以依靠得以维持生计。我靠什么而能够安贫自守呢？我对你父亲有所了解，因而对你抱着期望。从我成为你家媳妇的时候，就没有来得及侍奉婆母，但我知道你父亲能孝敬父母。你失去父亲，年纪幼小，我不能断定你会有所建树，但我知道你父亲一定会有好后人。我当初出嫁时，你父亲为他母亲守孝期满刚刚一年。逢年过节祭祀祖先，他总是流泪说：'祭祀再丰富，也比不上生前的微薄奉养啊！'间或喝点酒，吃点肉，他也会流泪说：'从前衣食常常不足，如今富足有余，但是却无法孝敬父母了！'我起初一两次看到这种情况，还以为是刚刚守满孝，所以免不了这样哀痛。后来却始终如此，直到去世也是这样。我虽然没赶得上侍奉婆母，可是根据这种情形我知道你父亲能孝敬父母。你父亲做官，曾经在晚上点着蜡烛处理刑狱案卷，他多次放下案卷来叹气。我问他，就说：'这是一个死刑案件，我想为他寻求一条生路却不可能。'我问：'犯了死罪的人也可以活命吗？'他说：'我为他寻求生路而没有做到，那么，死者和我就没有遗憾了，何况经过努力还确实有免于一死的呢？正因为有得到赦免的，所以不替他们寻求生路而被处死的人可能有遗恨啊。经常为他们寻求生路，还不免错杀，何况世上的刑狱之官总是想着如何才能置犯人于死地呢？'他回头看见奶娘抱着你站在旁边，于是指着你叹气说：'算命的说我遇上戌年就会死，假使他的话说对了，我就来不及看见儿子长大成人了，今后你要把这番话告诉他。'他平时教育其他晚辈，也常常用这些话，我听惯了，所以记得很清楚。他在外面办的公事，我不知道；他住在家里，没有一点虚伪做作，他的所作所为就是这样，是真正从内心发出来的呀！唉！他那颗心是很重视仁的啊！因此，我知道你父亲一定会有好后代。你一定要努力啊！奉养父母不一定要丰厚，最重要的是孝敬；好处虽然不能遍施于众，重要的是心中要特别地重视仁。我不能教你什么，这些都是你父亲的愿望。"我哭泣着记下了这些话，不敢忘记。

先父也是年少丧父，他努力读书，咸平三年中了进士，做过道州判官、泗洲和绵州的推官，后来又做泰州的判官，终年五十九岁，安葬在沙溪的泷冈。我母亲姓郑，她的父亲名德仪，世代都是江南有名的大族。母亲为人恭敬、节俭、仁厚，待人彬彬有礼，开始被封为福昌县太君，后又加封乐安、安康、彭城三郡的太君。自从我们家贫穷后，她就勤俭持家，到了后来，也总是不让超过这个限度。她说："我的儿子不能苟且迎合世俗，勤俭节约是为对付将来患难的日子。"以后我被贬官到夷陵，母亲谈笑自如，她说："你家原本贫苦寒微，我早就过惯了，只要你不在乎，我也就放心了。"

从先父去世二十年后，我才得到俸禄来奉养母亲。又过了十二年，我在朝廷做官，才得到赠封亲属的荣耀。又过了十年，我做龙图阁直学士、尚书吏部郎中，兼任南京留守。母亲因病在官邸逝世，终年七十二岁。又过了八年，我这个没有什么才能的人，升任枢密副使，不久担任参知政事。又过了七年才免职。自从进了枢密院和中书省，天子推广恩典，赠封我祖上三代，所以，从嘉祐以来，遇上国家有大的庆典，一定要特加恩宠赏赐。先曾祖父一再封至金紫光禄大夫、太师、中书令。先曾祖母累封楚国太夫人。先祖父累赠金紫光禄大夫、太师、中书令兼尚书令。先祖母累封吴国太夫人。先父崇国公一再封至金紫光禄大夫、太师、中书令兼尚书令。先母累封至越国太夫人。当今皇上第一次祭天，先父蒙赐给爵位为崇国公，先母晋封为魏国太夫人。

在这时，我才哭泣说："唉！行善没有不得到回报的，只是时间有早有迟，这是普遍性的道理。我的祖先和父亲积善成德，应该享有很高荣耀，虽然不能在他们生前亲自得到，可是现在赐爵受封，显贵尊荣，大受嘉奖，实际上享有三朝恩宠，这足以流传后世，并庇护他们的子孙了。"于是我列出世代家谱，全部刻在墓碑上。接着又记载先父崇国公的遗训，以及母亲用来教育我的话和对我的期望，一同刻在碑上，立在墓道上。使得人们知道我这个人德行浅薄，才能缺少，之所以遭逢盛世，忝列官位且有幸保全大节，没有辱没祖先，这结果是有由来的。熙宁三年四月十五日，儿子推诚保德崇仁翊戴功臣、观文殿学士、特进、行兵部尚书、知青州军州事、兼管内劝农使、充京东路安抚使、上柱国、乐安郡开国公，食邑三千四百户，食实封一千二百户。欧阳修撰写墓表。

赏析

本文是欧阳修为死去六十年的父亲所写的一篇墓志。墓志是立在墓道上的碑文，又称"阡表"。

其时，欧的父母均已"赐爵受封，显荣褒大"。文章本可以称颂父母的德行、大大夸饰一番。然而本文却毫不矜持，绝去雕琢，以平易自然的笔调写出，娓娓叙来，感人至深。

阡表内容，可分三部分。

第一部分，通过母亲的叙述，肯定父亲的美好德行。开篇几句："修不幸……俾至于成人"，写出母亲守节、居寡、勤俭持家、教育子女成人的高尚品格。然后，又以母亲的话语，表现出她对丈夫的尊崇、对子女的殷切希望。从而刻画出一位明大义、识大体、勤劳、贤惠的妇女形象。

第二部分，叙写父亲的生平和德行。这是本文的重点。文章别出机杼，从两方面入手：先写"其居于家"，在母亲丧亡之后，"岁时祭祀，则必涕泣曰：'祭而丰，不如养之薄也！'间御酒食，则又涕泣曰：'昔常不足，而今有余，其何及也！'"感情笃厚如一、终生不渝。然后，写"其施于外事"，父为吏，常深夜燃烛处理公文，屡屡停笔叹息："此死狱也，我求生其不得尔。"表现出为人的仁爱宽厚。又说："求其生而不得，则死者与我皆无恨也，矧求而有得耶？以其有得，则知不求而死者有恨也。夫常求其生，犹失之死，而世常求其死也？"这就进一步刻画出父亲执法的公正严谨。举出这内、外两方面的大节，其他立身处事，则概可想见。

第三部分，叙述父母生平及丧葬、诰封情况，并写自己继承父母遗训、终于有成的经历，告慰先人，结束全篇。

本文哀悼父母，记述父母言行，以小见大，以浅易见深厚，娓娓而谈，如话家常，一任真情实感自然流泻。这种平易自然，并非简单浅薄，随意涂抹，而是用朴素通俗之语，精练地表达出事物的复杂内容，条达疏畅，言能尽意，意能含情，情中寓理，有从容不迫的大家风范，体现出欧氏文章的一大特色。

管仲论

苏洵

　　管仲相威公①，霸诸侯，攘夷狄，终其身，齐国富强，诸侯不敢叛。管仲死，竖刁、易牙、开方用②，威公薨于乱③，五公子争立④，其祸蔓延，讫简公⑤，齐无宁岁。

　　夫功之成，非成于成之日，盖必有所由起；祸之作⑥，不作于作之日，亦必有所由兆。故齐之治也，吾不曰管仲，而曰鲍叔⑦。及其乱也，吾不曰竖刁、易牙、开方，而曰管仲。

　　何则？竖刁、易牙、开方三子，彼固乱人国者，顾其用之者，威公也。夫有舜而后知放四凶⑧，有仲尼而后知去少正卯⑨。彼威公何人也？顾其使威公得用三子者，管仲也。

　　仲之疾也，公问之相。当是时也，吾意以仲且举天下之贤者以对，而其言乃不过曰：竖刁、易牙、开方，三子非人情，不可近而已⑩。呜呼！仲以为威公果能不用三子矣乎？仲与威公处几年矣，亦知威公之为人矣乎？威公声不绝乎耳，色不绝乎目，而非三子者，则无以遂其欲。彼其初之所以不用者，徒以有仲焉耳，一日无仲，则三子者可以弹冠而相庆矣⑪。仲以为将死之言，要以絷威公之手足耶⑫？夫齐国不患有三子，而患无仲。有仲，则三子者，三匹夫耳。不然，天下岂少三子之徒哉？虽威公幸而听仲，诛此三人，而其余者，仲能悉数而去之耶？呜呼！仲可谓不知本者矣。因威公之问，举天下之贤者以自代，则仲虽死，而齐国未为无仲也，夫何患三子者，不言可也。

　　五伯莫盛于威、文⑬，文公之才，不过威公，其臣又皆不及仲，灵公之虐⑭，不如孝公之宽厚⑮，文公死，诸侯不敢叛晋，晋袭文公之余威，犹得为诸侯之盟主百余年。何者？其君虽不肖，而尚有老成人焉。威公之薨也,一败涂地,无惑也,彼独恃一管仲,而仲则死矣。

夫天下未尝无贤者,盖有有臣而无君者矣。威公在焉,而曰天下不复有管仲者,吾不信也。仲之书⑯,有记其将死,论鲍叔、宾胥无之为人⑰,且各疏其短,是其心以为数子者皆不足以托国,而又逆知其将死⑱,则其书诞谩不足信也⑲。

吾观史䲡⑳,以不能进蘧伯玉而退弥子瑕㉑,故有身后之谏㉒。萧何且死㉓,举曹参以自代。大臣之用心,固宜如此也。

夫国以一人兴,以一人亡。贤者不悲其身之死,而忧其国之衰。故必复有贤者,而后可以死。彼管仲者,何以死哉?

注释

①管仲(?—前645):见本书《管晏列传》。威公:齐桓公,因避北宋钦宗赵桓的讳,所以改成威公。 ②竖刁、易牙、开方:齐桓公身边的三个幸臣。竖刁为接近桓公而自己阉割;易牙为求桓公宠信,把自己的儿子烹为羹献给桓公;开方本是卫国公子,叛卫事齐。 ③薨(hōng):周代诸侯死称为薨。 ④五公子:齐桓公的五个儿子,即武孟、元、潘、商人、雍。此外还有公子昭,后立为齐孝公。 ⑤简公:名壬,被左相田常所杀。 ⑥作:发生。 ⑦鲍叔:鲍叔牙,齐国大夫,管仲因鲍叔牙的举荐而得到齐桓公重用。 ⑧四凶:指尧时的共工、驩兜、三苗和鲧。 ⑨少正卯:春秋时期鲁国大夫,《史记·孔子世家》称其为"乱政者",并载孔子任鲁国司寇,"三月而诛少正卯"。 ⑩"而其言"以下至"不可近而已":管仲病,桓公问他谁可以接替相位,管仲说:"知臣莫若君。"桓公问易牙如何,回答说:"杀子以适君,非人情,不可。"问开方如何,回答说:"背亲以事君,非人情,难近。"问竖刁如何,回答说:"自宫以适君,非人情,难亲。" ⑪弹冠而相庆:比喻做好当官的准备,也指坏人准备上台。 ⑫絷(zhí):拴,捆住。 ⑬五伯:五霸,指春秋时期先后称霸的五个诸侯,即齐桓公、晋文公、宋襄公、秦穆公、楚庄王。 ⑭灵公:晋襄公之子,晋文公之孙,暴虐无道,被臣下赵穿所杀。 ⑮孝公:齐桓公之子公子昭即位,为孝公。 ⑯仲之书:即《管子》。 ⑰宾胥无:齐国大夫。 ⑱逆:预先。 ⑲诞谩:荒诞。 ⑳史䲡(qiū):字子鱼,春秋时卫国大夫。 ㉑蘧(qú)伯玉:卫国的贤大夫。弥子瑕:卫灵公宠臣。 ㉒身后之谏:子鱼临死前对儿子说:"我仕卫不能推荐蘧伯玉,退弥子瑕,是我活着时不能匡正君主,死后不以礼葬,你把我的尸体置于窗下,对我来说就算了结了。"他的儿子照办了。卫灵公来吊丧,感

到很奇怪，就问其中的缘故。子鱼的儿子如实以告。灵公愕然失色，回朝后进用了蘧伯玉，疏远了弥子瑕。　㉓萧何：与下文"曹参"都是刘邦开国功臣。萧何为汉丞相，死前向汉惠帝刘盈表示曹参可接替他为相。

译文

　　管仲做齐桓公的宰相，称霸诸侯，攘斥夷狄，在他整个一生中，齐国富强，诸侯不敢反叛。管仲死后，竖刁、易牙、开方受桓公重用，齐桓公在动乱中死去，五个儿子争夺君位，这场祸患从此蔓延，直到简公，齐国没有一年安定过。

　　功业的建成，不是成于建成的那一天，一定有它建成的起因；祸患的兴起，不是起于兴起的那一天，也一定有它之所以兴起的预兆。所以，齐国的太平，我不说是靠管仲，而说是靠鲍叔。等到它混乱动荡时，我不说是由于竖刁、易牙、开方，而说是由于管仲。

　　为什么呢？竖刁、易牙、开方这三个人，他们固然是扰乱国家的人，但是任用他们的，是齐桓公。有了舜然后才知道流放四个恶人，有了孔子然后才知道铲除少正卯。那齐桓公是什么人呀，终于使桓公能任用这三个人的，是管仲啊。

　　管仲病重时，桓公问他谁能做宰相。在这个时候，我意下认为管仲将提出天下贤才来回答，可是他的话却只不过说竖刁、易牙、开方三个人不合于人情，不可以亲近而已。唉！管仲以为桓公果真能够不用这三个人吗？管仲和桓公相处好几年了，也知道桓公的为人了吧？桓公的耳边没有断绝过音乐，眼前没有断绝过美色。若不是这三个人，就没有人能够满足他的欲望。他当初之所以不重用他们，只不过是因为有管仲罢了。一旦没有管仲了，那么这三个人就可以弹冠相庆了。管仲以为自己临死时说的话可以绑住桓公的手足吗？要知道齐国并不担心有这三个人，却担心没有管仲。有管仲，那么，这三个人不过是三个匹夫罢了。要不然，天下难道还缺少这三个人一流的人物吗？即使桓公幸而能听从管仲的话，杀掉这三个人，可是其余的人，管仲能够全部铲除他们吗？唉！管仲可说是不明白根本的人啊！趁着桓公询问，推荐天下的贤人来代替自己，那么，管仲虽然死去，而齐国并不是

601

没有"管仲",这三个人又有什么可担心的呢?那些话不说也可以的。

五霸之中,没有比齐桓公、晋文公更强盛的。晋文公的才能,比不上齐桓公,他的臣子都比不上管仲,晋灵公的暴虐,更不能与齐孝公的宽厚相比,可是晋文公死后,诸侯不敢背叛晋国,晋国承继晋文公留下来的威望,还能够成为诸侯的首领一百多年。为什么?因为他的国君虽然不贤,可是朝廷上还有练达持重的人。齐桓公去世后,齐国一败涂地,这并不奇怪,因为他只依靠一个管仲,而管仲已经死去了。

天下并不是没有贤人,却存在着有贤臣而无明君的情况。桓公还在,却说天下不再有管仲这样的人才,我是不相信的。管仲的书《管子》,有一个地方记叙他临终时评论鲍叔、宾胥无的为人,而且分别说明他们的缺点。这表明在他的心目中这几个人都不足以把国家大事托付给他们,同时又事先就知道自己会死。这样看来,这本书是荒唐的,不足为信。

我看史䲡,因为不能推荐蘧伯玉而斥退弥子瑕,所以有死后尸谏。萧何将死的时候,推举曹参来代替自己。大臣的用心,本来就应该这样啊!

国家因一个人而强大,因一个人而灭亡。贤明的人不为自己的死而悲哀,却担忧国家的衰亡。所以,一定要再有贤人接替,然后可以安心死去。那管仲呀,怎么能就这样撒手死去呢?

赏析

本篇是苏洵评论历史名臣管仲的文章。

文章主旨,是批评管仲临死未能荐贤自代的错误,以致造成竖刁、易牙、开方三个奸臣专权的局面,齐桓公一死,齐国就内乱不止,国势从此衰微,从而阐明了举贤授能对于保证国家长治久安的重要作用。

全文内容,分为五部分。

首先,概述管仲辅佐齐桓公称霸诸侯的功绩,和管仲逝世、奸人专权、齐国大乱的史实。

其次，追究齐国内乱衰微的原因，归咎于管仲识人用人的失误。

第三，围绕管仲、齐桓公和竖刁等人之间的关系，逐层推论，深入追究和责备了管仲临终不能举贤自代的错误，认为管仲不知治国之"本"。

第四，把齐桓公、晋文公作一比较，高度肯定了管仲的才干，说明了人才对国家兴盛衰亡的决定意义。

最后，再援引历史上举贤自代而使国家安定兴盛的人和事，阐明推举贤才的重要性和迫切性，批评了管仲的失策。照应篇首，收束全篇。

全文观点鲜明，论证有力，笔锋犀利，行文晓畅。文中对管仲的批评，对贤才关乎国家命运的认识，都卓有见地、言之成理，时至今日仍然有着深刻的借鉴意义。

由此可见，本文不失为一篇颇有特色和价值的史论文章。

辨奸论

苏洵

事有必至，理有固然。惟天下之静者，乃能见微而知著。月晕而风，础润而雨①，人人知之。人事之推移，理势之相因，其疏阔而难知，变化而不可测者，孰与天地阴阳之事？而贤者有不知②，其故何也？好恶乱其中，而利害夺其外也。

昔者山巨源见王衍曰③："误天下苍生者，必此人也④！"郭汾阳见卢杞曰⑤："此人得志，吾子孙无遗类矣⑥！"自今而言之，其理固有可见者。以吾观之，王衍之为人，容貌言语，固有以欺世而盗名者，然不忮不求⑦，与物浮沉，使晋无惠帝⑧，仅得中主，虽衍百千，何从而乱天下乎？卢杞之奸，固足以败国，然而不学无文，容貌不足以动人，言语不足以眩世，非德宗之鄙暗⑨，亦何从而用之？由是言之，二公之料二子，亦容有未必然也。

今有人口诵孔老之言[10]，身履夷齐之行[11]，收召好名之士、不得志之人，相与造作言语，私立名字，以为颜渊、孟轲复出，而阴贼险狠，与人异趣。是王衍、卢杞合而为一人也，其祸岂可胜言哉？夫面垢不忘洗，衣垢不忘浣[12]，此人之至情也。今也不然，衣臣虏之衣，食犬彘之食[13]，囚首丧面，而谈诗书，此岂其情也哉？凡事之不近人情者，鲜不为大奸慝[14]，竖刁、易牙、开方是也[15]。以盖世之名，而济其未形之患，虽有愿治之主，好贤之相，犹将举而用之，则其为天下患，必然而无疑者，非特二子之比也。

孙子曰[16]："善用兵者，无赫赫之功[17]。"使斯人而不用也，则吾言为过，而斯人有不遇之叹，孰知祸之至于此哉！不然，天下将被其祸，而吾获知言之名，悲夫！

注释

①础：柱子下面的石墩。　②贤者：指欧阳修。《宋史·王安石传》载，曾巩将王安石的文章推荐给欧阳修，欧阳修十分欣赏，将他"擢进士上第"。　③山巨源：山涛，巨源是字，魏晋时人，"竹林七贤"之一。先隐居不仕，后任晋朝吏部尚书等职。王衍：字夷甫，有才貌，善玄谈，官至尚书令、太尉。　④"误天下"以下二句：语出《晋书·王衍传》。王衍年少时，山涛见到他，非常赞赏，但又说将来害天下百姓的，恐怕就是这个人。　⑤郭汾阳：即郭子仪，唐朝大将，曾任朔方节度使。因平定安史之乱有功，升中书令，又进封汾阳郡王。卢杞：唐朝大臣，唐德宗建中年间任宰相，因构陷忠良、搜刮民财而怨声鼎沸。后被贬职，死于沣州。　⑥"此人"以下二句：《新唐书·卢杞传》载，郭子仪病重，百官前去探望，侍妾不离于侧。卢杞去时，郭子仪让侍妾全都退下。家人询问其中缘故，郭子仪说："卢杞相貌丑陋，侍妾见了他定会发笑。这个人心地险恶，日后得志，我们家会因此而遭受灭族之祸。"　⑦忮（zhì）：嫉恨。　⑧惠帝：即晋惠帝司马衷（259—306），是个著名的白痴皇帝。在位初年，由于贾后专权，导致皇族自相残杀的"八王之乱"。　⑨德宗：唐德宗李适（kuò）（742—805）。德宗信用卢杞，曾问左右："大家都说卢杞奸邪，我偏偏不觉得，为什么呢？"　⑩今有人：暗指王安石。　⑪夷齐：商朝末年孤竹国君的两个儿子，其父死后，争让王位，后反对武王伐商，商灭，耻食周粟而饿死，被古人视为道德高尚的贤人。　⑫

浣（huàn）：洗。 ⑬彘（zhì）：猪。 ⑭慝（tè）：邪恶。 ⑮竖刁、易牙、开方：见本书《管仲论》注。 ⑯孙子：名武，春秋时期齐国人，著名军事家，有《孙子兵法》传世。 ⑰善用兵者，无赫赫之功：语出《孙子兵法》，意思是善于用兵的人能把战争消灭在萌芽状态，因而没有杀敌制胜的赫赫功劳。作者用这句话来指自己事前揭露王安石的"危害"。

译文

事物有必然要到达的地步，道理有它本来如此的缘故。只有天下冷静客观的人，才能看见微小的征兆而知道明显的后果。月亮起了晕圈，预示着要刮风了；屋柱下的石墩潮润，就预示着要下雨了。这是每个人都知道的。人事的变迁，情势的因果关系，它们渺茫深远，难以预知，发展变化，不可预测，又怎么比得上天地间阴阳变化的情况呢？可是有些贤明的人，对人事和道理却不明白，这是什么原因呢？是因为喜好和憎恶扰乱了他内心的思考，利害关系支配了他外在的行事。

从前，山巨源看见王衍，就说："将来为害天下百姓的，一定是这个人！"郭子仪看见卢杞，说："这个人一旦得志，我的子孙都要被斩尽杀绝！"现在分析起来，其中的道理原本就有可以预见的地方。根据我看，王衍这个人，无论容貌还是言谈，固然有用来欺骗世人、窃取名誉的条件，但他不妒忌，不贪求，只是随世俗沉浮周旋，假使晋朝不是惠帝当政，只要有一个中等才能的君主，那么即使王衍这样的人成百上千，又从哪里去扰乱天下？卢杞的奸邪，固然能够使国家败亡，但是他不学无术，没有文才，容貌不能使人产生好感，言语不能迷惑世人，如果不是唐德宗鄙陋、昏庸，又哪里能够得到重用呢？由此说来，山巨源、郭子仪推测这两个人，或许还有未必如此之处吧。

现在却有这么一个人，口头上念着孔子和老子的话，亲自履行着伯夷和叔齐的清高行为、收罗召集爱慕虚名的读书人和仕途失意的人，互相制造舆论，私下标榜，自认为是颜渊、孟轲复生，然而实际上却阴险毒辣，跟一般人取向不同。这是王衍、卢杞合成一个人了，这种人造成的祸害难道说得完吗？脸脏了不忘擦，衣服脏了不忘洗，这是人之常情。现在，他却不是这样，穿着奴隶穿的衣服，吃着猪狗般的食物，头发像囚犯，脸孔像守丧一样没洗过，却大谈《诗》《书》，这难道合乎人情吗？凡是做事情不近人情的，很少不是大奸大恶的人，竖刁、易牙、开方就是如此。用享誉天下的名声，来促成还没有暴露的祸患，即使有希望政治清明的君主，喜好杰出人才的宰相，都会提拔重用他，那么，他将来成为天下的祸患，是必然的，毫无疑问的，而且不只是王衍和卢杞所能比的。

孙子说："善于用兵的人，没有显赫的功勋。"假使这个人不会被重用，那么，我的话就是说错了，而这个人也会发出不被知遇的叹息，谁又知道他所造成的祸患会到这个地步呢？否则天下将遭受他的祸害，而我也获得有预见的名声，这真是可悲啊！

赏析

本文是苏洵抨击王安石品格、行为的一篇文章。据说，欧阳修曾劝苏洵与王安石交游，苏洵断然拒绝，说："吾知其人矣，是不近人情者，鲜不为天下患！"于是挥笔作《辨奸论》。文章以预言家的口吻，断然论定王安石其人阴贼险狠，集历史上王衍、卢杞、竖刁、易牙、开方等坏人之大成。一旦得志，掌握朝政，天下必然"被其祸"。苏洵死后，安石拜相，苏洵的预言，果得证实。（张安道《乐全集》卷三十九）

也有学者认为，本文作者不是苏洵，而是南宋初年道学家、保守派人士邵伯温。还认为，本文写作于南宋初年，当时官僚大地主集团正在宣扬北宋亡于王安石变法，企图为自己的投降妥协政策开脱罪责。文章从性格、生活、行为等方面，肆意诋毁和丑化王安石，正是为了配合当时政治上的需要。

本文内容，分为四段。

首先，论述事物必有固然之理，只有具备极高道德修养境界的人，才能排除表面现象的干扰、迷惑，见微而知著。

其次，援引历史上山涛识别王衍、郭子仪论断卢杞的典型事例，阐明王衍、卢杞之祸，固属二人之奸，亦为晋惠帝、唐德宗等人昏庸所致。

第三，转入正题，联系王安石的为人，抨击他是王衍、卢杞合而为一的人物，并论断"凡事之不近人情者，鲜不为大奸慝"，而王安石，正是竖刁、易牙、开方一类大奸之人。

最后，预言如果王安石一旦执掌朝权，天下将遭受其祸，以悲叹结束全篇。

全幅文章，采用对比映照的手法，以古论今，抓住王安石"衣臣虏之衣，食犬彘之食，囚首丧面，而谈诗书"等"不近人情"的行为，断定王安石是大奸，必然乱国祸民，表达了作者对王安石其人其事的厌恶、否定之情。

文章词锋犀利，短小精悍，议论纵恣，耸人听闻，颇有战国纵横家的遗风。不过，平心而论，本文多论断而少事实依据，虽说是"见微知著"，但总给人以牵强、附会和强词夺理之感。这种近乎人身攻击的主观臆断，说得如此尖刻、如此严重，不论是针对谁，恐怕都不够妥当。

心术

苏洵

为将之道，当先治心①。泰山崩于前而色不变，麋鹿兴于左而目不瞬②，然后可以制利害，可以待敌。

凡兵上义③，不义，虽利勿动。非一动之为利害，而他日将有所不可措手足也。夫惟义可以怒士，士以义怒，可与百战。

凡战之道，未战养其财，将战养其力，既战养其气，既胜养其心。谨烽燧④，严斥堠⑤，使耕者无所顾忌，所以养其财；丰犒而优游之⑥，所以养其力；小胜益急，小挫益厉，所以养其气；用人不尽其所欲为，所以养其心。故士常蓄其怒、怀其欲而不尽。怒不尽则有余勇，欲不尽则有余贪。故虽并天下，而士不厌兵，此黄帝之所以七十战而兵不殆也⑦。不养其心，一战而胜，不可用矣。

凡将欲智而严，凡士欲愚。智则不可测，严则不可犯，故士皆委己而听命，夫安得不愚？夫惟士愚，而后可与之皆死。

凡兵之动，知敌之主，知敌之将，而后可以动于险。邓艾缒兵于蜀中⑧，非刘禅之庸⑨，则百万之师可以坐缚，彼固有所侮而动也。故古之贤将，能以兵尝敌，而又以敌自尝⑩，故去就可以决。

凡主将之道，知理而后可以举兵，知势而后可以加兵，知节而后可以用兵。知理则不屈，知势则不沮，知节则不穷。见小利不动，见小患不避，小利小患，不足以辱吾技也，夫然后有以支大利大患。夫惟养技而自爱者，无敌于天下。故一忍可以支百勇，一静可以制百动。

兵有长短，敌我一也。敢问："吾之所长，吾出而用之，彼将不与吾校；吾之所短，吾蔽而置之，彼将强与吾角，奈何？"曰："吾之所短，吾抗而暴之，使之疑而却；吾之所长，吾阴而养之，使之狎而堕其中⑪。此用长短之术也。"

善用兵者，使之无所顾，有所恃。无所顾，则知死之不足惜；有所恃，则知不至于必败。尺箠当猛虎⑫，奋呼而操击；徒手遇蜥蜴，变色而却步，人之情也。知此者，可以将矣。袒裼而按剑⑬，则乌获不敢逼⑭；冠胄衣甲⑮，据兵而寝，则童子弯弓杀之矣。故善用兵者以形固。夫能以形固，则力有余矣。

注释

①治心：这里指修养意志，锻炼胆略。 ②麋（mí）：一种鹿，又叫"四不像"。 ③上：同"尚"，崇尚。 ④烽燧：古代边防报警的信号。 ⑤斥堠（hòu）：探望敌情的土堡。 ⑥丰犒（kào）：丰厚的犒赏。 ⑦黄帝：传说中的上古帝王，姬姓，号轩辕氏、有熊氏，曾与炎帝、蚩尤在战。 ⑧邓艾（197—264）：三国时期魏国将领，于魏元帝景元四年率兵经艰险山路袭蜀，灭掉蜀国。缒（zhuì）：用绳子系住从高处放下。 ⑨刘禅（207—271）：三国时期蜀后主，小名阿斗，刘备之子，降魏，封安乐公。 ⑩尝：这里指试探、检验。 ⑪狎：轻慢。 ⑫箠（chuí）：同"棰"，指棍子。 ⑬袒裼（xī）：脱衣露体。 ⑭乌获：战国时期秦国人，以勇力著称。 ⑮胄

卷之十 宋文

（zhòu）：头盔。

译文

做将领的方法，应该首先锻炼意志和胆略。泰山在面前崩塌而脸色不变，麋鹿在旁边突然出现而眼珠也不转动一下，这样以后，才可以控制战争利弊的变化，可以对付敌人。

凡是用兵要崇尚正义，不义的战争，即使有利也不能轻举妄动。这不是因为一动就有利害攸关的事，而是将来可能会出现无法对付的局面。只有正义才可以激励士兵，战士因正义而激起义愤，才可以连续作战。

凡用兵的方法是，没有战争的时候要积蓄财力物力，临战的时候要养精蓄锐，打起仗来要保持军队的士气，获胜以来要培养旺盛的斗志。小心做好警报工作，严格做好哨望工作，使种田的人没有顾虑和担忧，用这办法来积蓄财力物力；重重地犒赏士兵，使他们得到充分休整，用这办法来养精蓄锐；获得了小胜，更要抓紧训练，遭到小挫折，更要鼓励他们，用这办法保持军队的士气；用人时不要完全满足他的欲望，用这办法培养旺盛的斗志。所以，士兵常常怀着义愤，怀着欲望而不完全满足。义愤不全部爆发就有更多的勇气，欲望没有全部实现就仍抱有希求。所以，即使并吞了天下，士兵仍不厌战，这就是黄帝之所以打了七十仗而士兵仍不懈怠的原因。不培养他们的斗志，打了一次胜仗，这军队就不能再用了。

凡是做将帅的要有智谋而又威严。凡是当士兵的要愚昧一点。有智谋便深不可测，威严便不可冒犯。因此士兵都能抛开自己的想法而听从号令，这样怎么能不愚昧一点呢？只有士兵愚昧一点，然后才能同将帅一同去拼死。

凡是军队要行动，要了解敌方的主帅，了解敌方的将领，然后可以采取冒险行动。邓艾用绳子把士兵坠下悬崖偷袭蜀国，如果不是刘禅昏庸，那么，邓艾即使有百万军队也可以轻易地被绑起来。邓艾他本来就轻视刘禅才这样行动啊！所以，古代有才能的将领，能够用兵力去试探敌方，同时又用敌方的兵力来检验自

609

己的强弱。因此，撤军还是迎击，完全可以做出决定。

凡是担任统帅的方法，知道战争是正义的才可以起兵，了解形势才可以交战，懂得节制约束才可以用兵。知道战争是正义的就不会屈服，了解形势就不会沮丧，懂得节制约束就不会陷入困境。看到小利不行动，看到小患回避。因为小利小患不值得施展我的才能，这样，才有可能对付大利大患。只有加强培养军事技能而又珍重自爱的人，才能够无敌于天下。所以，一次忍耐可以准备好上百次的勇猛冲锋，一时冷静可以控制上百次的轻举妄动。

军队都有长处和短处，敌我双方都是这样。请问："我方的长处，我拿出来利用它，但敌方不跟我较量；我方的短处，我隐藏搁置起来，他却一定要和我争斗，怎么办？"我说："我方的短处，我故意张扬，把它显示出来，使敌方怀疑而退却；我方的长处，我暗中保持加强它，使敌方轻视麻痹，而落入我的陷阱。这就是运用长处和短处的方法。"

善于用兵的人，要使士兵没有顾虑而有所依仗。没有顾虑，就知道战死不值得惋惜；有依仗，就知道己方在战争中不至于一定失败。拿着尺把长的木棍，面对猛虎，就会高声呼喊着挥起木棍打过去，空着手遇到一只蜥蜴，也会吓得变了脸色往后退，这是人之常情。懂得这个道理的人，可以带兵了。打着赤膊握着剑柄，就是乌获也不敢逼近；戴着头盔，穿上铠甲，靠着武器睡大觉，就是孩童也敢拉开弓射杀他。所以，善于用兵的人凭借有利的形势来巩固自己。能凭借有利的形势来巩固自己，力量就绰绰有余了。

赏析

本文是苏洵所著《权书》中的一篇。

文章专论"用兵方略"，研讨兵法。其中心论旨是：将帅应该研究作战的谋略，加强军事修养。

全文围绕"治心"这一中心，共分八段。

第一段，总言为将必先"治心"，提出论点。第二段，阐明战争贵在正义。第三段，论述将帅当知所养。第四段，论治兵方略，认为将帅宜"智"，士兵宜"愚"，并重点阐述了"智"的重要性。第五段，论述了解敌方的重要性，强调知彼。第六段，论将帅应知"理""势""节"，并重点阐述了"忍""静"的重要性。第七段，论将帅应善用长短术（即谋略）。第八段，总言将帅应当加强战备观念，才能无往而不胜。

整篇文章，以"治心"开端，以"形固"结束，中心突出，层次井然，条分缕析，结构完整。

全文论旨，在于强调将帅必须知兵善谋，必须具备较高的军事才能和修养。这种观点是直接针对北宋现实弊端的。北宋统治者曾采取了许多措施来强化中央集权，以防止晚唐、五代藩镇拥兵割据的政治局面的出现。自宋太祖"杯酒释兵权"之后，军中多用文臣。至宋太宗时，正式下诏允许文臣充任武将，武将调离军职。因此，北宋主持军国大事的人，多为不知兵的儒生，他们在抗击外族入侵的战争中，不是屡遭败绩，就是妥协求和。本文有的放矢，就是针对这种社会现象而作的，因此具有时代意义，反映了时代的要求和民众的呼声，值得肯定。

本文关于战争性质的论述，所谓"兵上义"，可以弥补《孙子》兵法的不足，在军事理论上是一个发展。而文中宣扬的"凡士欲愚"的主张，则是错误的愚民政策的观点，反映了苏洵认识上的局限性。

张益州画像记

苏洵

至和元年秋[1]，蜀人传言，有寇至边。边军夜呼，野无居人。妖言流闻，京师震惊。方命择帅，天子曰[2]："毋养乱，毋助变。众言朋兴，朕志自定。外乱不足，变且中起。既不可以文令，又不可以武竞。惟朕一二大吏，孰为能处兹文武之间，其命往抚朕师。"乃推曰："张公方平其人③。"天子曰："然。"公以亲辞，不可，遂行，冬十一月至蜀。至之日，归屯军，撤守备，使谓郡县："寇来在吾，无尔劳苦。"明年正月朔旦④，蜀人相庆如他日，遂以无事。又明年正月，相告留公像于净众寺⑤，公不能禁。

眉阳苏洵言于众曰⑥："未乱，易治也；既乱，易治也。有乱之萌，无乱之形，是谓将乱。将乱难治。不可以有乱急，亦不可以无乱弛。惟是元年之秋，如器之欹⑦，未坠于地。惟尔张公，安坐于其旁，颜色不变，徐起而正之。既正，油然而退，无矜容。为天子牧小民不倦，惟尔张公。尔繄以生⑧，惟尔父母！且公尝为我言：'民无常性，惟上所待。人皆曰蜀人多变，于是待之以待盗贼之意，而绳之以绳盗贼之法。重足屏息之民⑨，而以砧斧令⑩，于是民始忍以其父母妻子所仰赖之身，而弃之于盗贼，故每每大乱。夫约之以礼，驱之以法，惟蜀人为易。至于急之而生变，虽齐、鲁亦然⑪。吾以齐、鲁待蜀人，而蜀人亦自以齐、鲁之人待其身。若夫肆意于法律之外，以威劫齐民⑫，吾不忍为也。'呜呼！爱蜀人之深，待蜀人之厚，自公而前，吾未始见也！"皆再拜稽首曰："然！"

苏洵又曰："公之恩，在尔心，尔死，在尔子孙，其功业在史官，无以像为也。且公意不欲，如何？"

皆曰："公则何事于斯，虽然，于我心有不释焉。今夫平居闻一善，必问其人之姓名，与其邻里之所在，以至于其长短小大美恶之状，甚者或诘其平生所嗜好，以想见其为人⑬。而史官亦书之于其传，意使天下之人，思之于心，则存之于目。存之于目，故其思之于心也固。由此观之，像亦不为无助。"苏洵无以诘，遂为之记。

公，南京人，为人慷慨有大节，以度量雄天下，天下有大事，公可属。系之以诗，曰：

天子在祚⑭，岁在甲午⑮。西人传言，在寇在垣⑯。庭有武臣，谋夫如云。天子曰："嘻！命我张公。"公来自东，旗纛舒舒⑰。西人聚观，于苍于涂，谓公暨暨⑱，公来于于⑲。公谓西人：" 安尔室家，无敢或讹。讹言不祥，往即尔常。春尔条桑，秋尔涤场。" 西人稽首："公我父兄！" 公在西囿，草木骈骈[20]。公宴其僚，伐鼓渊渊[21]；西人来观，祝公万年。有女娟娟，闺闼闲闲[22]；有童哇哇，亦既能言。昔公未来，期汝弃捐！禾麻芃芃[23]，仓庾崇崇。嗟我妇子，乐此岁丰。公在朝廷，天子股肱[24]。天子曰："归！" 公敢不承？作堂严严，有庑有庭[25]。公像在中，朝服冠缨。西人相告，无敢逸荒。公归京师，公像在堂！

注释

①至和元年：公元1054年，至和是宋仁宗年号。　②天子：这里指宋仁宗赵祯。　③张公方平（1007—1091）：即张方平，字道安，北宋南京（今河南商丘）人。因当时任益州（今成都平原一带）知州，所以又称张益州。　④朔：阴历初一日。　⑤净众寺：又称万福寺，故址在今成都西北。　⑥眉阳：今四川眉山，为苏洵故乡。　⑦敧（qī）：倾侧。　⑧繄（yī）：是，这。　⑨重足：并起双脚，不敢移动。　⑩碪（zhēn）斧：杀人刑具，这里指严刑峻法。　⑪齐、鲁：春秋时期齐国和鲁国（均在今山东境内）。齐国是姜太公封国，鲁国是周公旦的儿子伯禽的封国，又是孔子出生地，被视为礼义之邦。　⑫齐民：指平民百姓。　⑬想见：想象。　⑭祚（zuò）：皇位。　⑮甲午：宋仁宗至和元年（1054）的干支纪年。　⑯垣（yuán）：矮墙，这里指边境。　⑰纛（dào）：古代仪仗队或军队的大旗。　⑱暨暨（jìjì）：果敢坚毅的样子。　⑲于于：从容自信的样子。　⑳骈骈（piánpián）：茂盛的样子。　㉑渊渊：形容鼓声。　㉒闼（tà）：闺房。　㉓芃芃（péngpéng）：茂盛的样子。　㉔股肱（gōng）：比喻皇帝左右得力的大臣。股指大腿，肱指肘臂到肩的部分。　㉕庑（wǔ）：厅堂四周的廊屋。

译文

至和元年秋天，蜀人有传言说敌寇到了边境。守卫边境的部队夜晚喊叫，乡村都没有人住了。谣言散播流传，京城震惊。这时，正当命令派选将帅，天子说："不要孳养祸乱，不要助长事变。尽管各种说法都出现了，我的主意确定不变。外来的变乱还不可怕，只怕事变将从内部发生。对待这种形势，既不可以用文的方法安抚，又不可以用武力镇压。只需我的一两个大臣，谁能够在这文武之间处置恰当，就派他去安抚我的军队。" 于是大家推举说："张公方平就是这样的人。"天子说："对。"张公以奉养亲老为理由推辞，但没有被认可，于是起程。冬十一月，到了蜀地。到的那天，就让部队回到驻地，撤除边境守备。派人通知郡、县："敌寇来了由我负责，不必辛苦你们。"第二年正月初一日，蜀人互相庆贺新年，如同往年一样，竟也没有什么事情发生。又过了一年，正月间，人们互相商量，要把张公的画像供奉在净众寺，张公也禁止不住他们。

眉阳人苏洵对大家说："没有变乱容易治理，已经发生动乱的地方也容易治理。有动乱的苗头，没有动乱的事实，这叫将要动乱。将要动乱最难治理。既不可以因为有动乱苗头就操之过急，也不可以没有动乱的事实就放松警惕。至和元年秋天的局势如同器物倾斜，还没有倒在地上。只有你们的张公，安然坐在它的旁边，脸色不变，慢慢地站起来扶正它，扶正之后，从容退回原来坐的地方，没有骄傲的样子。替天子管理百姓而不知疲倦，只有你们的张公。你们是靠张公的举措才活下来的，他就是你们的父母！并且张公曾经给我说过：'百姓没有不变的性情，就看上面对待他们的办法。人们都说蜀人多变，因此就用对待盗贼的态度来对待他们，用处分盗贼的刑法来处分他们。对于脚不敢动、气不敢出的百姓却用严刑峻法来号令他们，于是百姓才舍得把他的父母妻儿所仰赖的身体，投靠盗贼，所以常常发生大乱子。其实用礼去约束他们，用法去役使他们，管理蜀人是最容易的。至于操之过急而发生变乱，即使礼乐之邦的齐、鲁百姓也是一样如此。我用对待齐、鲁百姓的方法对待蜀人，而蜀人也就会以齐、鲁百姓的准则要求自己。超出法律范围之外肆意妄为，以威势胁迫平民，我不忍心这样做。'啊！爱蜀人那样的深切，待蜀人那样的仁厚，在张公以前，我还没有见过呢！"大家都拜了两拜，叩头说："正是这样！"

苏洵又说："张公的大恩记在你们心里，你们死了，记在你们子孙心里，他的功绩留在史官的书上，用不着这画像啦。再说，张公的内心也不愿意。你们看，怎么样？"

大家都说："张公要这个干什么，可是，我们心里不安啊。

现今平日里听到谁做了一件好事，一定要问那个人的姓名是什么，和他的乡里在哪里，以至于他的高矮、大小、美丑这些情况，至于有的人还要问他平生特别喜好的东西，从而想象他的为人。史官也把这些写进他的传记里，意思是使天下的人心中想念他，眼睛能看见他。眼睛能看到他，所以心中的想念就牢固长久。由此看来，画像也不是没有作用的。"我没有什么话来反驳他们了，于是给他们写了这篇记。

张公是南京人，为人慷慨，有高尚节操，胸怀气度闻名天下，天下发生什么大事，张公是可以依靠的。并且把一首诗附在这篇记的末尾：

皇帝在位，甲午之年。蜀人谣传，敌寇侵近。列于朝廷，文武如云。天子命令，张公出征。张公东来，旗帜舒卷。街巷路途，蜀人围观。都说张公，坚毅果断，从容而来，沉着自信。面对蜀人，张公开言："安顿家人，不传流言。流言不祥，归去如常。春来剪桑，秋来打场。"蜀人叩拜："大人张公，是我父兄。"公居西园，草木繁荣。宴请同僚，击鼓咚咚。蜀人来观，祝公万年。姑娘俏丽，闺阁安闲。孩童呀呀，学语能言。公不来蜀，你辈命完。庄稼茂盛，粮仓如山。叹我妻儿，欢庆丰年。公在朝廷，天子重臣。诏令归去，岂敢违命。修建殿堂，威风凛凛。既有廊房，又有中庭。张公画像，端挂中堂。身穿朝服，冠系头上。蜀人相告，不敢放荡。公虽返京，画像在堂！

赏析

张益州，即张方平。张方平，字道安，北宋南京（今河南商丘）人，曾在宋仁宗至和元年妥善处理了益州（今四川成都）的混乱局面，故称"张益州"。在他奉命回京的时候，益州人民为了表达对他的爱戴、怀念之情，为他修建祠堂，塑立画像，奉若神明。

本文即是苏洵为张方平塑像所写的一篇"记"。

文章对张方平治理益州的功绩高度肯定并倍加赞扬，表达了益州人民对张方平的爱戴、怀念之情。通过侧面描写，烘托刻画了一个贤能的封建官吏的形象。

内容上,全文可分四部分。

第一部分,记述张方平治理益州、平定骚乱的事迹,突出了张方平镇定自若、以仁德服人的品格才能。

第二部分,以作者对蜀人的言论,极力称颂张方平以仁德治理益州的恩德,表达了益州百姓对张方平的拥戴之情。

第三部分,以苏洵与蜀人的问答形式,记叙蜀人坚持为张方平塑像,传于子孙,昭示天下的感激之情,交代出作记缘由。

第四部分,概述张方平生平大略,并以颂诗作结,深情地表达了对张公的推崇、爱戴和赞颂。

全篇文章,突出了张方平以德治蜀的功绩,称颂了张方平的品格、才干,表达了作者和蜀人对张方平的拥戴和感激。

从总体上看,这种称颂和感念,发自内心,符合张方平治理益州的政绩,不为谄谀欺人之辞。再加上苏洵本为蜀人,深得张方平的器重,又亲自目击经历了张公治理益州的全过程,所以写得如此深情。至于文中对张方平的过分称颂,客观上夸大了封建官吏的个人作用,则有欠妥当。

刑赏忠厚之至论

苏轼

尧、舜、禹、汤、文、武、成、康之际①,何其爱民之深,忧民之切,而待天下以君子长者之道也。有一善,从而赏之,又从而咏歌嗟叹之,所以乐其始而勉其终;有一不善,从而罚之,又从而哀矜惩创之,所以弃其旧而开其新。故其吁俞之声②,欢休惨戚③,见于虞、夏、商、周之书④。

成、康既没⑤,穆王立而周道始衰⑥,然犹命其臣吕侯⑦,而告之以祥刑⑧。其言忧而不伤,威而不怒,慈爱而能断,恻然有哀怜无辜之心，故孔子犹有取焉⑨。

传曰⑩："赏疑从与，所以广恩也。罚疑从去，所以慎刑也。"当尧之时，皋陶为士⑪，将杀人，皋陶曰："杀之！"三，尧曰："宥之⑫！"三。故天下畏皋陶执法之坚，而乐尧用刑之宽。四岳曰⑬："鲧可用⑭。"尧曰："不可，鲧方命圮族⑮。"既而曰："试之。"何尧之不听皋陶之杀人，而从四岳之用鲧也？然则圣人之意，盖亦可见矣。书曰："罪疑惟轻，功疑惟重。与其杀不辜，宁失不经⑯。"呜呼！尽之矣！

可以赏，可以无赏，赏之过乎仁；可以罚，可以无罚，罚之过乎义。过乎仁，不失为君子；过乎义，则流而入于忍人。故仁可过也，义不可过也。

古者，赏不以爵禄，刑不以刀锯。赏之以爵禄，是赏之道行于爵禄之所加，而不行于爵禄之所不加也。刑以刀锯，是刑之威施于刀锯之所及，而不施于刀锯之所不及也。先王知天下之善不胜赏，而爵禄不足以劝也；知天下之恶不胜刑，而刀锯不足以裁也。是故疑则举而归之于仁，以君子长者之道待天下，使天下相率而归于君子长者之道。故曰：忠厚之至也。

《诗》曰："君子如祉，乱庶遄已；君子如怒，乱庶遄沮⑰。"夫君子之已乱，岂有异术哉？时其喜怒而无失乎仁而已矣。《春秋》之义，立法贵严，而责人贵宽。因其褒贬之义，以制赏罚，亦忠厚之至也！

注释

①尧、舜、禹、汤、文、武、成、康：都是古代有名的贤明君主。成，周成王，武王之子。康，周康王，成王之子。史称成王、康王之世，政治清明，天下大治，被誉为"成康之治"。　②吁（xū）：表示不同意的叹息之声。俞：表示应允。　③休：欢乐。　④虞、夏、商、周之书：《尚书》据记事先后，分为"虞夏书""商书""周书"。　⑤没：同"殁"，死。　⑥穆王：周朝君主，名满。　⑦吕侯：周穆王时司寇，掌刑狱。　⑧祥刑：意思是谨慎用刑。　⑨孔子犹有取焉：《尚书》中收入《吕刑》，因旧说《尚书》是孔子编纂的，所以文中有此说。　⑩传：解说儒家经书的文字。　⑪皋陶（gāo yáo）：也作"咎繇"，相传为尧时执事刑罚的官。　⑫宥（yòu）：宽恕。　⑬

四岳：相传为尧时四方诸侯的首领。　⑭鲧（gǔn）：传说为大禹之父，因治水无功，被舜杀死在羽山。　⑮方：违抗。圮（pǐ）：毁灭。　⑯不经：不合成规定法。　⑰"君子"以下四句：语出《诗经·小雅·巧言》。祉（zhǐ），福，引申为喜悦。遄（chuán），迅速。沮（jǔ），终止。

译文

唐尧、虞舜、夏禹、商汤、周文王、周武王、周成王、周康王的时代，爱护民众是何等深厚，为民众忧虑何等急切，完全是用贤明君子、忠厚长者的态度来对待天下人。只要谁做了一件好事，就立即奖赏他，又及时歌颂他，赞美他，用这种办法来欢迎他的良好开端，勉励他坚持到底；谁要是做了一点坏事，就及时处罚他，随即又表示同情他，让他引以为戒，用这种办法使他改过自新。所以表示反对和允许的声音，反映欢欣和悲哀的情绪，都能从虞、夏、商、周的书上看到。

成王和康王逝世之后，穆王即位，周王朝的天道开始衰微，但穆王还是吩咐他的臣子吕侯，告诉他要谨慎用刑。他的话忧虑而不是悲伤，威严而不暴怒，慈爱而能做出决断，同情地表现一种哀怜无罪者的感情，所以孔子仍然把他的话编进《尚书·吕刑》。

后人注解《尚书》经义时说："对是否给予赏赐有怀疑时，采取赏赐的原则，这是为了扩大恩典。对是否给予惩罚有怀疑时，采取免除的原则，这是为了谨慎用刑。"唐尧的时候，皋陶做掌管刑法的官，准备杀掉一个罪犯，皋陶多次说："杀掉！"唐尧多次说："赦免！"所以天下的人都惧怕皋陶执法坚决，欢迎唐尧用刑宽大。四岳说："鲧可以任用。"唐尧说："不行，鲧违抗命令，危害同族的人。"后来又说："就试一试吧。"为什么唐尧不听皋陶杀人的主张，而同意四岳任用鲧的建议呢？这样，圣人的用意大概也就可以看出来了。《书经》上说："对罪行轻重有疑问，就从轻处罚；对功劳大小有疑问，就从重奖赏。与其错杀无辜，宁愿自己承担违背成法的责任。"唉！这几句话把"刑赏忠厚之至"的含义完全概括到了。

可以赏，可以不赏，赏了就会超过仁的范围；可以罚，可以不罚，罚了就会超过义的规定。超过了仁的范围，仍不失为君子；超过了义的规定，就陷入残忍一类人了。所以仁的范围可以超过，义的规定不可以超过。

古代不用爵位和俸禄作赏赐，不用刀锯作刑具。用爵位和俸禄作赏赐，这是赏赐的作用只施于得到爵位和俸禄的人，而不能施于得不到爵位和俸禄的人。用刀锯作刑具，这是刑法的威力只能限于能够使用刀锯的地方，而不能影响到刀锯的威力达不到的地方。先王知道天下的善行是赏赐不尽的，爵位和俸禄不足以起到鼓励作用；知道天下的坏人是处罚不完的，使用刀锯这些严厉的刑罚不足以制裁他们。所以，赏和罚，不能确定时，就全部以仁厚的原则来处理，用贤德君子和仁厚长者的态度对待天下人，使天下的人一同归于君子长者之道。所以说，这是忠厚到了极点。

《诗经》说："君子喜纳谏，迅速除祸乱。君子怒谗言，迅速止祸端。"君子制止动乱，哪有什么特异的方法呢？只是他有时喜，有时怒，却不违背仁慈的原则罢了。《春秋》的原则：立法时贵在从严，处罚人的时候贵在从宽。按照《春秋》表扬和批评的原则来规定赏罚，这也是忠厚到了极点啊！

赏析

本文是苏轼早年第一篇震动文坛的政论文章。

文章主旨，在于论证刑赏的目的是劝善惩恶，是忠厚道德的最高表现。只有"待天下以君子长者之道""立法贵严，而责人贵宽"，赏罚皆以"仁义"为标准，才可以达到大治天下的目的。

全文内容，分为三部分。

第一部分，援引理想中的帝王"爱民之深，忧民之切"的事迹，论述了以君子、长者的品德对待天下人的重要性和必要性。同时，又以尧谨慎用刑的事例，大胆推测，证明了"爱民"者得人拥护爱戴的道理。

第二部分，从理论上深入阐述观点，指出刑赏的出发点是忠厚仁爱，以君子长者之道待天下，使天下相率而归附君子长者之道，这样的刑罚和奖赏才算是达到极为忠厚的程度。

第三部分，引《诗》《春秋》的经典论述，进一步阐扬观点："立法贵严，而责人贵宽"，也可称为"刑赏忠厚之至"。

全篇文章，以"仁义忠厚"为刑赏的出发点和归宿，深入细致地论述了刑罚和奖赏怎样才能达到极为忠厚的程度。其基本思想，是儒家的"仁义""博爱"观点。这种观点，包含有爱惜百姓、注重教化、慎施刑罚等积极思想意义，在一定程度上值得肯定和借鉴。

本文在艺术上的显著特点，是在议论文中发挥想象，大胆揣测，化虚为实，无中生有。这种手法，直接秉承于《庄子》文风，是其他作者的议论文所少见甚至根本没有的，而苏轼的议论文却用得多，用得熟，从而形成了他的议论文的特征之一。罗大经说："《庄子》之文，以无为有。东坡平生熟读此书，故其为文驾空行危，惟意所到。其论刑赏曰'杀之三'等议论，读者皆知其所欲出，推者莫知其所自来，将无作有，是古今议论之杰者。"（杨慎选编《三苏文范》卷五引）

范增论

苏轼

汉用陈平计^①，间疏楚君臣^②。项羽疑范增与汉有私^③，稍夺其权。增大怒曰："天下事大定矣，君王自为之，愿赐骸骨归卒伍！"归未至彭城，疽发背死^④。

苏子曰^⑤：增之去善矣。不去，羽必杀增，独恨其不早耳。

然则当以何事去？增劝羽杀沛公^⑥，羽不听，终以此失天下。当于是去耶？曰：否。增之欲杀沛公，人臣之分也；羽之不杀，犹有君人之度也，增曷为以此去哉？《易》曰："知几其神乎^⑦！"《诗》曰："相彼雨雪，先集维霰^⑧。"增之去，当于羽杀卿子冠军时也⑨。

陈涉之得民也⑩，以项燕、扶苏⑪。项氏之兴也，以立楚怀王孙心⑫；而诸侯叛之也，以弑义帝⑬。且义帝之立，增为谋主矣。义帝之存亡，岂独为楚之盛衰，亦增之所与同祸福也。未有义帝亡，而增独能久存者也。羽之杀卿子冠军也，是弑义帝之兆也；其弑义帝，则疑增之本也，岂必待陈平哉！物必先腐也，而后虫生之；人必先疑也，而后谗入之。陈平虽智，安能间无疑之主哉？

吾尝论义帝，天下之贤主也。独遣沛公入关，不遣项羽；识卿子冠军于稠人之中，而擢以为上将。不贤而能如是乎？羽既矫杀卿子冠军，义帝必不能堪，非羽弑帝，则帝杀羽，不待智者而后知也。

增始劝项梁立义帝⑭，诸侯以此服从；中道而弑之，非增之意也。夫岂独非其意，将必力争而不听也。不用其言，而杀其所立，羽之疑增，必自是始矣。方羽杀卿子冠军，增与羽比肩而事义帝，君臣之分未定也。为增计者，力能诛羽则诛之，不能则去之，岂不毅然大丈夫也哉？增年已七十，合则留，不合则去，不以此时明去就之分，而欲依羽以成功名，陋矣！

虽然，增，高帝之所畏也。增不去，项羽不亡。呜呼！增亦人杰也哉！

注释

①陈平（？—前178）：秦末汉初武阳（今河南原阳）人。在楚汉相争中，先从项羽，后投刘邦，成为汉朝开国功臣之一。　②楚：指项羽的西楚。秦朝灭亡，项羽据有西楚、东楚、梁地九郡，于是建都于西楚彭城（今江苏徐州），国号西楚，自封西楚霸主。　③项羽（前232—前202）：名籍，字羽，下相（今江苏宿迁市西）人。出身于战国楚国贵族。秦亡后，在楚汉相争中，兵败自杀。范增（前277年—前204）：项羽谋臣，居鄛（今安徽桐城）人，曾屡劝项羽杀刘邦而项羽不听。　④疽（jū）：恶疮。　⑤苏子：苏轼自称。　⑥沛公：即刘邦。　⑦几（jī）：事情变化的预兆。　⑧霰（xiàn）：小冰粒。　⑨卿子冠军：指宋义。卿子是当时的一种尊称，怀王（见注⑫）封宋义为上将，在诸将之上，所以称冠军。　⑩陈涉：即陈胜，秦末农民起义

的领袖。 ⑪**项燕**：战国末期楚国名将，项羽的祖父。**扶苏**：秦始皇大儿子，因谏阻焚书坑儒，被派往北部边塞监军。秦始皇死，被赵高篡改诏书赐死。陈涉起义曾借助以上二人名义。 ⑫**楚怀王孙心**：战国时期楚怀王熊槐（？—前296）的孙子熊心，秦灭楚，流落民间替人牧羊。秦二世时，项梁起兵反秦，拥立熊心（？—前205）为楚怀王，后被项羽所杀。 ⑬**义帝**：即楚怀王熊心。项羽攻下秦都咸阳，表面尊怀王为义帝，暗中派人将其杀死。 ⑭**项梁**：项羽的叔父，于秦二世元年，在会稽（在今浙江）举兵反秦。

译文

汉高祖用陈平的计策，离间楚的君臣，使他们相互疏远。于是项羽怀疑范增和汉王有秘密勾结，逐渐削减了他的权力。范增非常气愤，说："天下大事已成定局，君王自己去处理一切，希望您恩赐我这把老骨头回到乡里。"范增归去，还没到彭城，背发恶疮而死。

苏子说：范增离去是正确的。不离去，项羽必定会杀掉范增，只是遗憾他没有早些离开罢了。

那么，应该以什么事情而离去呢？范增劝项羽杀刘邦，项羽不听，最终因为这个缘故失掉天下，应该在这时离开吗？回答说：不。范增要杀刘邦，这是做臣子的本分；项羽不杀刘邦，说明他还有君主的胸怀，范增为什么要因为这事离开呢？《易经》说："知道事物变化的先兆！大概就是神明吧！"《诗经》说："看那下雪之前，先凝结降落的是霰。"范增离去，应该在项羽杀宋义的时候。

陈胜之所以得民心，是因为借用了项燕和扶苏的名义。项氏之所以兴起，是因为拥立楚怀王孙心的缘故；而后来诸侯之所以反叛他，就因为他杀害了义帝。而且当初拥立义帝，范增是主谋。义帝的存亡，难道仅仅关系着楚的盛衰吗？范增的祸福也与此相同啊！义帝没有死去，是范增还能单独生存的依凭。项羽杀宋义，是谋害义帝的先兆。而他杀害义帝，又是怀疑范增的根源，哪里一定要等陈平去离间呢！东西必定是先自己腐烂，然后蛆虫才生出来。人必定要先有疑心，然后谗言才会听得进去。陈平虽然有智谋，怎么能够离间没有疑心的君主呢？

我曾经评论义帝，认为他是天下的贤明君主。他只派刘邦攻入函谷关，而不派项羽；能从众多的人中赏识宋义，提拔他做将。如果不贤明，能够像这样吗？项羽既然假托义帝的命令杀了宋义，义帝必定不能忍受，不是项羽杀害义帝，就是义帝杀掉项羽，这并不要聪明睿智的人才会明白。

范增起初劝说项梁拥立义帝，诸侯因为这个缘故而服从楚，中途杀害他，这不是范增的意愿。难道单单不是他的意愿？他一定会竭力谏诤而项羽不听从。项羽不采纳他的意见并杀他拥立的义帝，项羽对范增的怀疑，必定从这里开始。当项羽杀掉宋义时，范增和项羽处在相同的地位侍奉义帝，他们间的君臣名分还没有确立。我替范增考虑，能够有力量杀死项羽就杀死他，不能够就离开他，岂不是果断的大丈夫吗？范增的年纪已七十了，和项羽合得来就留下，合不来就离去，不在这时候表明去留的态度，而想依靠项羽来成就功名，这想法太糊涂了！

尽管如此，范增却是汉高祖所畏惧的人。范增不离去，项羽不会灭亡。唉！范增也算是人中豪杰啊！

赏析

本文是苏轼对楚汉相争时项羽的谋臣范增一生行事的评论。

范增，居鄡（今安徽桐城）人，有谋略，好奇计，是项羽的主要谋士，被项羽尊为"亚父"。他曾多次劝说项羽尽早除掉刘邦，以免后患，而项羽不听。后来，刘邦采用陈平的反间计，加深了项羽对范增的不信任感，逐步剥夺了范增的权力，致使范增愤然离去，途中病亡。

文章就这一史实进行了评论。其中心，是批评范增不明去就之分，没有在项羽杀宋义之时离开项羽，所以落得个悲惨的下场。

全文围绕这一中心论旨，逐层展开。

首先，简叙历史史实，提出论点："增之去善矣。不去，羽必杀增。独恨其不早耳。""增之去，当于羽杀卿子冠军时也。"

其次，具体论证观点。文章反复分析了项羽杀掉宋义之后，势必要谋害义帝,而范增必然力谏,项羽肯定不从,最终必然疑忌范增等情势,论证了范增应当在此时离开项羽的主张,批驳了那种认为陈平反间计离间项范二人的传统看法。

然后,替范增设想,"合则留,不合则去"。"力能诛羽则诛之,不能则去之",仍然不失为大丈夫作为。批评范增不明去就之分,"而欲依羽以成功名,陋矣!"

最后,又从另一侧面论述:"增不去,项羽不亡。""增亦人杰也哉!"对范增的谋略、才干表示了肯定,实际上批评了项羽的不知人、不善任。

全文紧扣中心论旨,前半部分多从实处议论,后半部分多从虚处设想,层层剖析,段段回环,变化多端,结构巧妙。文章所论,虽是范增,但实际上处处说明项羽必败的原因,可以作为楚汉相争汉胜楚败的一篇总论来读。

留侯论

苏轼

古之所谓豪杰之士,必有过人之节。人情有所不能忍者,匹夫见辱,拔剑而起,挺身而斗,此不足为勇也。天下有大勇者,卒然临之而不惊[1],无故加之而不怒,此其所挟持者甚大,而其志甚远也。

夫子房受书于圯上之老人也[2],其事甚怪。然亦安知其非秦之世,有隐君子者,出而试之?观其所以微见其意者,皆圣贤相与警戒之义。而世不察,以为鬼物,亦已过矣。且其意不在书。当韩之亡,秦之方盛也,以刀锯鼎镬待天下之士[3],其平居无事夷灭者,不可胜数,虽有贲、育[4],无所获施。夫持法太急者,其锋不可犯,而其势未可乘。子房不忍忿忿之心,以匹夫之力,而逞于一击之间[5]。当此之时,子房之不死者,其间不能容发[6],

盖亦危矣！千金之子，不死于盗贼。何哉？其身可爱，而盗贼之不足以死也。子房以盖世之才，不为伊尹、太公之谋⑦，而特出于荆轲、聂政之计⑧，以侥幸于不死，此圯上老人所为深惜者也。是故倨傲鲜腆而深折之⑨，彼其能有所忍也，然后可以就大事，故曰："孺子可教也。"

楚庄王伐郑，郑伯肉袒牵羊以迎⑩。庄王曰："其主能下人，必能信用其民矣。"遂舍之。勾践之困于会稽而归⑪，臣妾于吴者，三年而不倦。且夫有报人之志，而不能下人者，是匹夫之刚也。夫老人者，以为子房才有余，而忧其度量之不足，故深折其少年刚锐之气，使之忍小忿而就大谋。何则？非有平生之素，卒然相遇于草野之间，而命以仆妾之役，油然而不怪者，此固秦皇之所不能惊，而项籍之所不能怒也⑫。

观夫高祖之所以胜⑬，项籍之所以败者，在能忍与不能忍之间而已矣。项籍唯不能忍，是以百战百胜，而轻用其锋。高祖忍之，养其全锋而待其敝。此子房教之也。当淮阴破齐而欲自王⑭，高祖发怒，见于词色。由是观之，犹有刚强不能忍之气，非子房其谁全之？

太史公疑子房以为魁梧奇伟⑮，而其状貌乃如妇人女子，不称其志气。呜呼！此其所以为子房欤！

注释

①卒：同"猝"，突然。 ②子房：张良，子房是字。韩国贵族的后代，后投刘邦，为刘邦开国谋臣，汉初封留侯。圯（yí）上之老人：桥上的老人，自称黄石。圯，即桥。相传张良在下邳桥上遇一怪异老人，几经考验，授张良《太公兵法》一书。 ③刀锯鼎镬（huò）：施行酷刑的刑具。鼎镬是烹煮人的锅。 ④贲、育：孟贲和夏育，都是战国时期卫国的著名勇士。 ⑤一击之间：指张良刺秦王事。张良祖、父均为韩国宰相。秦兼并六国，最先灭韩。张良为报亡国之仇，收买力士，趁始皇东游，在博浪沙用120斤重的铁锥击始皇，误中副车。 ⑥间不能容发：距离很近，其间还容不下一根头发。这里指接近死亡边缘。 ⑦伊尹：商初大臣，辅佐汤灭夏，建立商朝。太公：姜太公吕尚，辅佐武王推翻商纣，建立周朝。 ⑧荆轲：战国时期齐国人，著名刺客，为燕太子丹刺秦王，事败被杀。聂政：战国时期韩国人，著名刺

客，为严仲子刺韩国宰相韩傀，然后自杀。　⑨鲜（xiǎn）腆（tiǎn）：无礼。⑩郑伯：指郑襄公。肉袒：脱衣露体，表示请罪。　⑪"勾践"句：见本书《吴许越成》。　⑫项籍：即西楚霸王项羽。　⑬高祖：即汉高祖刘邦。⑭淮阴：刘邦大将韩信，战功卓著，先封齐王，汉朝建立改封楚王，后降为淮阴侯，所以称淮阴。　⑮太史公：司马迁自称。

译文

　　古代所说的豪杰之士，必定有超过常人的志节。在常人的感情中，有些事情是不能忍受的。一个普通的人被侮辱，拔剑而起，挺身而斗，这不能算是勇敢。天下有一种大勇之人，突然面临意外而不惊慌，无故遭受侮辱而不恼怒，这是因为他抱负很大，志向很远。

　　张良从桥上老人那里接受那本书，这件事很奇怪。但是，又怎么知道不是秦代隐居的高士出来考验他呢？观察老人之所以含蓄显示自己意思的，都是圣人、贤士相互警戒的道理。世人不能明察，认为他是鬼怪，也太糊涂了。并且老人的用意还不在那本书上。在韩国已经灭亡，秦国正强大的时候，用刀锯鼎镬这样的刑具来对待天下的士人，那些平白无故遭受斩杀灭族的人多得数不清，即使有孟贲、夏育那样的勇士，也无法施展勇力。执法十分严厉的政府，它的刀口触犯不得，这时的时势还没有可乘之机。张良忍不住心中的愤怒，想凭一锥打击达到自己的目的。在这时候，张良没有被杀死，也靠近死亡边沿，真是太危险了！富贵人家的子弟，不会作为盗贼而死。为什么呢？因为他的身体宝贵，不值得作为盗贼而死。张良有超越世人的才能，不作伊尹、太公安邦定国的谋划，却想出荆轲、聂政行刺的办法，只因侥幸才免于一死。这正是桥上老人深为他惋惜的。所以，老人用倨傲无礼的态度狠狠挫掉他的锐气，他如果能忍受得住，然后才可以成就大业，所以说："这年轻人是可以教育的。"

　　楚庄王攻打郑国，郑伯袒衣露体，牵着羊去迎接庄王。庄王说："郑国的国君能够这样屈于人下，必定能够获得人民的信任。"于是放弃了郑国。越王勾践被吴国军队围困在会稽，最后投降吴国，做了吴王的奴仆，过了三年而没有丝毫懈怠。再说，心中有报仇的大志，却不能屈居人下，这是匹夫的刚强。那个老人，认为张良才能有余，可是担心他的度量太窄，所以狠狠地挫掉他那种年轻人刚烈的锐气，使他忍住小小的愤怒而完成远大的计划。为什么呢？老人和张良从来不相识，突然在乡野相遇，却使唤他做仆人奴婢那样的事，张良却和顺而不责怪，这种涵养自然是秦始皇吓他不倒，楚霸王也不能激怒的了。

我看汉高祖之所以胜利，楚霸王之所以失败，原因就在于能忍与不能忍之间的差别。楚霸王正因为不能忍，所以虽然百战百胜，可是却轻率地消耗了他的精锐兵力。汉高祖能忍，积蓄了他的全部精锐力量，等待楚霸王的灭亡。这是张良教给他的。当韩信打败齐王，想自己做齐王的时候，高祖发怒，显露于言语和脸色。由这件事看来，高祖也有刚强而不能忍耐的脾气，如果没有张良，谁能成全他的大业呢？

太史公司马迁原以为张良是个魁梧英武的人，可是他的身材相貌，竟像妇人、女子一样，与他的志向气概并不相称。唉！这正是张良之所以成为张良的地方吧！

赏析

本文是苏轼对汉高祖刘邦的谋臣张良的评论。

全文以"忍"为议论中心，分四部分展开。

首先，标出所谓豪杰之士"必有过人之节"，立论高远；紧接着再以豪杰之勇与匹夫之勇作对比，说明"过人之节"就是"卒然临之而不惊，无故加之而不怒"的大勇，就是"能忍"。树立标准，提出全文主旨。

其次，论述张良圯桥拾履的史实。文章认为，圯上老人授书于张良之前，桥下拾履、责其约而后期等，都是"卒然临之""无故加之"；而授书不是目的，而是警戒，"深折其少年刚锐之气"。从而说明了张良之所以"能忍"，具有过人的"大勇"，是圯下老人考验、暗示、警戒的结果。

再次，文章又列举历史史实证明"善忍"的重大作用，把张良博浪沙刺杀秦王与辅佐刘邦取胜联系起来，论述了：前者"不忍忿忿之心，以匹夫之力，而逞于一击之间"，冒极大危险，靠侥幸得以不死；后者教刘邦一忍再忍，"养其全锋以待其弊"，终于战胜项羽，取得一统天下的勋业。

末尾，文章描叙张良形状容貌，"乃如妇人女子，不称其志气"，看似闲逸笔墨，实则是画龙点睛，赞颂了张良的外弱内强、似柔实刚，与文章开篇所述的豪杰之士的"大勇"相呼应，点明主题，盼顾生姿。

整篇文章，史论结合，夸赞了张良"善忍"的过人品格，表达了作者为人处世的理想与节操，显示出阔大的胸襟与抱负。

文章辟旧说，立新论，中心突出。大胆揣测，善于将无作有；设想合理，见解深刻；笔势纵横，文情缥缈。明代杨慎评曰："东坡文如长江大河，一泻千里。至其浑浩流转，曲折变化之妙，则无复可以名状，而尤长于陈述叙事。留侯一论，其立论超卓如此。"（《三苏文范》卷七）

贾谊论

苏轼

非才之难，所以自用者实难。惜乎！贾生王者之佐①，而不能自用其才也。

夫君子之所取者远，则必有所待；所就者大，则必有所忍。古之贤人，皆负可致之才，而卒不能行其万一者，未必皆其时君之罪，或者其自取也。

愚观贾生之论②，如其所言，虽三代何以远过？得君如汉文③，犹且以不用死。然则是天下无尧舜，终不可有所为耶？仲尼圣人④，历试于天下，苟非大无道之国，皆欲勉强扶持，庶几一日得行其道⑤。将之荆，先之以冉有⑥，申之以子夏⑦。君子之欲得其君，如此其勤也。孟子去齐⑧，三宿而后出昼⑨，犹曰：

卷之十 宋文

"王其庶几召我。"君子不忍弃其君，如此其厚也。公孙丑问曰⑩："夫子何为不豫？"孟子曰："方今天下，舍我其谁哉？而吾何为不豫？"君子之爱其身，如此其至也。夫如此而不用，然后知天下果不足与有为，而可以无憾矣。若贾生者，非汉文之不能用生，生之不能用汉文也。

夫绛侯亲握天子玺而授之文帝⑪，灌婴连兵数十万⑫，以决刘吕之雌雄⑬，又皆高帝之旧将⑭，此其君臣相得之分，岂特父子骨肉手足哉？贾生，洛阳之少年，欲使其一朝之间，尽弃其旧而谋其新⑮，亦已难矣。为贾生者，上得其君，下得其大臣，如绛灌之属，优游浸渍而深交之，使天子不疑，大臣不忌，然后举天下而唯吾之所欲为，不过十年，可以得志。安有立谈之间，而遽为人痛哭哉⑯！观其过湘为赋以吊屈原，萦纡郁闷，趯然有远举之志⑰。其后以自伤哭泣，至于夭绝⑱，是亦不善处穷者也。夫谋之一不见用，则安知终不复用也。不知默默以待其变，而自残至此。呜呼！贾生志大而量小，才有余而识不足也。

古之人，有高世之才，必有遗俗之累⑲。是故非聪明睿智不惑之主，则不能全其用。古今称苻坚得王猛于草茅之中⑳，一朝尽斥去其旧臣而与之谋。彼其匹夫略有天下之半㉑，其以此哉！愚深悲生之志，故备论之。亦使人君得如贾生之臣，则知其有狷介之操㉒，一不见用，则忧伤病沮，不能复振。而为贾生者，亦谨其所发哉！

注释

①贾生：贾谊。　②愚：我，谦称。　③汉文：汉文帝刘恒。　④仲尼：孔子名丘，字仲尼。　⑤庶几：也许可以，这里表示希望。　⑥冉有：名求，字子有。孔子的学生。　⑦子夏：姓卜，名商，子夏是字。孔子的学生。⑧孟子去齐：孟子因齐王不能实行他所主张的王道，于是辞官而去。　⑨昼：齐国地名，故地在今山东淄博一带。　⑩公孙丑：孟子的学生。　⑪绛侯：周勃。秦末汉初沛（今江苏沛县）人。随刘邦起义，汉初封绛侯。　⑫灌婴：秦末汉初人，在楚汉相争中立功，汉初任车骑将军，封颍阴侯。与周勃等平定诸吕作乱，拥立文帝。　⑬刘：指刘邦子孙。吕：指吕后子侄。吕后掌权时，大力扶植吕氏子侄，吕后死，吕产、吕禄等作乱，所以文中称"决刘吕

629

之雌雄"。　⑭高帝：指汉高祖刘邦。　⑮尽弃其旧而谋其新：贾谊曾向文帝建议完全改变秦朝的法度，提出"改正朔，易服色，法制度，定官名，兴礼乐"等措施。　⑯遽（jù）为人痛哭：指贾谊《治安策》的序中所说："臣窃惟事势，可为痛哭者一，可为流涕者二，可为长太息者六。"遽，急，突然。　⑰趯（tì）然：跳跃的样子，这里指心情激荡。　⑱夭绝：短命而死。贾谊死时年仅33岁。　⑲遗俗：超越世俗，意思是与世俗不合。　⑳苻坚：东晋时期前秦皇帝，建都长安。王猛：字景略，家境寒微，初隐居华山，后受苻坚征召而出，任中书侍郎，极受宠信。　㉑略有天下之半：苻坚得王猛后，国势渐强，先后灭掉北方的前燕、前凉和代国，夺取东晋益州，与东晋形成对峙之势。　㉒狷（juàn）介：孤高，洁身自好。

译文

要有才能不难，要使自己的才能得到运用才是真正困难的。可惜贾生具有辅佐帝王的才能，却不能使自己这种才能得到运用。

君子的目标远大，就一定要等待时机；要成就的事业伟大，就一定要能够忍耐。古代的贤人，都有可以成就功业的才能，结果却不能发挥出他们才能的万分之一，其原因，未必都是当时君主的过错，有的也是他们自己造成的。

我看贾生的言论，如果照他所说的去做，即使是夏、商、周三代的清明政治又怎么能远远超过？遇上汉文帝这样的明君，尚且还因为不被任用抑郁而死。那么，天下要是没有尧、舜，就始终不能有所作为了吗？孔子是圣人，周游列国，只要不是极其无道的国家，都想努力扶助，希望有一天能实行他的政治主张。他准备前往楚国，先派冉有去接洽，又派子夏去说明自己的意思。君子想得到信用自己的君主，是这样的殷切。孟子离开齐国的时候，在昼这个地方滞留三晚才走，还说："齐王大概会召我回去。"君子不忍心舍弃他的君主，是这样的情意深厚。公孙丑问道："老师，您为什么不愉快呢？"孟子说："在当今这世界上，除了我还有谁能治好天下？我为什么会不愉快呢？"君子爱惜自己，到了这样的程度。这样还不被君主任用，然后知道天下果然不能有所作为，这就没有遗憾了。像贾生那样，不是汉文帝不能任用他，而是他不能利用汉文帝啊。

绛侯亲手握着皇帝的玉玺交给文帝，灌婴集结几十万士兵，来决定刘氏和吕氏的高下，他们又都是高帝的老部将，这种君臣之间互相信任的情分，又岂止是父子兄弟可比的呢？贾生，一个洛阳城里的年轻人，想使文帝一个早上就完全抛弃那班旧臣的老办法而和他谋划新的主张，这也太困难了。作为贾生来说，应该在上面得到文帝的信任，在下面得到大臣们的支持，像绛侯、灌婴那样的人，要从容地逐渐渗透关系，和他们结成深交，使得天子不怀疑，大臣不妒忌，然后就能整个天下都赞成自己想做的事，不超过十年，就可以达到目的。哪有在短暂的交谈之间，立即议论值得痛哭的天下形势呢？看他经过湘江时作赋凭吊屈原，愁思百结，抑郁苦闷，显示出隐居的打算。后来因为过度伤心、哭泣，以致早死，这也显示他是不善于在失意潦倒的逆境中生存的人啊！一次建议不被采用，怎么知道就会永远不再被采用呢？不知道默默地等待时机变化，而自我伤害到这种地步。唉！贾生志向远大而度量太小，才能有余而见识不足啊。

古代人有超越世人的才能，就必定有不合世俗的忧虑。所以，不是聪明睿智、不受蒙蔽的君主，就不能完全发挥这种贤人的作用。从古到今，人们都称赞苻坚在草野中找到王猛，一时之间将那班老臣全都撇在一旁而和他商议国事。苻坚这么一个普通人居然夺取了天下的一半，大概就是因为这个缘故吧！我非常同情贾生的志向，所以，详加评论。也使做皇帝的明白，得到贾生这样的臣子，就知道他有洁身自爱的节操，一不被任用，就会忧愁、颓丧，不能重新振作。而作为贾生一类人来说，也该节制内心产生的情绪啊！

赏析

本文是苏轼史论散文中的名篇之一。

文章一反从《史记》以来许多史家、学者对贾谊怀才不遇的肯定论述，评判贾谊的悲剧在于"不能自用其才"，是"志大而量小，才有余而识不足"，从而表达了苏轼对贾谊的为人、遭际，既同情惋惜又批判否定的态度。

全文内容，可分三部分。

第一部分，开宗明义，提出"非才之难，所以自用者实难"的观点，为全文张本。这种见解，是从贾谊和众多的人物的经验教训中概括而出的，因此带有普遍的意义，令人注目。

第二部分，联系贾谊生平，以饱含惋惜的笔触提出："惜乎！贾生王者之佐，而不能自用其才也。"作为本文议论中心。并以理论和历史的史实阐明，一个有才能的人能否受到重用、发挥才干，取决于君主和本人，即客观和主观两个方面的条件。

第三部分，结合贾谊出入进退的行事，论证贾谊"不能自用其才"。得意之时，不自量力，不能认识朝臣和君主之间"相得之分"的道理，以洛阳少年的锐气，"欲使其一朝之间，尽弃其旧而谋其新"，又不能耐心等待时机，不能"上得其君，下得其大臣"，因此招致贬斥谪迁。失意之后，不能自重，"忧伤病沮"，自我摧残，以致中年夭折。由此，文章结论说："贾生志大而量小，才有余而识不足也。"可谓一针见血，击中了贾谊的致命弱点，对贾谊盖棺定论，作出了既同情惋惜又批判否定的评价。

全文立论恢宏，识见高迈，不落窠臼，一反常调，充分表现出苏轼敏锐的历史眼光和远大的胸襟志向。

文章立论新异，感情充沛，议论风发，雄辩折人。其对贾谊才华、遭际的无限哀悼、同情，寄于批判否定的议论之中，绵渺深情，无限低回，流注于字里行间。至今读之，使人悲叹不自禁！

晁错论

苏轼

天下之患，最不可为者，名为治平无事，而其实有不测之忧。坐观其变而不为之所,则恐至于不可救;起而强为之,则天下狃于治平之安①,而不吾信。惟仁人君子、豪杰之士,为能出身为天下犯大难,以求成大功。此固非勉强期月之间,而苟以求名者之所能也。天下治平,无故而发大难之端。吾发之,吾能收之,然后有辞于天下;事至而循循焉欲去之②,使他人任其责,则天下之祸,必集于我。

昔者晁错尽忠为汉③,谋弱山东之诸侯④。山东诸侯并起,以诛错为名;而天子不之察,以错为之说。天下悲错之以忠而受祸,不知错有以取之也。

古之立大事者,不惟有超世之才,亦必有坚忍不拔之志。昔禹之治水,凿龙门⑤,决大河,而放之海。方其功之未成也,盖亦有溃冒冲突可畏之患。惟能前知其当然,事至不惧,而徐为之图,是以得至于成功。

夫以七国之强而骤削之⑥,其为变岂足怪哉?错不于此时捐其身,为天下当大难之冲,而制吴、楚之命,乃为自全之计,欲使天子自将,而己居守。且夫发七国之难者,谁乎?己欲求其名,安所逃其患?以自将之至危,与居守之至安,己为难首,择其至安,而遗天子以其至危,此忠臣义士所以愤怨而不平者也。当此之时,虽无袁盎⑦,亦未免于祸。何者?己欲居守,而使人主自将,以情而言,天子固已难之矣,而重违其议,是以袁盎之说,得行于其间。使吴、楚反,错以身任其危,日夜淬砺⑧,东向而待之,使不至于累其君,则天子将恃之以为无恐,虽有百盎,可得而间哉?

嗟夫!世之君子,欲求非常之功,则无务为自全之计。使错自将而讨吴、楚,未必无功。惟其欲自固其身,而天子不悦,奸臣得以乘其隙。错之所以自全者,乃其所以自祸欤!

注释

①狃(niǔ):习以为常。 ②循循:顾虑退缩的样子。 ③晁(cháo)错:西汉时期颍川(郡治在今河南禹州)人。景帝时为御史大夫,他建议削减诸侯王封地,被景帝采纳。吴、楚七国借口"诛晁错以清君侧"发动

叛乱，景帝听从袁盎建议而杀晁错。 ④山东之诸侯：汉初封同姓亲属为王，地处崤山以东，所以称山东诸侯。 ⑤龙门：山名，在今山西河津西北。 ⑥七国：指西汉王室亲族的封国吴、楚、赵、胶东、胶西、淄川、济南七国。 ⑦袁盎：字丝，西汉时期楚人。曾任齐王、楚王相。因与吴王濞的关系被废为庶人。袁盎与晁错积怨很深，吴楚七国叛乱，袁盎建议景帝诛杀晁错。 ⑧淬（cuì）砺：磨炼。淬，把烧红的刀剑浸入水中，使之刚硬。砺，磨快。

译文

天下的祸患，最难办的是表面上太平无事，实际上却有无法预料的忧患。坐在那里看事态发展，而不想法解决，恐怕就会发展到不可挽救的地步。起来强行处理，那么，天下的人又会因为习惯于太平无事的安乐，而不相信我的看法。只有仁人志士、英雄豪杰能够挺身而出，为天下的人冒大难，以求成就伟大的功业。这本来不是在短时期内勉强从事、苟且求取的人所能做到的。天下太平，无缘无故地去引发大难的事端。我引发了它，我能够解决它，这样才能对天下的人有个说法。事到临头，却胆怯退缩而想避开，让别人来承担责任，那么，天下的祸殃，必定会集中到我一个人身上。

从前晁错竭尽忠心为汉景帝谋划，图谋削弱山东诸侯的势力。山东诸侯同时起兵，以诛杀晁错为借口，天子对此不能明察，杀了晁错向诸侯解释。天下的人都悲叹晁错因为尽忠而遭受祸殃，却不知道他本人有自取其祸的原因。

古代做成大事业的人，不但有超越世人的才能，还必须有坚忍不拔的意志。从前夏禹治水，开凿龙门，疏导黄河，让水流到海里去。在他的大功还没有建成时，也有洪水溃决奔腾横流的可怕危险。只是因为能够事前预料到它的必然性，事到临头而不畏惧，而是从容地设法解决它，因此能够达到成功的地步。

以七国的强大，却突然削弱它们，他们发动叛乱难道还值得奇怪吗？晁错不在这种时候献出自己的生命，为天下承当大难，从而控制吴、楚的命运，却拿出保全自己的计划，想让天子亲自带兵去打仗，自己反而在后方留守。况且，引发七国之乱的人是谁呢？自己想要求得名声，又怎么能够逃避祸患呢？权衡亲自带兵的极大危险和留守后方的最大安全，自己是引发大难的祸首，却选择最安全的差使，把那最危险的事留给天子去做，这是忠臣义士愤恨不平的缘故啊。在这种时候，即使没有袁盎，晁错也不能逃脱杀身之祸。为什么呢？自己想留守后方，而让人君亲自带兵，按情理来说，天子本来就难于接受了，因而极不同意他的建议。正因为如此，袁盎的话才能够在这时发生作用。假使吴楚反叛，晁错能亲身承当危难，日夜训练，面对东方叛军，严阵以待，这祸难不至于牵累自己的君王，那么，天子将会依靠他，而无所畏惧，即使有一百个袁盎，能够找到机会离间吗？

唉！世上的君子，想求得不平凡的功业，就不要致力于谋划保全自己的办法。假使晁错亲自带兵讨伐吴、楚，未必不能成功。就因为他想保全自己的生命，而天子心中不快，所以奸臣才来钻空子。晁错用来保全自己的办法，正是他给自己招来杀身之祸的根源啊！

赏析

这是苏轼对西汉景帝时著名大臣晁错的一篇评论。

汉景帝时，各诸侯王的势力日益强盛。为了巩固中央集权，御史大夫晁错提出了"削藩"的建议，被景帝采纳。实施后，吴、楚等七国诸侯王联合反叛朝廷，打出了"诛晁错，清君侧"的旗号，再加上政敌袁盎的谗言，最终迫使汉景帝杀掉了晁错。

本文对晁错的"削藩"主张及其推行后所取得的巩固中央集权的胜利，表示了充分肯定。同时，着重分析了晁错的悲剧结局，认为晁错缺乏坚忍不拔、临危不惧的精神，既想求取功名，又想保全自己，在危难时刻不敢勇挑重担、甘冒风险，因此自取祸害。

文章内容，分为三部分。

首部分，先出议论，论述了"仁人君子、豪杰之士"敢为天下犯大难，以求大成功，必然要敢想敢说敢作敢为敢于承担一切后果，而决不能沽名钓誉、临阵怯懦的观点。

第二部分，进入正题，援引晁错建议"削藩"一事的经过，对晁错的政治才干和"削藩"主张表示了肯定，对晁错在七王反叛后不敢勇于承担责任、不请求亲自带兵征伐而想自我保全的怯懦，表示了尖锐的斥责、批判。

最后部分，抒发感慨，点明主旨："欲求非常之功，则无务为自全之计。"而晁错欲"自全"，则难免"天子不悦，奸臣得以乘其隙"，自取祸害。

全篇文章，一反前人对晁错的同情惋惜之论，详加辨析晁错自取祸害之过，发前人之所未发，以识见卓迈擅胜。文章错综复杂，有肯定晁错功绩之处，有探讨晁错失误之处，有替代晁错谋划之处，有哀挽晁错遭际之处，波澜层叠，滚滚而叙，议论风发，气势雄健，充分体现出苏轼史论文章的特点，也显示出苏轼的雄心与胆略。

文章以理论史论人，以人以史说理，环环相扣，结构缜密，是苏轼著名的史论散文之一。

卷之十一　宋文

上梅直讲书

苏轼

轼每读《诗》至《鸱鸮》①，读《书》至《君奭》②，常窃悲周公之不遇③。及观史，见孔子厄于陈、蔡之间，而弦歌之声不绝④。颜渊、仲由之徒⑤，相与问答。夫子曰："匪兕匪虎⑥，率彼旷野，吾道非耶？吾何为于此？"颜渊曰："夫子之道至大，故天下莫能容；虽然，不容何病⑦？不容然后见君子。"夫子油然而笑曰⑧："回！使尔多财，吾为尔宰。"夫天下虽不能容⑨，而其徒自足以相乐如此，乃今知周公之富贵，有不如夫子之贫贱。夫以召公之贤，以管、蔡之亲⑩，而不知其心，则周公谁与乐其富贵？而夫子之所与共贫贱者，皆天下之贤才，则亦足以乐乎此矣！

轼七八岁时，始知读书。闻今天下有欧阳公者⑪，其为人如古孟轲、韩愈之徒⑫。而又有梅公者⑬，从之游而与之上下其议论。其后益壮，始能读其文词，想见其为人，意其飘然脱去世俗之乐而自乐其乐也⑭。方学为对偶声律之文⑮，求升斗之禄⑯，自度无以进见于诸公之间⑰。来京师逾年，未尝窥其门⑱。今年春，天下之士，群至于礼部⑲，执事与欧阳公实亲试之⑳。轼不自意，获在第二，既而闻之，执事爱其文，以为有孟轲之风，而欧阳公亦以其能不为世俗之文也而取。是以在此，非左右为之先容㉑，非亲旧为之请属㉒，而向之十余年间闻其名而不得见者，一朝为知己。退而思之，人不可以苟富贵，亦不可以徒贫贱，有大贤焉而为其徒，则亦足恃矣！苟其侥一时之幸，从车骑数十人㉓，使闾巷小民聚观而赞叹之，亦何以易此乐也！传曰："不怨天，不尤人㉔。"盖"优哉游哉，可以卒岁㉕"。执事名满天下，而位不过五品，其容色温然而不怒㉖，其文章宽厚敦朴而无怨言，此必有其所乐乎斯道也，轼愿与闻焉㉗！

注释

①《鸱鸮（chīxiāo）》：《诗经·豳风》中的篇名。根据旧注，周公东征武庚、蔡叔、管叔，周成王听信谗言，周公作了这首诗表明心志。 ②《君奭（shì）》：《尚书》中的篇名。奭，召（shào）公，姓姬，名奭，和周公一起辅助周成王。他曾怀疑周公在政治上有野心，周公作《君奭》，以明心志。 ③周公：姓姬，名旦，周武王的弟弟，西周初年著名的政治家。 ④弦歌：弹着琴唱诵诗歌。 ⑤颜渊：名回，字子渊，孔子的学生。仲由：字子路，孔子的学生。 ⑥匪：同"非"。兕（sì）：古代指犀牛一类的野兽。 ⑦病：担心，忧虑。 ⑧油然：自然而然的样子。 ⑨夫（fú）：发语词。 ⑩管、蔡：即管叔和蔡叔。管叔名鲜，蔡叔名度，都是周公的弟弟。 ⑪欧阳公：指欧阳修，字永叔，庐陵（今江西吉安）人。北宋著名文学家、政治家。 ⑫孟轲（kē）：即孟子，字子舆，战国时邹（今山东邹城）人。儒家学派最著名的代表之一。韩愈：字退之，河南南阳（今河南孟州南）人，唐代著名文学家。 ⑬梅公：指梅尧臣，字圣俞，宣州宣城（今属安徽）人，北宋文学家。 ⑭飘然：高超的样子。 ⑮对偶声律之文：指诗词歌赋。 ⑯升斗之禄：指小官吏。禄，古代官吏的俸禄。 ⑰度（duó）：揣度，推测。 ⑱窥其门：即登门拜访的意思。 ⑲礼部：官署名，掌管礼教和学校贡举等事。 ⑳执事：原指侍从左右供使唤的人，这里指梅尧臣。旧时不直接称呼对方，而以执事指代，表示尊敬。 ㉑左右：指欧阳修、梅圣俞身边亲近的人。先容：事先致意或者介绍推荐。 ㉒属：同"嘱"。 ㉓从：以车骑自随。 ㉔尤：指责，归罪。 ㉕优哉游哉：悠闲自得的样子。 ㉖温然：温柔和善的样子。 ㉗与（yù）：参与。

译文

我每次读《诗经》读到《鸱鸮》篇，读《尚书》读到《君奭》篇的时候，常常暗地里悲叹周公那样不被人理解。等到阅读了史书，看到孔子在陈、蔡两国交界的地方遭到围困，弹琴唱诵诗歌的声音却依旧不断。颜渊、仲由这样的弟子，也和孔子相互问答。孔子说："不是犀牛，不是老虎，却要在空旷的原野上奔跑，是我要实现的理想不正确吗？我怎么落到了这个地步呢？"颜渊回答说："老师的理想太远大了，因此天下根本没法容纳。虽然这样，就是不能容纳又有什么值得担忧的呢？不能容纳才更显得出您是个君子。"孔子听了，轻松愉快地笑着说："颜回啊，要是你富裕了，我给你当管家。"天下虽然不能容纳孔子，但孔子和他的学生却能够自己感到满足，相处得如此快乐。我于是明白了周公的富贵，还有比不上孔子的贫贱的地方。又如像召公的英明，管叔、蔡叔的骨肉之亲，却也还是不了解周公的用心，那么，周公和谁一起分享富贵的快乐呢？反而和孔子共处贫贱的人却都是天下的贤才，那么，就凭这一点也就足够快乐的了。

我七八岁时，才知道读书，曾听说当今天下有个欧阳公，他的为人像古代的孟轲、韩愈一类前辈。而又有一位梅公，和欧阳公交往密切，并且常和他共同抒发抑扬高下的议论。后来我长大了，才能读先生们的文章辞赋，想象他们的为人，推测先生们必是洒脱地摆脱世俗的快乐，而沉浸在自己的快乐之中的。那时，我刚刚学着作诗赋，希望借此能谋求一官半职，自知自己没有什么才能可以进见诸位前辈，所以来到京都一年多了，却未曾登门拜访。今年春天，天下的读书人聚集在礼部，您和欧阳公都亲自主持考试，我没有料到自己会考取第二名，随后听说，承蒙先生赏识我的文章，认为有孟子的风格，而欧阳公也认为那篇文章和一般的世俗文章不同，而予以录取。所以，我在及第的行列里，并非先生手下的人先为我疏通，也不是亲朋好友为我请托，而十多年间只听到名声而不能见到的人，现在忽然间成为了知己。转过头来想一想，为人固然不可轻率地认取富贵，也不可以白白地处于贫贱的境遇之中。世上有大贤人在，而能成为他的学生，那也是很值得骄傲的。假使凭一时的侥幸而得意，身后跟随着车骑、随从几十个，使里巷的小老百姓围观而发出赞叹，也不能换取成为大贤之徒的乐趣。古书上说："不埋怨天，不责怪人。"大概因为"从容自得，可以一年一年地度过时光"。您名满天下，官位不超过五品，但是风度温和而不生气，文章宽厚敦朴却没有怨言。这一定有乐于此道的原因，我很希望能够听听您的高教。

赏析

　　这是苏轼在宋仁宗嘉祐二年（1057）赴礼部试，及第后写给梅尧臣的一封信。

　　当时，东坡以默默无闻的一介书生，入京应试，以一篇《刑赏忠厚之至论》受到主考官欧阳修和参评官梅尧臣的欣赏，取为第二（原打算取为第一，但因其他原因而改为第二），名噪士林。东坡遏止不住心中的感激、欣喜，以昂扬的气调，向梅尧臣倾诉了内心的激动，表达了自己非凡的志向和得意的心情。

　　文章分为两部分。第一部分，以唱叹之笔，悲慨周公的不被世人理解，礼赞孔子的贤明自得，表现出自己青少年时代的宏阔心志和远大抱负。第二部分，先叙述自己对欧阳修、梅尧臣二人由来已久的倾慕，次抒自己受到识拔的知遇之乐，并表示愿意追随欧、梅从事诗文革新运动。感激、推崇、欣慰之情，流注笔端。

　　全文突出了士遇知己的快乐。

　　文章纵论古今，直抒胸臆，随意挥洒，真情流注，而毫无雕饰之痕、忸怩之态。行文有词采，有气魄，委婉得体，风格健朗。

喜雨亭记

苏轼

　　亭以雨名，志喜也①。古者有喜，则以名物，示不忘也。周公得禾②，以名其书③；汉武得鼎④，以名其年；叔孙胜敌⑤，以名其子。其喜之大小不齐，其示不忘一也。

　　予至扶风之明年⑥，始治官舍。为亭于堂之北，而凿池其南，引流种树，以为休息之所。是岁之春，雨麦于岐山之阳⑦，其占为有年⑧。既而弥月不雨⑨，民方以为忧。越三月，乙卯乃雨⑩，甲子又雨，民以为未足。丁卯大雨，三日乃止。官吏相与庆于庭，商贾相与歌于市，农夫相与忭于野⑪。忧者以喜，病者以愈，而吾亭适成。

于是举酒于亭上，以属客而告之曰⑫："五日不雨，可乎？曰：五日不雨，则无麦。十日不雨，可乎？曰：十日不雨，则无禾。无麦无禾，岁且荐饥⑬，狱讼繁兴⑭，而盗贼滋炽⑮，则吾与二三子虽欲优游以乐于此亭⑯，其可得耶？今天不遗斯民，始旱，而赐之以雨，使吾与二三子得相与优游而乐于此亭者，皆雨之赐也！其又可忘耶？"

既以名亭，又从而歌之曰："使天而雨珠，寒者不得以为襦⑰；使天而雨玉，饥者不得以为粟。一雨三日，伊谁之力⑱？民曰：'太守。'太守不有，归之天子。天子曰：'不然。'归之造物。造物不自以为功，归之太空。太空冥冥，不可得而名，吾以名吾亭。"

注释

①志：记。　②周公：名旦，西周初期的政治家。传说周成王曾送给他两株苗合生一穗的谷子，因此，他写了一篇《嘉禾》。　③名：取名，命名。　④汉武得鼎：根据史书记载，公元前116年，汉武帝在汾水上得一鼎，于是改年号为元鼎元年。　⑤叔孙：指叔孙得臣，春秋时期鲁国人。他曾经率领军队击败鄋(sōu)瞒国，俘虏了这个国的国君侨如，于是他把自己的儿子的名字也取为侨如。　⑥扶风：即凤翔府，治所在今陕西凤翔。　⑦雨(yù)麦：下麦雨。雨，下雨。龙卷风将地面的麦子带入空中，可以产生"雨麦"的现象。岐山：在今陕西岐山。　⑧占：占卜算卦。年：年成，收成。　⑨弥：满。　⑩乙卯：记日的干支数。下文"甲子""丁卯"同。这里的"乙卯""甲子""丁卯"分别是四月初二、十一日及十四日。　⑪忭(biàn)：高兴，欢乐。　⑫属：倾注，引申为劝酒。　⑬荐饥：连年饥荒。荐，屡次，接连。　⑭讼(sòng)：官司。　⑮炽(chì)：旺盛，强盛。　⑯优游：悠闲，闲暇自得的样子。　⑰襦：短袄。　⑱伊：词头，没有实义。

译文

这座亭子用"雨"来命名，是为了记下喜雨的欢乐。古时候每逢喜事，就用来给事物命名，表示永远不会忘记。周公得到奇异的谷子，就用它来作为自己的文章名；汉武帝得到宝鼎，就用来作为年号；叔孙得臣打败了敌人，就用俘虏的名字给自己的孩子取名。喜庆的事儿有大有小，但用它来表示永远不会忘记，却是一致的。

我到扶风府的第二年，才开始营建官府的房舍。在正堂的北面，建造了一座亭子，而在南面开凿了一口池塘，引来流水，种上树木，作为休息的场所。这年春天，岐山南面下了场"麦雨"。占卜后认为将会有一个丰收年，随后，整整一个月都没有下过一滴雨，老百姓开始着急起来。过了三月份，四月初二才下了大雨，十一日又下了雨，老百姓却还认为下得不够，十四日那天又是大雨，下了三天才停止了。官员们在府庭中互相庆贺，商人们在集市上一同歌唱，农民们在田野上一起欢笑，担忧的人因此而高兴，患病的人因此而痊愈，而我的亭子也恰好在这个时候落成了。

于是，我在亭子中办酒宴，借劝酒的机会对客人们说："五天不下雨能行吗？客人一定说，五天不下雨麦子就长不成了。十天不下雨能行吗？一定说，十天不下雨稻子就长不成了。没有麦子，没有稻子，就会出现连年的饥荒，刑事案件增加，盗贼会日益纷起。这样，我和各位先生们，即使想在这座亭子中悠闲自在地欢乐聚会，做得到吗？幸喜老天没有遗弃这些百姓，刚有旱情，不久就赏赐给雨水，使我和各位先生们能在这座亭子中悠闲地欢乐聚会，这都是雨水的恩赐啊！这难道又可以忘记吗？"

给亭子取了个名字后，接着又为它作歌，歌词是："假如老天降下珠宝，寒冷的人不能用它当短袄；假如老天降下宝玉，饥饿的人不能用它当粮食。如今一场大雨连下三日，是谁的力量？百姓们都说：'是太守。'太守不肯将美名据为私有，把它归功于天子。天子也说：'不对。'把它归功于万能的造物主。造物主也认为不是自己的功劳，又归功于茫茫的太空。太空辽远而幽深，没有什么可以作为名字。我就用'雨'来作为我的亭子的名字。"

赏析

宋仁宗嘉祐七年（1062），苏轼在陕西凤翔太守幕府担任签书判官。这年四月，凤翔地区大旱逢雨，恰好官署旁边一座官亭新建落成，东坡命名为"喜雨亭"，并写下这篇"记"作为纪念。

文章分为四段。首段是全文的总序，先点亭名用意，再作简要解释，再引古代典实，终加归纳总结，极有条理。尤其是以极简洁的文字，既交代出"喜雨亭"命名的由来，又洋溢出欢乐喜庆的抒情气氛，奠定全文"喜""乐"的基调，为文章的展开做了有力的铺垫。

第二段，顺着"亭""雨""喜"的次序，分三层叙写。叙亭，则时间、位置、环境、用意皆一一提及，简而有序；叙雨，则一扬一抑，渲染烘托，扼要写出三降喜雨的过程，字里行间流露出欢欣的乐意；叙喜，则官吏、商贾、农夫万众欢腾，忧者、病者俱绽欢颜，而"吾亭适成"，喜上加喜！

第三段，以酒贺雨并抒发论。巧用主客问答，表达了雨可乐、可喜、可贺的感激之情，呼应篇首，申明题旨。

最后一段，唱出颂雨之歌。看似闲笔，实则点睛，有深化主题的作用。奇想联翩，句句真情，表现了苏轼对人民衣食的重视，对民生疾苦的关切。

整篇文章，融叙事、抒情、议论为一炉，以"亭"领起，以"亭"结束，首尾相连，一气贯穿；紧扣"喜""雨""亭"三字，或分写，或合写，或顺写，或倒写，或惜墨如金，或泼墨如掷，无不得心应手，变幻莫测。的确称得上是一篇洋洋洒洒、余音袅袅的散文佳制。

凌虚台记

苏轼

国于南山之下[①]，宜若起居饮食与山接也[②]。四方之山，莫高于终南[③]，而都邑之丽山者[④]，莫近于扶风[⑤]。以至近求最高，其

643

势必得。而太守之居⑥，未尝知有山焉。虽非事之所以损益，而物理有不当然者⑦。此凌虚之所为筑也。

方其未筑也，太守陈公⑧，杖履逍遥于其下⑨，见山之出于林木之上者，累累如人之旅行于墙外⑩，而见其髻也⑪，曰："是必有异。"使工凿其前为方池，以其土筑台，高出于屋之檐而止。然后人之至于其上者，恍然不知台之高⑫，而以为山之踊跃奋迅而出也。公曰："是宜名凌虚。"以告其从事苏轼⑬，而求文以为记。

轼复于公曰："物之废兴成毁，不可得而知也。昔者荒草野田，霜露之所蒙翳⑭，狐虺之所窜伏⑮，方是时，岂知有凌虚台耶？废兴成毁，相寻于无穷⑯，则台之复为荒草野田，皆不可知也。尝试与公登台而望，其东则秦穆之祈年、橐泉也⑰，其南则汉武之长杨、五柞⑱，而其北则隋之仁寿⑲，唐之九成也⑳。计其一时之盛，宏杰诡丽㉑，坚固而不可动者，岂特百倍于台而已哉？然而数世之后，欲求其仿佛，而破瓦颓垣，无复存者。既已化为禾黍荆棘丘墟陇亩矣㉒，而况于此台欤！夫台犹不足恃以长久，而况于人事之得丧，忽往而忽来者欤！而或者欲以夸世而自足，则过矣。盖世有足恃者，而不在乎台之存亡也。"

既以言于公，退而为之记。

注释

①国：指都城，这里是建造都城的意思。　②宜若：似乎，好像是。　③终南：终南山，主峰在今西安南。　④丽：依附，附着。　⑤扶风：即凤翔府，治所在今陕西凤翔。　⑥太守：郡的最高长官。宋时已改郡为州或府，太守也改称为"知州"或"知府"，但人们还是常常以"太守"来称呼知州或知府。　⑦物理：事物的道理。　⑧陈公：陈希亮，字公弼，青神（今四川青神）人。幼孤好学。宋仁宗天圣中举进士，官至京东转运使。英宗即位后，升为太常少卿。为官时，奸猾之徒易心改行，不改者必诛，又出于仁恕，所以严而不残。　⑨杖履：这里指持杖穿上履出游。　⑩旅行：成队而行。　⑪髻（jí）：挽束在头顶上的头发。　⑫恍：同"恍"。　⑬从事：辅佐官吏。当时苏轼在凤翔府任判官。　⑭翳（yì）：遮蔽。　⑮虺（huǐ）：毒蛇。　⑯相寻：连续不断。　⑰秦穆：即秦穆公，春秋时秦国的国君，公元前

644

659年至前621年在位，春秋五霸之一。祈年：宫名。秦孝公时又称橐泉宫。传说秦穆公的坟墓在橐泉宫下。　⑱汉武：汉武帝刘彻，公元前140年至前87年在位。当时是我国历史上政治统一，经济、军事非常强盛的重要时期之一。长杨：汉代宫名。五柞：汉代宫名。　⑲仁寿：宫名，隋文帝时所建。　⑳九成：贞观五年（631）改仁寿宫为九成宫。　㉑诡丽：怪异而精巧。㉒陇：同"垄"。

译文

都城建在南山下，似乎饮食起居都和山分离不开了。四面的山，没有比这终南山更高的了，而依附终南山的城郭，也没有比扶风更近的了。在靠山最近的地方探求山的最高处，是必然能做到的。然而扶风太守住在这里，竟然不知道终南山的存在。虽说事实不会因此而有所损伤，但情理上是讲不通的。这就是建筑凌虚台的原因。

在建凌虚台之前，太守陈公曾经拄着杖、穿上履，在山下从容游玩，看到高出于林木之上的山峰，重重叠叠的，好像墙外有人行走，而墙内的人只能看见发髻一样。陈公便说："这里一定有奇异的地方。"于是让人在山前开凿了一个方池，用挖出来的泥土垒成了高台，一直筑到高出屋檐为止。然后，凡是到了土台上远眺的人，恍惚之间不知是因为土台高而看到群峰，反而以为那些山峦是突然之间冒出来的。陈公说："这个高台应取名为'凌虚'台。"他把这个意思告诉了他的佐吏苏轼，请他为此写一篇记。

苏轼答复太守说："事物的兴衰成败，是不可能预见的。从前，这里是荒草野地，霜露覆盖着，狐狸、毒蛇在里面出入。在那时，哪会有人知道有今天的凌虚台呢？兴衰成败相互更替，没有穷尽，所以，这个高台是否会再变为荒草野地，也是不能预料的。我曾经同您登台远眺，它的东面是当年秦穆公的祈年宫和橐泉宫，南面是汉武帝的长杨宫和五柞宫，北面则是隋朝的仁寿宫、唐朝的九成宫。想想它们当时兴盛的情况，那种恢宏奇丽，坚固不可动摇的气势，哪里仅是超过土台百倍呢？但是，几代以后，要想看到它们大致的样子，就连破瓦断墙都不存在了，已经变成长满庄稼的农田和荆棘丛生的荒丘了，更何况凌虚台这样的土台呢？这样的土台尚且不能保证其长久存在，何况人事的得失是那么往来飘忽不定呢？如果有人想要借此向世上的人夸耀并且感到满足，那他就错了。大概世上也还是有可以永久依靠的东西，但是绝不在于土台的存在和消亡啊。"

我向陈公陈述了以上的话，就回来作了这篇记。

赏析

本文是苏轼为凤翔知府陈希亮所建凌虚台写的一篇记事散文。

文章内容分为两部分。第一部分，扣合"凌虚"二字，记叙了土台的环境地势、修建经过和命名原因，为抒发感慨、议论预作铺垫。第二部分，借凌虚台的出现，暗喻朝廷上一时得意的权贵，他们在人类历史上不过是一座低矮而短暂的土台。比之历代的宏丽宫殿，极其渺小；而宫室如此坚固宏伟，曾几何时，也夷为平地，土台又何能得免？从而寄寓了事物兴废成毁的感慨，阐明了历史兴衰存亡、不断更替的道理。

文章以景抒情，以物喻人，正反议论，古今对比，有浓厚的哲理意味，发人深省。

本文虽为记事之文，但打破了传统的叙事、写景的手法，将叙事、描写和议论交错使用，甚至以大段议论、抒情为主；结构上，又根据内容需要而变化多端，横说竖说，无不涉笔成趣成理，具有含蓄蕴藉、隽永悠长的韵致。

超然台记

苏轼

凡物皆有可观。苟有可观，皆有可乐，非必怪奇伟丽者也。餔糟啜醨[①]，皆可以醉。果蔬草木，皆可以饱。推此类也，吾安往而不乐？

　　夫所为求福而辞祸者②，以福可喜，而祸可悲也。人之所欲无穷，而物之可以足吾欲者有尽。美恶之辨战于中③，而去取之择交乎前，则可乐者常少，而可悲者常多。是谓求祸而辞福。夫求祸而辞福，岂人之情也哉？物有以盖之矣④！彼游于物之内，而不游于物之外。物非有大小也，自其内而观之，未有不高且大者也。彼挟其高大以临我，则我常眩乱反复，如隙中之观斗，又乌知胜负之所在⑤？是以美恶横生，而忧乐出焉，可不大哀乎！

　　予自钱塘移守胶西⑥，释舟楫之安，而服车马之劳；去雕墙之美⑦，而庇采椽之居⑧；背湖山之观⑨，而行桑麻之野。始至之日，岁比不登⑩，盗贼满野，狱讼充斥⑪，而斋厨索然⑫，日食杞菊⑬。人固疑予之不乐也。处之期年⑭，而貌加丰，发之白者，日以反黑。予既乐其风俗之淳，而其吏民亦安予之拙也⑮。于是治其园囿，洁其庭宇，伐安邱、高密之木⑯，以修补破败，为苟完之计。而园之北，因城以为台者旧矣，稍葺而新之⑰。时相与登览，放意肆志焉。

　　南望马耳、常山⑱，出没隐见⑲，若近若远，庶几有隐君子乎⑳？而其东则庐山㉑，秦人卢敖之所从遁也㉒。西望穆陵㉓，隐然如城郭，师尚父、齐威公之遗烈㉔，犹有存者。北俯潍水㉕，慨然大息，思淮阴之功㉖，而吊其不终㉗。台高而安，深而明，夏凉而冬温，雨雪之朝，风月之夕，予未尝不在，客未尝不从。撷园疏㉘，取池鱼，酿秫酒㉙，瀹脱粟而食之㉚，曰："乐哉游乎㉛！"

　　予弟子由㉜，适在济南㉝，闻而赋之，且名其台曰超然，以见予之无所往而不乐者，盖游于物之外也。

注释

①餔（bū）：食。糟：酒渣。啜（chuò）：饮。醨（lí）：淡酒。　②所为：即所以。　③中：指内心。　④盖：遮蔽。　⑤乌：何，怎么。　⑥钱塘：古县名，宋朝时为两浙路治所，即今杭州。胶西：泛指胶州湾畔滨海地区的西部，这里指密州，治所在今山东诸城。　⑦雕墙：用彩画装饰了的墙壁。　⑧采椽：指简陋的房屋，采伐的木椽，不加修饰。采，也作"棌"，栎（lì）树。　⑨观：这里指景色。　⑩比：屡屡。登：庄稼成熟。　⑪狱讼

(sòng)：指诉讼案件。 ⑫斋厨：指厨房。 ⑬杞（qǐ）菊：这里泛指野菜。杞，落叶小灌木，嫩茎叶可以吃。 ⑭期（jī）年：一周年。 ⑮拙：笨拙，愚笨。这里是作者自谦之词，指处理政事而言。 ⑯安邱、高密：都是县名，属于当时的密州。 ⑰葺（qì）：修理。 ⑱马耳：马耳山，在山东诸城西南五十里，峰形如马耳。常山：在诸城南二十里。相传秦、汉间很多清高的人在这里隐居。 ⑲见：同"现"。 ⑳庶几（jī）：可能。 ㉑庐山：山名，在诸城城东约十五里处。 ㉒卢敖：秦朝时的博士，秦始皇叫他出海求仙药，他逃亡隐居庐山。据说山上还有卢敖洞。 ㉓穆陵：关名，故址在今山东临朐东南大岘山上。春秋时为齐国南境，山谷险峻狭窄，称为"齐南天险"。 ㉔师尚父：吕尚，即姜太公，商末周初人。曾经辅佐周文王、周武王灭商。后来封于齐国（今山东北部）。齐威公：即齐桓公，春秋五霸之一。 ㉕潍（wéi）：即今潍河，在山东的东部，安丘东五十里。汉将韩信破齐，楚派大将龙且来救援。韩信在潍水两岸破龙且军二十余万。 ㉖淮阴：即淮阴侯韩信。 ㉗不终：指韩信最后被吕后所杀。 ㉘撷（xié）：采摘。疏：同"蔬"，菜蔬。 ㉙秫（shú）酒：高粱酒。秫，黏高粱。 ㉚瀹（yuè）：这里是煮的意思。脱粟：指只去皮壳、不加精制的糙米。 ㉛游：这里是逍遥的意思。 ㉜子由：苏辙，字子由。苏轼的弟弟，当时在齐州（今济南）做官。 ㉝适：恰好。

译文

大凡方物都有值得观赏的地方。只要值得观赏，就可以使人快乐，也不必是奇异瑰丽的东西。吃酒糟，喝淡酒，都能使人醉倒。吃瓜果蔬菜，也可以让人填饱肚子。以此类推，我到哪里去找不到快乐呢？

那些追求福禄而躲避祸患的人，认为福禄可以使人高兴，祸患让人悲哀。但是人的欲望是无休无止的，而能够满足我们欲望的东西却是有限的。假使心里总存在着美和丑的斗争，眼前老是进行着取和舍的选择，那么，使人快乐的事往往就很少了，而让人悲哀的事却常常很多。这实际上是追求祸患而抛弃福禄。求祸而辞福，这哪里是人之常情呢？这是由于被外界事物蒙蔽了的缘故。那些人活动在"物"的里面，而不是活动在"物"的外面。其实，物并没有大小的分别，从它们的内部进行观察，就会觉得没有不高大的。那些倚仗它们的高大气派耸立在我们面前的，就会使我们头昏目眩，是非难辨，正如通过小小的缝隙观战，又怎么知道胜败到底是哪一方呢？因此，美好和丑恶错杂产生，欢乐和忧愁也就交替出现了，这难道不是很可悲吗？

我从钱塘调任密州知州后，放弃了江河乘船的安逸，忍受着坐车骑马的辛劳；离开了雕梁画栋的殿堂，栖身于简陋朴实的房舍；远离了赏心悦目的湖光山色的美景，来到遍地是桑麻的荒郊僻野。刚到的时候，庄稼连年歉收，盗贼漫山遍野，诉讼案件多得不得了，而厨房里却是空荡荡的，每天只吃些野菜充饥。人们一定猜想我的心情会郁郁不乐。但我在这里住了一年了，面容反而比以前丰腴了，头上的白发也一天天地由白转黑。我已经很喜爱这里朴实的风土人情了，这里的官属和百姓对于我拙劣的能力也习以为常了。于是，我修建了园囿，整理了房舍院落，砍伐安邱和高密山上的树木来修补破损的地方，制定出暂时的修治计划。在园子的北面，有一个在城墙上建筑的高台已经破旧不堪，我就稍加修整，使它焕然一新。我时常和人们一起登台远望，无所顾忌地纵情欢娱。

从台上向南望去，马耳山、常山在云雾中忽隐忽现，似近若远，大概那里有隐居的君子吧？高台的东面是庐山，是秦朝的卢敖到这里逃隐的地方。向西望去，隐隐约约可见的穆陵关宛若一座城堡。姜太公和齐桓公的赫赫功业，还保留至今。从高台北面俯瞰潍水，不禁慨然叹息，追思当年淮阴侯韩信的战功，哀叹韩信竟然未得善终。这个台子高大而坚实，深广而明亮，冬暖而夏凉。无论是雨洒雪飘的清晨，还是风清月华的夜晚，我没有不来此台的时候，宾客们也总是在这里陪伴着。我们采摘园里的蔬菜，捕捞池中的鲜鱼，酿造高粱美酒，煮些粗米糙饭，边品尝边说："在这里游玩是多么快乐啊！"

我的弟弟子由，这时恰好在济南做官，听说这情景，便写了一篇赋，并给这个台取名为"超然台"，以此来表现我到任何地方都是非常快乐的，其原因就在于我超然于物外啊。

赏析

苏轼在新旧党争中，自请外调。熙宁四年（1071）通判杭州。七年,移知密州(治所在今山东诸城)。本文是苏轼到密州的第二年,重修北城上的超然台所作的一篇"记"。

文章内容,可分三部分。

第一部分,大谈老庄哲理、人生祸福喜悲的变幻无常,阐述了只有游乐物外,不受物质利益的束缚,才能真正超然物外、自得其乐的道理。

第二部分,记叙了自己到密州后的生活情况。似与题旨无关,实则与超然之理紧紧相连:居田园之乐,享风俗之淳,修葺超然台之意,登台远眺、放意肆想之趣,以及极目四望的感慨,……若断若续,突出了超然台的高峻壮美和自己悠游闲适的乐趣,实际上具体地论证了主题,形象说明了只有游于物外,才能"无所往而不乐者"。

第三部分,记叙超然台命名的原因,点出通篇主旨"超然",结束全文。

文章先论后叙,叙议结合,结构缜密,文笔流畅,通篇含"超然"之意,文气贯穿,同时又灵活变化,富于机趣,有很强的文学意味。

文章所反映出的超然物外的思想和淡泊自适、无往不乐的人生态度,是苏轼真实思想的生动写照。由此而派生出来的旷达风格,正是苏轼文学创作的一大特点,也是其人品、文风的显著标志。

放鹤亭记

苏 轼

熙宁十年秋[①],彭城大水[②],云龙山人张君之草堂[③],水及其半扉。明年春,水落,迁于故居之东,东山之麓[④]。升高而望,得异境焉,作亭于其上。

卷之十一 宋文

彭城之山，冈岭四合，隐然如大环，独缺其西一面，而山人之亭，适当其缺。春夏之交，草木际天[5]，秋冬雪月，千里一色，风雨晦明之间，俯仰百变。山人有二鹤，甚驯而善飞[6]，旦则望西山之缺而放焉，纵其所如。或立于陂田[7]，或翔于云表，暮则傃东山而归[8]，故名之曰放鹤亭。

郡守苏轼[9]，时从宾佐僚吏[10]，往见山人，饮酒于斯亭而乐之，挹山人而告之[11]，曰："子知隐居之乐乎？虽南面之君[12]，未可与易也。《易》曰：'鸣鹤在阴，其子和之[13]。'《诗》曰：'鹤鸣于九皋，声闻于天[14]。'盖其为物清远闲放，超然于尘埃之外，故《易》《诗》人以比贤人君子。隐德之士，狎而玩之[15]，宜若有益而无损者，然卫懿公好鹤[16]，则亡其国。周公作《酒诰》[17]，卫武公作《抑》戒[18]，以为荒惑败乱，无若酒者；而刘伶、阮籍之徒[19]，以此全其真而名后世。嗟夫！南面之君，虽清远闲放如鹤者，犹不得好，好之则亡其国；而山林遁世之士[20]，虽荒惑败乱如酒者，犹不能为害，而况于鹤乎？由此观之，其为乐未可以同日而语也。"山人欣然而笑曰："有是哉！"

乃作放鹤招鹤之歌曰：

"鹤飞去兮，西山之缺。高翔而下览兮，择所适。翻然敛翼，宛将集兮，忽何所见，矫然而复击。独终日于涧谷之间兮[21]，啄苍苔而履白石。

"鹤归来兮，东山之阴。其下有人兮，黄冠草履[22]，葛衣而鼓琴[23]。躬耕而食兮，其余以汝饱。归来归来兮，西山不可以久留。"

注释

①熙宁十年：即公元1077年。熙宁，宋神宗赵顼（xū）的年号。　②彭城：郡名，治所在今江苏徐州。　③云龙：山名，在今江苏徐州云龙。据说因常有云气蜿蜒如龙，故名。山人：隐士的称号。张君：指张天骥，因隐居此山，称云龙山人。　④麓（lù）：山脚。　⑤际：交接。　⑥驯：驯顺。　⑦陂（bēi）：水边。　⑧傃（sù）：向。　⑨郡守：官名，郡的最高长官。宋朝已改郡为州或府，但人们仍常习惯地用"郡守"来称知州或知府。　⑩宾佐僚吏：宾客僚属。　⑪挹（yì）：酌酒。　⑫南面：古时候帝王面朝南而

651

坐，所以称居帝位为南面。　⑬《易》：《易经》。引文见《易经·中孚》。　⑭《诗》：《诗经》。引文见《诗经·小雅·鹤鸣》。九皋：深泽。　⑮狎（xiá）：亲近。　⑯卫懿公好鹤：据《左传》记载，卫懿公平时很喜爱鹤，封给鹤各种爵位，让鹤乘车而行。后来遇到狄人攻打卫国，卫国将士因为国君好鹤，都不愿意出战，卫懿公因此亡国。　⑰《酒诰》：《尚书》篇名。相传周武王把商旧都封给康叔，当地百姓都嗜酒，所以周公用周成王的名义，作《酒诰》来告诫康叔。　⑱《抑》：即《诗经·大雅·抑》，相传为卫武公所作，用来自我警戒。　⑲刘伶：字伯伦，曾为建威参军。阮籍：字嗣宗，曾为步兵校尉。他们都是西晋"竹林七贤"中的人物。由于对当时的昏暗政治不满，又担心遭到迫害，所以常以纵酒沉醉，掩盖自己的政治观点和不满情绪，用以保全性命。　⑳遯：同"遁"。　㉑涧（jiàn）：两山之间的水流。　㉒黄冠：道士所戴的冠帽。　㉓葛衣：即用葛布做成的衣服。葛，藤本植物，可以用葛纤维织成葛布。

译文

熙宁十年的秋天，彭城发了大水，云龙山人张天骥的草堂，连门也被大水淹了一半。第二年春天，水退了，张君便搬到故居东边的东山脚下去。登高远眺，发现了一处奇异的地方，于是就在那里修建了一座亭子。

彭城的山岭，围绕着四周，隐隐约约像一个大玉环，就只缺少了西面的一角，而山人的亭子正好对着那个缺口。每当春夏之交，草木繁茂，好像和天际相连。而秋冬时节，月光雪景，千里一色。当刮风下雨，天色或明或暗的时候，俯视仰观，山间的景色瞬息万变。山人养了两只鹤，非常驯服，又善于飞翔。每当清晨，即向西山的缺口放出去，任凭它们自由自在地飞翔，有时落在水田里，有时飞翔在白云端里，到傍晚，两只鹤便飞回东山，因此，山人把这座亭子命名为"放鹤亭"。

郡守苏轼，时常带着宾客僚属去拜会云龙山人，在放鹤亭上饮酒，感到十分欢畅。于是郡守向山人敬酒，并对他说："您知道隐居的乐趣吗？即使是南面而坐的君王，也是不能更换的！《易经》上说：'鹤在幽深隐蔽的地方鸣叫，它的小鹤就会随声应和。'《诗经》也说：'鹤在沼泽深处鸣叫，它的声音能一直传到天上。'这是因为鹤的气质清闲高远，超然于尘世之外，所以，

《易经》《诗经》都用它来比喻贤人、君子。归隐山林而又有道德的高尚之士，亲近它，赏玩它，似乎是有益无害，但是卫懿公过分溺爱鹤，却使国家灭亡了。周公作《酒诰》，卫武公作《抑》以为戒，认为使人放浪迷惑，使政治腐败，国家动乱的，没有什么比酒更厉害了。但是刘伶、阮籍这些人，却能够以饮酒保全自己的真性，并且名扬后世。唉！南面而坐的君王，即使是像鹤这样高雅闲逸的飞禽都不能爱好，爱好它就会亡国。相反，隐居山林、逃避尘世的人，即使是像酒这样的能使人放浪迷惑，使政治腐败、国家动乱的东西，也不能伤害他们，更何况是鹤呢？由此看来，隐居的乐趣，是没有其他事情能跟它相提并论的。"山人听了这番话后，高兴地笑着说："是这个道理啊！"

于是我就作了放鹤、招鹤的歌，唱道：

"鹤飞去啊！飞向西山的山口。高高飞翔而向下俯瞰啊，选择好一个安适的地方。骤然收敛起翅膀，好像准备降落下来，忽然又好像看到什么，矫健地重新振翅高翔。终日独自飞翔在山涧峡谷之间啊，嘴啄青苔而行走在白石之上。

"鹤归来吧！飞到东山的北面。山下有一个人啊，头戴黄冠，脚穿草鞋，身披葛衣，正在弹琴。亲自耕种，自食其力，用剩余的粮食来喂饱你们。归来吧，归来吧，西山是不可以久留的。"

赏析

这是苏轼调任徐州知州时，为山林隐士张天骥的亭堂所写的一篇题记。

文章紧扣"鹤"字，分四个层次。

第一层，记叙"放鹤亭"的命名由来，为全篇张目。先是简明扼要地介绍放鹤亭的环境、位置和主人，然后突出描写了云龙山四季景色的多变、迷人，以及白鹤早出晚归、优游娴雅、自由翱翔的姿态。

第二层，描写白鹤的习性。援引《周易》《诗经》关于鹤的描写，突出白鹤"清远闲放""超然于埃尘之外"的特点。实际上以鹤喻人，以白鹤写隐士，从而表达作者超然物外的思想感情。

第三层,写喜好白鹤的不同结果,并插入"好酒"的史事与"放鹤"相衬映,举出卫懿公好鹤亡国、刘伶阮籍饮酒成名的故事进行比较,阐明了隐居之乐,得出了"虽南面之君,未可与易"的结论。表现了苏轼对隐士的称许羡慕之情。

第四层,以歌咏形式,称颂白鹤和隐士,表达了自己对超然物外生活的无限向往。

全篇文章,虽为记事之作,但并非单纯地叙写名胜建筑,而是借此表达了个人的识见和襟怀,寄托了某种启迪训诫的寓意。

文章把叙事、写景、议论融为一体,笔调闲逸潇洒,行文妙趣横生,有很高的艺术价值。

石钟山记

苏轼

《水经》云①:"彭蠡之口②,有石钟山焉。"郦元以为下临深潭③,微风鼓浪,水石相搏,声如洪钟。是说也,人常疑之。今以钟磬置水中④,虽大风浪,不能鸣也,而况石乎?至唐李渤始访其遗踪⑤,得双石于潭上,扣而聆之,南声函胡,北音清越,桴止响腾⑥,余韵徐歇。自以为得之矣。然是说也,余尤疑之。石之铿然有声者⑦,所在皆是也,而此独以"钟"名,何哉?

元丰七年⑧,六月丁丑,余自齐安舟行适临汝。而长子迈将赴饶之德兴尉⑨,送之至湖口⑩,因得观所谓石钟者。寺僧使小童持斧于乱石间,择其一二,扣之,硿硿然⑪。余固笑而不信也。至其夜月明,独与迈乘小舟,至绝壁下。大石侧立千尺,如猛兽奇鬼,森然欲搏人⑫。而山上栖鹘⑬,闻人声亦惊起,磔磔云霄间⑭;又有若老人欬且笑于山谷中者⑮,或曰此鹳鹤也⑯。余方心动欲还,而大声发于水上,噌吰如钟鼓不绝⑰。舟人大恐⑱。徐而察之，则山下皆石穴罅⑲，不知其浅深，微波入焉，涵澹澎湃而为此也⑳。舟回至两山间，将入港口，有大石当中流，可坐百人，空中而多窍㉑，与风水相吞吐，有窾坎镗鞳之声㉒，与向之噌吰者相应，如乐作焉。因笑谓迈曰："汝识之乎？噌吰者，周景王之'无射'也㉓，窾坎镗鞳者，魏献子之'歌钟'也㉔。古之人不余欺也。"

事不目见耳闻，而臆断其有无㉕，可乎？郦元之所见闻，殆与余同㉖，而言之不详。士大夫终不肯以小舟夜泊绝壁之下，故莫能知。而渔工水师㉗，虽知而不能言，此世所以不传也！而陋者乃以斧斤考击而求之㉘，自以为得其实。余是以记之，盖叹郦元之简，而笑李渤之陋也。

注释

①《水经》：我国古代一部专门记述江水河道的地理书。相传为汉代桑钦或晋代郭璞著。 ②彭蠡（lǐ）：湖名，即今江西鄱阳湖。 ③郦元：即郦道元，字善长，北魏范阳涿鹿（今河北涿鹿南）人。我国著名的地理学家。他为《水经》作注，共四十卷。《水经注》在地理学上和文学上都有很高的价值。 ④磬（qìng）：古代一种石或玉制的打击乐器。 ⑤李渤：字浚之，唐代洛阳人。曾写过一篇《辨石钟山记》。 ⑥枹（fú）：鼓槌。这里用作动词，是敲击的意思。 ⑦铿（kēng）然：响亮清脆的样子。 ⑧元丰七年：公元1084年。元丰，宋神宗年号。 ⑨迈：苏轼长子苏迈，字伯达，善为文。饶：州名，治所在今江西鄱阳。德兴：地名，今江西德兴。 ⑩湖口：地名，今江西湖口。石钟山就在这里。 ⑪硿硿（kōngkōng）：用斧头敲击石头的声音。 ⑫森然：阴森恐怖的样子。 ⑬鹘（hú）：又名隼（sǔn），一种凶猛的鸟。 ⑭磔磔（zhézhé）：鸟鸣声。 ⑮欬：同"咳"，咳嗽。 ⑯鹳（guàn）鹤：一种与鹤、鹭相似的水鸟。 ⑰噌（chēng）吰（hóng）：沉重而响亮的钟声。 ⑱舟人：船夫。 ⑲罅（xià）：裂缝。 ⑳涵（hàn）澹（dàn）：水波动荡的样子。 ㉑窍（qiào）：窟窿。 ㉒窾（kuǎn）坎镗（tāng）鞳（tà）：拟声词。窾坎，击物声。镗鞳，钟鼓声。 ㉓周景王：东周国君，公元前544年至前520年在位。无射（yì）：钟名。根据《国语》记载，周景王二十四年（前521）铸成大钟无射。 ㉔魏献子：据《经进东坡文集事略》，魏献子应为魏庄子。魏庄子，魏绛，春秋时晋国大夫，谥号庄子。歌钟：即编钟，古代的一种乐器。据史书记载，郑人以歌钟、磬等礼物

献给晋侯，晋侯把一半赏赐给魏绛。 ㉕臆（yì）：主观想象和推测。 ㉖殆（dài）：大概。 ㉗渔工水师：渔人、船夫。 ㉘考：同"拷"，敲击。

译文

　　《水经》上记载："彭蠡湖的入口处，有一座石钟山。"郦道元的注解认为，那里下面是个深潭，微风鼓动着波浪，湖水与山石相击，发出洪钟般的声响。对于这种解释，人们往往表示怀疑。如果把钟和磬放在水中，即使是大风大浪，也不能使它发出响声，何况是石头呢？到了唐朝，李渤才开始访这座石山的旧迹，在深潭上找到两块石头，敲击着石头，辨听敲击时发出的声音，南边的石头声音模糊厚重，北边的石头声音清脆悠远，停止了敲击后，声音还在响，余音很久才消失。李渤认为找到了石钟山命名的缘由了。然而对这种说法，我却更加怀疑了。能发出铿铿声响的石头，到处都有，为什么偏偏这里的石头用"钟"来命名，这是什么原因呢？

　　元丰七年六月初九，我乘船从齐安到临汝去，我的大儿子苏迈也将到饶州德兴去做县尉，我送他到湖口，借这个机会，去看看所谓的石钟这个地方。寺庙里的和尚派一个小童拿着斧子，在乱石中挑选了一两块石头来敲敲，它们发出硿硿的响声。我当然觉得可笑，并不相信这就是石钟山得名的真正原因。等到了那天晚上，我独自和迈儿乘着小船，划到陡峭的石壁下。巨大的岩壁耸立在水边，高达千尺，形态犹如凶猛的野兽和奇异的鬼怪，阴森森的，像要扑击我们似的。山上栖息着的苍鹘，听到人的声音，也惊飞起来，磔磔地叫着直飞上云霄。又有什么东西，像老人边咳嗽边笑一样，有人说这就是鹳鹤。我心里害怕，打算回去，这时从水面上发出很大的声响，像打钟敲鼓一样，噌吰噌吰持续不停。船夫十分害怕。我慢慢地察看，原来山下都是石头的洞孔和裂缝，不知道它们到底有多深，微波冲进去，在孔隙里激荡撞击，就发出这样的声音来。小船迂回到两山之间，正要进入港口时，那里有一块大石头立在流水中央，石头上可以坐百来人，中间却是空的，并且有很多洞隙，风卷着浪灌进这块大石中,一吞一吐,便发出窾坎镗鞳的声响,与刚才的声音互相应和,如同奏乐一样。我因此笑着对苏迈说:"你知道不?刚才发出噌吰响声的,正如周景王的无射钟,眼前发出窾坎镗鞳声音的,正如魏庄子的编钟的声音。古人把山命名为石钟山,看来并没有欺骗我们。"

任何事情,不是亲眼看见,亲耳听到,就只凭主观来推断其有无,这行吗?郦道元见到的和听到的,大概和我差不多,但是记载得太简略。一般士大夫却始终不肯乘小船在晚上来到陡峭的绝壁之下仔细观察,所以没有人能了解真相。而渔人和船夫虽然知道真相,却又说不出具体道理来。这就是石钟山用"石钟"命名的来历不能流传于世的原因。那些见识浅陋的人,竟用斧头敲打石头来探求石钟山命名的原因,还自认为找到了真正的答案。因此,我记下这次游历的经过,既叹惜郦道元的记载过于简单,又讥笑李渤见识短浅。

赏析

这是苏轼在宋神宗元丰七年(1084)由黄州团练副使移汝州团练副使时,送他的长子苏迈赴任经过湖口,游览了石钟山,事后写的一篇游记。

文章分三段展开。第一段,引叙旧说,对石钟山的命名,提出疑问。第二段,写自己亲历其境考察探访的过程,获明真相,破解疑问。第三段,分析石钟山疑案形成的原因,析解疑问,生发议论,总结全篇。

全文按照设疑——破疑——析疑的脉络结构而成,始终围绕"石钟"命名缘由,不离"钟声"二字,构思极为巧妙。文章通过对石钟山命名依据的探求,说明要想了解事物的真相,必须进行实地考察,既不能轻信别人的结论,更不可主观臆断。其主题给人以有益的启示。

本文艺术上的独特之处有两点。其一,善于写景。特别是文中描写月夜乘舟泛游石钟山的曲折惊险情景,绘形绘声,夸张渲染,突现出一个阴森可怕的境界,这不仅表现出探访过程的艰险、人物夜游的心情和作者勇于探索的精神，而且扣合篇末"士大夫终不肯以小舟夜泊绝壁之下"的议论，拓展出凡事须亲历、不可臆测的哲理，使文章跌宕起伏，形象生动。其二，详略得体。两桩疑案，李渤为宾，郦道元为主，李渤为略，郦道元为详，从而突出郦道元"水石相搏，声如洪钟"说法的正确。

全文将山水游记写成议论文模样，而在议论说理中又融入大段的景物描绘，颇具艺术感染力量。

潮州韩文公庙碑

苏轼

匹夫而为百世师，一言而为天下法。是皆有以参天地之化，关盛衰之运。其生也，有自来，其逝也，有所为。故申、吕自岳降①，傅说为列星②。古今所传，不可诬也。孟子曰："我善养吾浩然之气③。"是气也，寓于寻常之中，而塞乎天地之间，卒然遇之④，则王公失其贵，晋楚失其富⑤，良、平失其智⑥，贲、育失其勇⑦，仪、秦失其辨⑧。是孰使之然哉？其必有不依形而立，不恃力而行，不待生而存，不随死而亡者矣。故在天为星辰，在地为河岳，幽则为鬼神，而明则复为人。此理之常，无足怪者。

自东汉以来，道丧文弊，异端并起，历唐贞观、开元之盛⑨，辅以房、杜、姚、宋而不能救⑩。独韩文公起布衣⑪，谈笑而麾之⑫，天下靡然从公，复归于正。盖三百年于此矣。文起八代之衰⑬，而道济天下之溺⑭，忠犯人主之怒⑮，而勇夺三军之帅⑯，此岂非参天地，关盛衰，浩然而独存者乎？

盖尝论天人之辨⑰，以谓人无所不至，惟天不容伪⑱。智可以欺王公，不可以欺豚鱼⑲；力可以得天下，不可以得匹夫匹妇之心。故公之精诚，能开衡山之云⑳，而不能回宪宗之惑；能驯鳄鱼之暴㉑，而不能弭皇甫镈、李逢吉之谤㉒；能信于南海之民㉓，庙食百世，而不能使其身一日安于朝廷之上。盖公之所能者，天也，其所不能者，人也！

始潮人未知学，公命进士赵德为之师㉔。自是潮之士，皆笃于文行㉕，延及齐民㉖，至于今，号称易治。信乎孔子之言㉗："君子学道则爱人，小人学道则易使也。"潮人之事公也，饮食必祭，水旱疾疫，凡有求，必祷焉。而庙在刺史公堂之后，民以出入为艰。前太守欲请诸朝，作新庙，不果。元祐五年㉘，朝散郎王君涤来守是邦㉙。凡所以养士治民者，一以公为师。民既悦服，则出令曰：愿新公庙者听。民欢趋之，卜地于州城之南七里，期年而庙成㉚。或曰："公去国万里㉛，而谪于潮，不能一岁而归。没而有知㉜，其不眷恋于潮也审矣。"轼曰："不然，公之神在天下者，如水之在地中，无所往而不在也；而潮人独信之深，思之至，焄蒿凄怆㉝，若或见之。譬如凿井得泉，而曰水专在是，岂理也哉！"

元丰元年㉞，诏封公昌黎伯㉟，故榜曰："昌黎伯韩文公之庙。"潮人请书其事于石，因作诗以遗之，使歌以祀公。其辞曰：公昔骑龙白云乡㊱，手抉云汉分天章㊲。天孙为织云锦裳㊳，飘然乘风来帝旁，下与浊世扫秕糠，西游咸池略扶桑㊴，草木衣被昭回光㊵。追逐李杜参翱翔㊶，汗流籍湜走且僵㊷，灭没倒影不能望㊸。作书诋佛讥君王，要观南海窥衡湘，历舜九嶷吊英皇㊹。祝融先驱海若藏㊺，约束蛟鳄如驱羊。钧天无人帝悲伤㊻，讴吟下招遣巫阳㊼。爎牲鸡卜羞我觞㊽，于餐荔丹与蕉黄㊾。公不少留我涕滂，翩然被发下大荒㊿！

注释

①申、吕：指申伯和吕侯。申伯，周宣王时功臣。吕侯，辅助周穆王有功。岳：指高大的山。传说山岳降神才生出了申伯和吕侯。　②傅说（yuè）：商王武丁时的大臣。相传他原是从事版筑的奴隶，被武丁提拔为大臣，治理国家，使国家大治。传说他死后升天，有一颗星就叫做傅说星。　③浩然之气：一种主观的精神状态，是由内心积善所产生的刚正之气。　④辛：同"猝（cù）"，突然。　⑤晋：春秋时诸侯国之一。今山西、河北西南部一带。晋文公曾改革内政，使国力富强。楚：春秋时诸侯国之一。今长江中游一带。

659

楚庄王时曾成为中原霸主。 ⑥良、平：指张良、陈平。都是汉初名臣，刘邦的重要谋士。 ⑦贲（bēn）、育：指战国时卫国的勇士孟贲和夏育。 ⑧仪、秦：指战国时著名的纵横家张仪和苏秦，两人都善于辞辩。 ⑨贞观：唐太宗（627—649 年在位）的年号。开元：唐玄宗（712—755 年在位）的年号。都是唐代兴盛的时期。 ⑩房：房玄龄，唐初政治家，唐太宗的重要辅臣。杜：杜如晦，唐初和房玄龄一起辅佐唐太宗。姚：姚崇，在武则天、唐睿宗、唐玄宗时，屡次出任宰相，对"开元之治"起过重大作用。宋：宋璟，唐代政治家，继姚崇任宰相。 ⑪韩文公：指韩愈，字退之，唐代著名文学家、哲学家。河南河阳（今河南孟州）人。死后谥文，世称韩文公。 ⑫麾（huī）：同"挥"，指挥，号召。 ⑬八代：指东汉、魏、晋、宋、齐、梁、陈、隋。从东汉起文坛上就出现了一种形式绮靡而内容空洞的文风，韩愈提倡古文运动，纠正这种弊病，起了巨大作用。 ⑭济：救助。溺：淹没。这里指佛、老之道的毒害。 ⑮忠犯人主之怒：公元 819 年，唐宪宗派人到凤翔（今属陕西）迎佛骨到宫中，韩愈极力劝谏，反对这种做法，触怒了宪宗，被贬到潮州做刺史。 ⑯勇夺三军之帅：唐穆宗时，镇州军队发生叛乱，杀掉原来的将帅，自立新帅。朝廷派韩愈去镇抚，韩愈运用谋略，平息了这场叛乱。 ⑰天人：指天道和人事。 ⑱伪：人为的事情，和自然的相对立。 ⑲豚鱼：《易经·中孚》说："信及豚鱼。"豚，小猪，泛指猪。古人认为如果要讲求诚信的话，就连这些动物也要讲求诚信。 ⑳开衡山之云：韩愈经过衡山时，正逢秋雨，他潜心默默祈祷一番之后，天就晴朗了。衡山，在今湖南衡阳市南岳区境内。 ㉑驯鳄鱼之暴：指韩愈到潮州后逐恶溪鳄鱼一事。详见前《祭鳄鱼文》。 ㉒弭（mǐ）：止。皇甫镈（bó）：唐宪宗时大臣。到处盘剥人民，搜刮财物，并经常诋毁韩愈。李逢吉：唐宪宗时大臣。诡计多端，隐害忠良。 ㉓南海：这里指潮州。 ㉔赵德：秀才，通五经，能文章，和韩愈一样排斥佛老，独尊孔、孟，因此，韩愈派他主持潮州的教育工作。 ㉕笃：深好。 ㉖齐民：平民百姓。 ㉗信：确实。 ㉘元祐五年：公元 1090 年。元祐，宋哲宗的年号。 ㉙朝散郎：文官名，从七品。王君涤：王涤，人名，事迹不详。 ㉚期（jī）年：一整年。 ㉛国：指都城。 ㉜没：同"殁"，死亡。 ㉝焄（xūn）：香气。蒿：雾气蒸发的样子。凄怆：悲伤的样子。 ㉞元丰：宋神宗年号。 ㉟昌黎：昌黎郡，治所在今辽宁义县，唐时韩姓的望郡，韩愈也自称自己的郡望（郡里显贵的家族，为人所仰望）是昌黎。 ㊱白云乡：古人认为神仙居住在天上，把神仙居住的仙乡叫做白云乡。 ㊲云汉：指银河。天章：指分布在天空中的日月星辰等。 ㊳天孙：即织女，民间神话中巧于织造的仙女，是天帝的外孙女。 ㊴咸池：古代神话中的地名，传说为日浴之处。扶桑：神话中的树木名。 ㊵昭回：原指星辰光耀在天空回转，后指日月。 ㊶李杜：指唐代的大诗人李白、杜甫。 ㊷籍湜（shí）：指唐代诗人张籍和文学家皇甫湜。僵：仆倒。 ㊸灭没：淹没，这里是日光照耀的意思。 ㊹要：要服。传说上古分天下为五服，要服离京都很远。衡：衡山。湘：湘水。 ㊺舜：传说中的我国原始社会的部落联盟首领，又称虞舜。九嶷：指九嶷山，在今湖南宁远南。相传虞舜死后埋葬在这里。英皇：女英、娥皇。相传是唐尧的两个女儿，一起嫁给虞舜。后舜出外巡视，死于苍梧，她们寻到南方，一同投湘水而死。 ㊻祝融：传说中的火神。海若：传说中的海神。 ㊼钧天：天的中央。 ㊽讴吟：这里是歌唱的意思。讴，歌唱。吟，吟咏。巫阳：古代善于占卜的人。 ㊾犦（bó）牲：古代用来祭祀的牺牲。犦，一种高背的大牛。鸡卜：用鸡骨卜卦。觞（shāng）：古代的一种盛酒器。 ㊿荔丹：红色的荔枝。蕉黄：黄色的香蕉。这里泛指祭祀的供品。 (51)大荒：原是传说中极远的地方。这里指人间。

译文

一个普通人能够成为百代的师表，一句话能够成为天下人行为的准则，这样的人都是与天地化育万物相等同，与国家盛衰兴亡命运相关联的。他们的降生是有来历的，他们的去世也是有某种缘由的。申伯、吕侯出生是山神降世，傅说死后化作列星。这些古今传诵的事情，不能够不相信。孟子说："我善于涵养我的浩然正气。"这种气，它存在于寻常事物之中，而充塞于整个天地之间。突然遇到这种气就使人相形见绌，连君王、诸侯也显示不出他们的尊贵来，晋、楚这样的国家也显现不出它们的富有，张良、陈平也显现不出他们的智谋，孟贲、夏育也显现不出他们的勇猛，张仪、苏秦也显现不出他们的能言善辩。是什么原因使得他们这样呢？这必然有一种不依靠形体而独立、不依仗外力而自己运行、不依赖生命而自己生存、不随着死亡而消逝的东西。这种东西，在天上就化为星辰日月，在地上就化为山川河岳，在幽冥的阴间就化为鬼神，在人间就变成了人。这是很普通、很平常的道理，没有什么值得大惊小怪的。

从东汉以来，儒道衰颓，文风败坏，各种各样的异端邪说相继兴起。虽然经过了唐代贞观、开元这样的盛世，再加上房玄龄、杜如晦、姚崇、宋璟这样的贤明卿相的治理，也不能扭转过来。只有韩文公从庶民百姓中崛起，谈笑间把手一挥，天下人纷纷响应，回到了正路上来。这到今天已经有三百年的时间了。韩文公的文章挽回了已经衰败的八代文风，他指出的道统把天下从沉沦中拯救出来。他的忠心触怒了君王，智勇却胜过三军的统帅，这难道不就是与天地化育万物相等同、与国家盛衰兴亡命运相关联、浩然独存于胸间的正气吗？

曾经有人论述过天道和人事的区别，认为人运用智力没有达不到目的的事，只是天道不是人力所能改变的。人可以用智谋欺骗王公大臣，却不能欺侮小小的猪和鱼；凭借武力可以夺得天下，而却不能得到普通百姓的忠心。因此，韩文公真诚的心能够把衡山上空的乌云驱散，反倒不能使唐宪宗从迷惑中醒悟过来；能够驯服作恶残忍的鳄鱼，却无法制止皇甫镈、李逢吉的诽谤；能够取得南海广大百姓的信任，死后世代享受祭祀，却不能使自己在朝廷上得到一天的安宁。这是因为韩文公最大的本领是顺应天道，而不擅长处理人事。

当初，潮州人不知道学习礼仪、文章，韩文公就派进士赵德去当他们的老师。从这个时候起，潮州的学者们才开始重视礼仪品行，写诗作文，这种良好的风气也影响了平民百姓，直到今天，这里还被称为是最容易治理的地方。孔子说过："君子学习了礼仪道德就会有仁爱之心，平民学习了礼义道德就容易管理。"的确是这样的啊！潮州人对待韩文公，每顿饭都必定祭祀，并且每当遇到水旱灾害、疾病瘟疫等有求于神灵的事情，一定要向他祈祷。可是韩文公的庙宇却在刺史公堂后面，人们去祭祀，觉得进进出出的很不方便。因此，前任太守曾想请求朝廷改建新庙，却一直没有得到实施。元祐五年，朝散郎王涤来到这里任地方官。他上任之后，所有用来培养贤士、治理百姓的措施，都依照韩文公的做法。在百姓已经悦然心服之后，他就下令道，愿意重新修建韩文公新庙的人就听从命令。这时，百姓就都兴高采烈地前去修庙。于是，在距城南七里的地方选定了庙址，只用了一年的时间，就把新的韩文公庙修建成了。有的人说："韩文公被贬到远离京都的潮州去，可是不到一年就被召回去了。假如他死后有知的话，他肯定是不会眷恋潮州的。"我回答道："不对！韩文公的神灵在天地间，就如同水在地下一样，无处不在；可是潮州人对他信赖如此之深，思念又如此之切，在祭奠时升腾的香气中人们感到无限悲伤，就好像见到了他一样。这就像挖井挖到了泉水，却说泉水只是存在在这里的，难道有这样的道理吗？"

元丰元年，宋神宗下诏令封韩文公为昌黎伯，所以新庙的匾额上就题写了："昌黎伯韩文公之庙。"潮州人请我把他的事迹写篇文章刻写在石碑上，于是我写下了一首诗送给他们，让他们歌唱，以此来悼念韩文公。歌词是：

昔日您骑龙驹驾着白云遨游仙乡，广阔的天河日月星辰就在您的身旁。织女为您织造云锦般漂亮的衣服，您飘然而下来到天帝身旁，降临人世间是为了一扫浊世的鄙陋文章，您西游咸池还经过了扶桑这个日出的地方，草木也承受您有如日月经天的灿烂光芒。您追随李白、杜甫和他们一起翱翔，张籍、皇甫湜与您相比，惭愧得汗流满面，退避奔走而僵仆跌倒，您的光辉上下照射，让人不能仰望。您排斥佛学，书写奏章，劝诫君王，反遭贬斥到荒远的地方。谪南海，过衡山、湘江，路经九嶷山上的虞舜墓，您凭吊了尧的女儿女英、娥皇。火神祝融为您开路，海神率领怪物深深躲藏起来了，您为民除害赶跑鳄鱼如驱羔羊。九天之上缺少贤才，上帝心中悲伤，派遣巫阳高歌下凡把您召了回去。今天献上菲薄的祭品表达一片衷肠，请您尝尝鲜红的荔枝、微黄的香蕉。您不多停留一会儿，我们都伤心得流泪成行，您的神灵像太阳下山那样离开了世间，翩然飞走了。

赏析

本文是宋哲宗元祐七年（1092）苏轼应潮州太守王涤之请，为重修的潮州韩愈庙撰写的一篇碑文。

文章分为五段。第一段，以"匹夫而为百世师，一言而为天下法"两句领起，高度肯定了韩愈提倡古文运动的功绩，并连用排比句，论述"浩然之气"，以历史上的圣贤君子比喻韩愈，对其人格表示出极大的崇仰。第二段，论述韩愈在"文"与"道"方面的成就，以"文起八代之衰，道济天下之溺"作出了充分的褒赞。第三段，颂扬韩愈的政绩，运用对比的手法，层层推进，文势雄劲奔放。第四段，评述韩愈治理潮州的功绩，表达了潮州人民的崇敬、爱戴之情，交代出修庙立碑的原因。第五段，叙述韩愈被诏封的时间，并以歌颂韩愈的歌词结束，富于浪漫色彩。

全文的主旨，在于歌颂韩愈。文章对韩愈的思想、道德、文章、人格、际遇和政绩，都极为肯定和推崇。这种认识评价，是苏轼对韩愈的真实认识，虽有褒扬过当之嫌，但大体上还是公允、正确的。

文章善用对比、反衬、比喻和议论等手法，多用排比句式，感情充沛，词采丰美，气势奔放，风格雄浑，后世学者多认为可以与韩愈的文章相匹敌，确实堪称古代碑志体散文中的上乘之作。

乞校正陆贽奏议进御札子

苏轼

臣等猥以空疏①，备员讲读②。圣明天纵③，学问日新。臣等才有限而道无穷，心欲言而口不逮④，以此自愧，莫知所为。

窃谓人臣之纳忠⑤，譬如医者之用药，药虽进于医手，方多传于古人，若已经效于世间⑥，不必皆从于己出。

伏见唐宰相陆贽，才本王佐⑦，学为帝师，论深切于事情⑧，言不离于道德。智如子房⑨，而文则过，辨如贾谊⑩，而术不疏⑪。上以格君心之非，下以通天下之志。但其不幸，仕不遇时。德宗以苛刻为能⑫，而贽谏之以忠厚；德宗以猜忌为术，而贽劝之以推诚；德宗好用兵，而贽以消兵为先；德宗好聚财，而贽以散财为急。至于用人听言之法，治边御将之方，罪己以收人心，改过以应天道，去小人以除民患，惜名器以待有功⑬，如此之流，未易悉数⑭。可谓进苦口之药石⑮，针害身之膏肓⑯。使德宗尽用其言，则贞观可得而复⑰。

臣等每退自西阁⑱，即私相告：以陛下圣明，必喜赘议论。但使圣贤之相契，即如臣主之同时。昔冯唐论颇、牧之贤⑲，则汉文为之太息⑳，魏相条晁、董之对㉑，则孝宣以致中兴㉒。若陛下能自得师，则莫若近取诸贽。夫六经三史、诸子百家，非无可观，皆足为治。但圣言幽远，末学支离㉓，譬如山海之崇深，难以一二而推择。如贽之论，开卷了然。聚古今之精英，实治乱之龟鉴㉔。臣等欲取其奏议，稍加校正，缮写进呈。愿陛下置之坐隅㉕，如见贽面。反复熟读，如与贽言。必能发圣性之高明，成治功于岁月。臣等不胜区区之意，取进止㉖。

注释

①猥：谦词，辱。这里是玷辱职守的意思。　②讲读：指翰林院的侍讲学士和端明殿的侍读学士，职责是讲论经史，以备皇帝询问。　③天纵：天禀，旧时常用为奉承帝王之辞。　④逮（dài）：到，及。　⑤窃：表示自谦，私自的意思。　⑥已经：已经应用。　⑦王佐：能够辅助帝王。　⑧事情：事情的实际情况。　⑨子房：张良，字子房。汉初政治家，智谋出众，为汉朝建立了汗马功劳，封为"留侯"。　⑩贾谊：西汉政治家和文学家。他曾在给汉文帝的治安策中主张"重本抑末"，削弱诸侯王势力。　⑪疏：粗疏，不仔细。　⑫德宗：唐德宗李适（kuò），公元780至805年在位。　⑬名器：古代称代表统治者等级、地位的爵位和车服等。这里指官爵。　⑭数（shù）：计数。　⑮药石：治病的药物和砭（biān）石（石针），这里用来比喻劝进改过的话。　⑯膏肓（huāng）：古代医学上把心尖脂肪称为膏，心脏和膈膜之间称为肓，认为是药力达不到的地方。　⑰贞观：唐太宗的年号（627—649年在位），这里指贞观之治。唐朝初年由于采取了一系列积极措施，出现了经济发展繁荣局面，历史上称作"贞观之治"。　⑱西阁：宋朝皇帝听讲的地方。　⑲冯唐：西汉文帝时任中郎署长。曾向汉文帝称道廉颇、李牧，文帝听后，为得不到这样的名将以抵御匈奴而叹息。颇、牧：指廉颇、李牧。廉颇，战国时赵国名将，屡次战胜齐、魏等国。李牧，战国时赵国名将，长期防守赵国北境，屡次击退东胡、林胡、匈奴的骚扰。　⑳太息：深深地叹息。　㉑魏相：西汉宣帝时曾任丞相，封高平侯。主张整顿吏治，考核实效，在奏章中常引用晁错、董仲舒等人的言论。晁：晁错，西汉政治家。主张募民

充实塞下，防御匈奴，建议削夺诸侯王国的土地。董：董仲舒，西汉唯心主义哲学家、今文经学大师。建议汉武帝"罢黜百家，独尊儒术"，为西汉的大一统学说制造舆论。　㉒孝宣：西汉宣帝刘询，公元前73年至前49年在位。㉓末学：与经学相对而言，指诸子之书和史书。　㉔龟鉴：借鉴。龟，古代用龟甲占卜，以辨吉凶。　㉕坐：同"座"。　㉖进止：进退。

译文

  臣等以粗浅的学识，充任侍讲和侍读之数。陛下天赋圣智聪明，学问日益增长。臣等才能和学识都有限，而学问本身却又是无穷无尽，常常心里想把意思表达清楚，却词不达意，因此感到非常惭愧，不知如何才是好。

  私下里认为，臣属向皇帝敬献忠言，和医生用药没有什么两样，药虽然是从医生手里进献的，但是药方却大多是从古人那里传下来的。假如药方已经在社会上发生过效验，药方不必都由医生自己来配。

  我们觉得唐朝的宰相陆贽，论才能本来就是帝王的辅佐，论学问则可以当帝王的老师。他的议论能深刻地切中事理，他的言论都符合道德规范。智慧如同张良而文才又超过他，才辩如同贾谊而在策略上又不像贾谊那样空疏，对上能纠正君王思想上的错误，对下能沟通天下人的心愿。但是他非常不幸，做官没有遇上好的君王。唐德宗把苛刻当作自己的本事，而陆贽却用忠厚之道来加以劝谏；唐德宗把猜忌当作自己的权术，而陆贽却劝他对臣下要推心置腹；唐德宗喜欢用兵，而陆贽却把消除战争作为首要的任务；唐德宗喜欢聚敛钱财，而陆贽却把钱财散发给老百姓当作迫切的事情。至于任用官吏、听取意见的方法，治理边防、使用将领的策略，遇事多归罪于自己，来争取民心，勇于改正过错，来顺应天道，排斥小人，为百姓除去祸害，珍惜官爵，来封赏有功的人，像这一类的奏议，不胜枚举。可以说算得上是进献的苦口良药，治疗顽疾的针砭。假使德宗能完全采用陆贽的意见，那么，贞观盛世就可重现。

  我们每次从西阁退下来，便私下里相互谈论，认为陛下这样的圣明，一定会欣赏陆贽的议论。只要圣主和贤臣的意见相合，就如同生活在同一个时代一样。从前冯唐谈论起廉颇、李牧的贤能，汉文帝就因为得不到这样的将领而叹息。魏相列举晁错、董仲舒的对策，汉宣帝采纳了，因此实现了中兴。如果陛下您想自己找个老师，那么，没有比从陆贽那里取得的教益更好的了。六经三史、诸子百家，并不是没有什么可观之处，都足以用来治理国家。但是圣人的言论微妙深邃，三史和诸子百家的议论又支离分散，就像山岳一样崇高，像大海一样幽深，难以选择其中的一二以供应用。像陆贽的议论，打开一看就可以理解。它聚集了古今的精华，实在是国家反映治乱的镜子。我们打算选取他的奏议，稍稍加以校正，誊写清楚就献给陛下。希望您把它放在坐席旁边，就好像和陆贽本人在一起。反复熟读，就如同和陆贽面谈一样。这样就一定会启迪陛下圣明的天性，在短时间内完成天下大治的功业。臣等诚挚的心意不能尽于言辞，还得请陛下裁决。

赏析

本文是苏轼元祐七年（1092）写给皇上的一篇奏议。

苏轼由于不愿与王安石为首的变革派共事而自请外放，到元祐初重返朝廷，但又受到以司马光为代表的保守派的排挤，直到元祐七年始得召还。其间二十年，苏轼在政治上屡遭挫折，精神上频遭打击，思想上极其苦闷，生活上备尝艰辛。这一切，又使他更加熟悉民间疾苦，了解"新法"实施的弊端，以及腐败黑暗的官场政治，因此激发起他更为强烈的忠君爱国、忧国忧民的思想感情。这次由苏轼发动、把陆贽的奏议献给宋哲宗的行动，就是一个证明。

苏轼认为，中唐的颓势与宋代的现实，从根本上说来有某些相似之处。因此，本文极力赞扬陆贽及其奏议，认为其才学出众，人品高尚，"论深切于事情，言不离于道德"，忠言直谏，于国于治大有补益。并准备选取其奏议，稍加校正，缮写进呈。由此可见，本文的宗旨，一方面是开出救世的药方，对朝廷实行警告；一方面在于"格君心之非"，希望哲宗皇帝以陆贽奏议为"苦口之药石，针害身之膏肓"，引为借鉴，从而革新政治、挽回危机，完成大治天下的功业。

文章比喻生动，对照鲜明，多用排偶，富于气势和感染力量。

可惜，再过一年，即绍圣元年（1094）的闰四月，哲宗给予苏轼的答复却是更为严酷的长期流放。千年而下，令人废书而泣，悲慨不自禁！

前赤壁赋

苏轼

壬戌之秋[1]，七月既望[2]，苏子与客[3]，泛舟游子赤壁之下。清风徐来，水波不兴。举酒属客[4]，诵明月之诗[5]，歌窈窕之章[6]。少焉，月出于东山之上，徘徊于斗牛之间[7]。白露横江，水光接天。纵一苇之所如[8]，凌万顷之茫然。浩浩乎，如冯虚御风[9]，而不知其所止；飘飘乎，如遗世独立[10]，羽化而登仙[11]。

于是饮酒乐甚，扣舷而歌之。歌曰："桂棹兮兰桨[12]，击空明兮溯流光[13]。渺渺兮予怀[14]，望美人兮天一方[15]。"客有吹洞箫者，依歌而和之。其声呜呜然，如怨，如慕，如泣，如诉，余音袅袅[16]，不绝如缕。舞幽壑之潜蛟[17]，泣孤舟之嫠妇[18]。

苏子愀然[19]，正襟危坐[20]，而问客曰："何为其然也？"

客曰："'月明星稀，乌鹊南飞'，此非曹孟德之诗乎？西望夏口[21]，东望武昌[22]，山川相缪[23]，郁乎苍苍，此非孟德之困于周郎者乎[24]？方其破荆州[25]，下江陵[26]，顺流而东也，舳舻千里[27]，旌旗蔽空，酾酒临江[28]，横槊赋诗[29]，固一世之雄也，而今安在哉？况吾与子，渔樵于江渚之上[30]，侣鱼虾而友麋鹿[31]。驾一叶之扁舟，举匏樽以相属[32]。寄蜉蝣于天地[33]，渺沧海之一粟。哀吾生之须臾，羡长江之无穷。挟飞仙以遨游，抱明月而长终。知不可乎骤得[34]，托遗响于悲风。"

卷之十一 宋文

苏子曰:"客亦知夫水与月乎?逝者如斯,而未尝往也;盈虚者如彼㉟,而卒莫消长也。盖将自其变者而观之,则天地曾不能以一瞬,自其不变者而观之,则物与我皆无尽也,而又何羡乎?且夫天地之间,物各有主,苟非吾之所有,虽一毫而莫取。惟江上之清风,与山间之明月,耳得之而为声,目遇之而成色,取之无禁,用之不竭,是造物者之无尽藏也㊱,而吾与子之所共适㊲。"

客喜而笑,洗盏更酌㊳。肴核既尽㊴,杯盘狼藉㊵。相与枕藉乎舟中㊶,不知东方之既白。

注释

①壬戌:宋神宗(赵顼)元丰五年(1082)。 ②既望:指农历每月十六日。望,农历每月十五日。 ③苏子:苏轼自称。 ④属:劝酒。 ⑤明月之诗:指《诗经·陈风·月出》。 ⑥窈窕之章:指《诗经·陈风·月出》首章。 ⑦斗牛:两个星宿名,即南斗和牵牛。 ⑧纵:任凭。一苇:比喻小船。 ⑨冯:同"凭",依凭。虚:太空。 ⑩遗世:遗弃人世。 ⑪羽化:变化飞升的意思。道家谓人飞升或成仙叫羽化。 ⑫棹(zhào):划船的工具。前推的叫"桨",后推的叫"棹"。 ⑬空明:指在月光映照下的清澄的江面。流光:水波流动的月光。 ⑭渺渺:辽远的样子。 ⑮美人:指所倾慕、向往的人。 ⑯袅(niǎo):形容声音悠扬宛转。 ⑰幽壑(hè):深谷。 ⑱嫠(lí)妇:寡妇。 ⑲愀(qiǎo)然:忧愁的样子。 ⑳正襟:端正衣襟。危坐:端坐。 ㉑夏口:城名,在今湖北武汉汉口西的黄鹄山上。 ㉒武昌:今湖北鄂州。公元221年孙权曾迁都到这里。 ㉓缪(liáo):同"缭",盘绕。 ㉔周郎:即周瑜,孙权的将领。汉献帝建安十三年(208)赤壁之战,周瑜指挥吴、蜀联军大败曹操兵。因其年轻,故称郎。 ㉕荆州:当时荆州治所在湖北襄阳。 ㉖江陵:今湖北江陵。 ㉗舳(zhú)舻:长方形的大船。 ㉘酾(shī)酒:这里指饮酒。酾,滤酒。 ㉙槊(shuò):长矛。 ㉚江渚:江中小洲。 ㉛侣:以……为伴侣。友:以……为友。 ㉜匏(páo)樽:用葫芦做成的酒器。匏,葫芦的一种。 ㉝蜉(fú)蝣(yóu):一种小飞虫,夏秋间生活在水边,只能活几个小时。 ㉞骤得:频频地得到。 ㉟盈虚:指月亮的圆缺。 ㊱造物者:古时以为万物都是天造成,故称天为造物者,也就是现在所说的"自然"。 ㊲适:享用。 ㊳更酌:再斟酒。 ㊴肴(yáo):菜肴。核:果名。 ㊵狼藉(jí):零乱。 ㊶枕藉:相互枕着靠着睡觉。

古文观止鉴赏

译文

　　元丰五年秋天，七月十六日，我和客人乘船，在赤壁下游览。清凉的风缓缓地吹来，江面上水波平静。主人高举着酒杯，邀请客人同饮，诵吟着《明月》诗篇中的"窈窕"章。一会儿，月亮从东山上升起，在斗宿和牛宿之间徘徊不前。白茫茫的雾气笼罩着江面，水光与夜空连成一片。我们任凭小船在茫茫万顷的江面上自由飘动。江面是多么辽阔啊，像是凌空乘风飞去，不知道到哪儿才能休止；飘舞翩翩啊，我们仿佛远离人世，自由自在，飞升变化，登上仙境。

　　于是，喝着酒，快乐极了，敲着船舷唱起歌来。歌词是："桂木做的棹啊兰木做的桨，拍打着清澈的江水啊，船儿迎着流动的波光。我的情怀多么深沉啊，仰望我思慕的人儿，他在遥远的地方。"客人中有位吹洞箫的，和着歌声伴奏。那洞箫声呜呜作响，像是怨恨，又像是思慕，像是哭泣，又像是倾诉，吹完后，余音悠长，像一根轻柔的细丝线延绵不断。使得潜藏在深渊中的蛟龙起舞，孤舟上的寡妇哭泣起来。

　　我不禁心情感伤起来，整理好衣襟，端正地坐着，问客人道："为什么箫声这样悲凉呢？"

　　客人说："'月明星稀，乌鹊南飞'，这不是曹操的诗句吗？向西望是夏口，向东望是武昌，山川缭绕，草木茂盛苍翠，这个就是曹孟德被周瑜打败的地方吗？当他夺取荆州，攻占江陵，顺着长江东下的时候，战船接连千里，旌旗遮蔽天空。他面对着长江饮酒，横握着长矛朗诵诗篇，本来就是盖世英雄，可是现在却在哪里呢？何况我与你在江中小洲上捕鱼打柴，和鱼虾为伴侣，以麋鹿为朋友。驾着一片叶子样的小舟，拿着简陋的酒杯互相劝酒。就像蜉蝣一样，将短暂的生命寄托在天地之间，渺小得像大海里的一粒米。哀叹我们生命的短促，而羡慕长江的流水无尽无休。希望拉着神仙飞升遨游，和明月一起永世长存。明明知道这种想法是不可能实现的，只好把箫声的余音寄托在这悲凉的秋风中。"

我说:"你们了解那江水和月亮吗?江水总是像这样不断地流去,但也不曾流去;月亮总是那样时圆时缺,但是始终没有增减。大概说来,如果要从变的方面来看,那么,天地间的一切事物,没有一瞬一息时间停止了运动,如果从不变的方面来看,那么,万物和我们都是长存不变的,你又何必羡慕它们呢?再说,天地之间,万物都有各自的主宰,如果不是我所有的东西,虽然只是一丝一毫也不能取用。只有江上的清风和山间的明月,耳朵听到它就成为声音,眼睛看到它就成了颜色,取用它们,没有人禁止,享用它们,无穷无尽。这是大自然的无穷无尽的宝藏,而我和你们可以共同享用它们。"

客人听说,高兴地笑了。于是洗了酒杯,重新斟酒再喝。菜肴果品都吃完了,酒杯、菜盘杂乱地放着。我和客人们互相靠着在船中睡着了,不知不觉东方已经散发出白色的曙光。

赏析

本赋是宋神宗元丰五年(1082)苏轼贬谪黄州时所作。

文章通过月夜赤壁的江水景色描写,和主客对于人生哲理的问答,探讨了人生与宇宙的奥秘,表现出在遭受政治打击后力图摆脱精神苦闷的心路历程。

全文以"乐——悲——乐"为情感线索,分五层展开。首层,描写秋夜泛舟赤壁的情景和飘然欲仙的快乐心境。次层,描写由"乐"转"悲"的心情,连用六个形象的比喻表现出箫声的悲哀凄凉,引出主客关于人生问题的问答。第三层,以客答形式,抚今追昔,抒发了人生短暂、功名如烟的悲慨。第四层,以主答的形式,阐明人生和宇宙"变"与"不变"的哲理,用"超然""旷达"与"淡泊",来安慰自我,获得精神的解脱。末层,以"客喜而笑",转悲为乐,照应篇首,结束全文。

整篇赋,由喜而悲、由悲转喜,悲喜交织的过程,巧妙地借主客问答方式传达出来,唱叹出作者真实、复杂的心声。

全文纵横跌宕,变化多姿。诗的语言和境界,赋的辞藻、骈偶和声律,散文舒卷自如的笔调,熔于一炉。写景、抒情、说理浑然一体，诗情、画意、理趣相互映衬，把抽象复杂而又广阔无垠的感情世界，表现得十分形象具体，极富艺术魅力，是文赋中的传世珍品。

后赤壁赋

苏轼

是岁十月之望[1]，步自雪堂，将归于临皋[2]。二客从予过黄泥之坂[3]。霜露既降，木叶尽脱，人影在地，仰见明月，顾而乐之[4]，行歌相答。

已而叹曰："有客无酒，有酒无肴，月白风清，如此良夜何！"客曰："今者薄暮，举网得鱼，巨口细鳞，状如松江之鲈[5]。顾安所得酒乎[6]？"归而谋诸妇。妇曰："我有斗酒，藏之久矣，以待子不时之需[7]。"于是携酒与鱼，复游于赤壁之下。江流有声，断岸千尺；山高月小，水落石出。曾日月之几何，而江山不可复识矣。予乃摄衣而上，履巉岩[8]，披蒙茸[9]，踞虎豹[10]，登虬龙[11]，攀栖鹘之危巢[12]，俯冯夷之幽宫[13]。盖二客不能从焉。划然长啸[14]，草木震动，山鸣谷应，风起水涌。予亦悄然而悲[15]，肃然而恐[16]，凛乎其不可留也[17]。反而登舟[18]，放乎中流，听其所止而休焉。时夜将半，四顾寂寥。适有孤鹤，横江东来。翅如车轮，玄裳缟衣[19]，戛然长鸣[20]，掠予舟而西也。

须臾客去[21]，予亦就睡，梦一道士，羽衣翩跹[22]，过临皋之下，揖予而言曰："赤壁之游乐乎？"问其姓名，俯而不答。"呜呼！噫嘻！我知之矣。畴昔之夜[23]，飞鸣而过我者，非子也耶？"道士顾笑，予亦惊寤[24]。开户视之，不见其处。

注释

①望：农历每月十五日。　②临皋：亭名，在今湖北黄冈南，长江之旁。　③黄泥之坂（bǎn）：黄泥坂，在临皋亭附近。坂，山坡。　④顾：看。

⑤松江：地名，今属上海。以产鲈鱼著名。　⑥顾：但是，不过。　⑦不时之需：临时的、意外的需要。　⑧履：践，踏。巉（chán）岩：险峻的山崖。　⑨披：分开。蒙茸：杂乱的丛草。　⑩虎豹：指虎豹形状的石头。　⑪虬（qiú）龙：指虬龙状的树木，形容树干弯曲的形状。虬，古代传说中的一种有角的小龙。　⑫鹘（hú）：隼，一种猛兽。　⑬冯（píng）夷：古代传说中的水神名。　⑭划然：指长啸声。　⑮悄然：忧愁的样子。　⑯肃然：严肃的样子。这里指害怕的样子。　⑰凛乎：令人敬畏的样子。　⑱反：同"返"。　⑲玄裳缟衣：黑裙白衣。裳，古人称下衣为裳。　⑳戛（jiá）然：拟声词。这里指鸟鸣声。　㉑须臾：一会儿。　㉒羽衣：道士穿的衣服。蹁（piān）跹（xiān）：旋转的舞态，这里比喻道士体态轻盈。　㉓畴昔：往日。这里指昨日。畴，语助词。　㉔寤：睡醒。

译文

这一年十月十五日，我从雪堂出发，准备回到临皋亭。有两位客人跟着我，一起走过黄泥坂。这时已经降过霜露，树叶全都脱落了。我们的身影投到地上，抬头望见明月高悬。主客相顾而笑，一路行歌互相唱答。

过了一会儿，我叹惜道："有了客人没有酒，就有了酒，也没有下酒的菜肴。月这样明，风这样清，怎样才能度过这美好的夜晚呢？"一位客人说："今天傍晚，我在江上撒网，恰好捕得一条鱼，大嘴巴细鳞片，样子很像松江鲈。不过又从哪儿才能弄到酒呢？"回到家里，我与妻子商量这件事。妻子说："我有一斗酒，贮存了好久了，预备供你在料想不到的时候用。"于是，我们带着酒和鱼，又到赤壁下游览。长江的流水发出声响，陡峭的江岸峭壁高达千尺。山峰高耸，月亮就显得很小；江水下落，礁石露出水面。没经过多少时光，江山就变得不能认识了！我就撩起衣襟上岸，踏着险峻的山岩，拨开丛生的杂草，蹲在形如虎豹的石头上，爬上状似虬龙的树枝，攀上猛禽做窝的悬崖，俯视水神的宫府。两个客人都不能随我一起攀登了。我破空长啸了一声，全山的草木都震动起来，远近的山谷回荡着回声。大风吹起，波涛汹涌。我也觉忧伤悲哀起来，心头感到恐惧。恐怖的气氛使我再也不能待在那里了。我回到船上，把船划到江心，任凭它漂流到哪里,就到哪里停下来。这时将近半夜了,望望四周,觉得冷清寂寞得很。正好有一只孤鹤,横穿江面从东边飞过,翅膀张开像车轮一般大,浑身又像穿着黑裙白衣,戛然一声长鸣。从我船边掠过,向西飞去。

一会儿客人走了,我也回家睡觉,梦见一位道士,穿着用羽毛制成的衣裳,轻盈飘逸,从临皋亭下经过。他向我行过礼,说:"你们赤壁之游,玩得高兴吧?"我请问他的名字,他却低头不答。"哎呀,我知道了,昨天夜里,长叫一声从我身边飞过的,不正是您吗?"道士看着我笑了笑,我也就惊醒了。开门一看,已经见不到他的去处了。

赏析

本文是《前赤壁赋》的姊妹篇。苏轼第二次游赤壁,距前次仅三个月,但已是一派初冬景象。

文章借助月夜冬景的变迁,抒发了人世沧桑的感叹,借助孤鹤、道士的梦境,寄托了超然出世的思想。其主旨与《前赤壁赋》基本相同,是东坡贬官黄州后艰难的政治处境和苦闷的内心世界的反映。

但是,两赋季节不同,人物各异,在艺术表现上又各具千秋。首先,景物描绘展现出不同的境界。前赋是秋天月夜,清爽宁静,心情悠然旷达;此赋是冬天月夜,寥落幽峭,心绪寂寞闲放。前赋写"乐","羽化而登仙",虚幻超然;此赋写"乐",无酒无肴,"行歌相答",具体实在。前赋由箫声而引起"悲",此赋从"顾而乐之"而引出"叹"。彼此景不同,情相似,笔法各异。其次,两赋的感情色彩亦有区别。前赋以主客问答,"乐——悲——乐"的脉络清晰可辨;此赋主客之间,多一个客妻的插话,感情和文笔起伏变化,不可捉摸。前赋以清风明月和挟仙遨游,表现出摆脱苦闷的心路;此赋以萧索的山川,攀登的险景,孤鹤、道士的幻境,所表达的思想感情,到底是内心的悲凉、寻求解脱的苦闷,还是在苦闷中努力挣扎,不甘沉沦,入世与出世交战于胸中的矛盾?迷离恍惚,耐人寻味。

强幼安《唐子西文录》说："赤壁二赋，一洗万古。"以两篇的思想、艺术论之，大体不错。

三槐堂铭

苏轼

天可必乎？贤者不必贵，仁者不必寿。天不可必乎？仁者必有后。二者将安取衷哉①？吾闻之申包胥曰②："人定者胜天，天定亦能胜人③。"世之论天者，皆不待其定而求之，故以天为茫茫。善者以怠，恶者以肆。盗跖之寿④，孔、颜之厄⑤，此皆天之未定者也。松柏生于山林，其始也，困于蓬蒿，厄于牛羊，而其终也，贯四时⑥，阅千岁而不改者，其天定也。善恶之报，至于子孙，则其定也久矣。吾以所见所闻考之，而其可必也审矣。

国之将兴，必有世德之臣，厚施而不食其报，然后其子孙能与守文太平之主共天下之福。故兵部侍郎晋国王公⑦，显于汉周之际，历事太祖、太宗⑧，文武忠孝，天下望以为相，而公卒以直道不容于时。盖尝手植三槐于庭曰："吾子孙必有为三公者⑨。"已而其子魏国文正公⑩，相真宗皇帝于景德、祥符之间⑪，朝廷清明，天下无事之时，享其福禄荣名者，十有八年。今夫寓物于人，明日而取之，有得有否。而晋公修德于身，责报于天，取必于数十年之后，如持左契⑫，交手相付。吾是以知天之果可必也。

吾不及见魏公，而见其子懿敏公⑬，以直谏事仁宗皇帝⑭，出入侍从将帅三十余年，位不满其德。天将复兴王氏也欤？何其子孙之多贤也！

世有以晋公比李栖筠者⑮，其雄才直气，真不相上下。而栖筠之子吉甫⑯，其孙德裕⑰，功名富贵，略与王氏等，而忠恕仁厚，不及魏公父子。由此观之，王氏之福，盖未艾也⑱。

懿敏公之子巩⑲，与吾游，好德而文，以世其家，吾是以录

675

之。铭曰：

呜呼休哉[20]！魏公之业，与槐俱荫。封植之勤，必世乃成。既相真宗[21]，四方砥平[22]，归视其家，槐阴满庭。吾侪小人[23]，朝不及夕，相时射利[24]，皇恤厥德[25]，庶几侥幸[26]，不种而获。不有君子，其何能国！王城之东[27]，晋公所庐，郁郁三槐，惟德之符。呜呼休哉！

注释

①衷：同"中"，这里是正确的意思。 ②申包胥：姓公孙，封地在申，故称申包胥。春秋时楚国大夫。 ③人定：人的意志。天定：天的意志，即天道。 ④盗跖：传说中春秋末期楚国奴隶起义领袖。盗，古代统治阶级对起义者的蔑称。 ⑤孔：孔丘，字仲尼。春秋末期儒家学派的创造人。颜：颜渊，字回，孔子的弟子。 ⑥贯：通。 ⑦兵部侍郎晋国王公：即王祐，字景叔。五代末年至宋初时人。后汉、后周时，曾分别任司户参军、县令等职；宋初任潞州知州，后任兵部侍郎，死后封为晋国公。 ⑧太祖：即宋太祖赵匡胤（960—975年在位）。太宗：即宋太宗赵匡义（976—997年在位），太祖之弟，即位后改名炅（jiǒng）。 ⑨三公：西汉以丞相、太尉、御史大夫合称三公，宋仍沿袭这种称呼，但已无实际职务。 ⑩魏国文正公：王旦，字子明，王祐次子。宋太宗太平兴国年间（976—983）进士。真宗时拜给事中、同知枢密院事，后又任工部尚书、同中书门下平章事（即宰相）。死后封魏国公，谥文正。 ⑪真宗：宋真宗赵恒（998—1022年在位）。景德：宋真宗年号，公元1004年至1007年。祥符：宋真宗年号，"大中祥符"的简称，公元1008年至1016年。 ⑫左契：古代契约分为左、右两联，双方各执一联。左契即左联，常用为索偿的凭证。 ⑬懿（yì）敏公：王素，字仲仪，王旦之子。曾任鄂州知州，知谏院，因事贬为成都知府；后为渭州知州，教民耕作习战事，积累了十年的粮食，士气振奋，敌人不敢侵犯。官至工部尚书，谥懿敏。 ⑭仁宗：宋仁宗赵祯（1023—1063年在位），十三岁继位，太后摄政，太后死后才亲自执政。 ⑮李栖筠（yún）：字贞一，唐代宗时人。进士出身，官至给事中，为元载忌恨，贬为常州刺史，又任浙西观察使。唐代宗拟任命他做宰相，由于元载阻止而未成。 ⑯吉甫：李栖筠之子，字弘宪。唐宪宗时两次出任宰相，一次任节度使，曾参与策划平定藩镇叛乱，并改换三十六藩镇，裁减冗员，维护了中央政权。 ⑰德裕：李吉甫之子，字文饶。唐武宗时的宰相。执行削弱藩镇政策，遭敌对派打击，贬死在崖州（今海南海口）。 ⑱艾：停止，完结。 ⑲巩：王素之子王巩，字定国，自

676

号清虚先生，擅长作诗，与苏轼关系很好，后任宗正丞。 ⑳呜呼休哉：表示感叹、赞美的意思。 ㉑既：已经，已然。 ㉒砥（dǐ）平：像磨刀石般的平稳，这里指国家平定。 ㉓侪（chái）：辈。 ㉔射：追求，攫取。 ㉕皇：同"遑"，闲暇。 ㉖庶几（jī）：也许能够。 ㉗王城：指宋朝京城汴京（今河南开封）。

译文

　　天可以认为是必然要表示它的意志吗？但是贤能的人不一定富贵，仁爱的人却不一定长寿。天不可以认为是必然表示它的意志吗？但是仁爱的人一定有好的后代。这二者哪一种是正确的说法呢？我听说申包胥曾经说过："人的意志可以胜过天命，天的意志也能胜过人为的努力。"但世上议论天道的人，都不等天的意志完全表现出来就去责求它，因此认为天是茫茫无知的。善良的人因此而倦怠，邪恶的人因此而放肆。盗跖可以长寿，孔子、颜回却遭受困厄，这都是天还没有表现出意志来的缘故。松柏生长在山林中，开始的时候，被蓬蒿围困，遭牛羊的践踏，但最终还是四季常青，经历千年而不凋零，这就是上天的意志。对人的善恶的报应，有的要到子孙后代才表现出来，那么，天的意志可以说是由来久远的。我根据所见所闻的实事来考察，天必然是要表示它的意志的，这是明白无疑的。

　　国家将要兴盛，必然有世代积德的大臣，做了大量的善事而没有得到善报，但此后他的子孙却能够与守成这太平盛世的君主共同享受天下之福。已故的兵部侍郎晋国公王祐，显扬于后汉、后周之间，并先后在太祖、太宗两朝任职，能文能武，为人忠孝，品德高尚，天下人都希望他能出任宰相，但是最终由于他性情率直而不为当世所容。他曾经在庭院中种了三棵槐树，说："我的子孙将来一定有做三公的。"后来他的儿子魏国文正公，果然在宋真宗景德、祥符年间当了宰相，那时正值朝廷政治清明，天下无事，享受了荣华富贵十八年。今天把东西寄存在别人家中，第二天去取，就有可能有时取得到，有时却取不到。而晋公自身修养德行，希望得到上天的报偿，在几十年后，得到了上天必然的回报，就像手持契约，亲手交割一样。我因此知道上天确实是可以认为它必然要表示它的意志的。

我没有赶上见到魏国公，而见到了他的儿子懿敏公。他常常对仁宗皇帝直言极谏，出外带兵、入内侍从三十多年，这种爵位还不足以和他的德行相称。是上天要使王氏重新兴盛吗？为什么他家的子孙有这样多的贤能之士呢？

世人有用晋国公和李栖筠相比较的，他们的杰出的才能、正直的气质，确实不相上下。李栖筠的儿子李吉甫、孙子李德裕，享有的功名富贵和王氏差不多，但在忠恕仁厚方面，则赶不上魏公父子。从这看来，王氏的福分大概还没有完结哟。

懿敏公的儿子王巩和我有交往，他崇尚道德而又善作文章，能继承家风，我因此把他家的事记了下来。铭文为：

啊，多么美好啊！魏公的家业，和槐树一起萌生。辛勤地培植，必定经过一代才能长成。辅佐真宗，天下安宁。回到家中一看，槐树掩映庭院。普通的人，早晨不考虑晚上，只要有有利时机，就会追求名利，哪里还有时间进行道德修养。只希望有侥幸的运气，不种植就能收获。如果没有那些君子，国家就不成其为国家了。京城的东面，是晋国公居住的地方，郁郁葱葱的三棵槐树，正象征着王家的道德。啊！多么美好啊！

赏析

本文是宋神宗元丰二年（1079）苏轼在湖州任上为学生王巩家中的"三槐堂"题写的铭词。

三槐堂，是北宋初年兵部侍郎王祐家的厅堂，因王祐手植三株槐树于庭院而得名。古代传说，三槐象征朝廷官吏中职位最高的三公。而王祐，正是王巩的曾祖父。

文章的主题，在于歌颂王祐的品德和功业，分两层进行。第一层，从天命的有常立论，肯定了善善恶恶的因果报应，提出"仁者必有后"的观点，为全文的理论基础。第二层，记叙了王祐手植三槐的经过和期待，以及王祐子孙后代多有仁德贤能者的事实，说明王祐仁爱厚施、积善成德，因此才子孙多贤，福祚绵绵不绝，从而论证了观点，突出了主旨。

全文贯穿着天命有常、因果报应的思想,内容甚无可取。但作者崇尚仁厚忠恕的德行,认为"善恶之报,至于子孙",则显然带有惩创人心、引为鉴戒的良苦用心,似也不能全盘否定之。

文章叙议兼行,挥洒如意。文字简洁,自然流畅。

方山子传

苏轼

方山子①,光黄间隐人也②。少时慕朱家、郭解为人③,闾里之侠皆宗之④。稍壮,折节读书⑤,欲以此驰骋当世,然终不遇。晚乃遁于光黄间曰岐亭⑥,庵居蔬食⑦,不与世相闻。弃车马,毁冠服⑧,徒步往来。山中人莫识也,见其所著帽方耸而高,曰:"此岂古方山冠之遗像乎⑨?"因谓之方山子。

余谪居于黄,过岐亭,适见焉。曰:"呜呼!此吾故人陈慥季常也,何为而在此?"方山子亦矍然问余所以至此者⑩。余告之故。俯而不答,仰而笑,呼余宿其家。环堵萧然⑪,而妻子奴婢皆有自得之意。余既耸然异之⑫。

独念方山子少时使酒好剑⑬,用财如粪土。前十九年,余在岐山⑭,见方山子从两骑挟二矢游西山⑮。鹊起于前,使骑逐而射之,不获;方山子怒马独出⑯,一发得之。因与余马上论用兵及古今成败,自谓一时豪士。今几日耳,精悍之色,犹见于眉间,而岂山中之人哉?

然方山子世有勋阀⑰,当得官⑱,使从事于其间,今已显闻⑲。而其家在洛阳,园宅壮丽与公侯等⑳。河北有田,岁得帛千匹,亦足以富乐。皆弃不取,独来穷山中㉑,此岂无得而然哉?

余闻光、黄间多异人,往往佯狂垢污㉒,不可得而见,方山子傥见之欤㉓?

679

注释

①方山子：姓陈，名慥（zào），字季常。太常太卿陈希亮之子，生卒年不详。 ②光：光州，州治在今河南潢川。黄：黄州，在今湖北。 ③朱家、郭解：都是西汉时的游侠之士。 ④闾里：乡里。 ⑤折节：改变以往的志向和行为。 ⑥遁：同"遁"。岐亭：岐亭镇，在今湖北麻城西南。 ⑦庵：小草屋。 ⑧冠服：指一般读书人穿戴的衣帽。 ⑨方山冠：汉代乐师戴的帽子，用彩色的丝织品制成。唐、宋时隐士常戴这种帽子。 ⑩矍（jué）然：吃惊的样子。 ⑪堵：墙壁。萧然：冷落的样子。 ⑫耸然：惊奇的样子。 ⑬使：纵。这里是纵饮的意思。 ⑭岐山：今陕西岐山。 ⑮从：使……跟从。 ⑯怒马：形容马迅猛奔驰。怒，这里是振奋的意思。 ⑰勋阀：功劳。 ⑱当：应当。 ⑲显闻：显贵闻达。 ⑳公侯：指大官僚贵族。 ㉑穷：偏僻。 ㉒佯狂：假装发狂。 ㉓傥：或者。

译文

方山子是光州、黄州一带的隐士。年轻时，仰慕朱家、郭解的为人，乡里的游侠都很推崇他。成年后，他改变了以前的兴趣，发奋读书，想以此在当世做一番大事业，但是一直没有得到实现的机会。晚年就隐居在光州、黄州之间一个叫岐亭的地方。住在草屋里，吃素食，也不同社会交往。他放弃了坐车骑马，毁坏了书生衣帽，徒步来往于山间，山里人没有不认识他的。人们见他戴的帽子又方又高，都说："这不就是古代方山冠遗留下来的样子吗？"于是，就称他为"方山子"。

我因贬官住在黄州时，有一次经过岐亭，正好遇见了他。我说："哎哟，这是我的老朋友陈慥陈季常呀，怎么会住在这里的呢？"方山子也惊讶地问我到这里来的原因。我把情况告诉了他。他先是低着头不说话，继而仰天大笑，邀请我到他家去住宿。他家的房舍四壁萧条，然而他的妻子、儿女和奴婢都显出安适自在的样子。我对此感到十分惊奇。

我回想起方山子年轻的时候，纵情饮酒，喜好剑术，挥金如土的事情。十九年前，我在岐山下，看见方山子带着两名骑马随从，挟着两只箭，在西山游猎。只见前方飞起一只鹊，方山子让他们追赶射鹊,结果都没有射中。方山子独自跃马而出,一箭就射中了飞鹊。他在马上和我谈论起用兵之道以及古今成败之事,自以为是一代豪杰。至今又过去了许多日子了,但是一股勃勃英气,依然从他的眉宇间看得出来,这难道会是一个隐居山中的人吗?

方山子一家,世世代代都有功勋,他自己也应该得到官职。假如他厕身官场的话,今天必能显贵闻达。他家原在洛阳,园宅雄伟富丽,可以同公侯之家相比。在河北地方还有田地,每年有上千匹的丝帛收入,这些足以过富裕安乐的生活了。但是,他抛开一切不管,独自来到穷山僻壤。这倘无自得之道能够这样做吗?

我听说光州、黄州一带有很多奇异的人,常常假装疯狂,浑身污垢,但是无法见到他们,方山子或许能看见他们吧?

赏析

这是苏轼为友人陈慥所写的一篇人物传记。

文章分为三部分。第一部分简要叙述方山子的生平大略和方山子称呼的由来;第二部分描写作者与方山子的两次交往,突出陈慥的游侠豪气和隐居淡泊的操守,倾注了爱慕、赞叹之情;第三部分抒发议论,表示对方山子其人其事的认识和评价,借以抒发了作者的人生感慨。通篇文章,夹叙夹议,感慨淋漓,既塑造了方山子豪侠慷慨、不慕荣利的高士形象,又寄托了作者的人世之感,是司马迁《伯夷列传》《游侠列传》一类的文章。

本文力避一般传记平铺直叙的写法,运用倒叙和插叙,摘取方山子少、壮、晚三个时期的游侠、隐居、安处贫贱等二三事,以少总多,传神写照,突出了方山子的性格特点和神态风貌。例如:"余谪居于黄,过岐亭,适见焉。曰:'呜呼!此吾故人陈慥季常也,何为而在此?'方山子亦矍然问余所以至此者。余告之故。俯而不答,仰而笑,呼余宿其家,环堵萧然,而妻子奴婢皆有自得之意。余既耸然异之。"描写与方山子偶然重逢的一个片断,方山子笑而不答的神情,家人坦然自乐的状态,作者的惊异耸然，都活灵活现，耐人寻味。方山子对于人生真谛的彻悟认识，其安贫乐贱的恬淡襟怀，跃然纸上，宛若目睹。

文章语带感情，精练生动，言有尽而意无穷，留给人们无限的回味和思考。

六国论

苏 辙

尝读六国世家①，窃怪天下之诸侯，以五倍之地，十倍之众，发愤西向，以攻山西千里之秦②，而不免于灭亡。常为之深思远虑，以为必有可以自安之计。盖未尝不咎其当时之士③，虑患之疏，而见利之浅，且不知天下之势也。

夫秦之所与诸侯争天下者，不在齐、楚、燕、赵也④，而在韩、魏之郊⑤。诸侯之所与秦争天下者，不在齐、楚、燕、赵也，而在韩、魏之野。秦之有韩、魏，譬如人之有腹心之疾也，韩、魏塞秦之冲，而蔽山东之诸侯⑥，故夫天下之所重者，莫如韩、魏也。

昔者范雎用于秦而收韩⑦，商鞅用于秦而收魏⑧。昭王未得韩、魏之心而出兵以攻齐之刚、寿⑨，而范雎以为忧。然则秦之所忌者，可见矣。秦之用兵于燕、赵，秦之危事也。越韩过魏，而攻人之国都，燕、赵拒之于前，而韩、魏乘之于后⑩，此危道也。而秦之攻燕、赵，未尝有韩、魏之忧，则韩、魏之附秦故也。夫韩、魏诸侯之障，而使秦人得出入于其间，此岂知天下之势邪？委区区之韩、魏以当强虎狼之秦⑪，彼安得不折而入于秦哉⑫？韩、魏折而入于秦，然后秦人得通其兵于东诸侯，而使天下遍受其祸。

夫韩、魏不能独当秦，而天下之诸侯，藉之以蔽其西，故莫如厚韩亲魏以摈秦。秦人不敢逾韩、魏以窥齐、楚、燕、赵之国，而齐、楚、燕、赵之国，因得以自完于其间矣。以四无事之国，佐当寇之韩、魏，使韩、魏无东顾之忧，而为天下出身以当秦兵。以二国委秦，而四国休息于内以阴助其急。若此，可以应夫无穷，彼秦者将何为哉！

不知出此，而乃贪疆场尺寸之利⑬，背盟败约，以自相屠灭。秦兵未出，而天下诸侯已自困矣。至于秦人得伺其隙，以取其国。可不悲哉！

注释

①世家：《史记》的一种体例，主要用于记载诸侯国、王的历史。六国各有世家。　②山西：指崤山以西地区，秦处于这一地区。秦：古国名。春秋时占有今陕西中部和甘肃东南端，建都于雍（今陕西凤翔），战国时迁都咸阳（今属陕西）。公元前221年，秦王嬴政攻灭六国，完成统一。　③咎：归罪。　④齐：战国时辖有今山东大部及河北一部分，都城在临淄（今山东淄博东北）。公元前221年为秦所灭。楚：战国时疆域曾扩展到今河南、山东、湖北、湖南、浙江等省，始建都于郢（今湖北江陵），后迁于陈（今河南淮阳），又迁于寿春（今安徽寿县）。公元前225年为秦所灭。燕：战国时管辖今河北北部、辽宁西部和南部，建都于蓟（今北京）。公元前222年为秦所灭。赵：战国时辖有河北西部、山西北部和河套地区，始建都晋阳（今山西太原），后迁都邯郸（今属河北）。公元前222年为秦所灭。　⑤韩：曾辖有今山西东南角和河南中部。始建都于阳翟（今河南禹州），后迁都新郑（今属河南）。公元前230年为秦所灭。魏：战国时辖有西达今山西、陕西交界的黄河以西，北达河北定州，南至河南开封等地。始建都安邑（今山西夏县西北），后迁都大梁（今河南开封）。公元前225年为秦所灭。　⑥山东：崤山以东，泛指秦以外的诸侯国。　⑦范雎（jū）：字叔。战国时魏人。曾任秦国相，封于应（今河南宝丰西南），又称"应侯"。　⑧商鞅：战国时卫人。姓公孙，名鞅，又称卫鞅。在他的策划下，秦国多次攻打魏国。　⑨昭王：秦昭王，即秦昭襄王，公元前306年至前251年在位。刚：地名，在今山东兖州附近。寿：寿张，在今山东东平北。　⑩乘：追逐。　⑪委：放弃。　⑫折：屈服。　⑬疆场（yì）：国境。

译文

我曾经阅读《史记》的六国世家，让我感到奇怪的是，天下诸侯凭着五倍的土地、十倍的民众，决然向西进兵，去攻打崤山以西的方圆千里的秦国，而最后竟不能免于灭亡。我常常替他们深思远虑，以为一定会有使他们保全的计谋。因此我未尝不责备当时六国策士们对祸患的考虑太疏忽了，对利害的见识太短浅了，而且根本不了解天下的形势。

秦国同诸侯国争夺天下的要害地区，不在齐、楚、燕、赵四国，而只在韩、魏两国。诸侯国同秦国争夺天下的关键地区，不在齐、楚、燕、赵四国，而在韩、魏两国。韩、魏的存在，对秦国来说，就好比人有心腹之患。韩、魏两国挡住了秦国的交通要道，掩蔽着崤山以东的各诸侯国，所以天下再没有像韩、魏那样重要的地方了。

从前范雎被秦国重用时就去笼络韩国，商鞅被秦国任用后，就去笼络魏国。秦昭王在没有得到韩、魏的真心归顺时，就出兵去攻打齐国的刚、寿等地，范雎对此感到很是忧虑，那么就可以看到秦国所顾忌的是什么东西了。秦国出兵燕、赵，对秦国来说是危险的事情。因为秦国越过韩、魏去攻别的国家国都，前有燕、赵的抵抗，而韩、魏又乘机从后面袭击，这是危险的用兵之道。然而秦国进攻燕、赵时，却不曾有过韩、魏从后面袭击的忧虑，那是因为韩国和魏国已依附了秦国的缘故。韩国和魏国是其他诸侯国的屏障，却让秦人在那里畅通无阻。这难道可以说明了天下大势吗？放弃了小小的韩、魏，让它们去抵挡如狼似虎的秦国，它们怎么会不屈服于秦国呢？韩国和魏国屈服于秦国，这以后秦国的军队就可以毫无阻挡地向东方用兵，从而使得天下遍受战祸。

韩国和魏国不能独自抵抗秦国，而天下的诸侯却又要依靠它们来保护自己，以免遭受西方的侵略，所以不如加强与韩、魏的亲密关系，来抵抗秦国。秦人不敢逾过韩、魏来窥伺齐、楚、燕、赵等国，那么，齐、楚、燕、赵等国也就能凭借这种局势保全自己。四个没有战争的国家，来支持面对强敌的韩、魏，让韩、魏两国没有后顾之忧，从而替天下的诸侯挺身而出抵抗秦军。让韩、魏两国去对付秦国，而四国在内部休养生息，来暗中帮助韩、魏解决急难，像这样便可以应付所有情况，那秦国还能够怎么样呢？

不出于这样的考虑，却只知道贪图边界上的尺寸之利，背弃破坏盟约，自相残杀。秦国还没出兵而天下各诸侯国已经疲惫不堪了，使秦人有空子可钻，来夺取他们的国家，这能不令人悲伤吗？

赏析

本文主要论述战国时期齐、楚、燕、韩、赵、魏六国之所以被秦吞灭的原因。

苏辙认为，六国以五倍之地、十倍之众而反被秦一一吞灭，根本的原因，在于双方决策者对韩、魏在战略上的重要意义认识不同。

秦国决策者充分认识到韩、魏在战略上的重要性，先后施计攻取韩、魏，占领中原百战之枢纽，然后通过韩、魏征伐其他四国，远交近攻，终收成效。

而六国决策者却缺乏远见，胸无大局，贪图疆域尺寸之利，背盟弃约，自相残杀；当秦吞食韩、魏之时，又坐视不救，幸灾乐祸。这就给秦以可乘之机，结果被秦各个击破、逐一翦灭。

苏辙还以假设之辞，推论当时六国决策者如果能认识到韩、魏的战略意义，救助韩、魏，抵抗秦国，团结一致，不自相屠灭，那么，秦国是不可能吞并天下的。

整篇文章，观点鲜明，见解新颖，独具卓识，格调自高。论据充分，说理严密，处处以秦国与六国对比论述，颇有说服力量。语言明快，笔挟感情，叙议兼行，文势纵横。不愧是一篇有独特见解的短小精悍的史论文章。

上枢密韩太尉书

苏辙

太尉执事[①]：辙生好为文，思之至深[②]。以为文者，气之所形③，然文不可以学而能，气可以养而致。孟子曰："我善养吾浩然之气④。"今观其文章，宽厚宏博，充乎天地之间，称其气之小大⑤。太史公行天下⑥，周览四海名山大川，与燕、赵间豪俊交游⑦，故其文疏荡⑧，颇有奇气⑨。此二子者，岂尝执笔学为如此之文哉？其气充乎其中，而溢乎其貌，动乎其言，而见乎其文⑩，而不自知也。

辙生年十有九年矣，其居家所与游者，不过其邻里乡党之人⑪。所见不过数百里之间，无高山大野可登览以自广。百氏之书虽无所不读⑫，然皆古人之陈迹，不足以激发其志气。恐遂汩没⑬，故决然舍去，求天下奇闻壮观，以知天地之广大。过秦、汉之故都⑭，恣观终南、嵩、华之高⑮，北顾黄河之奔流，慨然想见古之豪杰。至京师⑯，仰观天子宫阙之壮，与仓廪府库城池苑囿之富且大也⑰，而后知天下之巨丽；见翰林欧阳公⑱，听其议论之宏辨⑲，观其容貌之秀伟，与其门人贤士大夫游，而后知天下之文章聚乎此也。太尉以才略冠天下⑳，天下之所恃以无忧，四夷之所惮以不敢发㉑，入则周公、召公㉒，出则方叔、召虎㉓，而辙也未之见焉。

且夫人之学也，不志其大㉔，虽多而何为？辙之来也，于山见终南、嵩、华之高，于水见黄河之大且深，于人见欧阳公，而犹以为未见太尉也。故愿得观贤人之光耀，闻一言以自壮，然后可以尽天下之大观而无憾者矣。

辙年少，未能通习吏事㉕。向之来，非有取于斗升之禄㉖，偶然得之，非其所乐。然幸得赐归待选，使得优游数年之间㉗，将以益治其文，且学为政。太尉苟以为可教而辱教之㉘，又幸矣。

注释

①太尉：韩琦曾任枢密使，这是执掌全国兵权的官，职位相当于秦、汉时的太尉，故称韩琦为太尉。执事：指对方，表示恭敬。　②思之至深：思考它（文章）到了极为深刻的程度。　③气：气质或精神。气质是一种抽象的、本身没有外在形式的精神活动，所以作者认为文章是人的气质所寄托的外形。　④浩然之气：伟大正直的精神气质。　⑤称（chèn）：相称。　⑥太史公：司马迁，我国西汉时伟大的历史学家、文学家。　⑦燕、赵：都是战

686

卷之十一　宋文

国时国名。燕在今河北北部和辽宁西、南部。赵在今山西中部、北部，陕西东北角和河北西部一带。这里泛指北方。　⑧疏荡：疏朗而奔放跌宕。　⑨奇气：新颖、奇异的气概。　⑩见：同"现"。　⑪邻里乡党：相传周制以五家为邻，二十五家为里，以五百家为党，一万二千五百家为乡，后因以"邻里乡党"泛指乡里。　⑫百氏之书：指古时诸子百家的著作。　⑬汩（gǔ）没（mò）：沉沦，埋没。引申为无所成就。　⑭秦、汉之故都：秦都咸阳（今属陕西），汉都长安（今陕西西安），东汉迁都洛阳（今属河南）。　⑮终南：山名，在今陕西西安南。嵩：嵩山，为五岳中的中岳，在今河南登封。华：华山，为五岳中的西岳，在今陕西华阴。　⑯京师：都城。　⑰廪（lǐn）：粮仓。苑（yuàn）囿（yòu）：种植花木、畜养禽兽以供帝王游玩的园林。　⑱欧阳公：欧阳修，曾任翰林学士（替皇帝起草诏令的官），是著名的文学家。　⑲宏辨：恢宏富赡的辩论。辨，通"辩"。　⑳才略：才能和谋略。　㉑四夷：古代对边境少数民族的蔑称。　㉒周公、召公：即周公旦和召公奭，都是周武王的大臣，政绩卓著。　㉓方叔、召虎：都是周宣王时的名臣，征伐猃（xiǎn）狁（yǔn）、淮夷有功。　㉔不志其大：不立大志。　㉕吏事：官府事务。　㉖斗升之禄：微薄的俸禄，这里指品级不高的官吏。　㉗优游：闲暇自得的样子。　㉘辱：谦辞，意思是对方教导自己是降低了他的身份。

译文

太尉大人：我平生喜欢做文章，曾经深入思考过做文章的道理。我认为，文章是作者气质、性格的显现，然而文章不是单靠学习就能写得好的，而人的精神气质却可以通过加强修养而得到的。孟子说："我善于培养我的浩然正气。"现在看他的文章，宽阔、浑厚、宏大、广博，充塞于天地之间，正好和他的浩然之气相称。太史公周游天下，博览四海名山大川，与燕、赵之间的豪士俊杰交游，所以他的文章疏畅跌宕，颇有奇伟的气质。这两人，难道是常常拿着笔管作这样的文章就成功的吗？这是因为他们的气质充满于心胸，而流露于外表，反映在言谈中，表现为文章，但他们自己却并没有意识到。

我已经十九岁了，在家时所交游的不过是邻居同乡这一类人。所看到的，不过是几百里内的事物，没有高山和旷野可以登临观览以开阔自己的心胸。诸子百家的书，虽然无所不读，然而

687

都是些古人过去的东西，不能激发自己的志气。我担心会因此而埋没了自己。所以断然离开家乡，去寻求天下的奇闻壮观，以了解天地的广大。我经过秦朝、汉朝的故都，尽情观赏了终南山、嵩山、华山的高峻，北望黄河的奔腾争流，深有感触地想起了古代的豪士俊杰。到了京城汴京，瞻仰了天子宫殿的雄伟，以及国家粮仓、府库、城池、苑囿的富庶和巨大，这才知道天下的广大和壮丽。我见到了翰林学士欧阳公，聆听了他的恢宏富赡的辩论，看见了他秀美奇伟的容貌，同他的学生贤大夫交游，这才知道天下的文章都聚集在这里。太尉以雄才大略冠天下，天下百姓依靠您而无忧无虑，四方各族惧怕您而不敢发难。您在朝廷内就像周公、召公一样辅佐君王有方，在边域上就像方叔、召虎一样镇守边疆。然而我却还没有拜见过您啊。

况且，一个人从事学习，如果不在大的方面立志，即使学了很多，又有什么用呢？我这次来，就山而言，看了终南山、嵩山、华山的高峻；就水而言，看了黄河的深广；就人而言，看见了欧阳公，可是仍以没有拜见您为一件憾事。所以希望能够亲眼见贤人的丰采，就是只听到您的一句话也足以满足自己的雄心壮志，然后可以阅尽天下的洋洋大观，而没有遗憾了。

我年轻，并没有了解掌握行政工作方法。当初到京都来，并非是为了猎取一官半职，偶然得到，也并不是我的志趣所在。但是，有幸获得回去等候选用的时机，使我能够悠闲几年，将进一步钻研我的学业，并且学习治理政事。太尉如果觉得我还可以教诲而屈尊指教我，就更使我感到荣幸了。

赏析

这是苏辙在宋仁宗嘉祐二年（1057）考取进士后写给枢密使（掌管军事大权）韩琦的一封信。

本文主旨，在于求见韩琦，希望得到开导指教。全文分为四段：第一段，从作文须养气说起，强调了思想修养、生活阅历对文章创作的决定作用。第二段，就自身经历进一步论述"养气"的途径，侧重强调了游览天下名山大川、广交天下文人学士的重要性。第三段,颂扬韩琦的德行、谋略、才干,明确表示求见之意,透露出本文主题。第四段,再次表明志气,重申求见之意,特别申明自己入京师"非有取于斗升之禄",而是为了聆听教诲,学习治理政事,进一步钻研学术。全篇文章,高屋建瓴,多方陪衬,既阐述了自己的文学主张,又表达了对韩琦的推许敬仰,还显示了作者宏大的志向和高洁的品格,颇值一读。

苏辙的"养气说",直接秉取于孟子的"养气"和韩愈的"气盛言宜"的主张,特别强调了生活阅历的作用,有值得借鉴之处。但他认为"文不可以学而能"的观点,则嫌片面。

本文构思巧妙,先纵论其他,到第三段才收拢笔意,扣紧题目,看似游离散漫,实则铺垫烘托,突出题旨,手法上颇为新颖。文章有议有叙,委婉得体,自然流畅。行文之中,虽时露浮夸、阿谀之态,但囿于文章的对象、目的所限,似不应苛求。

黄州快哉亭记

苏辙

江出西陵①,始得平地,其流奔放肆大②。南合湘沅③,北合汉沔④,其势益张。至于赤壁之下⑤,波流浸灌⑥,与海相若。清河张君梦得谪居齐安⑦,即其庐之西南为亭,以览观江流之胜,而余兄子瞻名之曰"快哉"⑧。

盖亭之所见,南北百里,东西一合⑨。涛澜汹涌,风云开阖。昼则舟楫出没于其前,夜则鱼龙悲啸于其下。变化倏忽⑩,动心骇目,不可久视。今乃得玩之几席之上⑪,举目而足。西望武昌诸山⑫,冈陵起伏,草木行列,烟消日出,渔夫樵父之舍,皆可指数,此其所以为快哉者也。至于长洲之滨,故城之墟,曹孟德、孙仲谋之所睥睨⑬,周瑜、陆逊之所驰骛⑭,其流风遗迹⑮,亦足以称快世俗。

古文观止鉴赏

昔楚襄王从宋玉、景差于兰台之宫⑯,有风飒然至者,王披襟当之,曰:"快哉此风!寡人所与庶人共者耶?"宋玉曰:"此独大王之雄风耳,庶人安得共之?"玉之言盖有讽焉。夫风无雄雌之异,而人有遇不遇之变。楚王之所以为乐,与庶人之所以为忧,此则人之变也,而风何与焉⑰?士生于世,使其中不自得,将何往而非病⑱?使其中坦然,不以物伤性,将何适而非快?今张君不以谪为患,收会稽之余⑲,而自放山水之间⑳,此其中宜有以过人者。将蓬户瓮牖㉑,无所不快;而况乎濯长江之清流㉒,挹西山之白云㉓,穷耳目之胜以自适也哉㉔!不然,连山绝壑,长林古木,振之以清风,照之以明月,此皆骚人思士之所以悲伤憔悴而不能胜者㉕,乌睹其为快也㉖!

注释

①西陵:长江三峡之一,在今湖北宜昌西北。 ②肆大:水势浩大。 ③湘沅:湘江、沅江,都在今湖南境内。 ④汉沔(miǎn):汉水、沔水。汉水从今陕西流至湖北汇入长江,其上游从源头到湖北襄樊一段,古代又称沔水。 ⑤赤壁:又名赤鼻矶,在今湖北黄冈附近。与"赤壁之战"的"赤壁"本不是一处,但苏辙误认为是东汉末年孙、曹交战处。 ⑥浸灌:形容水势又大又猛。 ⑦清河:郡名,在今河北。齐安:黄州。 ⑧子瞻:苏轼的字。 ⑨舍:古代三十里为一舍。 ⑩倏(shū)忽:非常快的样子。 ⑪几:古代的一种矮小的桌子,可以凭倚。 ⑫武昌:古县名,今湖北鄂州。 ⑬曹孟德:曹操,字孟德。东汉末谯(今安徽亳州)人。建安十三年(208)为丞相,率军南下,被孙权、刘备联军击败于赤壁(今湖北蒲圻西北)。孙仲谋:孙权,字仲谋。三国时吴国的建立者(229—252年在位)。睥(pì)睨(nì):侧目窥察。 ⑭周瑜:字公瑾,孙权的名将。公元208年率吴军大破曹操于赤壁,后来病死。陆逊:孙权的名将,后官至吴国丞相。骛(wù):奔走,驰骋。 ⑮流风:指先代遗留下来的好风气。 ⑯楚襄王:战国时楚国君主(前298年—前263年在位)。宋玉:战国时楚国大夫。擅长辞赋。景差:战国时楚国辞赋家。兰台宫:在今湖北钟祥。 ⑰与(yù):参与。 ⑱病:这里指忧愁。 ⑲会稽:征收钱谷等事。 ⑳放:任情。 ㉑蓬户瓮牖(yǒu):用蓬草编成的门,用破瓮制作的窗户。 ㉒濯(zhuó):洗涤。 ㉓西山:在今湖北鄂州西。 ㉔穷:尽。 ㉕骚人:诗人,这里指失意的文人。胜(shēng):经得起。 ㉖乌:何。

卷之十一　宋文

译文

　　长江流出了西陵峡，开始进入平地，它的水流变得奔放浩大。南边与湘水、沅水汇合，北边与汉水、沔水汇聚，水势越发显得壮阔了。到了赤壁之下，波浪滚滚，就像大海一般。清河张梦得君，贬官后住在齐安，在靠近他住宅的西南方修建了一座亭子，用来观赏长江的胜景，我的哥哥苏子瞻给这座亭子起名叫做"快哉"。

　　在亭子上望出去，能看到南北百里之遥、东西三十里之远。波涛汹涌澎湃，风云时而兴起，时而消散。白天，船只在亭子前往来穿梭，夜晚，鱼龙在亭子下悲鸣。景色变化多端，令人触目心惊，不能长时间的观赏。如今，我在亭子里几席之间，抬起头就可以饱览风光。向西遥望武昌附近的群山，只见山陵蜿蜒起伏，草木成行成列，当烟雾消散、太阳出来的时候，渔夫、樵夫的房舍都可一一指点清楚，这就是亭子之所以叫"快哉"的原因吧。至于那沙洲的岸边，故城的废墟，曾是曹操、孙权窥伺争夺的地方，是周瑜、陆逊率兵驰骋的地方，那些遗留下来的美好风气和痕迹也足以值得使一般人称快。

　　从前，楚襄王在宋玉、景差的陪同下游兰台宫。一阵风吹来，飒飒作响，襄王敞开衣襟迎着风说："这风吹得多么令人爽快啊！这是我和老百姓都能共同享受的吧？"宋玉说："这只是大王您的雄风，百姓怎么能够和您共同享有呢？"宋玉的话大概有讽喻的意思。风并没有雌雄的分别，而人却有得意不得意的不同。楚王之所以感到快乐，而百姓之所以感到忧虑，这是由于人们的境遇不同，跟风有什么关系呢？士人生活在世上，假使他们心中不安然自得，那么，到哪里没有忧愁呢？现在，张君不把贬官当作忧患，在办完了公务事情之后，便任情漫游山水之间，这大概是因为他的心胸有超过一般人的地方。即使编蓬草为门，用破瓮作窗，他生活在这样贫困的环境中也不会有什么不快乐的，更何况在清悠的长江中洗濯，面对着西山的白云，让耳目尽情饱览美景以求安适快乐呢！如果不是这样，那么，连绵的峰峦，陡峭的山沟，辽阔的森林，参天的古树，清风吹拂，明月高照，这

691

些都是使失意的人悲伤憔悴而不能忍受的景色，哪里看得出这能使人快乐呢？

赏析

　　本文是苏辙于宋神宗元丰六年（1083）为苏轼贬居黄州时与其好友共建的快哉亭而写的一篇题记。

　　文章分为三段。首先，从长江水势写起，引出张梦得为"览观江流之胜"而建亭，苏轼为亭命名曰"快哉"的简明介绍。其次，从不同的角度展开写景，或俯视，或仰观，或近眺，或远望，描绘出昼景、夜景、江景、山景，以及景物的动态、静态，组合成一幅富有诗情画意的壮美江山图画，给人以爽快之感。既点出快哉亭命名的缘由，又展示出"快哉"二字所含精义，是一箭双雕的好文字。最后，抒发议论，由宋玉的《风赋》写到张梦得的放情山水，深入写出"快哉"二字的来历，阐明了"忧""乐"由个人主观情绪而定的道理，肯定了苏轼、张梦得等人不以遭际坎坷为念，而是忘情山水、超然物外的人生态度。

　　整篇文章，紧扣"快哉亭"三字展开，表现了放达、自然、超脱的思想感情。

　　文章脉络清晰，结构严密，笔势纡徐而流畅。虽题为"记"，但不同于一般山水游记之作，而是有写景，有抒情、有议论；历史故实、壮丽江山、不平之气、哲理机趣，高度融合，浑涵无限。而结尾处，以反诘的方式回落到"快哉"二字上，首尾圆合，意味深长。

寄欧阳舍人书

曾巩

　　去秋人还，蒙赐书及所撰先大父墓碑铭[①]，反覆观诵，感与惭并。

夫铭志之著于世②，义近于史，而亦有与史异者。盖史之于善恶无所不书，而铭者，盖古之人有功德材行志义之美者，惧后世之不知，则必铭而见之③。或纳于庙，或存于墓，一也。苟其人之恶，则于铭乎何有？此其所以与史异也。其辞之作，所以使死者无有所憾，生者得致其严④。而善人喜于见传⑤，则勇于自立，恶人无有所纪⑥，则以愧而惧。至于通材达识、义烈节士，嘉言善状⑦，皆见于篇，则足为后法。警劝之道，非近乎史，其将安近？

及世之衰，人之子孙者，一欲褒扬其亲，而不本乎理，故虽恶人，皆务勒铭以夸后世⑧。立言者既莫之拒而不为，又以其子孙之请也，书其恶焉，则人情之所不得⑨，于是乎铭始不实。后之作铭者，当观其人，苟托之非人⑩，则书之非公与是，则不足以行世而传后。故千百年来，公卿大夫至于里巷之士⑪，莫不有铭，而传者盖少⑫。其故非他，托之非人，书之非公与是故也。

然则孰为其人而能尽公与是欤？非畜道德而能文章者无以为也⑬。盖有道德者之于恶人则不受而铭之，于众人则能辨焉。而人之行，有情善而迹非，有意奸而外淑⑭，有善恶相悬而不可以实指⑮，有实大于名，有名侈于实⑯。犹之用人，非畜道德者恶能辨之不惑⑰，议之不徇⑱？不惑不徇，则公且是矣。而其辞之不工，则世犹不传。于是又在其文章兼胜焉。故曰，非畜道德而能文章者无以为也，岂非然哉？

然畜道德而能文章者，虽或并世而有，亦或数十年或一二百年而有之。其传之难如此，其遇之难又如此。若先生之道德文章，固所谓数百年而有者也。先祖之言行卓卓⑲，幸遇而得铭，其公与是，其传世行后无疑也。而世之学者，每观传记所书古人之事，至于所可感⑳，则往往蠹然不知涕之流落也㉑，况其子孙也哉？况巩也哉？其追睎祖德而思所以传之之由㉒，则知先生推一赐于巩而及其三世㉓。其感与报，宜若何而图之？

抑又思若巩之浅薄滞拙而先生进之，先祖之屯蹶否塞以死而先生显之㉔，则世之魁闳豪杰不世出之士㉕，其谁不愿进于门？潜

古文观止鉴赏

遁幽抑之士㉖,其谁不有望于世?善谁不为,而恶谁不愧以惧?为人之父祖者,孰不欲教其子孙?为人之子孙者,孰不欲宠荣其父祖?此数美者,一归于先生。

既拜赐之辱㉗,且敢进其所以然。

所论世族之次㉘,敢不承教而加详焉㉙?

愧甚,不宣。

注释

①大父:祖父。铭:指墓碑碑文最后的赞颂文字,一般用韵。 ②志:记事的书或文章,这里指记述死者生前事迹的墓志。 ③见:同"现",显现。 ④严:尊敬。 ⑤善人:指有道德的人。 ⑥恶人:指道德低下的人。 ⑦嘉:美好。 ⑧勒:刻。 ⑨得:合符。 ⑩苟:如果。非人:不适当的人。 ⑪里巷之士:指平民百姓。 ⑫盖:大概。 ⑬畜道德:指道德修养很高。畜,同"蓄",积聚。 ⑭淑:美。 ⑮悬:悬殊。 ⑯侈:超过。 ⑰恶(wū):怎么。 ⑱徇:曲从,徇私。 ⑲卓卓:杰出,卓越。 ⑳所可感:感人之处。 ㉑嘘(xì)然:伤痛的样子。 ㉒睎(xī):仰慕,企望。 ㉓三世:指祖辈、父辈、己辈。 ㉔屯(zhūn)蹶否(pǐ)塞:不得志,不顺和。屯、否都是《易经》上的卦名。屯卦表示艰难,否卦表示困顿、跌倒。塞,阻塞。 ㉕魁闳(hóng):俊伟。豪杰:指德才出众的人。 ㉖潜遁:隐居山野。 ㉗辱:对人表示尊敬的谦词。意思是,这对对方来说,是屈辱了他,对自己来说,则是荣幸。 ㉘所论世族之次:欧阳修曾写过《与曾巩论氏族书》,其中对曾氏族系次第进行过考辨。 ㉙加详:进行审核考究。

译文

去年秋天,有人回来,承蒙您写信给我并为过世的祖父撰写了墓碑铭文,我反复地阅读、诵吟,心中既感激又惭愧。

墓志铭这一文体之所以能著称一世,是因为它的意义与历史传说相近,而又有不同的地方。因为史传对于人的善恶都加以记载,而墓志铭呢,是由于怕古代那些有显著道德、才能操行出众、志向远大而守义的人的善行美德不被后世的人所知,因此,一定要作铭文使之显扬于后世。这种铭文,有的放入家庙中,有的放入墓中,它们的作用都是一样的。如果这个人品行不端正而

694

又没有什么功业，那么，在铭文上还有什么好记载的呢？这就是铭文和历史传记不同的地方。写作铭文，就是使死了的人没有什么可以遗憾的，而让活着的人可以借此来表达自己的哀思和尊敬。而善人喜欢让自己的事迹能记载下来流传开去，就会努力有所建树，恶人没有什么事迹可以记载，就会因此而感到惭愧和惶恐。至于那些学识渊博、通晓事理的人，忠烈坚贞之辈，有高尚节操的人，他们的美好言论和优秀事迹都展现在铭文里，这就足以成为后世的楷模了。铭文这种警戒勉励的作用，不跟历史传记相接近，又和什么东西相近呢？

到了世道衰微的时候，为人子孙的，一心要褒扬自己的亲人，而不根据事理。所以即使是恶人，也都要镌刻碑铭向后世夸耀。而写作铭文的人，既然推辞不掉不写，又因为受了死者子孙的请求，如果照实写下死者恶劣的品行，从人情上说是不应该的。于是，写的铭文的内容就开始出现不合实际的情况了。后代想给死者作碑铭的人，应当观察作者的为人。如果所托付的人不合适，那么，写的铭文就既不公正又不符合实际了，就不能够流传于后世。所以，千百年来，公卿大夫以至于平民百姓，没有谁没有碑铭，但是流传下来的却并不多。这不是别的原因，就是因为托付的人不合适，写下的铭文不公正、不符合事实的缘故。

既然如此，那么，什么样的人才能完全做到公正而又符合事实呢？如果不是道德修养很高而且善于写文章的人，是做不到的。因为具有道德修养的人对于恶人，他们是不会接受请托去为他们写铭文的；而对于普通的人，也能够分辨出他们的善恶。可是，人的品行，有的人内心善良，但是事迹却不怎么好；有的人内心奸诈，而表面上看起来好像很善良；有的人行为善恶悬殊，但是并不容易确切地指明哪是善，哪是恶；有的人的实际行为大于名声；又有的人却名不符实。这就好像用人，不是道德高尚的人，怎么能够分辨清楚而不迷惑、评论公正不徇私情呢？不迷惑不徇私情，就能够做到公正而又符合事实了。但是如果铭文的言辞不美，仍然不能流传于世，于是又要求同时具备擅长文章的才能。所以说，不是道德高尚而又擅长文章的人，是写不好铭文的。难道事实不是这样的吗？

　　但是，道德高尚又擅长文章写作的人，虽然有时会同时出现一些，但也往往要数十年，或一二百年才出现一个。铭文的流传是这么的困难，而遇到适当的人来写铭文又是同样的困难。像先生您的道德和文章，确实是所说的几百年才有的。我先祖的言行非常高洁，又幸运地遇到先生写成这样符合事实的铭文，它能够流传后世是毫无疑问的了。世上的学者，每当阅览传记所载古人事迹的时候，看到感动人的地方，往往伤感痛惜，不觉流下泪水来，更何况是死者的子孙呢？又何况是我呢？我追怀仰慕先祖的高尚道德而思考铭文能够流传后世的原因，就知道先生接受我一个人的请求所写的文章，其恩泽遍及我们祖孙三代。我应该怎样来表示感激和报答之情呢？

　　但是，我又想，像我这样知识浅薄、迟钝笨拙的人，都能够受到先生的提拔，像我的先祖郁郁不得志而死，先生却能使他显扬于后世，那么，那些俊伟豪杰、世不多见的人才，谁不愿意来到您的门下呢？那些现在还遁迹、默默无闻的人，谁不期望在世上有所作为呢？美好的事情谁不愿做，丑恶的事情谁不羞愧害怕？做父亲的，做祖父的，谁不想教育好自己的子孙？做儿孙的，谁不想使自己的父亲、祖父荣耀显扬呢？为一人做铭文而能够达到种种好的效果，都得要归功于先生。

　　我已经很荣幸地承受了您的恩赐，又冒昧地禀述了之所以感激的原因。

　　您来信中谈到的有关我们家世的情况，一定遵照您的教诲详加审核。

　　惭愧得很，书不尽言。

赏析

　　这是曾巩对欧阳修为他曾祖父曾致尧撰写墓志铭表示感谢的一封信。

　　文章可分四层。第一层，概述这封书简的写作缘起和自己的心情，论述了铭文的意义、效果，认为铭文的撰写足以使死者获得精神安慰，生者以它作为纪念，好人看了会更加勤勉，恶人看了则感到惭愧惶恐。这种警恶劝善的功能，与史传文章十分相似。第二层，论叙后世撰写铭文的坏风气，不分善恶，一味褒扬。先从反面述说托请铭文作者的重要性，再从正面阐述只有德才兼备的人才最适合做铭文作者。然而这样的人世上少有，也许几十年、数百年才有一个。可见碑铭流传的不易。第三层，转入对欧阳修的谢忱，推崇其道德、文章足以彪炳显赫于世，因此欧阳修替自己曾祖父撰写的墓志铭是公正、准确的，必将流传后代、劝诫子孙。字里行间，充满了对欧阳修的推崇、感激之情。第四层，抒发自己的感情，感谢欧公的提拔赏识，再次肯定了欧公的道德、文章必将产生深远的影响。

全篇文章，本为致谢的书简，主题简单，也难免客套。但作者饱含深切的思想感情，以抒情的笔调论列了许多有社会意义的内容，发表了许多深刻的见解，写得实实在在。结构上，逐层牵引，步步推进，千回百转，首尾圆合。语言上，平易稳重，纤徐舒缓。风格上，浩瀚汪洋，波澜迭生。被后人推为曾巩散文之第一佳作。

赠黎安二生序

曾巩

赵郡苏轼[①]，予之同年友也[②]。自蜀以书至京师遗予[③]，称蜀之士曰黎生、安生者。既而黎生携其文数十万言[④]，安生携其文亦数千言，辱以顾予[⑤]。读其文，诚闳壮隽伟[⑥]，善反覆驰骋[⑦]，穷尽事理。而其材力之放纵，若不可极者也。二生固可谓魁奇特起之士[⑧]，而苏君固可谓善知人者也。

顷之，黎生补江陵府司法参军[⑨]，将行，请予言以为赠。予曰："予之知生，既得之于心矣，乃将以言相求于外邪[⑩]？"黎生曰："生与安生之学于斯文，里之人皆笑以为迂阔⑪，今求子之言，盖将解惑于里人。"

予闻之，自顾而笑。夫世之迂阔孰有甚于予乎？知信乎古，而不知合乎世。知志乎道，而不知同乎俗。此予所以困于今而不自知也！世之迂阔孰有甚于予乎！今生之迂，特以文不近俗，迂之小者耳，患为笑于里之人，若予之迂大矣，使生持吾言而归，且重得罪，庸讵止于笑乎⑫？然则若予之于生，将何言哉？谓予之迂为善，则其患若此。谓为不善，则有以合乎世，必违乎古。有以同乎俗，必离乎道矣。生其无急于解里人之惑，则于是焉必能择而取之。遂书以赠二生，并示苏君以为何如也。

注释

①赵郡：即赵州，治所在今河北赵县。苏轼的祖籍是赵郡，所以这里称他为赵郡人。　②同年：同年考中的人。曾巩和苏轼都是宋仁宗嘉祐二年（1057）进士。　③京师：都城。遗（wèi）：给。　④言：字。　⑤辱：谦词。这里是屈尊的意思。　⑥闳（hóng）：宏大。隽（juàn）：隽永，意味深长。　⑦驰骋：（骑马）奔驰。这里指文笔奔放不拘。　⑧魁奇：魁伟奇异。特：特别。　⑨补：补充官职的缺额。江陵府：治所在今湖北江陵。司法参军：官名，是郡守的佐吏，掌管刑法。　⑩邪：同"耶"，语气词。　⑪里：这里指故乡。　⑫庸讵（jù）：岂，难道。

译文

赵郡苏轼，是和我同年考中进士的好朋友。他从四川给我写信，托人带到京城来交给我，在信中他很是称赞当地的读书人黎生和安生。不久黎生带着他的文章有数十万字，安生也带着自己数千字的文章，屈尊来访。读完他们的文章，觉得确实是宏大雄伟而又意味深长，善于纵横驰骋，透彻地阐发事理。他们才华横溢，似乎不可估量。他们二人的确称得上是杰出俊伟的后起之秀，而苏君也的确可以算得上善于赏识人才的了。

前不久，黎生递补为江陵府司法参军，临行前，请我送他几句话。我说："我已经从内心了解你了，还需要用言语来表达出来吗？"黎生说："我和安生学习写文章，乡里的人都讥笑我们，认为我们迂阔不合时宜。现在请您讲几句话，是为了消除乡里对我们的误解。"

我听了这话，想想自己，不由得笑了。世人迂阔，有谁能超过我呢？我只知道信奉古今都讲的道理，而不知道迎合世俗的看法。这正是我现在之所以困窘而自己又不觉察的原因。世人迂阔，有谁能超过我呢？现在你们被认为迂阔，只是因为文章不合世俗的胃口，这不过是小迂罢了，还怕被别人耻笑。像我这样的迂阔就大了，假使你们把我的话带回家乡去，就更要得罪乡亲了，岂止是耻笑呢？那么，我对你们又该说些什么呢？认为我的迂阔是好的，那么，你们已经有了这样的忧虑了。如果说这是不好的，那么，只要合乎当世，就必然要违背古人。为了迎合世俗，就必然违背常理。你们还是不要急于消除乡里人的误解，你们对此必然能够加以选择而有所采纳。于是把这些话写来赠给二位，也请转给苏君看看，看他有什么看法。

赏析

这是曾巩寄赠友人黎、安二位士子的一封书信。

本文主旨，在于抒发怀才不遇的不平和愤慨。文章对黎生、安生二人写作古文表示赞赏，鼓励他们继续努力，写作古文，坚守儒道，不必顾虑世俗的讥讽，也不必急于解释。只有摆脱世俗的一切干扰，才能得到长进，有所进步。

"迂阔"是文章的着眼点，也是文章结构的枢纽。黎生、安生因乡人讥其"迂阔"，请求曾巩为文替他们辩驳，曾巩顺势生发，不从正面驳斥其诬，而是作三层转折：自己亦"迂阔"；自己比黎、安二生更为"迂阔"；"迂阔"有善与不善之分，不能笼统而论。于委婉曲折、吞吐抑扬之中，阐明题旨，既给予黎、安二生以宽慰和鼓励，也抒发了自己怀才不遇的不平之气。

文章善于敛气蓄势，把心头的波澜停蓄起来，以平缓的语调娓娓道来，有如春蚕吐丝、春云出山一般，别具一种纡徐圆转的韵致。这种文风，既有别于韩愈文章的直辟入题、大喝点旨、滚滚而下、犹如倒海翻江的雄健奔放，也不同于欧阳修散文的一唱三叹、富于情韵，而是平平叙去，绵绵不断，最淡最古，而又力避木质、板滞的弊病，从而形成了曾巩散文的特殊风格：雅正、古直。

读孟尝君传

王安石

世皆称孟尝君能得士①，士以故归之，而卒赖其力②，以脱于虎豹之秦③。嗟乎！孟尝君特鸡鸣狗盗之雄耳④，岂足以言得士？不然，擅齐之强⑤，得一士焉，宜可以南面而制秦⑥，尚取鸡鸣狗盗之力哉⑦？鸡鸣狗盗之出其门，此士之所以不至也！

注释

①称：称赞。 ②卒：终于。 ③脱于虎豹之奉：秦昭王把孟尝君囚禁起来，想杀掉他，他派人向秦昭王宠姬求救。宠姬要狐白裘，孟尝君只有一件，已经献给秦昭王去了。于是，一个惯偷的门客，半夜里装成狗，偷回了白狐裘。宠姬得了白狐裘，劝说秦昭王放了孟尝君。孟尝君放出后，逃跑到函谷关。天还没有亮，城门按规定要鸡叫才开，一个会学鸡叫的门客，学鸡叫，引得附近的鸡都叫起来，守关吏开了城门，他们就逃回了齐国。 ④特：只不过。 ⑤擅：据有，引申为凭借。 ⑥南面：即面向南，古代以面向南为尊位，帝王面朝南而坐。 ⑦尚：还。

译文

世上的人都称赞孟尝君很善于收揽士人，士人因此都投奔到他的门下。而孟尝君也终于依靠他们的力量，得以逃离像虎豹一般凶狠的秦国。唉！孟尝君其实只不过是一个鸡鸣狗盗之徒的首领罢了，哪里称得上得士呢？如果不是这样，凭借齐国的强大，只需要得到一个真正的谋士，就可以南面称王，使秦国降服，还用得着依靠鸡鸣狗盗之徒的技能吗？鸡鸣狗盗之徒出入他的门下，这正是真正的人才不去投奔他的原因啊。

赏析

这是王安石读《史记·孟尝君列传》的读后感。

文章独出己见，一反"孟尝君能得士"的定论，犀利大胆，使人耳目一新。

首句交代事实，揭示论题："世皆称孟尝君能得士。"紧接着，加以驳斥："嗟乎！孟尝君特鸡鸣狗盗之雄耳，岂足以言得士？"以慨叹之笔，将千古定论一笔扫倒，其识见、勇气都足以超迈世俗。第三句，使用假设论证，"擅齐之强，得一士焉"，先提出两个假设条件，然后推论结果："宜可以南面而制秦，尚取鸡鸣狗盗之力哉？"从反面论证了第二句的论断。第四句，笔锋一转，"鸡鸣狗盗之出其门，此士之所以不至也"，点明了孟尝君不能得士的原因，彻底否定了"孟尝君能得士"的定论。

全文短短八十余字，分四层展开，将千古定论轻轻推倒，异常精悍有力。作者认为，鸡鸣狗盗之徒不是"士"，只有满腹经纶、能建立宏图伟业的人才，才是真正的"士"，这无疑是不同凡俗的高迈见解。文章也就从一个侧面，反映了王安石的气魄、胸襟和抱负，体现了他敢于思考、善于思考的独创精神。

这篇短文，名为论史，实则抒怀，抒写了政治家王安石对人才的看法和要求标准，是一篇很有价值的人才学专论。

文章言简意赅，见解独到，分析深刻，短小精悍，不愧是为人称道的传世之作。

同学一首别子固

王安石

江之南有贤人焉[①]，字子固[②]，非今所谓贤人者，予慕而友之。淮之南有贤人焉，字正之③，非今所谓贤人者，予慕而友之。二贤人者，足未尝相过也，口未尝相语也，辞币未尝相接也④，其师若友⑤，岂尽同哉？予考其言行，其不相似者何其少也？曰：学圣人而已矣。学圣人，则其师若友，必学圣人者。圣人之言行，岂有二哉？其相似也适然⑥。予在淮南，为正之道子固，正之不予疑也⑦。还江南，为子固道正之，子固亦以为然。予又知所谓贤人者，既相似又相信不疑也。子固作《怀友》一首遗予⑧，其大略欲相扳以至乎中庸而后已⑨。正之盖亦尝云尔。夫安驱徐行，輶中庸之庭⑩，而造于其室⑪，舍二贤人者而谁哉？予昔非敢自必其有至也⑫，亦愿从事于左右焉尔，辅而进之其可也。噫！官有守，私有系⑬，会合不可以常也。作《同学》一首别子固，以相警，且相慰云⑭。

注释

①江之南：长江以南，这里指江西。王安石与曾巩都是江西人。 ②子固：即曾巩，字子固。北宋著名散文家，年轻时与王安石相好，同有辅国大志。 ③正之：孙侔，字正之。据说他为文奇古，曾经客居江淮之间，立志不仕。 ④辞：相互应对的言辞。币：缯帛，古人通常用作互相赠送的礼物，也作为礼物的通称。 ⑤若：与，和。 ⑥适然：当然。 ⑦不予疑：即不疑予，不怀疑我。 ⑧遗（wèi）：留给。 ⑨扳（pān）：同"攀"，援引。中庸：儒家的道德标准之一，指不偏不倚。 ⑩輶（lìn）：车轮，这里用为动词。 ⑪造：到。 ⑫自必：自信一定能做到。 ⑬系：牵绊，牵累。 ⑭云：句末助词。

译文

江南有一位贤人，字子固，他不是当今世俗所说的那种贤人，我敬佩他，并且把他当作好朋友。淮南有一个贤人，字正之，他也不是当今世俗所说的那种贤人，我敬佩他，也把他当作好朋友。这两位贤人，没有互相拜访过，没有互相交谈过，也没有书信、礼品的来往赠答。他们的老师和朋友，难道都是相同的吗？我注意观察过他们的言行，他们的不同之处竟然是那样的少啊。应该说，这是他们学习圣人的结果。学习圣人，那么他们的

卷之十一　宋文

老师和朋友也一定是学习圣人的。圣人的言行，难道还会有什么两样的吗？所以，他们的相似也就是必然的了。我在淮南，向正之说起子固，正之对我的话毫不怀疑。回到江南，我向子固说起正之，子固也相信我的话。于是我又发现被称为贤人的人，彼此言行既相似又相互信任不疑。子固写了一篇《怀友》赠给我，其中的大意是说希望互相帮助，以便最后达到中庸的境界，正之也常常这样说。稳稳当当地驾着车子从容不迫地走着，经过中庸的门庭进入它的内室，除了这两个贤人还能有谁呢？我过去不敢说自己必定能够达到中庸的境界，但也愿意跟着他们努力去做。有他们的帮助，不断上进，大概是能达到目的的。唉，从公事来说，做官的有自己的职守，从个人来讲，又有私事的牵累，我们之间不能够经常见面会谈。因此我就写了《同学》一篇，与子固辞别，用来相互告诫，并且互相慰勉。

赏析

　　这是王安石青年时代写给朋友曾巩（即子固）的一篇文章。题中"同学"一词，是王安石所作一首赠别诗的篇名。

　　本文分为三层。第一层，介绍自己的两位朋友曾巩和孙侔（正之）。第二层，说明两位朋友素不相识，但言行却不约而同，因为他们都是"学圣人"并达到了精深的境界，表达了自己的仰慕之情。第三层，简叙写作目的。全篇文章，在于强调"必学圣人"，学到"至乎中庸而后已"，并以此与曾巩互相勉励、共同提高，向中庸的高峰攀登。

　　王安石是北宋著名的政治家、思想家，其一生出入进退、言行举止，称得上是一位法家人物。但就本文观之，儒家思想，圣人经典，尤其是儒家不偏不倚、不过不及的中庸之道，对青年王安石的影响还是比较明显的。

　　文章叙交往，论修养，感情真挚，语言平易。同时，善于运用对比手法，多层次地表现一个中心思想：以孙侔为陪衬，与曾巩进行言行对照，得出"学圣人"的结论；再以二人彼此"相信不疑"相对照，进一步得出"至乎中庸而后已"的论点；又以作

703

者自己与曾、孙二人相对照，表达了崇仰钦慕之情，再一次回应论点。就这样，通过对比，一层深似一层，文章主旨得到了充分的展示。

游褒禅山记

王安石

褒禅山①，亦谓之华山②。唐浮图慧褒始舍于其址③，而卒葬之，以故其后名之曰褒禅。今所谓慧空禅院者，褒之庐冢也④。距其院东五里，所谓华山洞者，以其乃华山之阳名之也⑤。距洞百余步，有碑仆道⑥，其文漫灭⑦，独其为文犹可识，曰花山。今言华，如华实之华者，盖音谬也。

其下平旷，有泉侧出，而记游者甚众⑧，所谓前洞也。由山以上五六里，有穴窈然⑨，入之甚寒，问其深，则虽好游者不能穷也⑩，谓之后洞。予与四人拥火以入，入之愈深，其进愈难，而其见愈奇。有怠而欲出者⑪，曰："不出，火且尽。"遂与之俱出。盖予所至，比好游者尚不能十一⑫，然视其左右，来而记之者已少。盖其又深，则其至又加少矣。方是时，予之力尚足以入，火尚足以明也⑬。既其出，则或咎其欲出者⑭，而予亦悔其随之而不得极乎游之乐也。

于是予有叹焉。古人之观于天地山川草木虫鱼鸟兽，往往有得，以其求思之深而无不在也⑮。夫夷以近⑯，则游者众，险以远，则至者少。而世之奇伟瑰怪非常之观⑰，常在于险远，而人之所罕至焉，故非有志者不能至也。有志矣，不随以止也⑱，然力不足者，亦不能至也。有志与力，而又不随以怠，至于幽暗昏惑，而无物以相之⑲，亦不能至也。然力足以至焉，于人为可讥，而在己为有悔；尽吾志也，而不能至者，可以无悔矣，其孰能讥之乎？此予之所得也。

予于仆碑，又有悲夫古书之不存，后世之谬其传而莫能名者⑳，何可胜道也哉㉑！此所以学者不可以不深思而慎取之也。

四人者：庐陵萧君圭君玉㉒、长乐王回深父㉓、予弟安国平父㉔、安上纯父㉕。

注释

①褒禅山：在今安徽含山北。　②华山：按本文意，应读作"花山"。　③浮图：梵语音译词，有佛、佛教徒、佛塔等意思，这里指和尚。　④庐冢：房舍和坟墓。　⑤阳：山南为阳。　⑥仆：倒伏。　⑦漫灭：磨灭不清。　⑧记游：在游览处题字留念。　⑨窈然：幽暗深远的样子。　⑩穷：尽，达到尽头。　⑪怠（dài）：懒惰，指懒于前进。　⑫十一：十分之一。　⑬明：照明。　⑭咎：责怪。　⑮无不在：没有不到的地方。　⑯夷以近：平坦而距离近。以，而。　⑰非常：不同寻常，不平凡。　⑱不随以止：不盲从别人而停止前进。　⑲相（xiàng）：辅佐，帮助。　⑳谬其传：错误地传下去。名：说出来。　㉑胜（shēng）：尽。　㉒庐陵：今江西吉安。萧君圭：生平不详，君玉是他的字。　㉓长乐：今福建福州长乐区。王回：字深父，宋代理学家。　㉔安国：王安国，字平父。　㉕安上：王安上，字纯父。

译文

褒禅山又叫作华山。唐代有个慧褒和尚，开始在这座山下建房居住，而死后就埋葬在这里。因为这个缘故，以后就把这座山称作褒禅山。现在称作慧空禅院的那个地方，就是慧褒和尚生前居住的屋舍和死后埋葬的墓地。距离慧空禅院东面五里，有一个称作华阳洞的地方，那是因为它在华山的南面而得名的。离洞百余步，有一块石碑倒在路上，碑文已经模糊，看不清楚了，只有"花山"二字还能辨认出来。现在把"华"字念成"华实"的"华"，大概是读错了音。

华阳洞下面平坦而开阔，有泉水从旁边涌出，到这里游览和题字留念的人也很多，这就是人们所说的前洞。沿着山向上走五、六里，有一个山洞很幽深，走进去就感到很寒冷。要问它到底有多深，就连那些特别喜爱游山玩水的人也不能走到尽头，这个洞就是人们所说的后洞。我跟四个同游的人举着火把走进去，进去越深，前进就越困难，而见到的景致就越奇异。同伴中有位意志松懈而想退回去的叫道："要是不回去，火把就要烧完了。"于是，大家就和他一起出去了。大概我们走到的地方，比起那些喜欢游山玩水的人所走的，还不到十分之一，可是看到左右洞壁，来这里题字留念的就少了。大概再往深处，进去的人就更少了。这时候，我的力气还足够继续往里走，火把还足够照明。出洞以后，就有人责怪那位提议出来的人，我也很后悔跟着他一起出来，而不能尽情享受游览的乐趣。

于是，我深有感慨。古人在观察天地、山川、草木、虫鱼、鸟兽的时候，往往都有心得体会，这是因为他们思考问题很深刻，而且思路广阔，没有什么不加以考察。那些道路平坦而又距离近的地方，游览的人就很多；道路艰险而又地处偏僻的地方，去的人就很少，然而世间的雄伟奇特而又罕见的自然风景，却常常是在艰险遥远而人们很少到达的地方。因此，不是有志向的人，是不能够到达的，有了志向，不肯轻易停止前进，但是如果力气不充足，也不能达到。既有志向又有力气，又不随着别人而后退，但是到了幽深昏暗而令人神志迷乱的地方，如果没有外物的辅助，也不能到达目的地。然而在气力足够到达的情况下却没有到达，在别人看来是可以责怪讥笑的，自己也会产生悔恨。如果已经尽了自己的主观努力，仍然不能到达，那就可以不必悔恨了，而别人又会有谁来责怪讥笑呢？这就是我的一点心得。

我看到倒在地上的石碑，又感慨古书没有保存下来，使后世的人以讹传讹，许多事物的真实情况再也弄不清楚了，这样的例子难道说得尽吗？这就是读书求学的人对于学问不能不深入思考而谨慎选择的原因啊。

同游的四个人：庐陵的萧君圭字君玉、长乐县的王回字深父、我的弟弟安国字平父和安上字纯父。

赏析

这是一篇独具特色的散文。名为游记，实则并不重在叙事、记游，也不重在写景绘人，而是通过游记的形式，发表议论，寄寓自己的思想和主张。

全文可分三部分。

第一部分，介绍对褒禅山的所见所闻。首先介绍褒禅山、华山洞名称的来历，然后叙写游历两个山洞的情形和见闻，概括出"入之愈深，其进愈难，而其见愈奇"的感受，为下文蓄势。

第二部分，把记游与推理结合起来，阐述游褒禅山的心得体会，这是全文的重点。首先，通过"夷以近，则游者众；险以远，则至者少"的现象，阐述了一个深刻的道理："世之奇伟瑰怪非常之观，常在于险远，而人之所罕至焉。"把游洞的"险以远"与治学的高深造诣联系起来，启人深思。紧接着，作者提出了自己对于怎样才能达到这一境界的主张：只有具备了意志、体力和物质三方面的条件，而又始终不渝、坚持不懈的人，才有可能达到这一高深的境界。这就强调了主客观因素的结合，尤其是主观能动作用的重要性。最后，文章通过仆碑联想到古书的散失，提出了"深思而慎取之"的主张。

第三部分，交代同游者，结束全文。

全文记游与议论相结合，记叙为议论服务，以论为主，充满哲理性和思辨色彩，给人以特殊的启迪力量。文章结构谨严，前后呼应，由浅入深，由实而虚，选材和详略都紧紧围绕议论中心，丝丝入扣。文章语言精练生动，雄健奇崛，笔法亦简洁有力。文章阐明的人生哲理，更启迪人心，照亮灵魂，常读常新。

泰州海陵县主簿许君墓志铭

王安石

君讳平[1]，字秉之，姓许氏。余尝谱其世家[2]，所谓今泰州海陵县主簿者也[3]。君既与兄元相友爱称天下[4]，而自少卓荦不羁[5]，善辩说，与其兄俱以智略为当世大人所器[6]。宝元时[7]，朝廷开方略之选⑧，以招天下异能之士，而陕西大帅范文正公、郑文肃公争以君所为书以荐⑨，于是得召试为太庙斋郎⑩，已而选泰州海陵县主簿。贵人多荐君有大才，可试以事，不宜弃之州县。君亦尝慨然自许⑪，欲有所为。然终不得一用其智能以卒。噫！其可哀也已！

士固有离世异俗，独行其意，骂讥笑侮，困辱而不悔，彼皆无众人之求，而有所待于后世者也，其龃龉固宜⑫。若夫智谋功名之士，窥时俯仰⑬，以赴势利之会，而辄不遇者⑭，乃亦不可胜数。辩足以移万物，而穷于用说之时⑮；谋足以夺三军，而辱于右武之国⑯。此又何说哉？嗟乎！彼有所待而不悔者，其知之矣！

君年五十九，以嘉祐某年某月某甲子⑰，葬真州之杨子县甘露乡某所之原⑱。夫人李氏。子男瓌，不仕；璋，真州司户参军⑲；琦，太庙斋郎；琳，进士。女子五人，已嫁二人：进士周奉先、泰州泰兴令陶舜元⑳。

铭曰㉑：有拔而起之，莫挤而止之。呜呼！许君，而已于斯，谁或使之？

注释

①讳：避忌。古人尊敬死者，避免直呼其名，在前加一"讳"字，表示死者的名字本该避讳。　②谱：编列成谱。　③泰州：州名，治所在海陵县（今江苏泰州市）。主簿：掌管文书簿籍的官吏。县的主簿为县令的助理。④元：许元，字子春，宣州宣城（今安徽宣城）人。被范仲淹推荐做官，官至郎中。　⑤卓荦（luò）：卓绝出众。　⑥大人：指有地位有声望的人。⑦宝元：宋仁宗的年号（1038—1040）。　⑧方略之选：宋仁宗时的一种制举科目。方略，治国用兵的计谋。　⑨范文正公：即范仲淹。北宋著名政治家、文学家。曾任宰相及陕西四路安抚使。郑文肃公：即郑戬（jiǎn），字天休，吴县人。曾任陕西四路都总管兼经略、招讨使。　⑩太庙斋郎：官名。掌奉宗庙诸陵墓的荐享等事。太庙，天子的祖庙。　⑪自许：自信而又自负。⑫龃（jǔ）龉（yǔ）：上下齿不相配合。比喻意见不合。这里指不合时宜、不被重用。　⑬俯仰：周旋，应付。　⑭辄（zhé）：就。　⑮说（shuì）：这里当名词，劝别人听从自己的一套理论。　⑯右：崇尚。　⑰嘉祐：宋仁宗年号（1056—1063）。某甲子：某日，古代用天干、地支相配来记日。　⑱真州：州名。治所在杨子县（今江苏仪征）。原：原野。这里指墓地。　⑲司户

卷之十一　宋文

参军：州的佐吏，主管民户。　⑳泰兴：今江苏泰兴。　㉑铭：文体的一种。一般用韵文，用以颂德，或用以申戒。

译文

先生名平，字秉之，姓许。我曾经编录他的家谱，他就是当今泰州海陵县主簿。许先生和哥哥许元互相友爱，被天下的人称赞。而他本人从小就卓绝出众，性格豪放不羁，擅长辩论，和他的哥哥都因为有智谋才略而受到当代大人物的器重。宋仁宗宝元年间，朝廷开设方略科，以此来招收天下有特殊才能的人，陕西大元帅范文正公、郑文肃公争先拿着先生的论著去推荐，于是许先生被召进京应试，做了太庙斋郎，随后又选调泰州海陵县主簿。达官显贵们多次推荐说许先生有大才，可以任用他办大事，而不应当把他弃置在州县。许先生也时常激昂慷慨，自信而又自负，想要有所作为，然而最终得不到发挥自己的智谋才能的机会就死去了。唉，这是多么令人悲痛啊！

读书人中本来就有这样一种人：他们超脱于世俗之外，独自按照自己的意愿行事，受到咒骂、讥讽、嘲笑、欺侮甚至羞辱却不悔恨，他们全无一般人的欲望和要求，却对后世有所期待。他们因不合时宜而不被重用，本来就是应当的。至于那些具有智谋、能建立功名的读书人，他们窥伺时机，随机应变，追求权势利禄，然而却总是不得志，竟然也多得数不过来。辩论的才能足以改变万物，却困厄在用得着游说之才的时代；他们的智谋足以镇服三军，却辱没于崇尚武功的国家。这种现象又如何解释呢？唉！他们对于后世有所期待而对于现世的遭遇不后悔的原因，大概是可以推知的了。

许先生终年五十九岁。于宋仁宗嘉祐某年某月某日葬在真州杨子县甘露乡某处的墓地。夫人姓李。儿子许瑰，未做官；许璋，是真州司户参军；许琦，为太庙斋郎；许琳，是进士。女儿五人，已出嫁了二人，女婿是进士周奉先和泰州泰兴县县令陶舜元。

铭文说：既然有人推荐提拔你，就不应该排挤阻拦你。唉！

709

许先生，最终还是落到这步田地，是谁使你这样的呢？

赏析

  这是王安石为泰州海陵县（今江苏泰州）主簿许平所撰写的一篇墓志铭。

  全文分三部分。第一部分，简明扼要地叙述许平的生平事迹，突出了许平的孝悌友爱、潇洒不拘、善于论辩、智谋不凡、才干出众的特点，以及他不受重用、埋没州县的遭遇，表达了深沉的哀叹之情。第二部分，抒情议论，纵论有奇特的才干、有超尘脱俗的德行而怀才不遇的人才，不可胜数；并含蓄地把这种悲剧的产生，归咎于当时的科举制度和当权者不能人尽其才。最后一部分，记载了许平的忌日、葬地和后嗣的情况，并以铭文表达了对许平的悼念。

  文章通过许平一生行事的记叙，表达了对这位智谋超凡、辩才出众的优异人才不被重用的深切同情和悲愤不平。批判锋芒，直指当时的社会制度和当权者，有一定的认识价值。

  文章有叙有议，叙议结合；感情真挚，措辞委婉含蓄，有较强的感染力。其风格，恰与王安石一贯的"峭拔""犀利""尖刻"的峻峭之风不类，但亦从一个侧面表现了王安石文风的多样性，具有一定的认识意义。

卷之十二 明文

送天台陈庭学序

宋濂

西南山水，惟川蜀最奇①，然去中州万里②，陆有剑阁栈道之险③，水有瞿唐滟滪之虞④。跨马行，则竹间山高者，累旬日不见其巅际，临上而俯视，绝壑万仞⑤，杳莫测其所穷，肝胆为之掉栗⑥。水行，则江石悍利⑦，波恶涡诡⑧，舟一失势尺寸，辄糜碎土沉，下饱鱼鳖。其难至如此。故非仕有力者，不可以游；非材有文者，纵游无所得；非壮强者，多老死于其地。嗜奇之士恨焉⑨。

天台陈君庭学⑩，能为诗，由中书左司掾⑪，屡从大将北征，有劳⑫，擢四川都指挥司照磨⑬，由水道至成都。成都，川蜀之要地，扬子云、司马相如、诸葛武侯之所居⑭，英雄俊杰战攻驻守之迹，诗人文士游眺饮射⑮、赋咏歌呼之所，庭学无不历览。既览必发为诗，以纪其景物时世之变⑯，于是其诗益工⑰。越三年，以例自免归，会予于京师⑱。其气愈充，其语愈壮，其志意愈高，盖得于山水之助者侈矣⑲。

予甚自愧。方予少时，尝有志于出游天下，顾以学未成而不暇⑳。及年壮可出，而四方兵起，无所投足。逮今圣主兴而宇内定㉑，极海之际，合为一家，而予齿益加耄矣㉒。欲如庭学之游，尚可得乎？

然吾闻古之贤士，若颜回、原宪㉓，皆坐守陋室，蓬蒿没户㉔，而志意常充然㉕，有若囊括于天地者。此其故何也？得无有出于山水之外者乎？庭学其试归而求焉，苟有所得，则以告予，予将不一愧而已也。

注释

①川蜀：今四川。　②中州：即中原，指黄河流域。　③剑阁栈道：古代川、陕主要通道，在今四川剑阁县东北大剑山、小剑山之间。栈道，又名"阁道""复道""栈阁"，我国古代在今川、陕、甘、滇诸省境内峭岩陡壁上凿孔架桥连阁而成的一种道路，是当时西南地区的重要交通要道。　④瞿唐：即长江三峡之一的瞿塘峡。西起今重庆奉节县白帝城，东至巫山县大宁河口，是三峡中最短的峡。两岸悬崖壁立，江面最狭窄处只有百来米，江流湍急，山势雄伟峻险，号称"天堑"。滟滪（yànyù）：即滟滪堆，长江江心突起的巨石，在瞿塘峡口，旧时是长江三峡著名的险滩。虞：忧患。　⑤仞（rèn）：古代长度单位，通常认为八尺为一仞。　⑥掉栗：因为恐惧而惊颤。栗，同"慄"。　⑦悍利：凶悍尖利。　⑧诡：奇异多变。　⑨嗜（shì）：爱好，喜欢。恨：遗憾。　⑩天台：县名，在浙江东部。　⑪中书左司掾（yuàn）：元代设中书左右司，明初沿用，左司办理吏部、户部、礼部奏钞分交簿房的事情。掾，古代属官的通称。　⑫劳：功劳。　⑬擢（zhuó）：提升。都指挥使司：即都指挥司，军事机构名称。照磨：都指挥司下属官吏，掌管文书宗卷。　⑭扬子云（前53—18）：名雄，蜀郡成都人，西汉文学家、哲学家、语言学家。司马相如（前179—前117）：字长卿，蜀郡成都人，西汉著名辞赋家。诸葛武侯（181—234）：名亮，字孔明，琅琊阳都（今山东沂南）人。三国时期著名政治家、军事家，辅佐刘备建立蜀汉政权，封为武侯。　⑮射：射覆。古代用文字隐写事物，令人猜度的一种行酒令的游戏。　⑯纪：同"记"。　⑰工：精。　⑱京师：指明初京城应天（今江苏南京）。　⑲侈：极多。　⑳顾：只是。　㉑逮（dài）：等到。　㉒耄（mào）：年老。　㉓颜回、原宪：都是孔子的学生。　㉔蓬蒿：这里泛指野草。　㉕充然：充盛的样子。

译文

西南一带的山水，以四川境内最为奇特。但那里与中原一带相距万里之遥，从陆路去，途中有剑阁栈道的险阻，从水路去，途中又有瞿塘峡、滟滪堆使人担惊受怕。骑马行走，沿路竹林间的崇山峻岭，一连走几十天，仰头看不到山顶，登上高处往下俯瞰，陡峭的山谷有几万丈深，茫茫渺渺看不到底，把人肝胆都吓得颤抖。从水路走，那江里的石头凶悍尖利，波浪险恶，漩涡变幻不定，船只要稍稍有一点差错，就会粉身碎骨，沉没到水底，成为鱼鳖的食物。通向四川的道路艰难到了这种地步。因此,不是做官出仕富有财力的人,不能前往游历;不是天生富有感受能力而善于抒发的人,即使去游览了,也得不到精神上的享受,说不出个所以然来;不是年壮身强的人,入川后大多老死在那里,不能还乡。喜好寻奇探胜的人,由于上述种种原因而深深地感到遗憾。

浙江天台籍人士陈庭学君,会写诗。他由中书左司掾,屡次随大将出征,因有功劳,升任四川都指挥司照磨,从水路入川到成都。成都是四川的要地,又是扬雄、司马相如、诸葛亮等古代著名人物长期生活过的地方。陈庭学入川后,凡是历代英雄豪杰征战攻伐、驻守防御的遗迹,诗人文士游览登临、饮酒射覆、赋诗吟咏、歌唱呼啸的地方,他无处不去游览。既经游览,必定发而为诗,以此来记录这些地方景物和时世的变迁,因此他的诗歌入川后愈加工妙。过了三年,陈庭学按照惯例辞官归家,在京城和我相遇。他的精神更加饱满,他的语言更加豪壮,他的志向意趣更加高远,这大约是因为在四川山水中获得了很多帮助吧。

我非常惭愧。我年轻的时候,曾经立志要遍游天下,只是因为学业未成,没有空闲的时间。到了壮年可以出游的时候,却是四面八方到处战乱纷飞,无处落脚。到现在圣明天子兴起,天下安定,四海之内,统一为一家,而我的年纪却越来越老了。要像庭学那样地游历,还能够实现吗?

然而我听说过古代的贤士,像孔子的弟子颜回、原宪那样的人,都是坐守在简陋的屋子里,野草高过了门户,但他们的志向意趣却非常高远、充沛,似乎他们胸中具有一种足以包容天地万物的精神力量。这是什么原因呢?莫非他们有超出山水的东西吗?庭学大概就是尝试着回去探求这方面的东西吧。如果有什么新的体会,请告诉我,我才不至于只是惭愧一阵子就算了。

赏析

本文是宋濂为陈庭学漫游蜀地所写的一篇赠序。

文章夸赞了陈庭学的才华和漫游蜀地的壮举,规劝他努力地进业修德;同时,寄寓了作者自己未能身心如一地投入到大自然中去的感叹。

全文内容，可分四段。

首段，描叙蜀道山川的雄奇秀美，指出漫游蜀道的困难，为下文预作铺垫。

次段，称赞陈庭学壮游蜀川山水，饱览胜景，得江山之助，其诗愈工，其气愈充，其语愈壮，其志愈高。

第三段，叙述自己有志于壮游天下而终未能如愿的遗憾，对陈庭学的游历表示了由衷的钦羡之情。

第四段，援引古代颜回、原宪坐守陋室而心存天下的事例，既为自己解嘲，又含蓄地勉励陈庭学要好好地进业修德。

全篇文章，既充分肯定了壮游天下增加阅历的重要性，又委婉地表达了加强自我修养、进业修德的必要性，体现了作者修身治学的一贯主张。

文章构思巧妙，层次井然；措辞委婉，语言平和；起伏应合，曲折变化，自有一种雍容平和的大家风范。

阅江楼记

宋　濂

金陵为帝王之州①，自六朝迄于南唐②，类皆偏据一方③，无以应山川之王气④。逮我皇帝定鼎于兹⑤，始足以当之。由是声教所暨⑥，罔间朔南⑦，存神穆清⑧，与天同体，虽一豫一游⑨，亦可为天下后世法。

京城之西北，有狮子山⑩，自卢龙蜿蜒而来⑪，长江如虹贯，蟠绕其下⑫。上以其地雄胜，诏建楼于巅，与民同游观之乐，遂锡嘉名为"阅江"云⑬。

登览之顷，万象森列，千载之秘，一旦轩露⑭。岂非天造地设，以俟夫一统之君⑮，而开千万世之伟观者欤？

当风日清美，法驾幸临⑯，升其崇椒⑰，凭阑遥瞩，必悠然而动遐思。

见江汉之朝宗[18]，诸侯之述职，城池之高深，关厄之严固[19]，必曰："此朕栉风沐雨[20]，战胜攻取之所致也。中夏之广[21]，益思有以保之。"

见波涛之浩荡，风帆之上下，番舶接迹而来庭[22]，蛮琛联肩而入贡[23]，必曰："此朕德绥威服，覃及内外之所及也[24]。四陲之远[25]，益思有以柔之。"

见两岸之间，四郊之上，耕人有炙肤皲足之烦[26]，农女有捋桑行馌之勤[27]，必曰："此朕拔诸水火而登于衽席者也[28]。万方之民[29]，益思有以安之。"

触类而思，不一而足。臣知斯楼之建，皇上所以发舒精神，因物兴感，无不寓其致治之思，奚止阅夫长江而已哉！

彼临春、结绮[30]，非不华矣；齐云、落星[31]，非不高矣。不过乐管弦之淫响，藏燕赵之艳姬[32]，不旋踵间而感慨系之[33]，臣不知其为何说也。

虽然，长江发源岷山[34]，委蛇七千余里而入海[35]，白涌碧翻，六朝之时，往往倚之为天堑[36]。今则南北一家，视为安流，无所事乎战争矣。然则果谁之力欤？逢掖之士[37]，有登斯楼而阅斯江者，当思圣德如天，荡荡难名，与神禹疏凿之功，同一罔极[38]。忠君报上之心，其有不油然而兴耶？

臣不敏，奉旨撰记，欲上推宵旰图治之功者[39]，勒诸贞珉[40]。他若留连光景之辞，皆略而不陈，惧亵也[41]。

注释

①金陵：即今南京市。　②六朝：三国的吴、东晋和南朝的宋、齐、梁、陈，都建都南京，历史上称作六朝。南唐：五代十国之一，也建都金陵。③类：大抵，大致。偏据一方：指六朝和南唐的统治区域都只有江南一部分和长江中下游地区。　④王气：古人认为帝王受天命，有统治天下的气运。⑤定鼎：传说大禹铸九鼎象征天下九州之土，夏、商、周三代都把它作为传国之宝，随都迁徙，所以后代往往称建都为"定鼎"。　⑥声教：指天子的声威、教化。　⑦罔（wǎng）间（jiàn）：没有间隙。朔：北方。　⑧穆清：醇和清明，古代专用来称颂皇帝。　⑨豫：出游，特指帝王秋日出巡。　⑩狮子山：在今江苏南京市江宁区北。　⑪卢龙：卢龙山，在今江苏南京市江

宁区西北。　⑫蟠(pán)绕：盘绕。蟠，盘曲地伏着。　⑬锡：同"赐"。云：句尾助词。　⑭轩：显豁，明朗。　⑮俟(sì)：等待。　⑯法驾：天子的车驾。　⑰椒：山巅。　⑱朝宗：诸侯朝见天子。这里借指百川入海。⑲厄：险要的地方。　⑳栉(zhì)风沐雨：风梳发，雨洗头。这里形容创业的艰难。　㉑中夏：即中华。　㉒庭：同"廷"，朝廷。　㉓琛(chēn)：珍宝。　㉔覃(tán)：延长。　㉕陲(chuí)：边疆。　㉖炙(zhì)：烤。皲(jūn)：皮肤因寒冷而冻裂。　㉗捋(luō)：用手握着东西，顺着移动。饁(yè)：给在田里耕作的人送饭。　㉘衽(rèn)：床席。　㉙万方：各地，各民族。　㉚临春、结绮：都是南朝时陈后主建筑的楼阁名。陈后主和张贵妃在这里居住，政事荒芜，终被隋军所杀。　㉛齐云：即齐云观(guàn)，也是陈后主所造。落星：楼名，三国时孙权所造，在今江苏南京市江宁区东北的落星山上。　㉜燕赵：都是战国时国名。这里指燕赵地区。　㉝旋踵(zhǒng)：转眼之间。旋，转动。踵，脚后跟。　㉞岷(mín)山：在四川北部。古人误认为长江发源于此。　㉟委蛇(yí)：同"逶迤"，弯曲而长的样子。　㊱堑(qiàn)：壕沟。　㊲逢掖(yè)：古代读书人穿的一种袖子宽大的衣服。这里指读书人。　㊳罔极：没有尽头。　㊴宵旰(gàn)：即宵衣旰食，天不亮就穿衣起身，晚上才吃饭。专门用来称颂皇帝勤于政事。　㊵勒：刻。珉(mín)：似玉的美石。　㊶亵(xiè)：轻慢、亵渎。

译文

　　金陵是帝王建都的地方，但自从六朝到南唐，大都割据偏安于一方，不能与这里山河所蕴积的王气相应。直到我们大明皇帝把京都建在这里，才足以与王气相当。从此，声威教化施及南北，没有阻隔，涵养精神，和穆清平，与天共气同体，即使是一次游玩也值得天下后世作为榜样。

　　在京城的西北方有座狮子山，从卢龙山蜿蜒延伸而来。长江犹如虹霓一样盘绕在它的脚下。皇上因为这里地势雄伟壮丽，下诏命令在山顶上建造一座楼，与百姓同享游览江山的乐趣，因此，赐给它一个美妙的名字叫作"阅江"。

　　在阅江楼上登临观赏的时候，可以见到各种景物纷然罗列，似乎千多年的奥秘一下子全部显露出来了。这难道不是天地早已安排造设，专门等待一统天下的圣明君主，而展示出千秋万代的奇伟壮观的景象吗？

　　每当风清日丽，皇帝的车驾亲临，登上高山之巅，凭栏远眺，一定会悠然自得，触动深思。

看到那长江、汉水滔滔地向东流去，各地的官员禀奏政情，看到城池高深，关隘险固，这时一定会说："这大好江山都是我顶风冒雨、历尽艰辛、征战取胜才得到的啊！整个中国土地辽阔，更加要想办法保全它。"

看到那长江波涛浩浩荡荡，张满风帆的船随着波浪上下起伏，海外的船舶接连不断地来京朝见，南方的珍宝络绎不绝进京进贡，一定会说："这大好局面都是我以仁德安抚、以威严震慑、恩泽遍布国内才达到的。四方的边境何等遥远，更感到要想方设法用怀柔政策去收抚人心。"

看到那长江两岸、四郊的田野上，耕地里有人烈日烤晒皮肤、寒风冻裂皮肤的痛苦，农家女子有采桑送饭的辛苦，一定会说："这是被我从水火中拯救出来安置在床席上的啊。天下有这样多的臣民，就更觉得要想办法让他们过上安宁的生活。"

接触到类似的事物，便会引起联想，不止一桩。我体会到这座楼的兴建，是皇上用来振奋精神的，由不同的事物而产生各种的感慨，无不寄托着使天下大治的想法，哪里仅仅是为了赏阅长江呢！

古代那些临春楼、结绮楼，不是不华美；齐云观、落星楼，不是不高大。但它们只不过是用来演奏淫曲艳调的，深藏从燕、赵等地收罗来的美女，转眼之间就使人为之感叹，我不知道该怎样去解释。

尽管这样，长江发源于岷山，逶迤七千多里而流入东海，白浪奔腾，碧波翻卷。六朝时，往往依靠它做天然屏障。现在则已是南北一家，长江被看作一条和平的大河，无须凭借它来进行战争了。那么，这究竟是靠了谁的力量呢？读书人有登上这座楼而观阅长江风景的，应该想到皇上的圣德如青天一样，浩荡宏伟，难以称说，与大禹开山引水的功劳同样是无边无际的。忠于君主、报答皇上的心情，难道能不油然而生吗？

我很愚钝，奉皇上的旨意撰写这篇文章，希望借此列述皇帝夙夜操劳治国的功绩，刻在精美的碑石上。其他流连景致的言辞，都略去不写，唯恐会亵渎了圣君建立阅江楼的深刻本意。

赏析

本文是宋濂奉明太祖朱元璋的旨意，为南京卢龙山阅江楼而作的一篇应制文章。

全文内容，分为四层。

第一层，描叙金陵形胜，朝代废替，依次写出楼的修建、楼的位置和楼的命名。

第二层，紧扣"阅江楼"的"阅"字，描写登楼望远的遐思。一思江山形胜，中原辽阔，推恩诸侯，永保天下；二思推行仁德，四夷归附，安抚远人，社稷永固；三思注重农耕，爱惜百姓，民生丰乐，天下太平。三层议论，深寓规劝皇帝以国计民生为重的用心，境界宏远，格调自高。

第三层，叹息古代所建"临春""结绮""齐云""落星"等楼，不过是徒具奢侈淫靡罢了，再寓箴规之意。

第四层，扣合"江"字，总写登楼所感，既歌颂了四海统一、天下晏平的王朝功业，又表达了生逢盛世、忠君报上的心声，周详得体。

全篇文章，通过对"阅江楼"的描写，特别是登楼所览所思所感的抒发，歌颂了朱明王朝统一天下的功业，寄寓了作者的箴规和讽谏。虽然是应制之作，但基本上跳出了应制文章必一味歌功颂德、阿谀逢迎的俗套，溢美之中不忘箴规国计民生，堂皇庄重，堪称佳作。

文章写景、叙事和议论有机结合，遣词造句雍容典丽，与金陵胜景和帝国气象相比埒，有相得益彰之妙。

司马季主论卜

刘基

东陵侯既废①，过司马季主而卜焉②。

季主曰："君侯何卜也？"东陵侯曰："久卧者思起，久蛰者思启③，久懑者思嚏④。吾闻之，蓄极则泄，闷极则达⑤，热极则风，壅极则通⑥。一冬一春，靡屈不伸；一起一伏，无往不复。仆窃有疑，愿受教焉。"

季主曰："若是，则君侯已喻之矣，又何卜为⑦？"东陵侯曰："仆未究其奥也，愿先生卒教之⑧。"

季主乃言曰："呜呼！天道何亲⑨？惟德之亲。鬼神何灵？因人而灵。夫蓍⑩，枯草也，龟⑪，枯骨也，物也。人灵于物者也，何不自听而听于物乎？且君侯何不思昔者也？有昔者必有今日。是故碎瓦颓垣⑫，昔日之歌楼舞馆也；荒榛断梗⑬，昔日之琼蕤玉树也⑭；露蛩风蝉⑮，昔日之凤笙龙笛也⑯；鬼磷萤火，昔日之金釭华烛也⑰；秋荼春荠⑱，昔日之象白驼峰也⑲；丹枫白荻⑳，昔日之蜀锦齐纨也㉑。昔日之所无，今日有之不为过，昔日之所有，今日无之不为不足。是故一昼一夜，华开者谢㉒；一春一秋，物故者新。激湍之下，必有深潭；高丘之下，必有浚谷㉓。君侯亦知之矣，何以卜为！"

注释

①东陵侯：邵平，秦时封为东陵侯，秦灭被废，在长安城东种瓜为生。②过：拜访。司马季主：西汉初年的一个善于卜卦的人。③蛰（zhé）：动物冬眠，藏起来不食不动。启：开，引申为出土。④懑（mèn）：心中烦闷。⑤达：通。⑥壅（yōng）：堵塞。⑦为：表反问的句尾语气词。⑧卒：终，彻底。⑨天道：古代的哲学术语。有唯物的天道观，也有唯心的天道观。这里对天道作了唯心的解释。⑩蓍（shī）：蓍草，古人用来占卦。⑪龟：古人用火灼龟的腹甲，根据灼开的裂纹推测行事的吉凶。⑫颓垣（yuán）：倒塌的墙。⑬榛（zhēn）：丛生的荆棘。⑭琼：美玉。蕤（ruí）：花下垂的样子。⑮蛩（qióng）：这里指蟋蟀。⑯笙（shēng）：乐器，样子像凤。⑰金釭：即"金釭（gāng）"，铜灯。⑱荼（tú）：苦菜。荠（jì）：菜名，味甜。⑲象白驼峰：指珍贵的食品。象白，象的脂肪。驼峰，骆驼背部的肉峰。⑳荻（dí）：与芦苇相似的草本植物。㉑蜀锦齐纨（wán）：指珍贵的丝织品，这里指奢侈品。蜀锦，蜀地（今四川）出产的彩锦。齐纨，齐地（今山东东南部）出产的薄绸。㉒华：古"花"字。㉓浚（jùn）：水深的样子。

译文

东陵侯在秦亡后被废为平民,于是他到司马季主那里去占卜。

司马季主说:"您为了什么事要来占卜呢?"东陵侯说:"一个人长期卧床,就想起来;长久地与世隔绝,就想要与人交往;气闷在胸,时间长了就会打喷嚏。我还听说过,蓄积太满了就要泄漏,闷得太久了就要通气,热得太厉害了就会刮风,堵塞得过分了就会流畅。一冬一春之间,不会总是屈而不伸的;事物有起有伏,没有去而不复的。然而我对此私下里还有疑惑,愿听听您的指教。"

司马季主说:"要是这样的话,那么您已经明白了,何必还要占卜呢?"东陵侯说:"我总觉得还没有透彻地了解其中深奥的道理,但愿先生好好地开导开导我。"

季主这才说:"唉!天道亲近什么人呢?只亲近有德的人。鬼神本身有什么灵验呢?它是根据不同的人来显灵的。占卜用的蓍草,只不过是几根枯草,龟甲也只是几块枯骨罢了,全是没有知觉的东西。人比这些东西灵验得多,为什么不相信自己,却去相信物所显现的征兆呢?而且您为什么不想一想过去呢?有过去也就一定有今天。所以那些碎瓦断墙,是昔日的歌楼舞榭;那些荒草败枝,也曾是盛开的鲜花、临风的玉树;蟋蟀和蝉儿在风露中鸣叫,是昔日悠扬的龙笛凤箫之声;那些幽暗的磷光萤火,是往日辉煌的金灯华烛;那些秋荼春荠,是从前象白驼峰那样的美味佳肴;那些丹枫白荻,是昔日昂贵的蜀锦齐纨呢!过去没有的,如今有了,不叫过分;过去有的,如今没有了,也不算不足。所以,过了一昼一夜,盛开的花朵会凋谢;历经一春一秋,陈旧的东西会变新。须知湍急的水流下,必定有静静的深潭;高峻的山峰之下,必然有深深的峡谷。您已经明白了这些道理了,为什么还要占卜呢?"

赏析

本文是刘基《郁离子·天道》中的一篇。

文章假借善卜者司马季主之口，阐明了一切事物有盛衰、人生有穷达、事物无不向对立面转化的辩证观点，寄寓了作者弃官归乡后的感伤、苦闷之情。

通篇内容，皆以司马季主与东陵侯的问答组成，重点在于司马季主对"天道"的阐释。东陵侯的问话，慨叹事物盛衰，无可奈何之中，透露出感伤、消沉的思想情绪。司马季主的答词，强调了事物变动、发展的必然性，并用大量日常所见的生动的形象，来表达抽象的哲理，提出了"华开者谢""物故者新"的辩证观点，破除了宿命论（占卜）的迷信。

应该看到，本文所表现的观察事物、人世变迁的辩证思想，虽然在当时是非常可贵的，但其核心和实质，是所谓的天道循环、无往不复的唯心循环论的观点，似不宜评价过高。

整篇文章，篇幅短小，结构单纯，文辞富美，句式整齐，善用通俗、形象的日常事物来阐明辩证哲理，把议论和抒情有机地结合起来，给人以深刻、隽永的印象。

文章追仿屈原《卜居》手法，假托司马季主之言以晓谕己意，是一篇寓言式的哲理散文。

卖柑者言

刘基

杭有卖果者，善藏柑，涉寒暑不溃[1]，出之烨然[2]，玉质而金色[3]。剖其中，干若败絮[4]。予怪而问之曰："若所市于人者，将以实笾豆[5]，奉祭祀，供宾客乎？将衒外以惑愚瞽乎[6]？甚矣哉，为欺也[7]！"

卖者笑曰："吾业是有年矣[8]，吾业赖是以食吾躯[9]。吾售之，人取之，未闻有言，而独不足子所乎[10]？世之为欺者不寡矣，而独我也乎？吾子未之思也[11]！今夫佩虎符[12]，坐皋比者[13]，洸洸乎干城之具也[14]，果能授孙、吴之略耶[15]？峨大冠，拖长绅者[16]，昂

古文观止鉴赏

昂乎庙堂之器也⑰，果能建伊、皋之业邪⑱？盗起而不知御，民困而不知救，吏奸而不知禁，法斁而不知理⑲，坐糜廪粟而不知耻⑳。观其坐高堂，骑大马，醉醇醴而饫肥鲜者㉑，孰不巍巍乎可畏，赫赫乎可象也㉒？又何往而不金玉其外，败絮其中也哉！今子是之不察，而以察吾柑！"

予默默无以应。退而思其言，类东方生滑稽之流㉓。岂其忿世嫉邪者耶？而托于柑以讽耶？

注释

①涉：经历，经过。 ②烨（yè）然：光彩鲜明的样子。 ③玉质：形容柑子光润而坚实似玉。 ④败絮：破旧的棉絮。 ⑤实：装满。笾（biān）豆：宴会和祭祀时盛供器的器具。竹制的叫笾，木制的叫豆。 ⑥衒（xuàn）：夸耀。瞽（gǔ）：瞎子。 ⑦此句的正常顺序为"为欺也甚矣哉"，谓语提前，表强调。 ⑧业是：以这个为业。 ⑨食（sì）：养活。 ⑩不足子所：不能满足你的（心意）。 ⑪吾子：先生，对方的尊称。 ⑫虎符：兵符，古代朝廷征调兵将用的凭证。 ⑬皋比（pí）：披在椅子上的虎皮。 ⑭洸（guāng）洸：威武的样子。干城：本义是捍卫城池，后来用以代指捍卫国家的大将。具：材。 ⑮孙、吴：孙武和吴起，都是春秋战国时的名将。略：韬略，即兵法。 ⑯峨：用作动词，高戴。拖：同"拖"。 ⑰庙堂：这里指朝廷。 ⑱伊、皋：伊尹和皋陶（yáo）。伊尹是商汤的宰相，皋陶是舜的法官。两人都被后世称为贤臣的代表。业：功业。 ⑲斁（dù）：败坏。理：整顿。 ⑳糜：同"靡"，耗费。廪（lǐn）粟：国家供给的粮食。 ㉑醇醴（lǐ）：味道醇厚的酒。饫（yù）：饱食。 ㉒赫赫：显盛的样子。 ㉓东方生：即东方朔，宁曼倩，汉武帝时人，常用滑稽的言谈讽谏皇帝。

译文

杭州有个卖水果的人，很会贮藏柑子，即使经过一冬一夏也不会腐烂，拿出来还那么鲜灵灵的，外皮质地像玉一样晶莹洁润，皮色金光灿灿。但是剖开当中一看，干枯得像破棉絮一般。我感到很奇怪，就责问他："你卖给人家的柑子，是打算让人家放在笾豆里供祭祀用的呢，还是拿去招待嘉宾用呢？还是炫耀它的外表，用来欺骗傻瓜和瞎子呢？你这样骗人也太过分了！"

卖柑子的人笑笑说："我干这一行有多年了，我靠着这一行来养活自己。我卖它,别人买它。从来没有听到人有什么议论,为什么偏偏您不满意呢?世上骗人的事儿多的是,难道只是我一个人做吗?您没有考虑这些。如今那些佩戴兵符、坐在虎皮椅子上的武将,威风凛凛地像是保卫国家的人才,他们果真能够拿出孙武、吴起那样的韬略吗?那些高戴礼帽、拖着长带的文臣,很像是气宇轩昂的栋梁之才,真的能像伊尹、皋陶那样建功立业吗?盗贼兴起却不知道抵御,百姓穷困却不知道赈济,官吏为奸犯法却不知道制止,法律败坏而不知道整顿,白白地耗费国家的粮食却不感到耻辱。看他们坐在高堂上、骑着大马、喝足了美酒、吃腻了肉的样子,哪一个不是仪表堂堂,值得敬重,光明磊落,值得效法呀?然而他们又何尝不是外表似金玉,内里是破絮呢!现在您对这些事视而不见,却来故意挑剔我的柑子。"

我默不作声,无话可答。回来后再仔细想想他的话,觉得他很像是诙谐滑稽的东方朔一类的人物。莫非他是个愤世嫉俗、仇视邪恶的人,却借柑子来讽刺世事的吗?

赏析

本文是刘基讽刺寓言中的佳作之一,是历来传诵的名篇。

这是一篇政治性寓言,假借一个卖柑者的话,无情嘲讽了那些养尊处优、声威显赫但却没有任何才能的文武官吏,从而揭露了统治者的腐朽本质。

全文内容分为三段。

第一段,先以卖柑者柑美扬起,再以"剖其中,干若败絮"陡挫一笔,终以作者责难:"甚矣哉,为欺也!"声色俱厉作收束,开启下文。

第二段,通过卖柑者一席看似玩世不恭、实则寄慨很深的话,有力地鞭挞了高官显贵们无功受禄、恬不知耻的丑恶行径。

第三段,写作者听卖柑者之言的感受,以点睛之笔,抒发了愤世嫉邪的感情。

整篇文章,从表面上看似乎是"欺"与"不欺"的论辩,是作者与卖柑者之间的论战。其实,卖柑者正是作者虚拟的代言人，卖柑者的话，正是作者的心声。卖柑者反驳作者愈有力，愈尖锐，愈深刻，作者所要表达的意思就愈鲜明，愈突出，愈能服人。在文章的结尾处，作者写道："岂其忿世嫉邪者耶？而托于柑以讽耶？"明确而又含蓄地揭示了卖柑者之言的实质，从而表达了本文假卖柑者言以讽世、揭露当时封建官僚欺世盗名的丑恶本质的中心旨意。

统览全文，政治色彩颇强，锋芒所向，直指封建官场无所不欺的黑暗现象，做到了有的放矢，言近旨远。文章篇幅短小，构思巧妙，手法灵活，笔锋犀利，具有较高的艺术性。其写作上的主要特点是：托譬用喻，借事寓理；故设问答，文曲意直；冷峻幽默，讽刺性强。

深虑论

方孝孺

虑天下者，常图其所难①，而忽其所易。备其所可畏，而遗其所不疑。然而祸常发于所忽之中，而乱常起于不足疑之事。岂其虑之未周与②？盖虑之所能及者，人事之宜然，而出于智力之所不及者，天道也。

当秦之世，而灭诸侯，一天下③，而其心以为周之亡，在乎诸侯之强耳，变封建而为郡县④。方以为兵革可不复用，天子之位可以世守，而不知汉帝起陇亩之中⑤，而卒亡秦之社稷⑥。汉惩秦之孤立，于是大建庶孽而为诸侯⑦，以为同姓之亲，可以相继而无变，而七国萌篡弑之谋⑧。武、宣以后，稍剖析之，而分其势，以为无事矣，而王莽卒移汉祚⑨。光武之惩哀、平⑩，魏之惩汉⑪，晋之惩魏⑫，各惩其所由亡而为之备。而其亡也，盖出于所备之外。唐太宗闻武氏之杀其子孙⑬，求人于疑似之际而除之，而武氏日侍其左右而不悟⑭。宋太祖见五代方镇之足以制其君⑮，尽释其兵权，使力弱而易制，而不知子孙卒困于敌国。

此其人皆有出人之智，盖世之才，其于治乱存亡之几⑯，思之详而备之审矣⑰。虑切于此而祸兴于彼，终至乱亡者，何哉？盖智者可以谋人，而不可以谋天。良医之子，多死于病；良巫之子⑱，多死于鬼。岂工于活人而拙于谋子也哉⑲？乃工于谋人而拙于谋天也！

古之圣人，知天下后世之变，非智虑之所能周，非法术之所能制⑳，不敢肆其私谋诡计㉑，而唯积至诚、用大德以结乎天心，使天眷其德㉒，若慈母之保赤子而不忍释。故其子孙虽有至愚不肖足以亡国，而天卒不忍遽亡之㉓。此虑之远者也！

夫苟不能自结于天，而欲以区区之智㉔，笼络当世之务，而必后世之无危亡，此理之所必无者，而岂天道哉！

注释

①图：想，反复考虑。　②与：同"欤（yú）"，句末语气词。　③一：统一。　④封建：周朝分封疆土，建立封侯国的制度。爵位分公、侯、伯、子、男五等，公、侯封地百里，伯封七十里，子、男封地五十里。郡县：秦始皇废除封建后建立的郡、县两级的中央集权制度。分全国为三十六郡，下设县。郡、县长官都由中央任免。　⑤汉帝：指汉高祖刘邦，公元前206年至公元前195年在位。起陇亩之中：指出身低微。陇，同"垄"，田埂。　⑥社稷（jì）：代称国家。社，土地神。稷，谷神。　⑦庶孽（niè）：泛指亲属。庶，旧时指家庭的旁支。孽，也是家庭的旁支。刘邦当了皇帝后，分封了几十个同姓王，都是他的弟兄、儿子。　⑧七国：汉初分封的吴、楚、赵、胶西、胶东、济南、临淄七国。汉景帝中元五年（前145），吴王濞联合其余六国以诛晁错为名发动叛乱，后被击败。　⑨王莽（前45—23）：字巨君，西汉末以外戚身份掌握政权。公元8年称帝，改国号为"新"。公元23年，被绿林、赤眉起义军所杀。祚（zuò）：帝位。　⑩哀：汉哀帝刘欣，公元前6年至前1年在位。平：汉平帝刘衎（kàn），公元元年至5年在位。　⑪魏：三国之一。公元220年曹丕代汉称帝，国号魏，建都洛阳。历史上又称"曹魏"。　⑫晋：这里指西晋。公元265年，司马炎代魏称帝，国号晋，建都洛阳，史称"西晋"。　⑬武氏：武则天，名曌（zhào），公元683年中宗继位后，临朝听政。670年废睿宗，称帝，国号周。她在位期间，杀害了李氏宗室很多人。　⑭"求人"以下二句：据《资治通鉴》记载，贞观二十二年

725

古文观止鉴赏

(648),据星象和民间流传,将有"女主武王代有天下",唐太宗滥杀可疑人物。武则天当时在宫中为才人(女官名),唐太宗却没有发觉。 ⑮五代:指唐以后的梁、唐、晋、汉、周五个王朝。 ⑯几:细微的迹象、先兆。 ⑰审:详细,周密。 ⑱巫:古代为人求神祈祷为职业的人。 ⑲工:精。 ⑳法术:指巧妙的方法。 ㉑肆:不顾一切,任意妄为。 ㉒眷:关怀,宠爱。 ㉓遽(jù):急速。 ㉔区区:少,小。

译文

考虑天下大事的人,常常谋求解决那些困难的问题,而忽略了那些容易的问题。防备那些他们认为可怕的事,却忘了那些没有引起怀疑的事情。然而祸患常常产生于被忽略的问题上,变乱常常产生在不值得怀疑的事情上。难道是他们考虑得不够周到吗?这是因为人们在考虑时所想到的,都是社会人世应有的情形,而超出了人的智力所能测度的范围的,就是天道。

当秦国兴起的时候,消灭掉了诸侯,统一了天下。秦始皇认为周朝灭亡的原因只是在于诸侯各国的强大罢了,于是改变分封诸侯的做法而代之以郡县制。正当他认为从此可以不再进行战争、皇帝宝座可以世代相传的时候,却不知道汉高祖崛起于农田之中,最终推翻了秦王朝。汉朝鉴于秦始皇当年孤立无辅的教训,于是大肆地分封子弟,以至于远房亲属也使之建立诸侯国,认为有了同姓的血亲关系,就可以世代相传而不会发生变故了,但是吴、楚等七国诸侯却产生了篡位弑君的阴谋。汉武帝、汉宣帝以后,逐渐瓜分这些诸侯国,削弱他们的势力,认为再也不会有什么变故了,不料王莽终于篡夺了汉朝的皇位。东汉光武帝对于西汉哀帝、平帝,曹魏对于东汉,西晋对于曹魏,都从那些促成前代败亡的缘由之中吸取了教训,而制定了防范的措施。但是,他们后来的败亡,却都是出于他们所防备的事情以外。唐太宗听说有姓武的人将会杀戮李氏的子孙,就搜求有嫌疑的人加以清除,但武则天整天都在他身边侍候,他却没有觉察到。宋太祖看到五代时期地方藩镇势力强大,足以挟制君主,便在统一天下后全部解除了武将的兵权,削弱他们的力量,使之易于控制,却没有料到他的子孙最后反而因此受到了敌国的困扰。

卷之十二 明文

上述这些人都有超人的智慧，盖世的才能，他们对于产生太平或动乱、生存或灭亡的苗头，可以说是考虑得很周密的，也防备得很严的了。然而他们仔细谋划了这一方面，祸患却从另一方面产生了，结果招致动乱和灭亡，这是什么原因呢？这是因为人的智慧只能考虑到人事，却不能考虑到天道。高明的医生的子女，大多死于疾病；高明的巫师的子女，大多死于鬼祟。难道他们善于救活别人却不善于救活自己的子女吗？只是他们在应付人事上是聪明的，但在应付天道上都是笨拙的。

古代的圣人，知道天下后世的变化不是人的智谋所能考虑周全的，也不是任何巧妙的方法所能控制的，因此不敢任意施展他们的阴谋诡计，而只是积累最诚挚的心意，用大德来感动上天的心，使上天喜爱他们的品德，好像慈母保育婴孩而舍不得让他们离开身边。所以，他们的子孙，虽然有非常愚蠢不成才的，足以使国家灭亡，而上天最终不忍心使它立刻灭亡。这才是考虑问题深远的人。

如果自己不能迎合天意，却想用一点小小的智巧去控制和驾驭当前世上的事务，还以为自己的国家一定不会遭受危难和覆灭，这在事理上是讲不通的，哪里还会符合天道呢？

赏析

方孝孺是明代著名的学者，其《深虑论》共计十篇，本文是第一篇。

历代帝王，总是煞费苦心，用尽权谋，企图江山万代相传。但从秦至明，朝代更替，总是事与愿违。原因何在？文章论析了大量的史实，认为最主要的原因，在于历代帝王的"私谋诡计"，难免挂一而漏万；急功近利，缺乏长远政治眼光，更是他们的通病。在此基础上，作者提出了"虑深远"的主张"积至诚、用大德以结乎天心"，才能达到天下大治、传之万世子孙的结果。

全文内容分为三层。

首层，总论统治天下者忧心思虑，图难忽易，挂一漏万，在所难免。

次层，列举秦、汉、晋、唐、宋诸多朝代的史实，从"天道"和"人事"两个方面，论述了"私谋诡计"必然失败。

末层，归纳前文，提出观点：只有出以至诚之心，推行仁政，取得民心，才能保有天下并传之子孙后代。

全篇文章，以大量的历史史实论证了"虑深远"的重要性。观点鲜明，论证充分，笔力劲健，颇具说服力量。

显而易见，作者是站在传统儒家的立场上总结历史经验的，其开拟的救世药方，不外是先秦以来儒家所主张的施行王道、推行仁政、重视民心等。文章所涉及的诸如治国必须有长远的政治眼光，不要过分相信私谋诡计，要注重推行教化，统治者要出以至诚公心，要注意民心的向背等，都有着一定的合理内核，警策长鸣，启人深思。

豫让论

方孝孺

士君子立身事主，既名知己①，则当竭尽智谋，忠告善道，销患于未形，保治于未然，俾身全而主安②。生为名臣，死为上鬼，垂光百世，照耀简策③，斯为美也。苟遇知己，不能扶危于未乱之先，而乃捐躯殒命于既败之后④，钓名沽誉，眩世炫俗⑤，由君子观之，皆所不取也。

盖尝因而论之。豫让臣事智伯⑥，及赵襄子杀智伯⑦，让为之报仇，声名烈烈⑧，虽愚夫愚妇⑨，莫不知其为忠臣义士也。呜呼！让之死固忠矣，惜乎处死之道有未忠者存焉。何也？观其漆身吞炭，谓其友曰："凡吾所为者极难，将以愧天下后世之为人臣而怀二心者也⑩。"谓非忠可乎？及观斩衣三跃，襄子责以不死于中行氏⑪，而独死于智伯，让应曰："中行氏以众人待我，我故以众人报之。智伯以国士待我⑫，我故以国士报之。"即此而论，

728

让有余憾矣⑬!

段规之事韩康⑭,任章之事魏献⑮,未闻以国士待之也,而规也、章也力劝其主从智伯之情,与之地以骄其志,而速其亡也⑯。郄疵之事智伯⑰,亦未尝以国士待之也,而疵能察韩、魏之情以谏智伯⑱。虽不用其言以至灭亡,而疵之智谋忠告,已无愧于心也。让既自谓智伯待以国士矣。国士,济国之士也。当伯请地无厌之日⑲,纵欲荒暴之时,为让者,正宜陈力就列⑳,谆谆然而告之曰㉑:"诸侯大夫,各安分地㉒,无相侵夺,古之制也。今无故而取地于人,人不与,而吾之忿心必生,与之,则吾之骄心以起。忿必争,争必败。骄必傲,傲必亡。"谆切恳至㉓。谏不从,再谏之。再谏不从,三谏之。三谏不从,移其伏剑之死㉔,死于是日。伯虽顽冥不灵,感其至诚㉕,庶几复悟㉖,和韩、魏,释赵围,保全智宗,守其祭祀㉗。若然,则让虽死犹生也,岂不胜于斩衣而死乎?让于此时,曾无一语开悟主心㉘,视伯之危亡,犹越人视秦人之肥瘠也㉙,袖手旁观,坐待成败。国士之报,曾若是乎?智伯既死,而乃不胜血气之悻悻㉚,甘自附于刺客之流。何足道哉?何足道哉?

虽然,以国士而论,豫让固不足以当矣㉛。彼朝为仇敌,暮为君臣,靦然而自得者㉜,又让之罪人也!噫㉝!

注释

①名:被称为。 ②俾:使。 ③简策:指史籍。简,古代用来写字的竹片或木片。策,把简连编起来而成。 ④殒(yǔn)命:死亡。 ⑤眩世炫俗:欺世盗名。眩,迷惑。 ⑥豫让:春秋时晋人,先做中行(háng)氏的家臣,后做晋卿智伯的家臣。智伯被灭后,千方百计为他报仇,终不成,自杀。智伯:名瑶,也称智襄子。春秋时晋国贵族。曾联合韩、赵、魏三家贵族吞并瓜分了范氏、中行氏两家贵族的土地。后来,被韩、赵、魏三家所灭,他的领地也被三分。 ⑦赵襄子:名毋恤,春秋时晋国贵族。赵襄子很恨智伯,灭智伯后,曾把智伯的头用油漆为饮器。 ⑧烈烈:显赫的样子。 ⑨愚夫愚妇:指普通老百姓。 ⑩愧:使……感到惭愧。 ⑪中行:复姓,春秋时,晋国大夫荀林父家族的一支。豫让曾做过中行氏的家臣。 ⑫国士:一国之中才能特别出众的人物。 ⑬憾:不足。 ⑭段规:韩康子的谋臣。

古文观止鉴赏

韩康:即韩康子,名虎,春秋时晋国贵族。 ⑮任章:魏献子的谋臣。魏献:即魏献子,名舒,春秋时晋国贵族。 ⑯速:加快,加速。 ⑰郄(xì)疵(cī):智伯的家臣。 ⑱"亦未尝"以下二句:智伯向赵襄子要土地,襄子不给,智伯带领魏、韩两家的兵包围赵城。郄疵对智伯说:"您带韩、魏的兵攻打赵城,他们会想:赵亡了,就轮到我们了。这样一想,他们会叛变的。"智伯不听,赵襄子和韩、魏秘密约定:由韩、魏那边派人在夜晚杀掉智伯派去守着放水灌赵城的堤坝的人,反而放水灌智伯的军队,这样,智氏就被灭掉了。 ⑲厌:满足。 ⑳陈力就列:能贡献自己的才力、才能去就职。列,职位。 ㉑谆谆然:恳切教诲的样子。 ㉒分(fèn)地:本分应得的土地。 ㉓谆切:谆谆亲切。 ㉔伏剑:用剑自杀。 ㉕顽冥:固执愚昧。 ㉖庶几(jī):也许会。 ㉗守其祭祀:保持祖庙的祭祀不断,也就是保持智氏的宗族不被灭亡。 ㉘开悟:提醒,开导。 ㉙犹越人视秦人之肥瘠(jí):春秋时代越、秦两国相距遥远,中间又隔着辽阔的楚国,因此,相互关系不多,彼此也不太关心。 ㉚胜:克制。悻悻(xìngxìng):恼怒的样子。 ㉛当:相称。 ㉜觍(tiǎn):厚着脸皮。 ㉝噫(yī):叹词,表感叹。

译文

士人君子要建立功名,去侍奉主人,既然被君主称为知己,那就应当拿出全部的智慧和计谋,真诚地劝告,巧妙地加以引导,在祸患还没有显露的时候加以消除,维持政治上的清明安定,不使社会发生动乱,这样可以使自己不受损害,君主也会平安无事。活着是著名的忠臣,死后是高尚的灵魂,美名世世代代流传下去,光辉照耀史册,这才是完美的士人。如果遇到了知己,不能拯救危难于动乱之前,而在事情失败之后才去献身自尽,沽名钓誉,迷惑世人,并夸耀于社会,这在君子看来,都是不可取的。

我曾经按这个原则评论过豫让。豫让做智伯的家臣,等到赵襄子杀了智伯,豫让为他报仇,他的名声显赫,即使是那些没有知识的平民百姓,也没有一个不知道他是忠臣义士的。唉!豫让的死固然算得上忠了,可惜在如何处理死亡的方式上还是有不忠的表现。为什么呢?看他身上涂满漆,嘴里吞下炭,对朋友说:"我做的事情特别难,我是想用这种行为来使后代做臣子而怀有二心的人感到惭愧。"这能说他不忠吗?等看到他连续三次跳起,用剑去刺赵襄子的衣服,赵襄子责备他不为中行氏而死,却单单为智伯而死的时候，豫让回答说："中行氏像对待一般人那样对待我，所以我就像一般人那样去报答他。智伯把我当国士对待，所以我就像国士一样报答他。"就拿这一点来说，豫让的认识是有欠缺的。

段规侍奉韩康子，任章侍奉魏献子，并没有听说他们被当作国士来对待，但是段规、任章却尽力劝说他们的主子顺从智伯的无理要求，割土地给智伯，使他志气更加骄盛，从而加快了他灭亡。郄疵侍奉智伯，智伯并没有像国士一样待他，可是他却能洞察韩、魏的企图而劝谏智伯。虽然智伯没有采纳他的意见而被三家灭掉，但郄疵的智谋忠告，已经使他自己问心无愧了。豫让既然自己认为智伯待他如同国士了，而所谓国士也就是能解救国家危难的人才。当智伯要求别人割让土地、贪得无厌的时候，当智伯放纵情欲、荒废政务、暴虐无道的时候，作为豫让，正应当竭力来尽自己的职责，耐心恳切地劝谏自己的主人说："诸侯大夫应各自安心守着自己的分内的土地，不要互相侵夺，这是自古以来的规矩。现在无缘无故地向人家索取土地，人家不给，就会产生愤恨心理，人家给了，就会产生骄傲自满之心。愤恨必然会引起争斗，有争斗就必然会有失败。一骄横，就必然傲视一切，傲视一切必然导致灭亡。"非常耐心地诚诚恳恳地规劝。如果规劝了不听，就再规劝。第二次不听，再来第三次。第三次劝谏还不听从，就可以把伏剑自杀的行动安排在这一天了。这样一来，智伯虽然顽固愚昧，但受至诚之心的感动，也许会重新醒悟过来，同韩、魏两家和好，解除对赵国的围困，保全智氏的宗族，使他们能按时祭祀，延续不断。假如能够这样，豫让虽然死了，和活着有什么差别呢？难道不胜过斩衣而死吗？但是豫让在那时，竟连一句开导主人的话也没有，看着智伯即将遭受危难和覆灭，好像越人远远地看到秦人的肥瘦一样。袖手旁观，坐等他的失败或成功，国士的报答难道竟是这样的吗？直到智伯已死，才压抑不住愤怒的血气，心甘情愿地加入刺客的队伍，这有什么可以值得称道的呢？这有什么值得称道的呢？

尽管这样，如果用国士的标准来评价豫让，豫让的确不配了。但同那些早上还是仇敌的，到了晚上就变成了君臣，厚着脸皮自以为得意的人相比，他们又都是豫让的罪人了。唉！

赏析

这是方孝孺对所谓春秋"义士"豫让的一篇评论文章。

文章一反前人旧说，认为豫让的言行举止不是一位"忠臣义士"。并进一步阐明，真正的忠臣义士，应该具有对事物的预见性，敢于犯上直谏，防患于未然，而不是在祸患发生以后，行无效之劳，更不能丧失良知，沽名钓誉。

全文内容，分为三层。

首层，开门见山提出观点，为评价豫让确立标准。

次层，联系豫让臣事智伯、为智伯报仇刺杀赵襄子的事迹，具体而详尽地批驳了豫让是"忠臣义士"的观点，指出豫让既不能忠谏智伯于祸乱之前，又徒以捐躯殒命、沽名钓誉于祸乱滋生之后，最终走上刺客之路，实在不足称道。

末层，得出豫让不足称"国士"的结论，同时，将那些寡廉鲜耻的士大夫与豫让作对比，斥责了那些连豫让都不如的官吏、士大夫，寄托了作者的愤世嫉俗之情。

本文否定豫让，能从义理的高度和政治才干着眼，识见不俗；且通篇紧扣史实，逐层剖析，说理透辟，又极富说服力量。尤其是篇末对卖身投降者的怒斥，还从某种角度赞扬了豫让的节操，评论极有分寸，令人折服。

亲政篇

王鏊

《易》之《泰》曰①："上下交而其志同。"其《否》曰："上下不交而天下无邦。"盖上之情达于下②，下之情达于上，上下一体，所以为泰。下之情壅阏而不得上闻③，上下间隔，虽有国而无国矣，所以为否也。

交则泰，不交则否，自古皆然，而不交之弊，未有如近世之甚者。

君臣相见，止于视朝数刻④，上下之间，章奏批答相关接⑤，刑名法度相维持而已⑥。非独沿袭故事，亦其地势使然。何也？国家常朝于奉天门，未尝一日废，可谓勤矣。然堂陛悬绝，威仪赫奕⑦，御史纠仪⑧，鸿胪举不如法⑨，通政司引奏⑩，上特视之，谢恩见辞，惴惴而退。上何尝治一事，下何尝进一言哉？此无他，地势悬绝，所谓堂上远于万里，虽欲言，无由言也。

愚以为欲上下之交，莫若复古内朝之法。

盖周之时有三朝⑪：库门之外为正朝⑫，询谋大臣在焉；路门之外为治朝，日视朝在焉；路门之内曰内朝，亦曰燕朝。《玉藻》云⑬："君日出而视朝，退适路寝听政⑭。"盖视朝而见群臣，所以正上下之分；听政而适路寝，所以通远近之情。

汉制：大司马、左右前后将军、侍中、散骑诸吏，为中朝⑮；丞相以下至六百石，为外朝⑯。

唐皇城之北，南三门曰承天，元正、冬至、受万国之朝贡，则御焉，盖古之外朝也。其北曰太极门，其西曰太极殿，朔望则坐而视朝⑰，盖古之正朝也。又北曰两仪殿，常日听朝而视事⑱，盖古之内朝也。

宋时常朝则文德殿，五日一起居则垂拱殿⑲，正旦、冬至、圣节称贺则大庆殿⑳，赐宴则紫宸殿或集英殿，试进士则崇政殿。侍从以下，五日一员上殿，谓之轮对，则必入陈时政利害。内殿引见，亦或赐坐，或免穿靴㉑．盖亦有三朝之遗意焉。

盖天有三垣㉒，天子象之㉓。正朝，象太极也；外朝，象天市也；内朝，象紫微也。自古然矣。

国朝圣节㉔、正旦、冬至，大朝会则奉天殿，即古之正朝也。常日则奉天门，即古之外朝也。而内朝独缺。然非缺也，华盖、谨身、武英等殿，岂非内朝之遗制乎？洪武中如宋濂、刘基㉕，永乐以来如杨士奇、杨荣等㉖，日侍左右，大臣蹇义、夏元吉

733

等㉗，常奏对便殿。于斯时也，岂有壅隔之患哉？

今内朝未复，临御常朝之后，人臣无复进见，三殿高閟㉘，鲜或窥焉㉙，故上下之情壅而不通，天下之弊由是而积。孝宗晚年㉚，深有慨于斯，屡召大臣于便殿讲论天下事，方将有为，而民之无禄㉛，不及睹至治之美，天下至今以为恨矣！

惟陛下远法圣祖，近法孝宗，尽划近世壅隔之弊，常朝之外，即文华、武英二殿，仿古内朝之意，大臣三日或五日一次起居，侍从、台谏各一员上殿轮对㉜，诸司有事咨决，上据所见决之，有难决者，与大臣面议之。不时引见群臣，凡谢恩辞见之类，皆得上殿陈奏，虚心而问之，和颜色而道之㉝。如此，人人得以自尽。陛下虽深居九重㉞，而天下之事灿然毕陈于前。外朝所以正上下之分，内朝所以通远近之情。如此，岂有近时壅隔之弊哉？唐虞之时㉟，明目达聪，嘉言罔伏㊱，野无遗贤，亦不过是而已。

注释

①《易》：也称《周易》《易经》。原是古代卜卦的书，后来成为儒家重要经典之一。《泰》：与下文的《否（pǐ）》同为《周易》中的两个卦名。 ②盖：大概。 ③壅（yōng）：阻塞。 ④刻：时间单位。古代用漏壶来计时，把一昼夜的二十四小时分为一百刻。 ⑤关接：联系。 ⑥刑名：古代有所谓的刑名之学，讲究"以名责实"，即根据一人的名分来责成他们的行为。 ⑦赫奕（yì）：显耀盛大的样子。 ⑧御史：官名。掌管弹劾百官的职务。 ⑨鸿胪（lú）：官名。明代的鸿胪专门掌管殿廷礼仪。 ⑩通政司：官署名。明朝设置，掌管内外章疏，凡送给皇帝的文件都由它转交。 ⑪三朝：相传周代天子与群臣谋议政事的三处地方。 ⑫库门：古代天子五门之一。五道宫门从外到内的顺序是：皋门、雉门、库门、应门、路门。 ⑬《玉藻》：《礼记》中的一篇。 ⑭路寝：古代君主处理政事及入寝的正室。路，是正的意思。 ⑮大司马：官名。三公之一。汉武帝时废太尉，设置大司马，为辅佐皇帝的最高武官，掌管全国军事。将军：武官名。汉代在大司马之下设有各种名称的将军，如大将军、车骑将军、前将军、后将军等。侍中、散骑：均为汉代皇帝的侍从，出入宫廷，随时应对的顾问。 ⑯外朝：汉代朝官，从武帝以后分为内（中）朝和外朝。内朝由皇帝的近臣组成，成为决策机构。外朝指丞相和所属机构，虽为法定行政机构，诏令也由此发出，但已无实权。

⑰朔：阴历每月初一。望：指月亮满盈时，即农历每月十五日。　⑱视事：办公。　⑲起居：指日常生活。这里引申为问候的意思。　⑳圣节：指皇帝的生日。　㉑穿靴：唐代规定，大臣上朝必须穿朝靴。　㉒三垣（yuán）：我国古代天文学家分周天的恒星为三垣二十八宿。三垣即太微、紫微、天市。三垣各组星各自环列，都如屏藩之状。　㉓象：象征。　㉔国朝：这里指明朝。　㉕洪武：明太祖朱元璋的年号（1368—1398）。宋濂：字景濂。官至翰林学士承旨制诰。洪武初年（1368）主修《元史》，并参与制礼作乐。刘基：字伯温。元末中进士，后随朱元璋起义，参与机密谋议，官至御史丞兼太史令，封诚意伯。　㉖杨士奇：名遇。明朝建文年间（1399—1402），任翰林院编纂官。后入阁。宣宗朝至英宗初年，长期辅政。杨荣：字勉仁。官至文渊阁大学士。历仕仁宗、宣宗、英宗三朝。　㉗蹇（jiǎn）义：字宜之。官至少师。熟悉典章制度，历事五朝，谥"忠定"。夏元吉：字维喆。官至户部尚书。经历五朝，主持财政达二十七年。　㉘閟（bì）：关闭。　㉙鲜：少。　㉚孝宗：名朱祐樘，年号"弘治"，公元1488年至1505年在位。　㉛无禄：不幸。　㉜台谏：台官和谏官。台官指御史台官员，掌管弹劾百官；谏官指谏议大夫、给事郎中等。　㉝道：同"导"。　㉞九重（chóng）：指帝王所住的宫室。　㉟唐虞：指唐尧与虞舜，古代父系氏族社会部落联盟的首领。　㊱罔：不。

译文

《易经》的《泰》卦说："在上的国君和在下的臣子互相通气，他们的志向就会一致。"它的《否》卦说："上下不相通气，天下就不会有国家了。"大概上情下达，下情上举，上下犹如一体，所以说是吉利。而下情被堵塞，不能传到上面，上下隔绝，即使名为国家，却像没有国家一样，所以说是不吉利。

互相通气就是吉利，不通气就不吉利，自古以来就是那样的，但是上下不通气的弊病，却没有像近代这样严重。

君主和大臣相会，仅仅是上朝听政那么一会儿而已，君臣之间只是通过奏章和批答相联系，依靠法令和制度维持关系罢了。这并非是由于沿袭旧的典章制度，也是由于所处的地位造成的。为什么这样说呢？君臣总是在奉天门举行朝会，没有一天废止过，可以说是勤勉的了。但是殿前的高层台阶隔绝了君主和臣属之间的接触，典礼仪式威严显赫，有御史督察百官的仪节，鸿胪卿纠正不合法度的行为，通政司导引大臣奏事，皇帝不过只看一眼而已，大臣们谢恩告辞，惴惴不安地退下。皇上何尝亲自处理过一件事，大臣又何尝直接进过一次言呢？这没有别的原因，只是因为地位隔绝的关系，也就是所说的，君主虽然在同一殿上却相隔比万里还远，大臣即使想陈述自己的意见，却又如何有机会开口呢！

我认为要使上下通气，没有比恢复古代的内朝制度更好的了。

原来周朝时候，天子有三个听政的地方：库门的外面是正朝，天子在这里向大臣们咨询谋划国事；路门外边是治朝，每天的朝会就在这里举行；路门内为内朝，又称燕朝。《礼记·玉藻》篇说："君主在日出的时候上朝，退朝后到路寝听政理事。"上朝和群臣相见，以此来表示上下的名分；到路寝处理政务，以此来沟通、了解远近各处的情况。

汉朝的制度：皇帝接见大司马、左右前后将军、侍中、散骑等文武官吏，称"中朝"；接见丞相以下至六百石俸禄的官员，称"外朝"。

唐朝皇城北面的南三门称承天门，每年元旦、冬至节接受各国使节的朝见和进贡，这大概就是古代的外朝。它的北面是太极门，它的西边是太极殿，每月初一和十五，皇帝在这坐朝理事，会见群臣，这大概是古代的正朝。再往北面是两仪殿，皇帝在这里听政处理政事，这就是古代的内朝了。

宋朝的时候，平日上朝在文德殿，每五天向皇帝问候则在垂拱殿，元旦、冬至节、皇帝诞辰等百官庆贺在大庆殿，赏赐百官酒筵时就在紫宸殿或集英殿，考试进士，就在崇政殿举行了。侍从以下的官员，每隔五天由一人上殿朝见，称为"轮对"，这位官员必须向皇帝面陈当前政事的得失利弊。皇帝在内殿引见大臣时，也有赐予座位，或是免穿朝靴朝见的，这大概还保留着三朝制度的遗风吧。

因为天上有三垣，它们象征着天子的地位。正朝象征着太微垣，外朝象征着天市垣，内朝象征着紫微垣。自古以来就是这

卷之十二 明文

样的。

本朝皇帝寿辰、元旦、冬至的盛大朝会在奉天殿举行，这就是古时候的正朝。日常的朝会在奉天门举行，这就是古代的外朝。唯独缺少内朝。但实际上并不缺少，那华盖、谨身、武英等殿的朝会，难道不就是古代内朝的遗制吗？洪武年间如宋濂、刘基，永乐以来像杨士奇、杨荣等大臣，每日在皇帝左右侍奉，大臣蹇义、夏元吉等人，常在便殿对答皇帝的疑问。在那个时候，难道会产生上下阻隔的弊病吗？

现在内朝没有恢复，皇上驾临日常的朝会之后，大臣们便不能再进见了。三座殿高高的大门紧闭着，很少有人到这里来瞅上一眼。所以君臣上下意见隔绝不能沟通，社会弊病由此越积越多。孝宗皇帝晚年的时候，对这个问题深有感慨，屡次在便殿召见大臣，谈论天下大事，正待有所作为，老百姓却没有福气，没有来得及看到大治的美好年景，天下人直到现在还感到遗憾。

望陛下远效圣明的祖先，近学孝宗皇帝，全部铲除近世以来上下阻隔的弊病，除日常的朝会之外，再到文华、武英二殿设朝，以仿效古代内朝之制，大臣们每隔三天或者五天进宫来问候一次，侍从官和台官、谏官各派一名官员轮流上殿奏事和回答皇上的咨询，各部有事请示裁决，皇上可根据了解的情况加以决断，有难以裁决的，跟大臣们当面商议。这样经常召见群臣，凡是谢恩、告辞一类的公务，有关官员都可以上殿陈述启奏，皇上虚心地向他们询问，并且和颜悦色地指导他们。这样，人人都能畅所欲言。陛下虽然深居九重深宫，但天下的事情都能鲜明而无遗地展现在面前。外朝用来表示上下的名分，内朝用来了解远近的情况。这样做了，难道还会产生近世上下隔绝的弊病吗？尧舜时候，人们歌颂帝王耳聪目明，美好的言论不会被埋没，偏僻地方也没有被弃置的人才，也不过就是这种情况罢了。

赏析

皇帝昏庸荒淫，宦官专权横行，自古有之，汉、唐为剧。到明武宗朱厚照，更是达到登峰造极的地步：他整日歌舞宴乐，沉溺后宫，不问政事，不见群臣，所有军国大事都交由宦官处理。针对这一现实，文渊阁大学士、户部尚书王鏊忧心忡忡，奋笔疾书，写下了这篇奏议。

"亲政"，即皇帝亲自执政。文章紧扣这一中心点，引经据典，慷慨陈词，尖锐地指出：上下相隔，政道不通，是国家的最大祸患。借以谏诫明武宗，希望他能效法祖先，坐庭听政，铲除壅隔，广开言路，以期达到天下大治。

全文内容，分为三层。

首先，援引《易经》论述为理论根据，指出上下相隔、言路不通，是百乱滋生的根源。有的放矢，提出中心论点，一针见血，切中时弊。

其次，建议遵循古制，恢复"内朝之法"，主张国君亲自执政，坐龙庭，听奏议，讲论天下大事，则治平有望，万民欣怡。

最后，直言劝谏武宗，继承祖训，铲除上下相隔之弊，坐庭听政，广开言路，则天下安宁，百姓称幸。

整篇文章，阐述了皇帝亲自执政的重要性、必要性和施行方法，有启导，有建议，有劝诫，真是一腔忠君爱国、忧国忧民的赤诚肺腑之言。

文章引经据典，融贯古今；言辞恳切，反复致意；抗言直谏，警策动人。

尊经阁记

王守仁

经，常道也①。其在于天，谓之命；其赋于人，谓之性；其主于身，谓之心。心也，性也，命也，一也。通人物，达四海，塞天地，亘古今②，无有乎弗具，无有乎弗同，无有乎或变者也，是常道也。

其应乎感也③，则为恻隐④，为羞恶，为辞让，为是非。其见于事也，则为父子之亲，为君臣之义，为夫妇之别，为长幼之序，为朋友之信。是恻隐也、羞恶也、辞让也、是非也、是亲也、序也、别也、信也，皆所谓心也，性也，命也。通人物，达四海⑤，塞天地，亘古今，无有乎弗具，无有乎弗同，无有乎或变者也，是常道也。

以言其阴阳消长之行⑥，则谓之《易》；以言其纪纲政事之施⑦，则谓之《书》；以言其歌咏性情之发，则谓之《诗》；以言其条理节文之著⑧，则谓之《礼》；以言其欣喜和平之生⑨，则谓之《乐》；以言其诚伪邪正之辨，则谓之《春秋》。是阴阳消长之行也，以至于诚伪邪正之辨也，一也，皆所谓心也，性也，命也。通人物，达四海，塞天地，亘古今，无有乎弗具，无有乎弗同，无有乎或变者也，夫是之谓六经。六经者非他，吾心之常道也。

是故《易》也者，志吾心之阴阳消息者也⑩；《书》也者，志吾心之纪纲政事者也；《诗》也者，志吾心之歌咏性情者也；《礼》也者，志吾心之条理节文者也；《乐》也者，志吾心之欣喜和平者也；《春秋》也者，志吾心之诚伪邪正者也。

君子之于六经也，求之吾心之阴阳消息而时行焉，所以尊《易》也；求之吾心之纪纲政事而时施焉，所以尊《书》也；求之吾心之歌咏性情而时发焉，所以尊《诗》也；求之吾心之条理节文而时著焉，所以尊《礼》也；求之吾心之欣喜和平而时生焉，所以尊《乐》也；求之吾心之诚伪邪正而时辨焉，所以尊《春秋》也。

盖昔圣人之扶人极⑪，忧后世，而述六经也，犹之富家者之父祖，虑其产业库藏之积，其子孙者，或至于遗亡散失，卒困穷而无以自全也，而记籍其家之所有以贻⑫，使之世守其产业库藏之积而享用焉，以免于困穷之患。故六经者，吾心之记籍也，而六经之实，则具于吾心。犹之产业库藏之实积，种种色色，其存于其家，其记籍者，特名状数目而已⑬。而世之学者，不知求六经之实于吾心，而徒考索于影响之间⑭，牵制于文义之末，硁硁然以为是六经矣⑮。是犹富家之子孙，不务守视、享用其产业库藏之实积，日遗亡散失，至为窶人丐夫⑯，而犹嚣嚣然指其记籍曰⑰："斯吾产业库藏之积也！"何以异于是？

呜呼！六经之学，其不明于世，非一朝一夕之故矣！尚功利，崇邪说，是谓乱经。习训诂⑱，传记诵，没溺于浅闻小见，以涂天下之耳目⑲，是谓侮经。侈淫辞⑳，竞诡辨，饰奸心盗行㉑，逐世垄断㉒，则犹自以为通经，是谓贼经。若是者，是并其所谓记籍者而割裂弃毁之矣，宁复知所以为尊经也乎！

越城旧有稽山书院㉓，在卧龙西冈㉔，荒废久矣。郡守渭南南大吉既敷政于民㉕，则慨然悼末学之支离㉖，将进之以圣贤之道，于是使山阴令吴君瀛拓书院而一新之，又为尊经之阁于其后，曰："经正则庶民兴，斯无邪慝矣㉗。"阁成，请予一言，以谂多士㉘。予既不获辞，则为记之若是。呜呼！世之学者，得吾说而求诸其心焉㉙，则亦庶乎知所以为尊经也已。

注释

①常道：经久不变的真理。 ②亘（gèn）：连续不断，贯通。 ③应：应和。这里是体现的意思。 ④恻（cè）隐：对受苦难的人表示同情、不忍。 ⑤达：到达。 ⑥阴阳：自然界两种对立变化的力量。消长：消歇，生长。 ⑦纪纲：法度，法制。 ⑧条理：指礼仪的一些准则。节文：礼仪制度。著：立，建立。 ⑨和平：心平气和。 ⑩消息：一长一消，互相交替。 ⑪人极：指封建社会的道德准则。极，准则。 ⑫贻（yí）：遗留。 ⑬特：只。名状：名称形状。 ⑭影响：影子和回响，这里指关于六经的传闻、注疏。 ⑮硁（kēng）硁：浅陋固执的样子。 ⑯窶（jù）：贫穷。 ⑰嚣（xiāo）嚣：自得的样子。 ⑱训诂：对古书字义的注释。 ⑲涂：这里是蒙蔽、迷惑的意思。 ⑳侈：过分，夸大。淫辞：夸大失实的言辞。 ㉑奸心：邪恶之心。盗行：卑鄙、可耻的行为。 ㉒逐世：角逐于社会上，意即排斥异己。垄断：谋取高利。 ㉓越城：在今浙江绍兴。 ㉔卧龙：即卧龙山，在今浙江绍兴后，战国时越国大夫文种葬在这里，又名种山。 ㉕南大吉：字元善，明武宗正德年间进士，任绍兴知府。喜欢讲学，为学者所敬重，是王守仁的学生。敷政：施政。 ㉖悼：伤感。 ㉗慝（tè）：邪恶，恶念。 ㉘谂（shěn）：规谏。多士：众多之士，这里指读书人。 ㉙诸："之于"的合音。

卷之十二 明文

译文

　　经是永恒的真理。当它存在于天时就叫作"命"，依附于人时就叫作"性"，主宰人身时就叫作"心"。心、性、命，三者都是同样的东西。沟通人类与万物，遍及四海之内，充塞天地之间，贯穿古往今来，无所不有，无所不同，不会有任何变化的东西，这就是永恒的真理。

　　它反应在人的情感上，就表现为同情心、羞恶之心、谦让之心与是非之心。当它体现在事理之中时，就表现为父子间的爱敬、君臣间的忠义、夫妇间的区别、长幼间的次序和朋友间的信义。这些同情心、羞恶心、谦让心、是非心，这些父子之亲、长幼之序、夫妇之别、朋友之信，都是上面所说心、性和命。沟通人与万物，遍及四海之内，充塞天地之间，贯穿古往今来，无所不有，无所不同，不会有任何变化的东西，就是永恒的真理。

　　用它来讲人事、自然的阴阳变化、生长消亡的运动，就是《易》；用来阐述国家法制和政事的实施的，就是《书》；用来记述歌咏感情的抒发的，就是《诗》；用来讲述礼仪制度的规定，就称作《礼》；用来谈欢喜平和之音的生成，就称作《乐》；用来辨别真诚与诡诈、邪恶与正直的区别，就称作《春秋》。这些阴阳变化、生长消歇，直到真诚诡诈、邪恶正直的区别，都是一样的，都是所谓的心、性和命。沟通人与万物，遍及四海之内，充塞天地之间，贯穿古往今来，无所不有，无所不同，不会有任何变化的，就是那称作"六经"的典籍。六经并非别的东西，是我们自己心中存在的永恒的真理。

　　所以，所谓《易》，是记述我们心中的矛盾变化的；所谓《书》，是记述我们心中的纪纲政事的；所谓《诗》，是记载我们心中的情感歌咏的；所谓《礼》，是记述我们心中的礼仪制度的；所谓《乐》，是记述我们心中的欣喜平和的；所谓《春秋》，是记述我们心中的诚伪邪正的。

　　君子对于六经，能从自己心中探求阴阳消长并时常实行，这就是尊崇《易》；能从自己的心中探求法纪政事并按时施行，这就是尊崇《书》；能从自己心中探求情感歌咏并按时抒发，这就是尊崇《诗》；能从自己心中探求礼仪规范并时常培植，这就是尊崇《礼》；能从自己的心中探求欣喜平和之音并按时促成，这就是尊崇《乐》；能从自己的心中探求诚伪邪正并时常分辨，这就是尊崇《春秋》。

从前的圣人，建立人们相互间的道德准则，为后世担忧，因而才有六经的著述。这就像富家人的父辈、祖辈，唯恐他们的产业和积蓄到后代子孙手中，有遗失流散的可能，以至于最终贫困而无法生存，因而把家里所有的财产登记在簿籍上再传给他们，使他们能世世代代守住这些产业和积蓄并享用它，以免遭受贫穷和困苦。所以，六经是我们心灵的簿籍，而六经的内容实质，则存在于我们心中。这如同产业、库藏的积蓄，各种各样都储在他们家里，在簿籍上登记着的，只不过是它的名称、形状和数目而已。然而，世上的学者，不懂得从自己的心中去探求六经的实质，而只是在一些传闻和注疏之间思考、求索，拘泥于字义的细枝末节，浅陋固执地自以为这就是六经了。这就如同富人家的子孙，不是想办法守住和享用他们的产业和库藏积蓄，而是一天天将它们丢掉、流散，以致成为穷人乞丐，仍然洋洋自得地指着他们的簿籍说："这些是我的产业和库藏积蓄。"世上的学者的做法，与这种富家子孙的行径有什么两样呢？

唉！六经这门学问，不被世人正确地理解，已不是一天两天的事情了。追求功利，崇尚异端邪说，这就叫淆乱经义。专门学习训诂考据，讲求记忆和诵读，沉溺于肤浅的传闻和一孔之见，以此来蒙蔽天下人的耳目，这就叫侮辱经义。夸饰辞藻，竞相诡辩，掩饰邪恶的心迹与卑鄙的品行，争逐于世上，谋取私利，还自以为精通经义，这叫残害经义。像这种人，是连上面所说的簿籍都一起割裂毁弃了，难道还晓得重视六经的道理吗？

越城从前有个稽山书院，在卧龙山西面山冈上，已经荒废很久了。郡守渭南人南大吉，在对百姓施行政教的空余，深深慨叹那些末学的支离破碎，想为他们引进古代的圣贤之道，于是让山阴县令吴瀛扩建书院，使它焕然一新，又在它的后面修建一座尊经阁，说："经义一旦被正确地理解了，百姓就会振作向善。这样，就不会有邪恶的人了。"尊经阁建成后，南君要我写几句话来规劝读书人。我推辞不掉，就写了这样一篇记文。唉，世上的学者，看了我的文章，若能从自己心里探求六经的实质，那么也就差不多懂得为什么要重视六经的原因了。

赏析

本文是明代著名哲学家王守仁（世称阳明先生）为浙江山阴县尊经阁所题写的一篇"记"。

文章的宗旨，在于论证"六经者，吾心之记籍""六经之实，则具于吾心"，因此，"尊经"，就是"求之吾心"。其他的做法，都是舍本求末，甚至是"乱经""侮经""贼经"。

全文内容，可分三部分。

第一部分，系统阐释儒家六经的要义，提出自己的主张。首先，辟空入题，论断儒家经典是永恒的真理和规范，在天曰"命"，在人曰"性"，在身曰"心"。而"心""性""命"三者，相通同一，以"心"为本。其次，论述儒家的"三纲五常"、伦理道德规范，如忠孝、仁义、亲亲、尊卑、长幼等，皆本于"心""性""命"，因此，"六经者非他，吾心之常道也"。

第二部分，转入对"尊经"的论述。作者论列了《易》《礼》《乐》《春秋》《诗》《书》的教化作用和维系人心的作用，认为"六经者，吾心之记籍也，而六经之实，则具于吾心"，从而提出了"尊经"，就是"求之吾心"的观点。与此同时，作者又批驳了种种舍本求末的做法，痛斥了"乱经""侮经""贼经"的行为，强调了"尊经"的必要性和重要性。

第三部分，叙述"尊经阁"的由来，交代写"记"原因，再次点出"求诸其心"即是"尊经"的主旨，呼应篇首，收束全篇。

本文较为全面、系统地阐述了作者对儒家经典的认识，充分体现了作者主观唯心主义的哲学观和认识论。这种观点对当时死守教条的程朱理学，具有一定的冲击作用，不可全盘否定。

象祠记

王守仁

灵博之山①，有象祠焉②。其下诸苗夷之居者③，咸神而祠之。宣尉安君因诸苗夷之请④，新其祠屋⑤，而请记于予。

予曰："毁之乎，其新之也⑥？"曰："新之。"

"新之也，何居乎⑦？"曰："斯祠之肇也⑧，盖莫知其原⑨，然吾诸蛮夷之居是者⑩，自吾父吾祖溯曾高而上⑪，皆尊奉而禋祀焉⑫，举而不敢废也。"

予曰："胡然乎⑬？有鼻之祀⑭，唐之人盖尝毁之⑮。象之道，以为子则不孝，以为弟则傲⑯。斥于唐，而犹存于今。坏于有鼻，而犹盛于兹土也。胡然乎"？

我知之矣！君子之爱若人也，推及于其屋之乌⑰，而况于圣人之弟乎哉？然而祠者为舜，非为象也。意象之死⑱，其在干羽既格之后乎⑲？不然，古之骜桀者岂少哉⑳？而象之祠独延于世。吾于是盖有以见舜德之至㉑，入人之深，而流泽之远且久也㉒。

象之不仁，盖其始焉耳，又乌知其终之不见化于舜也？《书》不云乎："克谐以孝㉓，烝烝乂，不格奸㉔。""瞽瞍亦允若㉕。"则已化而为慈父。象犹不弟，不可以为谐。进治于善㉖，则不至于恶，不底于奸㉗，则必入于善。信乎象盖已化于舜矣㉘！

孟子曰："天子使吏治其国㉙，象不得以有为也。"斯盖舜爱象之深而虑之详㉚，所以扶持辅导之者之周也。不然，周公之圣㉛，而管、蔡不免焉㉜。斯可以见象之见化于舜，故能任贤使能而安于其位㉝，泽加于其民，既死而人怀之也。诸侯之卿，命于天子，盖《周官》之制㉟，其殆仿于舜之封象欤㊱？吾于是盖有以信人性之善㊲，天下无不可化之人也。

卷之十二 明文

然则唐人之毁之也，据象之始也；今之诸苗之奉之也，承象之终也。斯义也，吾将以表于世，使知人之不善，虽若象焉⑱，犹可以改。而君子之修德，及其至也，虽若象之不仁，而犹可以化之也。

注释

①灵博之山：灵博山在贵州黔西县水西苗族地区。　②象：舜的弟弟。③苗夷：旧时对苗族的蔑称。　④宣慰：即宣慰使，官名，元代始置，多设于少数民族地区，掌军民事务。明代于西北、西南各少数民族地区设置土司，长官由当地土人世袭，最高的土司武职为宣慰使。　⑤新：翻新。　⑥其：表示选择的语气词。　⑦何居乎：为什么。居，语气助词。　⑧肇：始，初。　⑨原：起源。　⑩蛮夷：古人对少数民族的蔑称。　⑪溯（sù）：逆水而上，这指追溯前代。曾：曾祖，祖父的父辈。高：高祖，祖父的祖父辈。⑫禋（yīn）祀：祭祀。　⑬胡然乎：为什么这样呢。胡，为什么。　⑭有鼻：古地名，也作"有庳"，在今湖南道县北。传说象被封在这里。古有象祠。　⑮唐之人盖尝毁之：唐宪宗时，道州刺史薛伯高认为象不应有祠，把象祠毁掉了。　⑯傲：傲慢，不友好。　⑰"君子之爱"二句：比喻因爱一个人而推及爱与他有关系的人或物。乌，乌鸦。　⑱意：猜想，估计。　⑲干羽：都是古代舞人所执的舞具。干，盾。羽，雉尾。舞干羽，表示偃武修文，不再战争。据《尚书·大禹谟》记载，舜曾命令禹征伐有苗（当时中原南方的一个部落联盟），一个月还不能征服，后来禹整师而还，舜乃大布文德，舞干羽于两阶，过了七十天，有苗就来朝见了。格：来，引申为归服。⑳骜（ào）桀（jié）：暴戾（lì）不驯。骜，马不驯，喻骄傲不驯服。桀，凶暴。　㉑有以见：等于说"可以看出……"。至：顶点、完善的意思。　㉒流泽：流传的恩惠。　㉓克：能。谐：和谐。　㉔烝烝：淳淳的样子。乂：善。　㉕格：至。　㉖瞽（gǔ）瞍（sǒu）：舜的父亲。瞽，瞎眼。瞍，没有瞳仁。传说舜的父亲有眼却不辨善恶，所以称为瞽瞍。允若：确实和顺。㉗进：自我勉励。治：这里指修养道德。　㉘厎：同"抵"，到达。　㉙信：确实。　㉚其国：指象的封国有鼻。　㉛虑：谋划，考虑。　㉜周公：名旦，因采邑在周（今陕西岐山东北），称为周公。西周初的政治家，周武王的同母弟。　㉝管蔡：管叔、蔡叔，都是周武王的弟弟，名鲜、度，封于管、蔡。周公代理成王执政时，二人不满，和武庚一起发动叛乱，被周公镇压。　㉞贤能：指有德有才的人。　㉟《周官》：即《周礼》，记载周代的官制。旧传为周公所作，后人考证，应为战国时人所作。　㊱其：表示推测的语气词。殆

(dài)：大概。　㊲人性之善：孟子认为，人性天赋是善良的。　㊳虽：即使。

译文

灵博山上，有一座象祠。住在山下的苗民，都把象当作神灵来祭祀。宣尉使安君根据众苗民的请求，把象祠的庭宇重新翻修，并且请我作一篇记文。

我问："您是要毁掉它呢，还是翻修它呢？"他说："翻修它。"

"为什么要翻修它呢？"他说："这座祠庙的来历，大概没有什么人知晓了。然而我们各族中居住此地的人，从我父亲、祖父一直到曾祖、高祖以上，都尊崇象并且祭祀象，按时举行不敢取消。"

我说："为什么这样呢？有鼻那个地方的象祠，唐朝人就曾毁掉过。象的品行，以做儿子的规范衡量他可称作不孝，以做弟弟的规范衡量他可称作傲慢无礼。在唐朝就废弃了对象的祭祀，但今天仍然保留。有鼻已经废除了，却在这个地方还盛行于世。为什么呢？"

我知道其中的道理了。有道德的人喜欢上某个人，对那个人房屋上停留的乌鸦也会产生好感，更何况对于君子的弟弟呢？这样看来，祭祀的是舜，而不是象。我估计象的去世，大概是在舜用德政使有苗归顺以后吧。否则的话，古代那些倔强而又凶狠的人难道还少吗？可对象的祭祀却偏偏延续于世。我从这里也能看出，舜的道德完美高尚，深入人心，他的德泽流传广远且悠久。

象的品行不端，大概只是他初期的表现，又怎么知道他的后期没有被舜感化呢？《尚书》不是这样说过："舜能够用孝德使全家和谐，孝德淳厚完美，不至于邪恶。"又说："舜的父亲瞽瞍也变得和顺了。"这说明瞽瞍已经变成慈父了。象要是仍不敬爱哥哥，就不能说是全家和睦了。不断努力，自我修养向善，就不会走向邪恶，不会到达坏的方面，就必然会走上善途。的确如此啊，象已被舜感化了。

孟子说："舜派遣官吏治理象的封国。象就不能在他的封国里为所欲为。"这大概就是舜深切地爱护象而为他仔细谋虑,用来帮助辅导他的办法也很周到。不然的话,像周公那样圣明的人,他的兄弟管叔、蔡叔却仍免不了身败名裂。这也可见象是被舜感化,所以能够任用贤能之人,并且安于自己的职责,把恩惠施给自己的百姓,去世以后,人们仍然怀念他。诸侯所属的卿,由天子直接任命,那是按《周官》的规定,大概也是仿照舜封象的做法吧?我从这里可以相信,人的本性是善良的,天下不存在不能感化的人。

如此看来,唐朝人毁弃象祠,是根据象的初期的表现;今天这些苗民尊崇祭祀他,是根据象的后期表现。这个道理,我准备把它和天下人说明白,让大家知道,人的过错,即使如象那样,还是可以改正的。而高尚的人修养自己的道德,当它达到尽善尽美的时候,即使遇到如象那样品行不端的人,也不是不可以把他感化过来的。

赏析

象,是古代传说中虞舜的同父异母弟。他曾多次图谋杀害舜,舜都不予计较。舜继位后,封象为有鼻国国君。象改恶从善,悉心治国,颇有政绩,后人建立祠庙来祭祀他。

本文就是王守仁为贵州黔西县灵博山上的象祠所写的一篇"记"。

文章主旨在于阐明"人性之善,天下无不可化之人"。作者从品德不好的象也能弃恶从善、受到后人立祠祭祀出发,论述了人人皆可改过从善、成为圣人的道理,具有教育人、鼓励人的积极意义。

全文可分三部分。

第一部分,叙述象祠的来历,以及毁坏、重修的经过,提起悬念,引发议论。

第二部分,具体论述舜的仁爱和象的恶德,以及象受舜的感召而弃恶从善的事迹,提出了人性本善,天下人皆可接受教化改过自新、趋达完美的正面观点。

第三部分，解释象祠毁坏和重修的原因，深入开拓主题：连象那样的人都能够修德守仁，受到百姓祭祀，何况士民君子呢？表达了人人皆可成舜尧的思想认识。

全文紧扣"人性之善，天下无不可化之人"这一中心，从象祠的兴衰废替入笔，推论舜的仁德，赞扬象的弃恶从善，归结出人人皆可改过从善、成为尧舜的结论。含蕴深刻，耐人寻思。时至今日，这种观点也有一定的教育意义。

文章语言朴素，层次清晰，层层深入，正反辨析，论述颇具逻辑性和启发性。

瘗旅文①

王守仁

维正德四年秋月三日，有吏目云自京来者②，不知其名氏，携一子一仆将之任③，过龙场，投宿土苗家。予从篱落间望见之，阴雨昏黑，欲就问讯北来事，不果④。明早，遣人觇之⑤，已行矣。薄午⑥，有人自蜈蚣坡来云："一老人死坡下，傍两人哭之哀。"予曰："此必吏目死矣，伤哉！"薄暮，复有人来云："坡下死者二人，傍一人坐哭。"询其状，则其子又死矣。明日，复有人来云："见坡下积尸三焉。"则其仆又死矣。呜呼！伤哉！

念其暴骨无主⑦，将二童子持畚锸往瘗之⑧，二童子有难色然。予曰："噫！吾与尔犹彼也！"二童闵然涕下⑨，请往。就其傍山麓为三坎⑩，埋之。又以只鸡、饭三盂⑪，嗟吁涕洟而告之曰⑫：

呜呼！伤哉！繄何人⑬？繄何人？吾龙场驿丞余姚王守仁也⑭。吾与尔皆中土之产⑮，吾不知尔郡邑，尔乌乎来为兹山之鬼乎？古者重去其乡，游宦不逾千里⑯。吾以窜逐而来此⑰，宜也。尔亦何辜乎？闻尔官吏目耳，俸不能五斗⑱，尔率妻子躬耕可有也，胡为乎以五斗而易尔七尺之躯？又不足，而益以尔子与仆乎？呜呼！伤哉！

748

卷之十二　明文

　　尔诚恋兹五斗而来，则宜欣然就道，胡为乎吾昨望见尔容，蹙然盖不胜其忧者⑲？夫冲冒霜露⑳，扳援崖壁㉑，行万峰之顶，饥渴劳顿㉒，筋骨疲惫，而又瘴疠侵其外㉓，忧郁攻其中，其能以无死乎？吾固知尔之必死，然不谓若是其速，又不谓尔子尔仆亦遽然奄忽也㉔！皆尔自取，谓之何哉？

　　吾念尔三骨之无依而来瘗耳㉕，乃使吾有无穷之怆也㉖。呜呼！伤哉！纵不尔瘗，幽崖之狐成群，阴壑之虺如车轮㉗，亦必能葬尔于腹，不致久暴尔。尔既已无知，然吾何能为心乎？自吾去父母乡国而来此三年矣，历瘴毒而苟能自全，以吾未尝一日之戚戚也㉘。今悲伤若此，是吾为尔者重，而自为者轻也，吾不宜复为尔悲矣。吾为尔歌，尔听之。

　　歌曰：连峰际天兮飞鸟不通㉙，游子怀乡兮莫知西东。莫知西东兮维天则同㉚，异域殊方兮环海之中。达观随寓兮莫必予宫㉜，魂兮魂兮无悲以恫㉝。

　　又歌以慰之曰：与尔皆乡土之离兮㉞，蛮之人言语不相知兮。性命不可期，吾苟死于兹兮，率尔子仆，来从予兮。吾与尔遨以嬉兮㉟，骖紫彪而乘文螭兮㊱，登望故乡而嘘唏兮㊲。吾苟获生归兮，尔子尔仆尚尔随兮，无以无侣为悲兮。道傍之冢累累兮㊳，多中土之流离兮，相与呼啸而徘徊兮。餐风饮露，无尔饥兮，朝友麋鹿，暮猿与栖兮。尔安尔居兮，无为厉于兹墟兮㊴！

注释

①瘗（yì）旅：埋葬客死在外乡的人。瘗，埋葬。　②吏目：官名，明朝掌管官府文书的低级官吏。　③携（xié）：带。　④果：实现。　⑤觇（chān）：窥视。　⑥薄午：快到中午。薄，迫近。　⑦暴（pù）骨：暴露尸骨。　⑧畚（běn）：土箕。锸（chā）：铁锹。　⑨闵然：忧伤的样子。闵，同"悯"。　⑩麓（lù）：山脚下。坎：坑。　⑪盂（yú）：盆。　⑫洟：流鼻涕。　⑬繄（yī）：发语词。　⑭驿丞：管驿站事务的官。驿，古代供应递送公文的人和来往官员暂住、换马的地方。　⑮中土：指中原地区。　⑯游宦：到外地做官。　⑰窜逐：放逐，这里指被贬谪。　⑱五斗：晋朝县令的薪俸。这里暗用陶渊明不为五斗米折腰的故事。　⑲蹙（cù）然：皱眉的样子。　⑳冲：顶，冒。　㉑扳：同"攀"。　㉒劳顿：劳苦困顿。　㉓瘴疠（lì）：指

古文观止鉴赏

南方山林间可致疾病的湿热之气。 ㉔遽（jù）然：突然，急促。奄忽：本来是急遽的意思，这里指死亡。 ㉕念：考虑。 ㉖怆（chuàng）：悲伤。 ㉗虺（huǐ）：毒蛇。 ㉘戚戚：局促忧伤的样子。 ㉙际天：接近天际。 ㉚维：发语词，无实义。 ㉛环海之中：指中国。古人认为中国的四周是海。 ㉜随寓：随处可居。官：指住室。 ㉝恫（tōng）：哀痛。 ㉞离：这里指流离在外的人。 ㉟遨（áo）：遨游，游逛。 ㊱骖：古时一车驾三马叫骖。这里是驾驭的意思。彪：小虎。螭（chī）：无角的龙。 ㊲嘘唏：哽咽。 ㊳冢（zhǒng）：坟墓。 ㊴厉：恶鬼。

译文

　　正德四年秋季某月三日，有一个自称是从京城来的吏目，姓名不详，带着一个儿子和一个仆人将去赴任，路过龙场，投宿在当地一个苗族人家里。我从篱笆的缝隙间看见了他，准备到他那儿打听一下北方的消息，因为是阴雨天，天色昏黑，所以没有去成。第二天早晨，派人前去窥探，却说已经上路了。将近中午，有人从蜈蚣坡来，说："一个老人死在山坡下，旁边两人哭得很悲痛。"我说："这必定是那个人死了，真令人伤心啊！"黄昏的时候，又有人来说："山坡下死了两个人，一个在旁边坐着痛哭。"探问三人的情形，才知道是吏目的儿子又死了。又过了一天，又有人来说："看见坡下堆着三具尸体。"那么，他的仆人也死了。唉！太令人伤心了啊！

　　我想到他们的尸骨暴露在野外却没有亲人收敛，就带着两个童仆，拿着畚箕和铁锹去埋葬他们。两个童仆显出为难的神色。我说："唉，我和你们也会跟他们一样的。"他俩听了伤心地流下泪水，自请前往。于是，我们在尸体附近的山脚下，挖了三个坑，埋葬了他们。又用一只鸡、三碗饭作为祭奠，叹息流泪，敬告鬼魂：

　　唉！悲痛啊！你是什么人，你是什么人呢？我是龙场驿丞余姚人王守仁。我和你都出生在中原，我不知道你的家乡在哪一州哪一县，不知你为什么来做这荒蛮山野的鬼魂？古时候人们不轻易离开家乡，即使外出做官，也不超出千里。我是因得罪朝廷，被流放到此，是理所应当的，你却有什么罪过呢？听说你的官职是吏目，论俸禄不足五斗米，你带着妻子儿女，亲自耕种，同样能获得相同的收入，为什么为了这五斗米的俸禄送掉你这七尺之躯呢？这还不够，又添上你的儿子和仆人？唉！令人悲伤啊！

如果你真的是贪恋五斗米的俸禄而来，就应该欢欢喜喜地踏上征途，为什么那一天我看到你愁眉不展，像是难过得不能忍受的样子？想你顶着风霜雨露，攀越悬崖峭壁，翻过重重山岭，饥渴劳苦，筋骨疲惫，再加上山中的瘴疠之气从外面侵袭，忧郁的情绪在内心煎熬，这还能不死吗？我原本知道你必死无疑，却未曾想到有如此之快，更没有想到你的儿子、仆人也骤然死去！说来这也是你自招不幸，我又有什么可说的呢？

我是想着你们三人的尸骨无依无靠，因此才前来埋葬，但却使我产生了无穷的悲怆。唉！令人悲伤啊！假使我不收葬你，那幽暗的山崖下有成群的野狐狸，阴晦的山沟中毒蛇像车轮那样大，也会将你们吞入它们腹中，不至于让你们的尸骨长久暴露在野外。你们对这一切虽然已经无知无觉了，但我又怎能忍心那样做呢？自从我离开父母家乡来到这里，已经有三年了，经受瘴疠毒气却能勉强生存下来，是因为我不曾有一天忧伤。如今我如此悲伤，是为你的缘故多，为自己的缘故少，我不应当再为你悲伤了。让我为你唱一支歌，你听着吧！

歌词是：连绵的山峰高耸云天啊，连飞鸟都飞不过去。远游的人怀念家乡啊，却又不辨西东。虽然不辨西东啊，苍天却是相同的。虽在别国他乡啊，却总还在四海之中。放开胸襟以四海为家啊，没有必要一定要住在自己的家中。游魂啊游魂啊，不要悲伤，也不要哀痛。

再唱一支歌劝慰说：我和你都是离开了家乡的人，听不懂蛮人的言语。人的生命长短不能预料，我假如死在这里的话，你带着儿子、仆人来和我相伴。我和你游玩嬉戏，驾驭着紫色的猛虎和彩色的蛟龙，登上高处眺望故乡而哽咽抽泣。假如我能够活着回去，你的儿子、仆人还跟着你，不要因为失去朋友而悲伤。道路旁边的坟墓一个挨着一个，大多是中原流落之人，你们可一起呼啸一起徘徊。餐风饮露，不会使你们饥饿。早上与麋鹿为友，晚上与猿一起歇息。你可要在这里安心居住，不要化作厉鬼，在

751

村落里为害村民。

赏析

这是一篇祭文。

瘗旅，即埋葬客死异乡的人。王守仁因反对当时主持朝政的太监刘瑾被贬谪到贵州任龙场驿驿丞，偶遇来自京师、死于蜈蚣坡的吏目主仆三人，为之收葬并写下了这篇祭文。

文章对吏目主仆三人为了微薄的薪俸而跋涉万里、客死荒坡的不幸遭遇，表示了深切的同情和哀悼；同时，也抒发了"同是天涯沦落人"的悲慨，寄托了自己遭受阉党迫害、被贬边荒的悲愤。

全文可分两大部分。

第一部分，叙事。先叙吏目三人的来去及猝死荒坡的遭遇，再叙自己埋葬三人的经过和抑郁心情。

第二部分，祭告。这是本文的重点，分三层展开。首先，悲悯吏目三人不该远来边荒异地，感叹呼唤，伤人怜己，倾吐了作者内心的同情与悲愤。其次，祭告埋葬的理由。联系自己的遭遇和境况，抒发兔死狐悲之慨，无限悲怆，曲折回旋，道尽了人间的不平和不幸。最后，以深情的挽歌，安慰亡灵，解脱自己，怜人自怜，一唱三叹，诉说了无尽的哀伤。

全篇文章，凭吊旅人，感怀身世，情感真挚，感人肺腑；主客映照合一，曲折回旋，韵散相间。全文恰如一篇散文式的《琵琶行》，有很强的艺术感染力量。

信陵君救赵论

唐顺之

论者以窃符为信陵君之罪①，余以为此未足以罪信陵也。

夫强秦之暴亟矣②,今悉兵以临赵,赵必亡。赵,魏之障也③,赵亡,则魏且为之后。赵、魏,又楚、燕、齐诸国之障也,赵、魏亡,则楚、燕、齐诸国为之后。天下之势,未有岌岌于此者也④。故救赵者,亦以救魏。救一国者,亦以救六国也。窃魏之符以纾魏之患⑤,借一国之师以分六国之灾,夫奚不可者⑥?

然则信陵果无罪乎?曰:又不然也。余所诛者⑦,信陵君之心也。

信陵一公子耳,魏固有王也。赵不请救于王,而谆谆焉请救于信陵⑧,是赵知有信陵,不知有王也。平原君以婚姻激信陵⑨,而信陵亦自以婚姻之故,欲急救赵,是信陵知有婚姻,不知有王也。其窃符也,非为魏也,非为六国也,为赵焉耳。非为赵也,为一平原君耳。使祸不在赵而在他国,则虽撤魏之障,撤六国之障,信陵亦必不救。使赵无平原,或平原而非信陵之姻戚,虽赵亡,信陵亦必不救。则是赵王与社稷之轻重⑩,不能当一平原公子,而魏之兵甲所恃以固其社稷者,只以供信陵君一姻戚之用。幸而战胜,可也。不幸战不胜,为虏于秦,是倾魏国数百年社稷以殉姻戚⑪,吾不知信陵何以谢魏王也⑫!夫窃符之计,盖出于侯生⑬,而如姬成之也。侯生教公子以窃符,如姬为公子窃符于王之卧内,是二人亦知有信陵,不知有王也。

余以为信陵之自为计,曷若以唇齿之势⑭,激谏于王⑮。不听,则以其欲死秦师者而死于魏王之前,王必悟矣。侯生为信陵计,曷若见魏王而说之救赵⑯。不听,则以其欲死信陵君者而死于魏王之前,王亦必悟矣。如姬有意于报信陵⑰,曷若乘王之隙而日夜劝之救。不听,则以其欲为公子死者而死于魏王之前,王亦必悟矣。如此,则信陵君不负魏,亦不负赵,二人不负王,亦不负信陵君。何为计不出此?

信陵知有婚姻之赵,不知有王。内则幸姬⑱,外则邻国,贱则夷门野人⑲,又皆知有公子,不知有王。则是魏仅有一孤王耳!呜呼!自世之衰,人皆习于背公死党之行⑳,而忘守节奉公之道㉑。有重相而无威君,有私仇而无义愤,如秦人知有穰侯㉒,不知有秦王㉓,虞卿知有布衣之交㉔,不知有赵王㉕。盖君若赘旒

古文观止鉴赏

久矣㉘!

由此言之，信陵之罪，固不专系乎符之窃不窃也。其为魏也，为六国也，纵窃符犹可。其为赵也，为一亲戚也，纵求符于王而公然得之，亦罪也。

虽然，魏王亦不得为无罪也。兵符藏于卧内，信陵亦安得窃之？信陵不忌魏王，而径请之如姬㉗，其素窥魏王之疏也㉘。如姬不忌魏王而敢于窃符，其素恃魏王之宠也。木朽而蛀生之矣。古者人君持权于上而内外莫敢不肃㉙，则信陵安得树私交于赵，赵安得私救于信陵，如姬安得衔信陵之恩㉚，信陵安得卖恩于如姬？履霜之渐㉛，岂一朝一夕也哉？由此言之，不特众人不知有王，王亦自为赘旒也㉜。

故信陵君可以为人臣植党之戒㉝，魏王可以为人君失权之戒。《春秋》书"葬原仲""翚帅师㉞"，嗟夫！圣人之为虑深矣。

注释

①符：兵符。古代调动军队的凭证，国君和将领各持一半，两者相合，验证无误，才能调兵或移交兵权。信陵君：姓魏，名无忌，战国时人，魏安釐(xī)王的弟弟，当时任魏相。他的姐姐是赵相平原君的夫人。公元前257年赵国因为秦兵围邯郸而向魏国求救。魏王派大将晋鄙救赵，但又害怕秦兵，所以按兵不动。信陵君用侯生计，通过魏王的宠妾如姬，偷得兵符，杀死晋鄙，夺取了兵权，然后和赵国合兵，打败了秦国。　②亟(jí)：急迫。　③障：屏障。　④岌(jí)岌：很危险的样子。　⑤纾(shū)：解除。　⑥奚(xī)：什么。　⑦诛：指责。　⑧谆谆：恳切、不厌倦的样子。　⑨平原君：即赵胜，战国时"四公子"之一，门客数千人，为赵相，秦兵围邯郸，他领导抗战，坚持三年，后来得到魏、楚救援，大破秦军。　⑩社稷(jì)：指国家。　⑪殉：陪葬。　⑫谢：认罪。　⑬侯生：姓侯名嬴，原是魏国的隐士，后来成为信陵君的门客，为信陵君谋划窃符救赵的计策。　⑭曷若：即如何。　⑮激谏：激切地进谏。　⑯说(shuì)：劝告。　⑰"如姬"句：指如姬的父亲被仇家杀害，她一直想报仇，但不能实现。后来，信陵君派人去杀了她的仇人，为她报了仇。如姬对信陵君感恩不尽，一心想要报答。　⑱幸姬：受宠幸的姬妾。　⑲夷门野人：指侯生。侯生本来看管魏国都城大梁东门——夷门。　⑳背公死党：背弃公道，为私人朋党而死。死，这里做动词用。　㉑守节：坚守节操，不违犯封建道德规范。　㉒穰(rǎng)侯：姓魏，名

冉，秦昭襄王的母弟，曾任秦国的将军、相国等职，权势很大。㉓秦王：指秦昭襄王。公元前306年至前251年在位。㉔虞卿：战国时期的游说之士，赵孝成王时曾任赵相。他为了帮助朋友魏齐解脱危险，抛弃相印，与魏齐一起出走。布衣：平民百姓。㉕赵王：赵孝成王，公元前265年至前245年在位。㉖旒（liú）：同"瘤"。㉗径：直接。㉘素：平时，平常。疏：粗疏，不细心。㉙肃：恭恭敬敬。㉚衔：报答。㉛履霜之渐：《周易·坤》有"履霜坚冰至"句，意思是踩到了霜就知道严冬快要到了。比喻事情的发生都有一定的过程。履，踩。渐，逐步地。㉜赘旒：连缀在旌旗上的飘带。比喻大权旁落、为大臣挟持的君主。㉝植党：培植私党。㉞原仲：陈国大夫。原仲死后，他的老朋友季友私自到陈国埋葬了他。孔子认为这是结党营私的行为。翚（huī）：即羽父，鲁国大夫，公元前719年，宋、陈、蔡、卫等国伐郑，宋国也要鲁国出兵，鲁隐公不答应，翚执意请求，最后带兵而去。孔子认为这是目无君主的表现。

译文

有人把盗窃兵符看作是信陵君的罪过，我个人认为这并不能怪罪信陵君。

强秦的暴力在当时可以说是咄咄逼人的，当时它把全部兵力压在赵国边境上，赵国必然会灭亡。赵国是魏国的屏障，赵国灭亡了，魏国就会跟着灭亡。赵国和魏国又是楚、燕、齐等国的屏障，赵国、魏国灭亡了，那么楚、燕、齐等国也会步它们的后尘。天下的形势，没有比这更危险的了。所以，救赵国也就是救魏国，救一国也就是救六国。盗取魏国的兵符来解除魏国的危难，借用一国的军队来解除六国的灾祸，这又有什么不可以的呢？

那么，信陵君难道就真的没有罪过了吗？我说，又不是这样。我要指责的是信陵君的私心。

信陵君只不过是一个公子罢了，而魏国本来是有君王的。赵国不向魏王求救，反而再三地向信陵君求救，这说明赵国只知道有信陵君而不知道有魏王。平原君通过婚姻关系去刺激信陵君，而信陵君自己也因为姻亲的缘故，想赶快去援救赵国，这是信陵君只知道有姻亲而不知有魏王。可见他盗取兵符，不是为了魏国，也不是为了六国，而只是为了赵国。其实也不是为了赵国，而只不过是为了一个平原君而已。如果这场战争灾祸不是在赵

755

国,而是在别的国家,那么即使是拆除了魏国的屏障,撤除了六国的屏障,信陵君也肯定不会去援救。如果赵国没有平原君,或者平原君不是信陵君的姻亲,那么,即使赵国将要灭亡,信陵君也一定不会去援救。这样看来,赵王和国家的重要性,还比不上一个平原君。而魏国用来保卫国家的军队,也只不过是用来供信陵君为了个人的姻亲而使用的。幸亏战胜了,还算可以。如果不幸战败了,兵士都做了秦国的俘虏,这就将魏国几百年来的江山做了姻亲的殉葬品,我真不知道那时信陵君将拿什么来向魏王请罪。这一盗窃兵符的计策,是侯生出的,而由如姬来完成。侯生教信陵君用计盗窃兵符,如姬为信陵君从魏王卧室内盗出兵符,他们两人也是只知道有信陵君而不知道有魏王。

  我认为信陵君为自己打算,不如以唇亡齿寒的危急局势,激切地向魏王进谏。假如魏王不听从,就拿出准备死于秦军的勇气,死在魏王面前,那么魏王一定会感悟的。侯生为信陵君出谋划策,不如去面见魏王,劝说他出兵援救赵国。如果魏王不听从,就拿出自己准备为信陵君而死的勇气,死在魏王面前,那么魏王也必定会感悟的。如姬有心要报答信陵君的大恩,不如利用各种机会,日夜劝说魏王出兵救赵。如果魏王不听,就拿出她准备为信陵君而死的勇气,死在魏王面前,魏王也一定会感悟的。如果这样,信陵君既对得起魏国,也对得起赵国。侯生和如姬两人,也同样既对得起魏王,又对得起信陵君。为什么不从这方面去想办法呢?

  信陵君心目中只知道有婚姻关系的赵国,而不知道有魏王。在内的宠妾、在外的邻国、地位卑下的夷门野人,又都是心中只知道有个信陵君,不知道有魏王。这说明魏国只有一个孤立的君主罢了。唉!自从世道衰落以来,人们对那种背离公道、为私党卖命的行为习以为常了,而忘掉了守节奉公的准则。有权倾一时的相国,却没有威严显赫的君王,有狭隘的私仇,却没有正义的愤怒。就如同在秦国人心目中只知道有穰侯,却不知道有秦王,虞卿只知道同平民的交情,却不知道有赵王。这种把君主看为赘疣的现象已经是由来已久的了啊!

由此说来，信陵君的罪过，原本就不仅仅在于盗没盗兵符。如果他是为了魏国，为了六国，就是盗窃了兵符也是可以的。而如果他只是为了赵国，为了一个亲戚，即使是公开地向魏王求得兵符，也是有罪的。

虽然这样，但魏王也不能说是没有错的。兵符藏在他的卧室中，信陵君又怎么能够盗窃它呢？信陵君不怕魏王，竟直接向如姬请求盗窃兵符，是因为他平常就看出了魏王的粗疏。如姬不怕魏王，竟敢偷出兵符，是因为她一向依仗着魏王对自己的宠爱。木头朽烂了，蛀虫才会孳生啊。古代君王在上面独掌大权，里里外外的人没有敢不表示恭敬的，那么信陵君怎么能跟赵国建立起私人的交情？赵国怎么私下向信陵君请求救援呢？如姬怎么会念念不忘报答信陵君的恩情呢？信陵君又怎么能利用对如姬有恩来获得如姬的帮助呢？寒冬的到来，哪里只是一朝一夕而成的？由此说来，不只是大家心目中没有君主，就是君主自己也把自己当作赘疣了。

所以，信陵君可以当作臣子结党营私的鉴戒，魏王可以作为君主丢失权力的鉴戒。《春秋》曾记载了"葬原仲""翚帅师"这两件事。唉！圣人对问题的考虑是多么深远啊！

赏析

本文是明代著名古文家、"唐宋派"代表唐顺之的一篇史论散文。

文章对战国时期魏信陵君窃符救赵一事进行了评论，内容可分两部分。

第一部分，肯定了信陵君窃符救赵的正确性。作者结合当时秦、赵、魏的形势，分析赵魏相依、唇亡齿寒的道理，充分肯定了信陵君救赵之功的不可抹杀。

第二部分，批判了信陵君窃符救赵的私心。作者分析了信陵君窃符救赵是凌驾于魏王之上越权处置、目中无君的行为，是出于赵国与己联姻之故，而不是从反秦大局着眼的英明决策。信陵君侥幸取胜，解救了赵国；若不幸战败，则倾魏国数百年社稷以殉私情。从这些方面，作者斥责了信陵君救赵的不可取法。文章又替信陵君等人谋划，代为区处，反笔敲击，更衬出信陵君窃符之非。进一层，文章又举穰侯和虞卿的历史史实，论证了只知有信陵君、不知有魏王的危害性，声讨了信陵君依靠侯生、如姬等人窃符救赵，有植党营私之罪，而魏王亦有人君失权之责。

整篇文章，先扬后抑，欲抑故扬，观点鲜明，议论斩截。其批判信陵君"背公死党之行""忘守节奉公之道"，诛信陵君之心，曝信陵君之罪，层层深入，愈辩愈明，词严义正，大快人心，直将千年扬诩铁案一笔抹杀，充分体现出作者的政治眼光和过人胆识。

同时，人们也不难看出本文借古讽今的寓意。作者生活的明代中叶，朝廷大权旁落，内阁台臣专权或宦官擅政交替出现，民众深受其害。作者评论历史，有感而发，其指代之意，不言而喻。

报刘一丈书

宗臣

数千里外，得长者时赐一书[1]，以慰长想，即亦甚幸矣。何至更辱馈遗[2]，则不才益将何以报焉[3]？

书中情意甚殷，即长者之不忘老父，知老父之念长者深也。至以"上下相孚，才德称位"语不才[4]，则不才有深感焉。

夫才德不称，固自知之矣。至于不孚之病，则尤不才为甚。

且今之所谓孚者何哉？日夕策马候权者之门[5]，门者故不入[6]，则甘言媚词作妇人状，袖金以私之[7]。即门者持刺入[8]，而主人又不即出见，立厩中仆马之间[9]，恶气袭衣袖，即饥寒毒热不可忍，不去也。抵暮，则前所受赠金者出，报客曰："相公倦[10]，谢客矣[11]，客请明日来。"即明日又不敢不来。夜披衣坐，闻鸡鸣即起盥栉[12]，走马推门。门者怒曰："为谁？"则曰："昨日之客来。"则又怒曰:"何客之勤也⑬!岂有相公此时出见客乎?"客心耻之,强忍而与言曰:"亡奈何矣⑭,姑容我入。"门者又得所赠金,则起而入之,又立向所立厩中⑮。幸主者出,南面召见⑯,则惊走匍匐阶下⑰。主者曰:"进!"则再拜⑱,故迟不起,起则上所上寿金⑲。主者故不受,则固请⑳。主者故固不受,则又固请。然后命吏纳之,则又再拜,又故迟不起。起则五六揖,始出。出,揖门者曰:"官人幸顾我㉑,他日来,幸无阻我也。"门者答揖,大喜奔出。马上遇所交识,即扬鞭语曰:"适自相公家来㉒,相公厚我㉓,厚我!"且虚言状㉔。即所交识亦心畏相公厚之矣。相公又稍稍语人曰㉕:"某也贤,某也贤!"闻者亦心计交赞之㉖。

此世所谓上下相孚也,长者谓仆能之乎?前所谓权门者,自岁时伏腊一刺之外㉗,即经年不往也。间道经其门㉘,则亦掩耳闭目,跃马疾走过之,若有所追逐者。斯则仆之褊衷㉙,以此长不见悦于长吏㉚,仆则愈益不顾也。每大言曰:"人生有命,吾惟守分而已!"长者闻之,得无厌其为迂乎㉛?

注释

①时:时常。 ②馈(kuì)遗(wèi):赠送。 ③不才:自谦词,意即"无才之人"。 ④上下相孚,才德称(chèn)位:要取得上下级的信任,并力求使自己的德才与官职相称。孚,使人信服。语(yù):告诉,嘱咐。 ⑤策:竹制马鞭子,这里是鞭打的意思。 ⑥门者:守门人。 ⑦私之:私下里贿赂。 ⑧刺:名片,上面印有姓氏、籍贯、职衔等,供交际使用。 ⑨厩(jiù):马棚。 ⑩相公:对宰相的称呼。这里指严嵩,他当时把持中央内阁。 ⑪谢:辞,谢绝。 ⑫盥(guàn)栉(zhì):梳洗。盥,洗漱。栉,梳头。 ⑬客:这里当做客讲。 ⑭亡:同"无"。 ⑮向:原先,原来。 ⑯南面:立于北边,面朝南。这里指尊者之位。 ⑰匍(pú)匐(fú):伏行。 ⑱再拜:古代礼节,拜两次。 ⑲寿金:用来祝寿的金银。 ⑳固:坚持。 ㉑官人:本是称呼做官的或经过科举考试有做官资格的人,这里是对守门人奉承的称呼。幸:表示敬称的副词。 ㉒适:刚才。 ㉓厚:厚待。 ㉔虚言状:夸张地述说相公厚待自己的情形。 ㉕稍稍:略略地。 ㉖交:互相。 ㉗岁时伏腊:指一年中逢年过节的日子。岁时,一年四季。春夏秋冬叫做四时。伏腊,夏天的伏日和冬天的腊日。 ㉘间(jiàn):间或,偶尔。 ㉙褊(biǎn)衷:狭小的心胸。 ㉚长(zhǎng)吏:上级官吏。 ㉛得无:恐怕。

古文观止鉴赏

译文

在几千里之外,时常得到您的来信,安慰我久久思念的心情,就已经让人感到非常欣幸了。怎么能更让您破费赠送礼物,这叫我用什么来报答您呢?

信中情意深厚,可见您从不曾忘记我的父亲,我也理解父亲深深地想念您的缘故。至于信中用"上下之间要互相信任,才能、品德要与职位相称"的话来劝勉我,那我是有很深感触的。

我的才能、品德与职位很不相称,这一点我本来就知道。至于说不能做到上下信任,那在我身上就表现得特别严重。

再说,现在所说的上下信任究竟是怎么一回事呢?那就是,有的人从早到晚骑马恭候在当权者的门前,当看门人故意为难不肯进去通报时,他就会用甜言媚语作出妇人的媚态,把袖子里藏着的金钱暗地里送给他们。守门人拿着名片进去后,主人却又不立刻出来接见,他就站在马棚里,在仆人和马群中间,臭气熏着衣服,哪怕是饥饿寒冷或闷得不可忍受,也不敢离去。一直等到傍晚,先前那个曾接受金钱的看门人出来告诉他说:"相公疲倦了,谢绝再会客,请客人明天再来吧。"到了第二天,又不敢不来。夜里披衣坐着,一听到鸡叫就连忙起来梳洗,然后骑着马跑去推门。看门人厉声喝问:"是谁?"他便回答道:"是昨天来过的,今早又来了。"看门人怒气冲冲地说:"你来做客为什么这样频繁呢?难道相公能在这个时候来会见客人吗?"他心里感到羞辱难堪,便尽力忍耐着对看门人说:"没办法呀,姑且让我进去吧。"看门人又一次得到了他送的钱以后,这才起身放他进去。他又只得站在上次站过的那个马棚里。幸亏主人出来了,朝南坐着唤他进去。他便诚惶诚恐地跑过去,趴在台阶下,主人说:"进来!"他就拜了两拜,故意迟迟不站起来,站起来后就献上进见的礼物。主人故意不接受,他便再三请求。主人故意坚决不接受,他便一直坚决地请求。然后主人才叫手下人把东西收起来。他又拜了两拜,故意迟迟不起来,站起来后又作了五六个揖才退出去。出来后便对看门人作揖道:"请您多多关照我,以后我再来,希望不要阻拦我啊。"看门人向他还了一个礼,他就欣喜若狂地跑出去。他骑在马上遇见认识的人,就扬起马鞭得意地对人说:"我刚才从相公家出来,相公很看重我啊,很看重我啊!"并且夸大其词地描述接待他的情况。即使是和他相识的人,也从心里敬服相公看重他。相公又偶尔随意提起:"某人有才干,某人有才干。"听到这话的人也都心里盘算着怎样附和一齐称赞他。

这就是世上所说的上下信任,您说,我能够这样做吗?对于前边说过的有权势的人家,我除了逢年过节投张名片以外,就整年不去了。偶尔经过他们的门口,也是捂住了耳朵,闭上眼睛,催着马飞快地跑过去,就好像有谁在后面追逐似的。这就是我的狭隘的心胸,因此长久以来不被长官喜欢,而我却更加不顾这些了。我常骄傲地夸口说:"人生在世,是由命运决定的,我只是安守自己的本分就行了。"您听了我这番话,或许不会讨厌我的迂腐吧?

赏析

本文是明代"后七子"之一、复古派作家宗臣写给刘一丈的一封信。

刘一丈,号墀石,是宗臣父亲的好友,是作者的长辈,故尊称曰"丈"。一,是刘的排行。

本文在形式上虽然是书信体,但若去除作为书信寒暄客套语的开头和结尾,则是一篇绝妙的讽刺小品文。

明代嘉靖年间,皇帝荒淫,政治腐败,奸相严嵩把持朝政。严嵩在政治上排斥异己、陷害忠良,在经济上鲸吞军饷、贪污纳贿。特别是他的儿子严世藩,倚仗父势,公然卖官鬻爵,按官缺的肥瘠而索价。当时,许多官吏对严嵩父子卑躬屈膝,阿谀逢迎,竞相奔走其门下,以期捞到高官厚禄。整个官场,一片黑暗。宗臣的这篇文章,就是针对这一社会现实而发。通过对大小官僚专权纳贿、谄媚求进、敲诈勒索的卑劣行径以及种种丑态的生动描绘，深刻地揭露和抨击了当时官场风气的污浊败坏，从而真实地反映出社会政治的黑暗和腐朽，表现了作者洁身自爱、不随流俗的品格。

全文内容可分为三部分。

第一部分，答谢刘一丈赐书，并就来信"上下相孚，才德称位"表示看法，开启后文。

第二部分，详述所谓"孚者"为投靠权门而低三下四、献媚取宠的种种表现，揭示当时社会"上下相孚"的实质内幕。

第三部分，以自己的立身行事与所谓"孚者"相比较，表明不愿趋炎附势、同流合污的操守。

艺术上，本文的讽刺手法颇为独特、高明。首先，讽刺对象与抨击目标明确，重点突出，主次分明，集中笔力刻画了权者、孚者和门者三类典型人物，形象鲜明。其次，作者笔端带感情，采用漫画式的勾勒手法，通过富于特征意义的人物对话、动作的细节描写，寥寥几笔，就入木三分地挖掘出人物灵魂的可耻、可怜、可憎，给人以深刻隽永的印象。第三，讽刺态度严肃冷峻，字里行间充满了悲愤、痛苦而又无可奈何的复杂感情。同时，脉络贯穿，时时事事以自己高洁耿介的品性与腐败污浊的官场风气、社会环境对立起来，两两对照，使文章的主旨得到了进一步的深化。

吴山图记

归有光

吴、长洲二县，在郡治所[①]，分境而治。而郡西诸山，皆在吴县。其最高者：穹窿、阳山、邓尉、西脊、铜井[②]，而灵岩[③]，吴之故宫在焉，尚有西子之遗迹④。若虎邱、剑池及天平、尚方、支硎，皆胜地也⑤。而太湖汪洋三万六千顷⑥，七十二峰沉浸其间⑦，则海内之奇观矣！

余同年友魏君用晦为吴县⑧，未及三年，以高第召入为给事中⑨。君之为县有惠爱，百姓扳留之不能得⑩，而君亦不忍于其民，由是好事者绘吴山图以为赠。

夫令之于民诚重矣⑪。令诚贤也⑫，其地之山川草木，亦被其泽而有荣也⑬。令诚不贤也，其地之山川草木，亦被其殃而有辱也。君于吴之山川，盖增重矣。异时吾民将择胜于岩峦之间⑭，尸祝于浮屠、老子之宫也固宜⑮。而君则亦既去矣⑯，何复惓惓于此山哉⑰？昔苏子瞻称韩魏公去黄州四十余年⑱，而思之不忘，至以为思黄州诗，子瞻为黄人刻之于石。然后知贤者于其所至，不独使其人之不忍忘而已，亦不能自忘于其人也。

君今去县已三年矣，一日与余同在内庭，出示此图，展玩太息⑲，因命余记之。噫！君之于吾吴有情如此，如之何而使吾民能忘之也？

注释

①吴、长洲：吴县和长洲县。江苏苏州下辖县，已撤销。 ②穹窿、阳山、邓尉、西脊、铜井：山名，都在吴县境内。 ③灵岩：山名，在今江苏苏州市西北。春秋时，吴王曾在灵岩山为西施建"馆娃宫"。 ④西子：即西施，春秋时代吴王夫差的宠妃。 ⑤虎丘、剑池及天平、尚方、支硎：都是风景胜地，其中剑池是池名，其余都是山名。 ⑥太湖：湖名，跨江苏、浙江二省，湖中有很多小山，是著名的风景胜地。 ⑦七十二峰：指太湖湖中的小山。 ⑧同年：科举制度中同科考中的人相互间称同年。为：治。 ⑨高第：高的等第。过去指考试或官吏考绩列入优等。给事中：官名。掌侍从、规谏，监察众官，弹劾官吏。 ⑩扳留：挽留。扳，同"攀"。 ⑪令：这里指县令。诚：确实。 ⑫诚：如果，表示假设的副词。 ⑬被：受到，遭受。泽：雨露。引申为恩泽、德泽。 ⑭异时：他日。 ⑮尸祝：祭祀。尸，祭祀时的神主，开始由活人代替，后来改为画像。祝，司祭礼的人。浮屠：这里指佛。老子：即老聃，春秋时期的思想家，著有《老子》一书，后被尊为道家始祖。 ⑯去：离开。 ⑰惓（quán）惓：诚恳深切的意思。 ⑱苏子瞻：苏轼，字子瞻，号东坡，北宋时著名的文学家。韩魏公：韩琦，北宋大臣，

封魏国公,有《安阳集》。黄州:府名,在今湖北。 ⑲太息:深深地叹息。

译文

　　吴县和长洲这两个县都在苏州府境内,划界分别治理。苏州府西边所有的山都在吴县境内。其中最高的有穹窿、阳山、邓尉、西脊、铜井几座山,而灵岩山那里,有春秋时期吴国遗留下来的宫殿,还有有关西施的遗迹。至于虎丘、剑池和天平、尚方、支硎,都是著名的风景胜地。还有那浩荡无际三万六千顷的太湖,有七十二峰从湖中拔起,更称得上海内奇观了。

　　我的同年好友魏用晦君任吴县县令,不到三年,就因为政绩卓异而被召入朝中担任给事中。魏君在吴县时对老百姓很有恩惠,离任时百姓苦苦挽留而不可得,他也舍不得离开他的百姓,于是有一位热心人画了一幅《吴山图》来送给他。

　　县令对于百姓来说的确很重要。县令如果清正贤明,那个地方的山川草木就因受到他的恩泽而显得更加富有光彩。县令如果贪婪昏庸,那个地方的山川草木也会因遭到他的祸害而蒙受耻辱。魏君在吴县,可以说是给那里的山川草木增加了光彩的。有朝一日这里的百姓将在青山秀水中选择一片风景优美的胜地,在佛堂和道观祭祀他,这本来就是应该的。可是魏君既然已经离开了吴县,为什么仍然念念不忘那里的山川草木呢?过去苏子瞻称颂韩魏公离开黄州已经四十多年了,仍然时刻思念它不能忘怀,以至于写下了怀念黄州的诗,苏子瞻替黄州百姓将这首诗镌刻在石碑上。这以后,人们才知道一个贤明的官吏对于他所治理过的地方,不仅让那里的百姓不能忘怀自己,而且连他自己也不会忘记那里的百姓。

　　魏君离开吴县到现在已经三年了,有一天我们同在内庭,他拿出这幅《吴山图》给我看,边欣赏边感叹,于是要我写一篇文章来记述这件事。啊!魏君对吴县有这样深的感情,又怎么能使这里的百姓忘记他呢?

赏析

　　这是归有光为原吴县县令魏用晦的《吴山图》而写的一篇

"记"。

魏用晦是归有光的朋友,二人同年考中进士。明嘉靖四十四年(1565),魏用晦任吴县县令,不到三年,升任刑部给事中,奉召入京。吴县百姓挽留不成,遂画一张《吴山图》赠送给他,以作留念并表示爱戴之情。后来,归有光也入京做官,魏以此图示之,归有光于是写下了这篇文章。

全文分为四段。

第一段,先写吴县的山,再写吴县的湖,重点突出了吴山的形胜和壮观。扣题而起,不枝不蔓。

第二段,记叙魏用晦得到《吴山图》的经过。以魏用晦治吴有"惠德",吴县百姓绘《吴山图》相赠念,勾勒出一位深受百姓拥戴的清明贤能的县令形象。

第三段,阐述赠图受图所体现的官民互爱情谊。文章紧扣吴县山川草木和魏用晦治理吴县的政绩,突出了做官爱民、民不忘官的融洽感情,对魏用晦作出了高度肯定的评价。

第四段,交代作"记"缘由,抒发内心感慨:魏君对于我们吴县有这样的深情,又怎么能使吴县的百姓忘记他呢?点明题旨,结束全文,而情思浓烈,余韵不尽。

全篇宗旨,在于肯定魏用晦治理吴县、深得人心的政绩,并赞扬了官民互惠的融洽感情。

文章借题发挥,构思精巧,其做官爱民、民不忘官的主题,寓意颇为深刻。短短一篇之中,一波三折,纡徐委婉,题名《吴山图记》,写山水实以写人,其意又在言外。

沧浪亭记

归有光

浮图文瑛居大云庵①,环水,即苏子美沧浪亭地也②。亟求余作《沧浪亭记》③，曰："昔子美之记，记亭之胜也，请子记吾所以为亭者。"

余曰：昔吴越有国时④，广陵王镇吴中⑤，治园于子城之西南⑥，其外戚孙承佑亦治园于其偏⑦。迨淮南纳土⑧，此园不废，苏子美始建沧浪亭，最后禅者居之⑨，此沧浪亭为大云庵也。有庵以来二百年，文瑛寻古遗事，复子美之构于荒残灭没之余⑩，此大云庵为沧浪亭也。

夫古今之变，朝市改易⑪。尝登姑苏之台⑫，望五湖之渺茫⑬，群山之苍翠，太伯、虞仲之所建⑭，阖闾、夫差之所争⑮，子胥、种、蠡之所经营⑯，今皆无有矣，庵与亭何为者哉？

虽然，钱镠因乱攘窃⑰，保有吴越，国富兵强，垂及四世。诸子姻戚，乘时奢僭⑱，宫馆苑囿，极一时之盛。而子美之亭乃为释子所钦重如此⑲，可以见士之欲垂名于千载，不与澌然而俱尽者⑳，则有在矣。

文瑛读书喜诗，与吾徒游，呼之为沧浪僧云。

注释

①浮图：梵语音译词，即佛。这里指和尚。　②苏子美：名舜钦，字子美，北宋诗人，著有《苏学士集》。建造沧浪亭，并自号沧浪翁。　③亟(qì)：多次。　④吴越：五代十国的十国之一，辖地包括今浙江、江苏西南、福建东北部。公元893年，钱镠为唐镇海节度使，后占据今天浙江及江苏一部分。公元907年被后梁朱温封为吴越王。　⑤广陵王：钱元璙，钱镠的儿子。他的弟弟钱元瓘袭封吴越王后，封其为广陵郡王。吴中：指苏州地区。　⑥子城：即内城，大城所属的小城。　⑦孙承佑：五代十国时期吴越国人，是钱镠之孙钱俶（948—978年在位）的岳父。　⑧迨(dài)：等到。淮南：唐代设置的淮南道治所在扬州（今江苏扬州市）。　⑨禅者：佛教徒。　⑩构：这里指沧浪亭原来的构造。　⑪朝(cháo)市：指朝廷和集市。　⑫姑苏台：在今江苏苏州市西南的姑苏山上，可以望见太湖，春秋时吴王阖闾所建。　⑬五湖：泛指太湖流域一带所有的湖泊。　⑭太伯：一作泰伯，周太王古公亶父的长子。虞仲：古公亶父的次子。传说太王欲立幼子季历，太伯、虞仲便逃跑到了江南，当地少数民族立太伯为吴王，太伯死后，无子，虞仲立。　⑮阖闾：春秋时吴王（前514—前496年在位）。夫差：春秋时吴王（前495—前473年在位），阖闾的儿子。　⑯子胥：姓伍，春秋时楚国人，曾

经辅佐吴王夫差伐越。种、蠡：指文种、范蠡。文种，春秋末年越国大夫。范蠡，春秋末年楚国人，曾辅佐越王灭吴。　⑰钱镠：吴越国的建立者(907—932年在位)，谥号武肃。攘（rǎng）：窃取，夺取。　⑱僭（jiàn）：超越本分，过分。　⑲释子：僧徒的通称。取释迦弟子之意。　⑳澌（sī）然：冰块溶解的样子。

译文

和尚文瑛住在大云庵，那里四面环水，就是苏子美建造沧浪亭的旧址。他多次请求我写一篇《沧浪亭记》，他说："过去苏子美的《沧浪亭记》，只是记优美的景色，请你在文章中记下我修建这个亭子的缘由吧。"

我说：从前吴越王立国时，广陵王镇守吴中，在内城的西南面修建园子，外戚孙承佑也在他花园的旁边修建了园子。到淮海之地成了宋朝的土地时，这些园子还没有荒芜，这时苏子美才修建沧浪亭，后来一些和尚住在这里，这时沧浪亭变成了大云庵。从建成大云庵到现在已有二百年了，文瑛和尚寻访古人遗迹，在荒芜残破的废墟上重新修复了当年子美的修建，这样大云庵又变成了沧浪亭。

历史经历了巨大的变迁，朝廷和市镇都会随之改变面貌。我曾经登上姑苏台，眺望浩渺的五湖、苍翠的群山，那太伯、虞仲所建的国家，阖闾、夫差所争夺的势力，伍子胥和文种、范蠡所经营的事业，现在都统统消失了，庵和亭子又算得了什么呢？

虽然这样，钱镠只是趁天下大乱窃取了权位，占有了吴越，建立了国家，经济发达，军力强盛，延续了四代。子孙和亲戚趁着这个机会奢侈无度，大建宫馆园林，当时看起来真是繁盛到了极点。可是苏子美建造的沧浪亭，却被一个和尚如此看重。由此看来，读书人想要留名千古，而不像冰块那样很快就完全消失，是有具体原因存在的。

文瑛喜欢读书作诗，同我们这些读书人交往，人们称他为沧浪僧。

赏析

本文是归有光应文瑛和尚的请求，为新修复的沧浪亭所写的一篇"记"。

文章主旨,在于描写沧浪亭的历史变迁和重新修复的原因,借以抒发了作者深沉的历史感慨。

全文可分五段。

首段,交代作"记"缘由,并点出全篇主旨。

次段,记叙沧浪亭的历史变迁。由宋初苏舜钦修建的沧浪亭,到苏州城南四面环水的小庙大云庵,由大云庵又复为沧浪亭,写出历史的沧桑变迁,道尽人间的世事无常。

第三段,反面入笔,用吴、越征战废替的史实,抒发了沧桑变迁的感慨,似乎是说重修沧浪亭没有必要、毫无意义。

第四段,反振一笔,画龙点睛。把吴越兴衰与苏舜钦的道德文章作比较,阐明沧浪亭之所以存而不朽的原因,不在于亭,而在于人的永垂不朽,从而点出主题,表现了对苏舜钦的崇仰之情。

第五段,夸赞文瑛和尚的品性、才学,指出苏舜钦可敬可赞,而敬仰苏舜钦重修沧浪亭的文瑛和尚也不俗。回应篇首,结束全文。

通篇文章,写得曲折变化,委婉情深。全文侧重议论,从沧浪亭的兴衰变迁中阐明了一个道理:名垂青史的人依靠的绝不是某个纪念物,而是他的品德和文章;只有以高尚的品格垂名后世,才能赢得后人的敬仰和缅怀。这种观点,无疑是有积极的启示意义的。

青霞先生文集序

茅坤

青霞沈君由锦衣经历上书诋宰执[1],宰执深疾之,方力构其罪[2],赖天子仁圣,特薄其谴[3],徙之塞上。当是时,君之直谏之名满天下。

卷之十二　明文

已而君累然携妻子出家塞上。会北敌数内犯④，而帅府以下束手闭垒⑤，以恣敌之出没，不及飞一镞以相抗⑥，甚且及敌之退，则割中土之战没者与野行者之馘以为功⑦。而父之哭其子，妻之哭其夫，兄之哭其弟者，往往而是，无所控吁。君既上愤疆埸之日弛⑧，而又下痛诸将士日菅刈我人民以蒙国家也⑨，数鸣咽欷歔⑩，而以其所忧郁发之于诗歌文章，以泄其怀，即集中所载诸什是也⑪。

君故以直谏为重于时，而其所著为诗歌文章又多所讥刺⑫，稍稍传播，上下震恐，始出死力相煽构，而君之祸作矣。

君既没，而一时阃寄所相与谗君者⑬，寻且坐罪罢去⑭。又未几，故宰执之仇君者亦报罢⑮。而君之门人给谏俞君⑯，于是哀辑其生平所著若干卷⑰，刻而传之，而其子以敬来请予序之首简。

茅子受读而题之曰：若君者，非古之志士之遗乎哉！孔子删《诗》⑱，自《小弁》之怨亲⑲，《巷伯》之刺谗以下⑳，其忠臣寡妇幽人怼士之什㉑，并列之为风，疏之为雅㉒，不可胜数，岂皆古之中声也哉㉓？然孔子不遽遗之者，特悯其人，矜其志，犹曰"发乎情，止乎礼义""言之者无罪，闻之者足以为戒"㉔焉耳。

予尝按次春秋以来㉕，屈原之骚疑于怨㉖，伍胥之谏疑于胁㉗，贾谊之疏疑于激㉘，叔夜之诗疑于愤㉙，刘蕡之对疑于亢㉚。然推孔子删诗之旨而哀次之㉛，当亦未必无录之者。

君既没，而海内之荐绅大夫㉜，至今言及君，无不酸鼻而流涕。呜呼！集中所载《鸣剑》《筹边》诸什㉝，试令后之人读之，其足以寒贼臣之胆，而跃塞垣战士之马㉞，而作之忾也固矣㉟！他日国家采风之使出而览观焉㊱，其能遗之也乎？予谨识之。至于文词之工不工，及当古作者之旨与否，非所以论君之大者也，予故不著。

注释

①青霞沈君：沈君，指沈炼，字纯甫，别号青霞山人，明代会稽（今浙江绍兴）人。他为人刚正不阿，疾恶如仇，敢于直谏，因而屡次遭到奸臣严嵩的打击诬陷，后被罢官流放，遭杀害。锦衣经历：即锦衣卫的经历官。锦衣卫，原来是护卫皇宫的亲军。明太祖为了加强专制统治，授权锦衣卫兼管

769

刑狱、巡察和缉捕。明中叶后，由宦官统领，和东厂、西厂同为特务组织。经历：官名，掌出纳公文。宰执：宰相，这里指严嵩父子。　②构：把某些事情牵合在一起作为罪状陷害人。　③谴：罪责。　④北敌：北方的敌人，这里指蒙古族俺达部。　⑤垒：指边疆上为防御敌人入侵所筑的军事堡垒。　⑥镞（zú）：箭头。　⑦馘（guó）：被杀者的左耳。古代凭割取所杀敌人的左耳，作为奖赏战功的依据。　⑧疆场（yì）：国界。　⑨菅（jiān）刈：像割草一样随意残害百姓。菅，一种草。　⑩欷（xī）歔（xū）：叹息声。　⑪什：篇。　⑫著为：写作。　⑬闑（kǔn）寄：指帝王对大将任以重要军职。闑，本指外城城门的门槛。古代把军事职务叫作闑外之事。　⑭坐罪：触犯法律而犯罪。　⑮报罢：古代官吏、百姓上书言事，朝廷拒不采纳，宣令退去叫"报罢"。这里是罢官的委婉说法。　⑯给谏：给事中和谏议大夫的合称，掌纠正过失及规谏。　⑰裒（póu）：聚集。　⑱孔子删《诗》：相传《诗经》原有三千余篇，给孔子删定为三百零五篇。此说不可信。　⑲《小弁》：《诗经·小雅》中的篇名。旧注认为是周幽王太子宜臼所作。周幽王宠褒姒，立其子伯服为太子，逐宜臼。宜臼作诗抒发受谗被逐、远离亲人的悲愤心情。　⑳《巷伯》：《诗经·小雅》中的一篇。此诗是周王室的宦官孟子所作，内容为讽刺向上级进谗言而诬陷人的"谮人者"。　㉑怼（duì）士：心怀怨恨的人。怼，怨恨。　㉒风：《诗经》中的"国风"。雅：《诗经》中的《大雅》《小雅》。　㉓中声：中和之声。　㉔"发乎情"以下两句：均引自《诗经·周南·关雎》序。　㉕春秋：公元前770年至前476年，史称春秋。　㉖屈原：名平，战国时楚国人。他曾做楚怀王的左徒，后因受谗言被放逐。在流放过程中，写下了《离骚》等诗篇。　㉗伍胥：即伍子胥，名员，春秋时吴大夫。屡次谏吴王夫差不应与越国友好，被太宰嚭谗害，夫差迫使他自杀。　㉘贾谊：西汉思想家、文学家。洛阳（今河南洛阳东）人。曾上奏疏建议削弱诸侯势力，抵抗匈奴入侵。后为大臣所排挤，被贬长沙王太傅。　㉙叔夜：嵇康，字叔夜，谯郡铚（今安徽宿州）人。魏末文学家。因为对当时社会政治不满，公开发表离经叛道、菲薄"圣人"的诗文，后被司马昭所杀。　㉚刘蕡：字玄华，唐代幽州昌平（今北京）人。唐文宗时举良方正，痛恨宦官的横暴，殿上对策时直言极谏，考官怕触怒宦官，不敢录取。　㉛推：推究，推求。　㉜荐绅：同"搢（jìn）绅"，原是古代官员的一种装束，以后就成了官员的代称。　㉝《鸣剑》《筹边》：均为《青霞先生文集》中的篇名。　㉞塞垣（yuán）：边塞的城垣。这里指边防。　㉟忾（kài）：愤怒。　㊱采风：传说上古时，有采诗官，每年于二月或八月到各地收集民间歌谣，称作采风。

卷之十二 明文

译文

青霞先生沈君，以锦衣卫经历的身份上书皇帝，批评指责宰相，宰相因此非常痛恨他，正当竭力捏造罪名陷害他时，幸亏天子仁慈圣明，特别减轻了他的罪责，只将他贬谪到塞上而已。那时，沈君直谏的声名传遍天下。

不久，沈君只得疲困地携带家小，离家赴边。正巧遇上北方的敌寇多次侵扰内地，而帅府以下的各级官吏，都束手无策，紧闭城垒，任凭敌人出入骚扰，竟连发一支箭以抗击敌人都没有做到。甚而至于在敌人退去之后，便割去我方阵亡者和郊野行走的无辜百姓的耳朵，用来作为邀功的凭据。而百姓当中父亲哭儿子、妻子哭丈夫、哥哥哭弟弟的，到处都是，他们没有地方去控诉呼吁。沈君既对上愤慨边疆防务的日益废弛，对下又痛心将士们任意残害人民，欺骗朝廷。他多次为此哭泣、感叹，于是就将他所忧虑苦恼的事情表现在诗歌文章当中，从而抒发他郁闷的胸怀，文集中所载录的各篇就是这类作品。

沈君本来就因为敢于直谏而被当时人所敬重，而他所写作的诗歌文章，对时政又多有讥讽指责。这些诗文逐渐传播开去，从朝廷到地方都感到震惊恐慌。于是他们便开始极力造谣、陷害，于是沈君的大祸就临头了。

沈君被害后，那些曾身居军事要职、一起陷害沈君的人，不久也都因为有罪而被罢官撤职。又过了不久，那个曾经仇视沈君的宰相也被罢官了。于是沈君门人给事中兼谏议大夫俞君，就搜集编辑他平生所作诗文若干卷，刊刻流传。他的儿子以敬，来请我写篇序言放在文集前面。

我拜读了文集之后，写道：像沈君这样的人，不就是古代有高尚志向和节操的一类人吗？孔子删定《诗经》，从《小弁》篇怨恨亲人、《巷伯》篇讽刺谗人以下，那些忠臣、寡妇、隐居之人、愤世之人的作品，都被列入"国风"、分入"小雅"的，多得数都数不清，难道这些都是古人所谓中和之声吗？然而孔子之所以不轻易舍弃它们，只是怜悯那些受谗被害的人们，尊重他们的志向，还说"这些诗歌是发自内心的，没有超越礼义"，"说话的人没有罪，听话的人完全可以把它当作行事的借鉴"。

我曾按着次序考察自春秋以来的作品，屈原的《离骚》好像在发泄怨恨，伍子胥的劝谏好像在进行威胁，贾谊的奏疏好像太激切，嵇叔夜的诗歌好像在抒发愤恨，刘蕡的对策好像近于显露亢直。然而若以孔子删定《诗经》的原则来收集、编辑它们，它们又未必不值得收录。

沈君虽然已经去世，然而海内的官僚士大夫们，直到今天只要一谈起他，没有一个不鼻酸流泪的。唉！文集中所载的《鸣剑》《筹边》等篇，假使让后代人诵读，也完全可以使奸臣胆寒，使边防将士跃马而起，激起他们的义愤，这是一定的。有朝一日，国家的采诗官员出使各地看到这些诗篇，难道能遗漏它们吗？我将这些恭敬地记在这里。至于文辞精美不精美，以及是否符合古代作家的意旨，这些不是说明沈君大节的方面，因此我就不加论述了。

赏析

这是明代著名散文家、"唐宋派"干将茅坤为沈炼的诗文集所作的序。

本文内容，可分四部分。

首部分，概写沈炼上书痛斥奸相严嵩、被贬塞外的经历，对沈君抗言犯上的骨气表示了极大的推崇。

次部分，详叙沈炼出奔塞上，目击强虏入侵、朝廷无力、百姓遭难、国势衰微的现实，呜咽沉郁，一寄于诗文的境况，转入本篇正题。

第三部分，评价沈炼诗文多讥刺的特点，并述出沈君因诗文而遭杀害的不幸遭遇，交代自己作序的原因。

第四部分，以较长篇幅，高度评价了沈炼诗文富于社会现实内容的特点，夸赞了沈炼忠君爱国、慷慨耿直的品格节操。并援引孔子论述，肯定了沈炼诗文是"发乎情，止乎礼义"，"言之者无罪，闻之者足以为戒"，有存在和流传的价值；援引历史上屈原、伍胥等忠谏之士的遭遇，称赞沈炼是"古之志士之遗"，对沈炼的悲惨命运表示了深深的同情。

全文主旨，在于强调沈炼之死是因为反对严嵩专权祸国而被迫害致死，死得其所，死得悲壮；而沈炼的诗文，犹如沈炼的为人，多现实内容，有真情实感，因此值得流传，受人推崇。

文章笔带感情，语言洁雅，叙议兼行，详略得体，而褒扬爱憎之情，溢于字里行间。

蔺相如完璧归赵论

王世贞

蔺相如之完璧①，人皆称之，予未敢以为信也。

夫秦以十五城之空名，诈赵而胁其璧，是时言取璧者情也②，非欲以窥赵也。赵得其情则弗予，不得其情则予。得其情而畏之则予，得其情而弗畏之则弗予。此两言决耳，奈之何既畏而复挑其怒也③？

且夫秦欲璧，赵弗予璧，两无所曲直也。入璧而秦弗予城，曲在秦；秦出城而璧归，曲在赵。欲使曲在秦，则莫如弃璧，畏弃璧，则莫如弗予。

夫秦王既按图以予城，又设九宾④，斋而受璧⑤，其势不得不予城。璧入而城弗予，相如则前请曰："臣固知大王之弗予城也！夫璧非赵璧乎？而十五城秦宝也。今使大王以璧故而亡其十五城，十五城之子弟，皆厚怨大王以弃我如草芥也⑥。大王弗予城而绐赵璧⑦，以一璧故而失信于天下。臣请就死于国，以明大王之失信！"秦王未必不返璧也，今奈何使舍人怀而逃之，而归直于秦？是时秦意未欲与赵绝耳⑧。令秦王怒而僇相如于市⑨，武安君十万众压邯郸⑩，而责璧与信，一胜而相如族⑪，再胜而璧终入秦矣！

吾故曰：蔺相如之获全于璧也，天也！

若其劲渑池[12]，柔廉颇[13]，则愈出而愈妙于用。所以能完赵者，天固曲全之哉！

注释

①完璧：指完璧归赵。完，保全。璧，美玉，即和氏璧。　②情：实际情况。　③挑：激发，挑逗。　④九宾：即《周礼》九仪，是一种举行大典时所用的极隆重的礼仪。宾指傧（傧）相，引宾礼赞的官吏。　⑤斋：斋戒，古人在举行祭祀或隆重典礼之前，清心洁身，表示恭敬。　⑥芥（jiè）：小草。　⑦绐（dài）：欺骗。　⑧绝：断绝外交关系。　⑨僇：同"戮"。　⑩武安君：白起（？—前257），秦国名将，因功封为武安君。邯郸：赵国都城，在今河北邯郸市。　⑪族：灭族。　⑫劲渑（miǎn）池：赵惠文王二十年（前278），秦昭襄王邀请赵惠文王在渑池（今属河南）会盟，秦国君臣几次侮辱赵王，都遭到了蔺相如有力的回击。　⑬柔廉颇：廉颇，赵国名将。蔺相如由于几次立功，被拜为上卿，地位在廉颇之上。廉颇不服，多次寻衅，蔺相如以国家利益为重，回避忍让，终于感动了廉颇，廉颇负荆请罪，二人成为生死之交。

译文

蔺相如完璧归赵，人人都称道他，但是我却不敢苟同。

秦国用十五座城的空名，来欺骗赵国，勒索它的和氏璧。这时，说秦国骗取璧，倒是实情，并不是秦想要借此窥视赵国的江山。赵国如果知道这个实情就不给它，不知道这个实情就给它。知道这个实情而害怕秦国就给它，知道这个实情而不害怕秦就不给它。这件事，给与不给，两句话就解决了，为什么既害怕秦而又要去激怒它呢？

再说，秦国想要得到这块璧，赵国不给它，双方本来就谈不上什么是非曲直。如果赵国交出和氏璧而秦国不给城池，是秦国理亏；秦国给赵国城池，赵国却把璧拿了回去，就是赵国理亏。如果赵国要想使秦国理亏，就不如放弃和氏璧，害怕丢了璧，就不如不给。

秦王既然已经答应按照图纸交割城池，又设九宾的隆重仪式，斋戒了以后才来接受和氏璧，那种情势是不容不交出城池的。如果秦王接受了璧而不给城池，相如就可以上前责问："我本来就知道大王是不会给城池的。这块和氏璧，不是赵国的吗？而十五座城池也是秦国的宝物。如今假设大王因为一块璧的缘故而抛弃十五座城池，十五座城的百姓会深深地怨恨大王，说大王把我们像草芥一样抛弃了。大王骗夺和氏璧而不给城池，会因为一块璧的缘故而失信于天下。我请求死在这里，以此表明大王言而无信。"这样，秦王未必不归还璧。而蔺相如为什么却令手下挟璧私逃，把道义的胜利归于秦国？那时候，秦国并不想与赵国断绝关系。假如秦王真的发怒，杀了蔺相如示众，派武安君率领十万人马直逼邯郸，质问和氏璧的下落以及赵国的失信，一次获胜就可以使蔺相如灭族，再次获胜，和氏璧最终还是要落到秦王手上！

所以我说：蔺相如能够保全那块玉璧，那是上天保佑呀！

至于他在渑池对秦王那样强硬，在国内对廉颇那样能忍让，终于感化对方，那是策略上越来越高明了。所以说赵国能得以保全，的确是上天在偏袒它啊！

赏析

这是明代著名诗文家、"后七子"领袖王世贞对蔺相如完璧归赵一事的评论文章。

作者认为，凡事靠侥幸取得成功并不是周全稳妥的方法，不值得推崇。蔺相如完璧归赵，从秦汉以来传为美谈，似成定论，但作者指出这是侥幸所为，绝非上策，根本不值得称道。

文章内容，分为三部分。

第一部分，提出观点。文章一反旧说，直接斥责蔺相如完璧归赵的虚妄和不可据信。

第二部分，具体论证观点。分三层展开：首先，分析当时形势，指出秦国的目的不在谋赵而在诈赵，主要想取得赵国的和氏璧。赵国如果畏秦，则奉送宝璧，如果不畏秦，则予以拒绝，而决不能采取又送璧又把璧拿回来这样一种惹怒强秦的方法。这样说明了"完璧归赵"的不合情理。其次，论证了既然奉璧入秦，曲直皆在秦国，根本就没有必要"完璧归赵"。第三，分析蔺相如当时请璧的危险境况，指出其行为只会危身危国，不足取法。

第三部分，归纳上文，得出结论。作者指出：蔺相如能够完璧归赵，实属侥幸，偶合运气，并不值得称道。点明主题，收束全文。

全文观点鲜明，论证充分，推理严密，议论斩钉截铁，将千年旧说轻轻推倒，表现出超迈的识见、极大的勇气和很强的说服力。

徐文长传

袁宏道

徐渭，字文长，为山阴诸生[1]，声名籍甚[2]。薛公蕙校越时[3]，奇其才，有国士之目[4]。然数奇[5]，屡试辄蹶[6]。

中丞胡公宗宪闻之[7]，客诸幕[8]。文长每见，则葛衣乌巾[9]，纵谈天下事。胡公大喜。是时，公督数边兵，威镇东南，介胄之士[10]，膝语蛇行[11]，不敢举头，而文长以部下一诸生傲之，议者方之刘真长、杜少陵云[12]。会得白鹿，属文长作表[13]。表上，永陵喜[14]。公以是益奇之，一切疏计皆出其手[15]。文长自负才略，好奇计，谈兵多中，视一世事无可当意者，然竟不偶[16]。

文长既已不得志于有司[17]，遂乃放浪曲蘖[18]，恣情山水，走齐、鲁、燕、赵之地，穷览朔漠[19]，其所见山奔海立、沙起雷行、雨鸣树偃[20]、幽谷大都、人物鱼鸟，一切可惊可愕之状，一一皆达之于诗。其胸中又有勃然不可磨灭之气，英雄失路托足无门之悲。故其为诗，如嗔如笑[21]，如水鸣峡，如种出土，如寡妇之夜哭，羁人之寒起[22]。虽其体格时有卑者，然匠心独出，有王者气，非彼巾帼而事人者所敢望也[23]。

文有卓识，气沉而法严，不以模拟损才，不以议论伤格，韩、曾之流亚也㉔。

文长既雅不与时调合㉕，当时所谓骚坛主盟者㉖，文长皆叱而怒之，故其名不出于越。悲夫！

喜作书，笔意奔放如其诗，苍劲中姿媚跃出，欧阳公所谓"妖韶女老自有余态"者也㉗。间以其余㉘，旁溢为花鸟㉙，皆超逸有致㉚。

卒以疑杀其继室㉛，下狱论死㉜。张太史元汴力解㉝，乃得出。

晚年愤益深，佯狂益甚，显者至门，或拒不纳。时携钱至酒肆，呼下隶与饮。或自持斧击破其头，血流被面，头骨皆折，揉之有声。或以利锥锥其两耳，深入寸余，竟不得死。

周望言晚岁诗文益奇㉞，无刻本，集藏于家。余同年有官越者㉟，托以钞录，今未至。余所见者，《徐文长集》《阙编》二种而已。

然文长竟以不得志于时，抱愤而卒。

石公曰㊱：先生数奇不已，遂为狂疾，狂疾不已，遂为囹圄㊲。古今文人牢骚困苦，未有若先生者也。虽然，胡公间世豪杰㊳，永陵英主。幕中礼数异等㊴，是胡公知有先生矣。表上人主悦，是人主知有先生矣。独身未贵耳！先生诗文崛起，一扫近代芜秽之习㊵，百世而下，自有定论，胡为不遇哉？梅客生尝寄予书曰㊶："文长吾老友，病奇于人，人奇于诗。"余谓文长无之而不奇者也，无之而不奇，斯无之而不奇也。悲夫！

注释

①山阴：今浙江绍兴。诸生：明代称已入学的生员为诸生。　②声名籍甚：名声很大。　③薛公蕙：薛蕙，字君采，亳州人，官至吏部考功司郎中。校越：做浙江省的乡试主考官。校，考核。　④国士：旧时称一国杰出的人物为国士。　⑤数奇（jī）：运气不好。数，命运。奇，不遇，不顺利。　⑥蹶（jué）：跌倒，这里指没有考中。　⑦中丞：原为汉代御史大夫的属官名。明代设都察院，掌管监察，其中副都御史的职务与御史中丞略同。胡公宗宪：胡宗宪，明朝嘉靖年间（1522—1566）浙江巡抚，因抗击倭寇有功，加右都御史衔，后得罪被杀。　⑧幕：幕府，地方军政大吏的官署。　⑨葛衣乌巾：

粗布服饰，表明很简朴。 ⑩介胄（zhòu）：古代武士的护身装束。介，甲。胄，头盔。 ⑪膝语蛇行：形容恭顺的样子。膝语，跪着说话。蛇行，爬着走路。 ⑫刘真长：即刘惔，字真长，晋朝著名的清谈家，曾是东晋简文帝时的宰相。杜少陵：即杜甫，在蜀时曾做剑南节度使严武的幕僚。 ⑬表：古代奏章的一种。 ⑭永陵：明世宗的陵墓名，这里指明世宗。 ⑮疏：奏章。 ⑯偶：遇。 ⑰有司：官吏。 ⑱曲蘖（niè）：酒母，代指酒。 ⑲朔：北方。 ⑳偃（yǎn）：倒。 ㉑嗔（chēn）：怒。 ㉒羁（jī）人：旅居在外不得回家的人。羁，羁绊。 ㉓巾帼（guó）：古代妇女的头巾和发饰，代指妇女。 ㉔韩：韩愈。曾：曾巩。流亚：同一流的人物。 ㉕雅：平素，一向。 ㉖骚坛：文坛。 ㉗妖韶：美艳。 ㉘间：有时。 ㉙旁：其他，另外。 ㉚致：意态，情趣。 ㉛卒（cù）：突然。 ㉜论：定罪。 ㉝张太史元汴：张元汴，徐渭老同学张天复的儿子，官至翰林侍读。太史，本为古代起草文书、编写史书的职官，明代的翰林院兼掌制诰、史册文翰等事，所以翰林官也称太史。 ㉞周望：即陶望龄，字周望，号石篑，绍兴人，任编修，著有《解庄》。 ㉟同年：科举考试中同时考中的，互称同年。 ㊱石公：袁宏道自号。 ㊲囹圄（língyǔ）：监狱。 ㊳间世豪杰：间隔几世才出的一个豪杰。古称三十年为一世。 ㊴礼数异等：所受的礼遇和别人不同。 ㊵芜秽：繁杂。 ㊶梅客生：梅国桢，字客生，湖北麻城人。万历进士，任兵部右侍郎。

译文

徐渭，字文长，在山阴做生员时，名声就很大了。薛公蕙做浙江试官时，惊异于他的才华，认为他是国家的杰出人才。然而他运气不好，多次考试失败。

中丞胡公宗宪听到他的名声后，聘请他为幕僚。徐文长每次参见胡公，总是穿着葛布长衫，头戴乌巾，侃侃而谈天下大事。胡公非常高兴。这时候恰好胡公统率着几支军队，威镇东南沿海地区，部下将士在他面前，总是跪着说话，爬着行走，连头也不敢抬起来。但是徐文长以部下一个生员的身份对胡公的态度却这样高傲，谈论者都把他当作刘真长、杜少陵一类的人物。恰好胡公打猎捕得一头白鹿，认为是吉祥的征兆，嘱托文长起草奏表。表文呈上后，明世宗很高兴。胡公因此更加器重他了，所有的疏奏计簿都交给他办理。文长对自己的才能、谋略很是自负，喜欢出奇制胜，谈论军事往往能切中要害，在他看来，天下事情没有一件能够令人满意，然而最终没有得到一展身手的机会。

文长既然在官场上不得志，便放纵自己，肆意饮酒，尽情地游山玩水。他漫游了齐、鲁、燕、赵等地，又饱览了北方沙漠的风光，他把见到的山峦奔腾，海浪耸立，黄沙满天，迅雷滚滚，大雨倾注，树木倒伏，幽深冷清的峡谷，盛大的都市，各种人物、鱼、鸟等，一切让人震惊、恐惧的景象，都一一写进了诗中。在他胸中有强烈的奋发、抗争精神和英雄无用武之地的悲愤。所以他写的诗像是怒骂，又像是在狂笑，像是山洪在峡谷中奔流，发出轰雷般的涛声，像新苗破土而出，像寡妇在深夜里哭泣，孤独的游客被寒风惊醒。虽然这些诗歌的体裁格律有时也有不高明的地方，然而还是能独运匠心，有王侯的气度，不是那种像女人一样侍奉他人的诗人所能企及的。

徐文长的文章有非凡的见识，气象沉着而法度谨严，不因为模拟减损才气，也不因为议论妨害格调，真是韩愈、曾巩一类的作家。

文长素来不迎合时兴的调子，对当时的所谓文坛领袖，都加以指斥和谴责，所以他的名声没有传出越地，这实在是可悲啊！

文长喜欢书法，笔意奔放，就像他的诗作一样，苍劲之中又不失妩媚，正像欧阳修所说的那种妖娆的妇人到老了都还保存着不尽的风韵一样。有时，他又把剩余的精力倾注到创作花鸟画上，所画都飘逸而有情趣。

后来，文长因为疑忌误杀他的继室妻子，被关进了监狱，定为死罪。太史张元汴极力营救，他才出了监狱。

到了晚年，他对世道更加愤愤不平了，故意做出更为狂放的样子，显赫的人物登门拜访，有时他竟拒不会客。他经常带着酒钱到酒店去，招呼奴仆一起饮酒。有时他手持斧头击破自己的脑袋，血流满面，头骨都断裂了，用手揉摩，碎骨咔咔作响。有时他用尖利的锥子刺自己的双耳，刺进去一寸多深，竟然还没有死。

　　周望说文长到了晚年，诗和文章更加奇异了，但却没有刻印本，仅是编辑成集，藏在家中。跟我同时中考的人有在越地做官的，我托他们抄录文长的诗文，到现在都还没有送来。我看到过的只有《徐文长集》《阙编》两种而已。

　　可是，文长终于由于在当时不能得志，带着对世道的愤恨死去了。

　　我认为：文长先生的命途多艰，坎坷不断，致使他激愤成狂；狂病一直没有好转，以致进了监狱。从古到今文人的牢骚怨愤和遭受到的困难苦痛，再没有谁能超过徐文长先生的了。虽然如此，胡公是世上罕见的豪杰，明世宗是个英明的皇帝。在胡公幕府时，他受到特殊的优待，这说明胡公是了解先生的。表章送上后，世宗看了很高兴，这说明皇帝也认识到了他的价值。只是先生没有能得到显贵的官职而已。先生的诗文在文坛崛起，一扫近代文坛庞杂污浊的风气，将来历史自然会有公正的定论，又如何能说他生不逢时呢？梅客生曾经写信给我说："文长是我的老朋友，他的病比他本人怪，而他本人又比他的诗怪。"我认为文长是没有一处不奇奇怪怪的，没有一处不奇怪，所以也就注定了他一生的命运没有一处不艰难、不坎坷。真让人伤心啊！

赏析

　　本文是明代著名文学家、"公安派"的主将袁宏道为明代奇士徐渭所作的一篇传记。

　　文章对徐渭的生平、遭遇和文学艺术上的成就，作了扼要明快的叙述与评价，表达了作者对徐渭的推崇、敬佩、同情和惋惜。

　　全文内容，分为两大部分。

　　第一部分，描写徐渭充满传奇色彩的一生行事。这是本文的重心所在，分三层进行：首先，叙述徐渭的过人才干，突出他胸怀天下、自负才略、好奇计、谈兵多中、谈锋甚健、傲岸不羁的性格特点，以及屡试不中、怀才不遇的悲剧命运。然后，重点描绘了徐渭放浪山林,以绘画、书法、诗文寄托抱负、情性的独特文学艺术造诣。最后,记述了徐渭晚年悲愤、佯狂甚至自残躯体的凄惨情形,对徐渭的不得志于时、抱愤而死寄予了深深的同情。

第二部分,是作者对徐渭传奇生平的评价。袁宏道高度肯定了徐渭的才干,尤其对徐渭在绘画、诗文、书法方面的造诣作出了崇高的评价;同时,对徐渭傲岸不羁的个性和怀才不遇的遭际,表示了敬佩、同情和惋惜。

全篇传记,传如其人,文如其人,奇兀不凡,慷慨多气。文章着力描绘几件最为典型、最足以代表徐渭个性特征的事迹,勾勒点染,大笔写意,简洁明快,传神写照,塑造出一代名士徐渭的鲜明形象。

文章骈散兼行,笔挟慷慨,扣"奇"而起,扣"奇"而结,首尾圆合,酣畅淋漓。结尾处:"余谓文长无之而不奇者也。无之而不奇,斯无之而不奇也。悲夫!"以"才奇""数奇"相提并论,一语双关,感慨遥深,又颇类太史公之文笔。

综观此文,袁宏道的确称得上是徐渭的知己。倘若徐渭灵魂有知,当含笑于九泉!

五人墓碑记

张溥

五人者,盖当蓼洲周公之被逮[①],激于义而死焉者也。至于今,郡之贤士大夫请于当道[②],即除魏阉废祠之址以葬之[③],且立石于其墓之门,以旌其所为[④]。呜呼!亦盛矣哉!

夫五人之死,去今之墓而葬焉,其为时止十有一月耳,夫十有一月之中,凡富贵之子,慷慨得志之徒,其疾病而死,死而湮没不足道者[⑤],亦已众矣,况草野之无闻者欤!独五人之皦皦[⑥],

何也？

予犹记周公之被逮，在丁卯三月之望⑦。吾社之行为士先者⑧，为之声义⑨，敛赀财以送其行⑩，哭声震动天地。缇骑按剑而前⑪，问："谁为哀者？"众不能堪，抶而仆之⑫。是时以大中丞抚吴者⑬，为魏之私人，周公之逮所由使也⑭。吴之民方痛心焉⑮，于是乘其厉声以呵⑯，则噪而相逐⑰。中丞匿于溷藩以免⑱。既而以吴民之乱请于朝，按诛五人，曰：颜佩韦、杨念如、马杰、沈扬、周文元，即今之傫然在墓者也⑲。

然五人之当刑也，意气扬扬，呼中丞之名而詈之⑳，谈笑以死。断头置城上，颜色不少变。有贤士大夫，发五十金，买五人之脰而函之㉑，卒与尸合。故今之墓中，全乎为五人也。

嗟夫！大阉之乱㉒，缙绅而能不易其志者㉓，四海之大，有几人欤？而五人生于编伍之间㉔，素不闻诗书之训，激昂大义，蹈死不顾㉕，亦曷故哉㉖？且矫诏纷出㉗，钩党之捕㉘，遍于天下，卒以吾郡之发愤一击，不敢复有株治㉙。大阉亦逡巡畏义㉚，非常之谋㉛，难于猝发。待圣人之出而投缳道路㉜，不可谓非五人之力也。

由是观之，则今之高爵显位㉝，一旦抵罪，或脱身以逃，不能容于远近㉞，而又有剪发杜门㉟，佯狂不知所之者，其辱人贱行，视五人之死，轻重固何如哉？是以蓼洲周公，忠义暴于朝廷㊱，赠谥美显㊲，荣于身后。而五人亦得以加其土封，列其姓名于大堤之上。凡四方之士，无有过而拜且泣者，斯固百世之遇也㊳。不然，令五人者保其首领㊴，以老于户牖之下㊵，则尽其天年，人皆得以隶使之㊶，安能屈豪杰之流，扼腕墓道，发其志士之悲哉？故予与同社诸君子，哀斯墓之徒有其石也㊷，而为之记，亦以明死生之大，匹夫之有重于社稷也。

贤士大夫者，冏卿因之吴公㊸，太史文起文公㊹，孟长姚公也㊺。

注释

①蓼洲周公：即周顺昌，字景文，号蓼洲，吴县（今江苏苏州）人。明

熹宗时,任福州推官、吏部主事等职,后辞职回家。为人刚正,疾恶如仇,不畏权贵,终被魏忠贤党羽诬陷,被捕入狱,死在狱中。 ②当道:当政的人。 ③魏阉废祠:魏忠贤当权时,各地方官为了谄媚他,纷纷给他立生祠。魏忠贤垮台后,各生祠都废除了。 ④旌(jīng):表彰。 ⑤湮(yān)没:埋没,不被人知道。 ⑥皦(jiǎo)皦:明亮,显耀。 ⑦望:农历每月十五日。 ⑧吾社:指复社。明末张溥等人合并江南士大夫组织的若干文社,继东林讲学,称为复社。 ⑨声义:伸张正义。 ⑩赀(zī)财:资财,钱财。赀,同"资"。 ⑪缇(tí)骑(jì):明朝从事侦查和逮捕工作的武装人员。 ⑫抶(chì):鞭打。 ⑬以大中丞抚吴者:指毛一鹭。 ⑭所由使:由某人指使的。 ⑮痛心:痛恨到了极点。 ⑯乘:趁着。呵:呵斥。 ⑰噪:吵闹。 ⑱溷(hùn)藩:厕所。 ⑲傫(lěi)然:重叠相连的样子。 ⑳詈(lì):骂。 ㉑脰(dòu):颈项,这里指头。 ㉒大阉:指大宦官魏忠贤。 ㉓缙绅:士大夫。缙,插。绅,带。古代做官的人经常把笏版插在腰带里。 ㉔编伍:古时的居民组织,五家编为一伍。这里指平民。 ㉕蹈死:冒着生命危险。 ㉖曷:同"何"。 ㉗矫诏:假传皇帝的圣旨。 ㉘钩党:互相牵引为同党。 ㉙株治:株连治罪。 ㉚逡(qūn)巡:徘徊不前。 ㉛非常之谋:不同寻常的阴谋,指魏忠贤篡夺天下的阴谋。 ㉜缳(huán):绳索的套子。 ㉝高爵显位:指魏党的大官僚们。 ㉞不能容于远近:远近都不能容身。 ㉟剪发:出家为僧。杜门:关上门。 ㊱暴(pù):暴露。 ㊲赠谥美显:指崇祯时赠给周顺昌"忠介"的谥号。 ㊳百世之遇:百代难逢的遭遇。 ㊴首领:头颈。 ㊵牖(yǒu):窗户。 ㊶以隶使之:当作奴隶来使用他们。 ㊷扼腕:用手握腕,表示激动、振奋或惋惜。 ㊸石:指碑石。 ㊹冏(jiǒng)卿:即太仆卿,职掌皇帝车马的官。吴公:吴默,字因之。 ㊺太史:官名,为皇帝的文学侍从之臣。明代借指翰林。文起文公:文震孟,字文起。 ㊻孟长姚公:即姚希孟,字孟长,吴县(今江苏苏州)人,文震孟的外甥,也是翰林。

译文

这五个人是在周蓼洲先生被捕的时候,激于义愤而牺牲的。到了现在,吴郡的贤明之士,向有关当局请示,在被废弃的魏忠贤生祠的旧址安葬他们,并且在墓门前立了石碑,以表彰他们的事迹。唉!这也可算得上是一件盛大的事情呀!

这五位志士的死,离现在修坟安葬,时间才十一个月。在这十一个月中,富家子弟,慷慨激昂、志得意满的官僚人物,因生

783

病而死，死后沦没不值得一提的，也够多的了，更何况是本来就默默无闻的平民百姓呢？唯独这五个人的声名显扬，这是什么原因呢？

我还记得周顺昌公被捕时，是在丁卯年三月十五日。我们复社中德行足以为士人做榜样的人，为他伸张正义，捐集钱财作为路费，送他启程，痛哭的声音震天动地。当时的禁卫吏役按剑向前，喝问道："这到底是为谁而哀哭？"大家再也按捺不住了，就起来把他们打倒在地。当时以大中丞官衔做吴地巡抚的毛一鹭，是魏忠贤的心腹党羽，周公被逮捕就是由于他的指使。吴地的民众正悲愤填膺，于是趁着他厉声呵斥的时候，呐喊鼓噪着追逐他，中丞吓得躲进厕所里才逃脱了。事过之后，他诬称吴民叛乱，奏请朝廷镇压，按律处死了五个人，他们是：颜佩韦、杨念如、马杰、沈扬、周文元，也就是现在一起排列在墓穴中的五位。

然而五位志士临刑时，气概昂扬，喊着中丞的名字大骂，谈笑自如，从容就义。被砍下的头放在城上，脸色丝毫没变。有些贤明的士绅，拿出五十两银子，买下了五个人的头放在匣子里，最后跟尸体合在一起。所以如今的墓穴中，完整地安放着五个人的尸体。

唉！大宦官魏忠贤祸乱天下，达官贵人而能不改变气节的，四海之内，有几个人呢？而五位志士出身于平民阶层，从来就没有蒙受过诗书的教诲，却能为大义所激发，足践死地而毫不犹豫，又是什么缘故呢？况且当时假诏书纷纷传来，因牵连而逮捕所谓同党的事，遍及全国，终于因为我们吴郡百姓的愤怒抗击，他们才不敢再株连治罪。魏忠贤也因为害怕百姓的义愤而踌躇未定，篡夺皇位的阴谋不敢贸然实施。等到圣君即位，魏忠贤在放逐的路上自缢身死，这不能不说是五个人的功劳。

由此看来，如今那些依附权贵得到高官厚禄的人，一旦犯法抵罪，有的脱身逃走，远近都容他不得，又有的削去头发，闭门不出，假装发狂而不知躲到什么地方去，他们这种可耻的人格、卑贱的行为，和五位志士的死相比，到底是哪个轻、哪个重呢？

正因为如此，周蓼洲的忠义品节昭示于朝廷，获得了美好显赫的追赠和谥号，身后十分荣耀。而五位志士也能够得到加修坟墓的恩宠，将他们的名字刻碑立于大堤之上。四方的人士，经过这里没有一个不到墓前跪拜哭泣的，这确实是百代一遇的幸运啊！要不是这样，让五个人保全他们的脑袋，在自己家中平平安安地活到老，享其天年，地位高的人都可以把他们当作奴仆来使唤，又怎么能使英雄豪杰倾心俯首，在墓前扼腕搥胸，抒发其仁人志士的悲痛之情呢？故此，我和同社的诸位君子，哀惋五位志士的墓前只有碑石，而为它写了这篇碑文，也是为了用来说明死生意义的重大，普通百姓也是可以对国家发挥重要的作用啊。

上面提到的几位贤德的士绅是：太仆卿吴公因之、翰林文公文起、姚公孟长。

赏析

明熹宗天启年间，奸相魏忠贤专权，阉党横行，造成了明代封建统治最黑暗的时期。士大夫阶层中人物大多慑于魏阉的横暴淫威而噤若寒蝉，其中更有一批丧尽天良的无耻小人，竞相逢迎谄媚、卖身投靠。唯有东林党人，面对黑暗现实，不畏强暴，敢于公开议论和抨击朝政，反对魏阉。为了消灭异己，魏阉大兴党狱，诬陷株连，肆意逮捕和杀害东林党人。天启七年（1627）三月，魏阉派锦衣卫缇骑到苏州逮捕东林党人周顺昌，苏州广大市民群情激愤，爆发了著名的苏州市民反抗魏阉集团的抗暴斗争。事后，朝廷严加追究查办，颜佩韦等五位义士为保护群众，挺身投案，英勇就义。

本篇文章，就是明末复社文人张溥为五位义士的墓碑所撰写的碑文。

全文内容，分为四部分。

第一部分，交代五人墓的缘起，对五人"激于义"而死及身后荣盛总赞一笔，为全文张本。

第二部分，记五人同魏阉集团的斗争及慷慨就义的经过，称颂五人死得其所、光明正大，并指出五人之力对摧垮魏阉集团的关键作用。

第三部分，将高官厚爵者的"辱人贱行"与五人之死相对比，肯定了"匹夫之有重于社稷"，表现出对市民力量的重视和褒扬。

第四部分，补记出资安葬五人的贤士大夫姓名，以示表彰之意。

综观全文，通过叙述五人死难经过，明死生之大，反映了苏州人民与魏阉集团的壮烈斗争，揭示了广大市民和东林党人与魏阉集团的尖锐对立，客观上肯定了市民作为新兴的社会政治势力在历史舞台中的地位和作用，热情赞扬了五位义士的高贵品质和自我牺牲精神，无情地嘲笑了高官显爵者的变易其志、贪生怕死、卖身求荣的无耻行径和卑劣人格。全文爱憎分明，扬善惩恶，是一篇具有很强时代性、战斗性的优秀作品。

艺术上，文章夹叙夹议，以议为主，感情充沛激越，文势纵横扬厉，称得上是一篇悲壮激越的英雄颂，一曲感人至深的正气歌。此外，文章层次清晰，结构完整；善用对比，爱憎分明；具有浓厚的抒情气质和深沉的历史反思，洋溢着一种崇高的美感。